KB184633

2025 최신개정판

LOGIN 세무회계 2급

김영철 지음

머리말

회계는 기업의 언어입니다. 또한 이러한 회계의 자료를 가지고 기업의 경영성과에 대하여 기업은 사회적 책임을 집니다.

회계는 매우 논리적인 학문이고, 세법은 회계보다 상대적으로 비논리적이나, 세법이 달성하고자 하는 목적이 있으므로 **세법의 이면에 있는 법의 취지를 이해하셔야 합니다.**

회계와 세법을 매우 잘하시려면

왜(WHY) 저렇게 처리할까? 계속 의문을 가지세요!!!

1. 회계는 이해하실려고 노력하세요.
2. 세법은 법의 제정 취지를 이해하십시오.
3. 이해가 안되시면 동료들과 전문가에게 계속 질문하십시요.

회계를 잘하시는 분이 세무회계도 잘합니다. 세무회계도 회계입니다.

특히 법인세는 회계이론이 정립된 상태에서 공부하셔야 합니다. 법인세는 세무회계의 핵심입니다. 법인세는 회계나 마찬가지입니다. 법인세는 세법의 꽃입니다. 법인세를 모르면 세법을 안다고 할 수 없을 정도로 우리나라의 가장 중요한 세법입니다.

또한 부가가치세법과 소득세법도 회계에서 나왔을 정도로 회계는 세법의 뿌리입니다. 마냥 암기하는게 세무회계가 아닙니다. 회계라고 생각하시면서 공부하시면 됩니다.

세법은 우리들의 실생활과 밀접한 관계가 있습니다. 그리고 세법은 매년 변경됩니다. 이러한 변경은 수험생들에게 짜증날 정도입니다. 그러나 **큰 틀에서 세법은 똑같습니다. 뼈대를 공부하십시오.** 지엽적인 것에 너무 깊게 공부하지 마시고, 큰 흐름에서 세법의 흐름을 이해하십시오.

저 역시 세법을 외우고 세무사가 되었습니다. 그러나 여러분은 저처럼 무식하게 공부하지 마십시오.

세법은 시대의 흐름을 반영합니다. 외우지 마시고 이해할려고 노력하십시오.

LOGIN세무회계2급은 한국세무사회 주관 세무회계 2급/1급 뿐만 아니라, 나중에 공인회계사/세무사를 도전하는 수험생을 위하여 집필하였습니다.

자신을 이기십시요!!
그리고 **회계와 세법의 전문가가 되실 여러분의 미래를 상상하십시오.**
여러분들의 무한한 능력과 저의 LOGIN세무회계 2급이 밑거름이 되어,
여러분이 장차 미래 회계/세무 전문가가 될 것이라고 확신합니다.

그리고 이 책의 오류사항에 대해서 저의 카페 "로그인과 함께하는 전산회계/전산세무" 게시판에 올려주시면 매우 고맙겠습니다. 저 역시 오류사항과 추가 세법개정사항을 수시로 카페에 올리므로 시험 전에 확인 부탁드립니다.

마지막으로 이 책 출간을 마무리해 주신 도서출판 어울림 임직원에게 감사의 말을 드립니다.

2025년 2월
김 영 철

다음(Daum)카페 **"로그인과 함께하는 전산회계/전산세무"**
1. 오류수정표 및 추가 반영사항
2. Q/A게시판

로그인카페

NAVER 블로그 "로그인 전산회계/전산세무/AT"
1. 오류수정표 및 추가반영사항
2. 개정세법 외

합격수기

DAUM카페 "**로그인과 함께하는 전산회계/전산세무**"에 있는 수험생들의 공부방법과 좌절과 고통을 이겨내면서 합격하신 경험담을 같이 나누고자 합니다.
아래 장한수님은 2017년 54회 세무사시험에 합격하였습니다.

세무회계 2급 합격했습니다. 올 한해 모두들 수고 많으셨습니다★

장한수님

안녕하세요. 오늘 세무회계 2급과 함께 올해 자격증 취득 일정은 모두 종료 되었습니다.

제가 비록 컴퓨터 OA 강사 7년차였지만 회계, 세법은 고등학교때 상업을 배웠던 것이 전부였을 정도로 기초 지식이 전혀 없었습니다.

하지만 저의 강의 영역을 넓히고 궁극적으로 더 밝은 미래를 개척해 나가야겠다는 생각에 크게 마음먹고 공부를 시작했었습니다.

올해 딱 30세인데 지금 잘 준비해서 40세가 되기 전까지 조금 더 확실한 기반을 다져놓자고 굳게 마음 먹고 일과 공부를 병행했는데 사실 정말 쉽지 않았었습니다.

그런 와중에 **로그인 교재와 카페를 알게 되었고 많은 힘이 되었습니다.**

그리고 **기왕 공부를 시작한 김에 저도 세무사님처럼 훌륭한 세무전문인이 되고 싶습니다.**

요 근래 제가 카페에 자주 들리지 못했던 것은 올해부터 방송통신대학교 교육학과 3학년에 편입하는 바람에 기말고사와 세무회계 2급 시험 일정이 겹쳤었기 때문이었습니다.

지금 생각해보면 세법과 회계 공부를 하기로 했다면 경영학과로 편입을 했어야 했는데...애초 목표가 회계 공부가 아닌 교육대학원에 가서 정교사 2급 자격증을 취득하고 직업훈련교사 3급까지 취득하는거였기 때문에 교육학과로 학사편입을 했었습니다. 즉 겨울에 편입을 먼저 하고 회계 공부를 하기로 마음 먹은것이 봄이였기 때문에 어긋나 버렸죠^^

지금 두 개 분야 공부를 일과 병행하는게 머리가 터져 버릴 정도로 벅차고 힘들지만 오늘 세무회계 2급 발표까지 끝나고 나니 이제서야 안도의 한숨을 쉬며 보람을 느끼고 있습니다.

올해 방송통신대는 운이 너무 좋아서 전액 장학금을 받았고 덕분에 책 값만 내고 3학년을 마치게 되었는데 이번 기말고사 성적도 공부한거에 비해 꾀 괜찮게 나와서 내년 1학기까지도 책 값만 내면 될것 같습니다^^

제가 로그인 카페에 저의 모든 상황을 이야기하는건 자랑을 하거나 위로를 받으려는게 아닙니다. **다른 회원님들도 아무리 상황이 어렵고 힘들더라도 꿈을 위해 노력하고 절대 포기하지 마시라고 말씀드리고 싶어서입니다.**

근데 저처럼 너무 독하게는 하지 마세요~ 지나치게 몸을 혹사하면 건강에 해로울수도 있습니다^^ 사실 저도 건강에 이상신호가 생겼던 적이 몇번 있었는데 가끔씩 운동 좀 하고 5층에 살면서 엘레베이터 안탄지도 거의 1년이 되어갑니다 ㅎㅎ

그리고 가끔 저한테 원래 똑똑하고 공부잘하지 않았었냐고 물어보시는 분들 있는데 전혀 아닙니다. **IQ가 높은 것도 아니고 학교 다닐때 공부를 잘했던것도 아니였습니다. 단, 굳건한 의지와 끈기는 누구에게도 뒤지지 않았었습니다. 이것이 가장 큰 무기였던것 같습니다.**

세무회계 2급 시험을 보고 느낀 점은 확실히 전산세무 1급보다 세무회계에 있어서는 더 깊이 있는 이론을 다루는것 같았습니다.

국세기본법 같은 경우는 조금 어려운 내용들도 있었는데 결국 법의 취지를 이해하는 것이 고득점이 지름길이요, 오래 기억하는 유일한 방법인것 같습니다. 로그인 교재로 공부하면서 기출문제좀 풀어보면 합격은 큰 문제가 없을것 같습니다. 그리고 세무회계 2급을 합격할 정도면 어느 정도 세법 이론이 뒷받침 되는 것이니 전산세무 자격증 취득에도 큰 도움이 될 것입니다.

전산회계 1,2급 → 전산세무 2급 → 회계관리 1,2급 → 전산세무 1급 → FAT 1급 → 직업상담사 2급 → TAT 1급 → 세무회계 2급까지 취득하면서 전산세무 1급이 가장 애착이 갑니다☆

이제 내년엔 토익 700점 만들기를 최우선 과제로 삼고 재경관리사, ERP 회계 1급, 전산회계운용사 1급, 기업회계 1급, 세무회계 1급, IFRS 관리사 취득을 목표로 설정하였습니다.

이미 중급회계, 세무회계, 원가관리회계 책을 구해서 공부 하고 있는데 정말 만만치 않네요^^ 세무사 시험 레벨과 거의 흡사하다는 세무회계 1급과 IFRS 관리사가 가장 큰 벽이 될것 같은데 한 번 도전해보겠습니다. 그리고 다른 분들이 로그인 교재를 보고 합격하는데 제가 조금이나마 도움이 될 수 있도록 노력해보겠습니다. 모두들 올 한해 마무리 잘하시고 열공하시느라 수고하셨습니다. 마지막으로 세무사님, 카페 주인장님,

나머지 모든 회원님들 감사합니다★

- 장한수 올림 -

회 차	자격종목	자격번호	합격일자	유효기간	자격증구분
57	세무회계 2급	3205700359	2013.12.19	2013.12.19 ~2018.12.18	국가공인
54	전산회계 2급	2245418721	2013.04.25	2013.04.25 ~2018.04.24	국가공인
54	전산회계 1급	2145434136	2013.04.25	2013.04.25 ~2018.04.24	국가공인
55	전산세무 2급	1245503259	2013.06.27	2013.06.27 ~2018.06.26	국가공인
56	전산세무 1급	1145601533	2013.10.17	2013.10.17 ~2018.10.16	국가공인

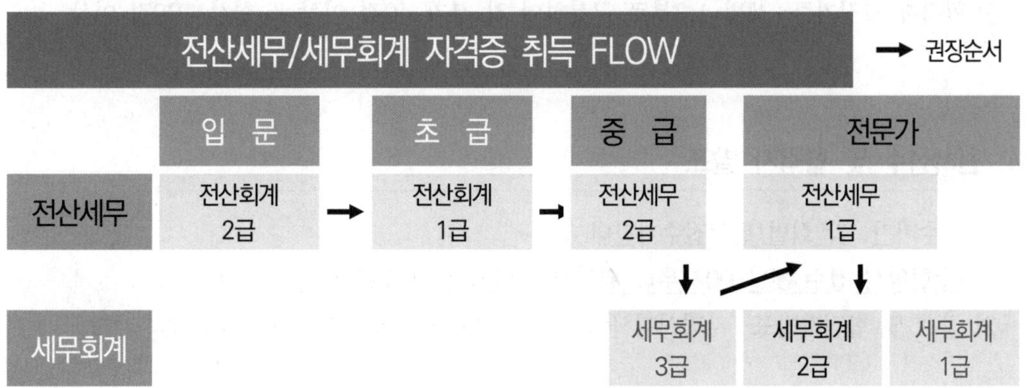

[2025년 세무회계 자격시험(국가공인) 일정공고]

1. 시험일자

회차	종목 및 등급	원서접수	시험일자	합격자발표
115회	세무회계1,2,3급	01.02~01.08	02.09(일)	02.27(목)
116회		03.06~03.12	04.05(토)	04.24(목)
117회		05.02~05.08	06.07(토)	06.26(목)
118회		07.03~07.09	08.02(토)	08.21(목)
119회		08.28~09.03	09.28(일)	10.23(목)
120회		10.30~11.05	12.06(토)	12.24(수)
121회		**2026년 2월 시험예정(2025년 세법기준으로 출제)**		

2. 시험종목 및 평가범위

세무회계 2급 (80분)	• 세법1부 : 법인세법(13문항), 부가가치세법(12문항)	각각 객관식 25문항
	• 세법2부 : 국세기본법(11문항), 소득세법(조세특례제한법 원천징수 사항 포함)(14문항)	

3. 시험방법 및 합격자 결정기준

1) 시험방법 : 객관식(4지 선다형) 필기시험으로 함.
2) 응시자격 : 제한없음**(신분증 미소지자는 응시할 수 없음)**
3) **합격자 결정기준 : 세법 1,2부로 구분하여 각 부가 40점 이상 & 합산 120점 이상**

4. 원서접수 및 합격자 발표

1) 접수기간 : 각 회별 원서접수기간내 접수
   (수험원서 접수 첫날 00시부터 원서접수 마지막 날 18시까지)
2) 접수 및 합격자발표 : 자격시험사이트(http://www.license.kacpta.or.kr)

차례

제1편 부가가치세

제2편 법인세

제3편 소득세

제4편 국세기본법

제5편 최신기출문제

2024년 기출문제 중 합격율이 낮은 4회분 수록

[로그인 시리즈]

전기	**당기**	차기	차차기
20x0	**20x1**	20x2	20x3
2024	**2025**	2026	2027

1분강의 QR코드 활용방법

본서 안에 있는 QR코드를 통해 연결되는 유튜브 동영상이 수험생 여러분들의 학습에 도움이 되기를 바랍니다.

방법 1

❶ 스마트폰에서 다음(Daum)을 실행한 후 검색창의 오른쪽 아이콘 터치

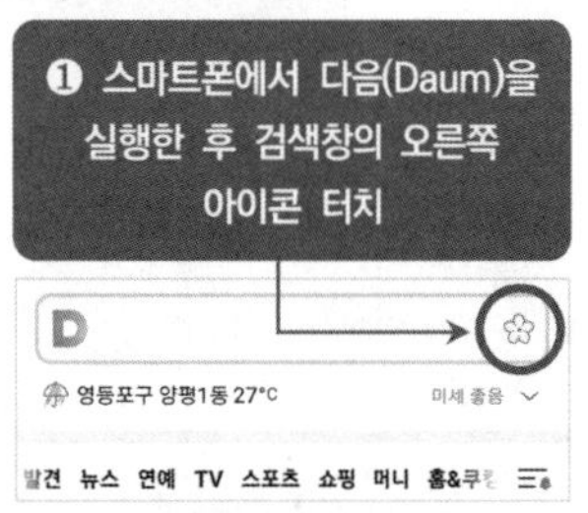

❷ '코드검색'을 터치하면 카메라 앱이 실행됨

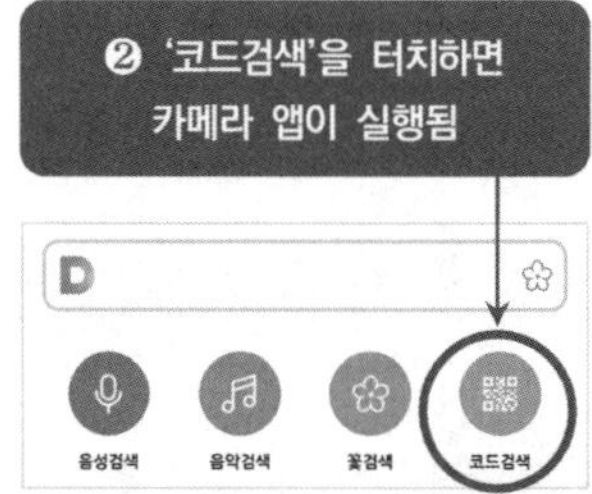

❸ 도서의 QR코드를 촬영하면 유튜브의 해당 동영상으로 자동 연결

방법 2

카메라 앱을 실행하고, QR코드를 촬영하면 해당 유튜브 영상으로 이동할 수 있습니다.

개정세법 반영

유튜브 상단 댓글에 고정시켰으니, 참고하시기 바랍니다.

✔ 과도한 데이터 사용량이 발생할 수 있으므로, Wi-Fi가 있는 곳에서 실행하시기 바랍니다.

Part Ⅰ

부가가치세

Chapter

부가가치세의 기본개념 1

로그인 세무회계 2급

제1절 부가가치세의 특징

구 분	내 용
일반소비세	모든 재화, 용역의 공급에 대하여 모두 과세한다.(**특정 재화는 개별소비세**)
소비형 부가가치세	소비지출에 해당하는 부가가치만을 과세대상으로 하고, 투자지출(자본재구입)에 해당하는 부가가치에 대해서는 과세하지 아니한다.
전단계 세액공제법	부가가치세법은 전단계세액공제법을 채택하고 있으므로 과세대상을 부가가치가 아니라 거래간의 매출과 매입의 차이에 과세하는 것으로 규정하고 있다.
간접세	납세의무자는 부가가치세법상 사업자 등이고 담세자는 최종소비자이다.
소비지국 과세원칙	현행 부가가치세법에서는 국가 간의 이중과세를 조정하기 위하여 소비지국과세원칙을 채택하고 있다(VS 생산지국 과세원칙).
면세제도 도입	세부담의 역진성을 완화하기 위하여 특정 재화 또는 용역의 공급에 대해서는 부가가치세 과세대상에서 제외시키는 면세제도를 두고 있다.
다단계거래세	부가가치세는 재화와 용역의 생산과정에서 소비과정에 이르는 모든 유통단계에서 각 단계마다 과세하는 다단계거래세이다.

제2절 납세의무자

1. 납세의무자의 개요

부가가치세의 납세의무자는 사업자이고, 부가가치세의 부담은 최종소비자가 지게 되는 것이다.

2. 사업자

(1) 사업자의 개념

부가가치세법상 납세의무자는 사업자이다. 즉 사업자란 **영리목적의 유무에 불구(국가나 지방자치단체 등도 포함)하고** 사업상 독립적으로 재화 또는 용역을 공급하는 자이다.

㉠ **계속 반복적으로 재화나 용역을 공급**한다.

㉡ **사업이 독립성(인적, 물적)**이 있어야 한다.

(2) 사업자의 분류

유 형		구 분 기 준	부가가치세 계산구조	증빙발급
부가가치세법	일반과세자	① 법인사업자	매출세액 – 매입세액	**세금계산서**
		② 개인사업자		
	간이과세자	개인사업자로서 **직전 1역년의 공급대가가 1억 4백만원에 미달**하는 자	공급대가×부가가치율×10%	
소득세법	면세사업자	부가가치세법상 사업자가 아니고 소득세법(법인세법)상 사업자임.	납세의무 없음	**계산서**

*1. 직전연도 공급대가 합계액의 4,800만원 이상의 간이과세자는 세금계산서를 발급해야 한다.

제3절 납세지(사업장별 과세원칙)

1. 납세지의 개념

납세지란 관할세무서를 결정하는 기준이 되는 장소를 말하며, 부가가치세법상 납세지는 사업장별로 판정한다. 사업자는 각 사업장별로 다음과 같은 납세의무의 이행을 하여야 한다.

① 사업자등록
② 세금계산서의 발급 및 수취
③ 과세표준 및 세액의 계산
④ 신고 · 납부 · 환급
⑤ 결정 · 경정 및 징수

☞ 결정 : 법인이 무신고시 과세관청이 납세의무를 확정하는 것
경정 : 법인이 신고한 금액에 오류가 있어 과세관청이 재확정하는 것

2. 사업장

(1) 사업장의 범위 : **업종별 특성을 이해하세요.**

구 분	사 업 장
광업	광업사무소의 소재지
제조업	최종제품을 완성하는 장소
건설업 · 운수업과 부동산매매업	① **법인 : 당해 법인의 등기부상 소재지**
	② **개인 : 업무를 총괄하는 장소**
부동산임대업	**당해 부동산의 등기부상의 소재지**
수자원개발사업	그 사업에 관한 업무를 총괄하는 장소
무인자동판매기를 통한 사업	그 사업에 관한 업무를 총괄하는 장소
비거주자 · 외국법인	국내사업장
기타	사업장 외의 장소도 사업자의 신청에 의하여 사업장으로 등록할 수 있다. 다만, 무인자동판매기를 통한 사업의 경우에는 그러하지 아니하다.

(2) 특수한 경우의 사업장 여부

직 매 장	사업자가 자기의 사업과 관련하여 생산 또는 취득한 재화를 직접 판매하기 위하여 특별히 판매시설을 갖춘 장소를 직매장이라 하고, **직매장은 사업장에 해당한다.**
하 치 장	재화의 보관, 관리시설만을 갖춘 장소로서 사업자가 설치신고를 한 장소를 하치장이라 하며 **이러한 하치장은 사업장에 해당하지 않음**
임시사업장 (기존 사업장에 포함됨)	임시사업장의 **사업개시일부터 10일 이내**에 개설신고서를 제출하여야 하고, 폐쇄시에는 **폐쇄일로부터 10일 이내**에 폐쇄신고서를 제출하여야 한다. 그러나 임시사업장의 **설치기간이 10일 이내**인 경우에는 개설신고를 하지 않아도 무방하다. (예) 박람회 등

3. 주사업장 총괄납부

(1) 주사업장 총괄납부제도의 개관

① 주사업장 총괄납부제도의 개념

한 사업자가 2 이상의 사업장을 가지고 있는 경우 원칙적으로 각 사업장별로 납세의무가 있다.

사업자는 주사업장 총괄납부신청에 의해 **각 사업자의 납부세액 또는 환급세액을 통산하여 주된 사업장에서 납부하거나 환급받을 수 있는데,** 이를 주사업장 총괄납부라 한다.

② 주된 사업장의 범위

㉠ 법인 : 본점(주사무소) 또는 지점(분사무소)

㉡ 개인 : 주사무소

(2) 신청 : 승인불필요

총괄납부를 하려고 하는 **과세기간 개시 20일 전**에 주사업장 총괄납부 신청서를 주된 사업장의 관할세무서장에게 제출하여야 한다.

(3) 주사업장 총괄납부의 효력

① 총괄납부

이는 각 사업장 단위로 계산된 납부세액 또는 환급세액을 통산하여 주된 사업장 관할세무서장에게 납부할 수(환급받을 수) 있는 것에 국한될 뿐이다.

따라서 **납부(환급) 이외에는 부가가치세법 원칙에 따라 각 사업장 단위로 하여야 한다.**

② <u>**판매목적 타사업장 반출에 대한 공급의제 배제**</u>

부가가치세법에서는 2 이상의 사업장이 있을 경우 판매목적으로 타사업장에 반출하면 재화의 공급으로 보아 부가가치세를 납부하여야 한다.

그러나 **총괄납부를 적용하는 경우 재화의 공급으로 보지 아니한다.**

4. 사업자 단위 과세제도

(1) 사업자 단위의 과세제도의 개념

2 이상의 사업장이 있는 사업자가 당해 사업자의 본점 또는 주사무소에서 총괄하여 **신고·납부**할 수 있다. 이 경우 당해 사업자의 본점 또는 주사무소는 신고·납부와 관련한 부가가치세법의 적용에 있어서 각 사업장으로 간주하므로 <u>**납부 이외에 신고도 본점 또는 주사무소에서 총괄하여 처리할 수 있다는 점이 중요한 차이점**</u>이다.

(2) 사업자단위 과세 적용사업장의 범위

① 법인 : 본점(주사무소)
② 개인 : 주사무소

(3) 신청 : 승인 불필요

사업자단위로 등록하려는 사업자는 본점 또는 주사무소에 대하여 사업자 등록신청시 본점 또는 주사무소 관할세무서장에게 신청할 수 있다.

(4) 사업자단위과세제도의 효력

① 사업자단위과세

주사업장 총괄납부의 경우 납부(환급)에 한정하여 효력이 있지만, <u>**사업자단위과세는 모든 부가가치세법에 따른 납세의무에 관한 사항을 사업자단위로 이행**</u>한다는 점이 다르다.

② 판매목적 타사업장 반출에 대한 공급의제 배제

총괄납부와 동일하다.

(5) 사업자단위과세제도의 포기

과세기간 시작하기 20일 전에 사업자단위과세포기신고서를 사업자단위과세적용사업장 관할 세무서장에게 제출하여야 한다.

〈주사업장총괄납부와 사업자단위 과세의 비교〉

구 분	주사업장총괄납부	사업자단위과세
주사업장 또는 사업자단위과세사업장	-법인 : 본점 또는 지점 -개인 : 주사무소	**-법인 : 본점** -개인 : 주사무소
효 력	-총괄납부	-총괄신고 · 납부 -사업자등록, 세금계산서 발급, 결정 등
	-판매목적 타사업장 반출에 대한 공급의제 배제	
신청 및 포기	-계속사업자의 경우 과세기간 개시 20일전(**승인사항이 아니다.**)	

☞ 단일사업장인 단위과세사업자가 신규사업장 개설(사업개시일부터 20일 이내 변경등록신청)시 즉시 사업자단위과세 · 주사업장 총괄납부신청가능

제4절 과세기간

1. 과세기간

부가가치세법상 과세기간은 원칙적으로 제1기(1.1~6.30), 제2기(7.1~12.31)로 나누어져 있다. 사업자는 **과세기간 종료일(폐업하는 경우에는 폐업일이 속하는 달의 말일)로부터 25일 이내에 과세기간의 과세표준과 세액을 신고 · 납부**를 해야 하는 데 이를 확정신고납부라고 한다.

구 분	과 세 기 간	
일반사업자	(제1기) 1월 1일부터 6월 30일까지 (제2기) 7월 1일부터 12월 31일까지	☞ 간이과세자는 1기로서 1.1~12.31이다.
신규사업자	① 신규사업자의 경우 : 사업개시일 ~ 당해 과세기간의 종료일 ② 사업개시 전 등록의 경우 : 등록일(등록신청일) ~ 당해 과세기간의 종료일	
폐 업 자	① 폐업자의 경우 : 당해 과세기간 개시일*1 ~ 폐업일 ② 사업개시 전에 등록한 후 사업을 미개시한 경우 : 등록일(등록신청일) ~ 사실상 그 사업을 개시하지 아니하게 되는 날	

*1. 사업개시일

제조업	제조장별로 재화의 제조를 개시하는 날
광 업	사업장별로 광물의 채취 · 채광을 개시하는 날
기 타	재화 또는 용역의 공급을 개시하는 날

2. 예정신고기간

부가가치세법은 각 과세기간마다 예정신고기간을 설정하여 사업자에게 예정신고기간에 대한 과세표준과 세액을 **예정신고기한이 종료되는 날로부터 25일 이내에 신고·납부**하도록 하여야 하는데 이를 예정신고납부라 한다.

구 분	예정신고기간
일반사업자	(제1기) 1월 1일부터 3월 31일까지
	(제2기) 7월 1일부터 9월 30일까지
신규사업자	1) 신규사업자의 경우 : 사업개시일 ~ 예정신고기간 종료일
	2) 사업개시 전 등록의 경우 : 등록일(등록신청일) ~ 예정신고기간의 종료일

제5절 사업자등록

1. 사업자등록의 개념

사업자등록이란 부가가치세법상 납세의무자에 해당하는 사업자 및 그에 관련되는 사업내용을 관할세무관서의 대장에 수록하는 것을 말한다. 이는 사업자의 인적사항 등 과세자료를 파악하는데 적합한 사항을 신고하면 대장에 등재되고 사업자등록번호를 부여받게 된다.

〈사업자등록 미행시 불이익〉

구분	내용
1. 미등록가산세	**사업자등록신청일 전일까지의 공급가액에 대하여 1%**
2. 매입세액불공제	사업자등록 전 매입세액은 원칙적으로 공제받을 수 없다. 다만 과세기간이 끝난 후 20일 이내에 사업자 등록신청 시 해당 과세기간의 매입세액은 공제받을 수 있다. 따라서 사업자 등록 전에는 **대표자의 주민등록번호 분으로 세금계산서를 발급**받아야 매입세액을 공제받을 수 있다.

2. 사업자등록의 신청

사업자등록을 하고자 하는 자는 사업장마다 **사업개시일로부터 20일 이내에** 사업자등록신청서에 다음의 서류를 첨부하여 사업장 관할세무서장에게 등록하여야 한다.

☞ 사업자등록신청을 받은 세무서장은 그 신청내용을 조사한 후 사업자등록증을 2일 이내에 신청자에게 발급하여야 한다.

구 분	첨부서류	예 외
법 인	법인 등기부 등본	사업개시 전 등록 : 법인설립 등기 전에 등록 시 발기인의 주민등록등본
법령에 의하여 허가를 받거나 등록 또는 신고를 하여야 하는 사업의 경우	사업허가증사본 · 사업등록증 사본 또는 신고필사본	사업개시 전 등록 : 사업허가신청서 사본, 사업등록신청서 사본, 사업계획서
사업장을 임차한 경우	임대차계약서사본	

3. 사업자등록의 사후관리

(1) 사업자등록증의 정정신고 및 재교부

사업자가 다음에 해당하는 경우에는 지체 없이 사업자등록정정신고서에 사업자등록증 및 임차한 상가건물의 해당 부분의 도면(임대차의 목적물 또는 그 면적의 변경이 있거나 상가건물의 일부분을 임차 갱신하는 경우에 한함)을 첨부하여 관할세무서장에게 제출하며, 사업자등록의 정정신고를 받은 세무서장은 법정기한 내에 경정내용을 확인하고 사업자등록증의 기재사항을 정정하여 등록증을 재교부한다.

사업자등록 정정사유	재교부기한
∴ **상호를 변경하는 때(통신판매업자가 사이버몰의 명칭 또는 인터넷 도메인이름을 변경하는 경우)**	**당일**
∴ 법인 또는 국세기본법에 의하여 법인으로 보는 단체 외의 단체 중 소득세법상 1거주자로 보는 단체의 대표자를 변경하는 때	2일 이내
∴ **상속(증여는 폐업사유임)**으로 인하여 사업자의 명의가 변경되는 때	
∴ 임대인, 임대차 목적물 · 그 면적, 보증금, 차임 또는 임대차기간의 변경이 있거나 새로이 상가건물을 임차한 때	
∴ 사업의 종류에 변동이 있는 때	
∴ 사업장(사업자 단위 신고 · 납부의 경우에 종된사업장 포함)을 이전하는 때	
∴ 공동사업자의 구성원 또는 출자지분의 변경이 있는 때	
∴ 사업자 단위 신고 · 납부의 승인을 얻은 자가 총괄사업장을 이전 또는 변경하는 때	

(2) 휴업 · 폐업 등의 신고

사업자가 휴업 또는 폐업하거나 사업개시 전에 등록한 자가 사실상 사업을 개시하지 아니하게 되는 때에는 휴업(폐업)신고서에 사업자등록증과 주무관청에 폐업신고를 한 사실을 확인할 수 있는 서류의 사본을 첨부하여 관할세무서장에게 <u>지체없이 신고</u>하여야 한다.

(3) 휴업 · 폐업 등의 신고

사업장 관할 세무서장은 등록된 사업자가 다음 중 어느 하나에 해당하면 지체없이 사업자 등록을 말소하여야 한다,

① 폐업한 경우

② 사업자가 사업자 등록 후 정당한 사유없이 <u>6개월 이상 사업을 개시하지 않은 경우</u> 등

연/습/문/제

객관식

01. 다음 중 부가가치세에 대한 설명으로 옳지 않은 것은?

① 전단계거래공제법을 채택하고 있으므로 장부에 의한 매입세액을 공제받을 수 있다.
② 소비지국과세원칙에 따라 수출하는 재화는 부가가치세를 과세하지 아니한다.
③ 부가가치세는 최종소비자에게 귀착될 것이 예정되는 간접세이다.
④ 소비형 부가가치세제를 채택하고 있으므로 자본재를 매입한 경우 매입세액공제를 받을 수 있다.

02. 부가가치세에 대한 설명으로 옳은 것은?

① 부가가치세는 소비지국 과세원칙에 따라 수출품 및 수입품에 대해 영세율을 적용하여 과세한다.
② 부가가치세는 재화나 용역을 공급하는 사업자 및 재화를 수입하는 자를 납세의무자로 하지만 그 조세부담은 최종소비자에게 귀착되므로 간접세에 해당한다.
③ 부가가치세는 특정한 재화나 용역의 소비행위에 대해서만 과세하는 소비세에 해당한다.
④ 부가가치세의 과세방법 중 전단계거래공제법에 의하여 사업자가 거래징수한 매출세액에서 매입세액을 차감하여 납부세액을 계산한다.

03. 부가가치세법상 납세의무자에 해당하지 않는 것은?

① 국내사업장이 없는 비거주자
② 재화를 수입하는 자
③ 개인 · 법인과 법인격이 없는 사단 · 재단 또는 그 밖의 단체
④ 국가 · 지방자치단체와 지방자치단체조합

04. 부가가치세의 납세의무에 대한 설명으로 가장 거리가 먼 것은?

① 소득세가 과세되는 농가부업은 독립된 사업으로 보므로 부가가치세를 납부할 의무가 발생할 수 있다.

② 사업자가 국외에서 재화를 공급한 경우에는 납세의무가 없다.

③ 국외에서 제공하는 용역의 공급에 대하여는 당해 사업장이 국내에 있는 경우 영(0)의 세율을 적용함으로써 납세의무가 있다.

④ 국가와 지방자치단체는 납세의무자에 포함되지 않는데, 이것은 국가와 지방자치단체가 실질적으로 부가가치세 납세의무를 부담 할 수 없기 때문이다.

05. 부가가치세법상 사업장에 대한 설명으로 틀린 것은?

① 제조업에 있어서 제품의 포장만을 하거나 용기에 충전만을 하는 장소는 사업장이 아니다.

② 직매장은 사업장으로 보며, 하치장은 사업장으로 보지 않는다.

③ 건설업을 영위하는 법인은 건설하는 장소가 사업장이다.

④ 부동산임대업을 영위하는 법인의 사업장은 임대부동산의 등기부상 소재지이다.

06. 다음 중 부가가치세법상 사업장에 대한 설명이 틀린 것은?

① 사업장은 사업자 또는 그 사용인이 상시 주재하여 거래의 전부 또는 일부를 행하는 장소로 한다.

② 제조업에 있어서는 최종 제품을 완성하는 장소를 사업장으로 한다.

③ 무인자동판매기를 통하여 재화·용역을 공급하는 사업은 그 무인자동판매기를 설치한 장소를 사업장으로 한다.

④ 사업장을 설치하지 않은 경우에는 사업자의 주소 또는 거소를 사업장으로 한다.

07. 부가가치세법상 사업장의 범위에 관한 설명으로 틀린 것은?

① 사업자가 자기의 사업과 관련하여 생산하거나 취득한 재화를 직접 판매하기 위하여 특별히 판매시설을 갖춘 장소는 사업장으로 본다.

② 사업장을 설치하지 아니한 경우에는 사업자의 주소 또는 거소를 사업장으로 한다.

③ 사업자가 법령에 규정하는 기존사업장 외에 임시사업장을 개설하는 경우에는 그 임시사업장은 기존사업장에 포함되는 것으로 한다.

④ 부동산임대업을 영위하는 사업자의 경우 사업장은 그 사업에 관한 업무를 총괄하는 장소로 한다.

08. 부가가치세법상 사업장에 관한 설명이다. 옳지 않는 것은?

① 부가가치세는 사업장마다 신고 · 납부하는 것이 원칙이다.

② 주사업장총괄납부 사업자는 부가가치세를 주된 사업장에서 총괄하여 납부하지만, 신고는 각 사업장별로 해야 한다.

③ 직매장은 사업장으로 보며 하치장은 사업장으로 보지 않는다.

④ 건설업을 영위하는 법인은 건설하는 장소가 사업장이다.

09. 부가가치세법상 사업자단위 과세제도에 대한 설명이 옳지 않은 것은?

① 사업자단위로 등록한 사업자는 그 사업자의 본점 또는 주사무소에서 총괄하여 신고 · 납부할 수 있다

② 둘 이상의 사업장이 있는 사업자는 사업자단위로 해당 사업자의 본점 또는 주사무소 관할세무서장에게 등록할 수 있다

③ 사업자단위로 등록한 사업자는 그 사업자의 본점 또는 주사무소에서 총괄하여 납부만 할 수 있다

④ 사업자단위로 등록하려면 사업자단위과세사업자로 적용받으려는 과세기간 개시 20일 전까지 등록하여야 한다.

10. 다음은 부가가치세의 신고와 납세지에 관한 설명이다. 잘못된 것은?

① 부가가치세는 원칙적으로 사업장마다 신고 · 납부하여야 한다.

② 주사업장 총괄납부를 신청한 사업자는 주된 사업장에서 총괄하여 납부하나, 신고는 각 사업장별로 해야 한다.

③ 사업자단위과세사업자는 그 사업자의 본점 또는 주사무소에서 총괄하여 신고 · 납부하나, 모든 사업장이 사업자등록을 하고 각 사업장 명의로 세금계산서를 발급하여야 한다.

④ 사업장은 사업자 또는 그 사용인이 상시 주재하여 거래의 전부 또는 일부를 행하는 장소이다.

11. 다음 중 부가가치세법상 과세기간에 대한 설명으로 옳지 않은 것은?

① 간이과세자의 과세기간은 1.1.~12.31.이다.

② 신규사업자의 최초과세기간은 사업개시일부터 그날이 속하는 과세기간종료일까지이다.

③ 폐업자의 최종과세기간은 과세기간 개시일부터 폐업일까지이다.

④ 개인사업자의 경우 1기분 과세기간은 1.1.~3.31.이다.

12. 다음은 부가가치세법상 사업자등록에 관한 내용이다. 틀린 것은?

① 2이상의 사업장이 있는 주사업장 총괄납부 사업자는 사업장별로 사업자등록을 하지 않고 주사업장에 대하여 사업자등록을 한다.

② 사업자단위 과세사업자는 본점 또는 주사무소에 대하여 사업자등록을 한다.

③ 부가가치세법상 사업자등록은 과세사업자에게만 적용되는 규정이다.

④ 부가가치세 면세사업과 과세사업을 겸영하는 사업자는 부가가치세법에 의한 사업자등록증을 발급받아야 한다.

13. 다음 중 부가가치세법상 사업자등록의 정정사유가 아닌 것은?

① 개인사업자가 대표자를 변경하는 때

② 상속으로 인하여 사업자의 명의가 변경되는 때

③ 법인사업자의 대표자를 변경하는 때

④ 사업의 종류를 변경 또는 추가하는 때

14. 부가가치세법상 사업자등록을 이행하지 않을 경우의 불이익에 대한 설명으로 잘못된 것은?

① 사업자로서 세금계산서를 발급할 수 없다.

② 미등록가산세의 적용을 받는다.

③ 사업자등록전 매입세액은 원칙적으로 매출세액에서 공제받을 수 없다.

④ 사업을 개시한 이후 사업자등록을 하기 전에는 공급받은 부분에 대해 세금계산서를 발급받을 수 없고 영수증을 발급받아야 한다.

15. 다음 중 부가가치세법상 주사업장 총괄납부에 대한 설명으로 가장 틀린 것은?

① 계속사업자의 경우 총괄납부하려는 과세기간 개시 20일 전에 신청서를 제출하여야 한다.

② 부가가치세에 대한 납부와 환급만을 총괄한다.

③ 세금계산서 발급도 주사업장에서 총괄하여 발급한다.

④ 주사업장 총괄납부는 과세기간 개시 20일 전에 포기할 수 있다.

16. 다음 중 부가가치세법상 사업자등록에 대한 설명으로 옳지 않은 것은?

① 사업장 관할 세무서장은 사업개시일 전 사업자등록을 한 사업자가 사업자등록을 한 후 정당한 사유 없이 12개월 이상 사업을 시작하지 아니하는 경우 지체없이 사업자등록을 말소하여야 한다.

② 사업장 관할 세무서장은 사업자가 정당한 사유 없이 계속하여 둘 이상의 과세기간에 걸쳐 부가가치세를 신고하지 아니하고 사실상 폐업 상태에 있는 경우 지체없이 사업자등록을 말소하여야 한다.

③ 사업장 관할 세무서장은 사업자가 부도발생, 고액체납 등으로 도산하여 소재 불명인 경우 지체없이 사업자등록을 말소하여야 한다.

④ 사업자는 사업장마다 사업개시일부터 20일 이내에 사업장 관할 세무서장에게 사업자등록을 신청하여야 한다.

세무회계 2급은 객관식으로 출제되나, 수험생들의 학습효과를 배가시키기 위해서 주관식 문제도 수록하였습니다.

주관식

01. 다음 (　　)에 들어갈 숫자는?

> 사업자는 사업장마다 대통령령으로 정하는 바에 따라 사업개시일부터 (　　)일 이내에 사업장 관할 세무서장에게 등록하여야 한다. 다만, 신규로 사업을 시작하려는 자는 사업개시일 전이라도 등록할 수 있다.

02. 다음 괄호 안에 들어갈 숫자를 쓰시오.

> 사업자단위과세사업자가 각 사업장별로 신고·납부하거나 주사업장총괄납부를 하려는 경우에는 그 납부하려는 과세기간이 시작하기 (　　)일 전에 사업자의 인적사항, 사업자단위과세 포기사유, 그밖의 참고사항 등을 적은 사업자단위과세포기신고서를 사업자단위과세적용사업장 관할세무서장에게 제출하여야 한다.

03. 다음 ( ) 안에 공통으로 들어갈 숫자는 무엇인가?

> 부가가치세법상 임시사업장을 개설하고자 하는 자는 임시사업장개설신고서를 당해 임시사업장의 사업 개시일 부터 10일 이내에 임시사업장의 관할세무서장에게 제출(국세정보통신망에 의한 제출을 포함한다)하여야 한다. 다만, 임시사업장의 설치기간이 ( )일 이내인 경우에는 임시사업장개설신고를 하지 아니할 수 있다. 또한 임시사업장을 개설한 자가 그 임시사업장을 폐쇄한 때에는 그 폐쇄일로부터 ( )일 이내에 임시사업장폐쇄신고서를 당해 임시사업장의 관할세무서장에게 제출하여야 한다.

04. 다음 자료에서 빈칸에 들어갈 내용은 무엇인가?

> 주된 사업장에서 총괄하여 납부하는 사업자가 되려는 자는 그 납부하려는 과세기간 개시 ( )일 전에 '주된 사업장 총괄납부 신청서'를 주된 사업장의 관할세무서장에게 제출하여야 한다.

05. 부가가치세법상 다음 괄호 안에 알맞은 숫자는?

> 사업자가 사업개시일로부터 20일 이내에 등록을 신청하지 아니한 경우에는 사업개시일로부터 등록을 신청한 날의 직전일까지의 공급가액 합계액의 ( )%를 가산세로 한다.

06. 다음의 (가)에 알맞은 답을 적으시오.

> 사업장이 둘 이상인 사업자(사업장이 하나이나 추가로 사업장을 개설하려는 사업자를 포함한다)는 사업자 단위로 해당 사업자의 본점 또는 주사무소 관할 세무서장에게 등록을 신청할 수 있다. 이 경우 등록한 사업자를 (가)라 한다.

연/습/문/제 답안

객관식

1	2	3	4	5	6	7	8	9	10	11	12	13	14	15
①	②	①	④	③	③	④	④	③	③	④	①	①	④	③
16														
①														

[풀이 - 객관식]

01. 부가가치세법은 전단계세액공제법을 채택하고 있고, 세금계산서 등에 의한 매입세액을 공제받을 수 있다.

02. ① 수출품에 대해서는 영세율을 적용하여 부가가치세를 과세하지 않으며 수입품에 대해서는 내국물품과 동일하게 부가가치세를 부과함

③ 부가가치세는 면세로 열거된 것을 제외한 모든 재화나 용역의 소비행위에 대해서 과세하는 일반소비세임

④ 전단계세액공제법에 의한다.

03. **국내사업장이 없는 비거주자는 납세의무가 없다.**

04. 부가가치세는 거래상대방으로부터 부가가치세를 거래징수하여 납부하는 조세이므로 **납세자의 영리목적 유무와는 무관**하다. 따라서 국가, 지방자치단체도 원칙적으로 납세의무자에 포함된다.

05. 건설업(법인)은 법인의 등기부상 소재지가 사업장이다.

06. 무인자동판매기를 통하여 재화 · 용역을 공급하는 사업은 그 **사업에 관한 업무를 총괄하는 장소**를 사업장으로 한다.

07. 부동산임대업을 영위하는 사업자의 경우 사업장은 해당 부동산의 등기부상 소재지를 사업장으로 한다. 다만, 사업자가 부동산상의 권리만을 대여하는 경우와 전기통신사업자, 한국토지공사, 한국자산관리공사, 예금보험공사 등이 부동산을 임대하는 경우에는 그 사업에 관한 업무를 총괄하는 장소로 한다.

08. 건설업의 법인사업자는 그 **법인의 등기부상 소재지(등기부상이 지점소재지 포함)**를 사업장으로 한다.

09. 사업자단위로 등록한 사업자는 납부 및 신고, 세금계산서발행등 업무를 본점 등에서 할 수 있으나, **총괄납부사업자는 납부만 총괄납부**할 수 있다.
10. 사업자단위과세사업자는 본점 또는 주사무소에서 사업자등록을 하고 그 등록번호로 세금계산서를 발급하여야 한다.
11. 개인과세사업자의 경우 1기분 과세기간은 1.1.~6.30.이다.
12. **주사업장 총괄납부 사업자의 사업자등록은 각 사업장별**로 해야 한다.
13. **개인사업자가 대표자를 변경시 폐업사유**에 해당한다.
14. 사업자등록전에는 주민등록번호발행분으로 하여 세금계산서를 발급받을 수 있다.
15. **주사업장 총괄납부의 경우에 세금계산서의 발급은 각 사업장별**로 한다.
16. 사업장 관할 세무서장은 사업자가 사업자등록을 한 후 **정당한 사유 없이 6개월 이상 사업을 시작하지 아니하는 경우 지체없이 사업자등록을 말소**하여야 한다.

주관식

01	20	02	20	03	10
04	20	05	1	06	사업자단위과세사업자

Chapter

2 과세거래

로그인 세무회계 2급

제1절 과세거래의 개념

부가가치세법상 과세대상, 즉 과세거래는 다음과 같이 규정하고 있다.

① **재화의 공급** ② **용역의 공급**

③ **재화의 수입(개인도 과세됨)**

제2절 재화의 공급

1. 재화의 개념

재화란 재산적 가치가 있는 모든 유체물과 무체물을 말한다. 다만, 유체물 중 그 자체가 소비의 대상이 되지 아니하는 수표·어음·주식·채권 등의 유가증권은 재화에 포함되지 아니한다.

구 분	구 체 적 범 위
유체물	상품, 제품, 원료, 기계, 건물과 기타 모든 유형적 물건
무체물	가스, 전기, 동력, 열, 기타 관리할 수 있는 자연력 또는 특허권, 실용신안권, 어업권 등 재산적 가치가 있는 유체물 이외의 모든 것

2. 공급의 범위

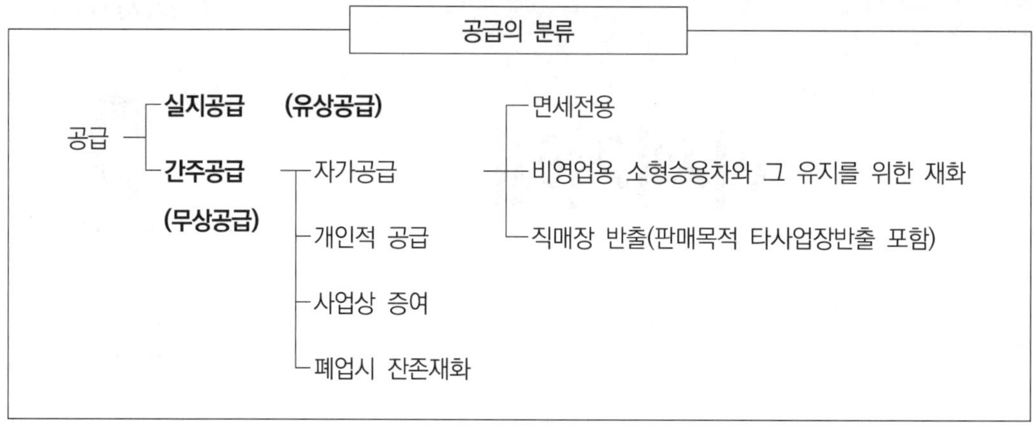

(1) 재화의 실지공급

구 분	내 용
계약상의 원인	① 매매계약 : 현금판매 · 외상판매 · 할부판매 · 장기할부판매 · 조건부 및 기한부판매 · 위탁판매 기타 매매계약에 의하여 재화를 인도 · 양도하는 것
	② **가공계약** : 자기가 주요자재의 전부 · 일부를 부담하고 상대방으로부터 인도받은 재화에 공작을 가하여 새로운 재화를 만드는 가공계약에 의하여 재화를 인도하는 것
	③ 교환계약 : 재화의 인도대가로서 다른 재화를 인도받거나 용역을 제공받는 교환계약에 의하여 재화를 인도 · 양도하는 것
	④ 현물출자 등 : 기타 계약상의 원인에 의하여 재화를 인도 · 양도하는 것
법률상의 원인	경매 · 수용 기타 법률상 원인에 의하여 재화를 인도 · 양도하는 것 * 소정법률에 따른 공매 · 경매 및 일정한 수용은 재화의 공급으로 보지 않는다.

(2) 재화의 공급으로 보지 아니하는 경우

① 담보제공

질권 · 저당권 또는 양도담보의 목적으로 동산 · 부동산 · 부동산상의 권리를 제공하는 것은 재화의 공급으로 보지 아니한다. 다만, 재화가 채무불이행 등의 사유로 사업용자산인 담보물이 인도되는 경우에는 재화의 공급으로 본다.

☞ 질권 : 채권자가 채무자 등으로부터 받은 물건(재산권)에 대하여 변제할 때까지 수중에 두고 변제가 없는 경우 그 물건에서 우선하여 변제받을 수 있는 담보물권

저당권 : 채무자가 점유를 이전하지 않고 채무의 담보로 제공한 목적물(부동산)을 채무자가 변제가 없는 경우 그 목적물에 대하여 다른 채권자보다 우선변제를 받을 수 있는 담보물권

양도담보 : 채권담보의 목적으로 담보물의 소유권을 채권자에게 이전하고, 채무자가 변제하지 않으면 채권자가 그 목적물로부터 우선변제를 받게 되나, 채무자가 변제시 목적물을 그 소유자에게 반환하는 것을 말한다.

② 사업을 포괄적으로 양도하는 경우

사업장별로 그 **사업에 관한 모든 권리와 의무**를 포괄적으로 승계시키는 사업의 양도는 재화의 공급으로 보지 않는다.

거래징수의 실익도 없고 사업자의 편의 및 자금부담완화를 위해서 사업의 포괄적양도는 재화의 공급으로 보지 않는다.

여기서 **다음의 것을 포함하지 않고 승계시킨 경우에도 해당 사업을 포괄적으로 승계시킨 것으로 본다.**

㉠ 미수금과 미지급금에 관한 것

㉡ 사업과 직접 관련이 없는 토지 · 건물에 관한 것(업무무관부동산)

☞ 특례 : 사업양수인이 사업양도대가를 지급하는 때에 대가를 받은 자로부터 부가가치세를 징수하여 관할세무서장에 납부할 수 있음. 이 경우 사업양수인은 대리납부세액을 매입세액공제

③ 조세를 물납하는 경우

사업자가 사업용 자산을 상속세 및 증여세법, 지방세법 및 종합부동산세법의 규정에 의하여 물납을 하는 것은 재화의 공급으로 보지 않는다.

④ 신탁재산*1의 소유권 이전으로 다음 어느 하나에 해당시

㉠ 위탁자로부터 수탁자에게 신탁재산을 이전시

㉡ 신탁의 종료로 인하여 수탁자로부터 위탁자에게 신탁재산을 이전시

㉢ 수탁자가 변경되어 새로운 수탁자에게 신탁재산을 이전하는 경우

*1. 수탁자가 위탁자로부터 이전받아 신탁목적에 따라 관리하고 처분할 수 있는 재산

⑤ 공매 및 강제경매 하는 경우

국세징수법에 의한 공매, 민사집행법의 강제경매에 의하여 재화를 인도 · 양도하는 것은 재화의 공급으로 보지 않는다.

☞ 강제경매 : 채권자 등이 법원에 신청하여 채무자 소유의 부동산을 압류하고 경매하여 채무변제에 충당하는 것
공매 : 공기관에 의해 소유자의 의사에 반하여 강제적으로 압류한 재산이나 물건 따위를 일반인에게 공개하여 매매하는 것

⑥ 수용시 받는 대가

도시 및 주거환경정비법, 공익사업을 위한 토지 등의 취득 및 보상에 관한 법률등에 따른 수용절차에 있어서 수용대상인 재화의 소유자가 그 재화에 대한 대가를 받는 경우에는 재화의 공급으로 보지 아니한다.

(3) 재화의 간주공급(무상공급)

간주 또는 의제란 본질이 다른 것을 일정한 법률적 취급에 있어 동일한 효과를 부여하는 것을 말한다. '간주한다' '의제한다' '본다'는 표현은 모두 같은 의미이다.

즉 간주공급이란 본래 재화의 공급에 해당하지 않는 일정한 사건들을 재화의 공급으로 의제하고 있다.

① 자가공급

㉠ 면세사업에 전용

과세사업과 관련하여 생산 또는 취득한 재화를 면세사업을 위하여 직접사용·소비하는 경우에는 재화의 공급으로 본다. **다만 처음부터 매입세액이 공제되지 않은 것은 과세되는 재화의 공급으로 보지 않는다.**

즉 과세사업에서는 매입세액을 공제받았으므로, 과세사업용으로 구입한 과세재화를 면세전용시 매입세액 공제받은 것에 대해서 부가가치세를 징수하겠다는 것이 법의 취지다.

㉡ 비영업용 소형승용차 또는 그 유지에의 전용

과세사업과 관련하여 생산 또는 취득한 재화를 비영업용 소형승용차로 사용하거나 그 유지를 위한 재화로 사용·소비하는 것은 재화의 공급으로 본다. **다만, 당초 매입세액이 공제되지 아니한 것은 재화의 공급으로 보지 아니한다.**

㉢ 직매장 반출(판매목적 타 사업장에의 반출 포함)

2 이상의 사업장이 있는 사업자가 자기 사업과 관련하여 생산 또는 취득한 재화를 타인에게 직접 판매할 목적으로 자기의 다른 사업장에 반출하는 것은 재화의 공급으로 본다. **다만, 주사업장총괄납부 또는 사업자단위 과세의 경우 공급의제를 배제한다.**

따라서 2 이상의 사업장을 가진 사업자가 판매목적으로 재화를 반출시 타사업자에게 공급하는 것처럼 재화의 공급으로 의제하라는 것이 법의 취지이다.

② 개인적 공급

사업자가 자기의 사업과 관련하여 생산하거나 취득한 재화를 사업과 직접 관련 없이 사용·소비하는 경우에는 이를 재화의 공급으로 본다.

다만 처음부터 매입세액이 공제되지 않은 것은 재화의 공급의제로 보지 않는다.

그리고 작업복, 작업모, 작업화, 직장문화비, 인당 연간 10만원 이하 경조사와 인당 연간 10만원 이하의 명절·기념일 등과 관련된 재화공급는 과세 제외된다.

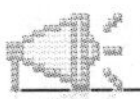

③ 사업상 증여

사업자가 자기의 사업과 관련하여 생산하거나 취득한 재화를 자기의 고객이나 불특정다수인에게 증여하는 경우에는 재화의 공급으로 본다.

<u>다만 처음부터 매입세액이 공제되지 않은 것은 재화의 공급의제로 보지 않는다.</u>

※ 예외 : 다음에 해당하는 경우에는 사업상 증여로 보지 않는다.

㉠ 증여하는 재화의 대가가 **<u>주된 거래인 재화공급의 대가에 포함</u>**되는 것(=부수재화)

㉡ 사업을 위하여 대가를 받지 아니하고 다른 사업자에 인도 또는 양도하는 **<u>견본품</u>**

㉢ 불특정다수인에게 **<u>광고선전물을 배포하는 것</u>**

㉣ 법에 따라 **특별재난지역에 무상공급하는 물품**

㉤ **<u>자기적립마일리지*등으로만 전액을 결제받고 공급하는 재화</u>**

(* 재화등을 공급하고 마일리지를 적립해준 사업자에게서 구입할 때에만 사용할 수 있는 마일리지)

④ 폐업시 잔존재화

사업자가 사업을 폐지하는 때에 잔존하는 재화는 자기에게 공급하는 것으로 본다. 또한, 사업개시 전에 등록한 경우로서 사실상 사업을 개시하지 아니하게 되는 때에도 동일하다. **다만, 매입시 매입세액이 공제되지 아니한 재화를 제외한다.**

〈간주공급요약〉 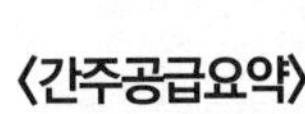

구 분		**<u>당초 매입세액 불공제시 공급의제</u>**	공급시기	과세표준
1. 자가공급	① 면세사업에 전용	×	**재화가 사용·소비되는 때**	**시가**
	② 비영업용승용자동차와 그 유지를 위한 재화	×		
	③ 판매목적 타사업장 반출	**공급의제 ○**	**재화를 반출하는 때**	**취득가액 (+ 가산)**
2. 개인적공급		×	**사용·소비되는 때**	**시가**
3. 사업상증여		×	**재화를 증여하는 때**	
4. 폐업시 잔존재화		×	**폐업하는 때**	

☞ 수출에 해당하여 영세율로 매입한 재화를 간주공급시 공급대상에 추가함.

제3절 용역의 공급

1. 용역의 개념

용역이란 재화 이외의 재산적 가치가 있는 모든 역무 및 그 밖의 행위를 말한다.

2. 공급의 범위

(1) 용역의 실지공급

① 역무를 제공하는 것(인적용역의 공급)
② 재화·시설물을 사용하게 하는 것(부동산임대)
[**전·답, 과수원의 임대와 공익사업관련 지역권등 대여는 제외**]
③ 권리를 사용하게 하는 것(권리의 대여 : 특허권의 대여)

〈가공계약〉 

용역의 공급	재화의 공급
상대방으로부터 인도받은 재화에 대하여 **자기가 주요 자재를 전혀 부담하지 않고** 단순히 가공만 하여 주는 것	자기가 주요자재의 **전부 또는 일부를 부담하고** 상대방으로부터 인도받은 재화에 공작을 가하여 새로운 재화를 만드는 것

☞ *예외(건설업) : **건설업자가 건설자재의 전부 또는 일부를 부담하는 경우에도 용역의 공급으로 본다.***

(2) 용역의 간주공급

① 자가공급

사업자가 자기의 사업을 위하여 직접 용역을 무상공급하여 다른 동업자와의 과세형평이 침해되는 경우로서 기획재정부령이 정하는 용역에 대하여는 자기에게 용역을 공급하는 것으로 본다. 그러나 현재 기획재정부령이 별도로 규정한 사항은 없으므로 용역의 자가공급은 현실적으로 과세되지 않는다.

② 무상공급

대가를 받지 않고 타인에게 용역을 공급하는 것은 용역의 공급으로 보지 않는다.
다만, **특수관계자간 부동산 무상임대용역은 과세**한다.

제4절 부수재화 또는 용역

부수재화 또는 용역이란 주된 거래인 재화(용역)의 공급에 필수적으로 부수되는 재화 또는 용역의 공급은 주된 거래인 재화의 공급(용역)에 포함된다.

1. '주된 거래'에 부수하여 공급되는 재화 또는 용역

범위	주된 재화 · 용역	부수재화 · 용역	과세 · 면세여부
1. 해당대가가 **주된 거래인 재화 또는 용역의 공급대가**에 통상적으로 포함되어 공급되는 재화 또는 용역	TV(과세)	**리모콘 (과세)**	**과세**
	조경공사(과세)	**나무, 꽃 (면세)**	**과세**
2. 거래의 관행으로 보아 통상적으로 **주된 거래인 재화 또는 용역의 공급에 부수**하여 공급되는 것으로 인정되는 재화	농산물 (면세)	**운반비 (과세)**	**면세**
	교육용역 (면세)	**도서 (면세)**	**면세**

2. '주된 사업'에 부수하여 공급되는 재화 또는 용역

<table>
<tr><th>범위</th><th>주된 사업</th><th>부수 재화 · 용역</th><th>과세 · 면세 여부</th></tr>
<tr><td rowspan="4">1. 주된 사업과 관련하여 우발적 또는 일시적으로 공급되는 재화 또는 용역</td><td rowspan="2">제조업
(과세사업)</td><td>토지
(면세)</td><td>면세</td></tr>
<tr><td colspan="2">부수 재화 등이 과세면 과세,
부수 재화 등이 면세면 면세</td></tr>
<tr><td rowspan="2">은행업
(면세사업)</td><td>승용차
(과세)</td><td>면세</td></tr>
<tr><td colspan="2">부수재화 등이 과세 · 면세를 불문하고 무조건 면세</td></tr>
<tr><td>2. 주된 사업과 관련하여 주된 재화의 생산에 필수적으로 부수하여 생산되는 재화(부산물)</td><td colspan="3">부산물의 매각으로서 주산물이 과세면 부산물도 과세이고, 주산물이 면세이면 부산물도 면세에 해당한다.</td></tr>
</table>

제5절 재화의 수입

재화의 수입이란 다음에 해당하는 물품을 우리나라에 반입하는 것(보세구역을 거치는 것은 보세구역에서 반입하는 것)을 말한다.

① 외국으로부터 우리나라에 도착된 물품(외국의 선박에 의하여 공해에서 채집되거나 잡힌 수산물을 포함한다)으로서 수입신고가 수리되기 전의 것

② 수출신고가 수리된 물품[수출신고가 수리된 물품으로서 **선적되지 아니한 물품을 보세구역에서 반입하는 경우는 제외**한다]

보세구역  참고

보세구역이란 우리나라의 영토 중 관세의 부과를 유예한 일정구역을 말한다.
따라서 외국으로부터 재화가 보세구역으로 반입된 시점에서는 수입으로 보지 아니하고, 보세구역에서 반출된 시점에 수입으로 본다.

1. 외국 → 보세구역(A사업자)	**수입으로 보지 아니함.**
2. 보세구역(A사업자) → 보세구역(B사업자) 3. 보세구역외(C사업자) → 보세구역(A사업자)	재화 또는 용역의 공급
4. 보세구역(B사업자) → 보세구역외(D사업자)	**재화의 수입**

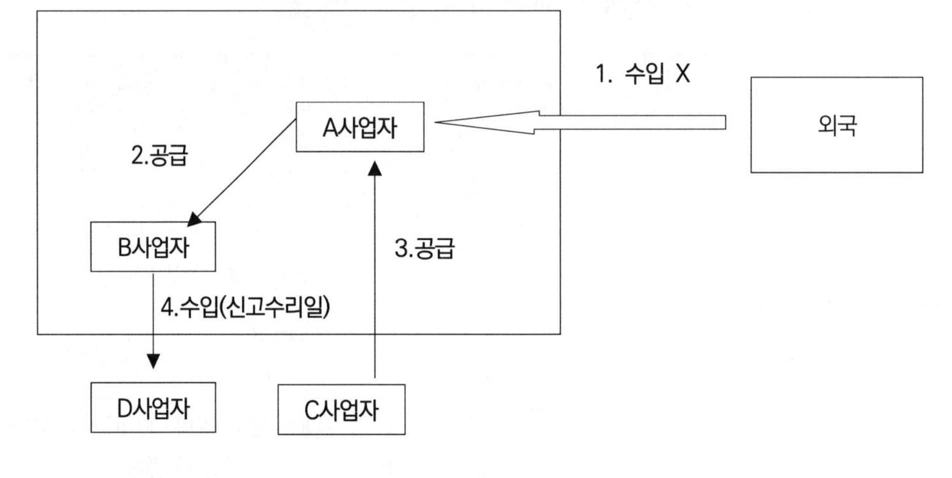

제6절 거래시기(=공급시기)

1. 재화의 공급시기

(1) 원칙

구 분	공급시기
① 재화의 이동이 필요한 경우	재화가 인도되는 때
② 재화의 이동이 필요하지 아니한 경우	재화가 이용가능하게 되는 때
③ 위의 규정을 적용할 수 없는 경우	재화의 공급이 확정되는 때

(2) 구체적 재화의 공급시기

① 일반적인 경우

구 분	재화의 공급시기
현금판매 · 외상판매 또는 할부판매	재화가 인도되거나 이용가능하게 되는 때
반환조건부 · 동의조건부 · 기타 조건부 판매	그 조건이 성취되어 판매가 확정되는 때
기한부 판매	기한이 경과되어 판매가 확정되는 때
재화의 공급으로 보는 가공의 경우	가공된 재화를 인도하는 때
자가공급(면세전용, 비영업용소형승용차 유지등) 개인적공급	**재화가 사용 · 소비되는 때**
자가공급(판매목적 타사업장 반출)	**재화를 반출하는 때**
사업상증여	재화를 증여하는 때
폐업시 잔존재화	**폐업하는 때(폐업신고일 X)**
무인판매기에 의한 공급	**무인판매기에서 현금을 인취하는 때**
사업자가 보세구역 내에서 보세구역 외의 국내에 재화를 공급하는 경우	당해 재화가 수입재화에 해당하는 때에는 수입신고수리일

<table>
<tr><th colspan="2">구 분</th><th>재화의 공급시기</th></tr>
<tr><td rowspan="4">수출재화</td><td>내국물품의 국외반출 · 중계무역방식의 수출</td><td>수출재화의 선적일(또는 기적일)</td></tr>
<tr><td>원양어업 · 위탁판매수출</td><td>수출재화의 공급가액이 확정되는 때</td></tr>
<tr><td>위탁가공무역방식의 수출 · 외국인도수출</td><td>외국에서 당해 재화가 인도되는 때</td></tr>
<tr><td colspan="2">☞ 중계무역방식수출 : 외국으로부터 수입한 물품을 보세구역 이외의 국내에 반입하는 것을 금지하고 수출하는 것(수입신고가 수리되기 전의 물품으로서 보세구역에 보관하는 물품을 외국으로 반출하는 것도 포함)
위탁판매수출 : 물품을 무환(무상)수출하여 해당 물품이 판매된 범위 안에서 대금을 결제하는 계약에 의한 수출
위탁가공무역(임가공무역)방식수출 : 원료의 전부 또는 일부를 외국에 수출하거나 외국에서 조달하여 이를 가공한 후 가공물품을 수입하거나 제 3국에 수출하는 무역형태
외국인도수출 : 수출대금은 국내에서 영수하지만 국내에서 통관되지 아니한 수출물품을 외국으로 인도하는 수출</td></tr>
</table>

② 기타의 경우

<table>
<tr><th>구 분</th><th>요 건</th><th>공급시기</th></tr>
<tr><td>장기할부판매</td><td>• 인도 후 2회 이상 분할하여 대가를 받고
• 당해 재화의 인도일의 다음날부터 최종 부불금 지급기일까지의 기간이 1년 이상인 것</td><td rowspan="4">대가의 각 부분을 받기로 한 때</td></tr>
<tr><td>완성도기준지급</td><td>재화의 제작기간이 장기간을 요하는 경우에 그 진행도 또는 완성도를 확인하여 그 비율만큼 대가를 지급하는 것</td></tr>
<tr><td>중간지급조건부</td><td>재화가 인도되기 전 또는 이용가능하게 되기 전에 계약금 이외의 대가를 분할하여 지급하고, 계약금 지급일로부터 잔금지급일까지의 기간이 6개월 이상인 경우</td></tr>
<tr><td>계속적 공급</td><td>전력 기타 공급단위의 구획할 수 없는 재화의 계속적 공급하는 경우</td></tr>
</table>

☞ 완성도기준지급 및 중간지급조건부의 경우 재화인도일, 용역완료일 이후에 받는 대가는 재화의 인도시점, 용역제공의 완료시점이 공급시기이다.

2. 용역의 공급시기

(1) 원칙

용역의 공급시기는 역무가 제공되거나 재화·시설물 또는 권리가 사용되는 때로 한다.

(2) 거래형태별 용역의 공급시기

<table>
<tr><th colspan="2">구 분</th><th>공급시기</th></tr>
<tr><td rowspan="3">일반적</td><td>① 통상적인 공급의 경우(할부판매 포함)</td><td>역무의 제공이 완료되는 때</td></tr>
<tr><td>② 완성도기준지급 · 중간지급조건부 · 장기할부 또는 기타 조건부 용역공급, 공급단위를 구획할 수 없는 용역의 계속적 공급의 경우</td><td>대가의 각 부분을 받기로 한 때</td></tr>
<tr><td>③ 위의 규정을 적용할 수 없는 경우</td><td>역무제공이 완료되고 그 공급가액이 확정되는 때</td></tr>
<tr><td rowspan="2">특수</td><td>① 부동산임대보증금에 대한 간주임대료</td><td rowspan="2">예정신고기간 종료일 또는 과세기간 종료일</td></tr>
<tr><td>② 2 과세기간 이상에 걸쳐 부동산임대용역을 공급하고 그 대가를 선불 또는 후불로 받는 경우에 월수에 따라 안분 계산한 임대료</td></tr>
</table>

3. 공급시기의 특례

<table>
<tr><th>구 분</th><th>공 급 시 기</th></tr>
<tr><td>폐업시</td><td>폐업 전에 공급한 재화 또는 용역의 공급시기가 폐업일 이후에 도래하는 경우에는 그 폐업일을 공급시기로 한다.</td></tr>
<tr><td rowspan="2">세금계산서
선발급시</td><td><u>재화 또는 용역의 공급시기가 되기 전</u>에 재화 또는 용역에 대한 대가의 전부 또는 일부를 받고, 그 받은 대가에 대하여 세금계산서 또는 영수증을 발급하면 그 세금계산서 등을 발급하는 때를 각각 그 재화 또는 용역의 공급시기로 본다.</td></tr>
<tr><td>공급시기가 도래하기 전에 대가를 받지 않고 세금계산서 또는 영수증을 발급하는 경우에도 그 발급하는 때를 재화 또는 용역의 공급시기로 본다.
① 장기할부판매
② 전력 기타 공급단위를 구획할 수 없는 재화 또는 용역을 계속적으로 공급하는 경우</td></tr>
</table>

제7절 거래 장소(재화 또는 용역의 공급장소)

거래장소는 우리나라의 과세권이 미치는 거래인가의 여부에 관한 판정기준이다.
따라서 국외거래에 대해서는 원칙적으로 우리나라의 과세권이 미치지 않는다.

구 분		공급장소
재화의 공급장소	① 재화의 이동이 필요한 경우	**재화의 이동이 개시되는 장소**
	② 재화의 이동이 필요하지 아니한 경우	재화의 공급시기에 재화가 소재하는 장소
용역의 공급장소	① 원칙	**역무가 제공되거나 재화 · 시설물 또는 권리가 사용되는 장소**
	② 국내외에 걸쳐 용역이 제공되는 국제운송의 경우에 사업자가 비거주자 또는 외국법인일 때	여객이 탑승하거나 화물이 적재되는 장소
	③ 전자적 용역[*1]	용역을 공급받는 자의 사업장 소재지 · 주소지 · 거소지

*1. 이동통신단말장치 또는 컴퓨터 등에 저장되어 구동되거나, 저장되지 아니하고 실시간으로 사용할 수 있는 것(게임, 동영상파일, 소프트웨어 등 저작물 등으로 전자적 방식으로 처리하여 음향 및 영상 등의 형태로 제작된 것)

연/습/문/제

 객관식

01. 부가가치세법상 재화와 용역에 관한 설명이다. 옳지 않은 것은?

① 재화는 재산적 가치가 있는 모든 유체물과 무체물을 말한다.
② 건설업은 건설업자가 건설자재의 전부 또는 일부를 부담하는 경우도 용역의 공급으로 본다.
③ 질권 · 저당권의 목적으로 유체물을 제공하는 것은 재화의 공급이다.
④ 주식은 재화에 해당하지 아니한다.

02. 다음 중 부가가치세법상 재화의 공급에 해당하는 것은?

① 사업용 건물에 저당권을 설정한 경우
② 대여한 재화의 망실에 대하여 받는 배상금
③ 재산세를 부동산으로 물납하는 경우
④ 건물을 현물출자하고 출자지분을 받는 경우

03. 다음의 거래 중에서 부가가치세 과세대상이 아닌 것은?

① 골프장 테니스장에서 반환의무가 없는 입회금을 받은 경우
② 신발제조업의 공장건물이 법률에 의하여 수용된 경우
③ 사업자가 사업용 건물을 현물출자한 경우
④ 사업을 포괄적으로 양도한 경우

04. 다음은 부가가치세법상 재화의 공급의제 중 자가공급에 대한 것이다. 이에 해당하지 않는 것은? (모든 재화는 매입시 매입세액공제를 받았다고 가정한다)

① 자기의 사업과 관련하여 생산·취득한 재화를 자기의 면세사업을 위하여 직접 사용·소비하는 것
② 자기의 사업과 관련하여 생산·취득한 재화를 비영업용 소형승용차로 사용하거나 또는 그 유지에 사용·소비하는 것
③ 자기의 사업과 관련하여 생산·취득한 재화를 자기의 과세사업을 위하여 사용·소비하는 것
④ 둘 이상의 사업장이 있는 사업자가 자기의 사업과 관련하여 생산·취득한 재화를 타인에게 직접 판매할 목적으로 자기의 다른 사업장에 반출하는 것

05. 다음은 부가가치세법상 간주공급에 대한 내용이다. 틀린 것은?

① 폐업시 잔존재화의 경우 당초 매입세액이 공제되지 아니한 경우 재화의 공급으로 보지 아니한다.
② 판매목적 타사업장 반출이 과세거래에 해당하는 경우에 세금계산서를 발급하지 않는다.
③ 직장체육비, 직장문화비와 관련된 재화를 사용인에게 무상 공급하는 경우 재화의 공급으로 보지 않는다.
④ 증여하는 재화의 대가가 주된 거래인 재화공급의 대가에 포함되는 것은 재화의 공급으로 보지 않는다.

06. 다음 중 부가가치세법상 용역의 공급에 대한 설명으로 옳지 않은 것은?

① 근로자가 고용관계에 따라 근로용역을 제공하는 것은 과세대상으로 보지 아니한다.
② 가공계약의 경우 주요자재를 전혀 부담하지 않거나 일부 부담하면 용역의 공급으로 보나, 주요자재의 전부를 부담하면 재화의 공급으로 본다.
③ 전, 답, 과수원의 임대는 과세대상인 용역의 공급으로 보지 아니한다.
④ 사업자가 자기 사업과 관련하여 사업장 내에서 그 사용인에게 음식용역을 무상으로 제공하는 경우 용역의 공급으로 보지 아니한다.

07. 다음은 부가가치세법상 과세거래에 대한 설명이다. 옳지 않은 것은?

① 사업자가 특수관계인에게 사업용 부동산의 임대용역을 무상으로 공급하는 경우 용역의 공급으로 보지 않는다.
② 현재 용역의 자가공급은 공급으로 의제하여 과세하지 않고 있다.
③ 과세거래와 관련하여 부수적으로 공급하는 재화는 부가가치세를 과세한다.
④ 수출신고가 수리되었으나 선적되지 않은 물품을 보세구역으로부터 인취하는 경우는 재화의 수입으로 보지 아니한다.

08. ㈜정우(대표이사 : 김용석)는 상가건물을 소유하고 임대사업을 하고 있다. 1층은 ㈜장원에게 보증금 1억 원 및 월 2,200,000(부가세포함)원에 임대하고 있으며, 2층은 ㈜정우의 대표이사의 아들인 김일선에게 무상으로 임대하고 있다. 다음 설명 중 가장 옳지 않은 것은?

① ㈜정우에서 생산하는 제품을 무상으로 김일선에 제공하는 경우 재화의 공급으로 본다.
② 김일선에게 제공한 임대용역은 용역의 공급에 해당하지 않는다.
③ ㈜정우는 ㈜장원에게 세금계산서를 발행한다.
④ ㈜정우가 임대사업용 건물을 양도하는 경우 재화의 공급으로 본다.

09. 다음은 부가가치세법상 부수공급에 관한 사례이다. 부수공급재화가 과세인 경우는?

① 음악CD판매점에서 CD와 CD에 부수되는 도서를 함께 공급하고 대가를 받은 경우
② 미술학원에서 미술교육용역에 포함하여 실습자재를 공급하는 경우
③ 은행이 은행업에 사용하던 건물을 양도하는 경우
④ 복숭아통조림 제조업자가 통조림제조에 사용하고 남은 복숭아를 그대로 판매하는 경우

10. 부가가치세법상 부수재화 또는 용역의 공급이 면세가 되는 것은?

① 허가된 음악학원에서 교육용역을 제공하면서 실습자재를 제공하는 것
② 에어컨을 판매하면서 에어컨을 설치해 주는 것
③ 조경공사업체가 조경공사에 포함하여 수목을 공급하는 것
④ 피아노를 공급하면서 피아노용 의자를 제공하고 이를 운반해주는 것

11. 다음은 부가가치세법상 재화의 수입에 대한 설명이다. 옳지 않은 것은?

① 재화의 수입은 수입물품을 우리나라에 반입하는 것을 말한다.
② 수출신고가 수리된 물품으로서 선적이 완료된 물품을 보세구역에서 반입하는 것은 재화의 수입으로 보지 아니한다.
③ 우리나라 선박에 의하여 공해에서 채취되거나 잡힌 수산물을 우리나라에 반입하는 것은 재화의 수입으로 보지 아니한다.
④ 외국 선박에 의하여 공해에서 채취되거나 잡힌 수산물을 우리나라에 반입하는 것은 재화의 수입으로 본다.

12. 부가가치세법상 재화의 수입에 대한 설명으로 잘못된 것은?

① 외국으로부터 재화를 들여오는 경우 부가가치세가 과세된다.
② 수입하는 재화에 대하여는 세관장이 수입자로부터 당해 재화의 수입시에 부가가치세를 징수한다.
③ 수출신고를 마치고 선적이 완료된 물품이 계약취소 등의 사유로 수출되지 않고 국내로 다시 반입하는 경우는 재화의 수입에 해당하지 않는다.
④ 수입하는 재화에 대하여는 당해 수입자가 사업자인지 여부에 관계없이 부가가치세가 과세 된다.

13. 다음 중 부가가치세법상 재화의 공급시기에 대한 설명으로 틀린 것은?

① 장기할부판매의 경우에는 대가의 각 부분을 받기로 한 때
② 중간지급조건부로 재화를 공급하는 경우에는 대가의 각 부분을 받기로 한 때
③ 재화의 가공으로 보는 가공의 경우는 가공된 재화를 인도하는 때
④ 위탁판매수출의 경우 수출재화의 선적일

14. 다음의 거래 중 20x1년 제1기 과세기간(1.1~ 6.30)의 거래로 귀속되는 것은?

① 5월 3일에 상품권을 판매한 후에 7월 5일에 제품이 인도되었다.
② 위탁상품을 6월 5일 인도하고 수탁업자는 7월 3일에 판매하였다.
③ 6월 19일에 외상 판매한 제품 A의 판매대금을 7월 10일에 수령하였다.
④ 원재료의 일부를 부담하는 조건으로 위탁가공의뢰를 받은 제품 B를 6월 30일에 완성하였으나, 7월 5일에 거래처에 인도하고 위탁가공료를 수령하였다.

15. 다음은 부가가치세법상 재화의 공급시기에 관한 설명이다. 다음 중 옳지 않은 것은?

① 현금판매 · 외상판매 또는 할부판매의 경우에는 재화가 인도되거나 이용가능하게 되는 때
② 상품권 등을 현금 또는 외상으로 판매하고 그 후 해당 상품권 등이 현물과 교환되는 경우에는 재화가 실제로 인도되는 때
③ 장기할부판매의 경우에는 대가의 각 부분을 받기로 한 때
④ 무인판매기를 이용하여 재화를 공급하는 경우에는 당해 재화를 무인판매기에서 인취되었을 때

16. 사업자가 2과세기간 이상에 걸쳐 부동산임대용역을 공급하고 임대료를 선불 또는 후불로 받는 경우에 부가가치세법상 공급시기는?

① 계약서상 임대료를 받기로 한때
② 예정신고기간 또는 과세기간의 종료일
③ 임대료를 받은 날
④ 임대료를 받기로 한 달의 말일

17. 다음은 부가가치세법상 거래장소에 대한 설명이다. 이에 대한 설명 중 옳지 않은 것은?

① 용역의 경우 역무가 제공될 것이라고 관할세무서장에게 신고한 장소
② 재화의 경우 재화의 이동이 필요하지 아니한 경우에는 재화가 공급되는 시기에 재화가 소재하는 장소
③ 국내외에 걸쳐 용역이 제공되는 국제운송의 경우 사업자가 비거주자 또는 외국법인인 경우에는 여객이 탑승하거나 화물이 적재되는 장소
④ 재화의 경우 재화의 이동이 필요한 경우에는 재화의 이동이 개시되는 장소

18. 다음은 부가가치세법상 거래장소에 대한 설명이다. 이에 대한 설명 중 옳지 않은 것은?

① 재화의 경우 재화의 이동이 필요한 경우 : 재화의 이동이 개시되는 장소
② 국외소재 부동산을 임대한 경우 : 사업자의 국내주소지
③ 재화의 경우 재화의 이동이 필요하지 아니한 경우 : 재화가 공급되는 시기에 재화가 소재하는 장소
④ 국내외에 걸쳐 용역이 제공되는 국제운송의 경우 사업자가 비거주자 또는 외국법인인 경우 : 여객이 탑승하거나 화물이 적재되는 장소

19. 다음 중 부가가치세법상 재화의 공급시기에 관한 설명으로 옳지 않은 것은?

① 현금 판매의 경우 재화가 인도되거나 이용 가능하게 되는 때를 공급시기로 본다.
② 재화의 공급으로 보는 가공의 경우 가공된 재화가 이용 가능하게 되는 때를 공급시기로 본다.
③ 반환조건부 판매의 경우에는 그 조건이 성취되거나 기한이 지나 판매가 확정되는 때를 공급시기로 본다.
④ 사업자가 폐업하기 전에 공급한 재화의 공급시기가 폐업일 이후에 도래하는 경우에는 그 폐업일을 공급시기로 본다.

주관식

01. 중간지급조건부로 재화를 공급하는 계약을 체결하고 다음과 같이 대금을 지급한 경우의 부가가치세법상 공급시기는 언제인가?

계약내용	• 계약금지급 : 1월 15일 전체금액의 20%를 지급 • 중도금지급 : 5월 25일, 6월 25일, 7월 25일에 각각 전체금액의 20%씩 지급 • 잔금지급 : 8월 25일에 지급
계약이행내용	• 지급방법을 변경하여 6월 15일에 전액을 지급 • 재화는 7월 25일에 완성하여 인도

02. 다음은 부가가치세법상 공급시기와 관련된 내용이다. ( )에 공통으로 들어갈 말은 무엇인가?

> 부가가치세법상 ( )로 재화를 공급하는 경우에는 대가의 각 부분을 받기로 한 때이고, 여기에서 ( )란 재화가 인도되기 전 또는 재화가 이용가능하게 되기 전이거나 용역의 제공이 완료되기 전에 계약금 이외의 대가를 분할하여 지급하는 경우로서 계약금을 지급하기로 한 날부터 잔금을 지급하기로 한 날까지의 기간이 6월 이상인 경우를 말한다.

연/습/문/제 답안

객관식

1	2	3	4	5	6	7	8	9	10	11	12	13	14	15
③	④	④	③	②	②	①	②	①	①	②	③	④	③	④
16	**17**	**18**	19											
②	①	②	②											

[풀이 - 객관식]

01. **저당권설정은 재화의 공급에서 제외**된다.

02. 담보제공 · 조세물납 · 사업양도는 재화의 공급으로 보지 않는다. 보기의 손해배상금은 재화 또는 용역의 공급에 대한 대가가 아니므로 과세대상이 아니다.

03. 사업의 포괄적으로 양도한 경우 과세대상에 해당하지 아니한다.

04. 자가공급은 ㉠ 면세사업에 전용 ㉡ 영업용이 아닌 소형승용차 또는 그 유지에 전용 ㉢ 판매목적타사업장 반출을 의미한다.

05. **판매목적 타사업장반출은 세금계산서를 발급**해야 한다.(예외 주사업장총괄납부 및 사업자단위과세인 경우)

06. 가공계약의 경우 **주요자재를 전혀 부담하지 않고 가공**만 하는 경우 **용역의 공급**으로 본다.

07,08. **특수관계자간 부동산무상임대용역은 과세**된다.

09. ① 주된 공급인 CD가 과세대상이므로 부수되는 책(도서는 면세)도 과세대상이다.
    ② 주된 거래인 미술교육용역이 면세이므로 부수되는 실습자재(과세)도 면세대상이다.
    ③ **은행(면세사업자)이 건물(과세)을 일시적으로 공급하는 재화는 면세**이다.
    ④ 제조업자(과세사업자)가 복숭아(면세)을 공급시 면세에 해당한다.

10. ① 교육용역이 면세이므로 부수재화의 공급(실습자재)도 면세가 된다.
    ② 주된 거래인 에어콘이 과세이므로 부수용역인 설치용역(과세)도 과세이다.
    ③ 주된 거래인 조경공사가 과세이므로 부수재화인 수목(면세)도 과세이다.
    ④ 주된 거래인 피아노가 과세이므로 부수재화인 의자(과세)도 과세이다.

11. 수출신고가 수리된 물품으로서 **선적이 완료된 물품을 보세구역에서 반입하는 것**은 재화의 수입으로 본다.

선적완료 : 보세구역에서 반입	수입
선적완료 × : 보세구역에서 반입	수입×

13. 위탁판매수출의 경우에는 **수출재화의 공급가액이 확정되는 때**가 공급시기이다.
14. ① 상품권판매의 공급시기는 재화가 인도되는 때(7월 5일)
② 위탁판매의 공급시기는 수탁자가 재화를 인도하는 시점(7월 3일)
④ 재화의 공급으로 보는 가공의 경우 공급시기는 가공된 재화를 인도하는 시점(7월 5일)
15. **무인판매기에서 현금을 인취하는 때**가 공급시기이다.
17. 역무가 제공되거나 재화·시설물 또는 권리가 사용되는 장소로 한다.
18. 국외소재 부동산임대는 과세대상이 아니다.
19. **가공된 재화를 인도하는 때를 공급시기**로 본다.

주관식

01	7월 25일	02	중간지급조건부

[풀이 - 주관식]

01. 중간지급조건부의 공급시기는 대가의 각 부분을 받기로 한 때이나, 중간지급조건부에 의한 당초 계약내용을 변경하여 **대가의 각 부분을 일시에 지급하기**로 한 경우에는 **재화의 인도 또는 용역의 제공이 완료된 때가 공급시기가 된다.**

Chapter

영세율과 면세 3

제1절 영세율

1. 영세율의 개념

영세율이란 일정한 재화 또는 용역의 공급에 대하여 영"0"의 세율을 적용하는 제도이다. 이는 공급자에게 부가가치의 부담이 완전 제거되고 거래상대방은 부가가치 부담이 없게 되므로 **완전면세제도**라고 한다.

(1) 이중과세의 방지(소비지국과세원칙)

수출 관련 재화나 용역의 공급에 영세율을 적용하여 국외의 소비자가 우리나라 부가가치세를 부담하지 않게 하여 소비지국과세원칙을 준수한다.

(2) 외화획득 장려

국내거래라도 수출 등과 관련 있는 산업에 영세율을 미리 적용시켜줌으로써 외화획득을 장려하고 있다.

2. 영세율의 적용대상자

(1) 과세사업자(간이과세자 포함)

(2) 상호면세주의

외국에서 대한민국의 **거주자 또는 내국법인에게 동일한 면세를 하는 경우에 한하여 비거주자 또는 외국법인인 사업자에게 영의 세율을 적용**한다.

사업자가 재화를 국외에 무상으로 반출하는 경우에도 영세율을 적용한다. 그러나 사업자가 자기사업을 위하여 대가를 받지 않고 국외의 사업자에게 견본품을 반출하는 경우 영세율을 적용하지 않는다.(견본품의 제공은 재화의 공급으로 보지 않는다.)

3. 영세율의 적용대상

(1) 수출하는 재화

직수출, 내국신용장·구매확인서에 의한 공급, 한국국제협력단*1에 공급하는 재화, 법정요건에 의하여 공급하는 수탁가공재화

*1. 외교부 산하기관으로 정부차원의 대외무상협력사업을 전담하는 준정부기관

① 직수출의 재화 범위

내국물품 외국 반출 : 수출업자가 자기 명의와 계산으로 내국물품을 외국으로 반출

참고

대행수출

수출생산업자가 수출업자와 다음과 같이 수출대행계약을 체결하여 수출업자 명의로 수출하는 경우에 수출품 생산업자가 외국으로 반출하는 재화는 영세율을 적용한다.
① 수출품 생산업자가 직접 수출신용장을 받아 수출업자에게 양도하고 수출대행계약을 체결한 경우
② 수출업자가 수출신용장을 받고 수출품 생산업자와 수출대행계약을 체결한 경우
이 경우 수출품 생산업자가 실제로 수출하였는지는 거래의 실질내용에 따라 판단하며, 수출을 대행하는 수출업자가 받는 **수출대행수수료는 국내에서 제공한 용역으로 보아 부가가치세를 과세한다.**

② 내국신용장(Local L/C)·구매확인서 등에 의한 공급(간접수출 또는 국내수출)
국내거래이기 때문에 영세율세금계산서를 발행한다.

참고

내국신용장 및 구매확인서

1. 신용장
은행이 신용장개설의뢰인(보통 수입상)의 신용을 보증하는 증서로서 신용장 개설은행 앞으로 환어음을 인수·지급할 것을 약정하는 서류이다.

2. 내국신용장
내국신용장이란 수출업자가 수출이행에 필요한 완제품·원자재 또는 임가공용역을 국내에서 조달 또는 공급받기 위하여 물품구입대금 등의 사전지급대신 해외로부터 받은 원신용장(Master L/C)을 담보로 국내은행(수입업자로부터 원신용장개설의 통지를 받은 은행)이 수출업자의 신청에 의해 국내의 원자재 등 공급업자를 수혜자로 하여 개설하는 신용장을 말한다.

3. 구매확인서
구매확인서란 외국환은행의 장이 내국신용장에 준하여 발급하는 확인서로서 수출용재화 또는 용역에 관한 수출신용장 근거서류 및 그 번호, 선적기일 등이 기재된 것을 말한다.

4. 기타
① 개설, 발급기간
해당 사업자가 재화를 공급한 과세기간이 지난 후 25일 이내에 개설된 내국신용장(구매확인서)에 한하여 영세율을 적용한다.
② 내국신용장에 의하여 공급하는 재화는 공급된 이후 해당 재화를 수출용도에 사용하였는지 여부에 불구하고 영세율을 적용한다.

③ 사업자가 한국국제협력단·한국국제보건의료재단에 공급하는 재화(외국에 무상으로 반출하는 경우에 한정한다.)

(2) 국외에서 제공하는 용역

국외에서 제공하는 용역이란 용역의 제공장소가 국외인 용역을 말한다(예 : 해외건설용역). 이 경우 영세율 적용과 관련하여 거래상대방, 대금결제 방법에 불구하고 영세율을 적용한다.

(3) 선박·항공기의 외국항행용역

국내에서 국외로, 국외에서 국내로 또는 국외에서 국외로 수송하는 것

(4) 기타 외화를 획득하는 재화 또는 용역 : 국내거래이지만 그 실질이 수출 등과 동일한 것이거나 외화획득이 되는 거래

구 분	비 고
1. 국내에서 비거주자 또는 외국법인에게 공급하는 일정한 재화 또는 용역	대금을 외국환은행에서 원화로 받는 것에 한함.
2. 법소정 **수출재화임가공용역**	**수출업자와 직접 도급계약**에 의해 **수출재화를 임가공하는 용역**
3. **외국을 항행하는 선박 및 항공기 또는 원양어선에 공급하는 재화 또는 용역**	
4. **우리나라에 상주하는 외교공관과 이에 준하는 국제기구, 국제연합군 또는 미국군에게 공급하는 재화 또는 용역(외화 수령여부 불문)**	

(5) 조세특례제한법상 영세율 적용대상 재화 또는 용역

4. 영세율 증명서류 및 영세율 매출명세서 제출

영세율이 적용되는 경우에는 부가가치세 예정신고서 또는 확정신고서에 영세율 적용대상임을 증명하는 서류와 **영세율 매출명세서**를 첨부하여 제출하여야 한다.

영세율증명서류를 제출하지 않는 경우에도 영세율 적용대상임이 확인되는 경우에는 영세율을 적용한다. 그러나 **영세율과세표준신고불성실가산세가 적용**된다.

제2절 면세

1. 면세의 개념

면세란 일정한 재화·용역의 공급에 대하여 부가가치세를 면제하는 제도를 말한다.

여기서 면세의 의미는 영세율과는 달리 부가가치세법상 과세대상거래가 아니며 당해 면세가 적용된 단계에서 부가가치에 대해 부가가치세가 없을 뿐 그 **이전 단계에서 부담한 부가가치세는 환급받지 못하므로 불완전면세제도**라고 한다.

2. 면세대상

(1) 면세대상의 범위

<table>
<tr><th>구 분</th><th>면 세 대 상</th></tr>
<tr><td>기초생활
필수품</td><td>㉠ 미가공 식료품 등(식용에 공하는 농산물 · 축산물 · 수산물 · 임산물 포함) 국내외 불문
㉡ 국내 생산된 식용에 공하지 아니하는 미가공 농 · 축 · 수 · 임산물
<table>
<tr><th></th><th>국내생산</th><th>해외수입</th></tr>
<tr><td>식용</td><td rowspan="2">면세</td><td>면세</td></tr>
<tr><td>비식용</td><td>과세</td></tr>
</table>
㉢ 수돗물(생수는 과세)
㉣ 연탄과 무연탄(유연탄, 갈탄, 착화탄은 과세)
㉤ 여성용 생리처리 위생용품, 영유아용 기저귀 · 분유(액상형분유 포함)
㉥ 여객운송용역[시내버스, 시외버스, 지하철, 마을버스, 고속버스(우등 제외) 등]
(전세버스, 고속철도, 택시는 과세)
㉦ 주택과 이에 부수되는 토지의 임대용역(겸용주택은 주택분 면적이 클 때)</td></tr>
<tr><td>국민후생
용역</td><td>㉠ 의료보건용역과 혈액(질병 치료 목적의 동물 혈액 포함, 개정세법 25)
→ 약사가 판매하는 일반의약품은 과세, 미용목적 성형수술 과세, 산후조리원은 면세
㉡ 수의사가 제공하는 동물진료 용역(가축 등에 대한 진료용역, 기초생활수급자가 기르는 동물에 대한 진료용역, 기타 질병예방 목적의 동물 진료용역)
㉢ 교육용역(허가분) ⇒ 운전면허학원은 과세
☞ 미술관, 박물관 및 과학관에서 제공하는 교육용역도 면세</td></tr>
<tr><td>문화관련
재화용역</td><td>㉠ 도서[도서대여 및 실내 도서 열람용역 포함] · 신문(인터넷신문 구독료 포함) · 잡지 · 관보 · 뉴스통신(광고는 과세)
㉡ 예술창작품(창작공연 포함) · 예술행사 · 문화행사 · 비직업운동경기
㉢ 도서관 · 과학관 · 박물관 · 미술관 · 동물원 · 식물원에의 입장</td></tr>
<tr><td>부가가치
구성요소</td><td>㉠ 금융 · 보험용역
㉡ 토지의 공급(토지의 임대는 과세)
㉢ 인적용역(변호사 · 공인회계사 · 세무사 · 관세사 등의 인적용역은 제외)</td></tr>
<tr><td>기타</td><td>㉠ 우표 · 인지 · 증지 · 복권 · 공중전화(수집용 우표는 과세)
㉡ 종교 · 자선 · 학술 등 기타 공익을 목적으로 하는 단체가 공급하는 재화 · 용역
㉢ 국가 · 지방자치단체 · 지방자치단체조합이 공급하는 재화 · 용역
[제외 : 국가등이 운영하는 주차장운영용역]
㉣ 국가 · 지방자치단체 · 지방자치단체조합 또는 공익단체에 무상공급하는 재화 · 용역</td></tr>
</table>

3. 부동산의 공급과 임대

부동산의 공급(재화의 공급)	부동산의 임대(용역의 제공)
1. 토지의 공급 : 면세 2. 건물의 공급 : ① 원칙 : 과세 ② 예외 : 국민주택규모 이하의 주택은 면세	1. 원칙 : 과세 2. 예외 : **주택 및 주택의 부수토지 임대는 면세**

☞ 국민주택 : 국민주택기금으로부터 자금을 지원받아 건설되는 주거전용면적이 85㎡(약 25.7평) 이하인 주택

4. 주택 및 그 부수토지의 임대용역에 대한 면세

(1) 주택의 부수토지

주택부수토지	MAX[①, ②] ① 건물이 정착된 면적×5배(도시지역, 도시지역 외 : 10배) ② 주택의 연면적

☞ 일반적으로 ①의 면적이 크나, 고층건물의 경우에는 ②와 비교하여야 한다.

☞ 도시지역 : 인구와 산업이 밀집되어 있거나 밀집이 예상되어 당해 지역에 체계적인 개발, 정비, 관리, 보전 등이 필요한 지역

(2) 겸용주택

	주택면적>사업용건물면적	주택면적 ≤ 사업용건물면적
건물	전체를 주택으로 본다.	주택과 사업용건물을 안분한다.
부수토지	전체를 주택의 부수토지로 본다.	안분하여 주택의 부수토지를 계산한다.

5. 면세포기 

(1) 면세포기 대상

부가가치세법에서는 면세포기대상을 규정하고 있는 것에 한하여 대통령령(부가가치세법 시행령)이 정하는 것에 대하여 면세포기를 할 수 있도록 규정하고 있는데, 대통령령에서 면세포기대상으로 규정하고 있는 두가지 이외에는 현실적으로 면세를 포기할 수 없다.

부가가치세법	부가가치세법 시행령*1
① 영세율적용이 되는 재화 · 용역	*① 좌동*
② 주택 및 부수토지의 임대용역	–
③ 인적용역	–
④ 종교 · 자선 등 공익을 목적으로 하는 단체가 공급하는 재화 · 용역	**④ 학술연구단체 또는 기술연구단체가 실비 또는 무상으로 공급하는 재화 · 용역**

*1.시행령 : 법률에 의해 위임된 사항과 그 시행에 필요한 사항을 규정하는 것을 목적으로 제정한 법령

(2) 면세포기 절차

면세를 포기하고자 하는 사업자는 면세포기신고서에 의하여 관할세무서장에게 신고하고 지체없이 사업자등록을 하여야 한다. **면세포기에는 시기의 제한이 없으며 언제든지 가능하다(즉 과세관청의 승인을 필요로 하지 않는다).** 신규사업자는 신규사업등록시 **면세포기신고서를 사업자등록신청서와 함께 제출할 수 있다.**

(3) 면세포기의 효력

① 효력발생시기

면세를 포기하면 과세사업자로 전환된다. 즉 사업자등록 이후의 공급분부터 적용된다.

② 면세의 재적용

면세포기를 한 사업자는 신고한 날로부터 3년간 부가가치세 면세를 적용받지 못한다. 3년이 경과한 후 다시 부가가치세의 면세를 적용받고자 하는 때에는 면세적용신고서와 함께 발급받은 사업자등록증을 제출하여야 한다.

6. 면세와 영세율의 차이점

<table>
<tr><th rowspan="2">구 분</th><th colspan="2">내 용</th></tr>
<tr><th>면 세</th><th>영 세 율</th></tr>
<tr><td>기본원리</td><td>면세거래에 납세의무 면제
① 매출세액 : 징수 없음(결국 “0”)
② 매입세액 : 환급되지 않음</td><td>일정 과세거래에 0%세율 적용
① 매출세액 : 0
② 매입세액 : 전액환급</td></tr>
<tr><td>면세정도</td><td>부분면세(불완전면세)</td><td>완전면세</td></tr>
<tr><td>대상</td><td>기초생활필수품 등</td><td>수출 등 외화획득재화·용역의 공급</td></tr>
<tr><td rowspan="2">부가가치세법상 의무</td><td>부가가치세법상 각종 의무를 이행할 필요가 없으나 다음의 협력의무는 있다.
① 매입처별세금계산서합계표제출의무
② 대리납부의무</td><td>영세율 사업자는 부가가치세법상 사업자이므로 부가가치세법상 제반의무를 이행하여야 한다.</td></tr>
<tr><td colspan="2">[세금계산서 합계표제출의무]
<table><tr><th></th><th>과세사업자(영세율)</th><th>면세사업자(면세)</th></tr><tr><td>매출</td><td>○</td><td>×(계산서를 발행)</td></tr><tr><td>매입</td><td>○</td><td>○</td></tr></table></td></tr>
<tr><td>사업자 여부</td><td>부가가치세법상 사업자가 아님</td><td>부가가치세법상 사업자임</td></tr>
<tr><td>취지</td><td>세부담의 역진성 완화</td><td>국제적 이중과세의 방지
수출산업의 지원</td></tr>
</table>

☞ 대리납부 : 국내사업자가 공급하는 용역에 대해서 부가가치세가 과세되나, 국내사업장이 없는 비거주자 또는 외국법인이 국내에서 용역을 공급하는 경우 공급자가 부가가치세법에 따른 사업자가 아니므로 과세거래에 해당하지 않는다. 따라서 공급자를 대신하여 공급받는 자가 그 대가에서 부가가치세를 징수하여 납부하도록 하고 있는데 이를 ‘대리납부’라 한다.

연/습/문/제

객관식

01. 다음 중 부가가치세법상 재화나 용역의 공급에서 영세율이 적용되지 않는 것은?

① 수출하는 재화　　② 항공기의 외국항행용역
③ 국외에서 제공하는 용역　　④ 공익단체에 무상으로 공급하는 재화

02. 다음 중 부가가치세법상 영세율이 적용되지 않는 것은?

① 외국을 항행하는 선박, 항공기 또는 원양어선에 공급하는 재화 또는 용역
② 내국법인으로부터 건설공사를 하도급 받아 해외에서 제공하는 건설용역
③ 중계무역방식에 의해 국외에서 국외로 인도 또는 양도하는 재화
④ 사업자가 외국의 거래업체에 증여하기 위하여 무상으로 반출하는 견본품

03. 부가가치세법상 영세율제도에 관한 설명 중 옳지 않은 것은?

① 영세율 사업자도 부가가치세법상 사업자이므로 납세의무를 진다.
② 건설업을 영위하는 사업자가 자기의 사업과 관련하여 생산한 재화를 자기의 해외건설공사에 건설용 자재로 사용·소비할 목적으로 국외 반출하는 것은 재화의 공급으로 보지 않는다.
③ 사업자가 우리나라에 상주하는 외교공관에게 재화 또는 용역을 공급하는 경우에는 그 대가를 외국환은행에서 원화로 받는 것에 한하여 영세율을 적용한다.
④ 영세율은 원칙적으로 거주자 또는 내국법인에 한하여 적용되며, 사업자가 비거주자이거나 외국법인인 경우 영세율 적용은 상호면세주의에 따른다.

04. 다음 중 부가가치세법상 영세율이 적용되는 재화 또는 용역이 아닌 것은?

① 수출을 대행하고 수출대행수수료를 받는 수출업자가 제공하는 수출대행용역
② 여객이나 항행하는 선박 및 항공기 또는 원양어선에 공급하는 재화 또는 용역
③ 수출업자와 직접도급계약에 의하여 수출재화를 임가공하는 수출재화 임가공용역 및 내국신용장에 의하여 공급하는 수출재화 임가공용역
④ 관세법에 따른 보세운송업자가 국내사업장이 없는 비거주자 또는 외국법인에게 보세운송용역을 제공하고 그 대금을 외국환은행에서 원화로 받는 것

05. 부가가치세법상 영세율에 관한 설명으로 옳지 않은 것은?

① 외국을 항행하는 선박 내 또는 항공기 내에서 승객에게 공급하는 재화 또는 용역은 영세율을 적용한다.
② 면세사업자도 면세를 포기하면 영세율을 적용받을 수 있다.
③ 내국신용장 또는 구매확인서에 의하여 공급되는 재화는 공급된 이후 해당 재화를 수출용도에서 사용하였는지의 여부에 불구하고 영세율을 적용한다.
④ 수출업자에게 하도급을 받은 자와 하도급계약에 의하여 수출재화를 임가공하는 수출재화임가공역은 영세율을 적용한다.

☞ 하도급계약 : 하청공사를 도급한 자가 그 공사 또는 일부를 제 3자에게 다시 도급시키는 것

06. 부가가치세법상 내국신용장과 관련된 설명으로 옳지 않는 것은?

① 사업자가 재화를 수출하고 수출금액과 신용장상의 금액과의 차액을 별도로 지급받는 경우 그 금액에 대하여도 영세율이 적용된다.
② 재화를 공급한 과세기간 종료일까지 내국신용장이 개설되지 않은 경우에는 영세율을 적용 받을 수 없다.
③ 내국신용장에 의한 공급에 대하여 영세율이 적용되는 경우에도 세금계산서 발급의무는 면제되지 아니한다.
④ 내국신용장에 의하여 공급하는 재화는 공급된 이후 당해 재화를 수출용도에 사용하였는지의 여부에 불구하고 영세율을 적용한다.

07. 다음 중 부가가치세가 과세되는 재화 또는 용역의 공급만 모은 것은?

㉮ 프로농구 입장권	㉯ 수입원목	㉰ 혈액
㉱ 박물관 입장권	㉲ 금융 · 보험용역	㉳ 세무사의 자문용역
㉴ 도서의 공급	㉵ 고속버스(우등) 운송용역	

① ㉮,㉯,㉳,㉵　　② ㉰,㉱,㉲,㉴
③ ㉱,㉲,㉳,㉵　　④ ㉰,㉲,㉳,㉴

08. 부가가치세법상 면세와 관련한 설명으로서 틀린 것은?

① 국가에게 공급하는 재화 또는 용역에 대하여는 유상 또는 무상을 불문하고 부가가치세가 면제된다.
② 부가가치세가 면세되는 일부 재화를 수출하는 사업자가 면세의 포기를 하면 그 수출하는 재화에 대하여는 영세율을 적용받을 수 있다.
③ 사업자가 토지를 공급하는 때에는 면세에 해당하나, 토지임대용역을 공급하는 때에는 과세에 해당한다.
④ 면세사업자도 부가가치세가 과세되는 재화 또는 용역을 공급받는 때에는 그에 대한 부가가치세를 부담하여야 한다.

09. 다음 부가가치세법상 면세포기에 대한 설명 중 틀리는 것은?

① 면세되는 둘 이상의 사업을 하는 사업자는 면세포기대상이 되는 재화 또는 용역의 공급 중에서 면세를 포기하고자 하는 재화 또는 용역만을 구분하여 면세포기 할 수 있다.
② 부가가치세의 면세를 받지 아니하고자 하는 사업자는 면세포기신고서를 과세기간 중 언제나 제출할 수 있다.
③ 부가가치세의 면세를 포기하고자 하는 사업자는 세무서장의 승인을 얻어야 한다.
④ 면세포기신고를 한 사업자는 신고한 날로부터 3년간은 부가가치세의 면세를 받지 못한다.

10. 다음 중 부가가치세법상 면세와 영세율에 대한 설명 중 틀린 것은?

① 영세율적용대상자는 부가가치세법상 사업자등록의무가 있으나, 면세 적용대상자는 그러하지 않는다.
② 면세포기신고를 한 사업자는 2년간 부가가치세의 면세를 받지 못한다.
③ 영세율에 대하여는 조기환급이 가능하다.
④ 면세사업자은 대리납부의무가 있다.

11. 다음 중 부가가치세법상 영세율과 면세에 관한 설명으로 잘못된 것은?

① 위탁가공무역방식의 수출은 영세율이 적용된다.

② 면세사업자는 원칙적으로 영세율을 적용받을 수 있다.

③ 영세율은 부가가치세 과세대상 거래이나 면세는 부가가치세과세대상 거래가 아니다.

④ 국가에 제공하는 재화 또는 용역이 무상이면 면세대상이다.

12. 부가가치세법상 면세와 영세율에 대한 설명으로 틀린 것은?

① 면세사업자가 영세율을 적용받기 위해서는 면세를 포기하여야 한다.

② 면세는 최종소비자가 부담하는 세부담의 역진성 완화를 위한 제도이다.

③ 구매확인서에 의하여 공급되는 재화는 공급된 이후 해당 재화가 수출용도에 사용된 경우에 한하여 영세율을 적용한다.

④ 주택부수토지의 임대용역은 면세이나 그 외의 토지임대용역은 과세대상이다

13. 부가가치세법상 영세율과 면세에 관한 다음 설명 중 틀린 것은?

① 면세를 포기하면 일반과세자와 마찬가지로 부가가치세 신고의무가 생긴다.

② 영세율은 완전면세제도이나, 면세는 부분면세제도이다.

③ 영세율은 세금계산서 발급의무가 있으나, 면세는 세금계산서를 발행하지 못한다.

④ 영세율은 매입·매출처별세금계산서합계표 제출의무가 있으나, 면세는 매입·매출처별세금계산서합계표 제출의무가 없다.

MEMO

연/습/문/제 답안

객관식

1	2	3	4	5	6	7	8	9	10	11	12	13
④	④	③	①	④	②	①	①	③	②	②	③	④

[풀이 - 객관식]

01. 공익단체에 무상으로 공급하는 재화는 면세에 해당한다.

02. 사업자가 재화를 국외로 무상으로 반출하는 경우 영세율 적용. 단, 자기사업을 위하여 대가를 받지 않고 국외의 사업자에게 견본품을 반출하는 경우에는 재화의 공급으로 보지 아니한다.

03. 외교공관 등에 제공하는 재화 또는 용역은 외화수령여부를 불구하고 영세율을 적용한다.

04. **수출대행수수료는 영세율이 적용되지 않고 10%세율로 과세되는 국내거래용역**이다.

05. 수출재화의 임가공용역은 내국신용장 · 구매확인서에 의하여 공급하지 아니하는 경우에는 수출업자와 **직접도급계약에 의한 공급에 대해서만 영세율이 적용**되고, 내국신용장 · 구매확인서에 의하여 공급하는 경우에는 무조건 영세율을 적용한다.

06. 내국신용장은 **재화를 공급한 과세기간 종료일로부터 25일 이내에 개설된 경우에는 영세율을 적용**한다.

07. 아마추어운동경기는 면세이고, 재화의 수입시 미가공식료품(식용)만 면세에 해당하고, 세무사의 자문용역과 우등고속버스용역은 과세에 해당한다.

08. 국가에 무상으로 공급하는 재화 또는 용역에 한하여 부가가치세가 면제된다.

09. 면세포기는 신고를 요건으로 하므로 **세무서장의 승인을 얻을 필요는 없다.**

10. 면세포기를 한 자는 **3년간 면세를 재적용받지 못한다.**

11. 면세를 포기하지 않는 한 영세율을 적용받지 못한다.

12. 구매확인서 또는 내국신용장에 의하여 공급되는 재화는 **공급된 이후 해당 재화가 수출용도에 사용하였는지의 여부에 상관없이 영세율을 적용한다.**

13. 면세인 경우도 매입처별세금계산서합계표 제출의무는 있다.

Chapter

과세표준과 세금계산서

4

제1절 과세표준

1. 공급유형별 과세표준

(1) 기본원칙

부가가치세의 과세표준은 공급가액이라 하는데, 사업자는 여기에 10%의 세율을 적용하여 계산된 매출세액을 공급받는 자로부터 거래징수하여 정부에 납부하여야 한다.

대원칙(과세표준) : 시가

① 금전으로 대가를 받는 경우	그 대가
② 금전 외의 대가를 받는 경우	**자기가 공급한 재화 또는 용역의 시가**
③ 부당하게 낮은 대가를 받은 경우 (특수관계자에게 재화·용역을 공급하는 경우)	**자기가 공급한 재화 또는 용역의 시가**

(2) 과세표준계산에 포함되지 않는 항목/포함하는 항목

구 분	내 용
과세표준에 포함되지 않는 항목	① 매출에누리와 환입액, 매출할인 ② 구매자에게 도달하기 전에 파손 · 훼손 · 멸실된 재화의 가액 ③ **재화 또는 용역의 공급과 직접 관련되지 않는 국고보조금과 공공보조금** ④ **반환조건부 용기대금 · 포장비용** ⑤ 용기 · 포장의 회수를 보장하기 위하여 받는 보증금 등 ⑥ 대가와 구분하여 기재한 경우로서 당해 종업원에 지급한 사실이 확인되는 봉사료 ⑦ 계약 등에 의하여 확정된 대가의 지연지급으로 인해 지급받는 연체이자
과세표준에 포함하는 항목	① **할부판매의 이자상당액** ② 대가의 일부분으로 받는 운송비, 포장비, 하역비, 운송보험료, 산재보험료 등
과세표준에서 공제하지 않는 것	① **대손금(대손세액공제사항)** ② **판매장려금(단, 현물지급시 간주공급에 해당됨)** ③ **하자보증금**

2. 거래형태별 과세표준

구 분	과세표준
외상판매 및 할부판매의 경우	공급한 재화의 총가액
장기할부판매 완성도기준지급 · 중간지급조건부로 재화 · 용역을 공급하거나 계속적인 재화 · 용역을 공급하는 경우	**계약에 따라 받기로 한 대가의 각 부분**
마일리지 결제시	**자기적립 마일리지 등으로 결제받은 금액은 제외**

3. 대가를 외국통화 기타 외국환으로 받은 경우의 과세표준 

구 분		과세표준
공급시기 도래 전에 외화수령	환가	**그 환가한 금액**
	미환가	**공급시기(선적일)**의 외국환거래법에 의한 **기준환율 또는 재정환율**에 의하여 계산한 금액
공급시기 이후에 외국통화로 지급받은 경우		

<예제 4 - 1> 수출재화의 과세표준

㈜한강의 거래내역을 보고 4월 1일 선수금을 원화로 환가한 경우와 환가하지 않는 경우 **각각 부가가치세법상 과세표준을 산출하시오.**

1. 4월 01일 미국기업인 애플사에 제품($15,000) 수출계약을 체결하고 계약금으로 $1,500을 보통예금으로 수취하다.(환율 : 1,200원/$)

2. 4월 30일 애풀사에 제품을 선적을 완료하고 나머지 잔금은 선적 후 15일 이내 받기로 하다.(선적일 기준환율 : 1,250원/$, 수출신고일 기준환율 : 1,230원/$)

해답

1. 선수금을 환가한 경우 : $1,500×1,200원+$13,500×1,250원=18,675,000원
2. 선수금을 환가하지 않은 경우 : $15,000×1,250원(선적일 환율)=18,750,000원

4. 재화의 수입에 대한 과세표준

세관장이 수입업자에게 수입세금계산서 발행시 과세표준은 다음과 같다.

수입재화의 경우	**관세의 과세가격+관세+개별소비세, 주세, 교통 · 에너지 · 환경세+교육세, 농어촌특별세**

☞ 관세의 과세가격 : 관세를 부과하기 위한 수입물품의 과세표준이 되는 가격을 말하는데, 수입자가 실제로 지불한 가격에 가산요소를 조정한 것을 말한다.

<예제4 - 2> 과세표준

다음 자료에 의하여 부가가치세 **과세표준**을 계산하시오. 사업자는 주사업장총괄납부/사업자단위과세제도를 적용받지 않는다.

1. 대손금(공급가액) : 6,000,000원(제품공급가액에 포함되어 있지 않다.)
2. 장려물품제공액 : 원가 3,000,000원(시가 3,500,000원)
3. 현금 지급 판매장려금 : 3,000,000원
4. 제품 중 대표자 개인적 사용분 : 원가 3,000,000원(시가 5,000,000원)
5. 특수관계자에 대한 매출액 : 10,000,000원(시가 15,000,000원)
6. 판매목적 타사업장 반출 : 5,000,000원
7. 기술개발을 위하여 원재료 사용 : 1,000,000원(시가 1,500,000원)
8. 대가를 받지 않고 거래처에 증여한 견본품 : 500,000원
9. 제품을 이재민구호품으로 서울시에 기탁 : 5,000,000원(시가 10,000,000원)
10. 건물 처분가액 : 13,000,000원(취득가액 50,000,000원, 감가상각누계액 30,000,000원)

해답

	과세표준	비 고
1. 대손금	6,000,000	**대손금은 과세표준에서 공제하지 않고 대손세액공제로 공제함**
2. 장려물품	3,500,000	장려물품은 **시가**가 과세표준임
3. 판매장려금	-	현금지급 판매장려금은 과세표준에서 미공제
4. 개인적공급	5,000,000	개인적 공급의 과세표준은 **시가**임
5. 특수관계자매출	15,000,000	특수관계자에 대한 매출은 **시가**임
6. 직매장반출	5,000,000	간주공급
7. 타계정대체	-	**기술개발을 위한 원재료사용은 간주공급이 아님**
8. 견본품	-	**견본품은 간주공급에서 제외됨**
9. 기부금	-	**국가 등에 무상으로 공급하는 재화·용역은 면세임**
10. 건물처분가액	**13,000,000**	
과세표준 계	**47,500,000**	

5. 과세표준 계산특례

(1) 간주공급(무상공급)

<table>
<tr><td rowspan="4">원 칙</td><td><u>당해 재화의 시가</u></td></tr>
<tr><td>예외 : 재화가 감가상각자산의 경우
<u>간주시가 = 취득가액 × (1 − 체감률 × 경과된 과세기간의 수)</u>
* <u>체감률 : 건물 · 구축물 5%, 기타의 감가상각자산 25%</u>
* 경과된 과세기간의 수 : 취득시에는 과세기간수를 포함하고 공급시 과세기간을 제외한다.(초기산입 말기불산입)</td></tr>
<tr><td>판매목적
타사업장 반출</td><td>취득가액을 과세표준으로 하되, 당해 취득가액에 일정액을 가산하여 공급하는 경우에는 당해 공급가액으로 한다.</td></tr>
</table>

<예제 4 - 3> 간주공급에 대한 과세표준

㈜한강은 20x1년 9월 30일에 해당 사업을 폐업하였다. 다음은 폐업시 잔존재화일 경우 부가가치세 **과세표준**을 계산하시오.

	취득일	취득원가	시가
1. 토지	2010.10.15	100,000,000	120,000,000
2. 상품	20x0.03.15	60,000,000	50,000,000
3. 건물	20x0.10.05	200,000,000	200,000,000
4. 차량운반구	20x0.05.31	50,000,000	30,000,000
계		410,000,000	400,000,000

해답

	계산근거	과세표준
1. 토지	토지는 면세임.	-
2. 상품	상품의 과세표준은 시가이다.	50,000,000
3. 건물	간주시가 : 200,000,000 × (1 − 5% × 2기) ☞ 경과된 과세기간수 : 20x0년 2기, 20x1년 1기	180,000,000
4. 차량운반구	간주시가 : 50,000,000 × (1 − 25% × 3기) → 음수일 경우 "0" 이다. 따라서 경과된 과세기간이 4기 이상이면 과세표준은 0가 된다.	12,500,000
계		242,500,000

(2) 부동산임대용역의 과세표준

과세표준 = 임대료 + 간주임대료 + 관리비

간주임대료 = 해당 기간의 임대보증금 × 정기예금 이자율 × 임대일수/365일(366일)

(3) 공통사용재화를 공급시

(주)서울고속 = 과세사업(우등고속버스) + 면세사업(시외버스) ➡ 겸영사업자

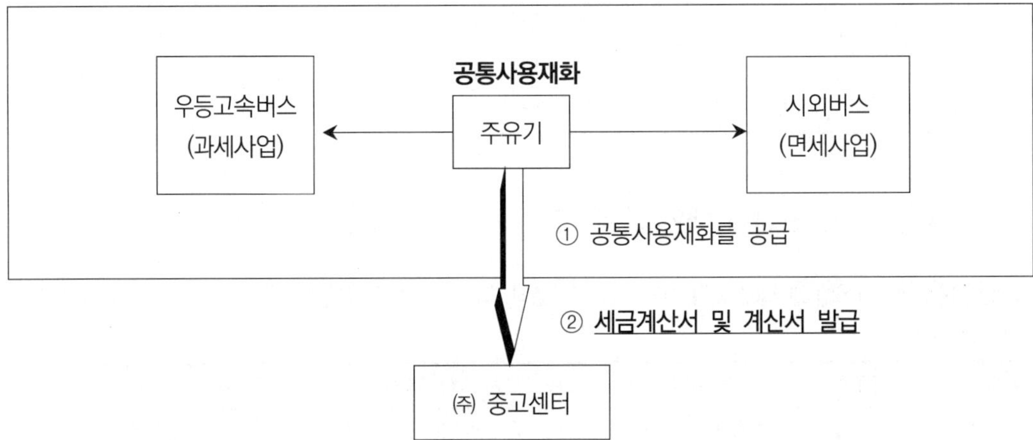

① 과세표준의 안분계산

과세표준 = 공급가액 × 직전과세기간의 $\frac{\text{과세공급가액}}{\text{총공급가액}}$ (= 과세공급가액비율)

다만, 휴업등으로 인하여 직전과세기간의 공급가액이 없는 경우에는 가장 가까운 과세기간의 공급가액에 의해 계산한다.

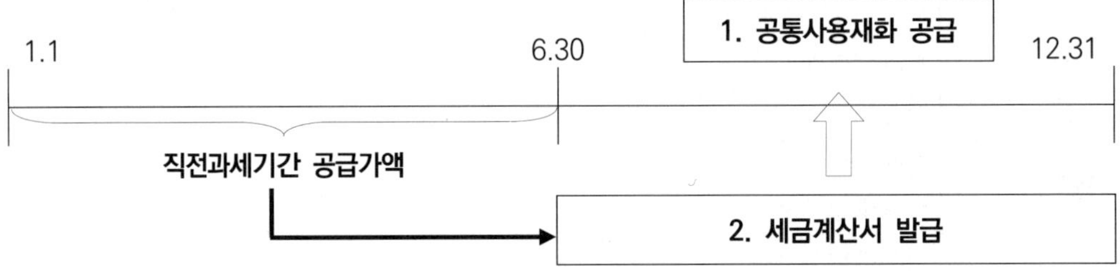

② 안분계산의 배제(전액을 과세표준으로 한다.)

㉠ **직전 과세기간의 총공급가액 중 면세공급가액 비율이 5% 미만**인 경우
다만 해당 **재화의 공급가액의 5천만원 이상인 경우는 제외한다.**

㉡ **재화의 공급가액이 50만원 미만인 경우**

㉢ **신규로 사업을 개시하여 직전 과세기간이 없는** 경우

(4) 토지와 건물을 일괄 공급하는 경우 

① 원칙

토지	**면세**	실지거래가액
건물, 구축물 등	과세	

② 실지거래가액이 불분명한 경우

1. 감정평가액 → 2.기준시가 → 3. 장부가액(취득가액)

연/습/문/제

 객관식

01. 다음 중 부가가치세의 과세표준에 포함하는 것은?

① 매출에누리, 매출환입, 매출할인
② 도달하기 전에 파손·훼손·멸실된 재화의 가액
③ 대가의 지연으로 받은 연체이자
④ 할부판매시 이자상당액

02. 부가가치세법상 과세표준에 관한 설명으로 옳지 않은 것은?

① 재화의 수입에 대한 부가가치세의 과세표준은 관세의 과세가격과 관세·개별소비세 등의 합계액으로 한다.
② 계약 등에 의하여 확정된 대가의 지급지연으로 인하여 지급받는 연체이자는 과세표준에 포함하지 아니한다.
③ 재화 또는 용역공급과 직접 관련되지 아니하는 국고보조금과 공공보조금은 과세표준에 포함하지 아니한다.
④ 용역의 공급에 대하여 부당하게 낮은 대가를 받거나 대가를 받지 아니하는 경우(특수관계자간 부동산임대용역 제외)에는 자기가 공급한 용역의 시가를 과세표준으로 한다.

03. 부가가치세의 과세표준에 관한 설명이다. 타당하지 않는 것은?

① 매출에누리·환입·매출할인된 재화의 가액은 과세표준에서 공제한다.
② 하자보증을 위하여 공급받은 자에게 보관시키는 하자보증금은 과세표준에서 공제한다.
③ 계약 등에 의하여 확정된 대가의 지급지연으로 인하여 지급받는 연체이자는 과세표준에 포함하지 아니한다.
④ 재화 또는 용역의 공급과 직접 관련되지 아니하는 국고보조금과 공공보조금은 과세표준에 포함하지 아니한다.

04. 부가가치세법상 과세되는 사업과 면세되는 사업에 공통으로 사용되는 재화를 공급하는 경우에 그 과세표준을 안분계산하여야 하는데, 안분계산을 배제하는 요건에 해당하지 않는 것은?

① 재화를 공급하는 날이 속하는 과세기간의 직전과세기간의 총공급가액 중 면세공급가액이 100분의 5 미만인 경우. 다만, 해당 재화의 공급가액이 5천만원 이상인 경우는 제외한다.

② 재화의 공급가액이 50만원 미만인 경우

③ 휴업 등으로 인하여 직전 과세기간의 공급가액이 없는 경우

④ 재화를 공급하는 날이 속하는 과세기간에 신규로 사업을 개시하여 직전과세기간이 없는 경우

05. 다음 중 부가가치세법상 과세사업과 면세사업에 공통사용재화를 공급하는 경우에 과세표준 안분계산을 하는 것은?

① 직전과세기간의 면세공급가액이 5% 미만인 경우, 단 해당 재화의 공급가액이 5천만원 이상인 경우는 제외한다.

② 재화의 공급가액이 50만원 미만인 경우

③ 신규로 사업을 개시하여 직전 과세기간이 없는 경우

④ 면세공급 면적이 50㎡ 이하인 경우

06. 다음 중 부가가치세법상 과세표준에 대한 설명으로 가장 옳지 않은 것은?

① 장기할부판매에 따른 이자상당액은 과세표준에 포함한다.

② 폐업시 남아있는 재화는 그 재화의 장부가액에 따라 과세표준을 산정한다.

③ 공급받는 자에게 도달 전에 파손된 재화의 가액은 과세표준에 포함하지 않는다.

④ 사업자가 재화를 공급하고 대가로 받은 금액에 부가가치세 포함 여부가 분명하지 않은 경우 그 대가로 받은 금액에 110분의 100을 곱한 금액을 공급가액으로 한다.

07. 다음 중 부가가치세법상 거래형태별 과세표준에 관한 설명으로 맞는 것은?

① 직매장 등의 재화반출에서 취득가액에 일정액을 가산하여 공급한 경우에도 취득가액만 과세표준으로 한다.

② 통상적으로 용기 또는 포장을 해당 사업자에게 반환할 것을 조건으로 그 용기대금과 포장비용을 공제한 금액을 공급하는 경우에는 그 용기대금과 포장비용은 공급가액에 포함한다.

③ 외상판매, 할부판매의 경우 공급한 재화의 총가액을 과세표준으로 한다.

④ 개별소비세가 부과되는 재화에 대하여는 각 재화의 공급가액만 과세표준으로 하고 개별소비세는 합산하지 아니한다.

주관식

01. 다음은 부가가치세 과세대상인 재화의 수입과 관련된 자료이다. 부가가치세법상 세관장이 거래징수할 부가가치세는 얼마인가?

㉠ 관세의 과세가격 : 10,000원	㉡ 관세 : 1,000원
㉢ 개별소비세 : 1,000원	㉣ 교육세 : 300원

02. 다음 자료에 의하여 의류도매업을 영위하는 갑법인의 부가가치세법상 20x1년 2기 부가가치세 과세표준을 구하면 얼마인가?

> 20x1.10.02에 미국의 A회사와 공급가액 $100,000 상당의 의류 수출계약을 체결하고 아래와 같이 의류를 미국으로 수출하였다.
> ① 20x1.10.02 : 선수금으로 $20,000를 송금받아 당일에 1$당 950원에 환가했다.
> ② 20x1.10.10 : 세관에 수출신고를 하였고, 당일의 기준환율은 990원이다.
> ③ 20x1.10.15 : 수출품을 선적하였고 당일의 기준환율은 960원이다.
> ④ 20x1.10.18 : 수출대금 잔액 $80,000를 외화로 송금받아 1$당 940원에 환가했다.

03. 다음 자료에 의하여 도매업을 영위하는 (주)홍익의 20x1년 1기 부가가치세 과세표준은 얼마인가? (단, 세금계산서는 모두 적법하게 교부되었으며 해당 금액에는 부가가치세가 포함되어 있지 않다.)

> • 국내 상품 매출액 10,000,000원이고 이 중 매출에누리와 환입액 500,000원, 매출할인은 200,000원이다.
> • 대손금 150,000원
> • 판매장려금 지급액 1,000,000원
> • 장기할부판매의 경우 이자상당액 200,000원
> • 대가의 일부로 받는 포장비 50,000원

04. 20x0년 3월 1일, 5억원에 과세사업에 사용할 목적으로 매입세액공제를 받고 취득한 건물을 10월 31일에 면세사업에 전용하였다. 이와 관련하여 납부할 부가가치세액은 얼마인가?

05. 일반과세사업을 영위하던 개인사업자가 20x1년 10월 10일에 당해 사업을 폐업하였다. 폐업하는 시점에 사업장 내에 잔존하는 재화의 내역이 다음과 같을 때 부가가치세법상 과세표준금액은 얼마인가?

> 기계장치 : 20x0.6.27. 10,000,000원에 구입, 중고시세 7,500,000원,
> 장부상 미상각잔액 7,705,000원

06. 다음 자료는 A법인이 20x1.10.05 폐업 당시의 잔존재화이다. 이 자료를 통해 부가가치세법상 부가가치세 과세표준 금액을 계산하면 얼마인가?

자산종류	취 득 일	취득원가	시　　가
제　　품	20x0. 8. 20	20,000,000원	30,000,000원
토　　지	2009. 6. 20	500,000,000원	600,000,000원
건　　물	20x0. 7. 20	200,000,000원	150,000,000원

07. ㈜세민교통은 우등고속버스사업과 시외버스사업에 공통으로 사용하고 있던 수리설비를 20x1년 4월 12일에 10,000,000원(부가가치세 제외)에 매각하였다. 다음 자료에 의하여 이 수리설비의 부가가치세 과세표준을 구하면 얼마인가?

과세기간	우등고속버스사업	시외버스사업	합계
20x0년 제1기	4억	5억	9억
20x0년 제2기	6억	4억	10억
20x1년 제1기	5억	6억	11억

08. 다음의 경우 건물의 부가가치세 과세표준은 얼마인가?

> 의류제조업자가 공장용 토지와 건물가액을 구분하지 않고 10억원(부가가치세 별도)에 매매하였다.
> (단, 토지의 기준시가 3억, 건물의 기준시가 2억이다)

연/습/문/제 답안

객관식

1	2	3	4	5	6	7
④	④	②	③	④	②	③

[풀이 - 객관식]

01. 과세표준에는 거래상대자로부터 받은 대금 · 요금 · 수수료 기타 명목여하에 불구하고 대가관계에 있는 모든 금전적 가치가 있는 것을 포함한다. 할부판매의 경우에는 공급한 재화의 총가액을 과세표준으로 한다.

02. **용역의 무상공급은 원칙적으로 과세거래에서 제외**된다.

03. **하자보증금은 어떠한 경우에도 과세표준에서 공제하지 아니한다.**

04. 휴업 등으로 인하여 직전 과세기간의 공급가액이 없는 경우에는 그 **재화를 공급한 날에 가장 가까운 과세기간의 공급가액에 의해 계산**한다.

05. ①②③은 공통사용재화 공급시 안분계산 배제 규정이다.

06. 폐업 시 남아있는 재화는 그 재화의 시가에 따라 과세표준을 산정한다.

07. ① **취득가액에 일정액을 가산**할 수 있다.
② **반환조건부 용기대금 등은 과세표준에 포함되지 않는다.**
④ 개별소비세, 주세 등이 부과되는 재화에 대해서는 개별소비세, 주세 등의 과세표준에 해당 개별소비세, 주세 등 상당액을 합계한 금액을 공급가액으로 한다.

주관식

1	1,230원	2	95,800,000원	3	9,550,000원
4	42,500,000원	5	2,500,000원	6	210,000,000원
7	6,000,000원	8	4억		

[풀이 - 주관식]

01. 수입재화의 과세표준 = 관세의 과세가격 + 관세 + 각종 수입시 징수하는 세액

02. 외화수령시 과세표준 = 공급시기전 외화수령시 환가한 금액 + 공급시기(선적일)환율을 적용한 금액
= ($20,000×950) + ($80,000×960) = 95,800,000

03. 대손금과 판매장려금은 과세표준에서 공제하지 않는다.
위 문제에서 대손금이 상품매출액에 포함되어 있다고 해석하여야 한다.
10,000,000원 - 500,000원(매출에누리) - 200,000원(매출할인) + 200,000원(장기할부판매시 이자상당액) + 50,000원(포장비) = 9,550,000원

04. 과세표준(간주시가) = 500,000,000원×[1 - (5%×3기)] = 425,000,000원
납부할 세액 425,000,000원×10% = 42,500,000원

05. 간주시가 = 10,000,000원×[1 - (25%×3 : 경과된 과세기간수)] = 2,500,000원

06.

	계산근거	과세표준
1. 제품	제품의 과세표준은 시가임.	30,000,000
2. 토지	토지의 공급은 면세임.	–
3. 건물	간주시가 : 200,000,000×(1 – 5%×2기)	180,000,000
계		210,000,000

07. 10,000,000×6억/10억(직전과세기간의 과세공급가액비율) = 6,000,000원

08. 10억(부가세 별도)×[2억(건물) / 3억(토지) + 2억(건물)] = 4억

제2절 세율

부가가치세법상 세율은 10%로 하되, 영세율이 적용되는 재화 또는 용역의 공급에 대하여는 0%로 한다.

제3절 세금계산서

세금계산서란 사업자가 재화 또는 용역을 공급할 때 부가가치세를 거래징수하고 이를 증명하기 위하여 공급받는 자에게 발급하는 세금영수증이다.

공급받는 자는 발급받은 세금계산서를 요약한 매입처별 세금계산서 합계표를 제출하여 거래징수당한 부가가치세를 매입세액으로 공제받을 수 있다.

1. 세금계산서 및 영수증의 종류

구 분		발급하는 자
세금계산서	세금계산서/전자세금계산서	사업자가 공급받는 자에게 발급
	수입세금계산서	**세관장이 수입자에게 발급**
영수증	신용카드매출전표(직불카드, 선불카드 포함)	사업자가 주로 일반 소비자에게 발급
	현금영수증	
	(일반적인)영수증	**간이과세자(직전공급대가 합계액이 48백만원 미만 등)등이 발급**

(1) 세금계산서

세금계산서는 공급하는 사업자가 2매(공급자 보관용, 공급받는자 보관용)를 발행하여 1매는 공급받는 자에게 발급하고 5년간 보관하여야 한다.

필 요 적 기재사항	① 공급하는 사업자의 등록번호와 성명 또는 명칭	② 공급받는 자의 등록번호
	③ 공급가액과 부가가치세액	④ 작성연월일

세금계산서를 발급시 필요적 기재사항이 누락되었거나 사실과 다른 경우에는 세금계산서로서의 효력이 인정되지 않는다.

(2) 전자세금계산서

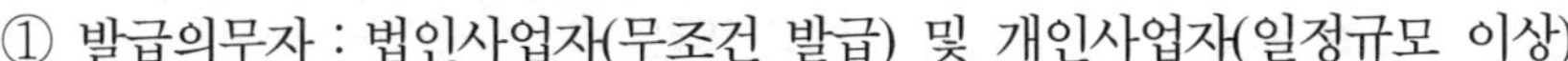
① 발급의무자 : 법인사업자(무조건 발급) 및 개인사업자(일정규모 이상)

〈전자세금계산서 발급의무 개인사업자〉

공급가액(과세+면세) 기준년도	기준금액	발급의무기간
20x0년	8천만원	20x1. 7. 1~ 계속

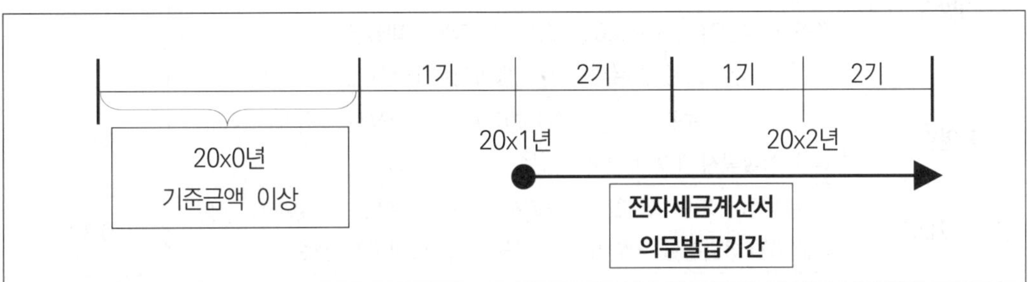

☞ 개인사업자가 사업장별 재화 등의 공급가액이 일정규모 이상인 해의 **다음해 제2기 과세기간부터이며, 한번 전자세금계산서 발급 의무 대상자가 되면 공급가액 합계액이 미달하더라도 계속하여 전자세금계산서 의무발급 개인사업자**로 본다.

② **발급기한 : 다음달 10일까지 가능**

③ 전 송 : 전자세금계산서 **발급일의 다음날** 까지

전자세금계산서 **발급명세를 전송한 경우에는 매출·매입처별세금계산서합계표를 제출하지 않아도 되며, 5년간 세금계산서 보존의무가 면제**된다.

④ 혜 택

㉠ **세금계산합계표 제출의무면제**

㉡ 세금계산서 5년간 보존의무면제

㉢ 직전연도 사업장별 공급가액 3억원 미만인 개인사업자에 대하여 전자세금계산서 발급세액공제(발급건당 200원, 연간한도 100만원)가 적용된다.

⑤ 월합계세금계산서 비교

구분	월합계세금계산서(1월)		
	작성일자	발급기한	전송기한
종이세금계산서	**1월 31일**	**~2월 10일**	-
전자세금계산서			**발급일 다음날**

⑥ 전자세금계산서관련 가산세(원칙 : 공급자)

구분	내용	가산세율
1. 미발급	전자세금계산서 발급의무자가 전자세금계산서를 확정신고기한까지 미발급 **(예) 작성일자 1.1~6.30인 경우 7.25까지 미발급** -**전자세금계산서 발급의무자가 종이세금계산서 발급**	2% (1%)
2. 지연발급	공급시기가 속하는 다음달 10일이 지나서 확정신고기한내 발급 **(예) 작성일자 1.1~6.30인 경우 7.25까지 발급**	매출자 1%
3. 지연전송	**전송기한이 지난 후 확정신고기한(7/25, 익년도 1/25)까지 전송** **(예) 8월 3일분을 8월 5일~익년도 1월 25일까지 전송**	0.3%
4. 미전송	**전송기한이 지난 후 확정신고기한까지 미전송** **(예) 8월 3일분을 익년도 1.25까지 미전송**	0.5%

〈공급시기에 따른 (전자)세금계산서 발급 가산세〉

공급시기	발급기한	**지연발급(1%)**	**미발급(2%)**
3.11	~4.10	4.11~7.25	***7.25(확정신고기한)까지 미발급***

〈공급받는자의 가산세 및 매입세액공제 여부〉

	4.11~7.25	**7.26~익년도 7.25**	**익년도 7.26 이후 수취**
매입세액공제	○	○	×
지연수취가산세(0.5%)	○	○	×

■ 매입자발행세금계산서

사업자가 재화 또는 용역을 공급하고 거래시기에 세금계산서를 발급하지 않는 경우**[거래건당 공급대가가 5만원 이상인 거래]** 그 재화 또는 용역을 공급받은 자는 관할세무서장의 확인을 받아 세금계산서를 발행할 수 있다. ***과세기간의 종료일부터 6개월 이내*** 발급 신청할 수 있다.

부도·폐업 등으로 매출자가 수정세금계산서 발행이 어려운 경우 매입자가 수정세금계산서의 매입자발행세금계산서 발행이 허용된다.

(3) 영수증

세금계산서의 필요적 기재사항 중 공급받는 자의 등록번호와 부가가치세를 기재하지 않은 증빙서류를 영수증이라 한다. 이러한 영수증을 발급받더라도 매입세액공제를 받을 수 없으나 **예외적으로 신용카드 영수증, 현금영수증에 대해서는 매입세액공제가 허용된다.**

참고

전자계산서

전자계산서는 소득세법 및 법인세법상 규정이다.
<발급의무자>
㉠ 법인사업자
㉡ 개인사업자
- 전자세금계산서 의무발급대상사업자로서 면세사업 겸업자
- 직전 과세기간 사업장별 총수입금액(과+면세)이 기준금액 이상인 사업자

2. 세금계산서의 발급시기

(1) 일반적인 발급시기

구 분	내 용
원 칙	재화 또는 용역의 **공급시기에 발급**하여야 한다. 다만, 일반적인 공급시기가 도래하기 전에 대가의 전부 또는 일부를 받고서 이에 대한 세금계산서를 발급한 때에도 인정된다.

<table>
<tr><th colspan="2">구 분</th><th>내 용</th></tr>
<tr><td rowspan="2">특 례</td><td>공급
시기 전
발급</td><td>① 재화 또는 용역의 공급시기 전에 세금계산서를 발급하고, 발급일로부터 7일 이내에 대가를 지급받은 경우에도 인정된다.
② 위 ①의 규정에도 불구하고 대가를 지급하는 사업자가 일정 요건을 모두 충족시 세금계산서를 발급받은 후 7일 경과 후 30일 이내 대가를 받더라도 그 발급받은 때를 세금계산서의 발급시기로 본다.
③ 세금계산서 발급일이 속하는 과세기간에 공급시기도래(조기환급시 30일 이내 대가를 지급받아야 함)</td></tr>
<tr><td>공급
시기 후
발급</td><td>월합계 세금계산서는 예외적으로 재화 또는 용역의 공급일이 속하는 달의 다음달 10일까지(토요일, 공휴일인 경우에는 그 다음날)세금계산서를 발급할 수 있다.
① 거래처별로 1역월의 공급가액을 합계하여 당해 월의 말일자를 발행일자로 하여 세금계산서를 발급하는 경우
② 거래처별로 1역월 이내에서 사업자가 임의로 정한 기간의 공급가액을 합계하여 그 기간의 종료일자를 발행일자로 하여 세금계산서를 발급하는 경우
③ 관계 증빙서류 등에 의하여 실제거래사실이 확인되는 경우로서 당해 거래일자로 하여 세금계산서를 발급하는 경우</td></tr>
</table>

☞ 월합계세금계산서 발급예

<table>
<tr><th colspan="2">공급시기</th><th>발행일자(작성연월일)</th><th>발급기한</th></tr>
<tr><td colspan="2">1.1~1.31</td><td>1.31</td><td>2.10</td></tr>
<tr><td rowspan="3">1월</td><td>1.1~1.10</td><td>1.10</td><td>2.10</td></tr>
<tr><td>1.11~1.20</td><td>1.20</td><td>2.10</td></tr>
<tr><td>1.21~1.31</td><td>1.31</td><td>2.10</td></tr>
<tr><td colspan="2">1.11~2.10</td><td colspan="2">1역월 내(달력상 1달)에서만 가능하다.</td></tr>
</table>

(2) 발급특례(위탁판매)

수탁자가 재화를 인도하는 때에 수탁자가 **위탁자를 공급자로 하여 세금계산서를 발급하며, 위탁자가 재화를 직접 인도하는 경우에는 수탁자의 사업자등록번호를 부기**하여 위탁자가 세금계산서를 발급할 수 있다.

(3) 세금계산서의 수정

① 당초 공급한 재화가 환입된 경우

환입된 날을 작성일자로 하여 비고란에 당초 세금계산서 작성일자로 부기한 후 (-)표시를 하여 발급한다.

② 착오시

세금계산서를 발급한 후 그 기재사항에 관하여 착오 또는 정정사유가 발생한 경우에는 부가가치세의 과세표준과 세액을 경정하여 통지하기 전까지 세금계산서를 수정하여 발행할 수 있다.

③ 공급가액의 증감시

당초의 공급가액에 추가되는 금액 또는 차감되는 금액이 발생한 경우에는 그 **증감사유가 발생한 날에 세금계산서를 수정**하여 발행할 수 있다.

④ 계약해제시 수정세금계산서는 **계약해제일을 공급일자로 하여 수정발급**한다.

⑤ 재화 또는 용역을 공급한 후 공급시기가 속하는 **과세기간 종료 후 25일 이내에 내국신용장이 개설되거나 구매확인서가 발급**된 경우

내국신용장 등이 개설된 때에 그 작성일자는 **당초 세금계산서 작성일자를 기재(비고란에 내국신용장 등의 개설일을 부기)한다.**

⑥ 세율적용이 잘못되거나 면세거래를 과세로 잘못 적용한 경우

⑦ 착오여부에 관계없이 필요적 기재사항 등이 잘못 적힌 경우 확정신고기한 다음날부터 1년까지까지 수정발급이 허용된다.

3. 세금계산서 발급의무 면제

(1) 택시운송사업자, 노점, 행상, 무인판매기를 이용하여 재화·용역을 공급하는 자

(2) 전력(또는 도시가스)을 실지로 소비하는 자(사업자가 아닌 자에 한함)를 위하여 전기사업자(또는 도시가스사업자)로부터 전력(도시가스)을 공급받는 명의자가 공급하는 재화·용역

(3) 도로 및 관련 시설 운용 용역을 공급하는 자 → 공급받는 자가 요구하는 경우에 발급

(4) 소매업을 영위하는 자가 제공하는 재화·용역 → 공급받는 자가 요구하는 경우에 발급

(5) 목욕, 이발, 미용업을 영위하는 자가 공급

(6) 간주공급에 해당하는 재화의 공급(직매장반출은 발급)

(7) 부동산임대용역 중 간주임대료

(8) 영세율 적용대상 재화·용역

다만 내국신용장(구매확인서)에 의한 공급하는 재화와 한국국제협력단에 공급하는 재화는 영세율세금계산서를 발급하여야 한다.

(9) 기타국내사업장이 없는 비거주자 또는 외국법인에게 공급하는 재화·용역

〈영수증발급대상 사업의 세금계산서 발급의무〉

영수증발급대상사업	세금계산서 발급 요구시
1. 목욕, 이발, 미용업 2. 여객운송업(전세버스운송사업은 제외) 3. 입장권을 발행하여 영위하는 사업	세금계산서 발급금지 (다만 감가상각자산의 경우는 예외)
4. 소매업 등 영수증 발급대상사업	세금계산서를 발급하여야 함.

4. 세금계산서합계표 등의 제출

(1) 세금계산합계표의 제출

전자세금계산서를 적법발급하고 기한내 전송시 제출의무가 면제된다.

(2) 현금매출명세서의 제출

사업서비스업 중 변호사, 공인회계사, 세무사, 건축사, 부동산중개업 등의 사업을 영위하는 사업자는 현금매출명세서를 예정신고 또는 확정신고와 함께 제출하여야 한다.

(3) 부동산임대공급가액명세서의 제출

5. 신용카드 매출전표(직불카드, 기명식 선불카드, 현금영수증 포함)

(1) 신용카드 매출전표 등 발행세액공제

- 직전연도 공급가액 10억원 이하 개인사업자만 해당됨

공제액＝MIN[① 신용카드매출전표발행 금액 등의 1.3%, ② *연간 1,000만원*]

(2) 매입세액의 공제허용

사업자가 일반과세자로부터 재화 등을 공급받고 부가가치세액이 별도로 기재된 신용카드매출전표 등을 발급받은 경우로서 다음의 요건을 모두 충족하는 경우에는 매입세액공제를 적용받을 수 있다.

신용카드매출전표등 수령명세서를 제출하고, 확정신고를 한 날로부터 5년간 보관할 것

연/습/문/제

객관식

01. 다음 중 부가가치세법상 세금계산서 발급의무가 없는 것으로 가장 부적합한 것은?

① 간주임대료에 해당하는 부동산임대용역
② 면세사업으로 전용되는 자가공급
③ 사업상 증여
④ 영세율 적용을 받는 재화의 공급

02. 다음 중 부가가치세법상 세금계산서 발급의무가 면제되는 경우가 아닌 것은?

① 재화를 직접 수출하는 경우
② 국내주둔 미국군에 재화를 공급하는 경우
③ 선박 또는 항공기의 외국항행용역을 제공하는 경우
④ 내국신용장에 의하여 수출업자에게 재화를 공급하는 경우

03. 다음 중 부가가치세법상 세금계산서를 발급할 수 없는 업종이 아닌 것은?

① 목욕, 이발, 미용업
② 여객운송업(전세버스 제외)
③ 간이과세자
④ 소매업

04. 다음 중 부가가치세법상 영수증이 아닌, 반드시 세금계산서를 발급해야 하는 사업자는?

① 도매업자
② 소매업자
③ 숙박업자
④ 음식업자

05. 다음은 부가가치세법상 세금계산서에 대한 설명이다. 옳지 않은 것은?

① 필요적 기재사항이 모두 기재된 신용카드매출전표와 현금영수증은 세금계산서로 본다.

② 세금계산서 기재사항 중 작성연월일은 필요적 기재사항이고, 공급연월일은 임의적 기재사항이다.

③ 납세의무자로 등록한 사업자가 부가가치세 과세대상인 재화를 공급하는 경우에는 거래상대방이 면세사업자일지라도 세금계산서를 발급하여야 한다.

④ 면세사업자는 원칙적으로 세금계산서를 발급할 수 없다.

06. 다음은 부가가치세법상 세금계산서의 발급시기에 대한 내용이다. 틀린 것은?

① 재화 또는 용역의 공급시기 전에 대가의 전부 또는 일부를 받고 당해 받은 대가에 대하여 세금계산서를 발급한 경우 그 발급하는 때를 재화 또는 용역의 공급시기로 본다.

② 사업자가 재화 또는 용역의 공급시기 이전에 세금계산서를 발급하고 그 세금계산서 발급일로부터 10일 이내에 대가를 지급받는 경우에는 그 발급한 때를 세금계산서 발급시기로 본다.

③ 장기할부판매의 경우 공급시기가 도래하기 전에 대가를 받지 않고 세금계산서를 발급하는 경우 그 발급하는 때를 재화 또는 용역의 공급시기로 본다.

④ 거래처별로 1역월 이내에서 사업자가 임의로 정한 기간의 공급가액을 합계하여 그 기간의 종료일자를 작성연월일로 하여 세금계산서를 발급하는 경우 재화 또는 용역의 공급일이 속하는 달의 다음달 10일까지 세금계산서를 발급할 수 있다.

07. 부가가치세법상 수정세금계산서 발급사유 및 발급절차에 대한 설명이다. 옳지 않은 것은?

① 당초 공급한 재화가 환입된 경우 : 재화가 환입된 날을 작성일자로 적고 비고란에 당초 세금계산서 작성일자를 부기한 후 붉은색 글씨로 쓰거나 부의 표시를 하여 발급

② 계약의 해제로 재화·용역이 공급되지 아니한 경우 : 계약이 해제된 때에 그 작성일은 계약해제일로 적고 비고란에 처음 세금계산서 작성일을 덧붙여 적은 후 붉은색 글씨로 쓰거나 부의 표시를 하여 발급

③ 계약의 해지 등에 따라 공급가액에 추가 또는 차감되는 금액이 발생한 경우 : 증감사유가 발생한 날을 작성일자로 적고 추가되는 금액은 검은색 글씨로 쓰고, 차감되는 금액은 붉은색 글씨로 쓰거나 부의 표시를 하여 발급

④ 재화·용역을 공급한 후 공급시기가 속하는 과세기간 종료 후 25일 이내에 내국신용장이 개설되었거나 구매확인서가 발급된 경우 : 내국신용장 등이 개설된 때에 그 작성일자는 비고란에 적어 발급

08. 다음 중 부가가치세법상 세금계산서의 발급시기에 대한 설명 중 틀린 것은?

① 거래처별로 1역월의 공급가액을 합계하여 해당 월의 말일자를 작성연월일로 하여 세금계산서를 발급하는 경우 해당 월의 다음달 10일까지 발급한다.

② 특례세금계산서의 경우 공급일의 다음달 10일이 토요일, 공휴일인 경우 발급일을 그 다음날까지 연장한다.

③ 관계증빙 서류 등에 의하여 실제 거래사실이 확인되는 경우로서 해당 거래일자를 발행일자로 하여 세금계산서를 발급한다.

④ 공급일이 5월 31일인 거래에 대해 7월 10일에 발행하였다면, 공급받는 자는 해당 거래에 대한 매입세액을 공제 받을 수 없다.

09. 다음 중 부가가치세법상 전자세금계산서에 관한 설명으로 가장 옳지 않은 것은?

① 개인사업자는 직전연도의 공급가액(과세+면세)이 0.8억원 이상인 경우 의무적으로 전자세금계산서를 발급하여야 한다.

② 전자세금계산서를 발급하였을 때에는 발급일의 다음날까지 국세청장에게 전송하여야 한다.

③ 법인사업자는 무조건 전자세금계산서를 발급하여야 한다.

④ 직전연도 공급가액이 0.5억원인 개인사업자는 전자세금계산서를 발급할 수 없다.

10. 부가가치세법상 전자세금계산서제도에 대한 설명이다. 옳지 않은 것은?

① 전자세금계산서 발급하더라도 세금계산서를 5년간 보관하여야 한다.

② 개인사업자는 직전연도의 사업장별 공급가액(과세+면세)의 합계액이 0.8억원 이상인 경우 전자세금계산서를 발급하여야 한다.

③ 전자세금계산서발급시 세금계산서 합계표 제출의무가 면제된다.

④ 법인사업자는 전자세금계산서 의무발급대상자이다.

11. 다음 중 부가가치세법상 다음 재화와 용역의 공급 중 세금계산서 교부의무가 면제되는 경우가 아닌 것은?

① 영수증교부대상사업자가 신용카드매출전표 등을 교부한 경우

② 목욕, 이발업, 미용업 역무

③ 총괄납부 미승인된 사업장의 직매장 반출의 경우

④ 부동산임대용역 중 간주임대료

12. 다음 중 부가가치세법상 매입자발행세금계산서에 관한 설명으로 옳지 않은 것은?

① 매입자발행세금계산서를 발행하려는 자는 해당 재화 또는 용역의 공급시기가 속하는 과세기간의 종료일부터 6개월 이내에 관할세무서장에게 거래 사실의 확인을 신청하여야 한다.

② 신청서를 송부받은 공급자 관할세무서장은 신청인의 신청내용, 제출된 증빙자료를 검토하여 거래 사실 여부를 확인하여야 한다. 이 경우 거래 사실의 존재 및 그 내용에 대한 입증책임은 신청인에게 있다.

③ 신청을 받은 관할세무서장은 신청서에 재화 또는 용역을 공급한 자의 인적사항이 부정확하거나 신청서 기재방식에 흠이 있는 경우에는 신청일부터 7일 이내에 일정한 기간을 정하여 보정요구를 할 수 있다.

④ 거래 사실의 확인 신청 대상이 되는 거래는 거래 건당 공급대가가 50만원 이상인 경우로 한다.

13. 부가가치세법상 세금계산서에 대한 설명으로 옳은 것은?

① 사업자가 필요적 기재사항이 착오로 잘못 기재된 세금계산서를 발급한 경우 최초 발급한 세금계산서의 내용대로 음의 표시 또는 붉은색 글씨로 적어 발급하고, 수정하여 발급하는 세금계산서는 검은색 글씨로 작성하여 발급한다. 다만, 과세표준 및 세액을 경정할 것을 미리 알고 있는 경우에는 제외한다.

② 전자세금계산서를 발급일의 다음날까지 국세청장에게 전송한 경우 세금계산서를 5년간 보존할 의무가 있다.

③ 세금계산서 발급금지 업종 외의 사업을 경영하는 일반과세자가 신용카드 매출전표 등을 발급한 경우에는 세금계산서를 발급해야 한다.

④ 수입 재화에 대해서는 국세청장이 세금계산서를 수입하는 자에게 발급하여야 한다.

14. 다음 중 부가가치세법상 세금계산서 제도에 관한 설명으로 가장 옳지 않은 것은?

① 세금계산서는 거래에 관한 청구서 또는 영수증의 역할을 하며, 공급받는자가 매입세액공제를 받기 위한 필수적인 자료이다.

② 면세사업자는 공급받는자가 요구하는 경우에도 세금계산서를 발급할 수 없다.

③ 영수증은 원칙적으로 공급받는 자와 부가가치세액을 따로 기재하지 않으며, 이러한 영수증에는 공급대가 금액으로 표시된다.

④ 공급하는 자와 공급받는 자의 사업자등록번호, 공급가액, 부가가치세액만 기록된 세금계산서도 효력이 인정된다.

 주관식

01. 다음 (　　)안에 들어갈 숫자는 무엇인가?

> 부가가치세법상 법인사업자와 **직전 연도의 사업장별 재화 및 용역의 공급가액(과세+면세)의 합계액이 (　　)억원 이상**인 개인사업자는 전자세금계산서를 발급하여야 한다.

02. 다음 (　　) 안에 들아갈 알맞은 숫자를 쓰시오.

> 사업자는 부가가치세법에 따라 기록한 장부와 부가가치세법에 따라 발급하거나 발급받은 세금계산서 또는 영수증을 그 **거래사실이 속하는 과세기간에 대한 확정신고를 한 날부터 (　　)년간 보존하여야 한다**. 다만, 전자세금계산서를 발급한 사업자가 국세청장에게 세금계산서 발급명세를 전송한 경우에는 그러하지 아니하다.

03. 다음 (　)에 들어갈 숫자는 무엇인가?

> 사업자가 재화 또는 용역의 공급시기가 도래하기 전에 세금계산서를 발급하고, 그 세금계산서 발급일 부터 (　　)일 이내에 대가를 지급받는 경우에는 정당한 세금계산서를 발급한 것으로 본다.

04. 부가가치세법상 전자세금계산서 발급대상사업자인 홍길동이 매출 1,000,000원(부가가치세 제외)에 대하여 세금계산서 발급시기에 종이세금계산서를 발급하였을 때 부담해야 할 가산세는?

05. 다음은 부가가치세법상 매입자발행세금계산서에 대한 설명이다. 괄호를 적으시오.

> 부가가치세법상 세금계산서 교부의무가 있는 사업자가 재화 또는 용역을 공급하고 세금계산서 발급시기에 세금계산서를 발행하지 않은 경우, 그 재화 또는 용역을 공급받은 자는 관할 세무서장의 확인을 받아 세금계산서를 발행할 수 있다. 매입자발행세금계산서를 발행하려는 자는 재화 또는 용역의 공급시기가 속하는 과세기간의 종료일부터 (㉮) 이내에 기획재정부령으로 정하는 거래사실확인신청서에 거래사실을 객관적으로 입증할 수 있는 서류를 첨부하여 관할 세무서장에게 거래사실의 확인을 신청하여야 한다. 이 때 거래사실의 확인신청 대상이 되는 거래는 거래건당 공급대가가 (㉯) 이상인 경우로 한다.

06. 부가가치세법상 다음의 괄호 안에 들어갈 숫자는 무엇인가?

> 세금계산서는 사업자가 재화 또는 용역의 공급시기에 발급하여야 한다. 다만, 거래처별로 1역월의 공급가액을 합하여 해당 달의 말일을 작성연월일로 하여 세금계산서를 발급하는 경우에는 재화 또는 용역의 공급일이 속하는 달의 다음 달 (　　　　)일까지 세금계산서를 발급할 수 있다.

07. 다음 자료에 의하여 부가가치세법상 세금계산서 발급기한을 적으시오.

> 가. 사업자 등록 신청일은 9월 1일이다.
> 나. 9월 15일, 9월 25일, 9월 27일에 각각 재화를 공급하였다.
> 다. 10월 10일은 일요일이라고 가정한다.

08. 부가가치세법상 아래의 괄호 안에 알맞은 숫자를 쓰시오.

> 직전 연도의 공급가액 요건을 충족하는 개인사업자가 부가가치세가 과세되는 재화 또는 용역을 공급하고 신용카드매출전표 등을 발급하는 경우 신용카드매출전표 등의 발급금액 또는 결제금액의 1.3%를 연간 (　　　　　　)원을 한도로 납부세액에서 공제할 수 있다.

09. 부가가치세법상 신용카드 등의 사용에 따른 세액공제(신용카드발급세액공제)에 대한 설명이다. 빈칸에 들어갈 금액은 몇 원인가?

법인사업자와 직전연도의 재화 또는 용역의 공급가액의 합계액이 사업장별로 (　　　)원을 초과하는 개인사업자는 신용카드 등의 사용에 따른 세액공제를 적용받을 수 없다.

연/습/문/제 답안

객관식

1	2	3	4	5	6	7	8	9	10	11	12	13	14	
④	④	④	①	①	②	④	④	④	①	③	④	①	④	

[풀이 - 객관식]

01. 영세율 대상인 경우 세금계산서 발급의무 면제로 열거된 것(직수출 등)에 한하여 세금계산서 발급의무가 없다.

02. 내국신용장 또는 구매확인서에 의하여 수출업자에게 재화를 공급하는 경우 영세율 적용대상이지만 국내거래에 해당하므로 세금계산서는 발급하여야 한다.

03. 소매업의 경우도 거래상대방이 사업자 등록증을 제시하고 **세금계산서 발급을 요구**하는 경우 일반과세자(소매업)은 세금계산서를 발급할 수 있다.

04. **도매업**은 사업자를 상대로 하는 업종이므로 **세금계산서를 반드시 발급**해야 한다.

05. **신용카드매출전표와 현금영수증은 원칙적으로 영수증**에 해당한다.

06. **선세금계산서는 7일 이내 대가를 지급**받아야 함.

07. 재화 또는 용역을 공급한 후 공급시기가 속하는 과세기간 종료 후 25일 이내에 내국신용장이 개설되었거나 구매확인서가 발급된 경우 : 작성일자는 **당초 세금계산서 작성일자를 적고 비고란에 내국신용장 개설일 등을 부기**하여 영세율 적용분은 검은색 글씨로 세금계산서를 작성하여 발급하고, 추가하여 당초에 발급한 세금계산서의 내용대로 세금계산서를 붉은색 글씨로 또는 부의 표시를 하여 작성하고 발급한다.

08. 재화 또는 용역의 공급시기 이후에 발급받은 세금계산서로서, 해당 공급시기가 속하는 과세기간에 대한 **확정신고기한의 다음날부터 1년 이내**에 발급받은 경우 매입세액공제가 가능하다.

09. **전자세금계산서 발급 의무 대상자가 아니라도 전자세금계산서를 발급**할 수 있다.

10. 전자세금계산서 발급시 세금계산서 보관의무가 면제된다.

11. 총괄납부 미승인시 **직매장 반출시 세금계산서를 교부**하여야 한다.

12. 거래 사실의 확인 신청 대상이 되는 거래는 **거래 건당 공급대가가 5만원 이상**인 경우로 한다.

13. ② 전자세금계산서 발급시 **세금계산서 보관의무를 면제**한다.
③ 신용카드매출전표 등을 발급 후 세금계산서 발급은 금지된다.
④ 수입재화는 세관장이 수입세금계산서를 발급한다.

14. **공급하는 자와 공급받는 자의 사업자등록번호, 공급가액, 부가가치세액 및 작성연월일은 세금계산서의 필요적 기재사항**으로서, 필요적 기재사항의 전부 또는 일부가 기재되지 아니하거나 사실과 다른 때에는 사실과 다른 세금계산서로 세금계산서의 효력이 인정되지 아니할 수 있다.

주관식

1.	0.8	2.	5	3.	7
4.	10,000	5.	㉮ 6개월 ㉯ 5만원	6.	10
7.	10월 11일	8.	1천만	9.	10억

07. 월합계 세금계산서의 발급기한은 다음달 10일이 기한이 되는데, 10일이 일요일이므로 10월 11일이 발급기한이 된다.

Chapter 5

납부세액의 계산

로그인 세무회계 2급

제1절 납부세액의 계산

납부세액의 계산구조

납부(환급)세액

=

매출세액 ➡ [(세금계산서매출 + 기타매출) × 10% / 영세율매출] ± **대손세액**

−

매입세액 ➡
㉠ **세금계산서** 수취분 매입세액 ← 매입세금계산서 수령분
(+)㉡ **신용카드매출전표등** 수령금액 합계표 제출분 매입세액 ← 신용카드, 현금영수증 사용분
(+)㉢ **매입자발행세금계산서**
(+)㉣ 의제매입세액 등 매입세액 ← 매입가액의 일정율을 공제
(−)㉤ **공제받지 못할 매입세액 ← 사업과 관련이 없는 지출 등 경우**

■ **매출세액 > 매입세액 → 납부세액**
매출세액 < 매입세액 → 환급세액

제2절 매출세액의 계산

1. 매출세액의 계산구조

구 분		금 액	세 율	세 액
과 세	세금계산서 발급분		10/100	
	매입자발행세금계산서		10/100	
	신용카드 · 현금영수증		10/100	
	기 타		10/100	
영세율	세금계산서 발급분		0/100	
	기 타		0/100	
예정신고누락분				
대손세액가감				
합 계				

2. 대손세액공제

사업자가 과세재화 · 용역을 공급한 후 공급받는 자의 파산 등으로 인하여 부가가치세를 거래징수하지 못하는 경우에는 그 대손세액을 매출세액에서 차감할 수 있고, 이 경우 공급받은 자는 그 세액을 매입세액에서 차감한다.

만약 외상매출금 등이 대손처리되는 경우 공급자는 거래징수하지 못한 부가가치세를 납부하는 불합리한 결과를 방지하기 위함이다.

(1) 대손세액공제액

$$대손세액공제액 = 대손금액(부가가치세\ 포함) \times \frac{10}{110}$$

(2) 대손사유

① 민법 등에 따라 **소멸시효가 완성된 채권**

☞ 소멸시효 : 권리를 행사할 수 있음에도 불구하고 권리를 행사하지 않는 상태가 일정기간 계속함으로써 권리 소멸의 효과를 생기게 하는 제도.

② 소정법에 따른 회생계획인가의 결정 또는 법원의 면책결정에 따라 회수불능으로 확정된 채권

☞ 회생계획 : 기업회생절차에 따라 기업을 되살리기 위하여 채무의 일부를 탕감하는 등 재기할 수 있도록 기회를 부여하는 제도.

③ 민사집행법의 규정에 따라 채무자의 재산에 대한 경매가 취소된 압류채권

④ 『서민의 금융생활지원에 관한 법률』에 따른 채무의 조정을 받아 신용회복지원협약에 따라 면책으로 확정된 채권

⑤ **부도발생일로부터 6개월 이상 지난 어음·수표 및 외상매출금(중소기업의 외상매출금으로서 부도발생일 이전의 것에 한함 - 저당권설정분은 제외)**

⑥ **중소기업의 외상매출금 및 미수금으로서 회수기일로부터 2년이 경과한 외상매출금 등(특수관계인과의 거래는 제외)**

⑦ 채무자의 파산·강제집행·사업폐지·사망 등으로 인하여 회수할 수 없는 채권

☞ 강제집행 : 사법상의 의무를 이행하지 않는 자에 대하여 국가 권력으로 의무를 이행케 하는 절차

⑧ **회수기일이 6개월 이상 지난 채권 중 채권가액이 30만원 이하**(채무자별 채권가액의 합계액)인 채권

⑨ 회생계획인가결정에 따라 채권을 출자전환하는 경우

(3) 대손세액공제의 범위 및 시기

재화 또는 용역의 공급일로부터 **10년이 지난 날이 속하는 과세기간에 대한 확정신고기한까지** 대손세액공제대상이 되는 사유로 인하여 확정되는 대손세액이어야 한다.

(4) 공제신청

대손세액공제는 사업자가 **확정신고시** 대손세액공제와 대손이 발생한 사실을 증명하는 서류를 제출(국세정보통신망에 의한 제출 포함)하는 경우에 한하여 적용한다.

(5) 대손세액의 처리방법(공급자 VS 공급받는자)

구 분	공급자	공급받는자
1. 대손확정	**대손세액(-)**	**대손처분받은세액(-)**
	매출세액에 차감	매입세액에 차감
2. 대손금 회수 또는 변제한 경우	**대손세액(+)**	**변제대손세액(+)**
	매출세액에 가산	매입세액에 가산

제3절 매입세액의 계산

1. 매입세액의 계산구조

구분		금액	세율	세액
세금계산서 수취분	일반매입			
	고정자산매입			
예정신고누락분				
매입자발행세금계산서				
그 밖의 공제매입세액				
합계				
공제받지못할매입세액				
차감계				

2. 세금계산서 수취분 매입세액

(1) 공제되는 매입세액

자기의 사업을 위하여 사용되었거나 사용될 재화등의 공급 대한 세액이다.

(2) 매입자발행세금계산서에 의한 매입세액공제 특례

(3) 매입세액 불공제

사유		상세내역
협력의무 불이행	① 세금계산서 미수취 · 불명분 매입세액*1	필요적 기재사항의 전부 혹은 일부가 누락된 경우
	② 매입처별세금계산합계표 미제출 · 불명분매입세액	미제출 및 필요적 기재사항이 사실과 다르게 기재된 경우(단, 공급가액이 사실과 다른 경우에는 실제가액과 차액)
	③ 사업자등록 전 매입세액	**공급시기가 속하는 과세기간이 끝난 후 20일 이내에 등록을 신청한 경우 등록신청일부터 공급시기가 속하는 과세기간 개시일(1.1 또는 7.1)까지 역산한 기간 내의 것은 제외한다.**

사 유		상 세 내 역
부가가치 미창출	④ **사업과 직접 관련 없는 지출**	업무무관자산 취득 관련세액
	⑤ **비영업용소형승용차 구입 · 유지 · 임차**	8인승 이하, 배기량 1,000cc 초과(1,000cc 이하 경차는 제외), 지프형승용차, 캠핑용자동차, 이륜자동차(125cc 초과) 관련 세액
	⑥ **기업업무추진비 및 이와 유사한 비용의 지출에 대한 매입세액**	
	⑦ **면세사업과 관련된 매입세액**	
	⑧ **토지관련 매입세액**	토지의 취득 및 조성 등에 관련 매입세액

***1. 불명분 매입세액 중 다음은 예외적으로 매입세액공제가 허용된다.**

㉠ <u>사업자등록을 신청한 사업자가 사업자등록증 발급일까지의 거래에 대하여 해당 사업자 또는 대표자의 주민등록번호를 적어 발급받은 경우</u>

㉡ <u>발급받은 세금계산서의 필요적 기재사항 중 일부가 착오로 사실과 다르게 적혔으나 그 세금계산서에 적힌 나머지 필요적 기재사항 또는 임의적 기재사항으로 보아 거래사실이 확인되는 경우</u>

㉢ <u>재화 또는 용역의 공급시기 이후에 발급받은 세금계산서로서 해당 공급시기가 속하는 과세기간의 확정신고기한에 발급받은 경우</u>

㉣ 발급받은 전자세금계산서로서 국세청장에게 전송되지 아니하였으나 발급한 사실이 확인되는 경우

㉤ 전자세금계산서 외의 세금계산서로서 재화 또는 용역의 공급시기가 속하는 과세기간에 발급받았고, 그 거래사실도 확인되는 경우

㉥ 실제로 재화 또는 용역을 공급하거나 공급받은 사업장이 아닌 사업장을 적은 세금계산서를 발급받았더라도 그 사업장이 총괄하여 납부하거나 사업자 단위 과세 사업자에 해당하는 사업장인 경우로서 그 재화 또는 용역을 실제로 공급한 사업자가 납세지 관할 세무서장에게 해당 과세기간에 대한 납부세액을 신고하고 납부한 경우

㉦ 공급시기 이후 세금계산서를 발급받았으나, <u>**실제 공급시기가 속하는 과세기간의 확정신고기한 다음날부터 1년 이내에 발급받은 것**</u>으로서 수정신고·경정청구하거나, 거래사실을 확인하여 결정·경정

㉧ 착오로 공급시기 이전 세금계산서를 발급받았으나, <u>**공급시기가 6개월 이내**</u> 도래하고 거래사실을 확인하여 결정·경정

3. 예정신고누락분

공제받을 수 있는 매입세액을 부가가치세 예정신고시 누락하여 공제를 받지 못한 경우에는 부가가치세 확정신고시 공제를 받을 수 있다.

4. 신용카드매출전표등수령명세서 제출분 매입세액

신용카드매출전표 등을 발행하고 수령하면 세금계산서와 동일한 과세포착효과를 가져오므로 부가가치세법에서는 예외적으로 법정요건을 갖춘 분에 대해서는 매입세액공제를 받을 수 있도록 규정하고 있다.

다음은 **신용카드매출전표 등을 수취하더라도 매입세액공제 대상이 되지 않는다.**

> 1. **세금계산서 발급불가 사업자 : 면세사업자**
> 2. **영수증발급 대상 간이과세자 : 직전 공급대가 합계액이 4,800만원 미만 등**
> 3. **세금계산서 발급불가 업종 : 목욕, 이발, 미용업, 여객운송업(전세버스 제외), 입장권을 발행하여 영위하는 사업**
> 4. **공제받지 못할 매입세액**

5. 의제매입세액공제

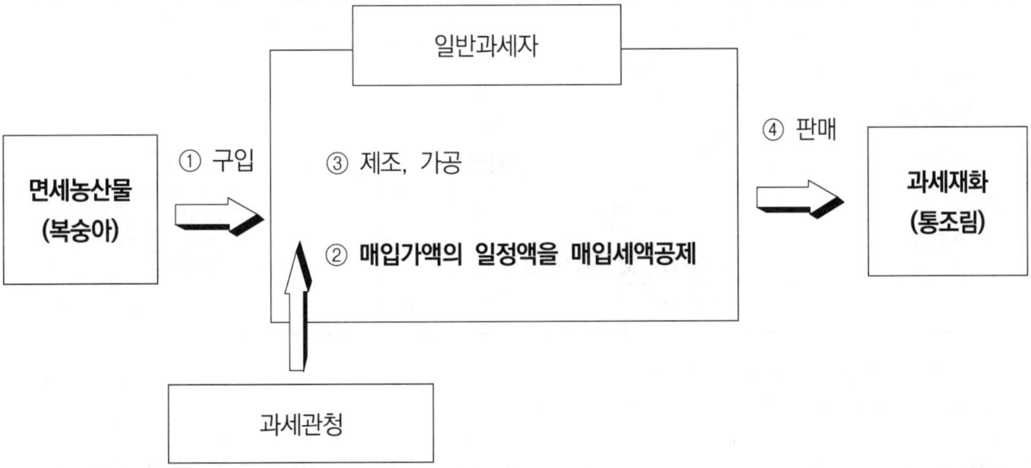

일반과세자

면세농산물 (복숭아) → ① 구입 → ③ 제조, 가공 / ② **매입가액의 일정액을 매입세액공제** ← 과세관청

④ 판매 → **과세재화 (통조림)**

(1) 의제매입세액제도 의의

사업자가 면세농산물 등을 원재료로 하여 제조·가공한 재화 또는 창출한 용역의 공급이 과세되는 경우에는 그 면세농산물 등의 가액의 2/102 등에 상당하는 금액을 매입세액으로 공제할 수 있다.

(2) 의제매입세액의 공제요건

① 적용대상자 : **사업자등록을 한 과세사업자**에 대해서만 적용된다.

② **면세농산물 등을 과세재화·용역의 원재료로 사용**

면세농산물 등을 원재료로 하여 제조·가공한 재화 또는 창출한 용역의 공급에 대하여 과세되는 경우(**면세포기에 따라 영세율이 적용되는 경우는 제외 : 즉 농산물 자체를 수출하여 면세포기**)이어야 한다. 여기서 '면세농산물 등'이란 면세로 공급받은 농산물·축산물·수산물·임산물(1차 가공된 것, 미가공 식료품 및 소금 포함)을 말한다.

③ 증빙서류의 제출

의제매입세액공제신고서와 매입처별계산서합계표, 신용카드매출전표등수령명세서를 관할 세무서장에게 제출하여야 한다. 다만, **제조업을 영위하는 사업자가 농·어민으로부터 면세농산물 등을 직접 공급받는 경우에는 의제매입세액공제신고서만을 제출한다(즉, 농어민에게는 영수증을 수취해도 무방하다는 표현이다).**

(3) 의제매입세액의 계산

면세농산물 등의 매입가액(구입시점)×공제율

업 종			공제율
음식점업	과세유흥장소		2/102
	위 외 음식점업자	법인	6/106
		개인사업자	8/108[*1]
제조업	**일반**		2/102
	중소기업 및 개인사업자		4/104[*2]
위 외의 사업			2/102

*1. 과세표준 2억원 이하인 경우는 9/109

*2. 개인사업자 중 과자점업, 도정업, 제분업 등은 6/106

의제매입세액은 면세농산물 등을 **공급받은 날(=구입시점)이 속하는 과세기간의 예정 신고시 또는 확정신고시 공제**한다.

여기서 **면세농산물 등의 매입가액은 운임·보험료 등의 부대비용을 제외한 가액을 말하며, 수입농산물등의 경우에는 관세의 과세가격**을 말한다.

(4) 실지귀속을 구분할 수 없는 경우 의제매입세액의 계산

$$\text{면세농산물 등의 매입가액} \times \text{공제율} \times \frac{\text{과세공급가액}}{\text{총공급가액}}$$

사업자가 과세사업과 면세사업을 겸영시 면세농산물 등의 실지귀속에 따라 과세사업에 사용되었거나 사용될 부분에 대해서만 의제매입세액공제를 적용하여야 한다.

(5) 한도=과세표준(면세농산물관련)×한도비율×의제매입세액공제율

한도 계산은 확정신고시에만 적용한다.

		한도비율			
법인사업자		50%			
개인	과세표준이 1억원 이하	음식점업	75%	이외	65%
	과세표준이 2억원 이하		70%		
	과세표준이 2억원 초과		60%		55%

☞ **의제매입세액 한도계산시 1역년 단위로 계산가능하다.**

① **1역년 동안 계속 제조업 영위**

② **제1기 과세기간에 공급받은 면세농산물등의 가액의 비중이 75% 이상 또는 25% 미만**

<예제 5 - 1> **의제매입세액**

다음 거래를 보고 20×1년 2기 확정과세기간에 면세농산물 구입내역이다.

1. 면세농산물은 모두 과세사업에 사용하였다고 가정하고 의제매입세액을 계산하시오.
   ① 제조업(중소기업)
   ② 음식점업(법인)

상 호	매입가액	증 빙	비 고
한세축산	350,000원	계산서	구입시 부담한 운반비가 50,000원 포함되어 있다.
해일수산	180,000원	신용카드	
김한세	250,000원	간이영수증	농민으로부터 직접 구입하였다.
계	780,000원		

2. 상기 ① 제조기업(중소기업)의 경우 2기 회사의 총공급가액은 다음과 같다고 가정하고 의제매입세액을 계산하시오.

	공급가액	비 고
과세사업	25,000,000원	면세 농산물은 실지귀속을 구분할 수 없다.
면세사업	35,000,000원	
계	60,000,000원	

해답

1. 의제매입세액 계산

적격증빙을 수취하여야 하나, **제조업인 경우 농어민으로부터 직접 공급받는 경우에 신고서만을 제출하여도 된다. 매입가액은 부대비용을 제외한 순수한 구입가액(운반비등 제외)만이 대상이다.**

업종	매입가액	공제율	의제매입세액	비 고
중소제조업	730,000	4/104	28,076원	
음 식 점 업 (법 인)	480,000	6/106 (법인)	27,169원	☞농어민구입분에 대하여 적격증빙이 있어야 한다.

2. 실지귀속을 구분할 수 없는 경우 의제매입세액 계산

의제매입세액 = 면세농산물 등의 매입가액×공제율×과세공급가액/총공급가액

=730,000×4/104×25,000,000/60,000,000=11,698원

☞ 한도(대상액)=25,000,000×50%(법인)=12,500,000원

6. 겸영사업자의 공통매입세액 안분계산 

(주)서울잡지 = 과세사업(광고사업) + 면세사업(잡지판매사업) ➜ 겸영사업자

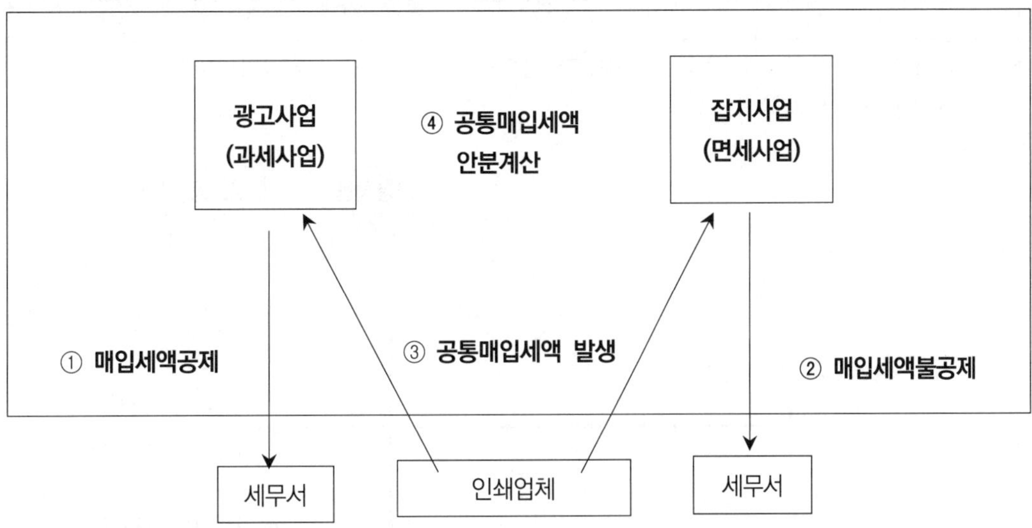

(1) 공통매입세액의 의의

겸영사업자의 매입세액 중 과세사업과 면세사업 중 어느 사업에 대한 매입세액인지의 구분이 불분명한 경우가 있는데 이를 공통매입세액이라 한다.

이러한 공통매입세액은 안분계산을 통하여 면세사업분은 매입세액불공제분으로 한다.

(2) 안분계산 계산방법

① 원칙

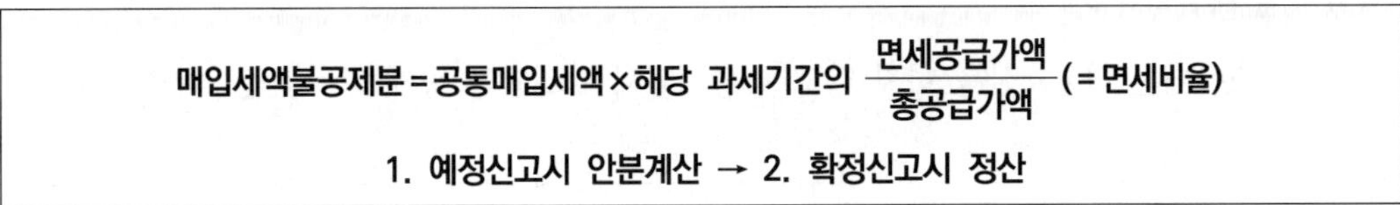

$$\text{매입세액불공제분} = \text{공통매입세액} \times \text{해당 과세기간의 } \frac{\text{면세공급가액}}{\text{총공급가액}} (= \text{면세비율})$$

1. 예정신고시 안분계산 → 2. 확정신고시 정산

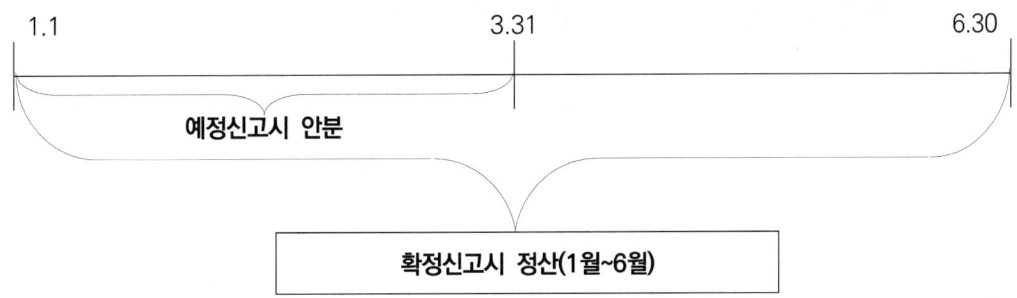

② 공통사용재화를 동일과세기간에 매입하고 공급시

매입세액불공제분 = 공통매입세액 × 직전 과세기간의 $\frac{\text{면세공급가액}}{\text{총공급가액}}$ (= 면세공급가액비율)

☞ 공통사용재화를 공급시 직전 과세기간으로 과세표준을 안분계산했으므로, 해당 자산의 공통매입세액도 직전과세기간의 면세공급가액비율로 안분계산한다.

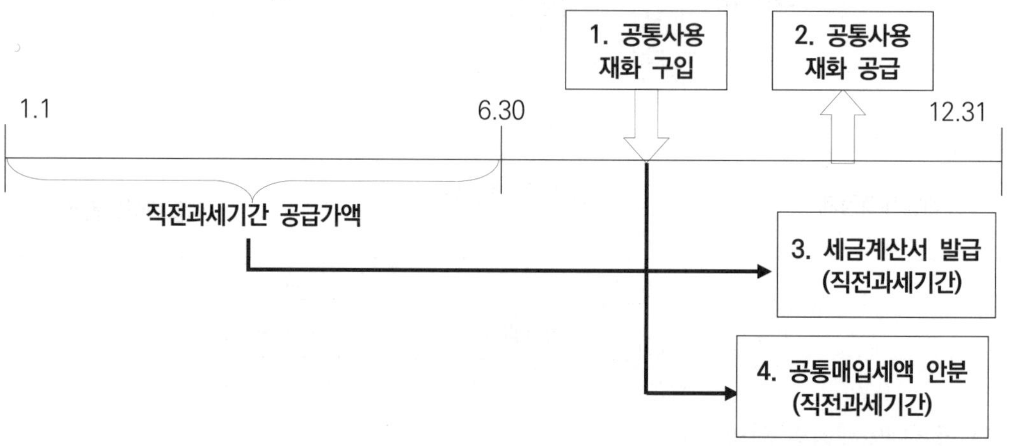

③ 공급가액이 없는 경우

당해 과세기간중에 과세사업과 면세사업의 공급가액이 없거나 어느 한 사업의 공급가액이 없는 경우에 공통매입세액 안분계산은 다음 순서에 의한다.

㉠ 매입가액 비율 → ㉡ 예정공급가액비율 → ㉢ 예정사용면적비율

(단, 건물의 경우 ㉢, ㉠, ㉡ 순으로 안분계산한다.)

(3) 안분계산의 배제

다음의 경우에는 안분계산을 하지 않고 공통매입세액 전액을 공제받는 매입세액으로 한다.

1. 해당 과세기간의 총공급가액 중 **면세공급가액이 5% 미만인 경우의 공통매입세액** (다만, **공통매입세액이 5백만원 이상인** 경우는 제외한다.)
2. 해당 과세기간의 **공통매입세액이 5만원 미만**인 경우의 매입세액
3. 재화를 공급하는 날이 속하는 과세기간에 **신규로 사업을 개시하여 직전 과세기간이 없는 경우** 해당 공통사용재화에 대한 매입세액

<예제 5 - 2> 공통매입세액의 안분과 정산1

다음 자료를 보고 당사(과세 및 면세 겸영사업자)의 1기 예정 부가가치세 신고시 공통매입세액을 안분계산하고, 1기 확정신고시 정산하시오. 단, 아래의 매출과 매입은 모두 관련 세금계산서 또는 계산서를 적정하게 수수한 것이며, 과세분 매출과 면세분 매출은 모두 공통매입분과 관련된 것이다.

〈1.1 ~ 3.31 매입매출내역〉 (단위 : 원)

구 분		공급가액	세 액	합계액
매출내역	과세분	40,000,000	4,000,000	44,000,000
	면세분	60,000,000	-	60,000,000
	합 계	100,000,000	4,000,000	104,000,000
매입내역	공통분	50,000,000	5,000,000	55,000,000

〈4.1 ~ 6.30 매입매출내역〉

구 분		공급가액	세 액	합계액
매출내역	과세분	50,000,000	5,000,000	55,000,000
	면세분	50,000,000	-	50,000,000
	합 계	100,000,000	5,000,000	105,000,000
매입내역	공통분	30,000,000	3,000,000	33,000,000

해답

1. 공통매입세액의 안분계산(예정신고)

$$\text{공통매입세액(1월\textasciitilde3월)} \times \text{해당 과세기간(1월\textasciitilde3월)의 } \frac{\text{면세공급가액}}{\text{총공급가액}}$$

$$= 5,000,000 \times \frac{60,000,000}{100,000,000} = 3,000,000\text{(예정신고시불공제매입세액)}$$

2. 공통매입세액의 정산(확정신고)

$$\textbf{총공통매입세액(1월\textasciitilde6월)} \times \text{해당 과세기간(1월\textasciitilde6월)의 } \frac{\text{면세공급가액}}{\text{총공급가액}} - \textbf{예정신고시 불공제매입세액}$$

$$= 8,000,000 \times \frac{110,000,000}{200,000,000} - \textbf{3,000,000(1월\textasciitilde3월신고시 불공제매입세액)}$$

= 1,400,000(확정신신고시 불공제매입세액)

<예제 5 - 3> 공통매입세액의 안분계산2

다음 자료를 보고 당사(과세 및 면세 겸영사업자)의 1기 과세기간의 납부세액을 계산하시오. 과세사업과 면세사업에 공통으로 사용하는 자산을 25,000,000원(부가가치세 별도)에 20x1년 4월 15일 구입하고, 20x1년 6월25일에 10,000,000원(부가가치세 별도)에 해당 자산을 처분하였다. 매출과 매입은 모두 관련 세금계산서 또는 계산서를 적정하게 수수한 것이며, 과세분 매출과 면세분 매출은 모두 공통매입분과 관련된 것이다.

〈1.1~6.30 매입매출내역〉 (단위 : 원)

구 분		공급가액	세 액	합계액
매출내역	광고료수입	40,000,000	4,000,000	44,000,000
	신문판매수입	60,000,000	-	60,000,000
	합 계	100,000,000	4,000,000	104,000,000
매입내역	공통분(1건)	25,000,000	2,500,000	27,500,000

〈공급가액 명세내역〉

구 분	20x0년 제1기	20x0년 제2기	20x1년 제1기
광고료수입(A)	70,000,000	65,000,000	40,000,000
신문판매수입(B)	30,000,000	60,000,000	60,000,000
계	100,000,000	125,000,000	100,000,000

해답

1. 공통사용자산의 과세표준 및 면세사업관련 매입세액

① **과세표준**

$$과세표준 = 공통재화의\ 공급가액 \times \underline{\textbf{직전과세기간}}의\ \frac{과세공급가액}{총공급가액}$$

$$= 10,000,000 \times \frac{65,000,000}{125,000,000} = 5,200,000$$

② **공통매입세액안분계산**(공통사용재화를 동일과세기간에 매입하고 공급시)

$$매입세액불공제분 = 공통매입세액 \times \underline{\textbf{직전과세기간}}의\ \frac{면세공급가액}{총공급가액}$$

$$= 2,500,000 \times \frac{60,000,000}{125,000,000} = 1,200,000$$

2. 납부세액의 계산

구 분		공급가액	세 액
매출세액(A)	과세분	45,200,000*1	4,520,000
	영세분	–	–
	합 계	45,200,000	4,520,000
매입세액(B)	세금계산서수취분	25,000,000	2,500,000
	면세사업관련		(1,200,000)
납부세액(A – B)			**3,220,000**

***1. 40,000,000＋5,200,000**

7. 겸영사업자의 납부 · 환급세액의 재계산 

(1) 개념

공통매입세액 안분계산에 따라 매입세액을 공제한 후 면세사업의 비중이 증가 또는 감소하는 경우에는 당초 매입세액공제가 과대 또는 과소해지는 결과가 된다. 따라서 이에 대한 조정이 필요한 바 이를 납부세액 또는 환급세액의 재계산이라고 한다.

(2) 재계산요건

① 공통으로 사용되는 자산으로서 **감가상각자산에 한정**한다.

② 당초 **매입세액공제 또는 안분계산의 대상이 되었던 매입세액에 한정**한다.

③ **면세비율의 증가 또는 감소**

해당 과세기간의 면세비율과 해당 감가상각자산의 취득일이 속하는 과세기간(그 후의 과세기간에 재계산한 때에는 그 재계산한 과세기간)의 **면세비율간의 차이가 5% 이상**이어야 한다.

(3) 재계산방법

다음 산식에 의한 금액을 납부세액에 가산 또는 공제하거나 환급세액에 가산 또는 공제한다.

공통매입세액×(1 – 감가율×경과된 과세기간의 수)×증감된 면세비율

① **감가율 : 건물, 구축물의 경우에는 5%, 기타의 감가상각자산의 경우에는 25%**로 한다.

② 경과된 과세기간의 수 : 과세기간의 개시일 후에 감가상각자산을 취득하거나 재계산대상에 해당하게 된 경우에는 그 과세기간의 개시일에 해당 재화를 취득하거나 재계산대상에 해당하게 된 것으로 보고 계산한다.**(초기산입 말기불산입)**

③ 증감된 면세비율

당초 적용된 비율	재계산시 적용되는 비율
면세공급가액비율	면세공급가액비율
면세사용면적비율	면세사용면적비율

해당 과세기간의 면세비율과 해당 감가상각자산의 취득일이 속하는 과세기간(그 후의 과세기간에 재계산한 때에는 그 재계산한 과세기간)의 면세비율간의 차이가 5% 이상이어야 한다.

(4) 재계산시점

부가가치세 **확정신고시에만 적용**한다.

(5) 적용배제

① 재화의 공급의제에 해당하는 경우
② 공통사용재화의 공급에 해당하여 부가가치세가 과세된 경우

<예제 5 - 4> 납부 · 환급세액의 재계산

다음의 내용을 토대로 20×1년 1기의 공통매입세액 불공제분과 차기 이후 각 과세기간의 납부세액에 가산 또는 차감될 세액을 계산하시오.

1. 20×1년 과세사업과 면세사업에 공통으로 사용되는 자산의 구입내역

계정과목	취득일자	공급가액	부가가치세	비고
공장건물	X1. 6. 10.	100,000,000원	10,000,000원	
상　　품	X1. 6. 20.	1,000,000원	100,000원	

2. 공급가액 내역

구　분	20X1년 제1기	20X1년 제2기	20X2년 제1기	20X2년 제2기
과세사업(A)	100,000,000	80,000,000	90,000,000	100,000,000
면세사업(B)	100,000,000	120,000,000	120,000,000	100,000,000
총공급가액	200,000,000	200,000,000	210,000,000	200,000,000

해답

1. 면세공급가액 비율 검토

	20x1년		20x2년	
	1기	2기	1기	2기
면세공급가액비율	50%	60%	57.1%	50%
전기대비 증가비율	-	10%	-2.9%	-10%*
재계산여부	-	O	×	O

* **20x2**년 **1**기에 재계산을 하지 않았으므로 **20x1**년 **2**기와 비교하여 계산한다.

2. 재계산내역

과세 기간	면세공급가액 비율 증가	매입세액 불공제 및 재계산내용
X1년 1기	-	10,100,000원×50% = 5,050,000원(매입세액불공제) *** 상품 포함 계산**
X1년 2기	10%	**감가상각자산에 한정하므로 상품은 계산대상에서 제외한다.** 건물 : 10,000,000원×(1 - 5%×1)×(60% - 50%) = 950,000원 **→ 납부세액에 가산**
X2년 1기	-2.9%	면세공급가액 증가비율이 5%미만이므로 재계산 생략
X2년 2기	-10%	건물 : 10,000,000원×(1 - 5%×3)×(50% - 60%) = -850,000원 **→ 납부세액에 차감(환급세액)**

제4절 자진납부세액의 계산

1. 자진납부세액의 계산 구조

구 분		금 액	세 율	세 액
납부(환급)세액(매출세액 – 매입세액)				
경감·공제세액	그 밖의 경감·공제세액			
	신용카드매출전표발행공제등			
	합계			
예정신고미환급세액				
예정고지세액				
가산세				
차가감납부(환급)세액				

2. 공제세액

(1) 전자신고에 대한 세액공제

납세자가 직접 전자신고방법에 따라 **부가가치세 확정신고**를 하는 경우에는 해당납부세액에 1**만원**을 공제하거나 환급세액에 가산한다.

(2) 신용카드매출전표 발행공제 등

- 직전연도 공급가액 10억원 이하 개인사업자만 해당됨

(3) 예정신고미환급세액

부가가치세법에서는 각 과세기간의 환급세액을 확정신고기한 경과 후 30일 이내에 환급하도록 규정하고 있다. 즉 예정신고시 환급세액이 발생하더라도 환급하여 주지 아니하고 확정신고시 공제세액의 "예정신고미환급세액"으로 하여 납부할 세액에서 공제한다.

(3) 예정고지세액

개인사업자와 영세법인사업자(<u>직전 과세기간 과세표준 1.5억원 미만</u>)에 대하여는 관할세무서장이 각 예정신고기간마다 직전 과세기간에 대한 납부세액의 50%에 상당하는 금액을 결정하여 예정신고기한내에 징수하도록 규정하고 있다. 따라서 예정신고기간에 납부한 세액은 확정신고시 공제세액의 "예정고지세액"으로 하여 납부할 세액에서 공제한다.

<예제 5 - 5> 과세표준 및 납부세액 계산

다음은 제조업을 영위하는 ㈜한강의 20×1년 제2기 확정신고를 위한 자료이다. 부가가치세 과세표준 및 납부세액을 계산하시오.

Ⅰ. 매출 내역

1. 20×1. 10. 1부터 12. 31까지의 매출거래

구분		내역	금액
과세	국내판매	전자세금계산서 발행 매출액(VAT 미포함)	50,000,000원
		신용카드매출전표 발행분(VAT 포함)	44,000,000원
		일반영수증 발행(VAT 포함)	33,000,000원
	수 출 분	내국신용장에 의한 공급분	20,000,000원
		직수출분	10,000,000원
	기 타	거래처에 제품 무상 증정(원가 3,800,000 시가 5,000,000)	
면 세		면세재화를 공급하고 계산서 발급 매출액	15,000,000원

2. 대손발생내역

20×1.10.3 거래처 파산으로 인하여 발생한 대손금액 5,500,000원(부가가치세 포함, 20×0년 매출분)

Ⅱ. 매입 내역 : 20×1. 10. 1부터 12. 31까지의 매입거래

구분	내역	금액
원재료매입	전자세금계산서 수취분(VAT 미포함)	50,000,000원
	신용카드매출전표 발행분(VAT 포함)	44,000,000원
	일반영수증 수취분(VAT 포함)	33,000,000원
	영세율전자세금계산서	20,000,000원
접 대 비	전자세금계산서 수취분(VAT 미포함)	10,000,000원

해답

[납부세액의 계산]

구 분		공급가액	세 액	비고
매출세액(A)	과세분	125,000,000*1	12,500,000	**계산서는 면세**
	영세분	30,000,000*1	-	
	대손세액가감		△500,000	
	합 계	**155,000,000**	12,000,000	
매입세액(B)	총매입세액	120,000,000*3	10,000,000*4	
	불공제		(1,000,000)	**기업업무추진비관련 매입세액**
	공제세액 계		9,000,000	
납부세액(A－B)			**3,000,000**	

*1. 50,000,000＋40,000,000＋30,000,000＋5,000,000(간주공급)

*2. 20,000,000＋10,000,000

*3. 50,000,000＋40,000,000(신용카드)＋20,000,000(영세율)＋10,000,000(기업업무추진비)

*4. 5,000,000＋4,000,000＋1,000,000(기업업무추진비)

☞ 간주공급의 과세표준은 시가이고, 매입세액공제를 받기 위해서는 세금계산서등을 수취하여야 한다.

연/습/문/제

객관식

01. 갑법인은 20x0.12.4. 부가가치세가 과세되는 재화를 공급한 후 그 공급대가로 받은 약속어음 11,000,000원(VAT 포함)이 20x1.2.4. 부도가 발생하였다. 채무자의 재산에 저당권을 설정하고 있지 않다면 이 경우 대손세액공제를 받는 시기는 언제인가?

① 20x1년 1기 예정신고시 ② 20x1년 1기 확정신고시
③ 20x1년 2기 예정신고시 ④ 20x1년 2기 확정신고시

02. 다음 중 부가가치세법상 대손세액공제에 대한 설명으로 틀린 것은?

① 사망 또는 실종으로 채권을 회수할 수 없는 경우 대손세액공제사유가 된다.
② 대손세액 공제의 범위는 사업자가 부가가치세가 과세되는 재화 또는 용역을 공급한 후 그 공급일부터 10년이 지난 날이 속하는 과세기간에 대한 확정신고 기한까지 확정되는 대손세액으로 한다.
③ 회수기일이 6개월 이상 지난 채권 중 채권가액이 50만원 이하(채무자별 채권가액의 합계액을 기준)인 채권은 대손세액공제를 받을 수 있다.
④ 공급자가 대손세액공제를 받은 후 대손금의 전부 또는 일부를 회수한 경우, 회수한 날이 속한 과세기간의 매출세액에 더한다.

03. 부가가치세법상 대손세액공제에 대한 설명으로 옳지 않은 것은?

① 대손세액은 대손금액에 110분의 10을 곱한 금액이다.
② 면세되는 재화의 공급으로 인하여 발생한 채권도 공제할 수 있다.
③ 사업자가 대손금액의 전부 또는 일부를 변제한 경우에는 변제한 대손금액에 관련된 대손세액을 변제한 날이 속하는 과세기간의 매입세액에 더한다.
④ 대손세액공제의 범위는 사업자가 부가가치세가 과세되는 재화 또는 용역을 공급한 후 그 공급일부터 10년이 경과된 날이 속하는 과세기간에 대한 확정신고기한까지 확정되는 대손세액으로 한다.

04. 다음 중 부가가치세법상 대손세액공제에 관한 설명으로 옳은 것은?

① 대손세액공제의 범위는 사업자가 부가가치세가 과세되는 재화나 용역을 공급한 후 공급일로부터 10년이 경과하는 날이 속하는 과세기간에 대한 확정신고기한까지 확정되는 대손세액으로 한다.
② 중소기업의 외상매출금은 부도일로부터 6개월 이상 지난 사유로는 대손세액공제를 받을 수 없다.
③ 사업자는 수표 또는 어음의 부도발생일로부터 6개월 이상 지난 경우 채무자의 재산에 저당권을 설정하고 있는 때에도 대손세액을 공제할수 있다.
④ 대손세액은 부가가치세를 제외한 대손금액에 110분의 10을 곱한 금액으로 한다.

05. 다음 중 부가가치세법상 공제가능한 매입세액은?

① 면세로 구입한 농산물의 의제매입세액
② 토지 형질변경, 공장부지 및 택지조성에 관련한 매입세액
③ 업무와 관련한 기업업무추진비 및 그와 유사한 비용에 대한 매입세액
④ 공급시기 이후 발급받은 세금계산서로서 해당 공급시기가 속하는 과세기간의 확정신고기한이 지나서 1년 이후에 발급받은 경우의 매입세액

06. 다음 중 부가가치세 매입세액을 공제받지 못하는 경우에 해당되지 않는 것은?

① 사업자등록 전 20일 이내의 거래에 대하여 당해 사업자의 주민등록번호를 기재하여 교부받은 세금계산서를 제출하는 경우
② 교부받은 세금계산서를 제출하지 아니한 경우
③ 업무에 관련 없는 자산을 취득·관리함으로써 발생하는 매입세액의 경우
④ 비영업용 소형승용자동차의 구입과 유지에 관련된 매입세액의 경우

07. 부가가치세법상 공제받을 수 있는 매입세액에 해당하는 것은?

① 변제대손세액
② 토지관련 매입세액
③ 면세사업과 관련된 매입세액
④ 기업업무추진비 관련 매입세액

08. 다음 중 부가가치세법상 의제매입세액에 대한 설명으로 바르지 않은 것은?

① 부가가치세 과세업자가 면세로 공급받은 농산물 등을 원재료로 하여 제조·가공한 재화 또는 창출한 용역의 공급이 과세되는 경우 일정한 금액을 매입세액으로 공제하는 제도이다.

② 의제매입세액공제는 누적효과와 환수효과를 제거·완화하여 최종소비자의 조세부담을 경감하기 위한 것이다.

③ 면세재화를 생산하거나 면세농산물을 그대로 양도하는 경우에도 의제매입세액공제를 받을 수 있다.

④ 제조업을 영위하는 사업자가 농어민으로부터 면세농산물 등을 직접 공급받는 경우에도 의제 매입세액공제를 받을 수 있다.

☞ 누적효과 : 면세제도는 부가가치에 대하여 과세하지 않음으로써 최종소비자의 세부담을 경감하기 위한 제도이다. 그러나 중간거래 단계에 면세가 적용되고 최종거래단계에 다시 과세되는 경우에는 면세로 인해 경감된 세액뿐만 아니라 면세의 전단계의 부가가치세에 대한 세액이 추가로 과세됨으로써 중복과세되는 현상이 발생한다.

환수효과 : 면세적용단계에서 과세하지 않았던 부가가치세가 다음 거래단계의 과세로 인하여 다시 국고로 환수하게 되는 현상을 말한다.

09. 다음은 부가가치세법상 의제매입세액공제에 대한 설명이다. 옳지 않은 것은?

① 의제매입세액공제를 받을 수 있는 사업자는 사업자등록을 한 자에 한정한다.

② 사업자가 부가가치세를 면제받아 공급받은 면세농산물을 원재료로 하여 제조·가공한 재화 또는 창출한 용역의 공급에 대하여 과세되는 경우 의제매입세액공제를 적용하며 이 경우 면세포기에 의한 영세율사업자도 의제매입세액공제가 된다.

③ 제조업을 영위하는 사업자가 농·어민으로부터 면세농산물 등을 직접 공급받는 경우에는 의제매입세액공제신고서만을 제출한다.

④ 음식점업을 영위하는 개인사업자(과세표준 3억)의 경우 의제매입세액은 면세농산물가액의 8/108이다.

10. 부가가치세법상 공통매입세액의 안분계산에 관한 설명이다. 가장 옳은 것은?

① 공통매입세액은 각 과세기간별로 안분계산하며, 예정신고기간에는 예정신고기간의 공급가액 비율로 안분계산하고 확정신고시 정산한다.

② 해당 과세기간의 공통매입세액이 2만원 미만인 경우에는 매입세액 전액을 불공제한다.

③ 해당 과세기간의 과세사업과 면세사업의 공급가액이 없는 경우에는 공통매입세액은 안분계산하지 아니한다.

④ 과세와 면세사업에 공통으로 사용하는 재화를 공급받은 과세기간 중에 해당 재화를 공급하여 과세표준을 안분계산한 경우에는 그 재화에 대한 매입세액의 안분계산은 당해 과세기간의 공급가액 실적을 기준으로 한다.

11. 부가가치세법상 공통매입세액 안분계산 없이 해당 재화 또는 용역의 매입세액을 전부 공제하는 경우에 해당하지 않는 것은?

① 해당 과세기간 중의 공통매입세액이 50만원 미만인 경우의 매입세액
② 해당 과세기간의 총공급가액 중 면세공급가액이 100분의 5미만인 경우의 공통매입세액. 다만, 공통매입세액이 5백만원 이상인 경우는 제외한다.
③ 해당 과세기간 중의 공통매입세액이 5만원 미만인 경우의 매입세액
④ 해당 과세기간에 신규로 사업을 개시한 사업자가 해당 과세기간에 공급한 공통사용재화인 경우

12. 부가가치세법상 납부세액과 환급세액의 재계산에 관한 설명 중 잘못된 것은?

① 납부세액과 환급세액의 재계산은 확정신고를 하는 경우에만 적용되며, 예정신고시에는 재계산을 하지 않는다.
② 감가상각자산은 물론이고 재고품에 대하여도 적용된다.
③ 재화의 공급의제 또는 공통사용재화의 공급에 해당하는 경우에는 재계산을 하지 않는다.
④ 해당 과세기간의 면세비율과 취득일이 속하는 과세기간(또는 재계산한 과세기간)의 면세비율간의 차이가 5%이상인 경우에 한하여 적용한다.

13. 부가가치세법상 과세 · 면세 겸영사업자에 대한 설명으로 가장 옳지 않은 것은?

① 재화를 공급하는 날이 속하는 과세기간에 신규로 사업을 시작하여 직전 과세기간이 없는 경우 안분계산을 생략하고 해당 재화의 공급가액 전부를 과세표준으로 한다.
② 공통매입세액이란 과세사업과 면세사업을 겸영하는 사업자의 매입세액 중 과세사업과 면세사업에 공통으로 사용되어 실지귀속을 구분할 수 없는 매입세액을 말한다.
③ 당해 재화 매입 시 공통매입세액을 공급가액 비율로 안분계산 한 경우에 당해 재화 공급 시 과세표준은 사용면적비율로 안분계산 할 수 없다.
④ 해당 과세기간의 면세공급가액 비율이 5%미만인 경우에는 항상 공통매입세액 안분계산을 생략한다.

14. 다음 중 부가가치세법상 일반과세자로서 납부세액을 한도로 적용받을 수 있는 세액공제로 옳은 것은? (단, 매출가액과 매입가액이 모두 있는 것으로 본다.)

① 신용카드매출전표등 발급세액공제
② 과세사업 전환 매입세액공제
③ 대손세액공제
④ 재고매입세액공제

주관식

01. 부가가치세법상 과세유흥장소를 제외한 음식점을 영위하는 법인사업자에게 적용되는 의제매입세액공제율은 얼마인가?(분수로 답하라)

02. 부가가치세법상 음식점을 영위하는 개인사업자(과세표준 5억)가 의제매입세액공제액을 계산하고자 한다. (　　)안에 들어갈 숫자는 무엇인가? (단, 분수로 표시할 것)

의제매입세액 = 면세농산물 등의 가액×(　　)

03. 다음 (　)에 알맞은 것은?(분수로 표시할 것)

부가가치세법상 제조업을 영위하는 중소기업법인이 부가가치세가 면제되는 농산물을 원재료로 하여 용역을 공급하는 경우 면세농산물의 가액에 (　　)를 곱하여 계산한 금액을 매입세액으로 공제할 수 있다.

04. 다음 (　)안에 들어갈 숫자는?

부가가치세법상 일반과세자와 간이과세자의 신용카드 매출전표 발행공제 한도는 (　)만원이다.

5. 다음 자료의 의해 제조업을 영위하는 일반과세자인 (주)정직의 공제 가능한 매입세액을 계산하면 얼마인가? (단, 세금계산서 및 계산서를 모두 적법하게 수취하였고 모두 사업과 관련된 매입세액임)

- 원재료 매입세액 10,000,000원
- 기업업무추진비 관련 매입액 2,000,000원
- 사업자등록 전 30일에 구입한 비품 매입세액 500,000원
  - ☞ 사업자등록신청을 5월 20일에 관할 세무서에 하였다.
- 적법하게 발급받은 전자세금계산서로서 국세청장에게 전송되지 아니하였으나 발급사실이 확인되는 매입세액 300,000원
- 의제매입세액 550,000원

06. 다음 자료에 의하여 제조업(중소기업이 아니다.)을 영위하는 (주)세무의 20x1년 1기분 부가가치세 차가감납부세액은 얼마인가? (단, 세금계산서는 모두 적법하게 수수되었으며, 해당 금액에는 부가가가치세가 포함되어 있지 않다)

- 국내제품매출액 : 50,000,000원
- 국외제품수출액 : 90,000,000원
- 거래처에 대한 증정품(견본품이 아니며 매입세액 공제받음) : 5,000,000원
- 직매장 반출액(총괄납부 및 사업자단위과세의 적용을 받지 않음) : 10,000,000원
- 제품의 원재료로 사용된 미가공 농산물 매입액(전액 과세분으로 사용됨) : 25,500,000원

07. 다음 자료에 의하여 과세사업과 면세사업을 겸영하는 사업자 김모씨의 공제되는 부가가치세 매입세액을 계산하면 얼마인가?

① 과세사업과 면세사업의 공통매입세액 : 7,000,000원
② 공통매입세액에는 해당 과세기간에 매입하여 해당 과세기간에 공급한 재화의 매입세액 1,000,000원이 포함되어 있다.
③ 직전과세기간의 과세공급가액은 3억원이며, 면세공급가액은 2억원이다.
④ 해당 과세기간의 과세공급가액은 2.4억원이며, 면세공급가액은 3.6억원이다.

08. 부가가치세법상 축산물 판매와 음식점업을 겸업하고 있는 갑법인의 20x1년 2기의 의제매입세액공제액을 다음 자료에 의하여 계산하면 얼마인가?

(1) 축산물 구입가격은 1,160,000원이며, 당해 금액에는 구입 시 부담한 운반비 100,000원이 포함되어 있다.
(2) 당기의 총공급가액 : 10,000,000원
① 면세인 축산물판매분 : 4,000,000원
② 과세인 음식점수입분 : 6,000,000원

09. 다음은 복숭아 통조림 제조업을 영위하는 개인사업자의 20X1년 2기 확정분 부가가치세신고와 관련된 매입자료이다. 이 경우 부가가치세법상 매입세액공제를 받을 수 있는 금액은 얼마인가? 단 동일과세기간의 제조업매출과세표준은 5천만원이다.

- 공장전력비 지출 : 1,100,000원(VAT 포함)
- 사업용 비품 구입 : 2,200,000원(VAT 포함)
- 기업업무추진비 지출 : 1,100,000원(VAT 포함)
- 복숭아 매입 : 10,400,000원(VAT 제외)

10. 다음 자료를 통해 부가가치세법상 빈칸에 들어갈 숫자는?

사업자등록을 신청하기 전의 거래에 대한 매입세액은 공제하지 아니한다. 다만, 공급시기가 속하는 과세기간이 끝난 후 (   )일 이내에 사업자등록을 신청한 경우 등록신청일부터 공급시기가 속하는 과세기간 기산일까지 역산한 기간 이내의 매입세액은 공제한다.

연/습/문/제 답안

객관식

1	2	3	4	5	6	7	8	9	10	11	12	13	14
④	③	②	①	①	①	①	③	②	①	①	②	④	①

[풀이 - 객관식]

01. 부도발생일로부터 6개월이 지난 날이 속하는 **확정신고시에 대손세액공제**를 받을 수 있다.

02. **30만원 이하가 대손세액 공제 대상 채권**에 해당한다.

03. 면세되는 재화의 공급분의 채권은 대손세액공제대상이 아니다.

04. 어음(수표)과 중소기업의 외상매출금은 부도일로 6개월 이상 지난 경우 대손세액공제사유이나, **저당권을 설정하고 있는 경우에는 회수가능성이 있어 대손세액공제대상에서 제외**된다.

07. 변제대손세액이라 매입자가 대손금(대손세액을 매입세액에서 차감)을 변제한 경우 변제한 대손금액에 관련된 대손세액을 변제한 날이 속하는 과세기간의 매입세액에 가산한다.

08. 면세재화를 생산하거나 면세농산물을 그대로 양도하는 경우에도 의제매입세액공제를 받을 수 없다.

09. **면세를 포기한 영세율사업자는 의제매입세액공제를 적용하지 않는다.**

10. ② **공통매입세액이 5만원미만인 경우 전액 공제받는 매입세액으로 처리**한다.
    ③ 매입가액, 예정공급가액비율, 예정사용면적 비율의 순서로 안분계산한다.
    ④ **직전과세기간의 공급가액실적을 기준으로 안분계산**한다.

11. 해당 과세기간 중의 공통매입세액이 5만원 미만인 경우

12. 납부환급세액 재계산은 **감가상각자산에 한하여 적용**되며, 재고품에 대하여는 적용되지 않는다.

13. 해당 과세기간의 면세공급가액 비율이 5% 미만인 경우라도 해당 **과세기간의 매입세액 합계액이 500만원 이상인 경우라면 안분계산**을 해야 한다.

14. 신용카드매출전표등 발급세액공제는 공제받는 금액이 그 금액을 차감하기 전의 납부할 세액을 초과하면 그 **초과하는 부분은 없는 것으로 본다.**

주관식

1.	6/106	2.	8/108	3.	4/104
4.	1,000	5.	11,350,000원	6.	6,000,000원
7.	3,000,000원	8.	36,000원	9.	700,000원
10.	20				

[풀이 - 주관식]

05.

내 역	대상여부	매입세액
원재료	사업과 관련	10,000,000
기업업무추진비	불공제매입세액	
사업자등록전 매입세액	사업자등록전매입세액은 7월 20일까지 사업자등록을 신청하면 매입세액이 공제된다.	500,000
미전송매입세액	적법발급하고 미전송하더라도 매입세액은 공제가 된다.	300,000
의제매입세액		550,000
합 계		11,350,000

06.

구 분		공급가액	세 액	비고
매출세액(A)	과세분	65,000,000*1	6,500,000	
	영세분	90,000,000	-	
	합 계	155,000,000	6,500,000	
매입세액(B)	세금수취분			
	의제매입세액	25,500,000	500,000*2	일반제조기업 : 2/102
납부세액(A - B)			6,000,000	

*1. 50,000,000 + 5,000,000(사업상증여) + 10,000,000(직매장반출)

*2. 25,500,000×2/102　　한도 : 155,000,000×50%×2/102 = 1,519,607

07. ① 공통사용재화를 동일과세기간에 매입하고 공급시

1,000,000(당해 과세기간 공급 공통매입세액)×3억(과세)/5억(**직전과세기간 공급가액 기준**)

= 600,000원

② 일반 공통매입세액

(7,000,000 - 1,000,000)×2.4억(과세)/6억(**해당과세기간** 공급가액 기준) = 2,400,000

③ 당해과세기간 공제매입세액 = ① + ② = 3,000,000

08. 의제매입세액은 순수매입가액만 공제되고, 면세 판매분에 대해서는 적용되지 않으므로 과세공급가액으로 안분계산한다. 음식점업(법인) : 6/106

[(1,160,000 - 100,000) × 6,000,000(과세)/10,000,000(총공급가액)] × 6/106 = 36,000원

☞ **한도(대상액) : 6,000,000(과세공급가액)×50%(법인) = 3,000,000원**

09. ① 매입세액 : 100,000원 + 200,000원 = 300,000원

② 의제매입세액 : 10,400,000원 × 4/104 = 400,000원(한도내)

[한도(대상액) = 50,000,000원 × 65%(개인사업자 : 2억원 이하) = 32,500,000원]

③ 합계 : 300,000원 + 400,000원 = 700,000원

Chapter

6 신고와 납부

제1절 예정신고와 납부

1. 예정신고 · 납부

(1) 규정

사업자는 각 예정신고기 간에 대한 과세표준과 납부세액(또는 환급세액)을 당해 예정신고기간 종료 후 25일 이내에 사업장 관할세무서장에게 신고 · 납부하여야 한다.

(2) 유의할 사항

① **예정신고시 가산세는 적용하지 않지만 신용카드매출전표 발행세액공제(개인사업자)는 적용 받을 수 있다.**

② 사업자가 신청에 의해 조기환급받은 경우 이미 신고한 부분은 예정신고대상에서 제외한다.

2. 개인사업자 등의 예정신고의무 면제

(1) 원칙 : 고지에 의한 징수

개인사업자와 **영세법인사업자(직전과세기간 과세표준 1.5억 미만)**에 대해서는 예정신고의무를 면제하고 예정신고기간의 납부세액을 사업장 관할세무서장이 결정 · 고지하여 징수한다.

다만, **징수세액이 50만원 미만이거나 간이과세자에서 해당 과세기간 개시일 현재 일반과세자로 변경된 경우에는 이를 징수하지 아니한다. 또한 재난 등의 사유로 납부할 수 없다고 인정하는 경우도 고지징수를 안한다.**

또한 다음에 해당하는 자는 각 예정신고기간에 대한 과세표준과 납부세액(또는 환급세액)을 신고할 수 있다.

① 휴업 또는 사업부진으로 인하여 각 예정신고기간의 공급가액 또는 납부세액이 직전 과세기간 공급가액 또는 납부세액의 1/3에 미달하는 자

② 각 예정신고기간분에 대하여 조기환급을 받고자 하는 자

(2) 고지세액의 징수

사업장 관할 세무서장은 각 예정신고기간마다 다음 산식에 의한 금액(1천원 미만의 단수가 있을 때에는 그 단수금액은 버림)을 결정하여 납부(납세)고지서를 발부하고 해당 예정신고기한내에 징수한다.

직전 과세기간에 대한 납부세액의 50%

제2절 확정신고와 납부

1. 확정신고와 납부기한

사업자는 각 과세기간에 대한 과세표준과 납부세액(또는 환급세액)을 그 과세기간 종료 후 25일 이내에 사업장 관할세무서장에게 신고·납부(환급세액의 경우에는 신고만 하면 됨)하여야 한다.

2. 유의사항

① 부가가치세 확정신고대상은 각 과세기간에 대한 과세표준과 납부세액 또는 환급세액으로 한다. **다만, 예정신고 및 조기환급 신고시 이미 신고한 부분은 확정신고대상에서 제외한다.**

② **확정신고시는 가산세와 공제세액(신용카드매출전표 발행세액공제, 예정신고 미환급세액, 예정고지세액)이 모두 신고대상에 포함된다.**

제3절 결정 · 경정

1. 사유

구 분	사유의 범위
① 결정	㉠ **확정신고를 하지 않은 경우**
② 경정	㉠ **확정신고한 내용에 오류 또는 탈루가 있는 경우** ㉡ 영세율등조기환급신고의 내용에 오류 또는 탈루가 있는 경우 ㉢ 확정신고를 할 때 매출 · 매입처별 세금계산서합계표를 제출하지 않은 경우 또는 그 합계표의 기재사항의 전부 또는 일부가 적혀 있지 않았거나 사실과 다르게 적혀 있는 경우 등
③ 수시부과 (개정세법 25)	㉠ 거짓 세금계산서(가공, 위장, 과대기재) ㉡ 사업장의 이동이 빈번한 경우와 빈번하다고 인정되는 지역에 사업장이 있을 경우 ㉢ 휴업 또는 폐업상태에 있는 경우 등

2. 결정 · 경정의 방법 : 실지조사(예외 : 추계조사)

세금계산서 · 장부 또는 그 밖의 증명자료를 근거로 한다.

☞ 추계조사사유

① 과세표준을 계산할 때 필요한 세금계산서 · 장부 그 밖의 증명 자료가 없거나 그 중요한 부분이 갖추어지지 않은 경우
② 세금계산서 · 장부 그 밖의 증명 자료의 내용이 시설규모 · 종업원수와 원자재 · 상품 · 제품 또는 각종 요금의 시가에 비추어 거짓임이 명백한 경우
③ 세금계산서 · 장부 그 밖의 증명 자료의 내용이 원자재사용량 · 동력사용량이나 그 밖의 조업상황에 비추어 거짓임이 명백한 경우

제4절 환급

1. 일반환급

환급세액 발생시 관할 세무서장은 **각 과세기간별**로 해당 과세기간에 대한 환급세액을 그 확정신고기한 경과 후 **30일 이내에 사업자에게 환급**하여야 한다.

다만, 결정·경정에 의하여 추가로 발생한 환급세액은 지체없이 사업자에게 환급하여야 한다.

2. 조기환급

(1) 조기환급대상

① **영세율 대상이 적용되는 때**

② **사업설비(감가상각자산)를 신설, 취득, 확장 또는 증축하는 때**

③ **재무구조개선계획*을 이행중인 사업자**

* 법원의 인가결정을 받은 회생계획, 기업개선계획의 이행을 위한 약정

(2) 조기환급기간

예정신고기간 또는 과세기간 최종 3월 중 매월 또는 매 2월을 말한다.

조기환급기간		가능여부	신고기한	비 고
매월	1.1~1.31	O	2.25	
	2.1~2.28		3.25	
	3.1~3.31		4.25	
매2월	1.1~2.28	O	3.25	
	2.1~3.31	O	4.25	
	3.1~4.30	×	-	예정신고기간과 과세기간 최종3월(확정신고)기간이 겹쳐서는 안된다.
예정신고기간	1.1~3.31	O	4.25	
확정신고기간	4.1~6.30	O	7.25	

(3) 조기환급신고와 환급

조기환급기간 종료일부터 25일 이내에 조기환급기간에 대한 과세표준과 환급세액을 신고하여야 하고, 관할 세무서장은 **조기환급신고 기한 경과 후 15일 이내에 사업자에게 환급**하여야 한다.

(4) 조기환급신고의 간주

조기환급을 적용받는 사업자가 조기환급기간 이외의 기간에 대한 예정신고서 또는 확정신고서를 제출한 경우에는 조기환급에 관하여 신고한 것으로 본다. 다만, 사업설비를 신설·취득·확장 또는 증축한 경우에는 건물등감가상각자산취득명세서를 첨부하여 하고, 이 경우 관할세무서장은 **신고기한 경과 후 15일 이내에 사업자에게 환급**하여야 한다.

(5) 유의사항

조기환급세액은 **영세율이 적용되는 공급분에 관련된 매입세액/시설투자에 관련된 매입세액을 구분하지 아니하고** 사업장별로 전체 매출세액에서 매입세액을 공제하여 계산한다.

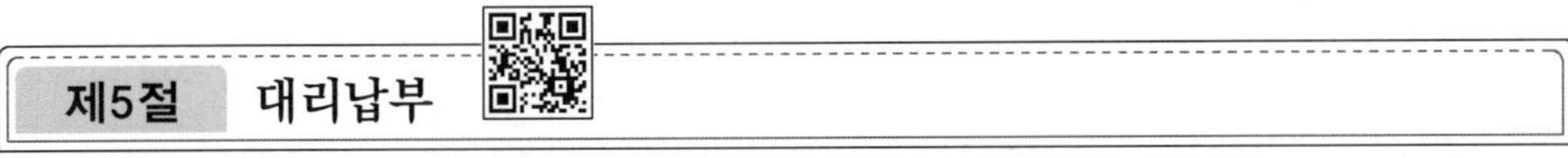

제5절 대리납부

1. 취지

국내사업자가 공급하는 용역에 대해서 부가가치세가 과세되나, 국내사업장이 없는 비거주자 또는 외국법인이 국내에서 용역을 공급하는 경우 공급자가 부가가치세법에 따른 사업자가 아니므로 과세거래에 해당하지 않는다. 따라서 공급자를 대신하여 공급받는 자가 그 대가에서 부가가치세를 징수하여 납부하도록 하고 있는데 이를 '대리납부'라 한다.

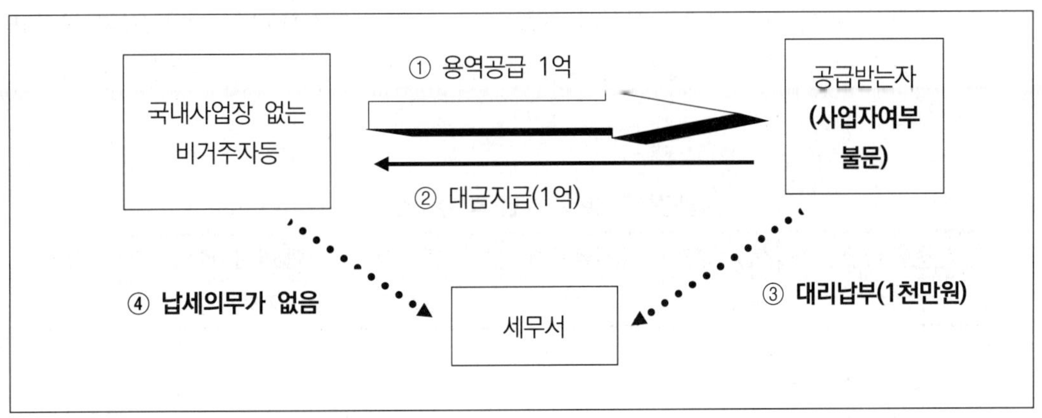

☞ 사업의 포괄양도시 대리납부선택 허용

사업의 포괄양도(포괄양도가 불분명시에도 포함)는 과세대상에서 제외하나 사업양수인이 사업양도대가를 지급시 사업양도자로부터 부가가치세를 징수하여 그 대가 지급일이 속하는 달의 다음달 25일까지 사업장 관할 세무서장에게 납부할 수 있다. 이 경우 사업양수인은 대리납부세액을 매입세액 공제한다.

2. 대리납부의무자

국내사업장이 없는 비거주자 또는 외국법인 등으로부터 용역을 공급받는 자이다. 또한 **국내사업장이 있는 비거주자 등이라도 국내사업장에 귀속되지 않는 용역을 공급하는 경우에도 대리납부 대상**이 된다. 이 경우 공급받는 자가 사업자 여부를 불문한다.

다만, **용역의 공급을 받는 자가 공급받은 그 용역을 과세사업에 사용하는 경우에는 대리납부의무를 지지 않는다.** 왜냐하면 과세사업에 사용하는 경우 매입세액이 공제가능하기 때문에 매출세액과 매입세액이 상쇄되므로 대리납부제도가 의미가 없기 때문이다.

따라서 **<u>대리납부의무자는 면세사업자나 사업자가 아닌 자가 대상이다.</u>** 예외적으로 과세사업자는 용역이 과세사업과 관련없이(즉, 면세사업에 사용시) 소비하는 경우에 대리납부의무를 지게 된다.

제6절 가산세

1. 가산세의 감면(국세기본법)

① 천재 등으로 인한 가산세의 감면

② 수정신고 등에 의한 가산세 감면

㉠ **수정신고에 따른 감면**

법정신고기한 경과 후 2년 이내에 수정신고를 한 경우(**과소신고가산세와 초과환급신고가산세 및 영세율과세표준신고불성실가산세만 해당**됨)에는 다음의 구분에 따른 금액을 감면한다.

〈법정신고기한이 지난 후 수정신고시〉

<u>~1개월 이내</u>	*<u>~3개월 이내</u>*	~6개월 이내	~1년 이내	~1년6개월 이내	~2년 이내
<u>90%</u>	*<u>75%</u>*	50%	30%	20%	10%

㉡ **<u>기한후 신고에 따른 감면</u>**

법정신고기한 지난 후 기한후 신고를 한 경우**<u>(무신고가산세만 해당함)</u>** 다음의 구분에 따른 금액을 감면한다.

〈법정신고기한이 지난 후 기한후신고시〉

~1개월 이내	~3개월 이내	~6개월 이내
50%	30%	20%

㉢ 세법에 따른 제출·신고·가입·등록·개설의 **기한이 지난 후 1개월 이내에 해당 세법에 따른 제출 등의 의무를 이행하는 경우 해당 가산세액의 50%를 감면**한다.

2. 부가가치세법상 가산세

(1) 미등록가산세 등

① 미등록가산세 : 사업개시일로부터 20일 이내에 사업자등록을 신청하지 않은 경우(1%)

② 허위(위장)등록가산세 : 사업자가 타인명의(**배우자는 타인으로 보지 아니한다.**)로 사업자등록을 하고 사업을 영위하는 경우(2%)(개정세법 25)

(2) 세금계산서 불성실가산세

1) 부실기재(불명)의 경우 : 부실기재한 공급가액의 1%

발급한 세금계산서의 필요적 기재사항의 전부 또는 일부가 적혀있지 아니하거나 사실과 다른 경우

2) **미발급등의 경우 : 미발급(2%)·가공세금계산서(3%)·위장세금계산서(2%, 신용카드매출전표 포함)**

① 세금계산서를 확정신고기한까지 발급하지 않는 경우(미발급) 2%

☞ 전자세금계산서 발급대상자가 종이세금계산서 발급시 : 공급가액의 **1%**

② 둘 이상의 사업장을 보유한 사업자가 재화등을 공급한 사업장이 아닌 **자신의 다른 사업장 명의로 세금계산서를 발급시** : 1%

③ **가공세금계산서 등**

재화 등을 공급하지 아니하고 세금계산서(신용카드매출전표등 포함)등을 발급한 경우와 공급받지 아니하고 세금계산서 등을 발급받은 경우 : **3%**

④ 타인명의로 세금계산서 등(위장세금계산서)을 발급하거나 발급받은 경우 : 2%

⑤ 재화 등을 공급하고 세금계산서 등의 공급가액을 과다하게 기재하여 공급하거나 공급받은 경우 : 실제보다 과다하게 기재한 부분에 대한 공급가액의 2%

3) 지연발급의 경우 : 공급가액의 1%

발급시기가 지난 경우로서 **해당 과세기간의 확정신고기간내** 발급한 경우

공급시기(예)	발급기한	**지연발급(1%)**	**미발급(2%)**
3.11	~4.10	4.11~7.25	7.25까지 미발급

4) 세금계산서 발급명세 미전송 및 지연전송

전자세금계산서를 발급한 사업자가 국세청장에 세금계산서 발급명세를 전송하지 아니한 경우

발급시기(예)	전송기한	**지연전송(0.3%)**	**미전송(0.5%)**
4.09	~4.10	4.11~7.25	7/25까지 미전송시

구분	내용	가산세
지연전송	전자세금계산서 전송기한이 지난 후 확정신고 기한**(7/25, 익년도 1/25)까지 전송시**	공급가액의 0.3%
미전송	확정신고기한(7/25, 익년도 1/25)까지 발급명세를 전송하지 않는 경우	공급가액의 0.5%

(3) 매출처별세금계산서 합계표 불성실가산세

① 부실기재(불명)의 경우 : 공급가액의 0.5%

거래처별 등록번호 또는 공급가액의 전부 또는 일부가 기재되지 아니하였거나 사실과 다르게 기재된 경우

② 미제출 : 공급가액의 0.5%

확정신고시 매출처별세금계산서 합계표를 제출하지 아니한 경우

☞ **제출기한이 지난 후 1개월 이내에 제출하는 경우 해당 가산세의 50%를 감면한다.**

③ 지연제출의 경우 : 지연제출한 공급가액의 0.3%

☞ 예정신고시 미제출분을 확정신고시 제출하는 경우만 지연제출에 해당한다.

(4) 매입처별세금계산서 합계표 불성실가산세

① 지연수취 : 공급가액의 0.5%

㉠ 재화 또는 용역의 공급시기 이후에 발급받은 세금계산서로서 해당 공급시기가 속하는 **과세기간의 확정신고 기한 내**에 발급받은 경우

㉡ 공급시기 이후 세금계산서를 발급받았으나, 실제 공급시기가 속하는 과세기간의 **확정신고기한 다음날부터 6개월 이내에 발급받은 것**으로서 수정신고·경정청구하거나, 거래사실을 확인하여 결정·경정

② 미제출 후 경정시 제출 : 공급가액의 0.5%

☞신용카드매출전표등을 미제출 후 경정시 제출함으로서 매입세액공제시도 적용

③ 과다기재 : 과다기재하여 신고한 공급가액의 0.5%

제출한 매입처별세금계산서 합계표(신용카드수령명세서 포함)의 기재사항 중 공급가액을 사실과 다르게 과다기재하여 신고한 경우

(5) 신고불성실가산세

① 무신고가산세

사업자가 법정신고기한 내에 세법에 따른 과세표준신고서를 제출하지 않은 경우

무신고가산세 = 일반무신고납부세액의 20%(부당의 경우 40%)

참고

부당한방법의 예시

1. 이중장부의 작성 등 장부의 거짓 기록
2. 거짓증명 또는 거짓문서의 작성
3. 거짓증명 등의 수취(거짓임을 알고 수취한 경우에 한함)
4. 장부와 기록의 파기
5. 재산의 은닉이나 소득 · 수익 · 행위 · 거래의 조작 또는 은폐
6. 그 밖에 국세를 포탈하거나 환급 · 공제받기 위한 사기 그밖의 행위

② 과소신고가산세(초과환급신고가산세)

사업자가 법정신고기한 내에 과세표준신고서를 제출한 경우로서 신고한 과세표준이 세법에 따라 신고해야 할 과세표준(과세표준이 0보다 작은 경우에는 0으로 본다)에 미달한 경우

과소신고가산세 = 일반과소신고납부세액의 10%(부당의 경우 40%)

☞ <u>법정신고기한 경과 후 **2**년 이내에 수정신고시에는 과소신고 가산세의 **90%~10%**를 감면한다.</u>

(6) 납부지연가산세

사업자가 납부기한내에 부가가치세를 납부하지 아니하거나 납부한 세액이 납부하여야 할 세액에 미달한 경우와 사업자가 환급받은 세액이 세법에 따라 환급받아야 할 세액을 초과하는 경우

납부지연가산세 = ① + ②
① *<u>미납세액(또는 초과환급받은 세액) × (1.9~2.2)*2/10,000</u>*
② 법정납부기한까지 미납세액 × 3%(납부고지서에 따른 납부기한까지 완납하지 아니한 경우에 한정함)

*1. 납부기한의 다음날부터 납부일까지의 일수를 말한다.

***2.** 시행령 정기개정(매년 **2**월경)시 결정 → <u>**2025**년은 **2.2**</u>

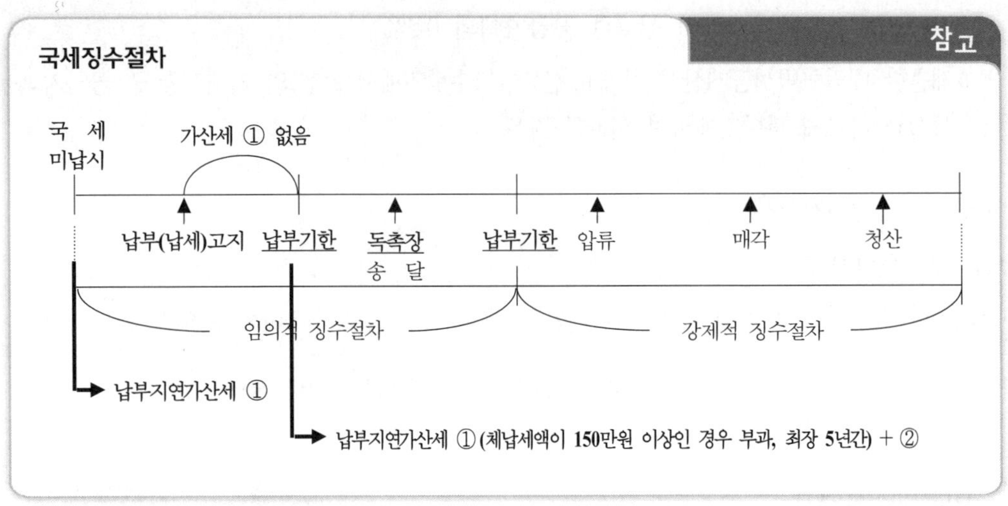

(7) 영세율과세표준신고불성실가산세

영세율이 적용되는 과세표준을 신고하지 아니하거나, 신고해야할 금액에 미달하게 신고한 경우 또는 영세율 첨부서류를 제출하지 않은 경우

영세율과세표준신고불성실가산세 = 무신고 또는 미달신고한 과세표준의 0.5%

☞ 법정신고기한 경과 후 2년 이내에 수정신고시에는 과소신고 가산세의 90%~10%를 감면한다.

(8) 현금매출명세서 미제출가산세

변호사·공인회계사·세무사·건축사·변리사·부동산중개업을 영위하는 사업자가 현금매출명세서를 제출하지 않거나 누락된 수입금액이 있는 경우

미제출 또는 누락금액의 1%

(9) 부동산임대공급가액명세서 미제출가산세

부동산임대업자가 부동산임대공급가액명세서를 제출하지 않거나 제출한 수입금액이 사실과 다르게 적혀 있는 경우

미제출 또는 누락금액의 1%

연/습/문/제

 객관식

01. 부가가치세의 신고와 납부에 관한 다음 설명 중 잘못된 것은?

① 사업자는 각 예정신고기간 또는 각 과세기간 종료 후 25일 이내 그 기간에 대한 과세표준과 납부세액 또는 환급세액을 신고하여야 한다.

② 사업자는 예정신고 및 조기환급신고에 있어서 이미 신고한 내용을 제외하고 과세표준과 납부세액을 확정 신고하여야 한다.

③ 사업장 관할세무서장은 예정신고기간마다 개인사업자의 직전 과세기간에 대한 납부세액의 1/2에 상당하는 금액을 결정·고지함을 원칙으로 한다.

④ 총괄납부사업자는 주사업장 관할세무서장에 종된 사업장분을 합산하여 신고·납부하여야 한다.

02. 다음은 부가가치세의 결정, 경정, 징수와 환급에 대한 설명으로 틀린 것은?

① 부가가치세를 신고하지 아니하면 결정의 사유가 된다.

② 영세율이 적용되는 경우에는 조기환급을 받을 수 있다.

③ 조기환급이 아닌 일반환급의 경우에는 각 과세기간 단위로 환급세액을 확정신고기한 경과 후 30일 이내에 환급한다.

④ 결정, 경정은 원칙적으로 국세청장이 행한다.

03. 다음 중 부가가치세법상 사업장 관할세무서장이 부가가치세의 과세표준과 납부세액을 조사하여 결정하여야 하는 경우는?

① 확정신고의 내용에 오류 또는 탈루가 있는 때

② 영세율 등 조기환급신고의 내용에 오류 또는 탈루가 있는 때

③ 확정신고를 하지 않은 때

④ 확정신고에 있어서 매출·매입처별 세금계산서합계표를 제출하지 않은 때

04. 부가가치세법상 부가가치세를 포탈할 우려가 있는 경우 수시부과결정을 할 수 있다. 이에 해당하지 않는 것은?

① 납세자의 신용이 나쁜 때
② 사업장의 이동이 빈번한 때
③ 사업장의 이동이 빈번하다고 인정되는 지역에 사업장이 있는 때
④ 휴업 또는 폐업상태에 있는 때

05. 다음 중 부가가치세법상 부가가치세의 환급에 대한 설명이 잘못된 것은?

① 영세율을 적용받는 경우 조기 환급을 신청할 수 있다.
② 사업설비 등을 신설·취득·확장 또는 증축하는 경우에는 조기환급대상이 아니다.
③ 조기환급의 경우 조기환급 신고기한 경과 후 15일 이내에 환급한다.
④ 일반환급의 경우 확정신고기한 경과 후 30일 이내에 환급한다.

06. 부가가치세법상 대리납부에 대한 설명으로 옳지 않은 것은?

① 공급자가 국내사업장이 없는 비거주자 또는 외국법인인 경우에 한하여 적용한다.
② 공급받는 자는 원칙적으로 면세사업자 또는 비사업자인 경우에 적용한다.
③ 대리납부의무자는 납세의무자가 아니다.
④ 대리납부의무자가 대리납부를 하지 아니하면 가산세가 적용된다.

07. 김모씨는 20x1년 9월 1일에 사업을 개시하였으나, 정당한 사유없이 20x2년 1월 1일에 사업자등록을 신청하였다. 20x1년 2기 과세기간 중 김모씨의 과세매출에 대한 공급가액이 40,000,000원인 경우 20x1년 2기 과세기간에 김모씨에게 적용될 부가가치세법상 가산세가 아닌 것은?

① 미등록가산세
② 신고불성실가산세
③ 세금계산서미발급가산세
④ 납부지연가산세

08. 다음 중 부가가치세법상 가산세에 대한 설명으로 가장 옳지 않은 것은?

① 미등록 가산세에 해당하는 경우에는 사업개시일부터 등록을 신청한 날까지의 공급가액에 대하여 100분의 2에 상당하는 금액을 가산세로 부과한다.

② 사업자가 타인(사업자의 배우자를 제외한다.) 명의로 사업자등록을 하고 실제 사업을 영위하는 경우에는 허위등록가산세를 부과한다.

③ 재화 또는 용역을 공급받고 실제로 재화 또는 용역을 공급하는 자 외의 자의 명의로 세금계산서를 교부받은 경우에도 가산세를 부과한다.

④ 미등록가산세가 적용되는 부분에 대하여는 세금계산서 교부불성실가산세와 매출처별세금계산서 합계표 관련 가산세를 적용하지 아니한다.

09. 부가가치세법상 일반과세자의 신고와 납부 및 환급에 관한 설명으로 옳지 않은 것은?

① 휴업으로 인하여 각 예정신고기간의 공급가액이 직전 과세기간의 공급가액의 2분의 1에 미달하는 개인사업자는 예정신고를 할 수 있다.

② 예정신고 또는 조기환급 신고를 한 사업자는 이미 신고한 과세표준과 납부세액 또는 환급세액은 확정신고시에는 신고하지 아니한다.

③ 과세관청은 개인사업자에 대해 각 예정신고기간마다 직전 과세기간에 대한 납부세액의 2분의 1을 곱한 금액을 징수하는 것이 원칙이다.

④ 일반환급의 경우 예정신고시에 환급되지 않고 확정신고시에 정산한다.

10. 부가가치세의 환급에 관한 다음 설명 중 가장 옳은 것은?

① 총괄납부를 적용하지 않는 2 이상의 사업장을 가진 사업자가 어느 한 사업장에서 조기 환급사유가 발생하는 경우에는 해당 사업장의 거래분만을 조기환급신고할 수 있다.

② 영세율 적용대상 사업자는 예정신고시까지 영세율 적용대상 과세표준이 없는 경우에도 예정신고기간분에 대한 조기환급을 받을 수 있다.

③ 사업설비를 신설 · 취득한 사업자에게 환급세액이 발생한 경우에는 그 환급세액 중 사업설비의 신설 · 취득과 관련한 매입세액에 한하여 조기환급한다.

④ 사업용 자산을 신설, 취득, 확장 또는 증축하는 경우에는 감가상각자산이 아니라 하더라도 조기환급을 받을 수 있다.

11. 다음 중 부가가치세법상 가산세율이 올바르게 연결된 것은?

① 사업자를 허위로 등록한 경우 : 0.5%
② 발급기한 경과 후 해당과세기간 종료일 이내 세금계산서를 발급한 경우 : 2%
③ 공급이 없음에도 가공으로 세금계산서를 발급한 경우 : 3%
④ 매입이 없음에도 가공으로 세금계산서를 발급받은 경우 : 2%

12. 다음 중 부가가치세법상 환급과 관련된 설명으로 가장 바르지 않는 것은?

① 초과 환급받은 세액이 있을 경우에는 환급불성실 가산세를 적용한다.
② 일반환급은 예정신고기간 또는 확정신고기간 경과 후 30일 이내에 환급하여야 한다.
③ 사업설비를 신설하는 경우와 영세율을 적용 받는 경우 조기 환급대상이다.
④ 매출가액과 매입가액이 없는 일반과세자의 경우 전자신고세액공제에 대하여 환급을 받을 수 없다.

13. 다음 중 부가가치세법상 가산세에 대한 설명으로 가장 틀린 것은?

① 일반과세자 사업자미등록 가산세의 가산세율은 1%이다.
② 재화나 용역의 공급없이 발급하는 가공매출세금계산서의 경우 공급가액의 2%가 가산세로 부과된다.
③ 재화를 공급하고 실제 공급자가 아닌 다른 사람의 명의로 발급하는 위장세금계산서의 경우 공급가액의 2%가 가산세로 부과된다.
④ 납부지연가산세는 무납부, 과소납부, 과다환급을 받은 경우 부과된다.

14. 다음 중 일반개인사업자 중 부가가치세법상 예정신고 및 납부를 할 수 있는 경우는 어느 것인가?

① 직전 과세기간에 대한 납부세액이 없는 자
② 각 예정신고기간분에 대해 조기환급을 받고자 하는 자
③ 각 예정신고기간에 신규로 사업을 개시한 자
④ 주사업장 총괄납부승인을 얻은 자

주관식

01. 다음 (　　)에 들어갈 숫자는?

> 부가가치세법상 사업장 관할세무서장은 개인사업자에 대하여는 각 예정신고기간마다 직전 과세기간에 대한 납부세액의 2분의 1에 해당하는 금액(1천원 미만의 단수가 있을 때에는 그 단수금액은 버린다)을 결정하여 대통령령으로 정하는 바에 따라 해당 예정신고기한까지 징수한다. 다만, 징수하여야 할 금액이 (　　)만원 미만이거나 간이과세자에서 해당 과세기간 개시일 현재 일반과세자로 변경된 경우에는 이를 징수하지 아니한다. 다만, 부가가치세법상 예정신고납부를 할 수 있는 자는 부가가치세법에 의하여 예정신고할 수 있다.

02. 다음 (　　)에 들어갈 알맞은 숫자는 무엇인가?(단, 분수로 표시할 것)

> 사업자가 부가가치세법에 따른 현금매출명세서 또는 부가가치세법에 따른 부동산임대공급가액명세서를 제출하지 아니하거나 제출한 수입금액(현금매출명세서의 경우에는 현금매출을 말한다)이 사실과 다르게 적혀 있는 경우에는 제출하지 아니한 수입금액 또는 제출한 수입금액과 실제 수입금액과의 차액에 대하여 (　　)에 해당하는 금액을 납부세액에 더하거나 환급세액에서 뺀다.

03. 다음 (가)에 들어갈 수치가 옳은 것은?

> ㈜세무는 20x1년 1기 부가가치세 예정신고시에 적법하게 교부된 **공급가액 10,000,000원의 매출전자세금계산서(지연전송)**를 실무자의 실수로 누락하여 신고한 사실을 20x1년 1기 부가가치세 확정신고시에 발견하였다. 이에 실무자는 20x1년 1기 부가가치세확정신고시에 누락된 매출전자세금계산서를 포함하여 신고납부하고자 한다. 이에 실무자는 예정신고누락된 매출과 관련된 가산세로 전자세금계산서 지연전송 가산세 (　가　)와, 신고불성실가산세 50,000원을, 납부지연가산세(1일 2/10,000로 가정)로 18,200원으로 하여 신고납부하였다.

04. 다음 ( )에 공통으로 들어갈 숫자는?

> 사업자가 영세율을 적용받는 경우 또는 사업 설비를 신설·취득·확장 또는 증축하는 경우에 해당하면 환급세액의 조기환급을 신청을 할 수 있다. 모든 요건을 만족하고 서류를 구비하여 조기환급을 신청한 경우 관할 세무서장은 각 과세기간별로 그 과세기간에 대한 환급세액을 그 확정신고 기한이 지난 후 ( )일 이내에 확정신고를 한 사업자에게 환급하거나, 각 예정신고기간별로 그 예정신고기간의 환급세액을 그 예정신고기한이 지난 후 ( )일 이내에 예정신고한 사업자에게 환급하여야 한다.

05. 부가가치세법상 가산세에 대한 설명이다. 다음 ( )에 알맞은 숫자는?

> 사업자가 법정 기한까지 사업자등록을 신청하지 아니한 경우에는 사업 개시일부터 등록을 신청한 날의 직전 일까지의 공급가액의 합계액에 ( )퍼센트를 곱한 금액을 사업자등록 불성실가산세로 부과한다. 다만, 사업자등록 신청기한이 지난 후 1개월 이내에 신청하는 경우 해당 가산세의 50%를 감면한다.

06. 부가가치세법에서는 국내사업장이 없는 비거주자 또는 외국법인 등으로부터 용역 또는 권리를 공급받는 경우(용역의 수입개념) 용역 또는 권리를 공급 받는 자가 공급하는 자를 대리하여 그 대가를 지급할 때 그 대가를 지급 받은 자로부터 부가가치세를 징수하여 납부하도록 하고 있다. 이는 무엇을 설명하고 있는지 부가가치세법상 정확한 용어를 쓰시오.

07. 부가가치세법상 아래의 괄호 안에 알맞은 숫자를 쓰시오.

> 개인사업자와 직전 과세기간 공급가액의 합계액이 ( )원 미만인 영세법인사업자에 대하여는 납세지 관할세무서장이 각 예정신고기간마다 직전 과세기간에 대한 납부세액의 50%에 상당하는 금액을 결정하여 예정 신고기한 내에 징수하도록 규정하고 있다.

08. 다음은 부가가치세법상 예정신고에 관한 설명이다. 괄호 안에 들어갈 알맞은 숫자는 무엇인가?

> 납세지 관할 세무서장은 개인사업자에 대하여는 각 예정신고기간마다 직전 과세기간에 대한 납부세액의 50퍼센트로 결정하여 해당 예정신고기간이 끝난 후 25일까지 징수한다.
> 그러나 휴업 또는 사업 부진으로 인하여 사업실적이 악화된 경우 등 각 예정신고기간의 공급가액 또는 납부세액이 직전 과세기간의 공급가액 또는 납부세액의 (　　　　)에 미달하는 자는 예정신고를 하고 예정신고기간의 납부세액을 납부할 수 있다. 이 경우 예정고지는 없었던 것으로 본다.

연/습/문/제 답안

객관식

1	2	3	4	5	6	7	8	9	10	11	12	13	14
④	④	③	①	②	①	③	①	①	①	③	②	②	②

[풀이 - 객관식]

01. 주사업장 총괄납부경우에는 **납부만을 주된 사업장**에서 하고, **신고는 각 사업장별로 하여야 한다.**

02. 결정, 경정은 원칙적으로 각 사업장관할세무서장이 행한다.

03. 결정과 경정의 차이를 묻는 문제이다. ③은 결정대상(무신고시)이고 나머지는 경정대상(신고시)이다.

04. **세금을 포탈할 우려가 있을 경우에 수시부과 결정**한다.

05. 사업설비 등을 신설·취득·확장 또는 증축하는 경우에는 조기환급 대상이다.

06. 공급자가 국내사업장이 있는 비거주자 또는 외국법인도 해당 국내사업장과 관계없이 용역을 제공하는 경우 적용할 수 있다.

07. 미등록자의 경우 세금계산서를 발행할 수 없기 때문에 세금계산서미발급가산세는 부과하지 않는다. 그러나 미등록가산세 1%를 부과한다.

08. 미등록가산세율은 1%이다.

09. 3분의 1에 미달하는 개인사업자가 예정신고할 수 있다.

10. ② 영세율과세표준이 있는 경우 조기환급받을 수 있다.
    ③ 사업장 전체의 매입세액에 대해서 조기환급한다.
    ④ 감가상각대상자산에 한하여 조기환급받을 수 있다.

11. ① **허위(위장)등록가산세 : 2%(개정세법 25)**
    ② 지연발급가산세 : 1%
    ③ **가공세금계산서 발급 : 3%**
    ④ **가공계산서 수취 : 3%**

12. **예정신고기간에 대하여는 환급이 이루어지지 아니한다.**

13. 가공세금계산서 가산세는 3%, **위장세금계산서 가산세는 2%**

14. 개인사업자는 조기환급을 받으려고 할 때 부가가치세법상 예정신고가 가능하다.

주관식

1.	50	2.	1/100	3.	30,000원
4.	15	5.	1	6.	대리납부
7.	1억5천만	8.	1/3		

[풀이 - 주관식]

03. 전자세금계산서 지연전송 가산세 = 10,000,000 × 0.3% = 30,000원

Chapter

간이과세자 7

제1절 개요

1. 개요

부가가치세법에서는 연간거래금액이 일정 규모(1억 4백만원)에 미달하는 개인사업자에 대해서는 세부담을 경감시키고 납세편의를 도모할 수 있는 제도를 두고 있는데 이를 간이과세라 한다.

2. 범위

(1) 일반적인 기준

간이과세자는 **직전 1역년의 공급대가의 합계액이 1억 4백만원(각 사업장 매출액합계액으로 판정)에 미달하는 개인사업자**로 한다. **다만, 간이과세가 적용되지 아니하는 다른 사업장을 보유하고 있는 사업자는 그러하지 아니하다.**

직전연도 공급대가 합계액이 4,800만원 이상인 과세유흥장소 및 부동산임대사업자는 간이과세자에서 배제한다.

또한 **법인사업자의 경우에는 어떠한 경우에도 간이과세적용을 받을 수 없다.**

(2) 간이과세 적용배제업종

간이과세 기준금액에 해당하는 경우에도 사업자가 간이과세가 적용되지 않는 다른 사업장을 보유하고 있거나 사업자가 다음의 사업을 영위하면 간이과세를 적용받지 못한다.

① 광업
② 제조업
③ 도매업(소매업을 겸영하는 경우를 포함) 및 상품중개업
④ 부동산매매업
⑤ 일정한 기준에 해당하는 부동산임대업 및 과세유흥장소 영위사업
⑥ 건설업
⑦ 전문 · 과학 · 기술서비스업, 사업시설관리 · 사업지원 및 임대 서비스업
⑧ 전문직 사업서비스업(변호사업, 공증인업, 세무사업, 공인회계사업, 건축사업, 의료업, 손해사정인업 등)
⑨ 소득세법상 복식부기의무자
⑩ 일반과세자로부터 양수한 사업

이외에도 부가가치세법에서는 간이과세배제업종을 나열하고 있다.

(3) 신규사업개시자

신규로 사업을 시작하는 개인사업자는 사업을 시작한 날이 속하는 연도의 공급대가의 합계액이 1억 4백만원에 미달될 것으로 예상되는 때에는 **사업자등록신청시 간이과세 적용신고서를 사업장 관할세무서장에게 제출**하여야 한다.

3. 세금계산서 발급의무

(1) 원칙 : 세금계산서 발급

(2) 예외 : 영수증 발급

① **간이과세자중 신규사업자 및 직전연도 공급대가합계액이 4,800만원 미만인 경우**
② **주로 사업자가 아닌자에게 재화 등을 공급하는 경우(소매업, 음식점업, 숙박업, 미용 및 욕탕 등)**
다만 소매업, 음식점업, 숙박업 등은 공급받는 자가 요구하는 경우 세금계산서 발급의무

(3) 통지

발급 적용기간 개시 20일 전까지 영수증 발급대상자인지 여부를 해당 사업자에게 통지(발급 적용기간 개시당일까지 사업자등록증에 세금계산서 발급대상 여부를 정정하여 발급)

4. 신고 및 납부

(1) <u>과세기간 : 1.1 ~ 12.31(1년)</u>

(2) 예정부과제도

① 예정부과기간 : 1.1~6.30
② 고지징수 : 직전납부세액의 1/2을 고지징수(7/25), **<u>50만원 미만은 소액부징수</u>**
③ 예외 : 사업부진(직전예정부과기간의 3분1에 미달)시 신고·납부할 수 있다.
세금계산서를 발급한 간이과세자는 예정부과기간에 대하여 신고 및 납부(7/25)해야 한다.

제2절 과세유형의 변경

1. 일반적인 경우

간이과세가 적용되거나 적용되지 않게 되는 기간은 1역년의 공급대가가 기준금액(1억 4백만원)에 미달되거나 그 이상의 되는 해의 **<u>다음해 7월 1일을 과세유형전환의 과세기간</u>**으로 한다.

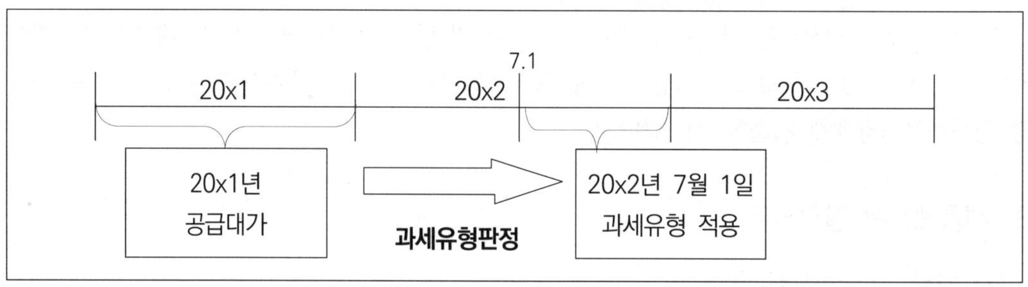

과세유형이 변경되는 관할세무서장은 그 변경되는 과세기간 개시일 20일 전까지 그 사실을 통지하여야 하며, 사업자등록증을 정정하여 과세기간 개시 당일까지 발급하여야 한다. 간이과세자로 변경되는 경우에는 원칙적으로 통지할 필요가 없으나 일반과세자로 변경되는 경우에는 통지가 있어야 한다.

2. 간이과세자가 배제사업을 신규 겸영시

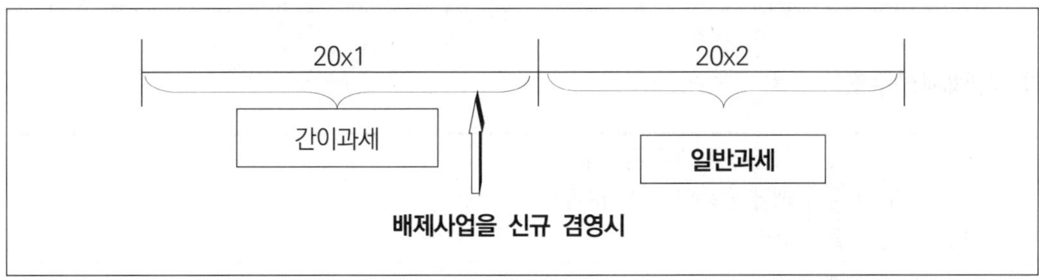

간이과세자가 배제사업을 신규겸영시 해당 사업의 개시일이 속하는 과세기간의 다음과세기간부터 간이과세를 적용하지 않는다.

3. 간이과세포기의 경우

간이과세를 포기하고자 하는 자는 그 포기하고자 하는 달의 **전 달 마지막날까지** 간이과세포기신고를 하여야 한다.

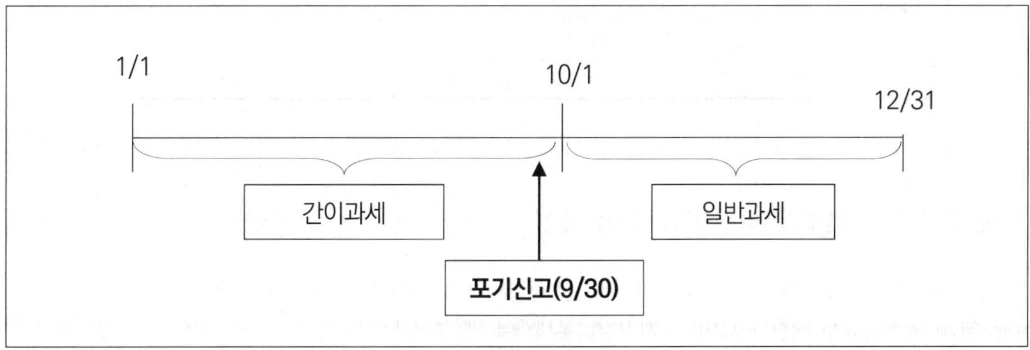

간이과세를 포기한 사업자는 그 적용받을려는 달의 1일부터 **3년이 되는 날이 속하는 과세기간까지는 일반과세를 적용**받아야 하나, **2024.7.1. 이후 신고하는 분부터 포기신고의 철회가 가능하다.**

제3절 간이과세자의 세액계산

1. 세액계산구조

구분	내용
공급대가 (×) 부가가치율 (×) 세율	공급가액+부가가치세 해당 업종의 부가가치율(15~40%)[*1] 10%
납부세액	
(-) 공제세액	세금계산서 등을 발급받은 매입액(공급대가)×0.5%(=매입세액×5.5%) 신용카드매출전표발행세액공제, 전자세금계산서 발급세액공제 등
(+) 가산세	세금계산서 발급 및 미수취가산세 적용
자진납부세액	**환급세액이 없다**

*1. 업종별 부가가치율

업 종	부가율
① 소매업, 재생용 재료수집 및 판매업, 음식점업	15%
② 제조업, 농업 · 임업 및 어업, 소화물 전문 운송업	20%
③ 숙박업	25%
④ 건설업, 그 밖의 운수업, 창고업, 정보통신업 외	30%
⑤ 금융 및 보험관련 서비스업, 부동산관련 서비스업, 부동산임대업 외	40%

<예제 7 - 1> 납부세액(간이과세자) 계산

다음은 음식점업을 영위하는 홍길동(직전과세기간 공급대가 48,000,000원 미만)의 20×1년(1.1~12.31) 부가가치세 확정신고를 위한 자료이다. 차가감납부세액을 계산하시오.

Ⅰ. 매출 및 매입내역

구분	내역	금액
국내판매 (공급대가)	영수증발행 매출액 신용카드매출전표 발행분(세액공제율 1.3%)	55,000,000원 5,000,000원
원재료매입	전자세금계산서 수취분 (VAT 미포함)	10,000,000원

Ⅱ. 기타 자료

업종별 부가가치율을 15%로 가정한다.

해답

[납부세액의 계산]

구 분		금 액	세 액	비고
납부세액(A)	국내판매	60,000,000	900,000	**60,000,000×15%×10%**
공제세액(B)	세금계산서 매입세액	1,000,000	55,000	**매입세액×5.5%(공급대가의 0.5%)**
	신용카드등 발행세액공제	5,000,000	65,000	**5,000,000×1.3%**
	공제세액 계		120,000	
차가감납부세액(A－B)			**780,000**	

2. 일반과세자와 간이과세자의 비교

구 분	일반과세자	간이과세자
적용대상자	－개인, 법인 불문	－**개인사업자에 한함** －공급대가 1억 4백만원 미만
납부세액	매출세액－매입세액	공급대가×부가가치율×10%
신고기간	1, 2기	**1기 : 1.1~12.31**
세금계산서	세금계산서 또는 영수증발급	원칙 : 세금계산서 발급 예외 : 영수증 발급
대손세액공제	적용됨	규정없음.
매입세액	매입세액으로 공제	공급대가×0.5%(＝매입세액×5.5%)
의제매입세액	업종제한 없음	배제
신용카드매출전표 발행세액공제	발행금액의 1.3% (개인사업자만 해당)	발행금액의 1.3%
납부의무면제	없음	**공급대가 4,800만원 미만**
포기제도	없음	간이과세를 포기하고 일반과세자가 될 수 있고, 다시 포기신고의 철회가 가능*1 *1. 24.7.1 이후 신고하는 분부터 적용
기장의무	장부비치기장의무가 있음	발급받은 세금계산서와 발급한 영수증을 보관한 때에는 장부비치기장의무를 이행한 것으로 봄
가산세	－미등록가산세 : 공급가액의 1%	－미등록가산세 : 공급대가의 0.5%

제4절 과세유형변경시의 세액계산 특례

1. 취지

① 간이과세자에서 일반과세자로 변경 : 재고품 등에 대해서 매입세액공제가 안되어 있으므로 매입세액공제를 추가로 해주는 것이 재고매입세액의 공제이다.

② 일반과세자에서 간이과세자로 변경 : 재고매입세액의 공제의 반대의 경우로서 매입세액공제를 취소하는 것이 재고납부세액의 납부이다.

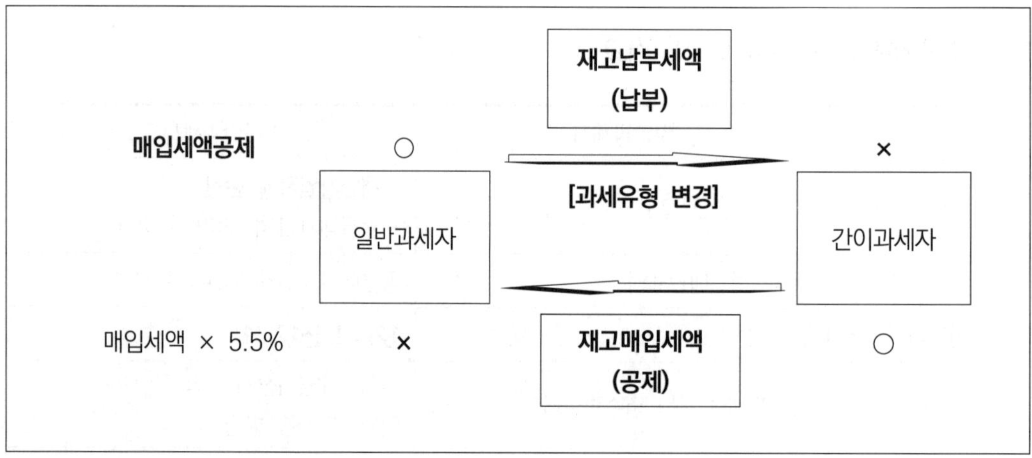

2. 신고와 승인취지

(1) 재고품 및 감가상각자산의 신고

변경되는 날(변경된 과세유형을 적용받는 과세기간의 개시일) 현재의 재고품 및 감가상각자산을 변경되는 날의 직전 과세기간에 대한 확정신고와 함께 신고하여야 한다.

구 분	범 위
㉠ 재고품	상품, 제품, 재료 등
㉡ 건설중인자산	
㉢ 감가상각자산	ⓐ 건물, 구축물 : 10년 이내의 것 ⓑ 기타 : 2년 이내의 것

(2) 재고품 및 감가상각자산의 통지

관할세무서장은 다음의 기한내에 해당 사업자에게 통지하여야 한다. 그 기한 내에 통지하지 않는 때에는 해당 사업자가 신고한 재고금액을 승인한 것으로 본다.

① 재고매입세액 : 재고품 등 신고기간 경과 후 1월 이내

② 재고납부세액 : 간이과세자로 변경된 날부터 90일 이내

3. 재고매입세액과 재고납부세액

구 분	재고매입세액(재고납부세액)
① 재고품	**공제대상매입세액**×[1－0.5%×110/10(＝5.5%)]
② 감가상각자산	**공제대상매입세액**×(1－체감률×경과된 과세기간의 수)×[1－5.5%]

	재고매입세액(간이 → 일반)	재고납부세액(일반 → 간이)
공제대상매입세액	취득가액×10/110	취득가액×10/100
체감률	건물, 구축물 : 10%, 기타의 자산 : 50%	건물, 구축물 : 5%, 기타의 자산 : 25%

연/습/문/제

객관식

01. 다음 중 부가가치세법상 간이과세에 해당되는 자는?

① 부동산중개업을 하는 자로 직전 연도 공급대가가 3,000만원인 법인사업자
② 변호사를 하는 자로 직전연도 공급대가가 3,500만원인 개인사업자
③ 도매업을 하는 자로 직전연도의 공급대가가 4,000만원인 개인사업자
④ 의류소매업을 하는 자로 직전연도 공급대가가 4,500만원인 개인사업자

02. 다음 중 부가가치세법상 간이과세자에 대한 설명 중 틀린 것은?

① 직전 1역년의 공급대가가 1억 4백만원 미만인 개인사업자는 간이과세에 해당한다.
② 광업, 제조, 도매업, 부동산매매업을 영위하는 자는 간이과세자에 해당하지 아니한다.
③ 모든 간이과세자는 세금계산서를 발급해야 한다.
④ 각 과세기간의 공급대가가 4,800만원 미만인 경우 부가가치세 납부의무를 면제한다.

03. 다음 중 부가가치세법상 간이과세에 대한 설명으로 옳지 않은 것은?

① 간이과세자는 직전 연도의 공급대가의 합계액이 1억 4백만원에 미달하는 개인사업자로서 간이과세 배제대상 사업자가 아닌 자이다.
② 법인은 간이과세자가 될 수 없다.
③ 신규개인사업자는 최초의 사업연도에 간이과세를 적용 받을 수 없다.
④ 간이과세자의 해당 과세기간에 대한 공급대가가 4,800만원 미만인 경우에는 그 과세기간에 대한 납부세액의 납부의무를 면제한다.

04. 부가가치세법상 간이과세제도에 관한 설명이다. 옳지 않은 것은?

① 간이과세자는 원칙적으로 세금계산서를 발급해야 한다.
② 간이과세자도 의제매입세액 공제를 적용 받을 수 없다.
③ 간이과세자의 해당 과세기간에 대한 공급대가가 4,800만원 미만인 경우 해당 과세기간에 대한 납부의무를 면제한다.
④ 간이과세자는 매출세액이 매입세액보다 적은 경우 환급받을수 있다.

05. 다음 중 간이과세자에 대한 설명으로 잘못된 것은?

① 간이과세자가 일반과세자에 관한 규정을 적용받고자 하는 경우에는 적용받고자 하는 달의 전달 말일까지 사업장관할세무서장에게 간이과세의 포기를 신고하여야 한다.
② 의류도매업을 영위하는 직전 1역년의 공급대가가 6,000만원인 개인사업자는 간이과세자에 해당한다.
③ 간이과세자는 의제매입세액공제를 적용받을 수 없다.
④ 납부세액은 공급대가에 해당 업종별 부가가치율과 세율을 곱하여 계산하며, 둘 이상의 업종을 겸영하면 각각의 업종별로 계산한 금액의 합계액으로 한다.

06. 다음 중 부가가치세법상 과세유형의 변경시기에 대한 설명으로 틀린 것은?

① 간이과세가 적용되거나 적용되지 아니하게 되는 기간은, 1역년의 공급대가가 1억 4백만원의 금액에 미달되거나, 그 이상이 되는 해의 다음해의 7월 1일부터 그 다음 해의 6월 30일까지로 한다.
② 간이과세자가 간이과세의 적용이 배제되는 광업 · 제조업 · 도매업 등을 신규로 겸영하는 경우에도 당해 사업의 개시일이 속하는 과세기간까지는 간이과세자로 본다.
③ 간이과세자가 일반과세자에 관한 규정을 적용받는 사업장을 신규로 개설하는 경우에는 당해 사업 개시일이 속하는 과세기간부터 간이과세자에 관한 규정을 적용하지 아니한다.
④ 간이과세자가 간이과세 포기신고를 하는 경우에는 일반과세를 적용받고자 하는 달이 속하는 과세기간의 다음 과세기간부터 당해 사업장 외의 사업장에 대하여 간이과세자에 관한 규정을 적용하지 아니한다.

07. 다음 중 부가가치세법상 간이과세자의 신고서에서 볼 수 없는 것은?

① 매출세액　　② 납부세액
③ 재고납부세액　　④ 재고매입세액

08. 다음 중 부가가치세법상 간이과세자에 대한 설명으로 가장 옳지 않은 것은?

① 연간공급대가 미달로 납부의무면제자도 신고불성실가산세가 적용된다.
② 2024년 7월 1일 이후 간이과세자를 포기하더라도 다시 포기신고의 철회가 가능하다.
③ 영세율적용 과세표준의 무신고, 미달신고로 인한 가산세는 간이과세자도 적용된다.
④ 간이과세자의 경우도 미등록가산세는 부과된다.

09. 다음 중 부가가치세법상 틀린 설명은?

① 대리납부 불이행시에는 납부하지 아니한 세액의 10%에 상당하는 금액을 가산세로 징수한다.
② 국가도 부가가치세 납세의무자에 포함된다.
③ 간이과세자는 재고매입세액공제를 받을 수 있다.
④ 공급자가 대손세액공제를 받은 후 대손금의 일부가 회수된 경우에는 회수한 날이 속하는 과세기간의 매출세액에 가산한다.

10. 다음 중 부가가치세법상 간이과세자의 포기는 언제까지 하여야 하는가?

① 과세시간시작 30일 전
② 과세기간종료일로부터 30일 전
③ 과세기간종료일로부터 10일 전
④ 적용받으려는 달의 전달의 마지막날까지

11. 다음 중 부가가치세법상 일반과세자와 간이과세자의 비교설명으로 틀린 것은?

① 영세율 적용 사업자 이외의 부가가치세의 기본세율은 일반과세자 및 간이과세자 모두 10%이다.
② 미등록가산세의 경우 일반과세자는 공급가액이 1%이고, 간이과세자는 공급대가의 0.5%이다.
③ 일반과세자는 납부의무면제가 없고 간이과세자는 해당 과세기간에 공급대가가 4.8천만원 미만시 신고와 납부의무가 면제된다.
④ 간이과세자의 경우 예정부과시 징수하여야 할 금액이 50만원 미만인 경우 이를 징수하지 아니한다.

12. 다음 중 부가가치세법상 간이과세자에 대한 설명으로 틀린 설명은?

① 개인사업자만 간이과세자가 될 수 있다.
② 도매업은 간이과세배제업종이지만, 소매업을 겸영시 간이과세자가 가능하다.
③ 직전 1역년분의 공급대가가 1억 4백만원 미만이어야 한다.
④ 위 ③의 금액을 계산시 직전 1역년 중 휴업한 사업자는 휴업기간을 제외한 잔여기간의 공급대가를 12월로 환산한 금액을 기준으로 한다.

주관식

01. 다음 괄호 안에 들어 갈 숫자를 쓰시오.

간이과세자의 해당 과세기간에 대한 공급대가의 합계액이 (　　　　)원 미만이면 그 과세기간의 납부세액의 납부의무를 면제한다. 다만, 일반과세자가 간이과세자로 변경되는 경우 납부세액에 더해야 할 재고납부세액은 납부해야 한다.

02. 음식점업(개별소비세 과세 유흥 장소는 아님)을 영위하는 간이과세자 A씨의 20x1년 과세기간의 공급대가는 90,000,000원이다. 공급대가만 있다고 가정할 경우 부가가치세법상 납부세액은 얼마인가?(단, 부가율은 10%로 가정한다.)

03. 부가가치세법상 일반적인 간이과세자에 대한 부가가치세의 과세기간을 쓰시오.

04. 부가가치세법상 다음 (㉠)에 들어갈 숫자는 무엇인가?

간이과세자 A의 해당과세기간 납부세액이 200원, 세액공제액이 300원인 경우 차가감납부세액은 (㉠)원이다.

05. 다음은 20x0년 간이과세자인 개인사업자 갑에 대한 자료이다. 다음 자료를 참고하여 일반과세자로 전환되는 연, 월, 일을 적으시오.

• 갑은 20x0년 2월 1일에 사업을 개시하였다. • 갑의 20x0년 2월 1일부터 6월 30일까지의 공급대가는 55,000,000원이다. • 갑의 20x0년 7월 1일부터 12월 31일까지의 공급대가는 60,000,000원이다.

연/습/문/제 답안

객관식

1	2	3	4	5	6	7	8	9	10	11	12
④	③	③	④	②	③	④	①	③	④	③	②

[풀이 - 객관식]

01. 법인과 도매업, 전문직 사업서비스업(변호사등)은 간이과세자가 될 수 없다.

02. 간이과세자는 세금계산서를 발급하는 것이 원칙이고 예외적으로 직전과세기간 4,800만원 미만인 간이과세자는 영수증을 발행해야 한다.

03. 신규개인사업자는 **간이과세적용신고여부에 따라 간이과세가 판정**된다.

04. **간이과세자는 환급세액이 없다.**

05. 도매업은 간이과세배제업종이다.

06. 간이과세자가 일반과세자에 관한 규정을 적용받는 사업장을 신규로 개설하는 경우에는 당해 사업개시일이 속하는 과세기간의 **다음 과세기간부터** 간이과세자에 관한 규정을 적용하지 아니한다.

07. **간이과세자가 일반과세자**로 과세유형이 변경되는 경우 : **재고매입세액**
일반과세자가 간이과세자로 과세유형이 변경되는 경우 : **재고납부세액**

08. 공급대가가 4,800만원 미만으로 납부의무가 면제되는 간이과세자에 대하여는 무(과소)신고불성실가산세, 영세율과세표준 불성실가산세를 적용하지 아니한다.

09. 재고매입세액공제는 **간이과세자가 일반과세자로 과세유형 변경시에 적용**된다.

11. 간이과세자가 해당 과세기간에 **48백만원 미만시 신고의무는 있고, 납부의무만 면제**가 된다.

12. **도매업과 소매업을 겸영**하여도 **간이과세배제업종(도매업)에 해당**된다.

주관식

01	48,000,000	02	900,000원	03	1.1.~12.31
04	0	05	20x1년 07월 01일		

[풀이 - 주관식]

01. 간이과세자의 경우 4,800만원 미만인 경우 납부의무를 면제한다.

02. 납부세액 = 90,000,000(공급대가) × 10%(업종별부가가치율) × 10%(부가세율) = 900,000원

04. **간이과세자는 환급이 없다.** 따라서 납부세액은 0이다.

05. 20x0년 공급대가가 1억 4백만원을 초과시 **20x1년 7월 1일부터 일반과세자로 전환**된다.

Part II

법인세

Chapter

총 설 1

로그인 세무회계 2급

제1절 법인세란?

1. 법인의 과세소득

법인세는 **법인이 얻은 소득(순자산증가설)**에 대하여 그 법인에게 부과되는 조세이다.

법인세는 ①각사업연도 소득 ②청산소득 ③토지 등 양도소득 ④기업미환류소득으로 구성된다.

여기서 순자산(자본)증가설이란 일정기간 동안의 **순자산증가액(자본의 증가액 = 익금 - 손금)을 파악하여 과세소득**으로 본다는 이론으로, 순자산을 증대시키는 모든 소득에 대해서 포괄적으로 과세하는 방식을 말한다. 따라서 **포괄주의**란 표현을 하고 있다.

이에 반해 소득세는 일정기간 동안 계속·반복적으로 발생하는 소득에 대해서만 세금을 부과하는 소득원천설의 입장을 취하고 있으며 법에 열거된 소득에 대해서만 과세방식을 취하고 있다.

	법인세	소득세
소득학설	순자산증가설	소득원천설
과세방식	포괄주의	열거주의(금융 · 사업소득에 대해서는 유형별포괄주의)

	각사업연도소득		토지등양도소득		청산소득	
과세표준		익금총액		양도금액		잔여재산가액
	-	손금총액	-	장부가액	-	자기자본총액
	=	각사업연도소득금액	=	양도차익	=	청산소득금액
	-	이월결손금	-	비과세소득		
	-	비과세소득				
	-	소득공제				
	=	과세표준	=	과세표준	=	과세표준
세율	9%, 19%, 21%, 24%		**기본 : 10%** 미등기 : 40%		각사업연도소득과 동일	
신고납부	각사업연도 종료일이 속하는 달의 말일부터 3개월 이내 (12월말 결산법인 : 익년도 3월 31일)				잔여재산가액확정일이 속하는 달의 말일부터 3개월 이내 신고납부	

(1) 각 사업연도소득

각 사업연도소득이라 함은 법인의 각 사업연도의 익금총액에서 손금총액을 공제한 금액을 말하는바, 일반적으로 법인세라 하면 이를 의미한다.

(2) 토지등양도소득

법인의 부동산투기를 방지하기 위하여 주택, 비사업용토지와 투기지역 안의 토지 등을 양도함으로써 발생하는 소득을 말한다.

(3) 청산소득

영리내국법인이 해산(합병 또는 분할에 의한 해산은 제외)에 의해 소멸할 때 각사업연도 소득에서 과세되지 못한 소득(주로 자산의 평가차익)에 대하여 마지막으로 청산시 과세하는 것을 말한다.

(4) 미환류소득(투자 · 상생협력* 촉진세제 - 조특법)

투자, 임금증가, 상생협력출연금이 당기 소득 금액의 일정비율 이하인 경우 미달액에 대하여 20% 법인세를 추가적으로 부과한다. 대상기업은 상호출자제한 기업소속 집단법인이다.

* 대기업과 중소기업간, 중소기업 상호간에 기술, 구매, 판로 등의 부문에서 서로의 이익을 증진하기 위하여 하는 공동의 활동

2. 법인세의 납세의무자

법인세의 납세의무자는 "법인"이다. 이에는 설립등기된 법인뿐만 아니라 국세기본법에 의해 법인으로 보는 단체(법인격 아닌 단체*1)도 포함된다. **다만, 국가·지방자치단체·지방자치단체 조합은 과세대상에서 제외**한다.

*1 법인격 없는 단체(법인 아닌 단체) : 설립등기를 하지 않아 법인격을 취득하지 못한 사단, 재단, 그 밖의 단체를 말한다.

(1) 법인의 구분

① 내국법인과 외국법인

내국법인이란 법인의 **본점이나 주사무소 또는 사업의 실질적 지배관리장소를** 국내에 둔 법인을 말한다.

외국법인이란 외국에 본점 또는 주사무소를 둔 법인을 말한다.

내국법인은 국내+국외원천소득에 대해서 납세의무를 지고(무제한납세의무), 외국법인은 국내원천소득에 대해서만 납세의무를 진다.(제한납세의무)

② 영리법인과 비영리법인

영리법인은 **영리를 목적으로 하는 법인**을 말하며, 비영리법인이란 학술·종교·자선 기타 영리 아닌 사업을 목적으로 하는 법인을 말한다. 여기서 영리란 이윤추구+이러한 이윤을 구성원에게 분배하는 것을 말한다.

비영리법인이 고유목적사업(학술·종교·자선 등)에서 발생된 소득에 대해서는 법인세가 과세되지 않으나 만약 법인세법에서 규정하는 수익사업에서 발생하는 소득에 대해서는 각 사업연도의 소득에 대한 법인세납세의무를 진다. 이는 영리법인과 비영리법인사이의 과세형평을 고려한 것이다.

(2) 법인종류별 납세의무

구 분		각 사업연도소득	토지 등 양도소득	청산소득
내국법인	영리법인	국내+국외원천소득	○	○
	비영리법인	국내+국외원천소득 중 수익사업	○	×*1
외국법인	영리법인	국내원천소득	○	×*2
	비영리법인	국내원천소득 중 수익사업소득	○	
국가·지방자치단체*3		**비과세법인**		

*1. 비영리법인의 경우에는 해산으로 인한 잔여재산을 구성원에게 분배할 수 없고, 보통 국가나 다른 비영리법인에게 잔여재산을 인도한다.

*2. 외국법인의 경우에는 해산이 본점소재인 외국에서 행해지기 때문에 국내에 과세권이 없기 때문이다.

*3. 외국정부나 지방자치단체는 비영리외국법인으로 취급한다.

제2절 사업연도와 납세지

1. 사업연도 

법인의 소득을 파악하기 위해서 일정 기간을 단위로 구획하는데, 이를 사업연도라고 한다. **다만, 그 기간은 1년을 초과하지 못한다.**

정관 · 법령에 규정		법령 또는 법인의 정관 등에서 정하는 규정
정관 · 법령에 규정이 없는 경우	신 고	사업연도를 정하여 법인설립신고(**설립등기일로부터 2개월 이내**) 또는 사업자등록(**사업개시일로부터 20일 이내**)과 함께 납세지 관할세무서장에게 이를 신고하여야 한다.
	무신고	**매년 1월 1일부터 12월 31일까지를 그 법인의 사업연도로 한다.**

(1) 최초 사업연도의 개시일

구 분	최초 사업연도의 개시일
내국법인	**원칙 : 설립등기일** 예외*1 : 당해 법인에 귀속시킨 손익이 최초로 발생한 날
외국법인	**국내사업장을 가지게 된 날** (국내사업장이 없는 경우에는 부동산소득 · 양도소득이 최초로 발생한 날)*2
법인 아닌 단체	① 법령에 설립일이 정하여진 경우 : 그 설립일 ② 주무관청의 허가 · 인가를 받았거나 주무관청에 등록한 경우 : 허가일 · 인가일 또는 등록일 ③ 공익을 목적으로 출연된 기본재산이 있는 재단 : 출연받은 날 ④ 관할세무서장의 승인을 얻은 단체 : 승인일

*1. 최초 사업연도의 개시일 전에 생긴 손익을 사실상 그 법인에 귀속시킨 것이 있는 경우, 조세포탈의 우려가 없을 때에는 최초 사업연도의 기간이 1년을 초과하지 않는 범위 내에서 이를 당해 법인의 최초 사업연도의 손익에 산입할 수 있다. 이 경우 최초 사업연도의 개시일은 당해 법인에 귀속시킨 손익이 최초로 발생한 날로 한다.

*2. 최초 소득발생일부터 1개월 이내 사업연도 신고

(2) 사업연도의 변경

사업연도를 변경하고자 하는 법인은 그 법인의 **직전 사업연도 종료일부터 3월 이내**에 납세지 관할세무서장에게 이를 신고하여야 하며, 기한 내에 신고를 하지 않은 경우에는 그 법인의 사업연도는 변경되지 않은 것으로 본다.

예를 들어 **12월 결산법인의 경우 20×1년도부터 변경된 사업연도를 적용하려면 20×1년 3월 31일까지 사업연도변경신고서**를 제출하여야 한다.

또한 사업연도가 변경된 경우에는 종전 사업연도의 개시 일부터 변경된 사업연도의 개시일 전일까지의 기간에 대하여는 이를 1사업연도로 한다. 다만, 그 기간이 1월 미만인 경우에는 변경된 사업연도에 이를 포함한다. 따라서 이 경우에는 사업연도가 1년을 초과하는 결과가 초래될 수 있는데, 이것은 예외적으로 허용된다.

또한 **신설법인은 최초사업연도가 경과하기전에 사업연도 변경이 허용되지 않는다.**

(3) 사업연도의 의제

① 해산 : 사업연도개시일~해산등기일, 해산등기일 다음날부터~사업연도종료일까지 각각 1사업연도로 본다.

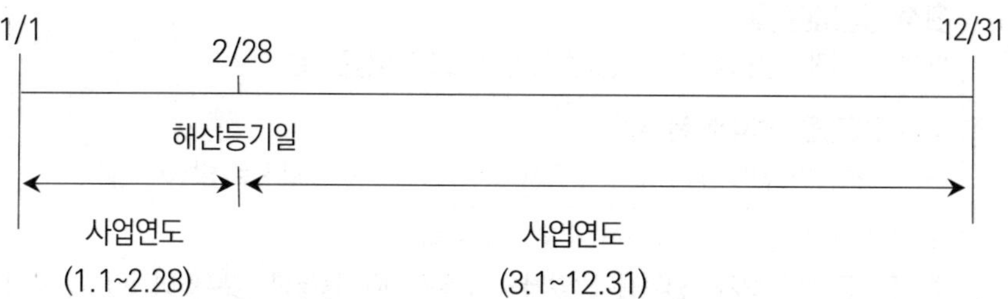

② 청산중에 있는 법인이 잔여재산가액이 사업연도 중에 확정된 경우

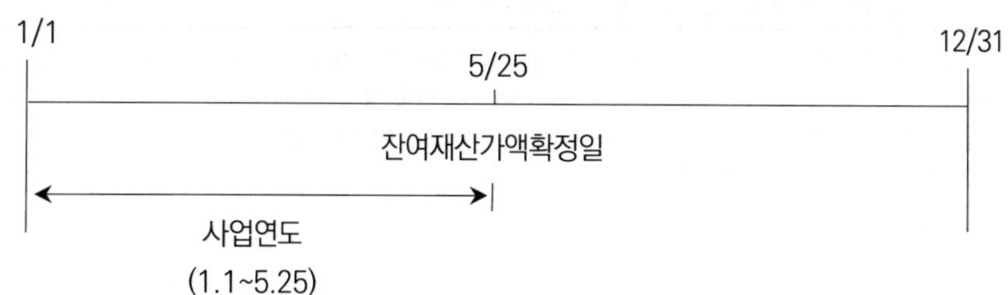

③ 청산중에 있는 내국법인이 사업을 계속하는 경우

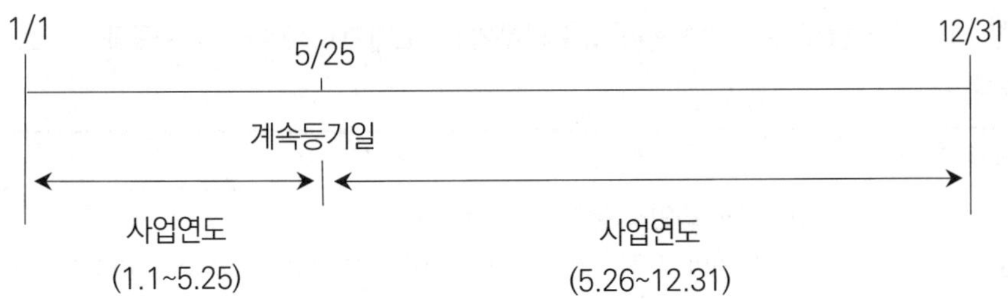

④ 합병(분할) 등 : 사업연도개시일~합병등기일(분할등기일)까지 1사업연도로 본다.

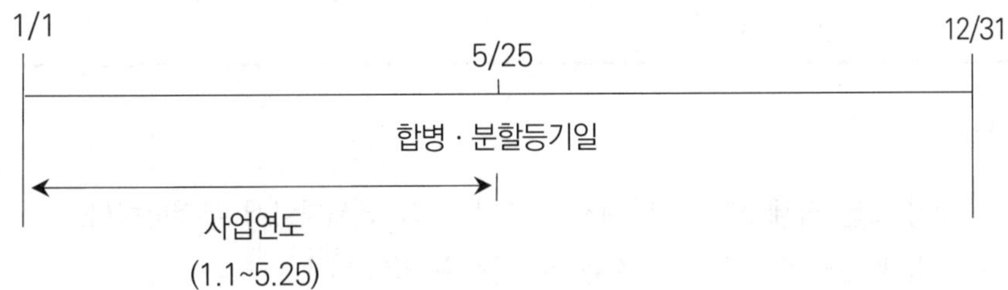

☞ 조직변경 : 주식회사가 유한회사로 변경하는 것과 같이 상법 및 기타 법령의 규정에 의하여 조직을 변경(변경전 · 후의 법인간의 동질성은 유지)하는 것을 말한다. **조직변경의 경우 종전사업연도가 계속되어 사업연도의제규정이 적용되지 않는다.**

2. 납세지 

"납세지"란 납세의무자가 납세의무를 이행하고 과세권자가 부과징수를 행하는 기준이 되는 장소이다. 따라서 법인세는 이러한 납세지를 관할하는 세무서장 또는 지방국세청장이 과세하게 된다.

(1) 원칙적인 납세지

구 분	납 세 지
내국법인	당해 법인의 **등기부상의 본점 또는 주사무소의 소재지**
외국법인	국내사업장의 소재지(**2 이상의 국내사업장이 있는 경우에는 주된 사업장[*1]의 소재지**)
(법인으로 보는) 법인 아닌 단체	① 사업장이 있는 경우 : (주된) 사업장 소재지 ② 주된 소득이 부동산소득인 경우 : (주된) 부동산소재지

*1. 사업수입금액이 가장 많은 사업장(최초 납세지를 정하는 경우에만 적용)

(2) 원천징수한 법인세의 납세지

원천징수한 법인세의 납세지는 당해 **원천징수의무자의 소재지**로 한다. 이는 구체적으로 다음의 장소를 말한다.

원천징수의무자	납 세 지
법인	① **원칙 : 당해 법인의 본점 등의 소재지** ② 예외 : 법인의 지점 · 영업소 기타 사업장이 독립채산제에 의하여 독자적으로 회계사무를 처리하는 경우에는 그 사업장의 소재지
개인	① 원천징수의무자가 거주자인 경우 : 그 거주자가 원천징수하는 사업장의 소재지 ② 원천징수의무자가 비거주자인 경우 : 그 비거주자가 원천징수하는 국내사업장의 소재지

(3) 납세지의 지정

관할지방국세청장(또는 국세청장)은 납세지가 그 법인의 납세지로서 부적당하다고 인정되는 경우에는 위의 규정에 불구하고 그 납세지를 지정할 수 있다.

이처럼 납세지를 지정한 때에는 그 법인의 당해 사업연도 종료일부터 45일 이내에 당해 법인에게 이를 통지하여야 하며, 기한 내에 통지하지 않은 경우에는 종전의 납세지를 그 법인의 납세지로 한다.

(4) 납세지의 변경

법인은 그 납세지가 변경된 경우 그 **변경된 날부터 15일 이내에 변경 후의 납세지 관할세무서장**에게 이를 신고하여야 하며 신고를 받은 세무서장은 그 신고 받은 내용을 변경 전의 납세지 관할세무서장에게 통보하여야 한다.(이 경우 납세지가 변경된 법인이 **부가가치세법의 규정에 의하여 그 변경된 사실을 신고한 경우에는 납세지 변경신고를 한 것으로 본다.**)

연/습/문/제

객관식

01. 다음 중 법인세 납세의무와 관련하여 설명한 것으로 틀린 것은?

① 법인세는 소득개념으로 순자산증가설을 채택하고 있다.

② 법인격이 없는 단체가 법인세의 납세의무가 있는 경우도 있다.

③ 외국정부는 대한민국정부 대한민국지방자치단체와 마찬가지로 비과세 법인이다.

④ 내국비영리법인은 청산소득에 대하여 법인세 납세의무가 없다.

02. 다음 중 법인세의 납세의무가 있는 것은?

① 서울특별시의 토지 등 양도소득

② 비영리내국법인의 청산소득

③ 비영리외국법인의 국내원천수익사업소득

④ 비영리내국법인의 국내원천고유목적사업소득

03. 다음은 법인세법상 납세의무자에 관한 설명이다. 옳지 않은 것은?

① '내국법인'은 국내원천소득 뿐 아니라 국외원천소득에 대하여도 각 사업연도의 소득에 대한 법인세 납세의무를 진다.

② '외국법인'은 외국에 본점 또는 주사무소를 둔 법인을 말한다.

③ '비영리내국법인'은 국내외 원천소득 중 일정한 수익사업에서 발생한 소득에 대하여만 법인세 납세의무가 있다.

④ '내국법인' 중 국가 · 지방자치단체에 대해서는 수익사업에서 발생한 소득에 대하여만 과세한다.

04. 다음 중 법인세법상 법인의 사업연도에 대한 설명으로 틀린 것은?

① 사업연도는 법령 또는 법인의 정관 등에서 정하는 1회계기간으로 한다.
② 위 ①에서 정한 1회계기간은 1년을 초과하지 못한다.
③ 내국법인이 폐업하는 경우에 사업연도는 그 사업연도개시일부터 폐업일까지로 한다.
④ 사업연도를 변경하고자 하는 법인은 그 법인의 직전 사업연도 종료일부터 3월 이내에 납세지관할 세무서장에게 이를 신고하여야 한다.

05. 다음은 법인세법상 사업연도에 관한 설명이다. 다음 중 옳은 것은?

① 외국법인의 최초사업연도 개시일은 국내에 법인 설립일이다.
② 내국법인의 최초 사업연도의 개시일은 원칙적으로 설립등기일이다.
③ 사업연도는 1년을 초과할 수 있다.
④ 사업연도를 변경하고자 하는 법인은 그 법인의 직전사업연도 종료일부터 2월 이내에 납세지 관할 세무서장에게 신고하여야 한다.

06. 법인세법상 사업연도에 대한 설명으로 잘못된 것은?

① 법인의 사업연도는 원칙적으로 1년을 초과할 수 없다.
② 법령이나 정관 등에 사업연도에 관한 규정이 없는 법인은 따로 사업연도를 정하여 법인설립신고 또는 사업자등록과 함께 납세지 관할세무서장에게 이를 신고하여야 한다.
③ 사업연도를 변경하려는 법인은 그 법인의 직전 사업연도종료일부터 3개월 이내에 사업연도변경 신고서를 납세지 관할세무서장에게 제출하여야 한다.
④ 신설법인의 최초사업연도는 설립등기일부터 1년이 되는 날까지이다.

07. 법인세법상 법인으로 보는 단체의 경우에 사업연도 개시일로 옳지 않은 것은?

① 법령에 의하여 설립된 단체에 있어서 당해 법령에 설립일이 정하여진 경우에는 그 설립일
② 설립에 관하여 주무관청의 허가 또는 인가를 요하는 단체와 법령에 의하여 주무관청에 등록한 단체의 경우에는 그 허가일 · 인가일 또는 등록일
③ 공익을 목적으로 출연된 기본재산이 있는 재단으로서 등기되지 아니한 단체에 있어서는 그 기본재산의 출연을 받은 날
④ 국세기본법 규정에 의하여 납세지 관할세무서장의 승인을 얻은 단체의 경우에는 그 승인신청일

08. 다음과 같은 경우 법인세법상 법인은 몇 개의 사업연도로 신고해야 하는가? 단, 직전사업연도 종료일부터 3개월 이내 사업연도 변경신고를 하였다.

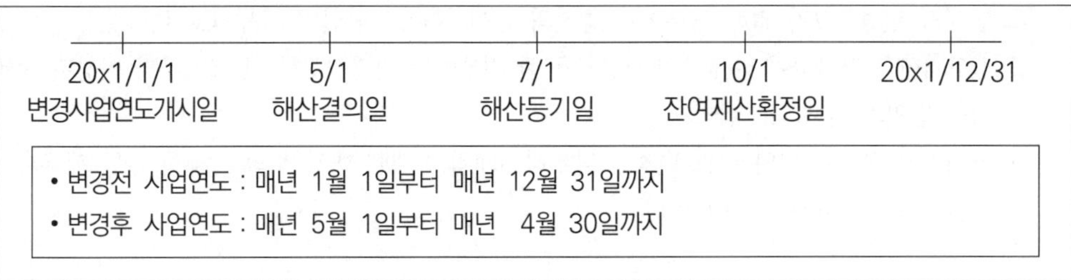

① 1사업연도 ② 2사업연도
③ 3사업연도 ④ 4사업연도

09. 다음 중 법인세법상 사업연도에 대하여 틀린 것은?

① 사업연도는 법령 또는 법인의 정관 등에서 정하는 1회계기간으로 한다.
② 회사가 합병에 의하여 해산한 경우 사업연도 개시일부터 합병등기일까지를 1사업연도로 본다.
③ 내국법인(법인으로 보는 단체아님)의 경우 최초의 사업연도 개시일은 설립등기일이다.
④ 신설법인은 최초 사업연도가 경과하기 전에 사업연도를 변경할 수 있다.

10. 법인세법상 사업연도 변경에 관한 설명이다. 틀린 것은?

① 사업연도를 변경하려는 법인은 그 법인의 직전 사업연도 종료일로부터 3월 이내에 납세지 관할세무서장에게 이를 신고하여야 한다.
② 신고기한내 신고를 하지 아니한 경우에도 그 법인의 사업연도는 변경된다.
③ 신설법인은 최초 사업연도가 경과하기 전에는 사업연도를 변경할 수 없다.
④ 사업연도가 변경된 경우에는 종전의 사업연도 개시일부터 변경된 사업연도의 개시일 전일까지의 기간에 대하여는 이를 1사업연도로 한다.

11. 법인세법상 납세지에 관한 설명이다. 틀린 것은?

① 국내사업장 등이 둘 이상인 외국법인의 납세지는 원칙적으로 납세지 지정권자가 납세지를 지정한다.
② 납세지의 지정권자는 어떠한 경우에도 관할세무서장이 될 수 없다.
③ 원천징수한 법인세의 납세지는 해당 원천징수의무자가 법인인 경우 본점 또는 주사무소의 소재지로 한다.
④ 법인격이 없는 단체로서 주된 소득이 부동산소득인 경우에는 해당 부동산 소재지를 납세지로 한다.

12. 법인세법상 납세지에 관한 다음 설명 중 옳지 않은 것은?

① 원천징수한 법인세의 납세지는 원천징수의무자의 소재지로 한다.

② 납세지 변경신고가 없는 경우에는 종전의 납세지를 그 법인의 납세지로 한다.

③ 신고기한을 경과하여 납세지 변경신고를 한 경우에는 변경신고를 한 날로부터 변경된 납세지를 해당 법인의 납세지로 한다.

④ 납세지가 변경된 법인은 그 변경된 날부터 3개월 이내에 변경 후의 납세지 관할 세무서장에게 납세지 변경신고를 하여야 한다.

13. 다음 중 법인세에 대한 설명으로 가장 옳은 것은?

① 비영리 법인은 토지 등 양도소득에 대한 법인세 납세의무가 없다.

② 외국의 정부와 지방자치단체(지방자치단체조합 포함)는 비과세법인이므로 법인세의 납세의무가 없다.

③ 법인의 사업연도는 법령 또는 법인의 정관 등에서 정하는 1회계기간으로 하되, 그 기간은 1년을 초과하지 못한다.

④ 납세지변경신고서는 변경된 날로부터 3월 이내에 변경 후의 납세지 관할 세무서장에게 제출하여야 한다.

14. 다음 중 법인세법상 사업연도에 대한 설명으로 틀린 것은?

① 신설법인은 최초 사업연도가 경과하기 전에는 사업연도를 변경할 수 없다.

② 사업연도를 변경하려는 법인은 직전사업연도종료일부터 3개월 이내에 납세지 관할세무서장에게 신고하여야 한다.

③ 조직변경의 경우 사업연도개시일부터 조직변경일까지를 1사업연도로 본다.

④ 사업연도는 원칙적으로 그 기간이 1년을 초과할 수 없다.

15. 다음 중 법인세법상 납세의무와 사업연도에 관한 설명으로 옳지 않은 것은?

① 외국에서 주된 영업을 하는 영리법인은 국내에 본점이나 주사무소 또는 사업의 실질적 관리장소를 두고 있다 하더라도 내국법인으로 분류될 수 없다.

② 사업연도는 법령이나 법인의 정관 등에서 정하는 1회계기간으로 한다. 다만, 그 기간은 1년을 초과하지 못한다.

③ 사업연도를 변경하려는 법인은 그 법인의 직전 사업연도 종료일부터 3개월 이내에 납세지 관할 세무서장에게 신고하여야 한다.

④ 내국법인 중 국가와 지방자치단체는 그 소득에 대한 법인세를 납부할 의무가 없다.

주관식

01. 다음 자료에서 법인세법상 (㉠)에 들어갈 숫자는?

사업연도를 변경하려는 법인은 그 법인의 직전 사업연도 종료일부터 (㉠)개월 이내에 납세지 관할 세무서장에게 신고해야 한다.

02. 비영리내국법인 ㈜세무의 당기소득이 다음과 같다고 가정할 때, 법인세법상 법인세가 부과되는 소득의 합계액은 얼마인가?

1. 수익사업에서 발생한 소득 : 7천만원	2. 수익사업용 부동산의 양도차익 : 3천만원
3. 청산소득 : 5천만원	

03. 법인세법상 다음 ( ) 안에 들어갈 날짜는 무엇인가?

자진납부할 세액이 있고 사업연도가 20x1년 9월 30일로 종료하는 내국법인은 20x1년 ( )까지 법인세를 납부하여야 한다. (단, 성실신고 확인서를 제출해야 하는 법인은 아님)

연/습/문/제 답안

객관식

1	2	3	4	5	6	7	8	9	10	11	12	13	14	15
③	③	④	③	②	④	④	③	④	②	①	④	③	③	①

[풀이 - 객관식]

01. **외국 정부나 지방자치단체는 비영리외국법인**으로 분류한다.

02. ① 국가, 지방자치단체 등은 법인세납세의무가 없다.

③ 국내원천수익사업소득이 있는 외국법인은 법인세를 납부의무가 있다.

④ 비영리내국법인의 국내에서 발생하는 고유목적사업소득은 법인세 납세의무가 없다.

03. **국가 · 지방자치단체는 법인세 비과세법인**에 해당한다.

04. 폐업은 사업연도에 영향을 주지 않는다. 해산 · 합병 등의 경우에 비로소 사업연도가 달라진다.

05. ① 외국법인의 개시일은 국내사업장을 가지게 된 날로 함.

③ 사업연도는 1년을 초과할 수 없음.

④ **사업연도 종료일로부터 3월 이내에 변경신고**하여야 함.

07. 승인 신청일이 아닌 승인일이 사업연도 개시일이다.

08. 1/1(변경전 사업연도개시일)~4/30(변경 후 사업연도종료일), 5/1(변경 후 사업연도개시일)~7/1(해산등기일), 7/2(해산등기일 다음날)~10/1(잔여재산가액 확정일)

09. 신설법인은 최초 사업연도가 경과하기 전에는 사업연도를 변경할 수 없다.

10. 신고기한내에 신고를 하지 아니한 경우에는 그 법인의 사업연도는 변경되지 아니한 것으로 본다.

11. 국내사업장 등이 둘 이상인 외국법인의 납세지는 원칙적으로 외국법인이 납세지로서 신고하는 장소를 납세지로 한다.

12. **납세지 변경신고는 변경된 날로부터 15일 이내**에 하여야 한다.

13. ① 토지등 양도소득은 모든 법인(국가, 지방자치단체 제외)에 대해 법인세납세의무가 있다.

② 외국의 정부와 지방자치단체는 비영리외국법인으로 본다.

④ 납세지변경신고서는 **변경된 날로부터 15일 이내에 변경 후의 납세지 관할 세무서장**에게 제출하여야 한다.

14. 조직변경이란 주식회사가 유한회사로 변경하는 것과 같이 상법 및 기타 법령의 규정에 의하여 조직을 변경(변경전 · 후의 법인간의 동질성은 유지)하는 것을 말한다. 조직변경의 경우 종전사업연도가 계속되어 사업연도의제규정이 적용되지 않는다.
15. 외국에서 주된 영업을 하는 영리법인이라도 **<u>본점이나 주사무소 또는 사업의 실질적 관리장소가 국내에 있는 경우라면 내국법인으로 분류</u>**한다.

주관식

1	3	2	1억원	3	12월 31일

02. 비영리법인소득금액 = 수익사업소득(0.7억) + 수익사업용 부동산 양도차익(0.3억) = 1억
비영리법인에 대해서 청산소득은 과세하지 않는다.

Chapter 2

법인세의 계산구조

로그인 세무회계 2급

	결산서상당기순이익	
+	익금산입 · 손금불산입	⇨ 가산조정 ┐ 세무조정
−	손금산입 · 익금불산입	⇨ 차감조정 ┘
+	기부금한도초과액	
=	각사업연도소득	
− − −	이월결손금 비과세소득 소득공제	⇨ 당해 사업연도 개시일 전(15년, 10년, 5년) 발생한 세무상의 결손금
=	과세표준	
×	세율	⇨ 9%, 19%, 21%, 24%
=	산출세액	
−	세액감면	
−	세액공제	
+	가산세및추가납부세액	
=	총부담세액	
−	기납부세액	⇨ 중간예납세액, 원천징수세액, 수시부과세액
=	차감납부세액	

제1절 세무조정

각 사업연도의 소득은 익금총액에서 손금총액을 공제한 것이다. 손금총액이 익금총액을 초과하는 경우에는 그 초과하는 금액을 각 사업연도의 **결손금**(이것을 "기업회계상 결손금"과 구별하여 "세무회계상 결손금"이라고 부른다)이라고 한다.

	결 산 서	
	수	익
-	비	용
	당 기 순 이 익	

	법인세법의 소득금액 계산	
	익	금
-	손	금
	각 사 업 연 도 소 득	

이처럼 **결산서상 당기순이익과 법인세법에 따른 각 사업연도의 소득금액 사이의 차이를 조정하는 과정, 즉 당기순이익에서 출발하여 각 사업연도의 소득금액에 산출하는 과정을 '세무조정'** 이라고 한다.

1. 세무조정의 방법 

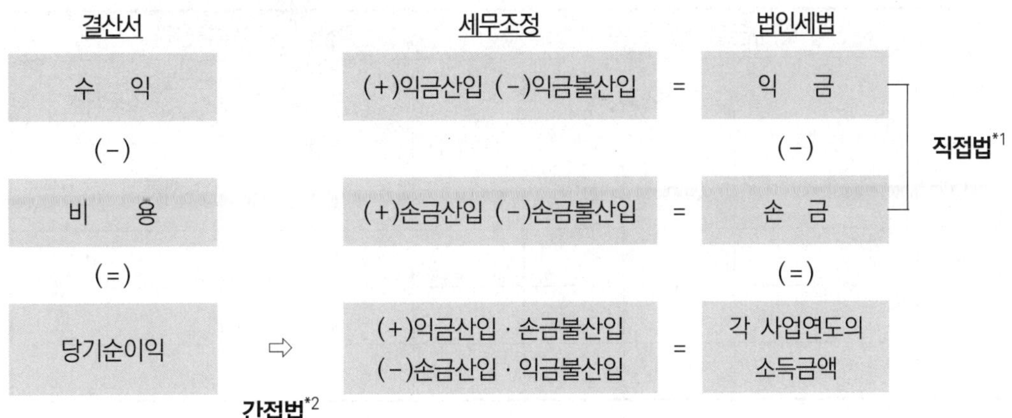

*1. 직접법 : 익금총액에서 손금총액을 차감하여 계산하는 방법을 직접법이라 한다. 그러나 기업에서는 100개의 거래 중 95개 이상이 법인세법과 기업회계가 일치한다.

*2. 간접법 : 결산서상 당기순이익에서 출발하여 기업회계와 법인세법의 차이내용을 조정하는 것을 간접법이라 한다.

따라서 기업은 간접법에 따라 평소에는 기업회계기준대로 당기순이익을 산출하고 연말 법인세 계산시 세무조정을 통하여 각사업연도소득금액을 산출한다.

익금산입과 손금불산입은 모두 소득금액에 가산하는 세무조정이라는 점에서 일치하며 양자의 구별은 중요하지 않다. 그리하여 이들을 **가산조정**이라 하고, 손금산입과 익금불산입은 **차감조정**이라 한다.

이러한 **세무조정사항은 '소득금액조정합계표'**에 표시되며, 이러한 조정사항은 '법인세 과세표준 및 세액조정계산서'에 기재된다.

구분		
가산조정	익금산입	회계상 수익으로 계상되어 있지 않지만 법인세법상 익금에 해당하는 것
	손금불산입	회계상 비용으로 계상되어 있지만 법인세법상 손금에 해당하지 않는 것
차감조정	손금산입	회계상 비용으로 계상되어 있지 않지만 법인세법상 손금에 해당하는 것
	익금불산입	회계상 수익으로 계상되어 있지만 법인세법상 익금에 해당하지 않는 것

[별지 제15호 서식] (앞쪽)

사업연도	소득금액조정합계표		법인명
사업자등록번호		법인등록번호	

익금산입 및 손금불산입				손금산입 및 익금불산입			
①과목	②금액	③소득처분		④과목	⑤금액	⑥소득처분	
		처분	코드			처분	코드

2. 세무조정의 주체

신고	법　인
결정 · 경정하는 경우	과세관청

☞ 결정 : 법인이 무신고시 과세관청이 납세의무를 확정하는 것
경정 : 법인이 신고한 금액에 오류가 있어 과세관청이 재확정하는 것

3. 결산조정과 신고조정

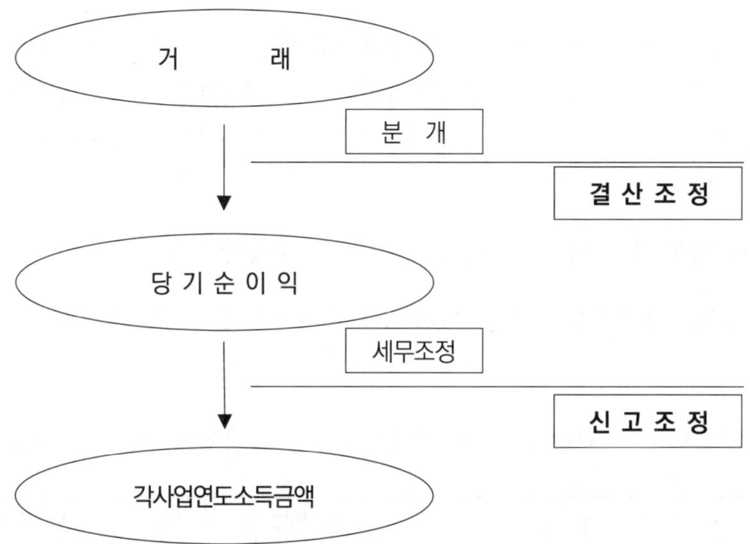

(1) 신고조정

① 정의 : 결산서에 과소계상된 경우에 반드시 신고조정을 하여야 하는 익금 · 손금항목을 말한다. 즉 **귀속시기가 강제된 사항으로서 회사의 객관적인 외부거래로 인해 반드시 익금 또는 손금에 산입되어야 하는 사항**들을 말한다.

② 대상 : **결산조정사항 이외의 모든 외부거래**를 말한다.

③ 사례

직원의 급여가 20,000원 발생하였는데, 결산서에 다음과 같이 반영했다고 가정하자.

	결산서	법인세법	세무조정
인건비 (급여)	20,000원	20,000원	없음
	15,000원	**20,000원**	**손금산입 5,000원**
	25,000원	**20,000원**	**손금불산입 5,000원**

결산서에 과소(과대)계상한 경우에는 **반드시 세무조정을 통해서 각사업연도소득금액에 반영하는 것을 신고조정사항**이라 한다.

(2) 결산조정

① 정의 : 결산서에 비용으로 계상 시에만 손금으로 인정되는 항목으로서 결산서에 과소계상된 경우에 신고조정을 할 수 없는 손금항목을 말한다. 즉 **귀속시기를 선택할 수 있는 사항**으로서 회사의 내부거래로 손금산입여부가 법인 자신의 의사에 맡겨져 있는 사항들(감가상각비, 퇴직급여충당금, 대손충당금 등)을 말한다.

② 대상 : **손금항목 중 일정 열거항목(감가상각비, 대손충당금 등)**

☞ **법인세법은 현금지출이 없는 손금항목에 대해서 일정한 한도가 있다.**

③ 사례

감가상각비 손금한도가 20,000원인데, 결산서에 다음과 같이 반영했다고 가정하자.

	결산서	법인세법	세무조정
감가상각비	20,000원	20,000원	없음
	15,000원	**20,000원**	**없음**
	25,000원	**20,000원**	**손금불산입 5,000원**

결산서에 과소계상한 경우에는 손금산입할 수 없지만 과대계상한 경우에는 반드시 세무조정을 통해서 각사업년도소득금액에 반영하는 것을 결산조정사항이라 한다.

④ 결산조정사항 

결산조정사항은 법인세법을 공부하고 다시 보시면 정확히 이해하실 것입니다.

구분	내용	비고
자산의 상각	**고정자산의 감가상각비**	※ 예외적으로 국제회계적용기준 적용법인은 신고조정도 허용
충당금	**대손충당금, 퇴직급여충당금**	※ 퇴직연금부담금의 손금산입은 신고조정도 허용
	일시상각충당금 (또는 압축기장충당금)	※ 본래 결산조정사항이나 **신고조정도 허용** ☞ 기업회계기준에서 비용이 불인정되므로, 신고조정 허용
준비금	법인세법상 준비금	※ 예외적으로 고유목적사업준비금은 잉여금처분에 의한 신고조정도 허용된다.
	조특법상 준비금 등	※ 잉여금처분에 의한 신고조정도 허용된다. ☞ 기업회계기준에서 비용으로 불인정되므로, 신고조정 허용
자산의 감액손실등	**재고자산, 고정자산 및 주식 등의 감액손실**	
	대손금	**※ 소멸시효완성분 등 일정한 대손금은 신고조정사항이다.**

〈결산조정과 신고조정〉

구분	결산조정	신고조정
특징	**내부거래(현금지출없는)**	**외부거래**
손금산입방법	**귀속시기 선택**	**귀속시기 강제**
	결산서에 비용으로 계상하여야만 손금인정	① **장부에 비용계상하거나** ② **세무조정을 통하여 손금산입하는 경우 모두 인정**
신고기한 후 경정청구 (수정신고) 가능 여부	경정청구(수정신고)대상에서 제외 ☞ 기업의 임의선택사항이기 때문에 추후 수정신고 불인정	경정청구(수정신고)대상
추후손금 인정 여부	추후 결산상 비용으로 계상하면 손금인정됨.	결산상 비용 또는 세무조정도 누락시 이후 사업연도의 손금으로 인정되지 아니함. 따라서 해당연도에 경정청구(수정신고)를 하여야 함.

☞ 수정신고 : 신고한 과세표준과 세액이 세법에 의하여 신고하여야 할 과세표준과 세액에 미달하는 때에 (과소신고) 납세의무자가 스스로 고쳐 정당한 과세표준과 세액을 신고하는 것

☞ 경정청구 : 신고한 과세표준과 세액이 세법에 의하여 신고하여야 할 과세표준과 세액에 과대신고(과소환급)한 경우 과세관청으로 하여금 이를 정정하도록 촉구하는 납세의무자의 청구를 말한다.

제2절 소득처분

기업은 결산 후 주주총회의 의결에 의하여 **이익처분이라는 절차를 거쳐 주주에게 배당을 하거나 회사 내에 이익금(이익준비금이나 적립금)을 유보**시킨다. 법인세법도 마찬가지로 각 사업연도의 소득에 대하여도 그 귀속이 확인되어야 한다.

하지만 이미 결산서상의 당기순이익은 주주총회의 결의에 의하여 귀속이 결정되었는바, 당기순이익과 각사업연도의 소득의 차이인 세무조정금액의 귀속만을 추가적으로 확인하면 된다.

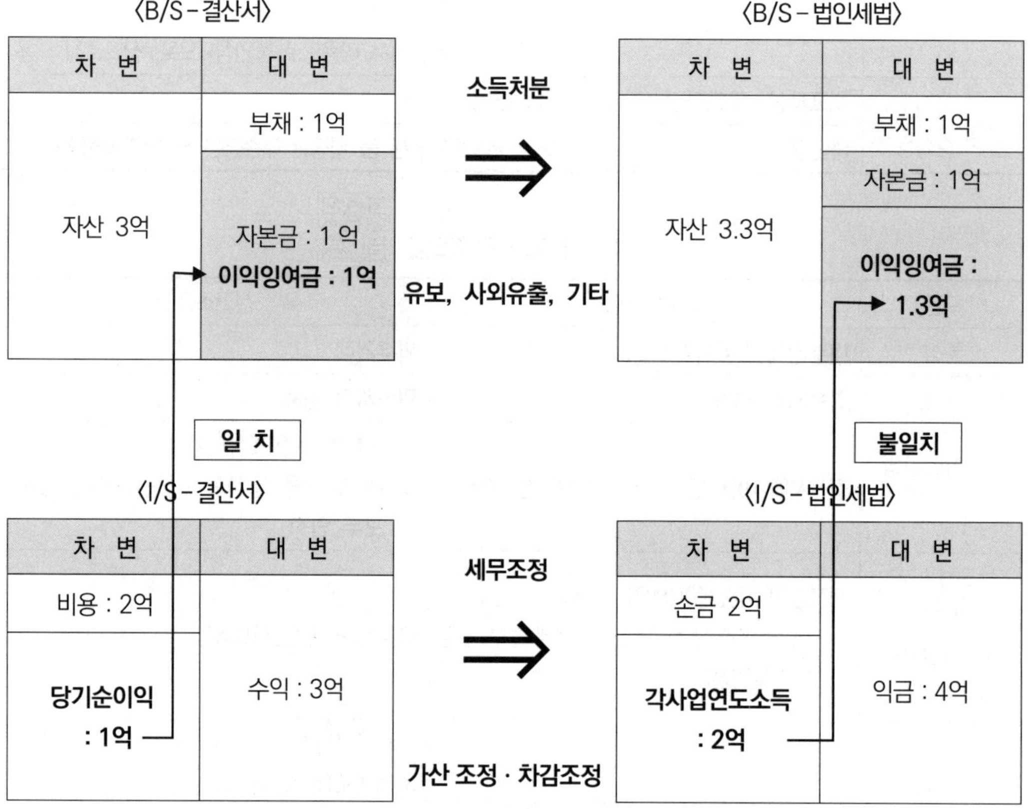

결산서의 당기순이익 1억과 법인세법상의 각 사업연도 소득 2억간의 차이는 1억이다. 그런데 0.3억만 법인세법상의 자본에 반영되고, 0.7억은 반영되지 않았다.

즉 **세무조정은 과세소득을 산출하는 과정이고, 소득처분은 회계상 자본과 세무상 자본의 차이 내역을 규명하는 것**이다.

1. 소득처분의 유형

법인세법상 소득처분도 상법상의 이익처분과 유사하게 사외유출과 유보(또는 △유보)로 크게 나누어진다. 세무조정금액이 **사외에 유출된 것이 분명한 경우에는 사외유출로 처분하고, 사외에 유출되지 않은 경우에는 유보(또는 △유보), 기타로 처분한다.**

구 분	기업 외부의 자에게 귀속된 경우	기업 내부에 남아있는 경우	
		결산서상 자본≠세무상 자본	결산서상 자본=세무상 자본
익금산입(손금불산입) 손금산입(익금불산입)	사외유출 –	**유 보** **△유 보**	**기타(또는 잉여금)** **기타(또는 △잉여금)**

2. 유보(또는 △유보)

(1) 유보의 개념

"유보(또는 △유보)"란 가산조정(익금산입 · 손금불산입) 또는 차감조정(손금산입 · 익금불산입)한 세무조정금액의 효과가 사외로 유출되지 않고 사내에 남아 있는 것으로 인정하는 처분이다. 즉, 그 금액만큼 당기순이익에 비해 각사업연도소득이 증가(또는 감소)될 뿐 아니라, 결산서상 자본에 비해 세무회계상 자본이 증가(또는 감소)된 것으로 인정하는 처분을 말한다.

따라서 유보란 회계상 순자산(=자본)과 법인세법상 순자산의 차이를 말한다.

그러면 유보에 대해서 예를 들어보기로 하자.

3기에 ㈜무궁은 토지를 1,000원에 매입하고 취득세 20원을 지출하였다. 그리고 다음과 같이 회계처리하였다.

(차) 토 지	1,000원	(대) 현 금	1,020원
세금과공과금	20원		

이러한 회계처리는 기업회계기준에도 위배되고 법인세법에도 위배되는 회계처리이다. 회계나 세법이나 토지의 취득가액은 1,020원이 되어야 한다.

이에 대해서 회계상 재무제표와 세무상 재무제표를 비교하면 다음과 같다.

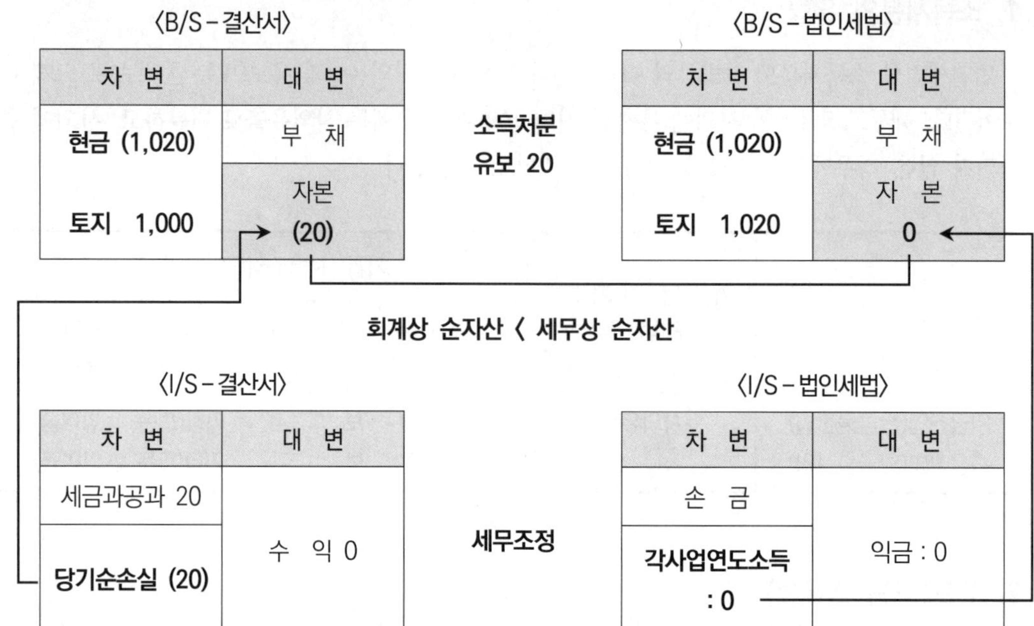

따라서 지금 회계상 토지의 장부가액은 1,000원이나 세무상 토지의 장부가액은 1,020원이므로 **소득처분은 유보가 되어야 한다.**

이에 대해서 세무조정을 하는 방법을 이해하자. 

구분	차변		대변	
1 회계상분개	(차) 토 지 세금과공과	1,000 20	(대) 현 금	1,020
2 세무상분개	(차) 토 지	1,020	(대) 현 금	1020
3 수정분개 (2－1)	**회계상 분개를 세무상 분개로 바꾸기 위한 분개를 수정분개라 할 수 있다.**			
	(차) 토 지	20	(대) 세금과공과	20
	자산증가	20	비용감소	20
⇩	⇩		⇩	
	토 지	20유보	손금불산입(세금과공과)	20
세무조정	〈손금불산입〉 토지*1 20(유보)			

*1. 세무조정시 계정과목은 주로 자산, 부채, 자본의 계정과목을 쓴다.
<u>모든 세무조정은 이러한 수정분개로 인식하셔서 연습하면 된다.</u>

수정분개를 통해서 세무조정이 어느 정도 숙달되면, 수정분개없이 바로 세무조정을 할 수 있게 됩니다.

4기에 (주)무궁은 토지를 1,300원에 처분하고 다음과 같이 회계처리하였다.

(차) 현 금	1,300원	(대) 토 지	1,000원
		유형자산처분이익	300원

회계상 토지의 장부가액은 1,000원이지만 세무상 토지의 장부가액(유보 20원 포함)은 1,020원으로서 세무상 유형자산처분이익이 280원이 되어야 한다.

이에 대해서 회계상 재무제표와 세무상 재무제표를 비교하면 다음과 같다.

〈B/S – 결산서〉

차 변	대 변
현금 280	부채
토지 0	자본 (–20+300) 280

소득처분

△유보 20

〈B/S – 법인세법〉

차 변	대 변
현금 280	부채
토지 0	자본 280

회계상 순자산 = 세무상 순자산(유보추인 후 동일해진다)

〈I/S – 결산서〉

차 변	대 변
비용 0	수 익 300
당기순이익 300	

세무조정

차감조정 –20

〈I/S – 법인세법〉

차 변	대 변
손금 : 0	익금 : 280
각사업연도소득 : 280	

이에 대해서 세무조정을 해보자. 

구분	차변		대변	
① 회계상분개	(차) 현 금	1,300	(대) 토 지	1,000
			유형지산처분익	300
② 세무상분개	(차) 현 금	1,300	(대) 토 지	1,020
			유형자산처분익	280
③ 수정분개 (②–①)	**회계상분개를 세무상분개를 바꾸는 수정분개를 하면 다음과 같다**			
	(차) 유형자산처분익	20	(대) 토 지	20
⇩	수익감소	20	자산감소	20
	⇩		⇩	
	익금불산입	20	토 지	**20 △유보**
세무조정	**〈익금불산입〉 토지 20(△유보)**			

(2) 유보의 추인

당기의 유보가 미래에 △유보로 조정되거나 당기의 △유보가 미래에 유보로 자동 조정되는 것을 말한다. 세무조정은 회계상 분개와 세법상의 분개를 비교하여 하는 것이 원칙이지만 유보의 추인 개념을 이해할 경우 **유보가 추인되는 시점에 이전 세무조정과 반대의 세무조정만 하면 되므로 유보의 추인개념을 이해**하면 손쉽게 세무조정을 할 수 있다.

자산은 미래의 비용(또는 수익의 감소)이고 부채는 미래의 수익(또는 비용의 감소)으로 이해할 수 있다.

만약 세법상 자산이 회계상 장부보다 더 많다면, 각사업연도 소득도 많겠지만, 미래에 세법상 자산이 소멸하는 경우에는 더 많은 비용이 인식되어 각사업연도 소득이 작아지게 된다. **즉, 지금의 유보가 미래에 자산이 소멸하는 시점에 차감조정의 △유보의 소득처분을 유발하게 되는 것이다.**

(3) 유보금액의 관리

이러한 유보는 차기 이후의 반대의 세무조정을 위하여 잘 관리하여야 하는데, 유보의 관리는 **'자본금과 적립금조정명세서(을)'에서 유보의 잔액을 관리하고, 세무상 자기자본은 '자본금과 적립금조정명세서(갑)'표에서 관리**된다.

이러한 자본금과 적립금조정명세서는 추후 논의하기로 하자.

<예제 2 - 1> 유보(△유보)

㈜ 무궁의 다음 자료를 이용하여 **세무상분개 및 수정분개**를 통하여 세무조정을 행하시오.

1 - 1. X1년 비품을 1,000원에 현금 취득하였다. 기말에 감가상각비를 100원 계상하였다. (세법상 감가상각비 한도 : 80원이라 가정하자.)

☞ 감가상각비는 결산조정항목으로서 세법은 현금지출이 없는 내부거래(감가상각비, 대손충당금 등)에 대해서 일정한 한도가 있다.

<table>
<tr><td>1.회계상분개</td><td>(차) 비 품
감가상각비</td><td>1,000
100</td><td>(대) 현 금
누계액</td><td>1,000
100</td></tr>
<tr><td>2.세무상분개</td><td colspan="2">(차)</td><td colspan="2">(대)</td></tr>
<tr><td>3. 수정분개
(2－1)</td><td colspan="2">(차)</td><td colspan="2">(대)</td></tr>
<tr><td rowspan="3">⇩</td><td colspan="2"></td><td colspan="2"></td></tr>
<tr><td colspan="2">⇩</td><td colspan="2">⇩</td></tr>
<tr><td colspan="2"></td><td colspan="2"></td></tr>
<tr><td>세무조정</td><td colspan="4"></td></tr>
</table>

1 - 2. X2년 상기 비품을 950원에 현금 매각하였다.

<table>
<tr><td>1.회계상분개</td><td>(차) 누계액
현 금</td><td>100
950</td><td>(대) 비 품
처분익</td><td>1,000
50</td></tr>
<tr><td>2.세무상분개</td><td colspan="2">(차)</td><td colspan="2">(대)</td></tr>
<tr><td>3. 수정분개
(2－1)</td><td colspan="2">(치)</td><td colspan="2">(대)</td></tr>
<tr><td rowspan="3">⇩</td><td colspan="2"></td><td colspan="2"></td></tr>
<tr><td colspan="2">⇩</td><td colspan="2">⇩</td></tr>
<tr><td colspan="2"></td><td colspan="2"></td></tr>
<tr><td>세무조정</td><td colspan="4"></td></tr>
</table>

2. ×1년 100원의 외상매출을 하였는데, 회계처리를 하지 않고, ×2년에 회계처리를 하였다.

☞ 수익항목은 신고조정항목으로 세무조정을 행해야 한다.

(×1년도)

1.회계상분개	회계처리 안함.	
2.세무상분개	(차)	(대)
3. 수정분개	(차)	(대)
⇩		
	⇩	⇩
세무조정		

(×2년도)

1.회계상분개	(차) 외상매출금 100	(대) 매 출 100
2.세무상분개	(차)	(대)
3. 수정분개	(차)	(대)
⇩	유보의 추인으로 풀어보십시오.	
세무조정		

3. ×1년 500원의 어음(만기는 ×2년)으로 기부를 했다.

☞ 기부금은 신고조정항목으로 법인세법상 귀속시기는 현금주의로 규정하고 있다.

(×1년도)

1.회계상분개	(차) 기부금 500	(대) 미지급금 500
2.세무상분개	(차)	(대)
3. 수정분개	(차)	(대)
⇩		
	⇩	⇩
세무조정		

(×2년도)

1.회계상분개	(차) 미지급금 500	(대) 현 금 500
2.세무상분개	(차)	(대)
3. 수정분개	(차)	(대)
⇩	유보의 추인으로 풀어보십시오.	
세무조정		

해답

1-1. 감가상각비

1.회계상분개	(차) 비 품 1,000 감가상각비 100	(대) 현 금 1,000 누계액 100
2.세무상분개	(차) 비 품 1,000 감가상각비 80	(대) 현 금 1,000 누계액 80
3. 수정분개	(차) 누계액(비품) 20	(대) 감가상각비 20
⇩	자산증가 20 유보	비용감소 20
	⇩	⇩
	비품 20 유보	손금불산입 20
세무조정	**〈손금불산입〉 감가상각비(비품) 20(유보)**	

1-2. 감가상각비(유보추인)

1.회계상분개	(차) 누계액 100 현 금 950	(대) 비 품 1,000 유형자산처분익 50
2.세무상분개	(차) 누계액 80 현 금 950	(대) 비 품 1,000 유형자산처분익 30
3. 수정분개	(차) 처분이익 20	(대) 누계액(비품) 20
⇩	수익감소 20	자산감소 20
	⇩	⇩
	〈익금불산입〉 20	비 품 20△ 유보
세무조정	**〈익금불산입〉 감가상각비(비품) 20(△유보)**	

2. 외상매출누락(X1년도)

1.회계상분개	회계처리 안함.						
2.세무상분개	(차)	외상매출금	100	(대)	매 출		100
3. 수정분개	(차)	외상매출금	100	(대)	매 출		100
⇩		자산증가	100 유보		수익증가		100
		⇩			⇩		
		외상매출금	100 유보		익금산입		100
세무조정	〈익금산입〉 외상매출금 100(유보)						

– 매출누락추인(X2년도)

1.회계상분개	(차)	외상매출금	100	(대)	매 출	100
2.세무상분개	회계처리 없음.					
3. 수정분개	(차)	매 출	100	(대)	외상매출금	100
⇩	유보의 추인으로 풀어보십시오.					
세무조정	**〈익금불산입〉 외상매출금 100(△유보)**					

3. 어음지급기부금 (X1년도)

1.회계상분개	(차)	기부금	500	(대)	미지급금	500
2.세무상분개	기부금은 현금주의이다.					
3. 수정분개	(차)	미지급금	500	(대)	기부금	500
⇩		부채감소	500 유보		비용감소	500
		⇩			⇩	
		미지급금	500 유보		손금불산입	500
세무조정	**〈손금불산입〉 어음지급기부금 500(유보)**					

– 어음지급기부금 추인(X2년도)

1.회계상분개	(차)	미지급금	500	(대)	현 금	500
2.세무상분개	(차)	기부금	500	(대)	현 금	500
3. 수정분개	(차)	기부금	500	(대)	미지급금	500
⇩	유보의 추인으로 풀어보십시오.					
세무조정	**〈손금산입〉 전기어음지급기부금 500(△유보)**					

〈유보 요약〉 

<table>
<tr><th>세무조정</th><th>순자산가액 차이</th><th>소득처분</th><th>유보추인</th></tr>
<tr><td rowspan="2">가산조정
(익금산입 · 손금불산입)</td><td>회계상 순자산<세무상순자산</td><td rowspan="2">유보</td><td rowspan="3">자산 · 부채가
소멸되는 시점에
반대의 세무조정을
하면 된다.</td></tr>
<tr><td>회계상 자산<세무상 자산
회계상 부채>세무상 부채</td></tr>
<tr><td>차감조정
(익금불산입 · 손금산입)</td><td>회계상 순자산>세무상순자산</td><td>△유보</td></tr>
</table>

가산조정을 익금산입 또는 손금불산입으로 표현해도 같은 표현이다.
차감조정도 또한 마찬가지이다.

3. 기타

기타는 가산조정 또는 차감조정된 세무조정사항의 효과가 사내에 남아있으나, 그럼에도 불구하고 **결산서상의 자산·부채가 적정하다고 인정하는 처분**이다.

이 경우에는 사외유출이 일어나지 않았기 때문에 귀속자에 대한 납세의무도 유발되지 않는다. 그러므로 결산서상의 자산·부채가 왜곡되지 않았기 때문에 차기 이후에 반대의 세무조정도 유발되지 않는다.

결국 **회계 또는 세법 중 한쪽은 순자산의 변화를 손익거래(손익의 변화)로 인식하고 한쪽은 자본거래(자본의 변화)로 인식함으로써 발생하는 차이로서 영구적차이로 자산·부채의 차이가 발생하지 않으므로 자본의 차이를 유발하지 않는다.**

그러면 기타에 대해서 예를 들어보기로 하자.

3기에 ㈜무궁은 자기주식(장부가액 1,000원)을 1,200원에 현금처분하고 다음과 같이 회계처리하였다.

(차) 현 금	1,200원	(대) 자기주식	1,000원
		자기주식처분익(자본잉여금)	200원

그러나 법인세법상 자기주식처분이익은 익금에 해당한다.

이에 대해서 회계상 재무제표와 세무상 재무제표를 비교하면 다음과 같다.

〈B/S－결산서〉

차 변	대 변
현금 1,200	부채
	자본 1,200

소득처분

〈B/S－법인세법〉

차 변	대 변
현금 1,200	부채
	자본(1,000+200) 1,200

회계상 자본과 세무상 자본 동일

〈I/S－결산서〉

차 변	대 변
비용 0	수 익 0
당기순이익 0	

가산조정+200
세무조정

〈I/S－법인세법〉

차 변	대 변
손금 : 0	익금 : 200
각사업연도소득 : 200	

자기주식처분이익은 법인세법상 익금에 해당함에도 불구하고 회사는 회계상 수익으로 인식하지 않았기 때문에 그 금액을 익금산입하여야 한다.

그러나 회계적으로 바로 자본을 증가시켰기 때문에 **회계상과 세법상 자본은 동일**하므로 소득처분을 '기타'로 처분하여야 한다.

이에 대해서 세무조정을 하는 방법을 이해하자. 

구분	차변		대변	
1.회계상분개 (자본거래로 인식)	(차) 현 금	1,200	(대) 자기주식 자기주식처분익(자본)	1,000 200
2.세무상분개 (손익거래로 인식)	(차) 현 금	1,200	(대) 자기주식 익금(자기주식처분익)	1,000 200
3.수정분개	(차) 자기주식처분이익 (자본잉여금)	200	(대) 익 금	200
	잉여금감소	200	수익증가	200
⇩	⇩		⇩	
	잉여금(기타)	200	익금산입	200
세무조정	**〈익금산입〉 자기주식처분익 200(기타)**			

기타는 가산조정이나 차감조정에서 모두 발생한다.

<예제 2 - 2> 기타

㈜ 무궁은 국세환급가산금 100원을 현금수령하고 다음과 같이 회계처리하였다.
세무상분개 및 수정분개를 통하여 세무조정을 행하시오.

☞ 국세환급금가산금 : 납세의무자가 납부한 금액 중 과오납금이 있거나 세법에 따라 환급하여야 할 환급세액이 있을 때 이런 반환되어야 할 금액을 국세환급금이라 한다. 국세환급금가산금이란 국세환급금에 붙이는 이자로서 국가가 납세의무자에게 지연에 따른 보상이자로 보면 된다.
따라서 법인세법에서는 이러한 국세환급가산금(지방세의 경우 지방세 환부이자라고 표현함.)은 익금불산입사항으로 보고 있다.

1.회계상분개 (손익거래)	(차) 현 금 100	(대) 잡이익 100
2.세무상분개 (자본거래)	(차)	(대)
3.수정분개	(차)	(대)
⇩		
	⇩	⇩
세무조정		

해답

1.회계상분개 (손익거래)	(차) 현 금 100	(대) 잡이익 100
2.세무상분개 (자본거래)	(차) 현 금 100	(대) 잉여금 100
3.수정분개	(차) 잡이익 100	(대) 잉여금 100
⇩	수익감소 100	잉여금증가 100
	⇩	⇩
	익금불산입 100	잉여금(기타) 100
세무조정	**〈익금불산입〉 국세환급가산금 100(기타)**	

4. 사외유출

"사외유출"이란 **가산조정(익금산입 · 손금불산입)한 금액이 기업 외부의 자에게 귀속된 것으로 인정하는 처분**이다. **차감조정에서는 사외유출이라는 소득처분이 있을 수 없다.** 이 경우에는 그 귀속자에게 당해 법인의 이익이 분여된 것이므로 그 귀속자에게 소득세 또는 법인세의 납세의무가 유발된다.

회사의 **순자산감소(비용)로 회계처리하였으나 부당한 유출로 판단하여 세법은 손금으로 인정하지 않는 경우에 발생하는 것**으로서, **세법은 이러한 순자산감소(비용)를 자본거래**로 인식하는 경우에 발생한다. 이 경우에도 회계상 자본과 세무상 자본의 차이가 발생하지 않는다.

그러면 사외유출에 대해서 예를 들어보기로 하자.

3기에 ㈜무궁은 주주의 개인차량에 1,000원의 휘발유를 주유하고 회계상 비용으로 처리하였다.

(차) 차량유지비 1,000원 (대) 현 금 1,000원

그러나 법인세법에서는 사업과 관련없는 지출에 대해서 비용으로 인정되지 않는다.

이에 대해서 회계상 재무제표와 세무상 재무제표를 비교하면 다음과 같다.

〈B/S - 결산서〉

차 변	대 변
현금 (1,000)	부채
	자본 (1,000)

소득처분

사외유출 1,000

〈B/S - 법인세법〉

차 변	대 변
현금 (1,000)	부채
	자본 (1,000)

회계상 자본과 세무상 자본 동일

〈I/S - 결산서〉

차 변	대 변
비용 1,000	수익 0
당기순손실(1,000)	

세무조정

가산조정 + 1,000

〈I/S - 법인세법〉

차 변	대 변
손금 : 0	익금 : 0
각사업연도소득 : +0	

이러한 회사의 자산이 주주에게 부당한 유출이 되었으므로 주주에게는 소득세를 부담하게 한다.

그리고 회계적으로도 자본을 감소시켰기 때문에 **회계상자본과 세법상 자본은 동일**하므로 소득처분을 '사외유출'로 처분하여야 한다.

이에 대해서 세무조정을 하는 방법을 이해하자.

구분	차변	금액	대변	금액
1.회계상분개 (손익거래로 인식)	(차) 차량유지비	1,000	(대) 현 금	1,000
2.세무상분개 (자본거래로 인식)	(차) 잉 여 금	1,000	(대) 현 금	1,000
3.수정분개	(차) 잉여금	1,000	(대) 차량유지비	1,000
⇩	잉여금의 부당한 감소		비용감소	1,000
	⇩		⇩	
	사외유출	1,000	손금불산입	1,000
세무조정	**〈손금불산입〉 주주의 차량유지비 1,000(사외유출)**			

이러한 **사외유출은 귀속자에 따라 소득처분이 달라진다.** 

(1) 귀속자가 분명한 경우

귀 속 자	소 득 처 분	귀속자에 대한 과세	당해 법인의 원천징수의무
(1) 주주 등	**배당**	소득세법상 배당소득	○
(2) 임원 또는 사용인	**상여**	소득세법상 근로소득	○
(3) 법인 또는 사업자	**기타사외유출**	이미 각사업연도소득 또는 사업소득에 포함되어 있으므로 추가적인 과세는 없음	×
(4) 그 외의 자	**기타소득**	소득세법상 기타소득	○
(5) 중복되는 경우 ① **주주+법인** ② **주주+임원(출자임원)**	 **기타사외유출** **상여**	☞ 배당소득세율(14%) 보다 근로소득세율(최고세율 42%)이 높으므로 상여처분	

(2) <u>**사외유출된것은 분명하나 귀속자가 불분명한 경우**</u>

귀속자를 밝히도록 강제하기 위하여 **대표자에 대한 상여로 처분**한다.

(3) 추계의 경우

<u>추계에 의해 결정된 과세표준과 결산서상 법인세비용차감전순이익과의 차액도 대표자에 대한 상여로 처분한다.</u> 다만, 천재·지변 기타 불가항력으로 장부 기타 증빙서류가 멸실되어 추계 결정하는 경우에는 기타사외유출로 처분한다.

☞ 추계 : 소득금액을 계산할 때에 필요한 장부나 증명서류가 없는 경우 등 일정한 사유에 대해서 과세표준과 세액을 추정해서 계산하는 것을 말한다.

(4) <u>반드시 기타사외유출로 처분하여야 하는 경우</u>

다음에 해당하는 항목은 귀속자를 묻지 않고 반드시 기타사외유출로 처분하여야 한다. 그 취지는 그 성격상 실질귀속자를 밝히기 어려운 점등을 감안하여 사후 관리의무를 면제하기 위한 배려이다.

① 임대보증금 등의 간주익금
② 업무용승용차 임차료 중 감가상각비상당액 한도초과액과 업무용승용차의 처분손실 한도초과액
③ 기업업무추진비의 손금불산입액[건당 3만원 초과 영수증 기업업무추진비, 기업업무추진비 한도초과액의 손금불산입액]
④ 기부금의 손금산입한도액을 초과하여 익금에 산입한 금액
⑤ 손금불산입한 채권자 불분명 사채이자 및 비실명 채권·증권이자에 대한 원천징수세액 상당액
⑥ 업무무관자산 등 관련 차입금 이자
⑦ 사외유출된 금액의 귀속이 불분명하여 대표자에 대한 상여로 처분한 경우 당해 법인이 그 처분에 따른 소득세 등을 대납하고 이를 손비로 계상하거나 그 대표자와의 특수관계가 소멸될 때까지 회수하지 않음에 따라 익금에 산입한 금액

〈유보, 사외유출과 기타의 비교〉

결산서	법인세법	세무조정
(차) 비용 XX (대) 현금 XX **(손익거래)**	(차) 자산 XX (대) 현금 XX **(손익거래)** **☞ 자산은 미래의 손금이다.**	**〈손금불산입〉 유보** **⇒ 시점의 차이**
(차) 비용 XX (대) 현금 XX **(손익거래)**	(차) 잉여금 XX (대) 현금 XX **(자본거래+부당한 유출)**	**〈손금불산입〉 사외유출**
(차) 비용 XX (대) 현금 XX (손익거래)	(차) 잉여금 XX (대) 현금 XX (자본거래)	〈손금불산입〉 기타

결산서	법인세법	세무조정
(차) 자본 XX (대) 현금 XX (자본거래)	(차) 손금 XX (대) 현금 XX (손익거래)	〈손금산입〉 기타
(차) 현금 XX (대) 수익 XX (손익거래)	(차) 현금 XX (대) 자본 XX (자본거래)	〈익금불산입〉 기타
(차) 현금 XX (대) 자본 XX (자본거래)	(차) 현금 XX (대) 익금 XX (손익거래)	〈익금산입〉 기타

위에서 설명한 세무조정과 소득처분은 세무조정계산서에서는 '소득금액조정합계표'에 요약되어 나타나게 된다.

익금산입 및 손금불산입			손금산입 및 익금불산입		
①과목	②금액	③처분	④과목	⑤금액	⑥처분

자산,부채,자본의 계정과목을 적거나 이해하기 쉬운 것을 적으시면 됩니다.

<예제 2 - 3> 소득금액조정합계표

㈜ 무궁의 다음 자료를 보고 소득금액조정합계표를 작성하시오.

1. 손익계산서에 계상된 비용에 대해서 법인세법상 한도초과액은 다음과 같다.

	법인세법상 한도초과액
출자임원에게 지급한 상여금	1,000,000
감가상각비	1,200,000
기업업무추진비	1,400,000
대손충당금	1,600,000

2. 손익계산서상 수선비 중에는 대표이사의 별장 수선비가 2,000,000원이 있다.

3. 주주로부터 채무를 면제받았는데, 다음과 같이 회계처리하였다.

   (차) 차입금 3,000,000원 (대) 기타자본잉여금 3,000,000원

   ☞ 채무면제이익과 자산수증이익은 원칙적으로 법인세법상 익금에 해당한다.

4. 법인세비용은 4,000,000원이 있다.

해답

〈1-1. 임원상여금 한도초과〉							
1.회계상분개	(차)	상 여 금	1,000,000	(대)	현 금	1,000,000
2.세무상분개	(차)	잉 여 금	1,000,000	(대)	현 금	1,000,000
3.수정분개	**(차)**	**잉 여 금**	**1,000,000**	**(대)**	**상 여 금**	**1,000,000**
⇩		잉여금 감소(부당)	1,000,000		비용감소(손금불산입)	1,000,000
세무조정	**〈손금불산입〉 임원상여금 한도 초과 1,000,000(상여)**					

〈1-2. 감가상각비 한도초과〉						
1.회계상분개	(차)	감가상각비	1,200,000	(대)	감가상각누계액	1,200,000
2.세무상분개	(차)		-	(대)	-	
3.수정분개	**(차)**	**감가상각누계액**	**1,200,000**	**(대)**	**감가상각비**	**1,200,000**
⇩		자산증가(유보)	1,200,000		비용감소(손금불산입)	1,200,000
세무조정	**〈손금불산입〉 감가상각비 한도초과 1,200,000(유보)**					

〈1-3. 기업업무추진비 한도초과〉						
1.회계상분개	(차)	기업업무추진비	1,400,000	(대)	현 금	1,400,000
2.세무상분개	(차)	잉 여 금	1,400,000	(대)	현 금	1,400,000
3.수정분개	**(차)**	**잉 여 금**	**1,400,000**	**(대)**	**기업업무추진비**	**1,400,000**
⇩		무조건기타사외유출	1,400,000		비용감소(손금불산입)	1,400,000
세무조정	**〈손금불산입〉 기업업무추진비한도 초과 1,400,000(기타사외유출)**					

☞ **세법개정시 접대비의 명칭이 기업업무추진비로 변경되었습니다. 그러나 세법이 변경됐지만, 회계에서는 별도 언급이 없습니다. Kc-Lep(전산 프로그램)에서는 기업업무추진비로 Smart-A에서는 접대비라는 계정을 사용합니다.**

〈1-4. 대손충당금 한도초과〉						
1.회계상분개	(차)	대손상각비	1,600,000	(대)	대손충당금	1,600,000
2.세무상분개	(차)	-		(대)	-	
3.수정분개	**(차)**	**대손충당금**	**1,600,000**	**(대)**	**대손상각비**	**1,600,000**
⇩		자산증가(유보)	1,600,000		비용감소(손금불산입)	1,600,000
세무조정	**〈손금불산입〉 대손충당금한도초과 1,600,000(유보)**					
〈2. 업무무관경비〉						
1.회계상분개	(차)	수 선 비	2,000,000	(대)	현 금	2,000,000
2.세무상분개	(차)	잉 여 금	2,000,000	(대)	현 금	2,000,000
3.수정분개	**(차)**	**잉 여 금**	**2,000,000**	**(대)**	**수 선 비**	**2,000,000**
⇩		잉여금+부당유출	2,000,000		비용감소(손금불산입)	2,000,000
세무조정	**〈손금불산입〉 업무무관경비 2,000,000(상여)**					
〈3. 채무면제이익〉						
1.회계상분개	(차)	차 입 금	3,000,000	(대)	잉 여 금	3,000,000
2.세무상분개	(차)	차 입 금	3,000,000	(대)	익 금	3,000,000
3.수정분개	**(차)**	**잉 여 금**	**3,000,000**	**(대)**	**익 금**	**3,000,000**
⇩		잉여금 감소(기타)	3,000,000		수익증가(익금산입)	3,000,000
세무조정	〈익금산입〉 채무면제이익 3,000,000(기타)					
〈4. 법인세비용〉						
1.회계상분개	(차)	법인세비용	4,000,000	(대)	미지급세금	4,000,000
2.세무상분개	(차)	잉 여 금	4,000,000	(대)	미지급세금	4,000,000
3.수정분개	**(차)**	**잉 여 금**	**4,000,000**	**(대)**	**법인세비용**	**4,000,000**
⇩		잉여금+사외유출	4,000,000		비용감소(손금불산입)	4,000,000
세무조정	**〈손금불산입〉 법인세비용 4,000,000(기타사외유출)**					
☞ 법인세(지방소득세 등) 는 무조건 손금불산입(기타사외유출)하여 법인세를 차감하기 전의 상태로 복귀시켜야 한다. 왜냐하면 법인세를 도출하기 위해서는 법인세가 차감되기 전의 금액으로 만들어야 하기 때문이다.						

☞ 기업회계에서는 회계처리가 중요하나 법인세법의 관심사는 순자산 증감의 원인을 법인세법에 따라 평가하여 과세소득에 포함시킬 수 있느냐가 관심사이다. 따라서 회사가 회계처리를 기업회계기준대로 처리하지 않았다고 하여도 법인세법상 과세소득에 해당하면 과세소득에 포함시키면 된다.

[소득금액조정합계표]

익금산입 및 손금불산입			손금산입 및 익금불산입		
①과목	②금액	③처분	④과목	⑤금액	⑥처분
출자임원상여금	1,000,000	상여			
감가상각비	1,200,000	유보			
기업업무추진비	1,400,000	기타사외유출			
대손충당금	1,600,000	유보			
수선비	2,000,000	상여			
채무면제이익	3,000,000	기타			
법인세비용	4,000,000	기타사외유출			

연/습/문/제

객관식

01. 법인세법상 결산조정과 신고조정에 관련된 설명으로 잘못된 것은?

① 결산조정항목은 원칙적으로 결산서상 비용으로 계상하여야 손금으로 인정받을 수 있다.
② 신고조정항목은 결산서상 비용으로 계상하지 않은 경우 세무조정을 통하여 손금산입 할 것인지 여부를 법인이 결정할 수 있다.
③ 일시상각충당금(압축기장충당금)은 결산조정사항이지만 예외적으로 신고조정도 허용한다.
④ 소멸시효 완성된 대손금의 손금산입은 손금산입시기를 선택할 수 없다.

02. 법인세법상 장부상 비용으로 계상하지 아니한 경우에도 이를 각 사업연도의 소득금액계산상 손금으로 산입할 수 있는 항목은 무엇인가?

① 퇴직연금충당금　　② 고정자산의 평가손실
③ 대손충당금　　④ 감가상각비

03. 다음 중 법인세법상 결산서에 비용으로 계상되지 않은 경우 반드시 세무조정에 의해 손금산입하여야 하는 것은?

① 임차료 지급기간이 3년인 경우 기간경과분에 해당하는 임차료 미계상액
② 대손충당금의 손금산입
③ 파손 등의 사유로 인하여 정상가격으로 판매할 수 없는 재고자산의 평가손
④ 기술의 낙후로 인하여 생산설비의 일부를 폐기한 경우의 생산설비의 폐기손

04. 다음 중 법인세법상 반드시 법인이 장부상 비용으로 계상한 경우에만 각 사업연도의 소득금액계산상 손금으로 산입할 수 있는 경우는 무엇인가?

① 압축기장충당금의 설정
② 일시상각충당금의 설정
③ 고유목적사업준비금의 설정
④ 대손충당금의 설정

05. 다음 중 법인세법상 신고조정으로 손금에 산입할 수 있는 항목을 모두 모은 것은?

㉮ 소멸시효가 완성된 채권에 대한 대손금 ㉯ 사채할인 발행차금 상각액 ㉰ 2007년도에 발생한 개발비에 대한 균등액 미달 상각액 ㉱ 이익처분에 의하여 임의적립금으로 설정된 외부감사대상인 비영리법인의 고유목적사업준비금 ㉲ 물적분할시 발생한 자산양도차익에 대한 압축기장충당금

① ㉮,㉯,㉰
② ㉮,㉰,㉱
③ ㉮,㉯,㉰,㉲
④ ㉮,㉯,㉱,㉲

06. 다음 중 법인세법상 세무조정의 효과가 사외로 유출된 것은 분명하나 그 귀속자가 불분명한 경우의 소득처분은 어느 것인가?

① 유보
② 배당
③ 상여
④ 기타

07. 다음 중 법인세법상 해당법인의 원천징수의무가 없는 소득처분은?

① 배당
② 상여
③ 기타사외유출
④ 기타소득

08. 법인세법상 세무조정계산서 작성시 소득금액조정합계표와 자본금과적립금조정명세서(을) 두 서식 모두의 작성과 관련되는 것은?

ㄱ. 감가상각비 한도초과액	ㄴ. 가지급금 인정이자
ㄷ. 적출된 현금매출누락	ㄹ. 재고자산평가감

① ㄱ, ㄴ
② ㄱ, ㄹ
③ ㄴ, ㄷ
④ ㄷ, ㄹ

09. 다음 중 법인세법상 소득처분의 성격이 다른 것은?

① 기부금의 한도초과액
② 기업업무추진비의 한도초과액
③ 업무무관자산 등에 대한 지급이자
④ 임원퇴직급여의 한도초과액

10. 다음 중 법인세법상 세무조정시 사외유출 되어 익금으로 처분된 금액의 귀속자가 출자임원인 경우에 해당하는 소득처분은 무엇인가?

① 유보
② 배당
③ 상여
④ 기타

11. 다음의 익금산입액 중 법인이 귀속자에게 소득세액을 원천징수하여야 하는 것은?

① 임원퇴직금의 한도초과액
② 일반기부금한도초과액
③ 감가상각비한도초과액
④ 대손충당금한도초과액

12. 법인세법상 무조건 기타사외유출로 소득처분하는 사항이 아닌 것은?

① 기부금 한도초과액
② 임대보증금 등에 대한 간주임대료 익금산입액
③ 귀속자가 불분명하여 대표자 상여로 처분한 경우에 있어서 당해 법인이 그 처분에 대하여 소득세를 대납하고 이를 손비로 계상한 경우
④ 사업용 고정자산의 매입, 제작 또는 건설에 소요되는 차입금의 지급이자로서 손금불산입액

13. 다음은 법인세법의 소득처분에 대한 설명이다. 옳지 않은 것은?

① 법인세를 추계결정하는 경우 과세표준과 법인의 재무상태표상의 당기순이익과의 차액(법인세 상당액을 공제하지 아니한 금액)은 대표자에 대한 이익처분에 의한 상여로 한다.
② 사외유출된 소득의 귀속이 불분명하여 대표자에 대한 상여로 처분함에 따라 법인이 그에 대한 소득세를 대납하고 이를 손비로 계상한 경우에는 이를 손금불산입하여 상여로 처분한다.
③ 유보로 처분된 익금산입액은 세무상 자기자본을 증가시킨다.
④ 유보(△유보 포함)의 소득처분은 조세부담의 일시적 차이이므로 차기 이후에 당초의 세무조정에 반대되는 세무조정이 발생한다.

14. 다음 중 법인세법상 소득처분에 대한 귀속자와 그 귀속자에 대한 과세영향을 설명한 것 중 옳지 않은 것은?

① 순수한 출자자의 경우에는 그 귀속자에 대한 배당으로 처리하고, 귀속자의 배당소득으로 소득세를 부과하고 원천징수가 필요하다.

② 임원의 경우에는 이익처분에 의한 상여로 처리하고, 귀속자의 근로소득으로 소득세를 부과하고 원천징수가 필요하다.

③ 귀속자가 개인사업자의 경우에는 기타사외유출로 처분하고, 사업소득으로 추가과세하고 원천징수가 필요하다.

④ 귀속자가 법인인 경우에는 기타사외유출로 처분하고, 각사업연도 소득에 이미 포함되어서 추가과세가 필요 없고 원천징수대상소득도 아니다.

15. 다음은 법인세법상 소득처분에 관한 설명이다. 옳지 않은 것은?

① 세무조사과정에서 현금매출이 누락된 사실이 발각된 경우에는 부가가치세를 포함한 전액을 익금산입하고 대표자 상여로 처분한다.

② 사외유출된 소득의 귀속자가 주주이며 임원인 경우에는 배당으로 처분한다.

③ 채권자가 불분명한 사채이자(동 이자에 대한 원천징수세액은 제외)는 대표자 상여로 처분하고, 이자에 대한 원천징수세액은 기타사외유출로 처분한다.

④ 천재지변 기타 불가항력으로 장부 등이 멸실되는 경우를 제외하고 추계조사에 의하여 결정된 과세표준과 법인세비용차감전이익과의 차액은 대표자 상여로 처분한다.

16. 법인세법상 차감납부할세액의 계산구조를 요약하면 다음과 같다.

- 법인세 산출세액 − (가) − (나) + (다) = 총부담세액
- 총부담세액 − (라) = 차감납부할세액

(가), (나), (다), (라)에 들어갈 수 있는 것으로 알맞은 것은?

① (가)세액감면 (나)세액공제 (다)가산세 (라)원천징수세액

② (가)세액공제 (나)가산세 (다)중간예납세액 (라)원천징수세액

③ (가)가산세 (나)세액공제 (다)원천징수세액 (라)중간예납세액

④ (가)세액감면 (나)세액공제 (다)수시부과세액 (라)가산세

주관식

01. ㈜A는 제2기 중에 건물에 대한 수선비를 지출하고, 수선비로 회계처리하였다. 그러나 그 건물은 사실상 ㈜A가 아닌 제3자가 ㈜A의 업무와 전혀 관련 없이 사용하는 것임이 밝혀졌다. 이러한 업무무관비용은 손금으로 인정되지 않는다. 이 경우 그 제3자가 임원 또는 사용인인 경우 법인세법상 소득처분은 어떻게 되는가?

02. ㈜세무는 20x1.5.1. 주당 10,000원에 취득한 자기주식 1,000주 중, 자기주식 500주를 20x1.10.31.에 주당 15,000원에 처분하고 다음과 같이 회계처리하였다. 세무조정과 소득처분을 하시오.

(차변) 현 금	7,500,000원	(대변) 자기주식	5,000,000원
		자기주식처분이익	2,500,000원

단, 자기주식처분이익을 자본잉여금으로 회계처리하였다.

연/습/문/제 답안

객관식

1	2	3	4	5	6	7	8	9	10	11	12	13	14	15
②	①	①	④	④	③	③	②	④	③	①	④	②	③	②
16														
①														

[풀이 - 객관식]

01. **신고조정은 강제조정항목**으로 손금귀속시기를 선택할 수 없다.

02. 퇴직연금충당금은 신고조정사항이고 나머지는 결산조정사항이다.

03. ① 신고조정, ②③④ 결산조정사항이다.

04. 연구인력개발준비금, 일시상각충당금, 고유목적사업준비금은 원칙적으로 결산조정사항이나 신고조정도 허용된다. 그러나 대손충당금은 결산조정만 허용된다.

05. 결산서에 비용으로 계상되지 않은 경우에도 세무조정에 의하여 적극적으로 손금에 산입할 수 있는 것은 신고조정이 가능한 항목이다. 고정자산의 감가상각비는 결산에 반영하여야만 손금으로 인정받을 수 있는 항목이다.

06. 사외로 유출된 것이 분명하나 그 귀속자가 불분명한 경우에는 대표자에 대한 상여로 소득처분한다.

08. **자본금과 적립금조정명세서(을)에 기재하는 것은 유보**이다. ㄱ. ㄹ. 유보 ㄴ. ㄷ.사외유출

09. 임원퇴직급여의 한도초과액은 상여로 나머지는 기타사외유출로 처분한다.

10. 출자임원에게 귀속된 소득은 배당과 상여가 중복되므로 상여로 소득처분한다.

11. 임원퇴직금의 한도초과액은 사외유출 중 상여에 해당되므로 세무상 자기자본에 영향이 없고, **법인에게 원천징수의무가 있다.**

12. 건설자금의 차입금에 대한 지급이자 손금불산입액은 유보처분한다.

13. 사외유출된 소득의 귀속이 불분명하여 대표자에 대한 상여로 처분함에 따라 법인이 그에 대한 소득세를 대납하고 이를 **손비로 계상한 경우에는 이를 손금불산입하여 기타사외유출로 처분**한다.

14. 개인사업자의 경우에는 귀속자가 법인의 경우인 ④와 동일하게 처분한다.

15. 주주임원일 경우 상여로 처분한다.

16. (가)세액감면 (나)세액공제 (다)가산세 (라)기납부세액(원천징수세액, 중간예납세액, 수시부과세액)이 들어갈 수 있다.

주관식

1.	상여	2.	익금산입, 기타

02. 자기주식 처분이익은 익금사항이고 소득처분은 기타임.

Chapter

익금 및 익금불산입 3

제1절 익금

당해 법인의 순자산을 증가시키는 거래로 인하여 발생하는 수익의 금액을 말한다. **다만, 자본·출자의 납입과 익금불산입항목은 제외**한다.

그러나 이것은 어디까지나 대표적인 수익을 예시한 것에 불과하며 여기에 열거되지 않은 것이라도 **모든 순자산증가액은 원칙적으로 익금에 해당**한다.

1. 본래의 익금항목

(1) 사업수입금액

사업수입금액은 각종 사업에서 생기는 수입금액(도급금액·판매금액 등을 포함하되, 기업회계기준에 의한 환입액 및 매출에누리 그리고 매출할인을 제외한다.)을 말한다. 이것은 전형적인 영업수익으로서 기업회계기준서상 매출액에 해당한다.

- 법인의 임직원에 대한 재화·용역의 할인금액은 사업수입금액에 포함(개정세법 25)

(2) 자산(자기주식 포함)의 양도금액

자산의 양도금액은 "사업수입금액"에 해당하지 않는 것으로서, 주로 재고자산 외의 자산의 양도금액을 말하는 것이다. 이처럼 자산의 양도금액이 익금에 해당하는 것과 대응하여 그 양도한 자산의 양도 당시의 장부가액은 손금으로 인정된다.

기업회계기준에서 재고자산 외의 자산을 양도한 경우에 그 양도가액에서 장부가액을 차감한 잔액을 처분손익으로 계상한다(순액법). 이에 반하여 법인세법은 자산의 양도금액과 양도당시의 장부가액을 각각 익금 및 손금으로 인정하는 입장을 취하고 있다(총액법). 그러나 양자 사이에는 결과적으로 금액에 차이가 없기 때문에 세무조정이 불필요하다.

(3) 자산의 임대료

임대업을 영위하지 않는 법인이 일시적으로 자산을 임대하여 얻는 수입을 말한다.

(4) 자산의 평가차익

법인세법에서는 자산평가차익을 수익으로 예시되어 있다. 하지만, **그 대부분의 항목은 다시 익금불산입 항목으로 규정되어 있다.** 그러나 보험업법 기타 법률의 규정에 의한 평가차익에 대해서는 자산의 평가차익에 대해서 자산의 평가증을 인정하고 있다.

(5) 자산수증이익과 채무면제이익(이월결손금보전에 충당한 금액은 제외)

기업회계기준에서는 자산수증이익과 채무면제이익을 영업외수익으로 계상하도록 하고 있다. 법인세법도 순자산증가설의 입장에서 이들을 익금으로 보고 있다.

(6) 손금에 산입한 금액 중 환입된 금액(이월손금)

결산서 즉, 손익계산서에 이미 손금으로 인정받은 금액이 환입되는 경우에 그 금액은 익금에 해당한다. 이에 반하여 지출 당시에 손금으로 인정받지 못한 금액이 환입되는 경우에 그 금액은 익금에 해당하지 않는다.

구 분	사 례	환 입 액
(1) 지출 당시 손금에 산입된 금액	재산세, 자동차세 등	익금에 해당함
(2) 지출 당시 손금에 산입되지 않은 금액	법인세 등	익금불산입

(7) 이익처분에 의하지 않고 손금으로 계상된 적립금액

법인의 적립금은 주주총회의 이익처분 결의에 의하여 적립된다. 따라서 손금으로 계상하는 경우란 있을 수 없으나, 회사가 이를 비용으로 잘못 계상한 경우에 이를 손금불산입항목으로 본다는 의미이다.

이는 익금산입과 손금불산입은 본래 동일한 세무조정이므로 문제는 없다.

(8) 불공정 자본거래로 인하여 특수 관계자로부터 분여받은 이익

불공정자본거래(증자, 감자, 합병등)로 인하여 특수 관계자로부터 분여 받은 이익은 이를 익금으로 본다. 예를 들어 증자시 기존주주에게 주식 지분비율만큼 신주를 발행해야 하는데, 주주가 신주인수권을 포기하여 실권주가 발생하시 주주들 상호간 지분비율이 변동된다.

이 경우 신주를 저가 또는 고가로 발행시 어떤 주주들은 이익을 보고, 다른 주주들은 손실을 보게 되는데 이것을 불공정자본거래(불균등 증자)라 한다.

이는 자본거래와 관련한 특수관계자 간의 이익분여행위에 대하여 개인주주의 증여세 과세와 형평성을 유지할 수 있도록 한 규정이다.

(9) 정당한 사유없이 회수하지 않은 가지급금 등

① 특수관계가 소멸되는 날까지 회수하지 않은 가지급금등

② 특수관계가 소멸되지 않은 경우로서 가지급금의 이자를 이자발생일이 속하는 사업연도 종료일부터 1년이 되는 날까지 회수하지 않은 경우 그 이자

(10) 기타의 수익으로서 그 법인에 귀속되었거나 귀속될 금액

익금은 법인세법에서 반드시 규정하지 않는다 하더라도 익금불산입항목을 제외한 순자산증가액이면 모두 익금에 해당하는 것으로 본다.

대표적인 것이 **국고보조금** 등이 있는데 기업회계기준에서는 자산의 취득에 충당할 국고보조금 · 공사부담금 등으로 자산을 취득한 경우에는 이를 관련자산의 차감계정으로 표시하나, **법인세법에서는 이들을 그 원인 여하를 불문하고 익금으로 본다.**

2. 특수한 익금항목

(1) 유가증권의 저가매입에 따른 이익 

법인이 **ⓐ특수관계에 있는 개인으로부터 ⓑ유가증권을 ⓒ저가 매입한 경우**에는 매입시점에 시가와 그 매입가액의 차액을 익금으로 본다.

〈자산의 저가매입에 대한 취득가액 산정〉

구 분	저가 매입시	비 고
1. 원칙	저가를 취득가액으로 본다.	처분 또는 상각시 그 차액이 과세소득에 포함된다.
2. 예외 : 특수관계에 있는 개인으로부터 유가증권을 저가매입시	**시가와 매입가액의 차액을 익금으로 본다.**	**유가증권의 특성상 미실현이익을 조기에 과세하려는 법의 취지입니다.**

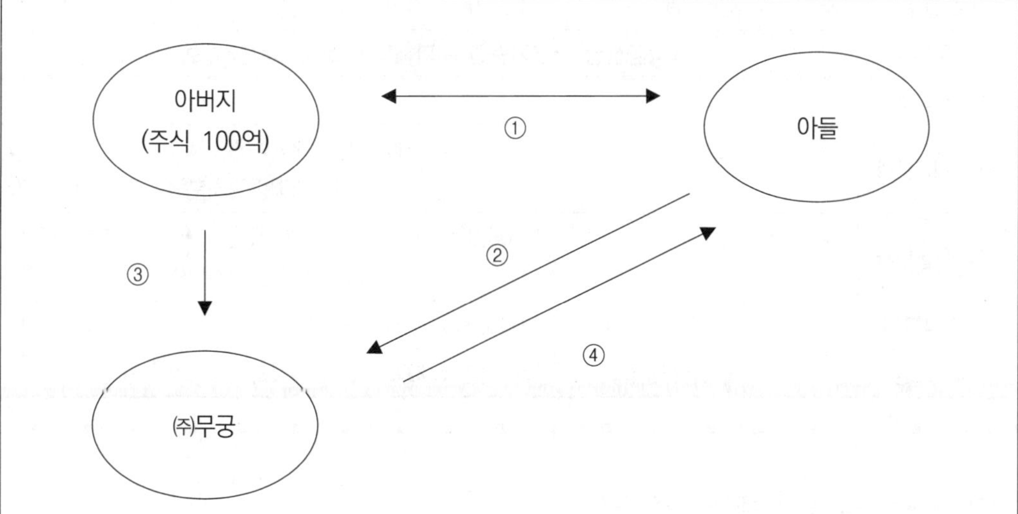

① 아버지가 아들에게 살아서 증여하면 증여세(최고세율 50%)가 사망시 상속세(최고세율 50%)가 과세됨.
② 아들이 ㈜무궁의 주식을 인수하여 최대주주가 됨.
③ 아버지가 시가 주식 100억을 ㈜무궁에게 1,000원에 양도함.
☞ 수증자가 영리법인인 경우 증여세가 면제되므로 제재조항을 만듦.
④ ㈜무궁의 최대주주인 아들이 저가매입에 따른 이익을 수혜

<예제 3 - 1> 유가증권의 저가매입

㈜ 무궁의 다음 자료에 따라 세무조정을 행하시오.

1. 7기에 특수관계자인 홍길동씨로부터 시가 1,000,000원이 주식을 500,000원에 매입하고 다음과 같이 회계처리하였다.

   (차) 단기매매증권 500,000원 (대) 현 금 500,000원

2. 8기에 위 주식을 1,200,000원에 처분하고 다음과 같이 회계처리하였다.

   (차) 현 금 1,200,000원 (대) 단기매매증권 500,000원
   단기매매증권처분익 700,000원

해답

1. 7기 〈저가매입〉

1.회계상분개	(차)	단기매매증권	500,000	(대)	현 금	500,000
2.세무상분개	(차)	단기매매증권	1,000,000	(대)	현 금 익 금	500,000 500,000
3.수정분개	**(차)**	**단기매매증권**	**500,000**	**(대)**	**익 금**	**500,000**
세무조정	**〈익금산입〉 유가증권 저가매입액 500,000원(유보)**					

2. 8기 〈처분〉

1.회계상분개	(차)	현 금	1,200,000	(대)	단기매매증권 단기매매증권처분익	500,000 700,000
2.세무상분개	(차)	현 금	1,200,000	(대)	단기매매증권 단기매매증권처분익	1,000,000 200,000
3.수정분개	**(차)**	**단기매매증권처분익**	**500,000**	**(대)**	**단기매매증권**	**500,000**
세무조정	**〈익금불산입〉 유가증권 처분 500,000원 (△유보) ← 유보추인**					

(2) 임대보증금 등에 대한 간주익금

부동산 등을 임대하고 받는 임대료는 익금에 해당하지만, 임대보증금이나 전세금을 받는 경우 그 금액은 부채에 해당할 뿐 익금이 될 수 없다. 그러나 이것을 방치한다면 임대보증금등의 운용수입이 포착되어 과세되지 않는 한, 임대료를 받는 경우와 임대보증금 등을 받는 경우 사이에 과세형평이 맞지 않게 된다. 그리하여 법인세법은 임대보증금 등에 대하여는 그 정기예금이자 상당액을 임대료로 간주하여 익금에 산입하도록 하고 있는데 이것을 간주임대료 즉, 간주익금이다.

① 추계하는 경우

장부 기타 증빙서류가 없거나 미비하여 소득금액을 계산할 수 없는 경우에는 소득금액을 추정하여 계산하게 되는데, 이것을 “추계”라고 한다. 이 경우 부동산임대로 받은 전세금 또는 임대보증금에 대한 수입금액은 다음과 같이 계산한다.

$$\text{간주익금} = \text{보증금등의적수} \times \frac{1}{365/366\text{일}} \times \text{정기예금이자율}$$

② 추계하지 않는 경우

다음의 요건을 모두 충족한 경우에 한하여 임대보증금 등에 대한 간주익금 규정이 적용된다.

ⓐ **부동산임대업을 주업으로 하는 법인**(자산총액 중 임대사업에 사용되는 자산가액이 50% 이상)

ⓑ **영리내국법인일 것**

ⓒ **차입금 과다법인일 것**(차입금〉 자기자본×2배를 초과)

$$\text{간주익금} = \left\{ \text{보증금등의 적수} - \text{임대용부동산의 건설비상당액의 적수} \right\} \times \frac{1}{365/366} \times \text{정기예금 이자율} - \text{금융수익}$$

☞ 적수란 매일의 수치를 일정기간 단위로 합산한 것을 말한다.

(3) 의제배당 

현행 법인세법은 형식상 배당이 아니더라도 사실상 회사의 이익이 주주에게 귀속되는 경우에는 이를 배당으로 의제하여 주주에게 소득세 또는 법인세를 과세하고 있다.

배당이란 법인이 획득한 소득을 주주들에게 배분하는 것으로 말한다. 일반적으로 배당은 현금배당을 말하지만 반드시 현금배당만이 법인의 소득이 주주에게 유일한 방법은 아니다.

[일반적인 배당 - 현금배당]

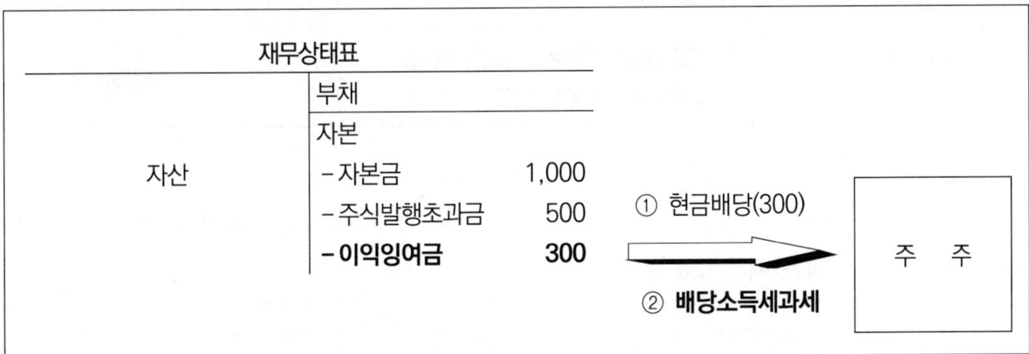

[무상증자]

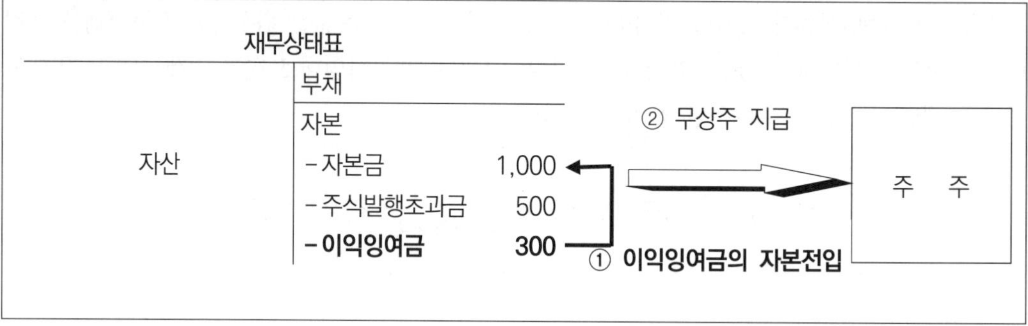

법인세법은 **무상증자도 현금배당과 동일하게 법인의 소득이 주주에게 이전된 것으로 보아 주주에게 배당으로 과세한다. 그러나 주식발행초과금의 자본전입으로 인하여 무상주를 수령시 의제배당으로 보지 않는다.** 왜냐하면 주식발행초과금은 법인의 소득이 아니라 주주가 출자한 금액이고 이에 대해서 무상주 지급시 주주에게 자본의 환급으로 보기 때문이다.

① 잉여금의 자본전입으로 인한 의제배당(무상주)

법인(피투자회사)이 잉여금을 자본전입하여 주주인 법인(투자회사)이 취득하는 주식은 배당으로 의제한다. **기업회계기준에서는 이러한 무상주와 주식배당은 배당이 아니라 주주지분의 재분류로 보아 주주가 받은 주식에 대해서 아무런 회계처리를 하지 않는다.**

그러나 **세법은 잉여금의 자본전입과 주식배당을 원칙적으로 모두 배당으로 의제한다.**

다만 법인세가 과세되지 않은 자본잉여금을 자본전입하는 것은 예외적으로 배당으로 의제하지 않는다.

〈잉여금의 자본전입이 배당에 해당하는지의 여부〉

		의제배당 여부
법인세가 과세된 잉여금	**-이익잉여금** **-자기주식처분이익 등**	**의제배당 ○**
법인세가 과세되지 않는 잉여금	**-주식발행초과금(채무면제이익 제외)** **-감자차익(예외규정이 있다)**	**의제배당 ×**

② 감자·해산·합병 및 분할 등으로 인한 의제배당

감자 등으로 인하여 보유하던 주식 대신 받는 금전 등 재산가액의 합계액이 동 주식을 취득하기 위해 소요된 금액을 배당으로 본다.

의제배당액 = 감자등으로 인해 받는 재산가액 - 주식취득가액

3. 익금불산입항목

다음의 항목들은 순자산증가액임에도 불구하고 이를 익금으로 보지 않는다.

(1) 자본거래	① 주식발행액면초과액(출자전환시 채무면제이익은 제외)
	② 감자차익
	③ 합병차익 및 분할차익
	④ 자산수증이익 · 채무면제이익 중 이월결손금의 보전에 충당된 금액
	⑤ 출자전환시 채무면제이익 중 결손금 보전에 충당할 금액
(2) 이중과세 방지	**⑥ 각사업연도의 소득으로 이미 과세된 소득(이월익금)**
	⑦ 법인세 또는 지방소득세의 환급액
	⑧ 지주회사 및 일반법인의 수입배당금액 중 일정액
(3) 기타	⑨ 자산의 평가차익(일정한 평가차익은 제외)
	⑩ 부가가치세 매출세액
	⑪ 국세 · 지방세 과오납금의 환급금에 대한 이자

(1) 주식발행액면초과액(주식발행초과금) 

액면 이상의 주식을 발행한 경우 그 액면을 초과하는 금액을 주식발행액면초과액이라 말한다. 이러한 주식발행액면초과액은 비록 자본금은 아니지만 실질적으로 출자의 일부이다.

다만, **채무의 출자전환으로 주식 등을 발행하는 경우 주식의 발행가액이 당해 주식 등의 시가를 초과하는 금액은 채무면제이익으로 보며 익금항목에 해당한다.**

다음의 예를 보고 이해해 보도록 하자

차입금 10,000원에 대해서 채권자에게 주식 1주(액면가 5,000원, 시가 8,000원)를 발행해 주었다고 가정하자.

채무면제 (10,000원)		**채무면제이익 (2,000원)**
	주식 1주 액면가액 (5,000원)	**1주 시가 (8,000원)**

〈주식발행초과금〉					
결산서	(차) 단기차입금	10,000	(대)	자 본 금 주식발행초과금	5,000 5,000
세무상	(차) 단기차입금	10,000	(대)	자 본 금 주식발행초과금 채무면제이익	5,000 3,000 2,000
수정분개	(차) 주식발행초과금	2,000	(대)	채무면제이익(수익)	2,000
세무조정	**〈익금산입〉 채무면제이익 2,000원(기타)**				

(2) 감자차익

자본감소의 경우에 그 감소액이 주식소각, 주식대금의 반환에 소요된 금액과 결손보전에 충당된 금액을 초과하는 경우 그 초과금액을 감자차익이라 한다.

이러한 감자차익은 자본감소 후에도 주주에게 반환되지 않고 불입자본으로 남아 있는 부분이므로, 근본적으로 주주의 불입에 기인하는 것으로서 그 성격은 사실상 주식발행액면초과액과 같다. 따라서 기업회계에서는 이를 자본잉여금으로 계상하고 있으며, 법인세법도 이것을 익금으로 보지 않고 있다.

(3) 합병차익 및 분할차익(합병평가차익과 분할평가차익은 제외)

"합병차익"이란 합병의 경우에 합병법인이 피합병법인으로부터 승계한 순자산가액이 피합병법인의 주주 등에게 지급한 합병대가를 초과하는 경우 그 초과액을 말한다.

분할이란 합병의 반대개념으로서 하나의 회사를 둘 이상의 회사로 나누어 쪼개는 것을 말한다. 분할의 경우에 분할신설법인이 분할법인으로부터 승계한 순자산가액이 분할법인의 주주 등에게 지급한 분할대가를 초과하는 경우 그 초과액을 말한다.

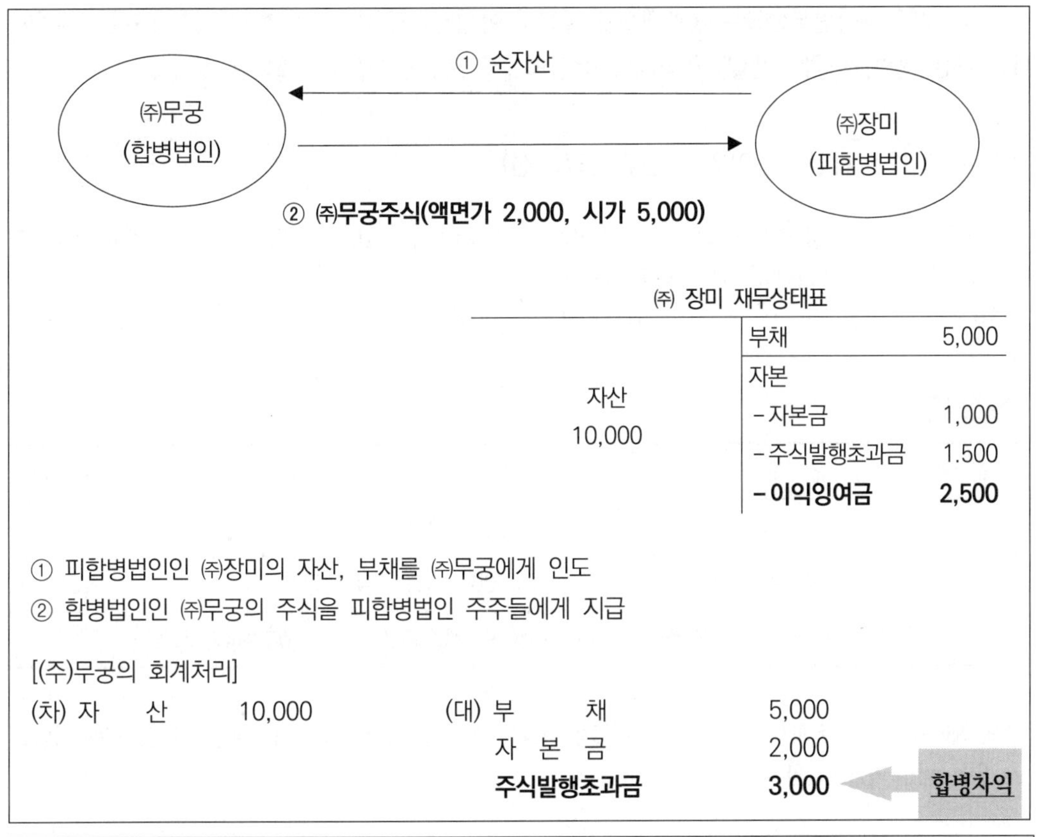

합병차익 = 승계한 순자산가액 - 합병대가(합병교부금 + 합병교부주식가액)
분할차익 = 승계한 순자산가액 - 분할대가(분할교부금 + 분할교부주식가액)

다만 **자산의 평가증으로 인하여 생기는 합병평가차익과 분할평가차익은 익금**으로 본다.

(4) 자산수증이익과 채무면제이익 중 이월결손금의 보전에 충당된 금액

자산수증이익과 채무면제이익은 법인의 순자산증가액이므로 익금에 산입한다. 이 경우 자산의 가액은 시가로 평가한다. 그러나 결손이 많은 회사들에게 결손보전을 촉진함으로써 자본충실을 기하기 위하여 이러한 규정을 두고 있다.

자산수증이익(국고보조금 등은 제외)과 채무면제이익 중 이월결손금의 보전에 충당된 금액은 익금으로 보지 않는다. 여기서 말하는 "이월결손금"이란 세무상 이월결손금으로서 그 후의 각 사업연도의 과세표준계산에 있어서 공제되지 않은 금액을 말하며, **그 발생시점에는 제한이 없다.**

이처럼 자산수증이익 · 채무면제이익으로 충당된 이월결손금은 각 사업연도의 과세표준계산에 있어서 공제된 것으로 본다.

따라서 **세무상이월결손금은 ⓐ과세표준 계산상 이월결손금(10년, 2020년 이후 15년)공제하거나 ⓑ자산수증이익·채무면제익에 의해 소득금액에서 보전됨으로써 소멸되는 것이다.**

<예제 3 - 2> 자산수증이익(이월결손금보전)

㈜무궁은 결손금(세무상 결손금 100,000원)이 많은 회사로서 대주주로부터 건물(시가 10,000원)을 증여받아 다음과 같이 회계처리하였다. 세무조정을 하시오.

(차) 건　　물　　10,000원　　(대) 자산수증이익　　10,000원

해답

결산서	(차) 건 물	10,000	(대) 자산수증이익	10,000
세무상	(차) 건 물	10,000	(대) 결 손 금	10,000
수정분개	(차) 자산수증이익	10,000	(대) 결 손 금	10,000
세무조정	**〈익금불산입〉 자산수증이익 결손금보전 10,000원(기타)**			

위의 예에서 회사는 **ⓐ과세표준 계산상 이월결손금공제 또는 ⓑ자산수증이익 중 이월결손금보전에 충당할 수 있는 방법(익금불산입)을 선택할 수 있다.**

만약 1건의 거래만 있었다고 가정하면

	이월결손금공제	익금불산입
순 이 익	10,000	10,000
+ 가 산 조 정		
- 차 감 조 정	0	**10,000**
각 사 업 연 도 소 득	10,000	0
(-)이 월 결 손 금	10,000	0
과 세 표 준	0	0

☞ **동일한 효과가 나타나나, 익금불산입규정은 이월결손금의 발생시점에 제한이 없으므로 약간의 혜택이 있다.**

(5) 각사업연도의 소득으로 이미 과세된 소득(이월익금)

각 사업연도의 소득으로 이미 과세된 소득을 다시 당해 사업연도의 익금에 산입한 금액을 말하는데, 이것을 방치하면 동일한 소득에 대해 중복하여 과세하는 결과가 되기 때문에 이를 익금불산입항목으로 규정한 것이다.

(6) 법인세 또는 지방소득세(소득분)의 환급액

법인세 또는 지방소득세 소득분은 지출 당시에 손금으로 인정받지 못하므로 이를 환급받은 금액은 익금에 산입하지 않는다. 이것도 성격상 이월익금의 일종이라고 할 수 있다.

<예제 3 - 3> 각사업연도의 소득으로 이미 과세된 소득

다음은 ㈜ 무궁의 손익계산서에 영업외수익으로 계상된 금액이다. 세무조정을 하시오.

항 목	금 액	비 고
1. 잡이익	50,000원	전기에 손금불산입한 것으로 법인세환급액이다.
2. 대손충당금 환입	10,000원	전기에 대손처리(손금불산입)된 대여금을 회수한 것이다.

해답

<table>
<tr><td colspan="2">1. 법인세 환급액</td></tr>
<tr><td>결산서</td><td>(차) 현 금 50,000 (대) 잡 이 익 50,000</td></tr>
<tr><td>세무상</td><td>(차) 현 금 50,000 (대) 잉 여 금 50,000</td></tr>
<tr><td>수정분개</td><td>(차) 잡 이 익 50,000 (대) 잉 여 금 50,000</td></tr>
<tr><td>세무조정</td><td>〈익금불산입〉 전기 법인세 환급액 50,000(기타)
☞ 전기에 손금불산입(기타사외유출)된 법인세가 당기에 환입되었으므로 이월익금으로서 익금불산입에 해당된다.</td></tr>
<tr><td colspan="2">2. 대손부인 채권회수</td></tr>
<tr><td>결산서</td><td>(차) 현 금 10,000 (대) 대손충당금환입 10,000</td></tr>
<tr><td>세무상</td><td>(차) 현 금 10,000 (대) 대 여 금 10,000</td></tr>
<tr><td>수정분개</td><td>(차) 대손충당금환입(영) 10,000 (대) 대 여 금 10,000</td></tr>
<tr><td>세무조정</td><td>〈익금불산입〉 전기 대손부인채권 회수 10,000(△유보)
☞ 전기에 손금불산입(유보)된 대여금이 당기에 회수했으므로 이월익금으로서 익금불산입에 해당된다.
<table>
<tr><td>전기결산서</td><td>(차) 대손충당금 10,000 (대) 대여금 10,000</td></tr>
<tr><td>전기세무상</td><td>×(대손부인채권)</td></tr>
<tr><td>전기세무조정</td><td>〈손금불산입〉 대손부인채권 10,000(유보)</td></tr>
</table></td></tr>
</table>

(7) 수입배당금액의 익금불산입

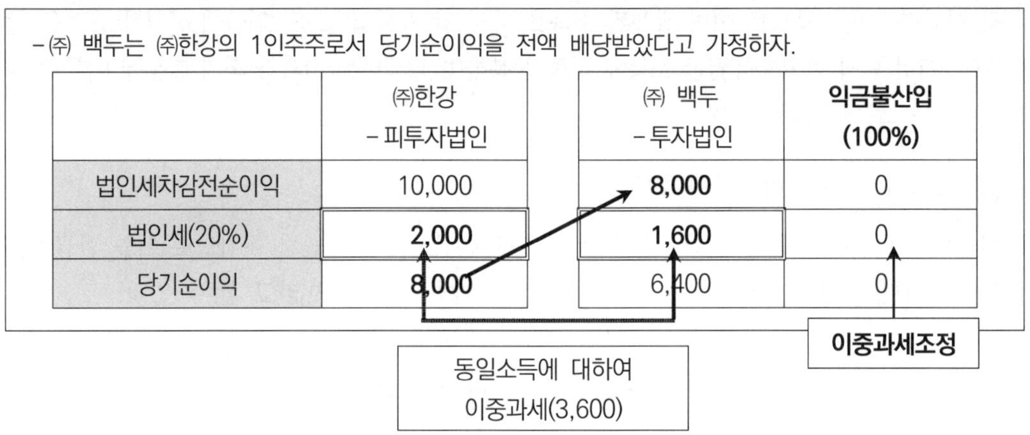

-㈜ 백두는 ㈜한강의 1인주주로서 당기순이익을 전액 배당받았다고 가정하자.

	㈜한강 -피투자법인	㈜ 백두 -투자법인	**익금불산입** **(100%)**
법인세차감전순이익	10,000	**8,000**	0
법인세(20%)	**2,000**	**1,600**	0
당기순이익	**8,000**	6,400	0

이에 대하여 ㈜백두의 세무조정 및 소득처분을 하면, 다음과 같다.

결산서	(차) 현 금	8,000	(대) 배당금수익	8,000
세무상	(차) 현 금	8,000	(대) 잉 여 금	8,000
수정분개	(차) 배당금수익	8,000	(대) 잉 여 금	8,000
세무조정	**〈익금불산입〉 수입배당금의 익금불산입 8,000(기타)**			

[익금불산입]

수 입 배 당 금 액	
× 익 금 불 산 입 율	100%, 80%, 30%
= 익금불산입대상금액 (-) 지 급 이 자 차 감	지급이자차감액[*1] = 지급이자 × $\frac{\text{주식적수}}{\text{총자산적수}}$ ×익금불산입율
= 익 금 불 산 입	<u>*소득처분(기타)*</u>

최종계산식 : 익금불산입액 = $\left[\text{수입배당금액} - \text{지급이자} \times \frac{\text{주식적수}}{\text{총자산적수}}\right] \times \text{익금불산입율}$

*1. 지급이자 중 주식 투자분에 대한 지급이자를 손금불산입을 적용하는 대신 익금불산입에서 차감하는 방법을 취하고 있다.

참고

익금불산입율

※ 기업형태 구분없이 지분율에 따라 결정

자회사 지분율	익금불산입율
50% 이상	100%
20% 이상 ~ 50% 미만	80%
20% 미만	30%

(8) 자산의 평가차익

자산의 평가차익은 원칙적으로 익금으로 보지 않는다. 따라서 기업회계기준에 의해 계상되는 자산평가이익 등은 거의 대부분 세법상 인정되지 않는다. 다만, 예외적으로 다음의 평가차익은 익금으로 본다.

① **보험업법 기타 법률에 의한 고정자산의 평가차익**

② **화폐성 외화자산·부채의 환율변동으로 인한 평가이익**

이 가운데 고정자산의 평가차익에 대한 법인세법상의 취급을 요약하면 다음 도표와 같다.

〈고정자산(유·무형자산)의 평가차익에 대한 취급〉

구 분	법 인 세
① **임의평가차익**	**익금불산입 항목**
② **보험업법 기타 법률의 규정에 의한 고정자산의 평가차익**	익금 항목

(9) 부가가치세의 매출세액

사업자가 재화나 용역을 공급할 때 공급받는 자로부터 거래징수한 부가가치세 매출세액은 당연히 익금에 해당하지 않는다. 다만, 회사가 회계기준에 따르지 않고 수익으로 잘못계상한 경우 이를 시정하기 위한 예시에 불과하다.

(10) 국세 또는 지방세의 과오납금의 환급금에 대한 이자

국세 또는 지방세를 과오납한 경우에는 이를 환급받게 되는데, 이 경우 그 환급금에 가산하여 받게 되는 이자(**국세환급가산금 또는 지방세 환부이자**를 말한다)는 익금에 산입하지 않는다. 만일 이것을 익금에 산입하면 그에 대한 법인세 부담액만큼 그 보상의 효과가 줄어들기 때문이다.

(11) 이외에 주식의 포괄적 교환차익, 이전차익 등은 익금불산입항목이다.

연/습/문/제

객관식

01. 다음 중 법인세법상 익금산입 항목은 어느 것인가?

① 임대보증금 등에 대한 간주익금
② 감자차익
③ 부가가치세 매출세액
④ 국세 과오납금의 환급금 이자

02. 다음 중 법인세법상 익금이 아닌 것은?

① 자산의 양도금액
② 자기주식의 양도금액
③ 채무의 면제로 인하여 생기는 부채의 감소
④ 지방세 과오납금의 환급금에 대한 이자

03. 다음 중 법인세법상 순자산증가액임에도 불구하고 익금으로 보지 않는 항목에 해당하지 않는 것은?

① 주식의 포괄적 이전차익
② 법인세 환급액
③ 자기주식양도차익
④ 국세 과오납금의 환급금에 대한 이자

04. 다음은 법인세법상 익금불산입 항목을 설명한 것이다. 이에 해당하지 않는 것은?

① 주식발행액면초과액
② 부가가치세 매출세액
③ 이익처분에 의하지 않고 손금으로 계상된 임의적립금액
④ 감자차익

05. 법인세법상 익금불산입 항목에 해당하지 않는 것은?

① 자기주식처분이익
② 이월익금
③ 국세 또는 지방세의 과오납금의 환급금에 대한 이자
④ 부가가치세의 매출세액

06. 법인세법상 자본거래로 인한 수익의 익금불산입에 해당하지 않는 것은?

① 주식의 포괄적 교환차익
② 주식의 포괄적 이전차익
③ 감자차익
④ 보험업법에 의한 고정자산의 평가차익

07. 다음 항목 중 법인세법상 이월결손금의 보전에 충당시 해당 이월결손금이 소멸하는 것은?

① 자산수증이익
② 감자차익
③ 합병차익
④ 주식발행액면초과액

08. 다음 중 법인세법상 각 사업연도의 소득금액을 계산함에 있어서 익금에 해당하는 것은?

① 직전 사업연도에 세무조사로 납부한 법인세의 환급세액
② 업무용토지 관련 재산세 과오납금의 환급금에 대한 이자
③ 자본금을 증자함에 있어 주식을 액면가 이상으로 발행함에 따라 액면가를 초과하여 납입된 금액
④ 금융기관이 보유하고 있는 외화예금의 환율변동으로 인한 평가차익

09. 법인이 특수관계자인 대주주로부터 제2기에 시가가 1천만원의 유가증권을 8백만원에 매입회계처리 하였다. 당해 유가증권을 제3기에 타인에게 시가 1천5백만원에 매각한 경우 각각의 사업연도에 매매와 관련한 세무조정금액이 맞는 것은?

① 제3기에만 7,000,000원을 익금산입한다.
② 제2기는 2,000,000원 익금산입하고, 제3기는 2,000,000원을 손금산입한다.
③ 제2기는 2,000,000원을 손금산입하고, 제3기는 9,000,000원을 익금산입한다.
④ 제2기는 2,000,000원을 익금산입하고, 제3기는 7,000,000원을 익금산입한다.

10. 다음은 법인세법상 임대보증금에 대한 간주익금에 관한 설명이다. 다음 중 옳지 않은 것은? (단, 추계의 경우가 아님)

① 적용대상법인은 차입금과다법인으로서 부동산업을 주업으로 하는 영리내국법인에 한한다.
② 적용대상자산에 주택 및 그 부속토지는 제외된다.
③ 임대용 부동산의 건설비 상당액은 간주임대료 계산시 차감된다.
④ 임대사업에서 발생한 금융수익은 간주임대료 계산시 차감되지 아니한다.

11. 법인세법상 장부에 의한 간주임대료의 적용대상법인에 대한 설명으로 틀린 것은?

① 영리법인이어야 한다.
② 차입금이 자기자본의 2배를 초과하여야 한다.
③ 간주임대료는 익금산입하고 소득처분은 기타소득으로 처분한다.
④ 법인의 사업연도종료일 현재 자산총액 중 임대사업에 사용된 자산가액이 50% 이상이어야 한다.

12. 다음 중 법인이 무상으로 받은 자산가액에 대한 법인세법상 취급으로 타당한 것은?

① 법인의 순자산을 증가시키는 수익이므로 어느 경우를 막론하고 익금에 산입한다.
② 자산수증이익은 원칙적으로 익금이나 세법상의 이월결손금에 보전한 금액은 익금불산입한다.
③ 증여에 해당하므로 증여세를 납부한다.
④ 자본잉여금이므로 익금불산입항목이다.

13. 다음 중 법인세법상 과세소득을 계산할 때에 익금불산입항목이 아닌 것은?

① 고정자산의 임의평가증
② 부가가치세의 매출세액
③ 이월결손금보전에 충당한 채무면제이익
④ 보험업법의 규정에 따른 고정자산 평가이익

14. 다음 중 법인세법상 임대보증금의 간주익금에 대한 설명으로 잘못된 것은?
① 부동산을 임대하고 보증금을 받은 모든 법인은 간주임대료를 계산하여야 한다.
② 간주임대료는 익금에 산입하고 소득처분은 기타사외유출(추계는 제외)로 한다.
③ 기계 등을 대여하고 받는 보증금에 대하여는 간주임대료를 계산하지 아니한다.
④ 간주익금 해당액이 음수(-)인 경우에는 이를 없는 것으로 본다.

15. 다음 중 법인세법상 익금불산입 항목에 대한 설명으로 옳지 않은 것은?
① 불공정 자본거래로 인하여 특수관계인으로부터 분여받은 이익은 익금에 산입하지 않는다.
② 법인세는 지출 당시 손금으로 인정받지 못하므로 환급액도 익금에 산입하지 않는다.
③ 이중과세방지를 위하여 지주회사가 자회사로부터 받은 배당소득금액 중 일정금액은 익금에 산입하지 않는다.
④ 자본감소의 경우로서 감소액이 주식의 소각, 주금의 반환에 든 금액과 결손보전에 충당한 금액을 초과한 경우 그 초과금액은 익금에 산입하지 않는다.

주관식

01. 영업외수익의 전기오류수정이익 항목이 다음과 같은 경우 법인세법상 필요한 세무조정(소득처분 포함)을 하시오.

(1) 전기분 법인세 환급액	: 8,000,000원
(2) 전기 재산세 환급액(환부이자 500,000원 포함)	: 3,000,000원

02. 갑 법인은 대주주인 을(개인)로부터 시가 10억원인 유가증권을 6억원에 매입하였다. 이 경우 법인세법상 필요한 세무조정 및 소득처분을 하시오.

03. 다음 중 법인세법상 익금불산입 항목은 총 얼마인가?

(1) 부가가치세 매출세액 :	250,000원
(2) 법인세 과오납금의 환급금에 대한 이자 :	100,000원
(3) 무상으로 받은 토지의 금액 :	500,000원
(4) 용역 제공으로 받은 금액 :	300,000원
(5) 전기 납부한 법인세 환급액 :	50,000원

04. 다음 중 법인세법상 익금불산입에 해당하는 항목을 고르시오.

가. 합병차익
나. 주식의 포괄적 교환차익
다. 자기주식처분이익
라. 양도한 자산의 양도금액
마. 주식발행초과금

05. 다음 자료에 공통으로 적용될 소득처분을 적으시오.

가. 기업업무추진비 한도초과액
나. 임대보증금 등의 간주익금
다. 업무무관자산 등에 대한 지급이자 손금불산입액

연/습/문/제 답안

객관식

1	2	3	4	5	6	7	8	9	10	11	12	13	14	15
①	④	③	③	①	④	①	④	②	④	③	②	④	①	①

[풀이 - 객관식]

01. **내국영리법인으로 부동산임대업을 주업으로 하는 차입금과다법인**이 부동산 등을 임대하고 받은 보증금 등에 대해서 간주익금규정이 적용된다.

02. **지방세환부이자와 국세환급금가산금은 익금불산입사항**이다.

03. 자기주식처분이익은 익금항목이다.

04. **이익처분에 의하지 않고 손금계상된 적립금은 손금불산입**한다.

06. 보험업법이나 그 밖의 다른 법률에 따른 고정자산의 평가이익은 익금산입한다.

07. 자산수증이익 또는 채무면제이익을 이월결손금보전에 충당시 이월결손금은 소멸한다.

08. 금융회사의 외화자산·부채의 평가손익을 인정한다.

09. 법인이 특수관계자인 개인에게 유가증권을 시가에 미달하게 매입시 시가와의 차액을 익금산입한다.
    제2기는 10,000,000원 - 8,000,000원 = 2,000,000원 유보로 익금산입하고,
    제3기는 매각연도에 2,000,000원 (-)유보로 손금산입한다.

10. 장부를 기장한 경우 임대사업에서 발생한 금융수익을 차감하여 준다. 그러나 **추계일 경우 금융수익을 차감하지 않는다.**

11. **간주임대료는 무조건 기타사외유출로 처분**한다.

12. ① 예외적으로 이월결손금 보전시 익금불산입한다.
    ③ **법인은 증여세 납세의무자에서 제외**된다.
    ④ 자산수증익은 원칙적으로 익금항목이다.

13. 보험업법의 규정에 따른 고정자산평가이익은 익금산입항목이다.

14. 소득금액을 추계하지 않는 법인은 **일정한 요건에 해당하는 법인만 간주임대료 계산**을 한다.

15. 불공정 자본거래로 인하여 특수관계인으로부터 분여받은 이익은 익금에 산입한다.

주관식

01	익금불산입 8,500,000원(기타)	02	익금산입 4억원(유보)	03	400,000원
04	가, 나, 마	05	기타사외유출		

[풀이 - 주관식]

01. 전기분 법인세 환급액 8,000,000원은 전기에 이미 과세한 이월익금에 해당하므로 당기에는 익금불산입해야 한다. 전기 재산세환부이자 500,000원은 국가 등이 초과징수 한 것에 대한 보상의 일종이므로 정책상 익금에서 제외한다.

02. 특수관계자인 개인으로부터 유가증권을 저가 매입한 경우에는 익금 산입하고 유보로 소득처분한다.

03. (1),(2),(5)는 익금불산입 항목이다.

Chapter

손금 및 손금불산입 4

제1절 손금 및 손금불산입

"손금"이란 당해 법인의 순자산을 감소시키는 거래로 인하여 발생하는 손비의 금액을 말한다. 다만, **자본 또는 지분의 환급, 잉여금의 처분 및 손금불산입항목은 제외**한다.

이러한 손비의 범위를 구체적으로 규정하고 있는데, 이는 어디까지나 대표적인 손비를 예시한 것에 불과하다. **법인세법에 열거되지 않은 것이라도 업무와 관련하여 초래된 모든 순자산감소액은 원칙적으로 손금에 해당**한다.

1. 손금일반원칙

(1) 비용배분의 원칙

기업회계기준과 동일하다.

(2) 손금의 증빙요건

법인은 모든 거래에 관한 증빙서류를 작성 또는 수취하여 **과세표준 신고기한이 경과한 날부터 5년간 이를 보관**하여야 한다.

이 경우 법인이 재화 또는 용역을 공급받고, 그 대가를 지급하는 경우에는 **적격증빙(신용카드매출전표 · 현금영수증 · 세금계산서 · 계산서 등)**을 수취하여 이를 보관하여야 한다. 법인세법은 적격증빙서류를 수취하지 하지 않고 영수증을 수취한 경우에는 다음과 같은 규제를 두고 있다.

영수증을 수취한 경우		법인세법상 규제
(1) 기업업무추진비	① **건당 3만원 초과**	**손금불산입** ☞ 증빙미수취가산세가 부과되지 않음
	② 건당 경조금 20만원 초과	
(2) 기타의 지출	**건당 3만원 초과**	**증빙미수취가산세(2%) 부과** ☞ 객관적으로 지급사실이 확인되면 손금은 인정되고, 손금인정금액에 대해서 가산세 부과

2. 손비의 범위

법인세법의 "손비"는 법인세법 및 다른 법률에 달리 정하고 있는 것을 제외하고는

① 그 법인의 사업과 관련하여 발생하거나 지출된 손실 또는 비용으로서

② 일반적으로 용인되는 통상적인 것이거나 수익과 직접 관련된 것으로 한다.

이러한 요건은 수익의 경우에 순자산증가액이면 아무런 추가적인 요건도 필요로 하지 않고 익금에 해당하는 것과 대조적이다. 법인세법에서 예시한 손비의 범위는 다음과 같다.

① 판매한 상품 또는 제품에 대한 원료의 매입가액(기업회계기준에 의한 매입에누리 및 매입할인금액은 제외)과 그 부대비용
  - 판매한 상품 또는 제품의 보관료, 포장비, 판매장려금 및 판매수당 등 판매와 관련된 비용(**판매장려금 및 판매수당의 경우 사전약정없이 지급하는 경우를 포함한다.**)

② 양도한 자산의 양도 당시의 장부가액

③ 인건비
  - **법인의 임직원에 대한 재화 · 용역 등 할인금액(개정세법 25)**
  - **법인이 계열회사에 지급하는 할인금액 상당액(개정세법 25)**

④ 고정자산의 수선비

⑤ 고정자산의 감가상각비

⑥ 자산의 임차료

⑦ 차입금 이자

⑧ 회수할 수 없는 부가가치세 매출세액 미수금(대손세액공제를 받지 아니한 것에 한정)

⑨ 자산의 평가차손

⑩ 제세공과금

⑪ **영업자가 조직한 단체로서 법인이거나 주무관청에 등록된 조합 또는 협회에 지급한 일반회비**

☞ 일반회비 : 법령 또는 정관이 정하는 바에 따라 경상경비를 충당할 목적으로 회원에게 정기적으로 부과하는 회비

⑫ 음 · 식료품의 제조업 · 도매업 또는 소매업을 영위하는 내국법인이 당해 사업에서 발생한 식품 등(생활용품 포함)을 국가 또는 지방자치단체에 잉여식품활용사업자로 등록한 자 또는 제공자가 지정하는 자에게 무상으로 기증하는 경우 기증한 잉여식품 등의 장부가액(이 경우 그 금액은 기부금에 포함하지 않는다. - 따라서 전액 손금으로 인정된다.)

⑬ 업무와 관련있는 해외시찰 · 훈련비

⑭ 근로자복지기본법에 의한 우리사주조합에 출연하는 자사주의 장부가액 또는 금품

⑮ 장식 · 환경미화 등의 목적으로 사무실 등 여러 사람이 볼 수 있는 공간에 항상 전시하는 미술품의 취득가액을 그 취득한 날이 속하는 사업연도의 손금으로 계상한 경우에는 그 취득가액(1,000만원 이하인 것에 한정한다.)

⑯ 광고선전목적으로 기증한 물품의 구입비용[특정인에게 기증한 물품(개당 3만원 이하의 물품)은 제외한다.]의 경우에는 연간 5만원 이내의 금액에 한정한다.

⑰ 주식매수선택권 등 그 밖의 손비로서 그 법인에 귀속되었거나 귀속될 금액

☞ 주식매수선택권(stock option) : 법인의 경영 · 기술혁신 등에 기여하였거나 기여할 능력을 갖춘 임직원등에게 낮은 가격으로 당해 법인의 신주를 매입할 수 있도록 부여한 권리

⑱ 임원 또는 사용인의 사망 이후 주주총회, 이사회의 결의 등에 의하여 결정된 기준에 따라 유족에게 일시적으로 지급하는 학자금 등 위로금

⑲ 내국법인이 설립한 사내근로복지기금 등에 지출하는 금액

⑳ 근로자에게 지급하는 출산 · 양육지원금

㉑ 그 밖의 손비로서 그 법인에 귀속되었거나 귀속될 금액

3. 손금불산입항목

일정한 손비는 순자산감소액임에도 불구하고 손금으로 인정되지 않는데, 그 내용은 다음과 같다.

(1) 자본거래 등으로 인한 손비의 손금불산입

① 잉여금의 처분을 손비로 계상한 금액

② 주식할인발행차금(신주발행비 포함)

(2) 제세공과금의 손금불산입

(3) 징벌적 손해배상금에 대한 손금불산입

징벌적 성격의 손해배상금(예 : 제조물책임법에 따른 손해배상등) 및 화해결정에 따른 지급 금액 중 실손해를 초과하여 지급한 금액

(4) 자산의 평가손실의 손금불산입

자산의 평가손실은 원칙적으로 손금에 산입하지 않는다.

다만, 재고자산, 유가증권, 화폐성 외화자산·부채 등을 법인세법 시행령의 방법에 의해 평가함으로써 발생하는 평가손실은 손금에 해당한다.

(5) 감가상각비의 손금불산입

(6) 기부금의 손금불산입

(7) 기업업무추진비의 손금불산입

(8) 과다경비 등의 손금불산입

다음의 손비 중 과다하거나 부당하다고 인정되는 금액은 손금에 산입하지 않는다.

① 인건비

② 복리후생비

③ 여비 및 교육·훈련비

법인의 임직원이 아닌 지배주주 등(특수관계자 포함)에게 지급한 여비 또는 교육훈련비는 손금에 산입하지 않는다.

④ 보험업법인의 사업비

⑤ 공동경비

법인이 다른 법인 등과 공동사업 등을 운영하여 지출한 비용을 공동사업법인간에 나눌 때 적정한 금액 이상을 부담한 경우 적정금액 초과분은 손금으로 인정하지 않는다.

⑥ 위 ①~⑤ 외에 법인의 업무와 직접 관련이 적다고 인정되는 경비로서 대통령령이 정하는 것 (현재는 대통령령에 규정이 없음)

(9) 업무무관비용의 손금불산입

(10) 지급이자의 손금불산입

(11) 대손금의 손금불산입

제2절 인건비

인건비는 근로의 대가로서 근로자에게 지급하는 일체의 금품을 말한다.

인건비는 이익처분에 의하여 지급되는 것이 아닌 한 원칙적으로 손금으로 인정된다. 그러나 특정한 경우에는 손금으로 인정되지 않는다.

1. 일반급여

(1) 원칙 : 손금

(2) 예외 : 손금불산입

① **법인이 지배주주 및 그와 특수관계가 있는 임직원에게 정당한 사유없이 동일 직위에 있는 지배주주 등 외의 임직원에게 지급하는 금액을 초과하여 보수를 지급한 경우 그 초과금액**

☞ 지배주주 : **1%** 이상의 지분을 소유한 주주 등으로서 그 와 특수관계에 있는 자와의 소유주식의 합계가 해당법인의 주주 중 가장 많은 경우의 해당주주 등을 말한다.

② 비상근임원에게 지급하는 보수 중 부당행위계산부인에 해당하는 것

2. 상여금

(1) 일반상여

① 원칙 : **손금**

② 예외 : 손금불산입(사외유출 - 상여)

임원상여금 한도 초과액은 손금불산입한다. 한도는 **정관 · 주주총회 · 사원총회 또는 이사회의 결의 따라 결정된 급여지급기준에 의한 금액**을 말한다.

(2) 이익처분에 의한 상여

자본거래이기 때문에 **손금불산입한다. 또한 합명회사 또는 합자회사의 노무출자사원에게 지급하는 보수는 이익처분에 의한 상여로 본다.** 다만 성과배분상여금 등을 인건비(비용)으로 처리시 손금처리가 가능하다.

☞ 합명회사 : 무한책임사원만으로 구성되는 상법상의 회사를 말한다. 따라서 각 사원이 업무집행권 및 대표권을 가진다.(가족적 형태의 회사)

합자회사 : 무한책임사원(경영)과 유한책임사원(자본제공)으로 이루어지는 회사로서 합명회사와 마찬가지로 친한 사람들이 공동으로 사업을 하는데 적합하다.

3. 퇴직급여

법인이 임직원에게 지급하는 퇴직급여는 임직원이 현실적으로 퇴직하는 경우에 지급하는 것에 한정하여 이를 손금에 산입한다.

현실적 퇴직	현실적 퇴직에 해당하지 않는 경우
① **사용인이 임원으로 취임한 경우** ② 임직원이 그 법인의 조직변경·합병·분할 또는 사업양도에 따라 퇴직한 때 ③ **법에 따라 퇴직급여를 중간 정산하여 지급한 경우** ④ 임원에게 정관 등의 규정에 의하여 법에 따른 사유(장기요양 등)로 중간 정산하여 퇴직급여를 지급한 경우	① **임원이 연임된 경우** ② 법인의 대주주의 변동으로 인하여 계산의 편의, 기타사유로 전사용인에게 퇴직급여를 지급한 경우 ③ 외국법인의 국내지점 종업원이 본점(본국)으로 전출하는 경우 ④ 법에 따라 퇴직급여를 중간정산하기로 하였으나 이를 실제로 지급하지 않은 경우
손금	**업무무관가지급금으로 간주**

☞ 조직변경 : 회사 인격의 동일성은 유지되지만 법률상의 조직을 변경하여 다른 종류의 회사로 되는 것 (예 : 주식회사 ↔ 유한회사의 변경)

(1) 원칙 : 손금

(2) 예외 : 손금불산입(사외유출 - 상여)

임원퇴직금 한도 초과액은 손금불산입한다. 한도는 **정관상 임원의 퇴직급여지급기준에 따른다.** 만약 지급규정이 없는 경우 **<u>법인세법상 한도액 기준</u>**을 따른다.

<u>임원퇴직금한도</u> = **퇴직전 1년간 총급여액**[*1] **× 10% × 근속년수(월미만 절사)**

<u>*1. 손금불산입된 급여·상여 및 비과세 근로소득은 제외한다.</u>

4. 복리후생비

법인이 그 임직원을 위하여 직장시설보육비, 직장체육비, 직장문화비, 우리사주조합의 운영비, 사용자부담 건강보험료 및 고용보험료 등의 복리후생비를 지출한 때에는 이를 손금에 산입한다.

〈인건비 손금인정 여부〉

		사용인	임원
1. 급여		○	○
2. 상여금	**① 일반상여**	○	상여지급기준 내
	② 이익처분에 의한 상여	×	×
3. 퇴직급여		○	정관규정한도 내
4. 복리후생비		열거된 것 및 유사한 것	

* ○은 원칙적으로 손금사항임.

<예제 4 - 1> 인건비

㈜ 무궁의 다음 자료에 의하여 세무조정을 행하시오.
단, 이사회결의에 따른 규정에 따르면 임직원에 대한 상여금은 연간급여액의 40%이고, 퇴직금지급규정은 없다. 당기말에 관리임원과 인사과장이 퇴직하였다. 현실적인 퇴직으로 회사는 퇴직급여충당금을 설정하지 않고 있다.

	급 여	상여금	퇴직급여
관리임원	50,000,000원	25,000,000원	30,000,000원
인사과장	30,000,000원	20,000,000원	25,000,000원

☞ 관리임원과 인사과장의 근속년수는 3년 3개월 15일로 동일하다.

해답

1. 상여금에 대한 세무조정

-임원상여금 한도초과액 : 25,000,000원 - 50,000,000원×40% = 5,000,000원**(손금불산입 - 상여)**
-사용인에 대한 상여는 한도가 없으므로 손금산입함.

2. 퇴직금에 대한 세무조정

-임원퇴직급여 한도초과액 : ⓐ - ⓑ = 7,250,000원**(손금불산입 - 상여)**

ⓐ 퇴직금지급액 : 30,000,000원

ⓑ 한도액 : [50,000,000원 + 25,000,000원 - 5,000,000원(손금불산입된 상여)] ×10%×(36개월 + 3개월)/12개월 = 22,750,000원

-사용인에 대한 퇴직금은 한도가 없으므로 손금산입함.

제3절 세금과공과금

1. 조세 

조세는 업무와 관련된 것에 대해서 원칙적으로 손금으로 인정된다. 다만 몇 가지 예외적으로 손금되지 않는 것이 있다.

		종 류	소득처분
1. 원칙 : 손금	당기손금	**재산세, 자동차세**, 주민세(균등분, 재산분, 종업원분), 종합부동산세 등	–
	미래손금 (자산원가)	**취득세 등**	
2. 예외 : 손금불산입		① **법인세 및 지방소득세(법인)**, 농어촌특별세	기타사외유출
		② **간접세** : 부가가치세매입세액, 개별소비세, 교통세, 주세 등	유보
		③ **징벌효과 : 가산세와 징수불이행 세액**	기타사외유출

〈부가가치세 매입세액에 대한 법인세법상 취급〉 

	종 류	법인세법규정
1. 공제매입세액(비용처리시)		**손금불산입(유보)**
2. 불공제 매 입 세 액	① **본래부터 공제되지 않는 매입세액(부가가치 미창출)** – 영수증을 발급받은 거래분의 매입세액 – 면세사업/도지/기업업무추진비관련 매입세액 – 비영업용소형승용차 관련 매입세액	**손금산입** * 자산계상분은 추후 손금인정
	② **의무불이행으로 공제되지 않는 매입세액** – 세금계산서 미수취 · 불명분매입세액 – 사업과 관련없는 매입세액, 사업자등록전 매입세액 (매입세액불공제분) 등	**손금불산입** * 자산으로도 계상못함

2. 공과금

"공과금"이란 조세 이외의 강제적 부담금을 말한다. 즉, 공법상의 단체에 의무적으로 부담하는 부담금을 말하는 것이다.

(1) 원칙 : 손금(**교통유발부담금**[*1], **폐기물처리부담금**[*2], **환경개선부담금**[*3])

공과금은 지출시 즉시 손금으로 인정되나, 개발부담금[*4], 재건축부담금[*5] 등은 자산의 취득가액으로 계상된 후에 추후에 손금으로 인정된다.

***1.** 교통혼잡완화를 위하여 원인자부담의 원칙에 따라 혼잡을 유발하는 시설물에 대하여 부과하는 공과금

***2.** 특정유해물질 등을 함유하고 있거나, 재활용이 어렵고 폐기물관리상 문제를 일으킬 수 있는 제품 등에 대해 그 폐기물의 처리에 소요되는 비용을 해당 제품 등의 제조업자 등에게 부담하도록 하는 제도

***3.** 유통·소비부문을 대상으로 『오염원인자부담원칙』에 의거 오염원인자에게 오염물질 처리비용을 부담토록 하여 오염 저감을 유도하고 환경투자재원을 안정적으로 확보하기 위한 간접규제 제도이다.

***4.** 개발사업 대상 토지에 대한 투기를 방지하고 그 토지의 효율적인 이용을 촉진하기 위해 법규에 의한 해당사업의 개발이익에 대해 부과·징수되는 환수금이 개발부담금이다.

***5.** 재건축 아파트의 과도한 가격상승을 막기 위해 법에 따라 부과되는 부담금

(2) 예외 : 손금불산입

① 법령에 의하여 의무적으로 납부하는 것이 아닌 것 : 임의출연금 등

② 법령에 의한 의무의 불이행 또는 금지·제한 등의 위반에 대한 제재로서 부과되는 것 (**<u>폐수배출부담금</u>**[*1] 등)

*1. 폐수배출관련의무를 불이행시 제재 목적으로 부과되는 부담금

(3) 협회비나 조합비로서 일반회비 : 손금

영업자가 조직한 단체로서 법인이거나 주무관청에 등록된 조합 또는 협회에 지급한 <u>일반회비는 전액 손금사항</u>이다.

3. <u>벌금·과료·과태료 및 강제징수비 : 손금불산입</u>

벌금, 과료(통고처분에 의한 벌금 또는 과료 상당액 포함), 과태료(과료와 과태금 포함), 강제징수비는 손금에 산입하지 않는다. 벌금 등을 손금으로 인정하지 않는 이유는 **징벌의 효과를 감소시키지 않기 위한 데** 있다. 그리고 강제징수비를 손금으로 인정하지 않는 이유는 만일 이것을 손금으로 인정하면 그에 대한 법인세 상당액만큼의 강제징수비를 국가가 대신 부담해 준 결과가 되기 때문이다.

☞ 강제징수비 : 납세자가 국세를 체납시 강제징수에 관한 규정에 의한 재산의 압류와 압류한 재산의 보관과 운반 및 공매에 소요된 비용을 말한다.

〈벌금 등의 사례〉

벌금 등 해당하는 것	벌금등에 해당하지 않는 것
① 법인의 임원 또는 사용인이 관세법을 위반하고 지급한 벌과금 ② 업무와 관련하여 발생한 **교통사고벌과금** ③ 산업재해보상보험법 규정에 의하여 부과하는 **산재보험료의 가산금** ④ 국민건강보험법의 규정에 의하여 징수하는 **연체금** ⑤ 외국의 법률에 의하여 국외에서 납부한 벌금	① **사계약상의 의무불이행으로 인하여 부과하는 지체상금** ② 산업재해보상보험법 규정에 의한 **산재보험료의 연체료** ③ **전기요금의 납부지연으로 인한 연체가산금**

<예제 4 - 2> 세금과공과금

㈜ 무궁의 판매비와 관리비의 세금과공과금의 내역이다. 다음 자료에 의하여 세무조정을 행하시오.

	금 액	비 고
① **주민세 재산분**	100,000	사업소 연면적 1㎡당 과세
② **동업자 협회의 조합비**	200,000	주무관청에 등록된 조합이고, 일반회비이다.
③ **외국에서 납부한 벌금**	300,000	
④ **취득세**	400,000	토지의 취득시 부담한 것임.
⑤ **폐수배출부담금**	500,000	
⑥ **교통사고벌과금**	600,000	
⑦ **등록세**	700,000	신주발행시 등록비용
⑧ **개발부담금**	800,000	
⑨ **지체상금**	100,000	거래처의 납품지연에 대한 부담한 것임
⑩ **산재보상보험료 가산금**	200,000	
⑪ **산재보상보험료 연체료**	300,000	
⑫ **전기요금납부지연 연체이자**	400,000	

해답

	세무조정	내 역
① 주민세 재산분	–	손금인정
② 동업자 협회의 조합비	–	일반회비는 전액손금
③ 외국에서 납부한 벌금	손不 : 기타사외유출 – 300,000	벌금에 해당함.
④ 취득세	손不 : 유보 – 400,000	토지의 취득원가에 해당함.
⑤ 폐수배출부담금	손不 : 기타사외유출 – 500,000	법령에 의해 제재로서 부과됨.
⑥ 교통사고벌과금	손不 : 기타사외유출 – 600,000	벌금에 해당함.
⑦ 등록세	손不 : 기타 – 700,000*1	신주발행시 등록비용
⑧ 개발부담금	손不 : 유보 – 800,000	토지의 취득원가임.
⑨ 지체상금	–	손금인정
⑩ 산재보상보험료 가산금	손不 : 기타사외유출 – 200,000	벌금등에 해당함.
⑪ 산재보상보험료 연체료	–	벌금등에 해당하지 아니함.
⑫ 전기요금납부지연 연체이자	–	벌금등에 해당하지 아니함.

*1. [신주발행비 세무조정]

결산서	(차) 세금과공과	700,000	(대) 현 금	700,000
세무상	(차) 잉 여 금	700,000	(대) 현 금	700,000
수정분개	(차) 잉 여 금	700,000	(대) 세금과공과	700,000
세무조정	<손금불산입> 신주발행비 **700,000원(기타)**			

제4절 업무무관경비

1. 업무무관경비

다음의 업무무관경비는 손금에 산입하지 아니한다.

① **업무무관자산을 취득·관리에 따른 비용·유지비·수선비와 이에 관련된 비용**

② 법인이 직접 사용하지 않고 타인(비출자임원·소액주주임원 및 사용인을 제외)이 주로 사용하는 장소·건축물·물건 등의 유지비·관리비·사용료와 이에 관련된 지출금

☞ 소액주주 : 발행주식 총수의 1%에 미달하는 주식을 소유한 주주

③ **출자자(소액주주 제외)나 출연자인 임원 또는 그 친족이 사용하고 있는 사택의 유지비·사용료와 이에 관련되는 지출금**

④ 업무무관자산을 취득하기 위하여 지출한 자금의 차입과 관련되는 비용
⑤ 형법상 뇌물에 해당하는 금전과 금전 이외의 자산 및 경제적 이익의 합계액
⑥ **노동조합의 전임자에게 지급하는 급여**

2. 업무무관자산

법인의 업무와 직접 관련이 없다고 인정되는 다음의 자산을 말한다.
① 업무에 직접 사용하지 않는 부동산 및 자동차 등
② 서화 및 골동품(장식·환경미화 등의 목적으로 사무실·복도 등 여러 사람이 볼 수 있는 공간에 상시 비치되는 것은 제외)
③ 기타 유사한 자산으로서 법인의 업무에 직접 사용하지 않는 자산

〈업무무관자산의 세무처리〉

취득시	보유시	처분시
취득원가 = 매입가액 + 취득부대비용	감가상각비 : 손금불산입 유보	손금산입 △유보
	유지비용 : 손금불산입 사외유출	-

3. 업무용승용차 관련비용

(1) 적용대상 : 부가세법상 매입세액 불공제 대상 승용차

(2) 관련비용 : 감가상각비, 임차료, 유류비, 보험료, 수선비, 자동차세, 통행료 등

(3) 비용 인정기준

① 임직원 전용 자동차 보험가입 및 법인업무용 전용번호판 부착 등 일정요건 충족(귀속자에 따라 사외유출)

- 운행기록 작성 : 업무사용비율에 따라 손금산입
- 운행기록 미작성 : **1,500만원** 한도로 손금에 산입
  ⓐ 1,500만원이하인 경우 : 100분의 100
  ⓑ 1,500만원을 초과하는 경우 : 1,500만원/업무용승용차관련비용
  즉 **MIN[① 15,000,000원 ② 업무용승용차관련비용]**

② 감가상각비(내용연수 5년, 정액법)와 임차료 중 감가상각비 상당액*1

: **<u>업무에 사용한 금액 중 800만원을 한도</u>**로 손금산입

감가상각비(감가상각비 상당액)×업무사용비율－800만원＝감가상각비 한도초과액 → 손금불산입(유보) ▶ <u>감가상각비 상당액은 기타사외유출</u>

*1. 시설대여업자(리스회사) : 임차료에서 보험료, 자동차세, 수선유지비를 차감한 금액
자동차대여사업자(렌트카) : <u>임차료의 70%에 해당하는 금액</u>

③ 처분손실 : 매년 800만원을 한도로 손금에 산입한다.

<u>한도초과액은 손금불산입(기타사외유출) → 이월액 손금산입(기타)</u>

☞ 사업연도 중 취득 또는 처분시 월할계산

<예제 4 - 3> 업무용승용차

㈜ 무궁은 대표이사 전용의 업무용 승용차를 5,000만원에 구입하였고 임직원 전용자동차 보험에 가입하였다. 회사는 감가상각비 10,000,000원과 유지관련비용 10,000,000원을 비용으로 계상하였다. 회사는 차량운행일지를 작성한바 업무사용비율은 90%이다. 이에 대한 세무조정을 행하시오.

해답

(1) 감가상각비 시부인
- 회사계상액 10,000,000원
- 상각범위액(한도) 10,000,000원(**<u>50,000,000원/5년, 정액법</u>**)
- 상각비 초과금액 없음

(2) 업무미사용금액의 손금불산입
업무용승용차관련비용×(1－업무사용비율)＝20,000,000×(1－90%)＝**<u>2,000,000원(손불, 상여)</u>**

(3) 업무사용 감가상각비중 800만원 초과분의 손금불산입
10,000,000×90%－8,000,000＝<u>1,000,000원(손금불산입, 유보)</u>

참고

성실신고확인대상 소규모 법인에 대한 손금인정 제한

1. 특정내국법인(①&②&③)
   ① 지배주주 등이 출자총액의 50% 초과 소유
   ② 부동산 임대업이 주된 사업 또는 부동산임대 · 이자 · 배당 매출액이 50% 이상일 것
   ③ 상시근로자수가 5인 미만일 것
2. <u>기업업무추진비손금산입 한도 축소 : 한도액의 50%</u>
3. <u>업무용 승용차 관련비용 손금산입 한도 축소 : 한도액의 50%</u>
   (운행기록 미작성시 5백만원, 감가상각비 한도 400만원, 승용차 처분손실 한도 400만원)
4. 법인세율 : 0~200억원 이하 세율 19%(개정세법 25)

연/습/문/제

 객관식

01. 다음 중 법인세법상 손금에 해당하지 않는 것은?

① 기업회계기준에 의한 매입에누리금액
② 업무와 관련있는 해외시찰 · 훈련비
③ 불특정다수인에게 광고선전 목적으로 기증한 물품의 구입비용
④ 기업회계기준에 의해 계상한 판매관련 부대비용으로서 사전약정없이 지급한 판매장려금

02. 다음은 법인세법상 인건비에 대한 설명이다. 가장 옳지 않은 것은?

① 비상근임원에게 지급하는 보수는 전액 손금산입한다.
② 사용인이 임원으로 취임하는 경우 현실적인 퇴직으로 본다.
③ 주주총회에서 이익처분결의를 통해서 임원에게 지급하는 상여금은 손금에 산입하지 아니한다.
④ 임원에게 퇴직금을 지급하는 경우 퇴직급여지급기준을 초과하여 지급하는 금액은 손금불산입하고 상여처분한다.

03. 법인세법상 인건비 내용 중에서 손금불산입이 되는 인건비가 아닌 것은?

① 이익처분에 의한 성과배분 상여금
② 정관의 규정에 따라 지급된 임원 상여금
③ 지배주주 임직원에 대한 정당한 사유 없는 불평등 보수액 중 동일 직급 임직원의 급여를 초과하는 금액
④ 임원퇴직급여 한도초과액

04. 법인이 그 임원 또는 사용인을 위하여 지출한 비용 중 복리후생비로써 손금에 산입되지 않는 것은 어느 것인가?

① 직장체육비 ② 직장문화비
③ 사내노동조합의 운영비 ④ 우리사주조합의 운영비

05. 법인세법상 현실적 퇴직으로 보는 것은?

① 정부투자기관 등이 민영화됨에 따라 전종업원의 사표를 수리한 후 재채용한 경우
② 외국법인의 국내지점 종업원이 본점으로 전출하는 경우
③ 법인의 부장이 업무상 공로를 인정받아 이사로 취임한 경우
④ 법인의 대주주변동으로 인하여 계산의 편의 그 밖의 사유로 전 사용인에게 퇴직금을 지급한 경우

06. 다음 중 법인세법상 손금으로 인정될 수 없는 조세는 무엇인가?

① 종합부동산세
② 세금계산서 부실기재로 인하여 부담한 매입세액
③ 기업업무추진비관련 매입세액
④ 간주임대료에 대한 부가가치세

07. 다음 중 법인세법상 손금에 해당하지 않는 것은?

① 교통위반범칙금 ② 전력비연체료
③ 주민세 재산분과 주민세 종업원분 ④ 출자임원에 대한 사용자부담분 건강보험료

08. 법인세법상 손금산입 되는 조세로 옳지 않은 것은?

① 주민세(재산분) ② 지방소득세 소득분
③ 업무와 관련있는 재산세 ④ 업무와 관련있는 자동차세

09. 다음 중 법인세법상 손금불산입항목이 아닌 것은?

① 급여규정이 없이 지급한 임원상여금 ② 전기요금 연체가산금
③ 업무와 관련하여 발생한 교통사고벌과금 ④ 외국의 법률에 의하여 국외에서 납부한 벌금

10. 다음은 법인세법상 손금불산입되는 제세공과금 항목에 대한 설명이다. 이에 해당하지 않는 것은?

① 법인세 및 그에 관한 법인세분 지방소득세 · 농어촌특별세
② 세법에 따른 의무불이행으로 인한 세액(가산세 포함)
③ 개별소비세
④ 주민세

11. 법인세법상 법인의 업무와 관련된 공과금은 원칙적으로 지출하는 사업연도에 즉시 손금으로 인정되거나 또는 자산의 취득가액으로 계상된 후 추후에 손금으로 인정된다. 다음 중 예외적으로 손금불산입되는 공과금은 어느 것인가?

① 개발부담금 ② 교통유발부담금
③ 재건축부담금 ④ 폐수배출부담금

12. 매출세액에서 불공제되는 부가가치세 매입세액 중 법인세법상 손금불산입되는 경우는?

① 면세사업 관련 매입세액
② 간주임대료에 대한 매입세액
③ 사업자등록신청 전의 매입세액(매입세액공제가 되지 않는 것)
④ 비영업용 소형승용차 관련 매입세액

13. 부가가치세매입세액에 대한 법인세법상 처리에 대한 설명으로 옳지 않은 것은?

① 면세사업과 관련된 부가가치세 매입세액 불공제액은 그 성격에 따라 자산의 취득원가 또는 당기 손비로 처리한다.
② 면세농산물과 관련하여 의제 매입세액공제를 받은 경우 이를 원재료의 매입가액에서 차감한다.
③ 비영업용 소형승용차의 취득에 따른 매입세액은 손금불산입한다.
④ 기업업무추진비와 관련된 매입세액은 법인세법상 기업업무추진비로 본다.

14. 다음 중 법인세법상 법인의 손금으로 인정되지 않는 것은?

① 양도한 자산의 양도 당시의 장부가액
② 노동조합전임자에게 지급하는 급여
③ 영업자가 조직한 단체로서 법인이거나 주무관청에 등록된 조합 또는 협회에 지급한 일반회비
④ 고정자산의 소액수선비

15. 다음은 법인세법상 업무무관자산의 과세상 취급에 대한 설명이다. 옳지 않은 것은?

① 업무무관자산이란 해당 법인의 업무와 직접 관련이 없다고 인정되는 동산과 부동산을 말한다.
② 업무무관자산을 관리하면서 발생하는 관리비, 재산세, 감가상각비 등은 손금에 산입하지 아니한다.
③ 업무무관자산에 대하여는 법인세법상 지급이자 손금불산입 규정을 적용한다.
④ 법인의 소액주주 및 사용인이 사용하고 있는 사택의 사용료 등은 업무무관비용으로 손금에 산입하지 아니한다.

16. 다음은 법인세법상 업무무관비용의 손금불산입에 관한 내용이다. 다음 중 옳지 않은 것은?

① 업무무관자산을 취득 · 관리함으로써 생기는 비용이다.
② 해당법인의 사용인 또는 소액주주등이 사용하는 사택의 유지비 · 관리비 · 사용료도 해당한다.
③ 업무무관자산을 취득하기 위하여 지출한 자금의 차입과 관련된 비용도 포함된다.
④ 형법 등에 의해 뇌물에 해당하는 비용도 포함된다.

17. 다음 중 법인세법상 "업무용 승용차 관련비용의 손금불산입 등 특례"에 관련된 내용 중 가장 틀린 것은?

① 부동산임대업을 주된 사업으로 하는 법인의 업무용승용차의 승용차별 감가상각비에 해당하는 비용이 400만원(사업연도는 1년임)을 초과하는 금액은 해당 사업연도의 손금에 산입하지 않는다.
② 배기량이 1천cc이하인 경차와 전기승용자동차(자동차관리법에 따른 대통령령으로 정하는 규격의 것은 제외)는 이 규정을 적용받지 않는다.
③ 일반적인 경우 "업무전용자동차보험"에 가입하지 아니한 경우의 업무용승용차 관련비용은 전액 손금부인된다.
④ 업무용승용차는 정액법을 상각방법으로 하고 내용연수를 5년으로 하여 계산한 금액을 감가상각비로 하여 손금에 산입하여야 한다.

18. 다음 중 법인세법상 업무용승용차에 대한 설명으로 가장 옳지 않은 것을 고르시오.

① 업무용승용차 관련비용이란 감가상각비, 임차료, 유류비, 보험료, 수선비, 자동차세, 통행료 및 금융리스부채에 대한 이자비용 등 업무용승용차의 취득 · 유지를 위하여 지출한 비용을 말한다.
② 업무용승용차는 정액법으로 5년간 강제상각하여야 한다.
③ 원칙적으로 업무전용자동차보험에 가입하지 아니한 경우 전액 손금으로 인정되지 않는다.
④ 운행일지를 작성하지 않을 경우 전액 손금으로 인정되지 않는다.

19. 다음 중 법인세법상 소득처분의 성격이 다른 것은?

① 임대보증금 등의 간주익금(추계아님)

② 업무용승용차처분손실 중 한도초과액

③ 업무무관자산 등에 대한 지급이자

④ 임원퇴직급여의 한도초과액

20. 다음 중 법인세법상 현실적인 퇴직에 해당하지 않은 경우는?

① 법인의 직원이 해당 법인의 임원으로 취임한 때

② 법인의 임원이 연임된 때

③ 법인의 임원 또는 직원이 그 법인의 조직변경에 의하여 퇴직한 때

④ 근로자퇴직급여보장법에 따라 퇴직급여를 중간정산하여 지급한 때(중간정산시점부터 새로 근무연수를 기산하여 퇴직급여를 계산하는 경우에 한정)

21. 법인세법은 법인이 임원 또는 사용인에게 지급하는 퇴직급여에 관하여 현실적인 퇴직과 현실적 퇴직에 해당하지 않는 것에 대하여 구분하고 있다. 다음 중 현실적인 퇴직에 해당하지 않는 것은?

① 사용인이 임원으로 취임한 경우

② 임원에 대한 급여를 연봉제로 전환함에 따라 향후 퇴직급여를 지급하지 않는 조건으로 퇴직급여를 정산하여 지급한 경우

③ 상근임원이 비상근임원으로 된 경우

④ 임원 또는 사용인이 그 법인의 조직변경 · 합병 · 분할 또는 사업양도에 의하여 퇴직한 때

22. 다음 중 법인세법상 업무용승용차에 관한 설명으로 옳지 않은 것은?

① 업무용승용차를 처분하여 발생하는 손실 중 한도초과액은 손금불산입하고 기타사외유출로 처분한다.

② 업무용승용차란 개별소비세 과세대상인 승용차로서 법에서 열거한 "특정 영업용승용차"를 제외한 것을 말한다.

③ 업무전용자동차보험에 가입하지 않더라도 업무용승용차 관련비용의 업무사용비율만큼 손금으로 인정 가능하다.

④ 업무용승용차별 감가상각비 중 업무사용비율에 해당하는 금액은 연간 800만원(특정 요건을 충족하는 부동산임대업을 주업으로 하는 내국법인 등은 400만원) 한도 내에서만 손금으로 인정한다.

주관식

01. ㈜동양이 고정자산인 토지를 1억원에 취득하면서 납부한 토지분 취득세 2,000,000원을 관리비의 세금과공과(비용)으로 회계처리한 경우 이에 대한 법인세법상 세무조정(소득처분포함)을 하시오.

02. 다음 자료에 의하여 법인세법상 익금 및 손금불산입의 합계액을 구하면 얼마인가?

> ① 사업수입금액 : 1,000,000원
> ② 법인세 등의 환급액 : 100,000원
> ③ 이익처분에 의하지 않고 손금으로 계산된 적립금액 : 300,000원
> ④ 부가가치세 매출세액 : 500,000원

03. 다음의 경우 인건비로 손금불산입 되는 총 금액은 얼마인가?(단, 이 회사는 임원에 대한 상여금 지급규정과 퇴직급여지급규정을 두고 있지 아니하다)

> 비상장법인인 (주)세무는 20x1년 사업연도 중에 전무이사 오세민에 대한 인건비로 급여 40,000,000원, 상여금 12,000,000원, 퇴직급여 50,000,000원(퇴직일 20x1.12.31, 근속연수는 3년, 지분비율은 3%)을 지출하였다.

04. 법인세법상 다음 사례에서 ㈜세무의 제2기(20x1.1.1.~12.31) 세무조정을 하시오.

> 〈사례〉
> • 제조업법인인 ㈜세무는 20x1.1.1 업무용으로 승용차를 렌트회사로부터 운용리스로 5년간 임차하였다.
> • 월임차료는 900,000원이며 매월 유류비는 800,000원이 지출되어 회사의 손익계산서에 반영되었다. (다른 경비는 없다고 가정)
> • 업무전용자동차보험은 가입하지 않았고, 차량운행일지도 작성하지 않음.

05. 다음 중 법인세법상 20x1년 귀속 법인세 신고 시 세무조정을 하시오.

- 차량(5인승 중형 2,000cc 세단) 1대
- 운행일지 작성에 따른 업무사용비율 : 80%
- 차량취득가액 : 5천만원(20x0.1.1. 취득)
- 감가상각방법은 정액법 적용
- 업무전용자동차보험 가입됨.
- 결산서상 차량관련비용은 차량 감가상각비 1천만원 계상(다른 비용은 0원 가정)
- 차량의 사용자는 법인의 대표이사이며 주주로 가정함.

06. 다음 자료에 따른 법인세법상 (　　　)에 들어갈 숫자는?

법인세법상 의 부동산임대업을 주된 사업으로 하는 내국법인의 경우 업무용승용차의 감가상각비 한도액은 12개월 기준으로 (　　　)만원이다.

07. 다음 (　　)에 공통으로 들어갈 금액은?

법인(부동산임대업이 주업이 아닌)이 업무용승용차를 처분하여 발생하는 손실로서 업무용승용차별로 (　　)만원(해당 사업연도가 1년 미만인 경우 (　　)만원에 해당 사업연도의 월수를 곱하고 이를 12로 나누어 산출한 금액을 말한다)을 초과하는 금액은 대통령령으로 정하는 방법에 따라 이월하여 손금에 산입한다.

08. 다음은 법인세법상 업무용승용차 규정에 대한 설명이다. (　　)안에 들어갈 숫자는 무엇인가?

차량운행일지를 작성하지 않은 경우 해당 사업연도의 업무용 승용차 관련비용이 (　　　　)원 이하일 때 업무용 승용차의 업무사용비율은 100분의 100으로 한다.

09. 다음은 법인세법상 업무용승용차 관련비용의 손금불산입 등 특례에 대한 설명이다. (　　)에 들어갈 알맞은 숫자를 적으시오.

> 업무용승용차를 처분하여 발생하는 손실로서 업무용승용차별로 800만원(해당 사업연도가 1년 미만인 경우 800만원에 해당 사업연도의 월수를 곱하고 이를 12로 나누어 산출한 금액을 말한다)을 초과하는 금액은 대통령령으로 정하는 방법에 따라 이월하여 손금에 산입한다. 다만, **부동산임대업을 주된 사업**으로 하는 등 대통령령으로 정하는 요건에 해당하는 **내국법인의 경우에는 (　　)원**으로 한다.

10. 다음은 법인세법상 업무용승용차 규정에 대한 설명이다. (　　)안에 들어갈 숫자는 무엇인가?

> 차량운행일지를 작성하지 않은 경우 해당 사업연도의 업무용 승용차 관련비용이 (　　)원 이하일 때 업무용 승용차의 업무사용비율은 100분의 100으로 한다.

연/습/문/제 답안

객관식

1	2	3	4	5	6	7	8	9	10	11	12	13	14	15
①	①	②	③	③	②	①	②	②	④	④	③	③	②	④
16	17	18	19	20	21	22								
②	②	④	④	②	②	③								

[풀이 - 객관식]

01. 기업회계기준에 의한 매입에누리, 매입할인은 손비에 해당하지 않는다.
02. 비상근임원에게 지급하는 보수는 원칙적으로 손금이나 부당행위계산에 해당하는 경우 손금불산입한다.
03. **정관의 규정에 따라 지급된 임원 상여금은 손금사항**이다.
04. **노동조합은 별도 법인으로서** 복리후생비가 아니라 기업업무추진비에 해당한다.
05. **사용인이 임원으로 취임**한 경우에는 **현실적인 퇴직**으로 본다.
06. 의무불이행으로 인한 매입세액은 매입세액 불공제이고 또한 손금불산입사항이다.
08. 법인세에 부가되는 지방소득세 소득분은 손금불산입된다.
09. **전기요금연체가산금은 손금항목**이다.
10. 주민세는 손금사항이다.
11. 제재목적의 **폐수배출부담금은 손금불산입사항**이다.
12. 해당 법인의 귀책사유에 해당되므로 불공제 대상인 매입세액은 손금불산입된다.
13. 비영업용 소형승용차의 취득에 따른 매입세액은 취득원가에 포함한다.
14. **노동조합의 전임자 급여는 업무무관비용으로 손금불산입**한다.
15. 소액주주 및 사용인이 사용하고 있는 사택의 사용료는 업무무관비용에 해당하지 않는다.
16. 사용인 또는 소액주주가 사용하는 사택유지비는 업무무관비용이 아니다.
17. 부가가치세법상 매입세액 공제되는 **자동차(경차)는 적용 제외**되나 **전기승용자동차는 해당된다.**

18. 운행기록 등을 작성·비치하지 아니한 경우 해당 업무용승용차의 업무사용비율은 다음의 비율로 한다.
    ① 해당 사업연도의 업무용승용차 관련비용이 **1,500만원 이하인 경우 : 100%**
    ② 해당 사업연도의 업무용승용차 관련비용이 1,500만원을 초과하는 경우 : **1,500만원/업무용승용차 관련비용**
19. 임원퇴직급여의 한도초과액은 근로소득으로 과세하고 나머지는 기타사외유출로 처분하고 추가과세는 없다.
20. 임원이 연임된 경우 현실적인 퇴직에 해당하지 아니한다.
21. 임원의 경우 중간정산은 장기요양등 일정한 사유가 있는 경우에 인정된다.
22. 업무전용자동차보험에 가입하지 아니한 경우 : 전액 손금불인정

주관식

01	손금불산입 2,000,000 (유보)	02	1,300,000원	03	50,000,000원
04	손금불산입 20,400,000 상여	05	손금불산입 2,000,000원 상여	06	400
07	800	08	15,000,000	09	4,000,000
10	15,000,000				

[풀이 - 주관식]

02. 법인세 등의 환급액(100,000원)과 부가가치세 매출세액(500,000원)은 익금불산입 항목임.
03. ㉠ 임원퇴직금 한도액(퇴직급여지급규정이 없는 경우)
    퇴직 전 1년간 총급여액(손금불산입되는 급여 제외)(40,000,000)×10%×근속연수(3)
    =12,000,000원
    ㉡ 임원퇴직금한도초과액 : 50,000,000 - 12,000,000 = 38,000,000원
    ㉢ 지급규정 없는 임원 상여 : 12,000,000원
04. 업무전용자동차보험에 미가입시 전액 손금불산입하고 상여처분한다.
    승용차관련비용 = (900,000 + 800,000) × 12개월 = 20,400,000원

05. (1) 감가상각비 시부인

회사계상액	상각범위액	한도초과
10,000,000	10,000,000원(= **50,000,000원/5년**)	-

(2) 업무미사용금액의 손금불산입

업무용승용차관련비용×(1 - 업무사용비율) = 10,000,000×(1 - 80%) = **2,000,000원(손불, 상여)**

(3) 업무사용 감가상각비중 800만원 초과분

10,000,000×80%(업무사용비율) - 8,000,000 = 0(세무조정없음)

Chapter 5

손익의 귀속

제1절 권리의무확정주의

각 사업연도의 익금과 손금의 귀속사업연도는 그 익금과 손금이 확정된 날이 속하는 사업연도로 한다. 여기서 확정이란 **익금의 경우에는 권리의 확정을 말하고 손금의 경우에는 의무의 확정**을 말한다.

따라서 익금은 권리가 확정된 시점, 손금은 의무가 확정된 시점에 귀속되는 것이다.

이러한 권리의무확정주의는 어떠한 시점에서 익금과 손금을 확실히 인식할 수 있을 것인가를 법률적 측면에서 포착하기 위한 것이다.

〈법인세법과 기업회계의 비교〉

	기업회계	법인세법
수익(익금)	실현주의	권리확정주의
비용(손금)	발생주의(수익비용대응의 원칙)	의무확정주의

제2절 자산의 판매손익 등의 귀속사업연도

1. 원칙적인 귀속시기 

자산의 양도 등으로 인한 손익 귀속시기는 기업회계기준과 거의 동일하다.

	기업회계	법인세법
1. 상품 등의 판매 (부동산 제외)	인도기준	**좌동**
2. 상품 등의 시용판매 (부동산 제외)	구매자가 구입의사를 표시한 날	**좌동**
3. 자산양도손익 (부동산 포함)	법적소유권이 구매자에게 이전되는 시점. 다만 그전에 소유에 따른 위험과 효익이 구매자에게 실질적으로 이전되는 경우에는 그 시점	**- 원칙 : 대금청산일 - 예외 : 대금청산전에 자산을 인도하거나 소유권의 이전등기 또는 상대방에게 사용수익하게 한 경우 즉, ⓐ대금청산일 ⓑ소유권이전등기일 ⓒ인도일(사용수익일) 중 빠른날**
4. 자산의 위탁판매	수탁자가 해당 재화를 판매시	**좌동**

2. 장기할부의 귀속사업연도

(1) 장기할부판매의 범위

① 판매(수입)금액을 월부・연부 기타의 지불방법에 따라 2회 이상으로 분할하여 수입하는 것 중

② 당해 목적물 인도일의 다음날부터 최종할부금의 지급기일까지의 기간이 1년 이상인 것을 말한다.

(2) 손익의 귀속시기 

	기업회계	법인세법
1. **단기할부판매**	인도기준	좌동
2. **장기할부판매**	(현재가치)인도기준	원칙 : (명목가액)인도기준
	* 비상장중소기업 등의 경우 회수기일도래기준 적용가능	특례 - **현재가치 인도기준 수용** - **회수기일도래기준 수용** - 중소기업은 결산서에 인도기준으로 인식한 경우에도 회수기일도래기준으로 신고조정할 수 있다.

제3절 용역제공 등에 의한 손익의 귀속사업연도

1. 원칙 : 진행기준

건설 등(도급공사 및 예약매출 포함)의 제공으로 인한 익금과 손금은 그 목적물의 착수일이 속하는 사업연도부터 그 목적물의 인도일이 속하는 사업연도까지 그 목적물의 건설 등을 완료한 정도(작업진행률)를 기준으로 하여 계산한 수익과 비용을 각각 해당 사업연도의 익금과 손금에 산입한다.

* 작업진행률 = $\frac{\text{당해 사업연도말까지 발생한 총공사비 누적액}}{\text{총공사예정비}}$
* 익금 = (도급금액 × 작업진행율) − 직전사업연도말까지의 수익계상액
* 손금 = 당해 사업연도에 발생한 총비용

2. 특례 : 인도기준

중소기업의 단기건설계약의 경우에는 결산서상 진행기준으로 손익을 인식하였더라도 신고조정을 통해 인도기준으로 익금과 손금에 산입할 수 있다.

〈용역제공등에 대한 손익의 귀속시기〉 

	기업회계	법인세법
1. 단기건설 등	진행기준 * 비상장중소기업은 인도 · 완성기준 가능	*** 원칙 : 진행기준** *** 특례 : 중소기업은 인도기준으로 신고조정가능**
2. 장기건설 등	진행기준	**진행기준**

<예제 5 - 1> 장기도급공사의 손익

㈜ 무궁의 다음 자료에 의하여 7기와 8기의 세무조정을 행하시오.
기말 현재 진행중인 A건물 신축공사는 다음과 같다.

공사기간	도급금액	총공사예정비	7기공사비
7기 10.5~ 8기 12.31	10,000,000	8,000,000	2,000,000

* 총공사비는 총공사예정비와 일치하였으며 나머지 공사비는 8기에 투입되었다.
회사는 인도기준으로 회계처리하였다.

해답

장기도급공사(공사기간 1년 이상)을 인도기준으로 회계처리하였으므로, 진행기준과의 차이를 세무조정하여야 한다.

구 분		결산서	세무상	세무조정	
공사수익	7기	–	2,500,000*1	익금산입	2,500,000 (유보)
	8기	10,000,000	7,500,000*2	익금불산입	2,500,000 (△유보)
공사원가	7기	–	2,000,000	손금산입	2,000,000 (△유보)
	8기	8,000,000	6,000,000	손금불산입	2,000,000 (유보)

*1. 제7기 : ① 작업진행률 = 2,000,000/8,000,000 = 25%
② 공사수익 = 10,000,000 × 25% = 2,500,000원
③ 공사원가 = 2,000,000원

*2. 제8기 : ① 작업진행률 = 8,000,000/8,000,000 = 100%
② 공사수익 = 10,000,000× 100% − 2,500,000(7기 공사수익) = 7,500,000원
③ 공사원가 = 6,000,000원

제4절 이자소득 등의 귀속사업연도

1. 이자수익

(1) 일반법인

소득세법에 따른 **이자소득의 수입시기(실제로 받은 날 또는 받기로 한 날)가 속하는 사업연도의 익금**으로 한다. 그러나 결산을 확정시 이미 경과한 기간에 대응하는 이자등**(법인세가 원천징수되는 이자 등은 제외)**을 해당 사업연도의 수익으로 계상한 경우에는 계상한 사업연도의 익금으로 한다. 그런데 현재 이자수익은 거의 대부분이 법인세 원천징수대상으로 규정되어 있으므로 예외규정(발생주의)으로 적용하는 예는 거의 없다.

(2) 금융보험업을 영위하는 법인

실제로 수입된 날이 속하는 사업연도의 익금으로 한다. －현금주의

2. 이자비용

법인이 지급하는 이자 등은 소득세법에 따른 이자소득의 수입시기가 속하는 사업연도의 손금으로 한다. 다만 **결산확정시 이미 경과한 기간에 대응하는 이자 등을 해당 사업연도의 손금으로 계상한 경우에는 손금으로 한다. －발생주의 수용**

〈이자수익과 이자비용의 귀속시기〉

	기업회계	법인세법(일반법인)
1. 이자수익	발생주의	* **원칙 : 수령일 또는 약정일－권리의무확정주의** * **특례 : 법인세가 원천징수되지 않는 이자수익의 경우 기간경과분 수익을 인정**
2. 이자비용	발생주의	* 원칙 : 지급일 또는 지급약정일 * **특례 : 발생주의 수용**

<예제 5 - 2> 이자수익과 이자비용

㈜ 무궁(일반법인)의 다음 자료에 의하여 7기의 세무조정을 행하시오.

1. 국내 정기예금에 대한 미수이자를 다음과 같이 회계처리하였다.
   (차) 미수수익 1,000,000원 (대) 이자수익 1,000,000원

2. 차입금에 대한 이자비용에 대하여 다음과 같이 회계처리하였다.
   (차) 이자비용 2,000,000원 (대) 미지급비용 2,000,000원

해답

1. 국내 정기예금이자는 원천징수대상이므로 미수수익(이자수익)계상을 인정하지 않는다.
   〈익금불산입〉 정기예금 미수수익 1,000,000(△유보)

2. 지급이자에 대한 기간경과분 미지급이자를 계상하는 것은 법인세법도 수용한다.
   따라서 세무조정은 없다.

3. 배당금수익

법인이 받는 배당소득의 손익의 귀속시기는 소득세법상 배당소득 수입시기(**잉여금처분결의일**, 실제로 받은날 등)로 한다.

그리고 **의제배당의 귀속시기**는 다음과 같다.

① 자본감소로 인한 의제배당	주주총회에서 결의한 날
② 잉여금의 자본전입으로 인한 의제배당	주주총회(상법의 규정에 의하여 이사회결의) 결의한 날
③ 해산으로 인한 의제배당	잔여재산가액 확정일
④ 합병(분할)등으로 인한 의제배당	합병(분할)등기일

4. 임대료 등 손익의 귀속사업연도

자산을 임대한 경우의 손익의 귀속사업연도는 임대료의 지급일이 정해진 경우는 지급일, 지급일이 정해지지 않는 경우는 실제 지급을 받은 날로 한다.

다만, 경과한 기간에 대한 미수임대료를 회계기준에 따라 결산상 반영한 경우 및 임대료지급기간이 1년을 초과한 경우 이미 경과한 기간에 대응하는 임대료 상당액과 비용은 이를 각각 당해 사업연도의 익금과 손금으로 한다.

〈임대손익의 귀속시기〉

기업회계	법인세법(일반법인)
발생주의	* 원칙 : 약정일 또는 수령일 – 권리의무확정주의 * 예외 : ① 기간경과분을 임대수익으로 계상한 경우 인정한다. ② 지급기간이 **1년을 초과하는 경우 기간경과분을 강제적으로 임대수익 인식**

5. 기타의 손익귀속

(1) **사채할인발행차금 : 기업회계기준수용**
(2) 매출할인 : 약정에 의한 지급기일
(3) 판매보증비, 경품비, 하자보수비등 : 현금주의
(4) 금전등록기 설치법인의 수익 : 그 금액이 실제로 수입된 사업연도로 할 수 있다.

<예제 5 - 3> 손익의 귀속시기

㈜ 무궁(일반법인)의 다음 자료에 의하여 7기의 세무조정을 행하시오.

1. 위탁상품누락
회사는 (주)한라에 상품일부를 위탁판매하고 있다. 수탁회사는 7기 12월 27일 (주)영산에서 상품을 판매하였으나 8기 1월 10일에 이 사실을 알려왔다. 위탁상품의 판매가는 1,200,000원이며, 원가는 800,000원이다.

2. 매출할인의 처리
회사의 제품 매출에 대한 매출할인 1,000,000원을 영업외비용으로 처리하였다.

해답

1. 적송품 누락은 매출누락과 원가도 누락했으므로 7기에 세무조정을 해주어야 한다.
   〈익금산입〉 위탁상품 매출 1,200,000원 (유보)
   〈손금산입〉 위탁상품 원가 800,000원 (△유보)
   ☞ 이러한 세무조정사항은 **8**기에 유보추인을 하면 된다.

2. 매출할인은 기업회계기준상 총매출액 차감항목이다. 그러나 영업외비용처리나 총매출액에서 차감하나 손금항목으로 기재되었으므로 별도 세무조정은 필요가 없다.

연/습/문/제

 객관식

01. 법인세법상 손익의 귀속시기에 대한 설명 중 옳지 않은 것은?

① 사채할인발행차금 : 기업회계기준에 의한 사채할인발행차금의 상각방법에 따라 손금산입
② 일반법인의 원천징수되는 수입이자 : 소득세법상 이자소득의 수입시기
③ 상품 등의 시용판매 : 구입의사표시일과 특약에 의해 판매가 확정되는 날 중 빠른 시기
④ 상품 등의 위탁판매 : 수탁자가 위탁상품을 인수한 시기

02. 다음 법인세법상 손익의 귀속사업연도에 관한 설명으로 옳지 않은 것은?

① 부동산매매업을 영위하는 법인의 부동산의 판매로 인하여 발생한 판매손익의 귀속사업연도는 대금청산일, 소유권이전등기 · 등록일, 인도일 · 사용수익일 중 늦은 날이 속하는 사업연도이다.
② 사채할인발행차금은 기업회계기준에 따른 사채할인발행차금의 상각방법에 따라 손금에 산입한다.
③ 계약기간이 1년 미만인 단기건설에 대하여 중소기업이 완성기준을 적용한 경우에는 법인세법상 이를 인정한다.
④ 장기할부조건에 의하여 자산을 판매함으로써 발생한 채권에 대하여 기업회계기준이 정하는 바에 따라 계상한 현재가치할인차금은 그에 따라 환입하였거나 환입할 금액을 각 사업연도의 익금에 산입한다.

03. 법인세법상 자산의 양도 등으로 인한 익금 및 손금의 귀속사업연도로 옳지 않은 것은?

① 상품(부동산을 제외한다) · 제품 또는 기타의 생산품의 판매 : 그 상품 등을 인도한 날

② 상품 등의 시용판매 : 상대방이 그 상품 등에 대한 구입의 의사를 표시한 날. 다만, 일정기간내에 반송하거나 거절의 의사를 표시하지 아니하면 특약 등에 의하여 그 판매가 확정되는 경우에는 그 기간의 만료일로 한다.

③ 상품 등 외의 자산의 양도 : 사용수익일

④ 자산의 위탁매매 : 수탁자가 그 위탁자산을 매매한 날

04. 다음 중 법인세법상 손익의 귀속시기가 틀린 것은?

① 임대기간 1년 이하인 임대료(계약상 지급일이 정해져 있음) : 실제 지급일

② 금융보험업의 수입이자 : 현금주의

③ 지급이자 : 실제로 지급한 날 또는 지급하기로 한 날

④ 배당소득 : 소득세법상 수입시기

05. 다음은 법인세법상 손익의 귀속시기에 관한 사항이다. 옳지 않은 것은?

① 잉여금의 처분에 따른 배당소득의 귀속 사업연도는 잉여금을 처분한 법인의 결산확정일이 속하는 사업연도로 한다.

② 자산을 위탁매매하는 경우 수탁자가 그 위탁자산을 매매한 날을 귀속시기로 한다.

③ 사채할인발행차금은 기업회계기준에 의한 상각방법에 따라 손금에 산입한다.

④ 영수증발급대상 사업을 영위하는 법인이 금전등록기를 설치 사용하는 경우 그 수입하는 물품대금과 용역의 대가는 그 금액이 실제로 수입된 사업연도를 귀속시기로 할 수 있다.

06. 다음 중 법인세를 계산함에 있어서 세무조정이 필요한 경우는?

① 토지를 처분, 인도하고 잔금을 수령하지 않았으나 처분이익을 인식하였다.

② 장기할부조건으로 판매한 제품에 대하여 당기에 회수하기로 약정된 금액과 이에 대응하는 비용을 각각 수익과 비용으로 계상하였다.

③ 위탁판매한 제품의 매출은 수탁자가 판매한 시점에, 시용판매한 제품의 매출은 상대방이 구입의사를 표시한 날에 수익을 인식하였다.

④ 전기에 누락한 매출액을 당기에 발견하여 전기오류수정이익(수익)으로 처리하였다.

07. 법인세법상 공사계약에 따른 손익의 귀속시기와 세무조정에 대한 설명으로 가장 틀린 것은?

① 장기공사를 완성기준을 적용하여 회계처리하였다면 세무조정은 없다.
② 단기공사에 대하여 완성기준을 적용하여 회계처리하였다면 세무조정은 없다.
③ 단기공사에 대하여 진행기준을 적용하여 회계처리하였다면 세무조정은 없다.
④ 장기공사를 진행기준을 적용하여 회계처리하였다면 세무조정은 없다.

08. 다음은 법인세법상 의제배당의 귀속시기에 대한 것이다. 바르게 짝지어지지 않은 것은?

① 해산으로 인한 의제배당 : 잔여재산가액 확정일
② 잉여금의 자본전입으로 인한 의제배당 : 당해사업연도 종료일
③ 합병으로 인한 의제배당 : 합병등기일
④ 분할로 인한 의제배당 : 분할등기일

09. 다음은 법인세법상 의제배당의 귀속시기에 관한 설명이다. 옳지 않은 것은?

① 자본감소 등으로 인한 의제배당의 경우 당해 법인의 감자등기일
② 해산으로 인한 의제배당의 경우는 당해 법인의 잔여재산의 가액이 확정된 날
③ 합병으로 인한 의제배당의 경우에는 당해 법인의 합병등기일
④ 분할로 인한 의제배당의 경우에는 당해 법인의 분할등기일

10. 다음 중 법인세법상 손익의 귀속시기에 대한 설명으로 가장 옳은 것은?

① 법인세 원천징수대상인 이자소득에 대하여 결산확정시 기간경과분 미수이자를 수익으로 계상한 경우에는 수익계상한 날이 속하는 사업연도이다.
② 채권, 주식 등 유가증권은 점유에 의해 그 소유권을 인정하므로 이를 양도하는 경우 그 손익의 귀속시기는 원칙적으로 당해 유가증권을 인도하는 날이다.
③ 자산 양도시 잔금지급일에 어음을 받았다면 그 어음을 교부받은 날이 양도시기가 된다.
④ 장기할부판매의 대상이 되는 자산은 제한이 없으므로 상품 등과 기타의 자산 및 주식을 모두 포함한다.

11. 다음 중 법인세법상 손익의 귀속시기가 옳지 않은 것은?

① 상품 판매(부동산 제외)에 따른 손익의 귀속시기는 그 상품을 인도한 날이다.

② 자산의 위탁판매로 인한 손익의 귀속시기는 수탁자가 그 위탁자산을 판매한 날이다.

③ 비상장 중소기업이 제공하는 장기건설용역의 경우 특례로 인도기준을 선택할 수 있다.

④ 자산의 임대 손익으로서 임대료 지급기간이 1년을 초과하는 경우 기간 경과분을 강제로 인식한다.

주관식

01. 부동산매매업을 영위하는 (주)평화는 상가를 신축하여 판매하는 사업을 하고 있다. 다음 자료를 기초로 할 때 법인세법상 판매손익의 귀속시기는 언제인가?

- 계약일 : 20x1년 4월 13일
- 잔금청산일 : 20x1년 10월 6일
- 준공검사필증교부일 : 20x1년 9월 25일
- 사용수익개시일 : 20x1년 9월 30일
- 소유권이전등기일 : 20x2년 1월 6일

02. 다음 자료에서 제7기에 익금산입하여 유보처분 할 금액은 얼마인가?

㈜세무는 제5기 사업연도(1.1~12.31) 10월 1일에 국내은행에 정기예금(예금기간 2년)에 가입하였고 정기예금이자 6,000,000원은 만기인 제7기 9월 30일에 일시에 지급받으며, 당해 이자는 법인세법상 원천징수대상이다. 기업회계기준에 의한 발생주의에 따른 수입이자는 다음과 같다.

구 분	제5기	제6기	제7기	계
수입이자	1,000,000원	3,000,000원	2,000,000원	6,000,000원

회사가 기간경과분 미수이자를 기업회계기준에 따라 영업외수익으로 회계처리였다.

03. 다음은 법인세법상 용역제공 등에 의한 손익의 귀속사업연도 내용이다. 해당 법인이 1차년도말에 익금산입할 금액은 얼마인가?

- 대금수령방법은 매년말 1억원씩 지급약정함.
- 건설기간은 올해 초 1월부터 3년간이다.
- 총대금수령액을 현재가치로 환산하면 267,567,321원으로 가정한다.
- 매년 작업진행율은 1차년도는 40%, 2차년도는 80%, 3차년도는 100%이다.

04. 다음 자료에 의거 20x1.1.1. ~ 20x1.12.31. 사업연도의 법인소득금액 계산시 법인세법상 익금에 산입할 금액을 계산하시오.

- 공사계약기간 : 전전기.9.1. ~ 20x1.12.31.
- 공사 도급금액 : 30억원
- 총공사 예정비 : 25억원
- 전전기 9.1. ~ 20x1.12.31.까지 발생한 총공사비 : 10억원
- 전전기 9.1. ~ 20x0.12.31.까지 익금에 산입한 공사수입금액 : 3억원

05. 다음은 중소기업이 아닌 비상장법인인 ㈜AA건설의 제3기 사업연도(20x1년 1월 1일~ 20x1년 12월 31일)의 각 사업연도 소득금액 계산시 반영해야 할 도급공사와 관련된 세무조정 자료이다. ㈜AA건설의 제3기 결산상 법인세비용차감전순이익은 3,000,000원이며 아래의 자료 외의 세무조정사항이 없다고 가정할 때 법인세법상 각 사업연도 소득금액은 얼마인가? (단, ㈜AA건설은 인도기준에 따라 수익과 비용을 인식하고 있다.)

구분	A현장
공사기간	20x1년 8월 1일 ~ 20x2년 6월 30일
도급금액	12,000,000원
총공사예정원가	10,000,000원
당기공사원가	4,000,000원

연/습/문/제 답안

객관식

1	2	3	4	5	6	7	8	9	10	11
④	①	③	①	①	④	①	②	①	④	③

[풀이 - 객관식]

01. 상품 등의 위탁판매는 **수탁자가 그 위탁상품을 판매한 시기**에 수익으로 인식한다.

02. 부동산매매업을 영위하는 법인의 부동산의 판매로 인하여 발생한 판매손익의 귀속사업연도는 **대금청산일, 소유권이전등기·등록일, 인도일·사용수익일 중 빠른 날**로 한다.

03. 상품 등 외의 자산의 양도의 귀속사업연도는 그 대금을 청산한 날이다

04. 임대기간 1년 이하의 임대료로서 **계약상 지급일이 정해져 있는 경우 계약상 지급일임.**

05. 배당금수익은 잉여금처분결의일 또는 실제로 받은 날을 말한다.

06. ① 재고자산 이외의 자산의 양도손익은 대금청산일, 소유권이전등기(등록)일 ,인도일, 사용익일 중 가장 빠른 날을 귀속시기로 한다. 따라서 토지의 처분이익은 당기의 익금에 산입되어야 하므로 세무조정은 필요 없다.

② 법인이 **회수기일도래기준에 따라** 매출액과 매출원가를 결산에 반영한 경우에는 이를 **특례로써 인정한다.** 따라서 세무조정은 필요 없다.

③ 위탁판매한 제품의 매출은 수탁자가 판매한 시점에, 시용판매한 제품의 매출은 상대방이 구입의사를 표시한 날에 인식하여야 하므로 세무조정은 없다.

④ 전기오류수정손익을 당기 수익·비용으로 처리한 경우 전기오류수정손익이 당기의 익금과 손금에 해당하는 경우에는 세무조정이 필요없지만, 전기의 익금과 손금인 경우에는 익금불산입 또는 손금불산입하고 전기 이전의 법인세에 대한 수정신고·경정청구 또는 경정시에 해당 사업연도의 익금과 손금에 산입하여야 한다.

07. **장기공사는 진행기준을 적용**하여야 하므로 세무조정이 발생한다.

08. 잉여금의 자본전입으로 인한 의제배당은 주주총회에서 **잉여금의 자본전입을 결의한 날을 귀속시기**로 한다.

09. 자본감소 등으로 인한 의제배당의 경우 당해 법인의 **주주총회에서 주식소각 등을 결의한 날** 또는 사원이 퇴사·탈퇴한 날.

10. ① 기간경과분 미수이자(**법인세가 원천징수되는 이자 등은 제외**)를 당해 사업연도의 수익으로 계상한 경우에는 그 계상한 사업연도의 익금으로 한다.
② 상품, 제품 이외의 기타 자산의 양도손익은 양도대금을 청산한 날, 소유권이전등기(등록)일, 인도일, 사용수익일 중 가장 먼저 도래한 날이 귀속시기가 된다.
③ 어음을 받은 경우 그 어음이 **실제로 결제된 날이 양도시기**가 된다.

11. 단기건설의 경우 원칙은 진행기준이나 예외적으로 중소기업인 경우 인도기준으로 신고조정이 가능하나, **장기건설의 경우 중소기업여부를 불문하고 진행기준으로 손익을 인식**해야 한다.

주관식

01	20x1년 9월 30일	02	4,000,000원	03	120,000,000원
04	9억원	05	3,800,000원		

[풀이 - 주관식]

01. **인도 또는 사용수익개시일과 등기이전일 및 잔금청산일 중 가장 빠른 날**이 손익귀속시기이다.

02. 법인세법상 원천징수대상인 이자는 미수이자를 인정하지 않으므로 제5기와 제6기에 미수이자로 계상된 금액은 익금불산입하고 △유보처분하며, 이자를 지급받는 제7기에 익금산입하여 유보로 처분한다.

5기 세무조정 : 〈익금불산입〉 미수이자 1,000,000원(△유보)
6기 세무조정 : 〈익금불산입〉 미수이자 3,000,000원(△유보)
7기 세무조정 : 〈익금산입〉 전기미수이자 4,000,000원(유보) ← 유보추인

03. **장기도급계약은 공사진행기준에 따라 익금과 손금을 계산**하여야 한다.
300,000,000원×40%=120,000,000원

04. 공사계약기간 1년 이상인 장기 건설 등 계약으로 진행기준에 따라 계산한 수익과 비용 각각 해당 사업연도의 익금과 손금에 산입하여야 합니다.
- 누적작업진행율 : 총공사비 누적액(10억원)/총공사 예정비(25억원)=40%
- 당기공사수익=공사도급금액(30억원)×40%-3억원(전기누적공사수익)=9억원

05. 중소기업이 아니므로 **단기공사에 대해서도 진행기준에 따라 손익**을 인식해야 한다.
공사수익 : 12,000,000×4,000,000/10,000,000(진행율)=4,800,000원(익금산입(유보))
공사원가 : 4,000,000원 (손금산입 (△유보))
각 사업연도 소득금액 : 3,000,000+(4,800,000-4,000,000)=3,800,000원

Chapter

자산 · 부채의 평가 6

제1절 자산의 취득가액

자산의 취득가액은 법인세법상 입장에서 보면 **미래의 손금을 결정**하는 것이다. 즉 자산의 가액은 미래에 손익계산서로 흘러 들어가 비용으로 처리되면서 소멸된다.

즉, 과세당국의 입장에서 법인의 자산 취득가액을 얼마로 인정하는냐 하는 것은 그 자체로 종결되는 것이 아니라 추후 손금인정을 동 금액만큼 허용한다는 것과 같은 개념인 것이다. **일반적으로 기업회계기준과 동일하다.**

1. 일반원칙

구 분	취 득 가 액
1. 타인으로부터 매입한 자산(단기매매금융자산 등은 제외)	매입가액+취득부대비용
2. 자기가 제조 · 생산 · 건설등에 의하여 취득한 자산	제작원가+취득부대비용
3. 단기매매금융자산	매입가액(부대비용은 당기비용)
4. 기타 자산	**취득당시의 시가**

2. 자산의 저가 · 고가매입 

구 분		내 용
(1) 저가매입	**원칙**	인정
	예외	**특수관계자(개인)로부터 유가증권을 저가 매입시 차액(시가－매입가액)은 취득가액에 포함**
(2) 고가매입	원칙	인정
	예외	① **특수관계자로 부터 고가매입시 시가 초과액은 취득가액에서 제외된다.** ② **특수관계 없는 자로부터 고가매입시 정상가액(시가의 130%)을 초과하는 금액은 기부금의제(간주기부금)**

제2절 자산 · 부채의 평가기준 

1. 원칙 : 임의평가불인정

법인이 보유하는 자산과 부채를 평가한 경우에는 그 자산과 부채의 장부가액은 그 평가하기 전의 가액으로 한다. 따라서 **원칙적으로 자산 및 부채의 평가증, 평가감을 모두 부인**한다.

2. 예외

다음과 같은 감액(평가감)사유가 발생한 날이 속하는 사업연도에만 결산조정 반영시 평가손실을 손금으로 인정한다.

(1) 감액(평가감)할 수 있는 경우

구 분		평가액
재고자산	① **파손 · 부패 등**으로 평가차손을 계상한 경우 ② 세법상 **저가법으로 신고한 법인이 평가손실을 계상**한 경우	시가
고정자산	천재지변 · **화재, 법령에 의한 수용 등의 사유로 파손되거나 멸실된 것**	시가

구 분			평가액
주 식	부도 등	**<u>주권 상장법인 또는 특수관계에 있지 않는 비상장법인이 발행한 주식</u>** 등으로서 발행한 법인이 **부도가 발생한 경우** 또는 소정의 법률에 따른 회생계획인가의 결정을 받았거나 부실징후 기업이 된 경우	시가(시가로 평가한 가액이 1,000원 이하인 경우 1,000원으로 한다.)
	파산	**주식발행법인이 파산**한 경우	
화폐성외화 자산 · 부채	**평가하는 방법(마감환율 평가방법)을 신고한 경우에 평가손익을 인정**		기말 매매기준율

(2) 평가증 할 수 있는 경우

① 고정자산에 대해서 **<u>보험법 등 법률에 따른 평가증만 인정</u>**(평가감은 불인정)

② **<u>화폐성 외화자산 · 부채(마감환율 평가방법 신고시)</u>**

제3절 재고자산의 평가

1. 재고자산의 평가방법

재고자산의 평가는 이 가운데 법인이 납세지 관할 세무서장에게 신고한 방법에 따른다.

	내 용
1. 원가법	① 개별법 ②선입선출법 ③ 후입선출법 ④ 총평균법 ⑤ 이동평균법 ⑥ 매출가격환원법(소매재고법) 중 하나의 방법에 의하여 산출한 가액으로 평가하는 방법
2. 저가법	• 원가법 또는 시가법에 의하여 평가한 가액 중 낮은 가액을 평가액으로 하는 방법 • 기업회계기준에서 저가법으로 평가손실을 계상하였더라도 세법상 원가법을 채택하면 평가손실을 손금으로 인정하지 않음.

2. 평가대상 재고자산의 범위와 평가방법의 선택

법인은 다음의 재고자산을 구분하여 **영업종목별, 영업장별로 각각 다른 방법에 의하여 평가**할 수 있다.

① **제품 · 상품**(부동산매매업자의 매매목적 부동산 포함, 유가증권 제외)
② **반제품 · 재공품**
③ **원재료**
④ **저장품**

3. 재고자산 평가방법의 신고와 변경신고 

	신 고 기 한
1. 최초신고	• **설립일이 속하는 사업연도의 법인세 과세표준의 신고기한**
2. 변경신고 및 무신고 후 최초신고시	• 변경할 평가방법을 적용하고자 하는 **사업연도의 종료일 이전 3개월이 되는 날까지 신고**하여야 한다. ☞ **무신고 후 무신고시 평가방법을 적용받는 법인이 그 평가방법을 변경하고자 하는 경우에도 마찬가지이다.**

4. 무신고 및 임의변경시 평가방법

<table>
<tr><th></th><th>무신고시 평가방법</th><th>임의변경시 평가액[*1]</th></tr>
<tr><td>재고자산</td><td>선입선출법</td><td rowspan="2">MAX[① 무신고시 평가방법
② 당초신고한 평가방법]</td></tr>
<tr><td>매매목적용 부동산</td><td>개별법</td></tr>
</table>

*1. 평가방법을 신고하고 신고한 방법에 따라 평가하였으나 기장 또는 계산상의 착오가 있는 경우에는 평가방법을 달리 하여 평가한 것으로 보지 않는다.

<table>
<tr><th>〈최초신고 : 총평균법〉</th><th></th><th>1기</th><th>2기</th><th>3기</th></tr>
<tr><td rowspan="3">1기 2기 3기
① ②
3/31</td><td>① 기한내신고
(총평균법)</td><td>총평균</td><td>총평균</td><td>총평균</td></tr>
<tr><td rowspan="2">② 기한후신고
(총평균법)</td><td rowspan="2">무신고
(선입
선출)</td><td>9/30까지
(총평균)</td><td>총평균</td></tr>
<tr><td>10/1 이후
(무신고)</td><td>총평균</td></tr>
</table>

〈변경신고 : 총평균법 → 선입선출법〉		7기	8기
6기 7기 8기 ① │ ② 9/30	① **기한내신고 (선입선출법)**	**선입선출법**	**선입선출법**
	② **기한후신고 (선입선출법)**	**총평균법**	**선입선출법**

5. 세무조정

구 분	당기 세무조정	차기 세무조정
세무상 재고자산 〉 B/S상 재고자산	익금산입(유보) **재고자산평가감**[*1]	손금산입(△유보)
세무상 재고자산 〈 B/S상 재고자산	손금산입(△유보) **재고자산평가증**	익금산입(유보)

*1. 장부기준으로 장부의 재고자산이 과소평가되어 있다는 표현입니다.

당기의 세무조정이 그 다음 사업연도에 반대조정으로 소멸되는 이유는 당기말 재고자산가액의 과대(과소)평가액은 자연적으로 차기의 매출원가를 통해 자동적으로 차이가 해소되기 때문이다.

<예제 6 - 1> **재고자산의 평가**

㈜ 무궁의 다음 자료에 의하여 7기(20×1)의 세무조정을 행하시오.

1. 재고자산에 대한 회계상 평가액과 각각의 평가방법에 의한 금액은 다음과 같다.

(백만원)

구 분	장부상 평가액	총 평 균 법	후입선출법	선입선출법
제 품	20	20	17	19
재 공 품	12	12	11	13
원 재 료	7	9	8	7
저 장 품	6	7	6	8

2. 제7기 9월 10일에 제품의 평가방법을 총평균법에서 후입선출법으로 변경신고하였으나, 실제로 총평균법에 따른 평가액을 장부에 기록하였다.

3. 재공품과 원재료의 평가방법은 각각 총평균법과 후입선출법으로 신고되어 있다.
원재료는 계산실수로 1,000,000원을 과소계상하였다.

4. 저장품은 재고자산 평가방법을 신고하지 않았다.

해답

	계산근거	장부상 평가액	세법상 평가액	세무조정
제품	임의변경에 해당함. MAX[①선입선출법, ②후입선출법]	20	19	〈손금산입〉 제품 평가증 1(△유보)
재공품	총평균법	12	12	
원재료	후입선출법 **계산착오는 임의변경으로 보지 않는다.**	7	8	〈익금산입〉 원재료 평가감 1(유보)
저장품	무신고 – 선입선출법	6	8	〈익금산입〉 저장품 평가감 2(유보)

제4절 유가증권의 평가

1. 유가증권의 평가방법

구 분		내 용
원가법	주식	① 총평균법 ② 이동평균법 중 선택
	채권	① 개별법 ② 총평균법 ③ 이동평균법 중 선택

*** 주식의 평가차익, 평가차손 불인정**

2. 유가증권 평가방법의 신고와 변경신고 : 재고자산과 동일하다.

3. 무신고 및 임의변경시 평가방법

	무신고시 평가방법	임의변경시 평가액
유가증권	**총평균법**	**MAX[① 총평균법 ② 당초신고한 평가방법]**

4. 세무조정

		회사의 회계처리		
		손익계산서에 반영 (당기순이익에 반영)	재무상태표에 반영 (자본 – 기타포괄손익누계액)	
주식	**평가이익**	익금불산입(△유보)	익금산입**(기타)**	익금불산입(△유보)
	평가손실	손금불산입(유보)	손금산입**(기타)**	손금불산입(유보)
	계정과목	단기매매증권	매도가능증권	

[이중세무조정의 이해]

1. 총액법과 순액법

<u>총액법은 자산·부채의 증감 총액을 수익·비용의 발생으로 회계처리하는 방법이고, 순액법은 자산·부채의 증감 총액을 수익·비용의 순액(또는 차액)</u>을 이익 또는 손실로 인식하는 방법을 말한다.

예를 들어 상품(원가 7,000원)을 10,000원에 현금판매하였다고 가정하고, 총액법과 순액법의 회계처리를 보자.

구 분	총액법	순액법
(수익인식)	(차) 현 금 10,000원 (대) 상 품 매 출 10,000원	(차) 현 금 10,000원 (대) 상 품 7,000원 상품매매이익 3,000원
(비용인식)	(차) 상품매출원가 7,000원 (대) 상 품 7,000원	

구 분	총액법	순액법
기업회계기준	기업회계기준은 **상품매출(제품매출)에 대해서는 총액법으로 표시**하여야 하고 **이외의 자산(유형자산처분손익)은 순액법으로 회계처리**한다.	
법인세법	기업회계기준과 달리 순자산의 증감원인을 세법적으로 판단하여 과세소득에 포함시킬 것인지 여부를 판단하여야 하므로 **모든 거래에 대해서 총액법을 원칙으로 하고 있다. 또한 총액법으로 인식하면 세무조정이 편리하다.**	

2. 이중세무조정

세무조정은 회계상의 분개를 세법상의 분개로 수정하는 것으로 수정분개는 세법상 관점으로 표현한 것이다.

회계상의 분개는 재무상태표 계정(자산, 부채, 자본)의 변화를 순액법으로 회계처리하므로 이러한 수정분개는 2개 이상의 재무상태표계정의 변화를 한 줄로서 표현할 수 있으나,

세법은 재무상태표(B/S)계정의 변화를 총액법으로 회계처리하므로, 세무조정은 재무상태표계정 변화시마다 그에 대응하는 손익계정의 변화를 함께 동반하여 표현한다.

따라서 **수정분개가 2개 이상의 B/S 계정의 변화가 있으면 B/S계정이 변화된 수만큼 세무조정이 필요하게 된다.** 따라서, 수정분개의 차대변이 모두 재무상태표 계정인 경우에는 이중세무조정을 수반하게 된다.

결산서	(차)	XX	10,000	(대)	ZZ	10,000
세무상	(차)	XX	10,000	(대)	WW	10,000
수정분개	(차)	ZZ(B/S계정)	10,000	(대)	WW(B/S계정)	10,000
세무조정	이중세무조정					

상기와 같이 수정분개가 차변, 대변 공히 B/S계정이 나타나면 이중세무조정이 나타난다.

그러면 아래와 같이 **재무상태표계정을 손익계정으로 변화시켜 2개의 세무조정을 수행**하면 된다.

수정분개	(차) ZZ(B/S계정)	10,000	(대) 수익 또는 비용	10,000	익금산입 또는 손금불산입
	(차) 수익 또는 비용	10,000	(대) WW(B/S계정)	10,000	손금산입 또는 익금불산입

<예제 6 - 2> 이중세무조정

㈜ 무궁의 다음 사항에 대해서 세무조정하시오.

1. 기말에 단기매매증권 평가이익을 1,000원 계상하다.
2. 기말에 매도가능증권 평가이익을 2,000원 계상하다.

해답

1. 단기매매증권평가이익 : 법인세법은 주식의 평가손익을 불인정한다.

구분	내용
결산서	(차) 단기매매증권 1,000 (대) 단기매매증권평가이익 10,000
세무상	세법은 불인정한다.
수정분개	(차) **단기매매증권평가이익 (I/S계정)** 1,000 (대) **단기매매증권 (B/S계정)** 1,000
세무조정	**〈익금불산입〉 단기매매증권평가이익 1,000원(△유보)**

2. 매도가능증권평가이익 : 법인세법은 주식의 평가손익을 불인정한다.

<table>
<tr><td>결산서</td><td colspan="2">(차) 매도가능증권 2,000 (대) 매도가능증권평가익 2,000</td></tr>
<tr><td>세무상</td><td colspan="2">세법은 불인정한다.</td></tr>
<tr><td rowspan="3">수정분개</td><td>순액법</td><td>(차) 매도가능증권평가익 (B/S계정) 2,000 (대) 매도가능증권 (B/S계정) 2,000</td></tr>
<tr><td rowspan="2">총액법</td><td>(차) 비 용 (I/S계정) 2,000 (대) 매도가능증권 (B/S계정) 2,000</td></tr>
<tr><td>(차) 매도가능증권평가익 (B/S계정 - 잉여금) 2,000 (대) 수 익 (I/S계정) 2,000</td></tr>
<tr><td>세무조정</td><td colspan="2">〈손금산입〉 매도가능증권 2,000(△유보)
〈익금산입〉 매도가능증권평가익 2,000(기타)
→ 상기의 예에서 가산조정과 차감조정이 동시에 나타나므로 당기 과세소득에는 영향이 없다.</td></tr>
</table>

[이중세무조정요약]

수정분개	세무조정
(차) I/S계정 XXX (대) B/S계정 XXX **또는** **(차) B/S계정 XXX (대) I/S계정 XXX**	**세무조정 1줄**
(차) B/S계정 XXX (대) B/S계정 XXX	**세무조정 2줄**
(차) I/S계정 XXX (대) I/S계정 XXX	**세무조정 없음**

제5절 기타 자산 · 부채의 평가

1. 외화채권 · 채무의 외환차손익

법인이 상환받거나 상환하는 외화채권 · 채무의 외환차손익은 외환차이가 발생하는 회계기간의 손익으로 인식한다. 따라서 **기업회계기준에 따라 인식한 외환차손익에 대해서 별도 세무조정을 하지 않아도 된다.**

2. 외화자산 · 부채의 평가손익

외화환산손익은 미실현손익이기 때문에 원칙적으로 세무상 손익으로 인정되지 않는다. 그러나 법인세법에서는 회계와 세법의 불일치로 인한 세무조정 부담을 완화하기 위하여 금융회사 및 비금융회사가 보유하는 화폐성 외화자산 · 부채에 대해서 외화환산손익을 인식할 수 있도록 하였다.

(1) 일반법인(비금융회사)

다음의 방법 중 관할 세무서장에게 신고한 방법에 따라 평가한다.

① **거래일 환율평가 방법** : 화폐성 외화자산 · 부채의 **취득일 또는 발생일** 현재의 매매기준율 등으로 평가하는 방법(**기말평가손익 불인정**)

② **마감환율 평가방법** : 사업년도 종료일 **현재의 매매기준율** 등으로 평가하는 방법(기업회계기준 수용)

☞ ②를 적용하려는 법인은 적용하려는 사업연도의 과세표준 신고시 관할세무서장에게 신고한다.
평가방법 선택 후 5년 경과시 다시 선택이 가능하다.

(2) 금융회사

사업연도 종료일 현재의 기획재정부령으로 정하는 매매기준율 또는 재정된 매매기준율로 평가한다.

3. 평가대상 외화자산 · 부채

평가대상이 되는 화폐성항목	평가대상이 아닌 비화폐성항목
① 외화현금, 외화예금, 외화보증금 ② 외화채권 · 채무 ③ 현금 등으로 상환하는 충당부채 등	① 재화와 용역에 대한 선급금, 선수금 ② 주식, 유 · 무형자산, 재고자산 등

<예제 6 - 3> 외화자산 · 부채 평가손익

㈜ 무궁의 다음 사항에 대해서 세무 조정하시오.

1. 기말에 외화외상매출금을 평가하여 외화환산이익 10,000원을 계상하다.

2. 기말에 외화장기차입금을 평가하여 외화환산손실 20,000원을 계상하다.

회사는 금융회사가 아니며, 관할 세무서에 외화자산 · 부채에 대하여 **거래일 환율 평가방법으로 신고하였다.**

해답

거래일 환율평가법으로 신고한 경우 법인세법상 외화환산손익에 대하여 인정하지 않는다.

1. 외화환산이익				
회계상분개	(차) 외상매출금	10,000	(대) 외화환산이익	10,000
세무상분개	-			
수정분개	(차) 외화환산이익	10,000	(대) 외상매출금	10,000
세무조정	**〈익금불산입〉 외화환산이익 10,000원 (△유보)**			
2. 외화환산손실				
회계상분개	(차) 외화환산손실	20,000	(대) 외화장기차입금	20,000
세무상분개	-			
수정분개	(차) 외화장기차입금	20,000	(대) 외화환산손실	20,000
세무조정	**〈손금불산입〉 외화환산손실 20,000원 (유보)**			

☞ 마감환율평가방법으로 신고한 경우에는 적절하게 환율 손익을 인식한 경우 별도 세무조정이 필요없다.

연/습/문/제

객관식

01. 다음은 법인세법상 자산의 취득가액에 대한 설명이다. 다음 중 옳지 않은 것은?

① 교환으로 취득한 자산은 교환으로 제공한 자산의 장부가액

② 타인으로부터 매입한 자산은 매입가액에 부대비용을 가산한 금액

③ 자기가 제조 · 생산 또는 건설 기타 이에 준하는 방법에 의하여 취득한 자산은 제작원가에 부대비용을 가산한 금액

④ 현물출자에 따라 취득한 자산은 장부에 계상한 출자가액 또는 승계가액으로 하되 시가초과액은 제외한다.

02. 다음의 보기 중 법인세법상 자산의 취득원가에 포함되지 아니하는 것은 몇 개인가?

> ㉠ 취득세
> ㉡ 특수관계자에게 시가를 초과하여 계상한 금액
> ㉢ 자동차세
> ㉣ 시운전비
> ㉤ 취득과정에서 발생한 보험료
> ㉥ 연지급수입에 있어서 취득가액과 구분하여 지급이자로 계상한 금액
> ㉦ 현재가치로 평가하고 계상한 현재가치할인차금
> ㉧ 취득 후 발생한 보험료
> ㉨ 자본적 지출에 해당하는 금액

① 3개　　② 4개

③ 5개　　④ 6개

☞ 연지급수입(외상수입) : 수입업자가 수입대금을 인수일로부터 일정기간이 지난 뒤 결제하는 조건으로 수입하는 것

03. 자산의 취득가액에 대한 다음 설명 중 법인세법상 옳지 않은 것은?

① 자산을 시가보다 고가로 매입한 경우에는 항상 시가를 취득가액으로 한다.
② 고정자산의 건설자금에 충당한 차입금의 이자는 취득가액에 포함된다.
③ 단기금융자산은 취득부대비용을 가산하지 않은 매입가액을 취득가액으로 한다.
④ 특수관계인인 개인으로부터 유가증권을 시가에 미달하는 가액으로 매입한 경우 해당 매입가액과 시가와의 차액은 취득가액에 포함된다.

04. 다음은 법인세법상 자산의 취득가액에 대한 설명이다. 다음 중 자산의 취득가액에 포함되는 것은?

① 자산을 취득하는 경우에 발생한 채무를 기업회계기준에 의해 현재가치로 평가하여 계상하는 현재가치할인차금
② 사업용고정자산의 취득원가에 산입된 특정차입금이자
③ 특수관계자로부터 고가매입한 경우의 시가초과액
④ 특수관계 없는 자로부터 고가매입한 경우 정상가액(시가의 130%)을 초과하는 금액

05. 법인세법상 자산 · 부채의 취득 및 평가에서 자산의 취득가액에 가감하는 내용이다. 틀린 것은?

① 고정자산에 대한 자본적지출액은 취득가액에 가산한다.
② 유형고정자산의 취득과 함께 국공채를 매입하는 경우 기업회계기준에 따라 매입가액과 현재가치의 차액을 취득가액으로 계상한 금액도 취득가액에 가산한다.
③ 자산의 장기할부취득시 발생한 채무를 현재가치로 평가하여 계상한 현재가치할인차금은 취득가액에 포함하지 아니한다.
④ 부가가치세법상 의제매입세액과 재활용폐자원 등에 대한 매입세액은 원재료에 가산한다.

06. 다음 중 법인세법상 취득가액이 가장 큰 것은?

① 기계장치(장부가액 1,200,000원, 시가 900,000원)를 동종의 기계장치(시가 980,000원)와 교환한 경우
② 대표이사로부터 시가 950,000원의 유가증권을 1,000,000원에 매입한 경우
③ 갑법인이 을법인으로부터 토지(을법인 장부가액 1,100,000원, 시가 1,000,000원)를 수증받은 경우
④ 특수관계에 있는 개인으로부터 시가 950,000원의 유가증권을 900,000원에 매입한 경우

07. 법인세법상 자산의 평가는 역사적 원가주의이지만 예외적으로 자산의 장부가액에 대한 감액을 허용하고 있다. 이에 해당하지 않는 것은?

① 파손 · 부패 등의 사유로 인하여 정상가격으로 판매할 수 없는 재고자산
② 특수관계에 있는 비상장법인이 부도가 발생한 경우로 그 비상장법인이 발행한 주식 등
③ 천재 · 지변, 화재 등으로 파손 멸실 된 고정자산
④ 주식 등을 발행한 법인이 파산한 경우의 해당주식

08. 법인세법상 고정자산의 평가차손은 원칙상 손금불산입이다. 다만, 일정한 사유로 인하여 파손 또는 멸실된 고정자산의 사업연도종료일 현재 시가와 장부가액과의 평가차손에 대하여 손금에 산입된다. 그 사유가 아닌 것은?

① 현저한 시가의 하락의 경우
② 천재 · 지변 · 화재의 경우
③ 법령에 의한 수용 등의 경우
④ 채굴예정량의 채진으로 인한 폐광의 경우

09. 법인세법상 자산의 평가손실에 대하여 해당 감액사유가 발생한 사업연도에 그 감액한 금액을 손금으로 계상할 수 있는 사유가 아닌 것은?

① 재고자산으로서 파손 · 부패 등의 사유로 정상가격으로 판매할 수 없는 것
② 고정자산으로서 천재지변 · 화재 등 사유로 파손되거나 멸실된 것
③ 유가증권으로서 특수관계인이 발행한 비상장법인 주식으로 발행법인이 부도가 발생한 경우
④ 주식 등을 발행한 법인이 파산한 경우의 해당 주식 등

10. 법인세법상 재고자산 평가에 관한 설명으로 잘못된 것은?

① 재고자산평가방법을 신고하고 신고한 방법으로 평가하였으나 기장 또는 계산상의 착오가 있는 경우에는 재고자산의 평가방법을 달리하여 평가한 것으로 보지 아니한다.
② 신설법인은 당해 사업연도의 법인세 과세표준 신고기한까지 재고자산평가방법을 신고하여야 한다.
③ 재고자산평가방법의 변경은 변경할 평가방법을 적용하고자 하는 사업연도의 종료일 이전 3월이 되는 날까지 변경신고를 함으로써 가능하며 별도의 승인을 요하는 것은 아니다.
④ 재고자산 평가방법을 원가법으로 신고한 경우에 그 평가손실을 손금에 산입할 수 없다.

11. 다음 중 법인세법상 자산·부채의 평가에 관한 설명이 옳은 것은?

① 재고자산은 동일한 사업장의 제품과 반제품은 동일한 방법으로 평가한다.
② 평가방법을 신고하지 아니한 유가증권은 선입선출법을 적용한다.
③ 무신고한 매매목적용 소유 부동산은 개별법으로 평가한다.
④ 유가증권의 평가방법은 원칙적으로 시가법이다.

12. 다음 자료에 의하여 이동평균법으로 평가하여 오던 법인이 재고자산평가방법을 총평균법으로 변경하기로 하고 변경신고서를 제8기 10월 1일 제출하고 총평균법으로 평가하였을 경우 제8기와 제9기의 법인세법상 재고자산평가방법은?

> (1) 당초 평가방법 : 이동평균법
> (2) 제8기 재고자산평가액
>
> • 선입선출법 : 70,000,000원 • 이동평균법 : 80,000,000원
> • 총평균법 : 60,000,000원
>
> (3) 해당사업연도는 제8기 사업연도(1.1~12.31)이며 당기말 재고자산은 총평균법으로 평가하였다.

① 제8기 : 선입선출법, 제9기 : 이동평균법
② 제8기 : 선입선출법, 제9기 : 총평균법
③ 제8기 : 이동평균법, 제9기 : 선입선출법
④ 제8기 : 이동평균법, 제9기 : 총평균법

13. 법인세법상 재고자산에 대한 평가방법을 설명하고 있다. 틀린 것은?)

① 재고자산의 평가방법은 원가법과 저가법이 있다.
② 재고자산 평가방법의 하나인 원가법에는 매출가격환원법을 포함하고 있다.
③ 재고자산인 반제품과 재공품은 각각 다른 평가방법을 적용할 수 있다.
④ 재고자산 평가방법중 법인의 선택에 따라 재고자산을 각목의 자산별로 구분한 종류별, 영업장별로 각각 다른 방법으로 평가할 수가 있다.

14. 법인세법상 재고자산의 평가에 대한 설명으로 옳지 않은 것은?

① 법인이 재고자산을 평가함에 있어 영업장별 또는 재고자산의 종류별로 각각 다른 방법에 의하여 평가할 수 있다.

② 신설하는 영리법인은 설립일이 속하는 사업연도의 법인세 과세표준신고기한까지 평가방법신고서를 납세지 관할세무서장에게 제출하여야 한다.

③ 재고자산의 평가방법을 임의변경한 경우에는 당초 신고한 평가방법에 의한 평가금액과 무신고시의 평가방법에 의한 평가금액 중 작은 금액으로 평가한다.

④ 재고자산의 평가방법을 변경하고자 하는 법인은 변경할 평가방법을 적용하고자 하는 사업연도의 종료일 이전 3개월이 되는 날까지 신고하여야 한다.

15. 법인세법상 재고자산평가방법을 후입선출법으로 신고한 법인이 평가방법 변경신고를 하지 아니하고 총평균법에 의하여 기말재고자산을 평가한 경우 다음 자료에 의하여 순액으로 세무조정을 하시오.

(1) 후입선출법에 의한 기말재고자산 평가액 : 400원
(2) 총평균법에 의한 기말재고자산 평가액 : 700원
(3) 선입선출법에 의한 기말재고자산 평가액 : 600원

① [익금산입] 재고자산평가증 100원(유보)
② [손금산입] 재고자산평가증 100원(△유보)
③ [익금산입] 재고자산평가증 300원(유보)
④ [손금산입] 재고자산평가증 300원(△유보)

16. 법인세법상 유가증권의 평가는 법인이 납세지 관할세무서장에게 신고한 방법에 의하는데 법인이 신고할 수 있는 유가증권평가방법이 아닌 것은?

① 개별법(채권의 경우에 한한다)
② 총평균법
③ 이동평균법
④ 시가법

17. 다음 중 법인세를 계산함에 있어서 세무조정이 필요한 항목은 어느 것인가?

① 파손된 재고자산에 대하여 평가차손을 손익계산서에 비용으로 계상한 경우

② 외국환은행이 보유하고 있는 화폐성 외화자산에 대하여 사업연도 종료일 현재의 기준환율을 적용하여 환산한 경우

③ 단기매매증권에 대하여 단기매매증권평가손실을 계상한 경우

④ 제품에 대한 평가 방법을 신고하지 아니하고 선입선출법을 적용하여 원가계산한 경우

18. 법인세법상 자산 및 부채의 평가에 관한 사항이다. 옳지 않은 것은?

① 신설된 영리내국법인은 해당법인 설립일이 속하는 사업연도의 결산일까지 재고자산평가방법을 신고하여야 한다.

② 재고자산(유가증권 및 매매용 부동산 제외) 평가방법을 임의로 변경하는 경우에는 선입선출법과 당초 신고방법에 의한 가액 중 큰 금액으로 평가한다.

③ 재고자산으로서 파손·부패 등의 사유로 인하여 정상가격으로 판매할 수 없는 것은 장부가액을 감액할 수 있다.

④ 도매업을 영위하는 내국법인이 보유하고 있는 비화폐성 외화자산의 평가손익은 해당 연도에 익금 또는 손금으로 인정하지 아니한다.

19. 법인세법상 자산의 평가에 관한 내용 중 장부가액을 감액할 수 있는 경우가 아닌 것은?

① 유행의 경과로 인하여 가치하락이 발생한 재고자산

② 유형자산으로서 천재지변·화재 등 대통령령으로 정하는 사유로 파손되거나 멸실된 것

③ 주식의 발행법인이 부도가 발생한 경우 해당 법인의 주식

④ 재고자산으로서 파손·부패 등의 사유로 정상가격으로 판매할 수 없는 것

20. 다음 중 법인세법상 영리내국법인의 자산·부채의 취득 및 평가에 관한 설명으로 가장 옳지 않은 것은?

① 재고자산으로서 파손, 부패등의 사유로 정상가격으로 판매할 수 없는 것은 장부가액을 감액할 수 있다.

② 제조업을 영위하는 법인이 보유하는 주식을 시가법으로 평가하고 회계상 평가이익을 계상한 경우에는 그 계상한 사업연도의 익금으로 한다.

③ 재고자산의 평가방법을 저가법으로 신고하는 경우에는 시가와 비교되는 원가법을 함께 신고해야 한다.

④ 유형자산이 천재지변으로 인하여 파손·멸실된 경우 결산서에 계상한 경우에 한하여 평가손실을 인정한다.

주관식

01. (주)갑은 총평균법으로 재고자산을 평가하던 중 제5기(20x1.01.01. ~ 12.31.)에 재고자산평가방법을 후입선출법으로 변경하기로 하고, 이에 대한 변경신고서를 20x1년 10월 1일에 제출하고 후입선출법으로 재고자산을 평가하였다. 다음 자료를 통해 제5기의 법인세법상 재고자산을 평가하면 얼마인가?

(1) 신고한 평가방법 : 후입선출법
(2) 제5기 재고자산평가액

- 선입선출법 : 70,000,000원
- 후입선출법 : 80,000,000원
- 총평균법 : 60,000,000원

02. 제8기까지 이동평균법으로 상품을 평가하여 오던 법인이 재고자산평가방법을 총평균법으로 변경하기로 하고 변경신고서를 제9기 12월 1일 제출하고 총평균법으로 평가하였을 경우 제9기의 법인세법상 재고자산평가액은?

1. 당초 평가방법 : 이동평균법
2. 제9기 재고자산평가액
   - 선입선출법 : 70,000,000원
   - 이동평균법 : 80,000,000원
   - 총평균법 : 60,000,000원
3. 해당사업연도는 제9기 사업연도(1.1~12.31)이며 당기말 재고자산은 총평균법으로 평가하였다.

03. 법인세법상 일반법인이 유가증권에 대한 평가방법을 무신고한 경우 적용되는 평가방법은 무엇인가?

연/습/문/제 답안

객관식

1	2	3	4	5	6	7	8	9	10	11	12	13	14	15
①	③	①	②	④	③	②	①	③	④	③	④	③	③	②
16	17	18	19	20										
④	③	①	①	②										

[풀이 - 객관식]

01. 교환의 경우는 **취득당시의 시가**에 의한다.

02. 취득가액에서 제외되는 것 : ㉡, ㉢, ㉥, ㉦, ㉧

03. 자산을 시가보다 고가로 매입한 경우 거래상대방이 **특수관계인이면 시가를 취득가액**으로 하고 특수관계인이 아니라면 정상가액(시가의 130% 범위 내의 금액)을 취득가액으로 한다.

04. 건설중인 자산의 **특정차입금에 대한 이자**는 건설자금이자로서 법인세법상 **취득원가를 구성**한다.

05. 의제매입세액과 재활용폐자원 등에 대한 매입세액은 원재료에서 차감한다.

06. ① 기업회계에서 동종자산과 교환으로 취득하는 유형고정자산의 취득원가는 교환으로 제공한 자산의 장부가액으로 평가하지만 **법인세법은 이러한 경우에도 취득 당시의 시가**에 의한다. 동종자산의 교환당시의 시가 : 980,000원

② 특수관계자로 부터 **고가매입시 시가를 취득가액**으로 한다. 시가 : 950,000원

③ 무상취득시 취득당시의 시가에 의한다. 시가 : 1,000,000원

④ 특수관계자인 개인으로부터 유가증권을 저가매입시 시가를 취득가액으로 한다. 시가 : 950,000원

07. **특수관계에 있지 않는 비상장법인이 발행한 주식이 부도**가 발생한 경우 예외적으로 감액을 허용한다.

08. **현저한 시가하락**의 경우는 **평가손실을 손금으로 계상할 수 없다.**

09. ①②④는 감액사유가 발생한 날이 속하는 사연연도에만 결산조정으로 평가손실을 손금으로 인정하는 경우이다. 특수관계에 있지 않는 **비상장법인이 발행한 주식의 경우 부도 발생시 평가손실을 계상할 수 있다.**

10. 재고자산의 파손, 부패 등으로 정상가격으로 판매할 수 없는 자산은 사업연도 종료일 현재의 처분가능한 시가로 평가하여 그 평가손실을 결산서에 반영한 경우 손금산입한다.(결산조정사항)

11. 매매목적용 소유 부동산은 법인세법상 재고자산으로 분류하지만 **무신고시 개별법으로 평가**한다.
 ① 재고자산은 동일한 사업장의 **제품과 반제품은 다른 방법으로 평가**할 수 있다.
 ② 평가방법을 신고하지 아니한 유가증권은 총평균법을 적용한다.
 ④ 유가증권의 평가방법은 원칙적으로 원가법이다.
12. 재고자산평가방법을 기한후에 변경신고하였으므로 9기부터 변경됨. 따라서 임의평가이므로 제8기는 MAX(선입선출법, 이동평균법), 제9기는 당초 신고한 방법인 총평균법 적용함.
13. 재고자산을 각목의 자산별로 구분한 **종류별 자산인 반제품과 재공품은 같은 방법**을 반드시 사용하여야 한다.
14. 재고자산의 평가방법을 임의변경한 경우에는 **당초 신고한 평가방법에 의한 평가금액과 무신고시의 평가방법에 의한 평가금액 중 큰 금액**으로 평가한다.
15. (1) 회사계상 재고자산가액 : 700(총평균법)
 (2) 세법상 재고자산가액 : MAX(선입선출법, 당초 신고방법) = 600
 (3) 세무조정 : [손금산입] 재고자산평가증 100(△유보)
17. 법인세법상 **유가증권은 원가법만 인정**해 평가손실을 인정하지 않으므로 세무조정하여야 한다.
18. 신설된 영리내국법인은 해당법인 설립일이 속하는 **사업연도의 과세표준 신고기한**까지 재고자산평가방법을 신고하여야 한다.
19. **유행의 경과**로 인하여 가치하락이 발생한 **재고자산은 감액사유가 아니다.**
20. 제조업을 영위하는 법인이 보유하는 주식은 원가법으로 평가한다.

주관식

01	70,000,000	02	80,000,000	03	총평균법

[풀이 - 주관식]

01. 기한(9/30) 후 재고자산평가방법변경신고를 한 경우이므로 제 5기는 임의변경에 해당한다.
 MAX[① 무신고시 평가방법(FIFO), ② 당초신고한 평가방법(총평균법)] = 70,000,000원
02. 재고자산평가방법을 기한 후에 변경신고 하였으므로 임의변경이 된다.
 세법상 평가액은 MAX(선입선출법, 이동평균법) = MAX(70,000,000, 80,000,000) = 80,000,000원이 됨.

Chapter 7

감가상각비

제1절 감가상각제도의 특징

감가상각이란 적정한 기간손익계산을 위하여 고정자산의 취득가액에서 잔존가액을 차감한 금액을 그 자산의 내용연수에 걸쳐 합리적 · 체계적 방법에 따라 비용으로 배분하는 것이다.

법인세법상 감가상각제도는 조세부담의 공평과 계산의 편의성을 고려하여 다음과 같은 특징이 있다.

1. **임의상각제도** : 감가상각여부는 법인의 판단에 따른다.
2. **감가상각비의 한도** : 법인이 감가상각비를 비용에 계상하더라도 법인세법상 한도를 두어 이를 초과할 경우 그 금액은 손금으로 인정되지 않는다.

다음의 기업회계기준과 법인세법상 차이를 보면 쉽게 이해될 것이다.

〈법인세법과 기업회계기준의 비교〉

구 분	기업회계기준	법인세법
1. 잔존가액	추정	원칙 : 0
2. 내용년수	추정	기준내용년수 규정
3. 감가상각방법	정액법, 정률법, 생산량비례법, 기타 합리적방법	정액법, 정률법, 생산량비례법
4. 감가상각비	과대, 과소 상각불허	임의상각 －과소상각 : 허용 －과대상각 : 초과분 손금불산입

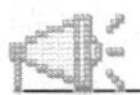

제2절 감가상각자산의 범위

1. 감가상각자산의 기본요건

① 법인소유의 자산
② 사업용 유형 · 무형자산

2. 감가상각자산

	감가상각자산 범위
유형자산	① 건물 및 구축물 ② 차량 및 운반구, 공구, 기구, 비품 ③ 선박 및 항공기 ④ 기계 및 장치 ⑤ 동물 및 식물 ⑥ 기타 이와 유사한 유형고정자산
무형자산	① 영업권, 의장권, 실용신안권, 상표권, 특허권, 어업권 등 ② 개발비 ③ 사용수익기부자산가액[*1] 등

*1. 금전 외의 자산을 기부금단체(비지정기부금 제외)에 기부한 후 그 자산을 사용하거나 그 자산으로부터 수익을 얻는 경우 해당 자산의 장부가액

3. <u>감가상각하지 않는 자산</u>

① <u>**사업에 사용하지 않는 것(일시적 조업중단으로 인한 유휴설비 제외)**</u>
② 건설 중인 것
③ 시간의 경과에 따라 그 가치가 감소되지 않는 것

제3절 감가상각 시부인 계산구조

1. 시부인원리 

법인세법상 **감가상각비 한도가 100원**이라 가정하자.

		상각부인액	시인부족액
회사계상 상각비		120	70
(−)법인세법상 한도		(−)100	(−)100
(=)	+ XX (상각부인액) − YY (시인부족액)	20	−30
세무조정		〈손금불산입〉 20 유보	1. 원칙 : 세무조정 없음[*1] (차기 이후에 영향을 미치지 않는다.) 2. 전기상각부인액 존재시 〈손금산입〉 30[*2] △유보

*1. 국제회계기준을 적용하는 내국법인의 경우에는 예외적으로 신고조정이 가능한 경우도 있다.

*2. 법인이 감가상각비를 손금으로 계상하지 않는 경우에도 상각범위액을 한도로 하여 전기상각부인액을 손금추인한다.

2. 시부인 계산단위 : 개별자산별

<예제 7 - 1> 감가상각비 시부인

㈜ 무궁의 다음 자료에 의하여 7기의 세무조정을 행하시오.

구 분	기계장치A	차량운반구B	비품C
전기말부인누계액 (상각부인누계액)	100,000원	200,000원	120,000원
회사계상상각비(A)	400,000원	200,000원	200,000원
상각범위액(B) (법인세법상 한도)	300,000원	250,000원	400,000원
시부인액(A - B)	100,000원 (상각부인액)	△50,000원 (시인부족액)	△200,000원 (시인부족액)

해답

구 분	기계장치A	차량운반구B	비품C
전기말부인누계액 (상각부인누계액)	100,000원	200,000원	120,000원
시부인액(A - B)	100,000원 (상각부인액)	△50,000원 (시인부족액)	△200,000원 (시인부족액)
세무조정	**〈손금불산입〉 100,000 유보**	**〈손금산입〉 50,000 △유보**	**〈손금산입〉 120,000 △유보**
기말상각부인누계액	**200,000원**	**150,000원**	**0원**

제4절 감가상각방법

1. 자산별 감가상각방법 

법인은 감가상각방법중 하나를 선택하여 납세지 관할 세무서장에게 신고하여야 하고, 이렇게 선택한 감가상각방법은 이후 사업연도에도 계속하여 적용하여야 한다.

구 분		선택가능한 상각방법	무신고시 상각방법
유형자산	일 반	정률법 또는 정액법	**정률법**
	건 축 물	정액법	**정액법**
	광 업 용	생산량비례법, 정률법 또는 정액법	**생산량비례법**
무형자산	일 반	정액법	정액법
	광 업 권	생산량비례법 또는 정액법	생산량비례법
	개 발 비	20년 이내 정액법	5년간 균등상각(월할상각)
	사용수익기부자산	사용수익기간동안 균등 상각	

2. 감가상각방법의 신고

① 신설법인과 새로 수익사업을 개시한 비영리법인
영업개시일이 속하는 사업연도의 법인세 과세표준 신고기한

② ① 외의 법인이 위의 구분을 달리하는 고정자산을 새로 취득한 경우
취득일이 속하는 사업연도의 법인세 과세표준 신고기한

3. 감가상각방법의 변경

① 합병 등 일정한 사유가 있을 경우 납세지 관할세무서장의 승인을 얻어 그 상각방법을 변경할 수 있다.

㉠ 상각방법이 서로 다른 법인이 합병(분할합병을 포함한다)한 경우

㉡ 상각방법이 서로 다른 사업자의 사업을 인수 또는 승계한 경우

㉢ 「외국인투자촉진법」에 의하여 외국투자자가 내국법인의 주식 등을 100분의 20 이상 인수 또는 보유하게 된 경우

㉣ 해외시장의 경기변동 또는 경제적 여건의 변동으로 인하여 종전의 상각방법을 변경할 필요가 있는 경우

㉤ 기획재정부령으로 정하는 회계정책의 변경에 따라 결산상각방법이 변경된 경우 (변경한 결산상각방법과 같은 방법으로 변경하는 경우만 해당한다)

② 신고기한 : 변경할 상각방법을 적용하고자 하는 **최초 사업연도의 종료일까지 신고**하며, 납세지 관할세무서장은 사업연도 종료일부터 1개월이내에 승인여부를 결정하여 통지하여야 한다.

제5절 상각범위액의 결정요소

1. 취득가액

(1) 일반원칙

감가상각자산의 취득가액은 일반적인 자산의 취득가액에 관한 규정을 적용하여 계산한다. 또한 취득가액이라 하면 **세무상 취득가액**을 말한다.

(2) 자본적지출과 수익적지출의 구분

자본적지출이란 내용년수를 연장시키거나 해당자산의 가치를 현실적으로 증가시키기 위하여 지출한 수선비를 말한다. 따라서 기업회계기준과 동일하다.

그러나 기중에 취득한 자본적 지출액은 월할계산하지 않고, **감가상각기초가액에 합산하여 상각범위액을 계산한다.**

(3) 즉시상각의 의제 

① 원칙 : 법인이 감가상각자산을 취득하기 위하여 지출한 금액과 감가상각자산에 대한 **자본적 지출에 해당하는 금액을 수익적 지출로 회계처리한 경우에는 이를 감가상각한 것으로 보아 상각범위액을 계산**한다.

예를 들어 취득가액 10,000원인 기계장치가 있는데, 이러한 기계장치에 대해서 자본적지출에 해당하는 지출 1,000원에 대해서 수선비로 처리한 경우 세법은 다음과 같이 처리한다.

〈자본적지출〉				
결산서	(차) 수 선 비	1,000	(대) 현 금	1,000
세무상	(차) ~~기계장치~~ 감가상각비	1,000 1,000	(대) 현 금 ~~기계장치~~	1,000 1,000
	(차) 감가상각비	1,000	(대) 현 금	1,000
효과	1. **세무상 취득가액 증가 :** B/S취득가액은 10,000원인데 **세무상 취득가액은 11,000원이 된다.** 2. **감가상각비금액 증가 : 감가상각비에 즉시상각의제액 1,000원을 추가로 더해주어야 한다.**			

② 특례 

법인이 감가상각자산의 취득가액 또는 자본적지출액을 손금으로 계상한 경우에 **위의 규정에 불구하고 감가상각시부인 계산없이 손금으로 인정하는 특례**가 있다. 이는 계산의 경제성을 고려하여 금액적으로 중요하지 않는 경우 감가상각시부인 계산을 생략하기 위함이다.

	내 용
1. 소액자산의 취득가액	취득가액이 **거래단위별로 100만원 이하인 감가상각자산** - **다음의 것은 제외한다.** ① **그 고유업무의 성질상 대량으로 보유하는 자산** ② **그 사업의 개시 또는 확장을 위하여 취득한 자산**
2. 단기사용자산 및 소모성자산	① 어업에 사용되는 어구 ② 영화필름, 공구(금형은 제외), 가구, 전기기구, 시험기기, 측정기기 및 간판 등 ③ 대여사업용 비디오테이프 및 음악용콤팩트디스크로서 개별자산의 취득가액이 30만원 미만인 것 ④ **전화기(휴대용전화기 포함) 및 개인용컴퓨터(주변기기 포함)**
3. 소액수선비	다음에 해당하는 수선비 ① 개별자산별로 수선비로 지출한 금액이 **600만원 미만**인 경우 ② 개별자산별로 수선비 지출한 금액이 **전기말 현재 재무상태표상 자산의 장부가액의 5%에 미달하는 경우** ③ 3년 미만의 기간마다 주기적인 수선을 위하여 지출하는 경우
4. 폐기손실 (비망가액 1,000원)	시설의 개체 또는 기술의 낙후로 인하여 생산설비의 일부를 폐기한 경우
	사업의 폐지 또는 사업장의 이전으로 임대차계약에 따라 임차사업장의 원상회복을 위하여 시설물을 철거하는 경우

(4) 손상차손

감가상각자산의 진부화, 물리적 손상 등에 따라 시장가치가 급격히 하락하여 법인이 회계기준에 따라 손상차손을 계상한 경우에는 해당 금액을 감가상각비로서 손금계상한 것으로 보아 감가상각시부인 계산을 한다.

2. 잔존가액

(1) 원칙

유무형자산구분없이 잔존가액을 '0'으로 규정하고 있다.

(2) 정률법의 경우

정률법에 따라 상각범위액을 계산하는 경우에는 취득가액의 5%에 상당하는 금액을 잔존가액으로 하되, 그 금액은 해당 감가상각자산에 대한 미상각잔액(세무상장부가액)이 최초로 취득가액의 5%이하가 되는 사업연도의 상각범위액에 가산한다.

(3) 비망가액

감가상각이 종료되는 감가상각자산에 대해서는 위의 규정에 불구하고 취득가액의 5%와 1,000원 중 적은 금액(결국 1,000원이 될 것이다)을 해당 감가상각자산의 장부가액으로 하고, 동 금액에 대해서는 손금에 산입하지 않는다. 결국 이러한 비망가액은 그 자산이 처분시 손금에 산입된다.

3. 내용연수

(1) 의의

내용연수란 자산의 사용가능기간을 말하나, 기업회계기준은 이러한 내용연수에 대하여 추정을 허용하고 있으나, 법인세법은 자산별 · 업종별로 정하고 있다. 이는 법인의 자의적인 내용연수 적용시 소득금액의 축소로 적정 세수를 확보하기 어렵기 때문이다.

또한 법인세법에서 규정한 내용연수는 그 내용연수 내에 감가상각을 완료해야 한다는 의미가 아니라 **상각범위액을 계산할 때 상각률을 정하는 기준일 뿐**이다.

(2) 기준내용연수와 신고내용연수

① **기준내용연수**

법인세법 시행규칙에는 **자산별 · 업종별로 내용연수를 규정**하고 있는데, 이를 기준내용연수라 한다.

② 신고내용연수

기준내용연수의 **상하 25% 범위 내에서 내용연수**를 선택하여 이를 납세지 관할세무서장에서 신고할 수 있는데 이를 신고내용연수라 한다.

예를 들어 기준내용연수가 8년이면 6년~10년 사이의 내용연수중 법인이 선택할 수 있다.

	내 용 연 수	
	신 고	무신고
개발비	20년 이내의 신고한 내용연수	5년
사용수익기부자산	사용수익기간	좌동
시험연구용자산 및 기타 무형고정자산	기준내용연수	좌동
위이외의 자산	**기준내용연수±25%**	**기준내용연수**

☞ 전년대비 설비자산 투자액이 증가한 중소기업의 경우 기준내용연수의 **50%**를 가감할 수 있다.

③ 수정내용연수

법인이 기준내용연수의 50%이상이 지난 중고자산을 취득한 경우에는 다음의 내용연수로 할 수 있다.

수정내용연수=기준내용연수×50%~기준내용연수

기준내용연수가 5년일 경우 수정내용연수는=2년(≒2.5)~5년의 범위 내에서 선택할 수 있는 것이다.

(3) 내용연수의 신고

내용연수는 자산을 취득한 날이 속하는 사업연도의 법인세 과세표준 신고기한까지 관할 세무서장에게 신고하여야 한다.

제6절 상각범위액의 계산(정액법과 정률법)

1. 정액법 : 감가상각대상액법(취득가액 - 잔존가치 "0")

상각범위액 = 기말 세무상 취득가액[*1] × 상각율[*2]

*1. 세무상취득가액＝B/S 취득가액＋즉시상각의제액(전기이전분＋당기발생분)
*2. 상각률 은 법인세법에서 규정함

2. 정률법 : 장부가액법(취득가액 - 감가상각누계액)

상각범위액 = 세무상 미상각잔액(세무상장부가액)[*1] × 상각율[*2]

*1. <u>세무상미상각잔액＝기말T취득가액－기초T감가상각누계액</u>
＝기말B/S취득가액＋전기이전즉시상각의제＋당기즉시상각의제
－(기초B/S감가상각누계액＋전기이전즉시상각의제－전기이월상각부인액)
＝ 기말B/S취득가액－기초B/S감가상각누계액＋즉시상각의제액(당기)＋전기이월상각부인액(유보)
*2. 상각률은 잔존가액의 5%로 가정하여 산출하며, 법인세법에서 규정함.

3. 특수한 경우 상각범위액 계산방법

① 당기 취득자산 : 월할상각한다.(1월 미만의 일수는 1월로 한다.)
② 당기 처분자산 : **당기 상각비에 대한 시부인이 불필요**하다. 왜냐하면 고정자산처분손익으로 반영되기 때문이다. 그리고 전기 상각부인누계액만 추인해주면 된다.
③ 자본적 지출의 경우
월할 상가하지 않고 감가상가자산의 기초가액에 합산하면 된다. 즉 1년 상각한다.
④ 감가상각자산을 평가증한 경우
㉠ 상각부인액 : 평가증의 한도까지 익금에 산입한 것으로 보아 이를 손금으로 추인하고, 평가증의 한도를 초과하는 금액은 이를 그 후 사업연도에 이월할 상각부인액으로 본다.
㉡ 감가상각과 평가증의 우선순위 : 법률에 따른 평가증을 한 경우 <u>**먼저 감가상각을 한 후 자산의 평가증을 한 것으로 본다.**</u>

4. 회사계상상각비 = <u>당기 감가상각누계액 증가액</u>[*1] + 당기 즉시상각의제

*1. 회계처리를 감가상각비 또는 전기오류수정손익(영업외비용 또는 이익잉여금)으로 처리하더라도 당기 회사계상상각비는 당기 감가상각누계액 증가액이다.

제7절 감가상각의제

법인세가 면제되거나 감면되는 사업을 영위하는 법인으로서 법인세를 면제받거나 감면받을 경우에는 감가상각비를 계상하지 아니하거나 과소계상하였더라도 법인세법상의 **상각범위액까지는 손금에 산입하여야 한다. 또한 추계결정 또는 경정을 하는 경우에도 감가상각비를 손금에 산입한 것으로 간주한다.**

법인세가 면제되는 법인이 1기 5월 1일에 비품을 900원에 취득하였고, 내용연수 3년, 정액법으로, 3기부터 매년 300원씩 감가상각하고, 6기에 처분하였다고 가정하자.

	1기	2기	3기	4기	5기	6기
회사 계상상각비	0	0	300	300	300	처분
세무상 상각범위액	**200[*1](의제)**	**300(의제)**	**300**	**100**	**0**	
세무조정	손入 200	손入 300	–	손不 200	손不 300	

*1. 감가상각비는 월할상각한다. 900원/3년 × 8개월/12개월 = 200원

이러한 감가상각의제는 **법인세를 면제, 감면받는 법인이 임의상각제도를 악용하여 조세회피를 방지하는 강제상각제도**인 것이다.

연/습/문/제

객관식

01. 다음 중 감가상각대상 자산에 포함하는 것은?

① 건설중인 자산
② 토지
③ 리스이용자의 운용리스자산
④ 단기의 유휴설비자산

02. 법인세법상 자본적 지출이란 감가상각자산의 내용연수를 연장시키거나 당해 자산의 가치를 현실적으로 증가시키기 위하여 지출하는 수선비를 말한다. 다음 중 자본적 지출에 해당하지 않는 것은?

① 건물의 방수공사
② 엘리베이터 설치
③ 냉난방 장치의 설치
④ 빌딩 등에 있어서 피난시설 등의 설치

03. 다음 중 법인세법상 납세지 관할세무서장의 승인을 얻어 그 감가상각방법을 변경할 수 있는 경우에 해당하지 않는 것은?

① 상각방법이 서로 다른 법인이 합병(분할합병을 포함한다)한 경우
② 상각방법이 서로 다른 사업자의 사업을 인수 또는 승계한 경우
③ 법인의 정책변화로 종전의 상각방법을 변경할 필요가 있는 경우
④ 외국인투자촉진법에 의하여 외국투자자가 내국법인의 주식 등을 100분의 20 이상 인수 또는 보유하게 된 경우

04. 법인세법상 취득후 자산으로 계상하여 감가상각하는 방법과 사업에 사용한 연도에 비용으로 처리하는 방법 중 선택하여 회계처리할 수 있는 자산으로만 묶여진 것은?

㉠ 사업개시를 위하여 취득한 자산으로서 100만원 이하인 감가상각자산 ㉡ 400만원에 취득한 개인용 컴퓨터 ㉢ 휴대용 전화기 ㉣ 고유업무 성질상 대량보유하는 100만원 이하의 소액자산

① ㉠, ㉡ ② ㉡, ㉢

③ ㉢, ㉣ ④ ㉣, ㉠

05. 법인세법상 감가상각시부인 없이 전액 손금으로 인정되는 자산이 아닌 것은?

① 어업에 사용되는 어구(어선용구를 포함한다)

② 영화필름, 공구(금형을 제외한다), 가구, 전기기구, 가스기기, 가정용 기구・비품, 시계, 시험기기, 측정기기 및 간판

③ 대여사업용 비디오테이프 및 음악용 콤팩트디스크로서 개별자산의 취득가액이 100만원 미만인 것

④ 전화기(휴대용 전화기를 포함한다) 및 개인용 컴퓨터(그 주변기기를 포함한다)

06. ㈜세무는 전기 재무상태상의 취득가액 12억원, 감가상각누계액이 2억원이고 상각부인액이 1억원인 건물에 대하여 당기에 수선비 48,000,000원을 비용으로 처리하였다. 수선비는 엘리베이터설치비 40,000,000원과 도색비 8,000,000원이다. 이에 대한 세무상 처리로서 옳은 것은?

① 수선비를 비용으로 인정하여 별도의 세무조정을 하지 아니한다.

② 48,000,000원을 즉시상각의제로 보아 세무조정한다.

③ 40,000,000원을 손금불산입하여 유보로 처분한다.

④ 40,000,000원을 즉시상각의제로 보아 세무조정한다.

07. 다음 중 법인세법상 자본적지출 및 수익적지출에 대한 설명으로 틀린 것은?

① 자본적지출에 해당하는 비용을 법인이 수익적 지출로 계상한 경우 당해 금액을 전액 손금불산입한다.

② 냉방장치의 설치비용은 자본적지출이다.

③ 재해를 입은 자산에 대한 외장의 복구비용은 자본적 지출에 해당하지 않는다.

④ 건물 또는 벽의 도장비는 발생한 사업연도에 즉시 법인의 손비로 처리한다.

08. 법인세법상 다음의 자료에 의한 20x1년도 세무조정으로 알맞은 것은?

> Ⓐ 20x1년 10월 6일 취득한 비품의 취득가액 : 16,000,000원
> Ⓑ 회사계상 감가상각비 : 2,500,000원
> Ⓒ 신고한 내용연수 : 10년
> Ⓓ 10년에 대한 정률법 상각률 : 20%
> Ⓔ 당 법인은 정률법 적용

① 시인부족액 700,000원 ② 시인부족액 1,333,333원
③ 상각부인액 1,700,000원 ④ 상각부인액 1,333,333원

09. 다음 중 법인세법상 고정자산의 감가상각과 관련된 내용으로 옳지 않은 것은?

① 감가상각방법의 변경신고는 해당 변경된 감가상각방법을 적용하고자 하는 최초사업연도의 종료일까지 하여야 한다.
② 감가상각의제는 법인세를 감면받는 법인이 임의상각제도를 악용하여 조세회피를 방지하는 강제상각제도이다.
③ 시설의 개체, 기술낙후로 생산설비의 일부를 폐기한 경우 장부가액에서 1,000원을 공제한 금액을 신고조정으로 손금산입할 수 있다.
④ 개별자산별로 수선비로 지출한 가액이 직전사업연도 종료일 현재 재무상태표상 자산가액의 5%에 미달하는 경우에는 수익적 지출로 처리할 수 있다.

10. 다음은 법인세법상 감가상각제도에 대한 내용이다. 옳지 않은 것은?

① 법인세를 면제 또는 감면받은 사업연도에 감가상각비를 상각범위액보다 과소계상한 경우에는 감가상각의제 규정을 적용한다.
② 고정자산에 대하여 평가증과 감가상각을 병행한 경우에는 먼저 평가증을 한 이후 감가상각한 것으로 보아 상각범위액을 계산한다.
③ 사업연도 기간 중 발생한 자본적 지출은 월할계산하지 않고 감가상각 기초가액에 합산하여 상각범위액을 계산한다.
④ 비용으로 계상한 수선비가 개별자산별로 600만원 미만이거나 직전 사업연도종료일 현재 재무상태표상 자산가액의 5%에 미달하는 경우에는 자본적 지출에 해당하는 금액이 포함되어 있더라도 전액을 손금으로 인정한다.

11. 다음 중 법인세법상 감가상각제도의 특징에 관한 설명으로 가장 잘못된 것은?

① 고정자산에 대한 감가상각비는 법인이 각 사업연도에 손금으로 계상한 경우에만 상각범위액에서 손금에 산입하고, 그 계상한 금액 중 상각범위액을 초과하는 금액은 손금에 산입하지 않는 것이 원칙이다.

② 기중 신규취득의 경우 1개월 미만의 일수는 개월수에서 제외한다.

③ 감가상각 시부인 계산은 개별 자산별로 행한다.

④ 감가상각은 그 신고한 상각방법을 변경하지 않는 한 그 후의 사업연도에도 이를 계속하여 적용하여야 한다.

주관식

01. 다음의 자료에 의해 계산되는 기계장비의 법인세법상 취득원가는?

- 취득세 : 1,000,000원
- 시운전비 : 100,000원
- 취득과정에서 발생한 보험료 : 50,000원
- 취득 후 발생한 보험료 : 395,000원
- 기계장비 마모된 부품 교체 : 150,000원

02. 다음 자료에 의한 법인세법상 20x1년도 감가상각비 손금추인액은 얼마인가?

구 분	20x0년	20x1년
회사계상 감가상각비	30,000,000원	20,000,000원
세법상 상각범위액	23,000,000원	25,000,000원

03. 다음의 자료에 의해 법인세법상 20x2년 감가상각에 대한 세무조정(소득처분 포함)을 하시오.

(1) 20x1년 기계장치 감가상각 세무조정 : 100,000원 시인부족액 발생
(2) 20x1년 건　　물 감가상각 세무조정 : 100,000원 상각부인액 발생
(3) 20x2년 기계장치 감가상각 세무조정 : 100,000원 상각부인액 발생
(4) 20x2년 건　　물 감가상각 세무조정 : 200,000원 시인부족액 발생

04. ㈜명옥상사와 ㈜인천상사는 1억원의 고정자산을 취득하여 감가상각을 하고 다음과 같이 회계처리하였다. 법인세 신고시 옳게 세무조정 하시오.

구 분	세법상 한도액	회사 계상액	전기유보잔액	세무조정
㈜명옥상사	20,000,000	18,000,000	3,000,000	(가)
㈜인천상사	25,000,000	29,000,000	0	(나)

05. 다음 자료에 의해 법인세법상 손금추인되는 금액을 계산하면 얼마인가?

> ㉠ 회사계상 감가상각비 : 1,000,000원　　㉡ 해당 감가상각범위액 : 1,200,000원
> ㉢ 전기 상각부인액 : 300,000원

06. 다음 빈 (　　)에 들어갈 알맞은 숫자는?

> 법인세법상 감가상각자산의 취득가액 또는 자본적 지출액을 손금으로 계상한 경우에 감가상각 시부인 계산 없이 손금으로 인정하는 특례가 있다. 그 중 개별자산별로 수선비로 지출한 금액이 직전 사업연도 종료일 현재 재무상태표상의 자산가액(취득가액－감가상각누계액)의 (　　)%에 미달하는 경우 시부인 계산 없이 당기 비용을 인정한다.

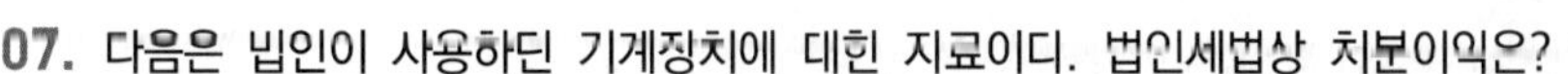
07. 다음은 법인이 사용하던 기계장치에 대한 자료이다. 법인세법상 처분이익은?

> ㉠ 취득가액 : 400,000,000원　　㉡ 감가상각누계액 : 320,000,000원
> ㉢ 상각부인액 : 70,000,000원　　㉣ 양도가액 : 200,000,000원

08. 다음은 법인세법상 감가상각 중 즉시상각의제에 관한 내용이다. 괄호 안에 들어갈 알맞은 숫자를 쓰시오.

> 취득가액이 거래단위별로 (　　　　)원 이하인 감가상각자산에 대해서는 그 사업에 사용한 날이 속하는 사업연도의 손비로 계상한 것에 한정하여 손금에 산입한다.

연/습/문/제 답안

객관식

1	2	3	4	5	6	7	8	9	10	11
④	①	③	②	③	①	①	③	③	②	②

[풀이 - 객관식]

01. **유휴설비는 감가상각대상 자산**이다.

02. 방수공사는 원상회복에 대한 지출이므로 수익적 지출에 해당한다.

04. 즉시상각의제자산이 되는 것을 찾으면 된다.

05. 대여사업용 비디오테이프 및 음악용 콤팩트디스크로서 개별자산의 취득가액이 30만원 미만인 것

06. 수선비가 **전기 재무상태표상의 장부가액(10억)의 5% 미만**이므로 수선비를 비용으로 인정하여 별도의 세무조정을 하지 않는다.

07. 자본적지출을 수익적지출로 회계처리한 경우 즉시상각의제규정이 적용된다.

08. ① 감가상각범위액 (1월 미만 : 1월 상각) : 16,000,000원×20%×3/12 = 800,000원
② 상각부인액 : 2,500,000원 - 800,000원 = 1,700,000원

09. 결산조정에 의해 손금산입할 수 있다.

10. 법인이 고정자산에 대하여 평가증과 감가상각을 병행한 경우에는 **먼저 감가상각을 한 이후 평가증을 한 것으로 보아** 상각범위액을 계산한다.

11. 기중 신규취득의 경우 1개월 미만의 일수는 1개월로 한다.

주관식

01	1,150,000원	02	5,000,000원	03	해설참고
04	해설참고	05	200,000원	06	5
07	50,000,000원	08	1,000,000		

[풀이 - 주관식]

01. 수익적지출 : 마모된 부품교체, 취득 후 보험료
취득원가 = 1,000,000원 + 100,000원 + 50,000원 = 1,150,000원

02. 20x0년 부인액은 7,000,000원은 20x1년 시인부족액 5,000,000원의 범위내에서 손금산입하므로 손금추인액은 5,000,000원이다.

03. 기계장치에 대한 전년도 시인부족액은 없는 것이므로 20×2년 상각부인액 100,000원은 손금불산입하고, 건물에 대한 전년도 상각부인액 100,000원은 20×2년 시인부족액 200,000원이 발생하였으므로 전년도 상각부인액 100,000원을 한도로 손금추인한다.
〈손금불산입〉 기계장치 100,000(유보)
〈손금산입〉 전기감가상각비 유보추인 100,000(△유보)

04. 가 : 손금산입 가능한 금액 = Min(2,000,000, 3,000,000)
〈손금산입〉 전기감가상각비 유보추인 2,000,000(△유보)
나 : 손금불산입액 = 29,000,000 - 25,000,000 = 4,000,000
〈손금불산입〉 감가상각비 부인액 4,000,000(유보)

05. 감각상각시인부족액 : 1,000,000 - 1,200,000 = △200,000원
감가상각시인부족액과 전기 상가부인액 중 적은 금액을 손금추인 : 200,000원

07. 처분가액 - 세무상장부가액
= [200,000,000원 - (400,000,000원 - 320,000,000원 + 70,000,000원)] = 50,000,000원

Chapter

기업업무추진비와 기부금

8

제1절 기업업무추진비

1. 기업업무추진비의 개념

기업업무추진비란 접대비 및 교제비, 사례금 그 밖에 어떠한 명목이든 상관없이 이와 유사한 성질의 비용으로서 법인의 업무와 관련하여 지출한 금액을 말한다.

즉 ① 무상지급+② 업무관련+③ 특정인의 3가지 조건을 충족하면 기업업무추진비에 해당한다.

〈기업업무추진비와 기타비용의 비교〉

구 분		세무상처리
업무관련	특정인에 대한 지출	기업업무추진비
	불특정다수인에 대한 지출	광고선전비
업무무관		기부금

2. 기업업무추진비의 범위

기업업무추진비에 해당하는지의 여부는 **거래명칭·계정과목 등과 관계없이 그 실질내용에 따라 판정한다.**

① 사용인이 조직한 단체에 지출한 복리시설비

- 해당조합이나 단체가 법인인 경우 : 기업업무추진비(예 : 노동조합)
- 법인이 아닌 경우 : 해당 법인의 경리의 일부(복리후생비)로 본다.

② 사업상증여에 따른 부가가치세 매출세액과 접대관련 불공제 매입세액은 기업업무추진비로 본다.

③ 약정에 따라 채권의 전부 또는 일부를 포기한 경우에는 이를 대손금으로 보지 않고 기부금 또는 기업업무추진비로 본다.

〈채권포기〉

구 분		세무상처리
불가피한 사유가 아닌 경우	업무관련	기업업무추진비
	업무무관	기부금
불가피한 사유(대손사유)		손금

④ 기업업무추진비로 보지 않는 금액
  ㉠ 주주, 임직원이 부담하여야 할 기업업무추진비 ⇒ 손금불산입 사외유출
  ㉡ 특수관계자 외의 자에게 지급되는 판매장려금(사전약정 불문)
  ㉢ 광고선전 목적으로 기증한 물품의 구입비용(특정인에게 기증한 물품의 경우에는 연간 5만원 이내의 금액에 한하며 개당 3만원 이하의 물품은 5만원 한도 미적용한다.) ⇒ 광고선전비

3. 기업업무추진비의 세무조정순서

세무조정순서			세무상처리
Ⅰ. 직부인 기업업무추진비	1. 개인사용경비		사외유출
	2. 증빙불비 기업업무추진비		대표자상여
	3. 건당 3만원 초과 적격증빙미수취분*1(일반영수증)		기타사외유출
Ⅱ. 한도규제 기업업무추진비	4. 직부인 기업업무추진비를 제외한 기업업무추진비 중	4-1. 한도초과액	기타사외유출
		4-2. 한도내 금액	손금

*1. 건당 3만원(경조금은 20만원) 초과 적격증빙(세금계산서, 계산서, 신용카드영수증, 현금영수증 등)미수취 기업업무추진비

4. 기업업무추진비의 손금산입한도액(1+2)

	일반기업업무추진비 한도액
1. 기본한도	**1,200만원[<u>중소기업 : 3,600만원</u>]×해당사업년도의 월수/12**
2. 수입금액한도	일반수입금액×적용률+특정수입금액×적용률×10%

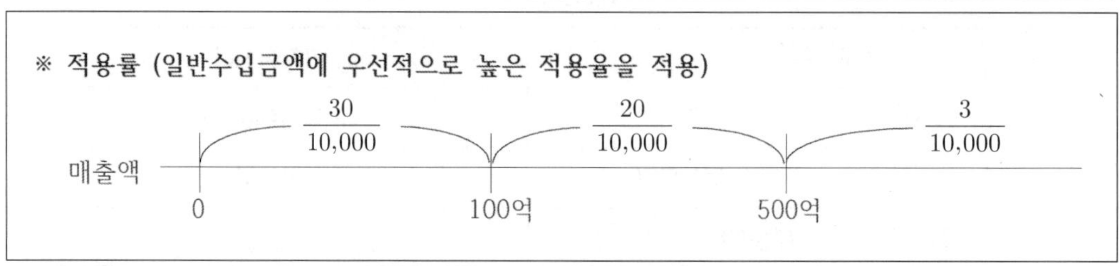

① 수입금액 : 기업회계기준상 매출액을 말한다. 즉 앞에서 언급한 수입금액조정명세서 상의 금액을 말한다. **여기에는 영업외수익으로 계상하였다 하더라도 반제품 · 부산물 · 작업폐물의 매출액을 포함한다.**

② 특정수입금액 : 특수관계자와의 거래에서 발생한 수입금액을 말한다.

5. 현물기업업무추진비의 평가 : MAX[① 시가 ② 장부가액]

6. 기업업무추진비의 손금귀속시기 : 접대행위가 이루어진 날(<u>발생주의</u>)

<예제 8 - 1> 기업업무추진비

㈜ 무궁의 다음 자료에 의하여 7기의 세무조정을 행하시오. (주)무궁은 중소기업이라 가정한다.

1. 손익계산서상의 매출액은 다음과 같다.

제품매출액	7억원	특수관계자간 거래분 2억원
상품매출액	3억원	
계	10억원	

2. 기업업무추진비 계정의 총금액은 50,000,000원으로서 그 내역은 다음과 같다.

구 분	금액	비 고
증빙미수취	3,000,000원	1건임
전무이사 개인사용경비	6,000,000원	1건임
신용카드 사용분	39,000,000원	전액 3만원 초과분임
일반영수증사용분	2,000,000원	3만원 초과 500,000원
계	50,000,000원	

해답

세무조정순서			금 액	소득처분
Ⅰ. 직부인 기업업무추진비	1. 개인사용경비		6,000,000	상여(전무)
	2. 증빙불비(증빙미수취)기업업무추진비		3,000,000	상여(대표자)
	3. 건당 3만원 초과 적격증빙미수취분		500,000	기타사외유출
Ⅱ. 한도규제 기업업무추진비	4. **직부인기업업무추진비 제외**	4-1. 한도초과액	2,040,000*	기타사외유출
		4-2. 한도내 금액	38,460,000	손금
계			50,000,000	

[기업업무추진비 한도 초과액계산]

1. 수입금액 : 1,000,000,000원(특정수입금액 200,000,000원 포함)
2. 기업업무추진비 한도액(①+②) : 38,460,000원
   - ① 기본금액 : 36,000,000원(중소기업)
   - ② 수입금액 : 2,460,000원
     - ⓐ 일반수입금액 : 800,000,000원×30/10,000=2,400,000원
     - ⓑ 특정수입금액 : 200,000,000원×30/10,000×10%=60,000원
3. 기업업무추진비해당액 : 40,500,000원(50,000,000원-9,500,000원(직부인기업업무추진비 계))
4. **기업업무추진비 초과액(3-2) : 2,040,000원(손금불산입, 기타사외유출)**

제2절 기부금

1. 기부금의 의의

기부금은 ①**특수관계가 없는 자에게** ②**사업과 직접 관련없이** ③**무상으로 지출하는 재산적 증여의 가액**을 말한다. 기부금은 업무와 관련이 없으므로 손금이 될 수 없으나 공익성이 있는 것은 일정한 한도 내에서 손금으로 인정해 주고 있다.

2. 간주기부금(의제기부금)

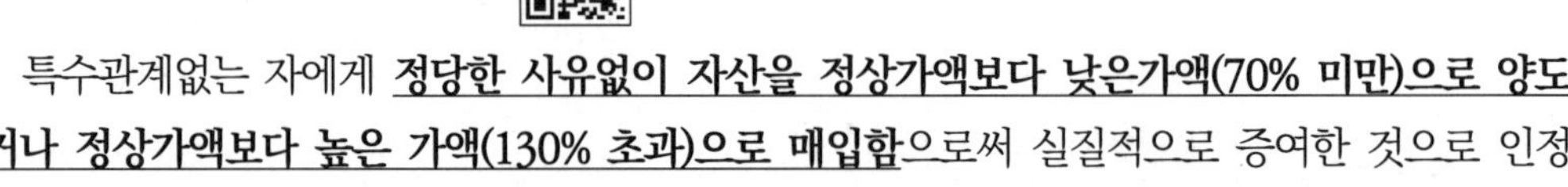

특수관계없는 자에게 **정당한 사유없이 자산을 정상가액보다 낮은가액(70% 미만)으로 양도하거나 정상가액보다 높은 가액(130% 초과)으로 매입함**으로써 실질적으로 증여한 것으로 인정되는 금액은 이를 기부금으로 간주한다.

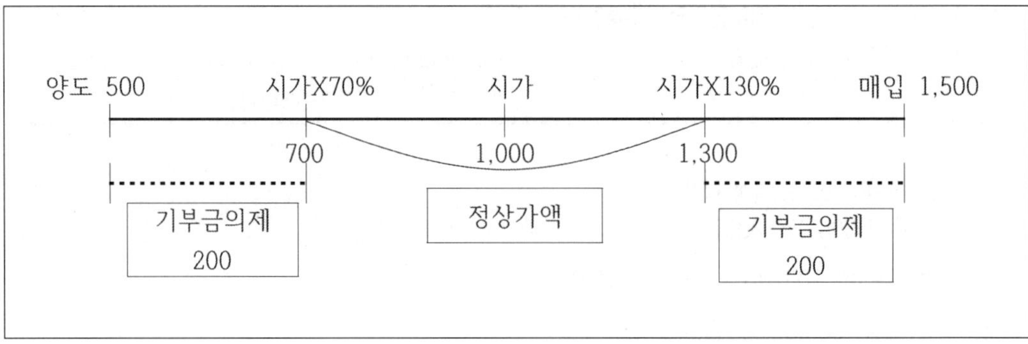

(1) 고가매입 간주기부금

특수관계없는 자에게 토지의 시가가 1,000원인데, 1,500원에 현금매입하였다고 가정하자. 정상가액은 시가의 ± 30%이므로 700원~1,300원이다.

구분	차변		금액	대변		금액
결산서	(차)	토 지	1,500	(대)	현 금	1,500
세무상	(차)	토 지 간주기부금	1,300 200	(대)	현 금	1,500
수정분개	(차)	간주기부금	200	(대)	토 지	200
세무조정	〈손금산입〉 토지 200(△유보) → **동시에 기부금 지출액에 200원을 가산한다.**					

(2) 저가양도 간주기부금

특수관계없는 자에게 토지의 시가가 1,000원(장부가액 400원)인데, 500원에 현금양도였다고 가정하자. 정상가액은 시가의 ±30%이므로 700원~1,300원이다.

구분	차변	금액	대변	금액
결산서	(차) 현 금	500	(대) 토 지 유형자산처분익	400 100
세무상	(차) 현 금 기 부 금	500 200	(대) 토 지 유형자산처분익	400 300
수정분개	(차) 기 부 금 (I/S계정)	200	(대) 유형자산처분익 (I/S계정)	200
세무조정	**수정분개가 차 · 대변 모두 I/S계정이므로 세무조정은 필요없다.* 다만 기부금 지출액에 200원을 가산하여 향후 한도 계산한다.**			

* 저가양도 간주기부금의 경우 장부상 기부금과 세법상 기부금의 차이는 발생하지만, 동 차이에 대하여 손금산입의 세무조정은 하지 않는다. 왜냐하면, 장부상의 분개는 기부금 200원의 비용누락과 동시에 처분이익 200원의 수익누락이 동시에 발생한 것이기 때문에 당기순이익과 각사업연도소득금액의 차이를 유발하지는 않기 때문이다.

〈간주기부금과 부당행위계산부인의 비교〉

구 분	간주기부금	부당행위계산부인
거래상대방	**특수관계없는 자**	**특수관계자**
세무상 양도/취득가액	**시가±30%**	**무조건 시가**

3. 기부금의 분류

기부금은 **공익성 정도**에 따라 특례기부금, 우리사주조합기부금, 일반기부금, 비지정기부금으로 분류한다.

구분	내용
특례기부금	① **국가·지자체에 무상기증하는 금품** ☞ 국립, 공립학교 기부금은 특례기부금 ② 국방헌금과 국군장병 위문금품(향토예비군 포함) ③ **천재·지변 이재민 구호금품(해외이재민 구호금품 포함)** ④ **사립학교(초·중·고, 대학교) 등에의 시설비, 교육비, 연구비, 장학금 지출** ⑤ 사립학교·대한적십자사가 운영하는 병원과 국립대학병원·서울대학병원·국립암센터·지방의료원에 시설비·교육비·연구비로 지출 ⑥ 사회복지사업, 그 밖의 사회복지활동의 지원에 필요한 재원을 모집·배분하는 것을 주된 목적으로 하는 비영리법인(전문모금기관 - 사회복지공동모금회) ⑦ 한국장학재단에 대한 기부금
일반기부금	(1) 다음의 비영리법인의 **고유목적사업비**로 지출하는 기부금 ① 사회복지법인(민간 사회복지시설포함), 의료법인, 국민건강보험공단 ② 어린이집, 유치원, 초·중등·고등교육법상 학교, 기능·원격대학, 국립대·서울대병원 등 ③ 종교보급교화목적단체로 허가를 받아 설립한 비영리법인, 새마을운동중앙본부 ④ 정부로부터 허가 또는 인가를 받은 문화·예술단체, 학술연구단체 등
	(2) 특정용도로 지출하는 기부금 ① **학교 등의 장이 추천하는 개인에게 교육비·연구비·장학금으로 지출** ② 국민체육진흥기금·과학기술진흥기금에 출연, 공익신탁기부금
	(3) **사회복지시설 중 무료 또는 실비로 이용할 수 있는 것**: 아동복지시설, 장애인복지시설 등 (4) 공공기관등에 지출하는 기부금
비지정기부금	① **향우회, 종친회, 새마을금고, 신용협동조합에 지급한 기부금** ② **정당에 지출하는 기부금** 등

☞ 우리사주조합기부금

법인이 해당 법인의 <u>우리사주조합에 기부시 전액 손금이 되나</u>, 여기서 우리사주조합이란 해당 법인의 우리사주조합 <u>이외의 조합</u>을 말한다.

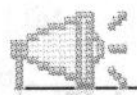

4. 기부금의 평가(현물기부금)

① 특례 · 일반기부금 : 장부가액
② 일반(특수관계인에게 기부) · 비지정기부금 : MAX[시가, 장부가액]

5. 귀속시기 : 현금주의(어음 : 결제일, 수표 : 교부일)

☞ 기업업무추진비 : 발생주의

6. 기부금의 손금산입한도액

구 분	손금산입한도액
특례기부금	[기준소득금액 - 이월결손금] × 50%
일반기부금	[기준소득금액 - 이월결손금 - 특례기부금 손금산입액] × 10%

또한 기부금 한도계산의 결과는 소득금액조정합계표에 기재하지 않고 과세표준 및 세액조정계산서에 바로 기재한다.

(1) 기준소득금액 

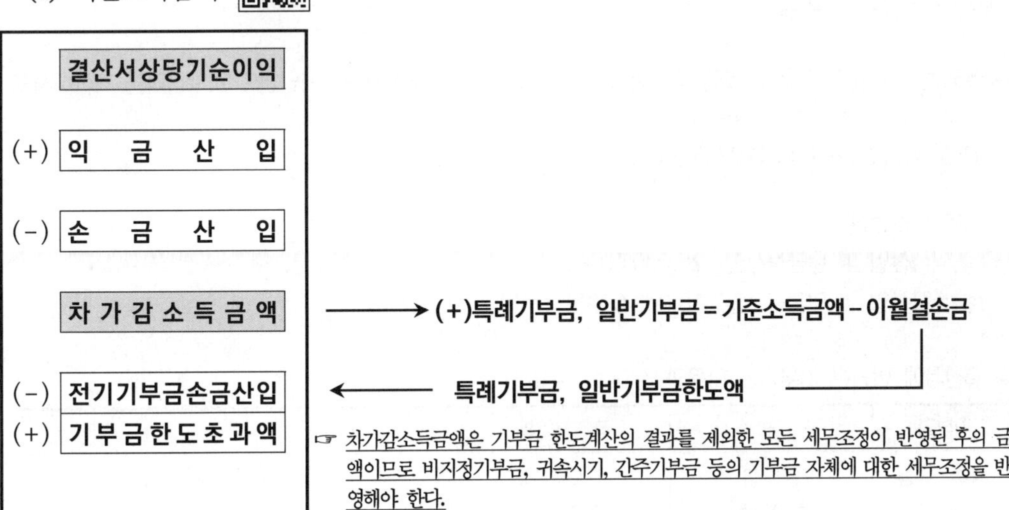

(2) 이월결손금

세무상 결손금으로서 각사업연도의 과세표준을 계산할 때 공제되지 않은 금액을 말한다.[각사업연도의 개시일 전 15년(2019.12.31. 이전 개시 사업연도 발생분은 10년) 이내 발생분]

다만 비중소기업은 기준소득금액의 80%를 한도로 한다.

7. 기부금 한도초과이월액의 손금산입

(1) 이월된 기부금을 우선 공제

(2) 남은 기부금 공제한도 내에서 각사업연도에 지출한 기부금 공제

(3) 기부금 한도 초과액이월액의 손금산입

기부금의 한도초과액은 해당 사업연도의 다음 사업연도 개시일부터 10년 이내에 끝나는 각 사업연도에 이월하여 이월된 각 사업연도의 해당 기부금 한도액 범위에서 그 한도초과액을 손금에 산입한다.

<예제 8 - 2> 기부금

㈜ 무궁(중소기업)의 다음 자료에 의하여 7기(20x1년)의 세무조정과 각 사업연도 소득금액을 계산하시오.

1. 결산서상 당기순이익 : 120,000,000원

2. 기부금 반영전
   ① 익금산입 및 손금불산입 : 25,000,000원
   ② 손금산입 및 익금불산입 : 10,000,000원

3. 결산서에 반영된 기부금은 다음과 같다.

기부일	지 급 처	금 액(원)	적 요
4월 1일	향우회	6,000,000	대표이사 고향 향우회 행사시 기부
5월 10일	천안시청	7,000,000	이재민구호를 위한 성금
12월 31일	사회복지법인	8,000,000	사회복지 법인 기부금

4. 당기말 현재 남아 있는 세무상 이월결손금(2019년)은 40,000,000원이 있다.

5. 전기에 일반기부금 한도 초과액이 10,000,000원이 있다.

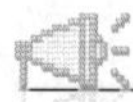

해답

1. 기부금 한도 계산전 세무조정

〈향우회 기부금〉

결산서	(차)	기 부 금	6,000,000	(대)	현 금	6,000,000
세무상	(차)	잉 여 금	6,000,000	(대)	현 금	6,000,000
수정분개	**(차)**	**잉 여 금**	**6,000,000**	**(대)**	**기 부 금**	**6,000,000**
세무조정	**〈손금불산입〉 비지정기부금 6,000,000원(상여)**					

2. 기부금 분류

지 급 처	특례기부금	일반기부금	비지정기부금	비 고
향우회			6,000,000	
천안시청	7,000,000			
사회복지법인		8,000,000		

3. 각사업연도 소득금액의 계산

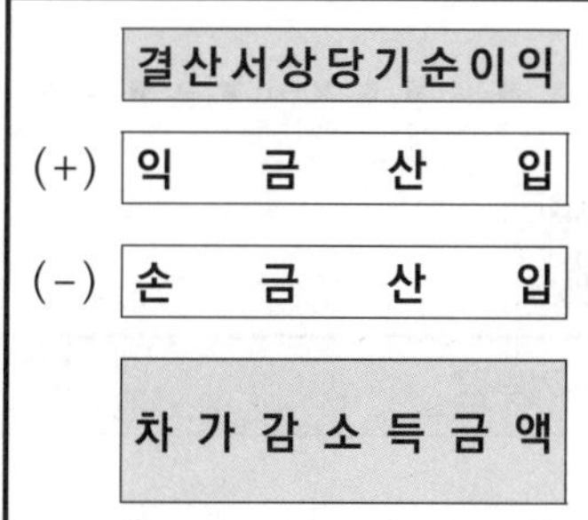

결산서상당기순이익	**120,000,000**	
(+) 익금산입	**31,000,000**	**비정기부금 가산(6,000,000)**
(-) 손금산입	**10,000,000**	
차가감소득금액	**141,000,000**	**(+)특례(7,000,000), 일반(8,000,000) = 기준소득금액(156,000,000)**

4. 기부금 한도계산

① 특례기부금	㉠ 해당액 : 7,000,000원 ㉡ 한도액 : (156,000,000원 – 40,000,000원[*1]) × 50% = 58,000,000원 ***1. 이월결손금(2019) 10년간 공제한다.** ㉢ 한도초과액 : ㉠ – ㉡ = – 51,000,000원(한도이내 – 세무조정없음)

<table>
<tr><td rowspan="7">② 일반기부금</td><td>㉠ 해당액 : 10,000,000원(전기분) + 8,000,000원(당기)
㉡ 한도액 : (156,000,000원 – 40,000,000원 – 7,000,000원*1) × 10% = 10,900,000원
*1. 특례기부금 손금용인액
ⓐ 이월된 기부금(전기 분) → ⓑ 당해지출기부금 순으로 공제</td></tr>
<tr><td>

일반기부금 한도	전기	당기	
10,900,000	10,000,000	8,000,000	
		900,000	7,100,000
	(손금산입)	(손금산입)	(손금불산입)

</td></tr>
<tr><td>㉢ 한도초과액 : ㉠ – ㉡ = 7,100,000원(손금불산입 – 기타사외유출)</td></tr>
</table>

5. 각사업연도 소득금액의 계산

	차가감소득금액	**141,000,000**	
(–)	**전기기부금손금산입**	**10,000,000**	
(+)	**기부금한도초과액**	**7,100,000**	10년간 이월공제
	각사업연도소득금액	**138,100,000**	

[기업업무추진비와 기부금]

구 분	기업업무추진비	기부금
정의	**업무관련 + 특정인**	**업무무관**
손익귀속시기	**발생주의**	**현금주의**
현물	**MAX[① 시가 ② 장부가액]**	**특례기부금, 일반기부금 : 장부가액**
		일반(특수관계인), 비지정 : MAX[① 시가 ② 장부가액]
한도초과액 이월손금	**없음**	**10년간 이월**

연/습/문/제

객관식

01. 다음 중 법인세법상 기업업무추진비에 대한 설명으로 옳지 않은 것은?

① 임직원의 명의로 발급받은 신용카드를 사용하여 기업업무추진비를 지출한 경우 신용카드사용액으로 보지 아니한다.

② 법인이 기업업무추진비를 금전외의 자산으로 제공한 경우 해당 자산의 가액은 이를 제공한 때의 시가(시가가 장부가액보다 낮은 경우에는 장부가액)에 의한다.

③ 내국법인이 1회의 접대에 지출한 경조금이 10만원을 초과한 경우에는 세법상 요구되는 증빙이 있어야만 손금으로 산입할 수 있다.

④ 기업업무추진비는 발생주의에 따라 귀속시기를 판단하므로 해당 사업연도에 발생한 기업업무추진비를 다음 사업연도로 이연시킨 경우에도 해당 사업연도의 기업업무추진비로 본다.

02. 다음은 법인세법상 기업업무추진비에 관한 설명이다. 옳은 것은?

① 기업업무추진비 관련 부가가치세 매입세액은 부가가치세법상 매입세액공제가 배제되므로 시부인 없이 전액에 손금산입한다.

② 현물기업업무추진비는 이를 제공한 시점의 장부가액과 시가를 비교하여 큰 금액으로 계산한다.

③ 부가가치세법상 간주공급에 해당하는 금액은 기업업무추진비 한도액 계산시 수입금액에 포함된다.

④ 약정에 따라 포기한 미수금(업무무관)이 있는 바, 동 포기사유가 정당하지 아니한 경우에는 기업업무추진비로 간주한다.

03. 다음은 법인세법상 기업업무추진비에 관한 설명이다. 다음 중 옳지 않은 것은?

① 내국법인이 1회의 접대에 지출한 기업업무추진비 중 경조금은 적격증빙을 수취하지 아니하여도 30만원 이내의 금액은 손금불산입하지 아니한다.

② 적격증빙을 수취하지 아니한 기업업무추진비(경조금 제외)는 건당 3만원을 초과하면 손금불산입한다.

③ 기업업무추진비를 지출하였으나 증빙을 누락한 경우에는 손금불산입하고 대표자상여 처분한다.

④ 기업업무추진비 지출액 중 손금불산입 대상을 제외한 기업업무추진비는 한도액을 계산하여 한도초과액을 손금불산입하고 기타사외유출 처분한다.

04. 법인세법상 기업업무추진비에 대한 설명으로 바르지 않은 것은?

① 기업업무추진비란 접대비 및 교제비, 사례금, 그 밖에 이와 유사한 성질의 비용으로 업무와 관련하여 지출한 금액을 말한다.

② 기업업무추진비는 한 차례 기업업무추진하는 지출이 5만원을 초과(경조사비는 20만원 초과)한 경우 법정증명서류가 있어야 손금으로 산입할 수 있다.

③ 금전외의 자산으로 접대하는 경우 해당자산의 가액은 이를 제공한 때의 시가(시가가 장부가액보다 낮은 경우에는 장부가액)로 평가한다.

④ 광고선전목적으로 달력 등을 불특정다수인에게 기증한 것은 기업업무추진비로 보지 않는다.

05. 다음은 법인세법상 기부금의 요건에 대한 설명이다. 법인세법상 기부금이 되기 위한 요건에 해당하지 않는 것은?

① 특수관계 없는 자에게 지출하는 것이어야 한다.

② 공공의 이익을 위하여 지출하는 것이어야 한다.

③ 사업과 관계없이 하는 지출이어야 한다.

④ 무상으로 지출하는 재산적 증여가액이어야 한다.

06. 다음은 법인세법상 기부금에 관한 설명이다. 다음 중 옳지 않은 것은?

① 기부금이란 특수관계 없는 자에게 사업과 직접 관계없이 무상으로 지출하는 재산적 증여액을 말한다.

② 특수관계자에게 정당한 사유 없이 자산을 정상가액보다 낮은 가액으로 양도하는 경우 기부금으로 간주한다.

③ 법인이 신용협동조합에 기부한 기부금은 비지정기부금으로 전액 손금불산입하고 기타사외유출 처분한다.

④ 기부금은 그 지출한 날이 속하는 사업연도에 귀속하는 현금주의를 채택하고 있다.

07. 다음 중 법인세법상 특례 기부금에 해당하지 않는 것은?

① 국가나 지방자치단체에 무상으로 기증하는 금품의 가액. 다만, 기부금품의 모집 및 사용에 관한 법률의 적용을 받는 기부금품은 같은 법에 따라 접수하는 것만 해당한다.
② 국방헌금과 국군장병 위문금품의 가액
③ 공익신탁으로 신탁하는 기부금
④ 천재지변으로 생기는 이재민을 위한 구호금품의 가액

08. 다음은 법인세법상 기부금의 가액 및 손금귀속시기에 관한 설명이다. 다음 중 옳지 않은 것은?

① 기부금을 가지급금 등으로 이연계상한 경우에는 이를 그 이연한 사업연도의 기부금으로 하고, 지출한 사업연도에 기부금으로 보지 아니한다.
② 특례기부금을 금전 외의 자산으로 제공한 경우 해당 자산의 가액은 이를 제공한 때의 장부가액으로 한다.
③ 일반기부금(특수관계인)과 비지정기부금을 금전 외의 자산으로 제공한 경우 해당 자산의 가액은 이를 제공한 때의 시가(시가가 장부가액보다 낮은 경우에는 장부가액)에 의한다.
④ 기부금을 미지급금으로 계상한 경우 실제로 이를 지출할 때까지는 당해 사업연도의 소득금액계산에 있어서 이를 기부금으로 보지 아니한다.

09. 다음은 법인세법상 기부금과 기업업무추진비에 관한 설명이다. 다음 중 옳지 않은 것은?

① 특례기부금은 시가로 평가한다.
② 기업업무추진비의 한도는 수입금액을 기준으로 하나 기부금의 한도는 소득금액을 기준으로 한다.
③ 기업업무추진비는 발생주의, 기부금은 현금주의에 의하여 손금처리한다.
④ 기업업무추진비는 업무와 관련 있는 지출이지만 기부금은 업무와 관련 없는 지출이다.

10. 법인세법상 기업업무추진비와 기부금에 관한 설명 중 가장 잘못된 것은?

① 기업업무추진비는 업무와 관련있는 지출이며, 기부금은 업무와 관련없는 지출이다.
② 기업업무추진비는 발생주의, 기부금은 현금주의에 따라 손금처리하다.
③ 광고 · 선전 목적으로 달력 등을 불특정다수인에게 기증한 것은 기업업무추진비로 보지 않는다.
④ 현물로 기부하거나 접대하는 경우에는 시가로만 평가한다.

11. 다음 중 법인세법상 기부금의 처리방법에 대한 설명으로 틀린 것은?

① 법인이 기부금 지출액을 선급금으로 회계처리한 경우 손금산입(△유보)하는 세무조정을 하여야 한다.

② 법인이 기부금을 미지급금으로 계상한 경우 실제로 지출할 때까지 기부금으로 보지 아니한다.

③ 법인이 특례기부금을 가지급금으로 이연계상한 경우에는 이를 그 지출한 사업연도 후의 사업연도의 기부금으로 한다.

④ 수표를 발행한 경우 해당 수표를 교부한 날이 속하는 사업연도의 기부금으로 본다.

12. 다음 중 법인세법상 전액 문화기업업무추진비가 아닌 것은?(국내에서 지출한 것으로 가정)

① 출판문화산업 진흥법에 따른 간행물의 구입

② 영화 및 비디오물의 진흥에 관한 법률에 따른 비디오물 구입

③ 국민체육진흥법에 따른 체육활동의 관람을 위한 입장권의 구입

④ 관광진흥법에 따른 공연장의 입장권으로 관람권 구입(식사금액 제외)

13. 다음 자료에서 법인세법상 기업업무추진비와 관련해 해야 할 세무조정과 소득처분은?

- 회사계상 기업업무추진비 : 20,000,000원
- 세법상 기업업무추진비 한도액 : 12,000,000원
- 회사계상 기업업무추진비 중 4,000,000원은 리베이트로 실제 지급 여부가 확인되지 않음

① 손금불산입 8,000,000 기타사외유출

② 손금불산입 8,000,000 상여

③ 손금불산입 4,000,000 기타사외유출

④ 손금불산입 4,000,000 기타사외유출, 손금불산입 4,000,000 상여

14. 다음 중 법인세법상 기업업무추진비 부인액에 대한 소득처분이 옳지 않은 것은?

① 증빙누락분 - 대표자상여

② 건당 3만원 초과 적격증빙 미수취분 - 기타사외유출

③ 법인명의 신용카드가 아닌 종업원카드 사용분 - 유보

④ 직접부인분을 제외한 기업업무추진비 중 기업업무추진비 한도초과액 - 기타사외유출

 주관식

01. 다음 ( )에 들어갈 숫자는?

> 법인세법상 한 차례의 접대에 지출한 기업업무추진비 중 경조금은 ( )만원을 초과하는 기업업무추진비로서 신용카드나 현금영수증 및 세금계산서 등을 교부받지 않은 기업업무추진비는 손금에 산입하지 않는다.

02. 중소기업인 ㈜갑의 제1기 사업연도(20x1.09.01~20x1.12.31) 기업업무추진비한도액 계산시 수입금액이 없더라도 법인세법상 최소한 인정받을 수 있는 기업업무추진비한도액은 얼마인가?

03. 중소기업법인 A의 제 3기 사업연도(20x1년 7월 1일~12월 31일) 기업업무추진비한도액 계산시 수입금액이 없더라도 법인세법상 최소한 인정받을 수 있는 기업업무추진비 한도금액은?

04. 다음 자료를 보고 제10기(20x1.1.1.~20x1.12.31.) ㈜A의 법인세법상 기업업무추진비 부인액을 계산하면 얼마인가?

> - 20x1.05.31. : 거래처 경조사비 300,000원 지출
> - 임직원 개인카드로 거래처 기업업무추진비 1,000,000원 지출
> - 법인카드로 거래처에 선물할 상품권 10,000,000원 지출
> - 국내에서 거래처 접대식사시 5만원 지출하고 간이영수증 받음.
> - ㈜A는 법인세법상 중소기업임.

05. 다음 ( )안에 들어갈 숫자는 무엇인가?

> 법인이 특수관계인 외의 자에게 정당한 사유 없이 자산을 정상가액보다 낮은 가액으로 양도하거나 정상가액보다 높은 가액으로 매입함으로써 그 차액 중 실질적으로 증여한 것으로 인정되는 금액은 이를 기부금으로 간주한다. 여기서 정상가액이란 시가에 시가의 ( )%를 가산하거나 ( )%를 차감한 범위의 가액을 말한다.

06. 다음의 경우 법인세법상 의제기부금은 얼마인가?

> (주)A는 특수관계가 없는 B장학재단에 정당한 사유없이 시가 5억원의 건물을 2억원에 양도하였다.

07. 다음 (　)에 각각 들어갈 알맞은 숫자는 무엇인가?

> 특례기부금 및 일반기부금 한도초과액은 해당 사업연도의 다음 사업연도 개시일부터 특례기부금은 (　) 년, 일반기부금은 (　)년 이내에 끝나는 각 사업연도에 이월하여 그 초과금액을 손금에 산입한다. (단, 특례기부금과 일반기부금은 2013.1.1. 이후 지출분이다.)

08. 다음 자료(중소기업)에서 법인세법상 기부금에 대한 세무조정(소득처분 제외)을 하시오.

> • 당해 공익법인(일반기부금)에 5천만원을 기부하고 영업외비용으로하고, 이외의 기부금은 없다.
> • 당기순이익은 10억원이다.
> • 기부금 관련 세무조정사항 이외의 세무조정사항
>   - 법인세 비용계상액은 2억원
>   - 이월익금은 6천만원
> • 이월결손금 1억원이고 2년전 발생분이다.
> • 직전연도 발생 일반기부금한도초과액 5백만원이 있다.

09. 다음 법인세법상 설명 중 괄호을 적으시오.

> 법인세법상 특례기부금의 손금산입 범위(중소기업)는 아래의 산식에 따라 계산한 금액으로 한다.
> [해당 사업연도 소득금액 - 이월결손금] × (　　　)

10. 다음은 법인세법상 기업업무추진비의 한도에 대한 내용이다. 빈칸에 들어갈 숫자는 무엇인가?

> 법인세법상 기업업무추진비에는 문화기업업무추진비 지출액에 대해서 추가적인 한도를 인정하고 있으며, 그 내용은 문화기업업무추진비 지출액과 일반기업업무추진비 한도액의 합계액에 (　　)%를 곱한 금액 중 작은 금액을 문화기업업무추진비의 한도로 정하고 있다.

연/습/문/제 답안

객관식

1	2	3	4	5	6	7	8	9	10	11	12	13	14
③	②	①	②	②	②	③	①	①	④	③	④	④	③

[풀이 - 객관식]

01. **경조금의 경우에는 20만원을 초과한 경우**이다.

02. ① 기업업무추진비 관련 부가가치세 매입세액은 부가가치세법상 매입세액공제가 배제되므로 기업업무추진비로 보아 시부인 계산한다.

③ 부가가치세법상 간주공급에 해당하는 금액은 기업회계상 매출액이 아니므로 수입금액에 포함되지 않는다.

④ 약정에 따라 포기한 미수금이 있는 바, 동 포기사유가 정당하지 아니한 경우에는 기부금으로 간주한다. 왜냐하면 **미수금은 업무관련 채권으로 볼 수 없기 때문**이다.

03. **20만원 이내의 경조금은 적격증빙을 수취하지 않아도** 된다.

04. 기업업무추진비는 **건당 3만원 초과분에 대해 법적증명서류** 수취해야 한다.

05. 기부금의 정의는 특수관계없는 자에게 사업과 직접 관계없이 무상으로 지출하는 재산적 가액을 말한다.

06. 특수관계자와의 거래는 부당행위계산부인 대상이다.

07. **공익신탁으로 신탁하는 기부금은 일반기부금**이다.

08. 기부금을 가지급금 등으로 이연계상한 경우에는 이를 그 지출한 사업연도의 기부금으로 하고, 그 후의 사업연도에 있어서는 이를 기부금으로 보지 아니한다.

09. **특례기부금은 장부가액으로 평가**한다.

10. 현물기부금이 특례기부금에 해당하는 경우에는 **기부당시의 장부가액으로 평가**한다.

11. 이연계상시 그 지출한 사업연도의 기부금으로 하고, 그 후의 사업연도에 있어서는 이를 기부금으로 보지 아니한다.(현금주의)

12. 식사금액이 포함된 경우 공연물 관람가격 전액**(식사금액 포함)을 문화기업업무추진비**로 본다.

13. 리베이트(지급여부가 불투명)는 상여 처분, 기업업무추진비 한도초과액은 기타사외유출

14. **종업원카드 사용분은 일반영수증으로 본다.** 따라서 3만원 초과분에 대해서 직접 부인하고, 3만원 이내 분은 기업업무추진비 한도계산한다. 직부인과 한도초과분은 기타사외유출로 소득처분한다.

주관식

01	20	02	12,000,000원	03	18,000,000원
04	1,350,000	05	30	06	150,000,000원
07	10,10	08	손금산입 5,000,000원	09	50% 또는 50/100
10	20				

[풀이 - 주관식]

02,03. 기업업무추진비한도액은 기본금액과 수입금액기준의 합계액으로 한다. 기본금액은 1,200만원(중소기업 3,600만원)에 해당 사업연도의 월수를 곱하고 이를 12로 나누어 산출한 금액이다.
36,000,000[중소기업 기본금액]×4개월/12개월 = 12,000,000원
36,000,000[중소기업 기본금액]×6개월/12개월 = 18,000,000원

04. 300,000원(경조사비) + 1,000,000원(임직원카드) + 50,000원(간이영수증) = 1,350,000원
임직원카드사용분은 일반영수증으로 보며, 간이영수증 모두 3만원 초과분으로 직부인된다. 경조사비에 대해서 적격증빙 여부를 수취여부를 표시하지 않았으므로 문제 자체가 오해의 소지가 있다.

06. 정상가액 = 시가 5억원×(1 - 30%) = 3.5억
의제기부금 = 정상가액 (3.5억) - 양도가액(2억) = 1.5억

08. 기부금 한도 계산

① 기준소득금액	당기순이익 + 법인세비용 – 이월익금 + 일반기부금 = 10억 + 2억 - 0.6억 + 0.5억 = 11.9억
② 일반기부금	㉠ 해당액 : 55,000,000원 = 5,000,000(전기) + 50,000,000(당기) ㉡ 한도액 : [11.9억 - 1억원(이월결손금)] × 10% = 109,000,000원 ㉢ 한도초과액 : ㉠ - ㉡ = – 59,00,000원(한도미달)
③ 전기 기부금 손금추인	(손금산입) 전기 10%한도 기부금 한도 초과분 5,000,000원

Chapter

지급이자 9

로그인 세무회계 2급

제1절 지급이자 손금불산입의 의의

차입금에 대한 지급이자는 업무와 관련된 비용이므로 원칙적으로 손금으로 인정된다. 다만 법인세법은 몇 가지 사유로 일정한 지급이자를 손금불산입하도록 규정하고 있다.

〈지급이자 손금불산입 종류와 세무조정순서〉 

세무조정순서	손금불산입액	소득처분
1. 채권자불분명이자	해당 이자	대표자상여 (원천징수세액은 기타사외유출)
2. 비실명채권 · 증권이자	해당 이자	
3. 건설자금이자(특정차입금이자)	해당 이자	원칙 : 유보
4. 업무무관자산 등에 대한 지급이자	업무무관자산 및 가지급금에 대한 지급이자	기타사외유출

제2절 채권자불분명사채이자

1. 취지

채권자불분명 사채이자란 다음의 차입금에서 발생한 이자(알선수수료·사례금 등 명칭여하를 불문하고 사채를 차입하고 지급하는 일체의 금품을 포함)를 말한다.

① 채권자의 주소·성명을 확인할 수 없는 차입금
② 채권자의 능력·자산상태로 보아 금전을 대여한 것으로 인정할 수 없는 차입금
③ 채권자와의 금전거래사실·거래내용이 불분명한 차입금

채권자가 불분명한 사채를 가공채무로 보아 소득금액을 감소시키는 행위를 방지함과 동시에 사채시장의 양성화를 위해 도입한 제도이다.

2. 소득처분

만약 채권자불분명사채이자 10,000원을 지급하면서 소득세 40%와 지방소득세(소득세의 10%)를 원천징수하였다고 가정하자.

구분	차변	금액	대변	금액
결산서	(차) 지 급 이 자	10,000	(대) 현 금 예 수 금[*1]	5,600 4,400
세무상	(차) 잉 여 금	10,000	(대) 현 금 예 수 금	5,600 4,400
수정분개	**(차) 잉여금+부당 잉 여 금**	**5,600(채권자) 4,400(국 가)**	**(대) 지 급 이 자**	**10,000**
세무조정	**〈손금불산입〉 채권자불분명사채이자 5,600원(상여)[*2] 〈손금불산입〉 사채이자에 대한 원천징수세액 4,400원(기타사외유출)**			

*1. 원천징수세액 상당액은 결국 국가 등에 귀속되므로 기타사외유출로 소득처분한다.

*2. 증빙의 입증책임은 대표이사에게 있다. 따라서 대표자 상여로 소득처분한다.

제3절 비실명 채권 · 증권이자

채권 등의 발행법인이 채권 등의 소지자에게 직접 이자 등을 지급하는 경우 발행법인에게 실명확인을 하도록 강제함으로써 금융소득 종합과세를 정착시키기 위한 취지이다. 소득처분은 채권자불분명사채이자와 같다.

제4절 건설자금이자

1. 취지

건설자금이자는 사업용 고정자산(유형, 무형자산)의 매입 · 제작 · 건설에 소요되는 차입금에 대한 건설기간 중의 지급이자 또는 이와 유사한 성질의 지출금을 말한다.

2. 기업회계기준과 비교

	기업회계기준	법인세법	
대상자산	유형자산, 무형자산, 재고자산, 투자자산 등	**고정자산(유형, 무형자산)**	
적 용	• 일반기업회계기준 : 원가산입과 기간비용 중 선택 • 국제회계기준 : 취득원가산입	**특정차입금**[*1]	**취득원가산입(강제)**
		일반차입금	취득원가 산입과 당기 손금산입 중 선택

*1. 특정차입금 : 사업용 고정자산의 건설 등에 소요된 차입금에 대한 지급이자 또는 이와 유사한 지출금을 말한다.

3. 건설자금이자의 세무상 처리

특정차입금이자를 비용으로 계상한 경우에 다음과 같이 처리한다.

또한 건설자금의 일시예치로 인한 이자수익은 제외한다.

		세 무 조 정	
		당 기	차 기 이 후
비상각자산(토지)		손금불산입(유보)	처분시 손금추인(△유보)
상각자산	**건설이 완료된 경우**	**즉시상각의제 (감가상각비로 보아 시부인계산)**	-
	건설중인 경우	손금불산입(유보)	**건설완료 후 상각부인액으로 의제**

제5절 업무무관자산 등에 대한 지급이자

1. 개요

법인이 **업무무관부동산(별장 등) 또는 업무무관동산(골동품 등)을 보유하거나 특수관계자에게 업무와 무관한 가지급 등을** 지급한 경우 이에 상당하는 지급이자는 손금불산입한다. 여기서 가지급금이란 회계상 가지급금의 개념과 다른 것으로서 업무와 관계없는 특수관계자에 대한 일체의 자금 대여액을 말한다.

2. 지급이자 손금불산입액의 계산

$$손금불산입액 = 지급이자 \times \frac{(업무무관자산적수 + 업무무관가지급금적수^{*1})}{차입금적수}$$

*1. 1보다 클 경우 1를 한도로 한다.

(1) 업무무관자산

손금편 중 업무무관경비의 업무무관자산과 동일하다.

(2) 업무무관가지급금(후술하는 가지급금 인정이자의 가지급금과 동일하다)

명칭여하에 불구하고 법인의 업무와 관련이 없는 자금의 대여를 말하고, **이자를 수령하고 있는지의 여부를 불문한다.**

그러나 다음의 항목은 업무무관가지급금 등의 범위에서 제외된다.

① **미지급소득에 대한 소득세를 법인이 대납한 금액**
② 국외투자법인에 종사하거나 종사할 자의 여비 · 급료 기타비용을 대신하여 부담하고 이를 가지급금 등으로 계상한 금액
③ 퇴직금전환금
④ **소득의 귀속이 불분명하여 대표자에게 상여처분한 금액에 대한 소득세를 법인이 납부하고 이를 가지급금으로 계상한 금액**
⑤ 사용인에 대한 월정액 급여액의 범위 안에서의 일시적인 급료의 가불금
⑥ 사용인에 대한 경조사비의 대여액
⑦ 사용인(사용인의 자녀 포함)에 대한 학자금의 대여액
⑧ **중소기업의 근로자(임원, 지배주주등 제외)에 대한 주택 구입 · 전세자금 대여금**

또한 **동일인에 대한 가지급금 등과 가수금이 함께 있는 경우에는 이를 상계한 후의 잔액을 가지급금 등으로 하나,** 다만 상환기간 및 이자율에 관한 약정이 있어 상계할 수 없는 경우에는 상계를 하지 않는다.

(3) 지급이자와 차입금적수는 선순위 손금불산입분(채권자불분명사채이자, 비실명증권이자, 건설자금이자)을 제외한다.

<예제 9 - 1> 지급이자

㈜ 무궁의 다음 자료에 의하여 7기의 세무조정을 행하시오.

1. 손익계산서상의 지급이자의 내역은 다음과 같다. (1년은 365일이다.)

연이자율	지급이자	차입금적수[*1]	기 타
25%	1,000,000원	1,460,000,000원	채권자불분명사채이자로서 원천징수세액은 418,000원
20%	20,000,000원	36,500,000,000원	
10%	2,500,000원	9,125,000,000원	특정차입금으로 미완공인 건물
합 계	23,500,000원	47,085,000,000원	

*1. 차입금적수 = 지급이자 ÷ 연이자율 × 365일로 계산된다.

2. 가지급금내역 : 임직원의 가지급금에 대한 명세는 다음과 같다.

지급대상자	금 액	비 고
대표이사	8,000,000원	업무와 관련없는 대여액
상무이사	10,000,000원	주택임차자금 대여액
경리과장	9,000,000원	우리사주취득시 소요된 자금대여액
합 계	27,000,000원	

해답

1. 업무무관 가지급금 적수 : 우리사주 취득 자금대여만 업무무관가지급에서 제외

지급대상자	금 액	일수	적수(금액×일수)
대표이사	8,000,000원	365일	2,920,000,000원
상무이사	10,000,000원	365일	3,650,000,000원
계	18,000,000원		6,570,000,000원

2. 지급이자 및 차입금적수계산

연이자율	지급이자	차입금적수[*1]	선부인후 지급이자	선부인후 차입금적수
25%	1,000,000	1,460,000,000	채권자 불분명사채이자	
20%	20,000,000	36,500,000,000	20,000,000	36,500,000,000
10%	2,500,000	9,125,000,000	건설자금이자	
합 계	23,500,000	47,085,000,000	**20,000,000**	**36,500,000,000**

3. 업무무관부동산 관련 차입금 이자

20,000,000×6,570,000,000/36,500,000,000=3,600,000원(손금불산입, 기타사외유출)

4. 지급이자 손금불산입 요약

세무조정순서	손금불산입액	세무조정
1. 채권자불분명이자	582,000원	〈손금불산입〉 대표자상여
	418,000원	〈손금불산입〉 기타사외유출
2. 비실명채권 · 증권이자	-	
3. 건설자금이자(특정차입금이자)	2,500,000원	〈손금불산입〉 유보 **＊ 건설이 완료 후 상각부인액 의제**
4. 업무무관자산 등에 대한 지급이자	**3,600,000원**	〈손금불산입〉 기타사외유출

연/습/문/제

객관식

01. 다음은 법인세법상 지급이자 손금불산입에 대한 소득처분이다. 옳지 않은 것은?

① 채권자불분명사채이자 : 대표자 상여
② 비실명 채권 · 증권이자 : 기타
③ 건설자금이자 중 특정차입금이자 : 유보
④ 업무무관자산 등에 대한 지급이자 : 기타사외유출

02. 법인세법상 채권자가 불분명한 사채의 이자에 해당하지 않는 것은? (다만, 거래일 현재 주민등록표에 의하여 그 거주사실 등이 확인된 채권자가 차입금을 변제받은 후 소재불명이 된 경우의 차입금에 대한 이자는 아니다)

① 채권자와 채무자와의 관계 등으로 보아 금전을 대여한 것이 의심스러운 차입금의 이자
② 채권자의 주소 및 성명을 확인할 수 없는 차입금의 이자
③ 채권자의 능력 및 자산상태로 보아 금전을 대여한 것으로 인정할 수 없는 차입금의 이자
④ 채권자와의 금전거래사실 및 거래내용이 불분명한 차입금의 이자

03. 다음 중 법인세법상 지급이자 손금불산입에 대한 설명으로 옳지 않은 것은?

① 채권자가 불분명한 사채이자는 손금불산입하고 대표자 상여로 처분하되, 그에 대한 원천징수세액은 기타사외유출로 처분한다.
② 특수관계없는 자에 대한 가지급금은 손금불산입대상이 아니다.
③ 사채할인차금상각액은 지급이자손금불산입규정의 적용시 지급이자로 본다.
④ 업무무관자산 등 관련이자 손금불산입규정은 차입금과다법인인 경우에만 적용된다.

04. 다음 중 법인세법상 지급이자 손금불산입과 관련된 설명으로 옳은 것은?

① 토지매입의 경우 건설자금이자의 계산대상기간은 해당 토지의 소유권 이전 등기일까지로 한다.

② 차입한 건설자금의 연체로 인하여 생긴 이자를 원본에 가산한 경우에 해당 가산한 금액은 건설자금이자로 하고, 그 원본에 가산한 금액에 대한 지급이자는 손금으로 처리한다.

③ 채권자불분명사채를 차입하면서 지급하는 알선수수료·사례금 등은 이자비용으로 보지 아니하므로 당기의 손금으로 처리한다.

④ 특수관계자에 대한 업무무관가지급금의 경우라도 적정이자를 수령하고 있는 경우에는 지급이자 손금불산입규정을 적용하지 않는다.

05. 다음은 법인세법상 소득처분에 관한 설명이다. 옳지 않은 것은?

① 세무조사과정에서 현금매출이 누락된 사실이 발각된 경우에는 부가가치세를 포함한 전액을 익금산입하고 대표자 상여로 처분한다.

② 사외유출된 소득의 귀속자가 주주이며 임원인 경우에는 배당으로 처분한다.

③ 채권자가 불분명한 사채이자(동 이자에 대한 원천징수세액은 제외)는 대표자 상여로 처분하고, 이자에 대한 원천징수세액은 기타사외유출로 처분한다.

④ 천재지변 기타 불가항력으로 장부 등이 멸실되는 경우를 제외하고 추계조사에 의하여 결정된 과세표준과 법인세비용차감전이익과의 차액은 대표자 상여로 처분한다.

06. 다음 중 법인세법상 지급이자에 대한 설명으로 옳지 않은 것은?

① 사업용 유형자산의 매입과 관련된 일반차입금에 대한 지급이자도 자본화를 선택할 수 있다.

② 건설자금이자 자본화 대상 자산은 사업용 유형자산, 무형자산, 투자자산 및 제조 등에 장기간이 소요되는 재고자산을 포함한다.

③ 건설자금 명목으로 차입한 것으로 준공 후 남은 차입금에 대한 이자는 각 사업연도의 손금으로 한다.

④ 차입한 건설자금의 일시예금에서 생기는 수입이자는 자본적 지출금액에서 차감한다.

주관식

01. 다음 중 법인세법상 지급이자 손금불산입 규정이 동시에 적용되는 경우 먼저 적용 되는 순서대로 번호를 답지에 기재하시오.

> ① 건설자금에 충당한 차입금이자
> ② 비실명채권 증권의 이자
> ③ 채권자가 불분명한 사채의 이자
> ④ 업무무관자산 및 특수관계인에 대한 업무무관가지급금에 대한 지급이자

02. ㈜인천(2기 : 20x1.1.1 ~ 20x1.12.31)은 오디오를 제조하여 판매하는 회사이다. 동 회사의 경리담당자는 공장건물의 신축과 관련하여 차입한 차입금에서 발생한 건설자금이자 25,000,000원 중 13,000,000원은 이자비용으로 회계처리 하였고, 12,000,000원은 공장건물의 취득원가에 산입하였다. 세무조정을 하시오.

03~04 다음의 자료를 이용하여 물음에 답하시오.

(1) 사업연도 : 20x1.1.1 – 20x1.12.31
(2) 손익계산서상 이자비용과 관련된 세부내역은 다음과 같다.

자금조달방법	이자율	지급이자	적수
전국캐피탈	16%	1,600,000원	3,650,000,000원
사 채	12%	2,400,000원	7,300,000,000원
국제은행	8%	800,000원	3,650,000,000원
계		4,800,000원	14,600,000,000원

(3) 12%의 지급이자 중 1,200,000원은 지급받는 자가 불분명한 사채이자이다.
(4) 20x1.12.31 현재 자기자본은 500,000,000원이다. (자산총액 10억원, 부채총액 5억원)
(5) 전기이월된 비업무용부동산 10,000,000원이 있다.
(6) 대표이사에게 1월 1일 가지급한 금액 10,000,000원이 있다.
(7) 1년은 365일이라 가정한다.

03. 법인세법상 업무무관자산 관련 지급이자 손금불산입액을 계산하기 위한 업무무관자산 관련 적수는 얼마인가?

04. 업무무관 자산관련 적수를 50억원으로 가정하고 법인세법상 업무무관자산 관련 지급이자 손금불산입액은 얼마인가?

연/습/문/제 답안

객관식

1	2	3	4	5	6
②	①	④	②	②	②

[풀이 - 객관식]

01. 비실명 채권·증권이자는 대표자상여 처분 한다.

03. 차입금과다법인이 아닌 경우에도 적용된다.

04. ① 토지매입의 경우 건설자금이자의 계산대상기간은 그 대금을 청산한 날까지로 하되, 대금을 청산하기 전에 해당 토지를 사업에 사용한 경우에는 사업에 사용한 날까지로 한다.

③ 채권자불분명사채에는 알선수수료·사례금 등 **명목여하를 불문하고 사채를 차입하고 지급하는 모든 금품을 포함**하다.

④ 가지급금 인정이자 계산 시에는 적정한 이자수령여부에 따라 익금산입액이 배제될 수 있으나, **지급이자 손금불산입규정의 적용 시에는 적정한 이자수령여부와 관계없이 반드시 적용**시킨다.

05. 임원이며 주주인 경우에는 상여로 처분한다.

06. 건설자금에 충당한 차입금의 이자란 그 명목 여하에 불구하고 사업용 유형자산 및 무형자산의 매입·제작 또는 건설에 소요되는 차입금에 대한 지급이자 또는 이와 유사한 성질의 지출금을 말한다. 따라서 **투자자산 및 재고자산의 건설 등을 위한 차입금의 지급이자 등은 자본화할 수 없다.**

주관식

01	③ ② ① ④	02	해설참고	03	7,300,000,000원
04	1,643,835원				

[풀이 - 주관식]

02.

결산서	(차) 지 급 이 자 건설중인자산	13,000,000 12,000,000	(대) 현 금	25,000,000
세무상	(차) 건설중인자산	25,000,000	(대) 현 금	25,000,000
수정분개	(차) 건설중인자산	13,000,000	(대) 지 급 이 자	13,000,000
세무조정	〈손금불산입〉 건설자금이자 13,000,000(유보)			

03. 업무무관부동산 10,000,000원×365일+대표이사가지급금 10,000,000원×365일

04.

세무조정순서	손금불산입액	세무조정
1. 채권자불분명이자	1,200,000원	〈손금불산입〉 대표자상여
2. 비실명채권 · 증권이자	–	
3. 건설자금이자(특정차입금이자)		
4. 업무무관자산 등에 대한 지급이자	1,643,835원*1	〈손금불산입〉 기타사외유출

*1. 지급이자(선부인된이자제외)×업무무관자산 및 가지급금적수/차입금적수(선부인된 차입금적수 차감)
=(4,800,000－1,200,000)×[5,000,000,000/(14,600,000,000－3,650,000,000)=1,643,835원

Chapter

충당금과 준비금 10

로그인 세무회계 2급

제1절 퇴직급여충당금

기업회계기준에서는 종업원의 퇴직금에 대해서 발생주의에 따라 비용을 인식한다. 퇴직금은 퇴사시점에 비용을 인식하는 게 아니라 임직원이 근로제공기간에 배분하여 퇴직급여충당부채라는 부채성 충당부채로 인식한다.

법인세법에서는 법인이 설정한 퇴직급여 충당부채를 인정하지 않고, 퇴직연금부담금 등의 부담을 통한 외부적립을 한 경우에 한하여 동 금액 상당액을 손금으로 인정해 주고 있다.

1. 퇴직급여충당금의 손금산입

퇴직급여충당금 한도액 = MIN[①, ②]
① 급여액기준 : 총급여액의×5% ☜ 퇴직금규정 조작 방지차원
② 추계액기준 : (퇴직급여추계액×0%+퇴직전환금[*1])−설정전세무상퇴충잔액

*1. 연금보험료의 납부로 인한 가입자 및 사용자의 부담을 완화하기 위하여 퇴직금에서 연금보험료로 전환하여 납부하는 제도로서 1999년 폐지되었다. 납부한 퇴직금전환금은 퇴직금을 미리 지급한 것으로 보며, 가입자가 퇴직할 때 지급하는 퇴직금에서 퇴직금전환금으로 납부된 금액을 공제하고 지급한다. 아직 소멸하지 않고 남아 있는 당기말 재무상태표에 계상된 퇴직금전환금잔액을 말한다.

2. 퇴직급여추계액 : MAX[①일시퇴직기준 추계액, ②보험수리적기준추계액]

① 일시퇴직기준 추계액 : 해당 사업연도 종료일 현재 재직하는 임원이나 사용인(**확정기여형 퇴직연금대상자 제외**)의 전원 퇴직할 경우에 퇴직급여로 지급되어야 할 추계액(규정상의 금액)을 말한다. 만약 퇴직급여지급규정이 없는 경우 근로자퇴직급여보장법이 정하는 바에 따라 계산한 금액으로 한다.

② 보험수리적기준추계액(근로자퇴직급여보장법) : 매사업연도 말일 현재 급여에 소요되는 비용 예상액의 현재가치와 부담금 수입예상액의 현재가치를 추정하여 산정된 금액(확정급여형 퇴직연금미가입자는 일시퇴직기준추계액으로 한다.)

3. 세무조정 : 결산조정사항(한도초과액에 대해서만 손금불산입)

4. 퇴직금 지급시 처리방법

법인이 임원 또는 사용인에게 지급하는 퇴직급여는 임원 또는 사용인이 **현실적으로 퇴직(근무관계가 종료되는 것)하는 경우에 지급하는 것에 한정**한다. 그리고 이미 손금으로 계상된 퇴직급여충당금이 있으면 그 퇴직급여충당금에서 먼저 지급해야 한다.

현실적으로 퇴직하지 않은 임원 또는 사용인에게 지급한 퇴직급여는 현실적으로 퇴직할 때까지 이를 업무와 관련이 없는 가지급금으로 본다.

제2절 퇴직연금부담금

1. 취지

임원과 사용인에 대한 퇴직급여의 안정적 보장을 위하여 퇴직급여충당금의 내부적립은 2016년부터 폐지되고 퇴직연금 부담금 등의 외부적립을 한 경우에 한하여 손금으로 인정하고 있다. 이러한 퇴직연금제도는 퇴직금 재원의 안정성을 확보하도록 유도하고 있다.

2. 퇴직연금부담의 손금산입방벙

(1) 확정급여형 퇴직연금제도의 회계처리 및 세무조정

1. 퇴직급여설정

결산서	(차)	퇴직급여	100	(대)	퇴직급여충당금	100
세무상	-(퇴충한도 "0" 가정)					
수정분개	(차)	퇴직급여충당금	100	(대)	퇴직급여	100
세무조정	〈손금불산입〉 퇴직급여 한도 초과 100(유보)					

2. 부담금 납부

결산서	(차)	퇴직연금운용자산	100	(대)	현 금	100
세무상	(차)	퇴직연금운용자산 연금부담금(비용)	100 100	(대)	현 금 퇴직연금충당금	100 100
수정분개	(차)	연금부담금(비용)	100	(대)	퇴직연금충당금	100
세무조정	① 〈손금산입〉 퇴직연금부담금 100(△유보) ☞ 퇴직연금부담금에 대해서 기업회계기준은 결산조정(결산서에 비용처리)을 허용하지 않는다. 따라서 세법은 신고조정을 허용한다.					

3. 퇴직시(70 일시금 선택)

결산서	(차)	퇴직급여충당금	70	(대)	퇴직연금운용자산	70
세무상	(차)	퇴직연금충당금	70	(대)	퇴직연금운용자산	70
수정분개	(차)	퇴직연금충당금(B/S)	70	(대)	퇴직급여충당금(B/S)	70
세무조정	〈손금산입〉 퇴직급여충당금 70(△유보) ② 〈손금불산입〉 퇴직연금부담금 70(유보) ①+②=기손금산입퇴직연금부담금(30)					

(2) 퇴직연금부담금은 손금산입한도액

퇴직연금부담금 손금한도액 = MIN[①, ②]
① 추계액기준 : [기말퇴직급여추계액 – 기말세무상퇴직급여충당금잔액]
– 기손금산입퇴직연금부담금 – 확정기여형퇴직연금 손금인정액[*1]
***1. 퇴직급여추계액에 확정기여형 설정자도 포함되어 있으면 차감**
② 예치금기준 : 기말 퇴직연금운용자산잔액 – 기손금산입퇴직연금부담금

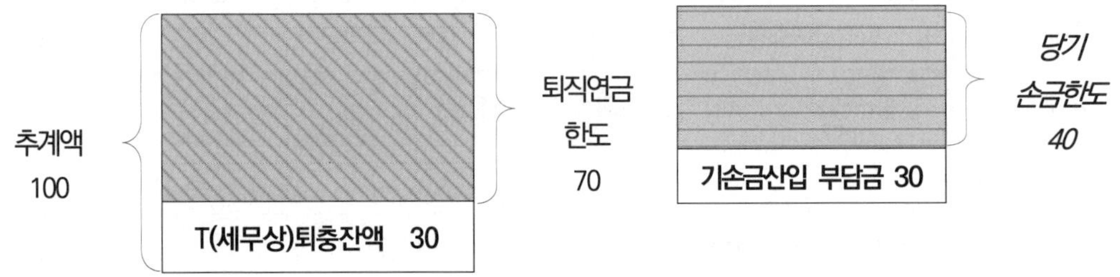

결국 손금산입은 퇴직급여추계액중 내부적립을 제외한 금액(세무상퇴충잔액)을 한도로 사외에 납부한 퇴직연금부담금에 대해서 손금산입하겠다는 것이 법인세법 입장입니다.

(3) 세무조정

회사계상액 – 손금산입한도액 = (–) : 손금산입(△유보)[*1]
회사계상액 – 손금산입한도액 = (+) : 손금불산입(유보)

*1. 일반적으로 결산서에 비용처리가 안되므로 퇴직연금부담금을 납부시 손금산입의 세무조정만 나타난다.

회사계상액 : "0"

☞ 퇴직연금부담금에 대해서 기업회계기준은 결산조정(결산서에 비용 처리)을 허용하지 않는다. 만약 기업회계기준을 위반하여 비용처리하면 비용처리를 감안하여 회사계상액을 반영하면 된다.

제3절 대손금 및 대손충당금

대손금이란 회수할 수 없는 채권금액을 말한다. 이러한 대손채권에 대해서 기업회계기준에서는 과거의 경험을 통해서 산출한 대손추산율을 추정하게 되어 있다. 그러나 법인세법에서는 기업의 자의적인 판단을 배제하고 세무행정의 편의 등을 위하여 객관적인 대손율에 의하여 대손충당금의 범위를 정하고 있다.

〈기업회계기준과 법인세법의 차이〉

	기업회계기준	법인세법
회계처리	보충법	총액법
대손금	주관적 판단	**법정요건(신고조정, 결산조정)**
대손추산액	주관적 판단	**법정산식**

법인세법은 **전기에 설정한 비용(대손충당금) 잔액을 모두 환입하고 다시 설정하는 방법을 요구**한다. 이것을 **총액법**이라 한다. 따라서 **전기 대손충당금한도 초과액은 당기초에 모두 손금추인한다.**

1. 대손금

대손금이란 회수할 수 없는 채권금액을 말하는데, 이는 법인의 순자산을 감소시키는 손금에 해당한다. 그러나 법인세법은 대손금의 범위를 엄격하게 규정하고 있다.

(1) 대손처리대상채권

대손처리할 수 없는 채권	**① 특수관계자(대여시점에 판단)에 대한 업무무관가지급금** **② 보증채무 대위변제로 인한 구상채권** **③ 대손세액공제를 받은 부가가치세 매출세액 미수금**
대손처리할 수 있는 채권	위 이외의 모든 채권

[구상채권]

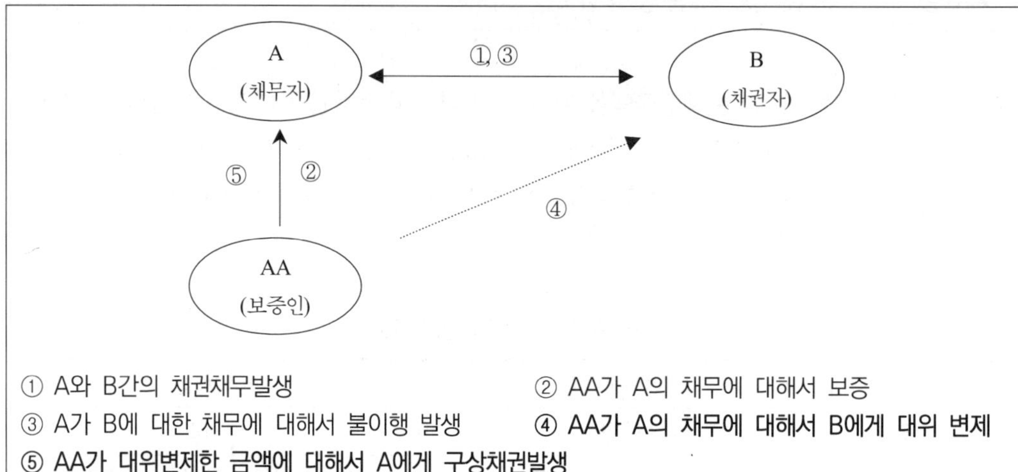

(2) 대손금의 범위(대손요건) 및 손금산입시기

신고조정사항은 부실도가 100%라 회수가능성이 전무하나, 결산조정사항은 회수가능성이 매우 낮은 것을 말한다.

신고조정사항	결산조정사항
① 소멸시효완성채권(상법 · 어음법 · 수표법 · 민법) **② 회생계획인가의 결정 또는 법원의 면책결정에 따라 회수불능으로 확정된 채권** **③ 채무자의 재산에 대한 경매가 취소된 압류채권(민사집행법)** **④ 채무의 조정을 받아 신용회복지원협약에 따라 면책으로 확정된 채권**	① 채무자의 파산, 강제집행, 형의 집행, 사업의 폐지, 사망, 실종, 행방불명으로 인하여 회수할 수 없는 채권 ② **부도발생일[*1]부터 6개월이상 지난 수표 또는 어음상의 채권 및 외상매출금**(중소기업의 외상매출금으로서 부도발생일 이전의 것) ➪ 저당권설정분은 제외 ➪ **대손금액 : 비망가액 1,000원 공제 후 금액** ③ **중소기업의 외상매출금 및 미수금으로서 거래일로부터 2년이 경과한 외상매출금 등(특수관계인과의 거래는 제외)** ④ 민사소송법상 재판상 화해 및 화해권고결정에 따라 회수불능으로 확정된 채권 ⑤ 회수기일이 6개월 이상 지난 채권 중 채권가액이 30만원 이하(채무자별 채권가액의 합계액을 기준으로 한다)인 채권 ⑥ 채권의 일부 회수를 위해 일부를 불가피하게 포기한 채권 (다만, 채권의 포기가 부당행위에 해당하는 것은 제외) ⑦ 금융감독원장 등이 정한 기준에 해당하는 채권 등
손금산입시기	
대손요건을 구비한 사업연도	**대손요건을 구비하고 결산상 회계처리한 사업연도**

*1. 부도발생일이란 소지하고 있는 수표 등의 지급기일(지급기일 전에 해당 수표 등을 제시하여 금융회사 등으로부터 부도 확인을 받은 날)을 말한다.

(3) 대손금액

대손요건 구비시 회수불능채권을 전액 대손처리할 수 있다. 다만 부도발생일로부터 6개월이 경과한 수표 또는 어음상의 채권과 중소기업의 외상매출금을 대손처리하는 경우에는 **비망계정(어음·수표 1매당 1천원, 외상매출금은 채무자별 1천원)을 제외한 금액을 대손처리**한다.

이러한 비망계정은 신고조정사항으로 완성(소멸시효 등)되는 사업연도에 대손처리하여야 한다. 또한 손금산입한 대손금 중 회수한 금액은 그 회수한 날이 속하는 사업연도에 익금산입한다.

2. 대손충당금의 손금산입

법인이 각 사업연도에 외상매출금·대여금 등 채권의 대손에 충당하기 위하여 대손충당금을 손금으로 계상한 경우에는 일정한 금액의 범위에서 해당 사업연도의 소득금액을 계산할 때 이를 손금에 산입한다.

대손충당금 한도액=세무상 기말 대상 채권*×설정율

* 세무상기말대상채권=B/S상 기말채권±채권관련유보−설정제외채권

(1) 설정대상제외채권

① **대손처리할 수 없는 채권(전술한 채권)**

② **할인어음, 배서양도어음**

③ **부당행위계산 부인규정 적용 시가 초과채권**

☞ 동일인에 대한 채권·채무는 상계하지 않는다. 다만 상계약정이 있는 경우에는 상계한다.

(2) 설정율=MAX[① 1%, ② 대손실적율]

$$\text{대손실적율} = \frac{\text{세무상 당기대손금}^{*1}}{\text{세무상 전기말대상채권}^{*2}}$$

*1. 세무상당기대손금=장부상대손상각비−(손금불산입)채권+(손금산입)채권

*2. 세무상전기말대상채권=부상 전기말채권±전기말 채권유보−설정대상제외채권

(3) 세무조정 

1. 전기대손충당금 부인액 손금추인		〈손금산입〉 전기대손충당금 부인액 AAA(△유보)
2. 대손충당금 한도 계산	① 회사설정액 ② 한도 계산	
3. 세무조정	- 한도초과	〈손금불산입〉 대손충당금 한도 초과 XXX
	- 한도미달	세무조정 없음

〈대손금과 대손충당금에 대한 세무조정순서〉

세무조정순서			세무상처리
I. 대손금	1. 대손요건충족		세무조정없음
	2. 대손요건불충족		손금불산입, 유보
II. 대손충당금	3. 전기말 대손충당금부인액		손금산입, △유보
	4. 대손충당금한도	① 한도초과	손금불산입, 유보
		② 한도내	세무조정없음

<예제 10 - 2> 대손금 및 대손충당금

㈜ 무궁의 다음 자료에 의하여 7기의 세무조정을 행하시오.

1. 회사가 계상한 대손상각내역은 다음과 같으며 대손충당금과 상계하였다.
   ① 10월 1일 : 거래처의 파산으로 회수불가능한 외상매출금 2,000,000원
   ② 10월 10일 : 거래처의 부도로 1월 경과한 받을어음 600,000원

2. 기초 대손충당금은 5,500,000원이었고, 기말에 대손충당금 5,000,000원을 추가 설정하였다.
   (전기말 대손충당금 부인액은 300,000원이 있다)

3. 1번을 반영한 기말 세무상 매출채권은 250,000,000원이라고 가정한다.

4. 전기말 세무상 대손충당금 설정 채권장부가액은 100,000,000원이다.

해답

1. 대손금 검토(세무상 대손요건)

대손내역	신고/결산	회사대손계상액	세법상 시인액	세법상부인액
1. 파산등	결산조정	2,000,000원	2,000,000원	
2. 6월 미경과 부도어음	–	600,000원	0	**600,000원**
계		2,600,000원	2,000,000원	**600,000원**

〈손금불산입〉 6월 미경과 부도어음 600,000원(유보)

손금불산입

2. 대손충당금 한도초과계산

T계정을 그려서 문제를 푸십시오.

대손충당금(회계)

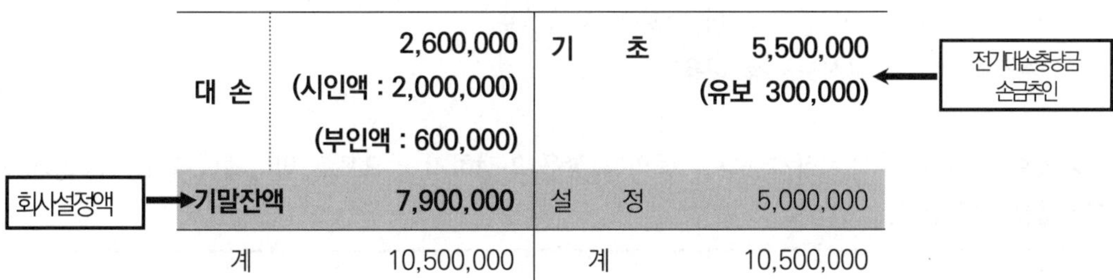

	차변		대변
대 손	**2,600,000** **(시인액 : 2,000,000)** **(부인액 : 600,000)**	기 초	**5,500,000** **(유보 300,000)**
기말잔액	**7,900,000**	설 정	5,000,000
계	10,500,000	계	10,500,000

(1) 전기대손충당금 한도 초과

〈손금산입〉 전기대손충당금 한도 초과 300,000원(△유보)

(2) 당기 대손충당금 한도 초과

① 회사설정액 : 7,900,000원

② 한도액 : 5,000,000원

㉠ 설정율 : **MAX[① 1%, ② 대손실적율 : 2%] = 2%**

$$\text{대손실적율} = \frac{\text{세무상 당기대손금}^{*1}}{\text{세무상 전기말대상채권}} = \frac{2,000,000}{100,000,000} = 2\%$$

*1. 파산으로 회수불가능 외상매출금 2,000,000

㉡ 한도액 : 세법상 기말대손충당금설정대상채권(250,000,000)×설정율(2%) = 5,000,000원

③ 한도초과액(① – ②) : 2,900,000원

〈손금불산입〉 대손충당금 한도 초과 2,900,000원(유보)

제4절 일시상각충당금과 압축기장충당금

국고보조금 · 공사부담금 · 보험차익은 법인세법에 따라 모두 익금에 해당한다. 그러나 이러한 국고보조금 등은 일시적으로 세부담의 증가를 가져오므로, **손금산입을 통하여 세부담을 이연하기 위한 제도가 일시상각충당금과 압축기장충당금**에 해당한다.

1. 손금계상방법

① **원칙 : 결산조정**
  ㉠ 감가상각자산 : 일시상각충당금
  ㉡ 그 외의 자산 : 압축기장충당금
② **손금계상시기 : 지급받은 날이 속하는 사업연도**
③ **손금계상의 특례(신고조정 허용)**

기업회계기준에서 일시상각충당금 등의 계상을 인정하지 않으므로 법인세법에서는 특별히 신고조정을 허용한다.

1. 국고보조금

구분	차변	금액	대변	금액
기업회계	(차) 현금	10억	(대) 국고보조금(자산차감)	10억
법인세법	(차) 현금	10억	(대) 익 금	10억
수정분개	**(차) 국고보조금**	**10억**	**(대) 익금**	**10억**
세무조정	**〈익금산입〉 국고보조금 10억(유보)**			

2. 일시상각충당금

구분	차변	금액	대변	금액
기업회계	기업회계 불인정			
법인세법	(차) 일시상각충당금전입액(비용)	10억	(대) 일시상각충당금	10억
수정분개	**(차) 일시상각충당금전입액**	**10억**	**(대) 일시상각충당금**	**10억**
세무조정	**〈손금산입〉 일시상각충당금 10억(△유보)**			

☞ 이러한 국고보조금은 자산의 감가상각시 유보추인하고 동 일시상각충당금도 유보추인한다.

제5절 기타 충당부채

기업회계에서 '충당부채'란 금액이 미확정이거나 지급시기가 불확실한 부채이지만 지출가능성이 높고 그 금액을 신뢰성있게 추정할 수 있는 현재의 의무를 말한다.

기업회계기준대로 제품보증충당부채, 하자보수충당부채, 공사손실충당부채. 경품충당부채 등을 인식하였다 하더라도, **법인세법은 의무가 확정되는 시점에서 손금을 인식하므로 이러한 충당부채를 인정하지 않는다**. 따라서 **손금불산입하고 소득처분은 유보처분**을 하면 된다.

제6절 준비금

준비금은 중소기업지원 등 조세정책적 목적에서 조세의 납부를 일정기간 유예하는 조세 지원제도이다.

	X1년도	X5년도
세무상 분개	(차) 비 용 XXX (대)준비금 XXX	(차) 준비금 XXX (대) 수 익 XXX
	⇩	⇩
법인세효과	**세금감소** ⟶	**세금증가**
	세금에 대한 이자혜택	

1. 법인세법상 준비금

① 설정대상법인 : 보험업 등 특수업종을 영위하는 법인

② 종류 : 비영리법인의 고유목적사업준비금, 보험회사의 책임준비금, 비상위험준비금 등

③ 법인세법 규정

- 원칙 : 신고조정불가
- 예외 : 고유목적사업준비금과 비상위험준비금은 잉여금 처분에 의한 신고조정이 허용된다.

2. 조세특례제한법상 준비금

① 설정

- 원칙 : 결산조정사항
- **예외 : 신고조정이 허용됨.(잉여금처분에 의한 적립시)**
  - ☞ **〈손금산입〉 XXX 준비금 △ 유보**

② 환입 : 일정기간이 경과한 후에 다시 익금산입(유보추인)

연/습/문/제

객관식

01. 다음 중 법인세법상 신고조정사항(강제조정사항)에 해당하는 대손금이 아닌 것은?

① 상법에 따른 소멸시효가 완성된 외상매출금 및 미수금
② 부도발생일로부터 6개월 이상 지난 수표 또는 어음상의 채권 및 외상매출금
③ 어음법에 따른 소멸시효가 완성된 어음
④ 민법에 따른 소멸시효가 완성된 대여금 및 선급금

02. 법인세법상 대손금의 손금산입에는 신고조정과 결산조정이 있다. 다음 중 그 성격이 다른 하나는?

① 채무자의 파산, 사망, 실종 등으로 인하여 회수할 수 없는 채권
② 소멸시효가 완성된 채권
③ 채무자 회생 및 파산에 관한 법률에 따른 회생계획 인가의 결정에 따라 회수불능채권으로 확정된 채권
④ 민사집행법의 규정에 의하여 채무자의 재산에 대한 경매가 취소된 압류채권

03. 다음 중 법인세법상 대손금으로 인정되지 않는 것은?

① 회수기일이 6개월 이상 지난 채권 중 채권가액 30만원 이하의 채권
② 채무보증(대통령령이 정하는 채무보증은 제외)으로 인하여 발생한 구상채권
③ 채무자의 파산으로 인하여 회수 할 수 없는 채권
④ 법원의 면책결정에 따라 회수불능으로 확정된 채권

04. 법인세법상 대손충당금의 설정대상이 되는 채권이 아닌 것은?

① 상품 · 제품의 판매가액의 미수액과 가공료 · 용역 등의 제공에 의한 사업수입금액의 미수액
② 금전소비대차계약 등에 의하여 타인에게 대여한 금액
③ 어음상의 채권 · 미수금
④ 할인어음, 배서양도한 어음

05. 다음 중 법인세법상 대손충당금 설정대상채권인 것은?

① 금전소비대차계약에 의하여 타인에게 대여한 금액
② 특수관계자에 대한 업무무관 가지급금
③ 익금의 귀속시기가 도래하지 아니한 미수이자
④ 부당행위계산부인규정을 적용받는 시가초과액에 상당하는 채권

06. 다음 중 법인세법상 대손충당금 설정대상채권에 해당하는 것은?

① 할인어음, 배서양도한 어음
② 채무보증으로 인하여 발생한 구상채권
③ 사업과 관련하여 금전소비대차계약 등에 따라 특수관계 없는 타인에게 대여한 대여금
④ 특수관계자에게 해당 법인의 업무와 관련 없이 지급한 가지급금

07. 법인세법상 대손충당금에 관한 설명으로 잘못된 것은?

① 부도어음도 대손금으로 인식하지 않은 한 설정대상채권으로 한다.
② 부당행위계산부인 규정을 적용받는 시가초과액에 상당하는 매출채권에 대하여는 대손요건이 충족된 경우에도 대손금으로 처리할 수 없다.
③ 대손충당금 시부인계산시 회사계상액은 항상 대손충당금 기말잔액이 된다.
④ 손금인정받은 대손금을 회수하고 기업회계에 입각하여 회계처리를 한 경우에는 세무조정이 필요없다.

08. 법인세법상 대손충당금에 대한 설명으로 옳지 않은 것은?

① 동일인에 대한 채권·채무가 동시에 있는 경우에도 상계한다는 약정이 없는 한 상계하지 아니하고 채권전액에 대하여 대손충당금을 설정할 수 있다.

② 대손금으로 처리하여 손금인정된 금액 중 회수된 금액은 회수된 날이 속하는 사업연도의 익금에 산입한다.

③ 손금에 산입한 대손충당금계정의 잔액은 다음 사업연도에 반드시 익금에 산입하여야 한다.

④ 모든 매출누락에 대한 익금산입액은 대손충당금 설정대상채권에 포함한다.

09. 법인세법상 손금으로 인정되지 않는 준비금 또는 충당금은?

① 일시상각충당금　　② 대손충당금

③ 고유목적사업준비금　　④ 수선충당금

10. 법인세법상 충당금의 특징이 아닌 것은?

① 법인세법상 대손충당금은 결산조정사항이다.

② 세법에 열거된 충당금을 손금한도액에 미달하게 계상한 경우 세무조정사항은 없다.

③ 세법에 열거되지 아니한 충당금을 장부에 계상한 경우 전액 손금불산입하여 기타사외유출 처분한다.

④ 고정자산 등에 대한 국고보조금, 공사부담금, 보험차익에 대하여 감가상각자산은 일시상각충당금, 비상각자산은 압축기장충당금의 설정을 통해 손금산입한다.

11. 법인세법상 국고보조금과 관련된 일시상각충당금에 대한 설명 중 틀린 것은?

① 일시상각충당금은 신고조정이 허용되지 않는다.

② 일정요건의 자산 취득에 사용된 국고보조금은 일시상각충당금을 설정하여 손금에 산입하여 과세시점을 이연할 수 있다.

③ 일시상각충당금을 손금에 산입하는 시기는 국고보조금을 지급받는 날이 속하는 사업연도이다.

④ 국고보조금의 경우에는 먼저 사업용 자산을 취득하고 이에 대한 국고보조금을 사후에 지급받는 경우도 손금산입의 대상이 된다.

12. 법인세법상 퇴직급여충당금에 관한 다음 설명으로 옳은 것은?

① 해당 사업연도의 퇴직급여충당금 한도초과액은 다음 사업연도에 자동적으로 손금산입된다.
② 결산상 손금에 산입하지 아니한 퇴직급여충당금은 신고조정에 의하여 손금에 산입할 수 있다.
③ 현실적인 퇴직을 하였으나 법인의 자금사정으로 퇴직급여를 미지급한 경우에도 퇴직급여충당금에서 차감하여야 한다.
④ 해당 법인과 직·간접으로 출자관계에 있는 법인으로 종업원이 전출하는 경우에는 현실적 퇴직이 아니므로 퇴직급여를 지급할 수 없다.

13. 다음 중 각 사업연도 소득에 대한 법인세 계산시 세무조정이 필요 없는 사항은?

① 정기예금이자 발생액을 발생주의에 따라 미수수익으로 계상한 금액
② 당기에 설정된 하자보수충당부채
③ 주권상장법인의 주식에 대하여 공정가액평가로 발생한 단기매매증권평가손실
④ 기부금 미지급분을 회계처리하지 않은 경우

14. 다음 중 법인세법상 대손금에 대한 설명으로 옳지 않은 것은?

① 대표자에 대한 업무무관가지급금은 대손충당금으로 설정할 수 없다.
② 부가가치세법상 대손세액공제를 받은 부가가치세 매출세액 미수금은 대손불능채권으로 본다.
③ 채무자의 파산, 강제집행 등으로 회수할 수 없는 채권은 법인의 비용 계상 여부와 관계없이 대손사유가 발생한 날이 속하는 손금으로 본다.
④ 내국법인이 보유하고 있는 채권 중 채무자의 파산 등 대통령령으로 정하는 사유로 회수할 수 없는 채권의 금액을 대손금이라 한다.

15. 다음 중 법인세법상 지급이자에 대한 설명으로 옳지 않은 것은?

① 사업용 유형자산의 매입과 관련된 일반차입금에 대한 지급이자도 자본화를 선택할 수 있다.
② 건설자금이자 자본화 대상 자산은 사업용 유형자산, 무형자산, 투자자산 및 제조 등에 장기간이 소요되는 재고자산을 포함한다.
③ 건설자금 명목으로 차입한 것으로 준공 후 남은 차입금에 대한 이자는 각 사업연도의 손금으로 한다.
④ 차입한 건설자금의 일시예금에서 생기는 수입이자는 자본적 지출금액에서 차감한다.

주관식

01. 다음 (　　)에 들어갈 금액은 얼마인가?

> 법인세법상 회수기일이 6개월 이상 지난 채권 중 채무자별 채권가액의 합계액이 (　　) 이하인 채권은 손금으로 계상한 날이 속하는 사업연도의 손금으로 한다.

02. K-IFRS를 적용하고 있는 (주)서울의 제7기 사업연도(20x1.1.1.~12.31.)에 대한 세무조정을 하는 경우 각 사업연도 소득금액은 얼마인가? 단, 법인세부담 최소화를 가정한다.

(1) 결산서 당기순이익	30,000,000원
(2) 기업회계기준에 위배되는 회계처리의 내용	
① 수해로 파손된 건물의 손상차손 누락	1,000,000원
② 신용카드로 지출한 기업업무추진비의 누락	6,000,000원
③ 당기 소멸시효 완성된 매출채권의 대손상각비 누락	4,000,000원

03. 다음 자료에 의하여 (주)세효의 대손충당금 설정한도액을 계산하면 얼마인가?

> (주)세효는 제조업을 영위하고 있으며, 사업연도는 20x1.1.1. ~ 20x1.12.31.이다.
> ㉠ 전기말 현재 대손충당금 설정대상 채권잔액 : 2억원
> ㉡ 해당 사업연도 중 대손발생액 : 300만원
> ㉢ 해당 사업연도 말 현재 채권잔액 : 3억원

04. 도매업을 영위하는 갑 법인의 대손충당금에 관련된 채권 잔액이 다음과 같은 경우 법인세법상 손금에 산입할 수 있는 대손충당금 금액은?

> ㉠ 외상매출금 : 20,000,000원　　㉡ 업무무관가지급금(임원) : 30,000,000원
> ㉢ 받을 어음 : 5,000,000원　　㉣ 지급보증금 : 10,000,000원
> ㉤ 미수금 : 5,000,000원　　㉥ 해당 사업연도의 대손금 : 900,000원
> ㉦ 직전사업연도 종료일 현재 대손충당금설정채권잔액 : 30,000,000원

연/습/문/제 답안

객관식

1	2	3	4	5	6	7	8	9	10	11	12	13	14	15
②	①	②	④	①	③	②	④	④	③	①	③	④	③	②

[풀이 - 객관식]

01. 부도발생일로부터 6개월 이상 지난 수표 또는 어음상의 채권 및 외상매출금의 경우 결산조정사항이다.

02. ①은 결산조정사항이며 ②, ③, ④은 신고조정사항이다.

03. **채무보증에 따른 구상채권은 대손금**으로 계상할 수 있는 **채권의 범위에서 제외**되며 **대손충당금도 설정할 수 없다.**

05. 금전소비대차계약에 의하여 타인에게 대여한 금액은 대손충당금 설정대상채권이다.

06. ③의 경우 대손충당금 설정대상채권에 포함됨.

07. 부당행위계산부인규정을 적용받는 **시가초과액에 상당하는 매출채권**에 대하여는 **대손충당금 설정대상채권에서 제외**되지만, **대손요건을 충족한 경우에는 대손금으로 처리**할 수 있다.

08. 현금매출누락은 익금산입하고 대표자 상여로 처리하므로 설정대상채권에 포함될 수 없다.

09. **수선충당금**은 법인세법에서는 손금으로 인정되는 충당금으로 열거되어 있지 않으므로 **손금으로 인정되지 않는다.**

10. 법에 열거되지 않은 충당금을 계상시 손금불산입하고 유보처분한다.

11. **일시상각충당금은 기업회계기준상 인정되지 않으므로 신고조정이 허용**된다.

12. ① 퇴직급여충당금 한도초과액은 대손충당금 한도초과액과 달리 퇴직급여지급시 세무상 상계하여야 할 퇴직급여충당금을 초과하여 상계한 경우 또는 장부상 퇴직급여충당금 부인액을 환입하는 경우에만 손금산입된다.

② 퇴직급여충당금은 결산조정사항이므로 신고조정에 의하여 손금에 산입할 수 없다.

④ 해당 법인과 **직·간접으로 출자관계에 있는 법인**으로 **종업원이 전출**하는 경우에는 **현실적 퇴직으로 보아 퇴직급여를 지급할 수도 있고, 현실적인 퇴직으로 보지 않을 수도 있다.**

13. ① **원천징수되는 수입이자의 귀속시기는 이자소득 수입시기가 속하는 사업연도**로 한다. 따라서 정기예금이자는 원천징수되는 수입이자이므로 정기예금이자 발생액을 발생주의에 따라 미수수익으로 계상한 경우에는 동 금액을 익금불산입(△유보)하는 세무조정을 하여야 한다.
 ② **하자보수충당부채는 법인세법상 인정되지 않은 충당금**이므로 손금불산입(유보)하는 세무조정을 하여야 한다.
 ③ 법인세법상 **유가증권의 평가방법은 원가법**만 허용되므로 손금불산입(유보)하는 세무조정을 하여야 한다.
14. 신고조정대손사유에 해당하는 경우 비용 계상을 하지 않은 때에도 강제손금산입을 하는 것이나 **결산조정대손사유에 해당하는 경우 손비 계상을 하여야만 손금으로 인정**한다.
15. 건설자금에 충당한 차입금의 이자란 그 명목 여하에 불구하고 사업용 유형자산 및 무형자산의 매입·제작 또는 건설에 소요되는 차입금에 대한 지급이자 또는 이와 유사한 성질의 지출금을 말한다. 따라서 **투자자산 및 재고자산의 건설 등을 위한 차입금의 지급이자 등은 자본화할 수 없다.**

주관식

1.	300,000원	2.	20,000,000원	3.	4,500,000원
4.	900,000원				

[풀이 - 주관식]

02. **건물의 손상차손은 결산조정사항**이고 ②③은 신고조정사항이다.
 30,000,000 - 6,000,000(기업업무추진비누락) - 4,000,000(신고조정항목인 대손금 누락)
 = 20,000,000원
03. ⓐ 대손실적율 = 3,000,000/200,000,000 = 1.5%
 ⓑ 300,000,000 × 1.5% = 4,500,000원
04. ① 설정율 : MAX[① 1%, ② **대손실적율; 3%] = 3%**

$$\text{대손실적율} = \frac{\text{세무상 당기대손금}}{\text{세무상 전기말대상채권}} = \frac{900,000}{30,000,000} = 3\%$$

 ② 한도액 : 세법상 기말대손충당금설정대상채권 × 설정율
 = (20,000,000 + 5,000,000 + 5,000,000) × 3% = 900,000원
 ☞ 업무무관가지급금과 지급보증금은 대손충당금설정채권에서 제외

Chapter

부당행위계산부인 11

로그인 세무회계 2급

제1절 의의

법인이 그 법인과 특수관계에 있는 자와 거래시 그 법인의 소득에 대한 조세 부담을 부당히 감소시켰다고 인정되는 경우, 그 법인의 행위 또는 소득금액의 계산에 관계없이 그 법인의 각 사업연도의 소득금액을 계산할 수 있다고 규정하고 있다. 이것을 '부당행위계산의 부인'이라고 한다.

1. 부인의 요건

1. 특수관계자간 거래 & 2. 조세의 부당한 감소 & 3. 현저한 이익의 분여[시가의 5% 이상 또는 3억원 이상]

(1) 특수관계자

① 판단시점 : **행위당시를 기준으로 판단**

② 범위 : **쌍방관계**(어느 일방을 기준으로 특수관계에 해당하기만 하면 이들 상호간은 특수관계에 해당한다.)

① **임원의 임면권의 행사, 사업방침의 결정 등 당해 법인의 경영에 대하여 사실상 영향력을 행사하고 있다고 인정되는 자와 그 친족**
② **주주 등(소액주주를 제외-지분율 1% 미만)과 그 친족**
③ **법인의 임원·사용인 또는 주주 등의 사용인**이나 사용인 외의 자로서 법인 또는 주주 등의 금전 기타 자산에 의하여 생계를 유지하는 자와 이들과 생계를 함께하는 친족
④ '① 내지 ③'에 규정하는 자가 발행주식총수의 30% 이상을 출자하고 있는 다른 법인
⑤ '① 내지 ③'에 규정하는 자와 당해 법인이 이사의 과반수를 차지하거나 출연금(설립을 위한 출연금에 한한다)의 50% 이상을 출연하고 그 중 1인이 설립자로 되어 있는 비영리법인
⑥ '④ 또는 ⑤'에 규정하는 자가 발행주식총수의 50% 이상을 출자하고 있는 다른 법인
⑦ 당해 법인에 50% 이상을 출자하고 있는 법인에 50% 이상을 출자하고 있는 법인이나 개인
⑧ 당해 내국법인이 기업집단에 속하는 법인인 경우 그 기업집단에 소속된 다른 계열회사와 그 계열회사의 임원

☞ 특수관계자는 외울 필요가 없습니다.

(2) 부당행위 계산의 유형

<u>자산의 고가매입과 저가양도</u>가 부당행위 계산의 대표적인 유형에 해당됩니다.

1. 자산의 고가매입/저가양도	① 자산을 시가보다 높은 가액에 매입·현물출자받았거나 그 자산을 과대상각한 때 ② 자산을 무상 또는 시가보다 낮은 가액으로 양도·현물출자한 때
2. 금전(임대)의 고가차용/저가대부	③ 금전 그 밖의 자산 또는 용역을 무상·시가보다 낮은 이율·요율이나 임대료로 대부하거나 제공한 경우 **[단, 주주가 아닌 임원(소액주주인 임원 포함) 및 사용인에게 사택을 제공하는 경우 제외] ⇒ 출자임원 : 손금불산입, 상여** ④ 금전 기타 자산 또는 용역을 시가보다 높은 이율·요율이나 임차료로 차용하거나 제공받은 경우
3. 불균등자본거래	
4. 기타	⑤ 무수익자산을 매입·현물출자받았거나 그 자산에 대한 비용을 부담한 때 ⑥ 불량자산(채권)을 차환(양수) ⑦ 출연금을 대신 부담 ⑧ 특수관계자로부터 영업권을 적정대가를 초과하여 취득한 때 ⑨ 주주(소액주주 제외)가 부담할 성질의 것을 법인이 부담한 때 ⑩ 기타(포괄주의)

(3) 현저한 이익의 분여

※ *고가매입/저가양도* **[시가 - 거래가] ≥ MIN[1. 시가×5%, 2. 3억원]**

☞ 단, 상장주식의 경우 시가와 다른 가격으로 거래시 부당행위계산 부인규정 적용

2. 부인의 기준

(1) 일반적인 시가 산정방법

1. 본래의 시가	특수관계자 외의 불특정다수인과 계속적으로 거래한 가격 또는 특수관계자가 제3자간에 일반적으로 거래된 가격(상장주식의 경우 원칙적으로 불특정 다수인 간 장내거래시 해당 거래가격)	
2. 자산의 시가가 불분명시	**주식 등**	**상증세법상 평가액**
	주식 이외의 자산	**감정평가법인의 감정가액(2 이상인 경우 평균액) → 상증세법상 평가액순**

(2) 금전의 대여 또는 차용의 경우 시가

1. 원칙	**가중평균차입이자율**
2. 예외	**당좌대출이자율 : 가중평균차입이자율 적용이 불가능한 경우**

☞ 가중평균차입이자율 = Σ(차입금잔액×이자율)/Σ차입금 잔액

3. 부인의 효과

(1) 부인금액의 익금산입과 소득처분

부당행위계산에 해당하는 경우에는 시가와의 차액 등을 익금에 산입하고, **부인금액은 그 특수관계자에게 이익을 분여한 것(사외유출)으로 취급한다.**

(2) 납세자의 행위가 조세부담을 부당히 감소시킨 것이라도 **사법적으로 적법·유효한 것으로서 그 행위자체를 부인하는 것은 아니다.**

제2절 자산의 고가양수 및 저가양도

	자산의 고가양수(이중세무조정)	자산의 저가양도
1. 적용요건 검토	**분여이익(매입가－시가 또는 시가－양도가)이 시가의 5% 이상이거나 3억원 이상인지 판단**	
2. 세무조정	**〈손금산입〉 (매입가－시가) △유보** **〈손금불산입〉 (매입가－시가) 사외유출**	**〈손금불산입〉 (시가－양도가) 사외유출**

<예제 11 - 1> 자산의 고가매입

㈜ 무궁의 다음 자료에 의하여 7기의 세무조정을 행하시오.
당기 초에 회사의 대표이사로부터 시가 2,000,000원인 비품을 3,000,000원(내용년수 5년, 잔존가액 '0', 정액법)에 현금매입하였다. 회사는 기말에 동 비품에 대한 감가상각비 600,000원을 계상하였다.

해답

1. 부당행위계산규정 적용여부 판단
   (매입가액－시가)/시가＝(3,000,000원－2,000,000원)/2,000,000원＝50%≥5%

2. 세무조정

〈고가매입〉

결산서	(차)	비　품	3,000,000	(대)	현　금	3,000,000
세무상	(차)	비　품 잉 여 금	2,000,000 1,000,000	(대)	현　금	3,000,000
수정분개	**(차)**	**잉여금＋부당유출**	**1,000,000**	**(대)**	**비　품**	**1,000,000**
	☞ **이중세무조정**					
세무조정	**〈손금산입〉 비품　1,000,000원(△유보)** **〈손금불산입〉 고가매입　1,000,000원(상여)**					

〈감가상각비〉

결산서	(차)	감가상각비	600,000	(대)	감가상각누계액	600,000
세무상	(차)	감가상각비	400,000[*1]	(대)	감가상각누계액	400,000
	*1. 2,000,000원/5년 = 400,000원					
수정분개	(차)	감가상각누계액	200,000	(대)	감가상각비	200,000
세무조정	**〈손금불산입〉 비품 200,000원(유보)** ☞ **기말 비품에 대한 유보잔액은 1,000,000원 − 200,000원 = 800,000원이다.**					

<예제 11 - 2> 자산의 저가양도

㈜ 무궁의 다음 자료에 의하여 7기의 세무조정을 행하시오.
회사의 대주주에게 시가 500,000원(장부가액 400,000원)인 비품을 300,000원에 현금양도하였다.

해답

1. 부당행위계산규정 적용여부 판단
   (시가 − 양도가)/시가 = (500,000원 − 300,000원)/500,000원 = 40% ≥ 5%

2. 세무조정

결산서	(차)	현　　금 유형자산처분손	300,000 100,000	(대)	비　　품	400,000
세무상	(차)	현　　금 잉 여 금	300,000 200,000	(대)	비　　품 유형자산처분익	400,000 100,000
수정분개	(차)	잉여금 + 부당	200,000	(대)	유형자산처분익	200,000
세무조정	**〈손금불산입〉 자산의 저가양도 200,000원(배당)**					

제3절 가지급금 인정이자

1. 가지급금의 개념

가지급금이란 **명칭 여하에 불구하고 해당 법인의 업무와 관련이 없는 자금의 대여액**을 말한다. 따라서 법인이 **특수관계자에게 금전을 무상 또는 낮은 이율로 대여한 경우** 법인세법상 적정이자율로 계산한 이자상당액 또는 이자상당액과의 차액을 부당행위계산부인하여 익금산입하고 그 귀속자에게 소득처분을 하여야 한다.

〈업무무관 가지급금에 대한 법인세법상 규제〉

구 분	세무사항
1. 가지급금의 인정이자 익금산입	**무상 또는 저율의 경우에 한함.** 즉, 적정이자 수령시 제외됨
2. 업무무관자산 등에 대한 지급이자 손금불산입	이자수령 불문
3. 대손금 부인 및 대손충당금설정채권에서 제외	이자수령 불문

2. 가지급금의 범위

업무무관자산 등에 대한 지급이자 중 **업무무관가지급금과 동일**하다.

3. 인정이자의 계산 및 익금산입액

$$익금산입액 = 가지급금적수 \times 인정이자율 \times \frac{1}{365(366)} - 실제수령이자$$

(1) 가지급금적수

가지급금의 매일의 잔액을 합한 금액을 말한다. 따라서 가지급금의 초일은 산입하고 가지급금이 회수한 날은 제외한다.(초일산입 말일불산입)

동일인에 대한 가지급금과 가수금이 함께 있는 경우에는 원칙적으로 상계한다. 다만 약정(상환기간, 이자율 등)이 있어 이를 상계할 수 없는 경우에는 상계하지 않는다.

(2) 인정이자율

가중평균차입이자율을 시가로 하고 예외적으로 당좌대출이자율을 시가로 한다.

가중평균이자율이라 자금의 대여시점에 각각의 차입금잔액(**특수관계자로부터의 차입금/채권자불분명사채 및 비실명채권·증권관련 차입금은 제외**)에 차입당시의 각각의 이자율을 곱한 금액의 합계액을 차입금잔액의 총액으로 나눈 이자율을 말한다.

$$\text{가중평균차입이자율} = \frac{\Sigma(\text{개별차입금잔액} \times \text{해당차입금이자율})}{\sum \text{차입금잔액}}$$

<예제 11 - 3> 가지급금인정이자

㈜ 무궁의 다음 자료에 의하여 7기의 가지급금 인정이자에 대한 세무조정을 행하시오.

1. 가지급금 및 관련 이자수령내역

직책	성명	금전대여일	가지급금	약정이자율	이자수령액 (이자수익계상)
대표이사	김수현	20x0.10.23	100,000,000원	무상	0원
경리과장	김시온	20x1.05.23	20,000,000원	무상	0원

* 경리과장에 대한 대여액은 본인의 대학원 학자금 대여액이다.

2. 국세청장이 정한 당좌대출이자율은 연 4.6%이고, 회사의 가중평균차입이자율은 8%라고 가정한다. 1년은 365일이다.

해답

1. 가지급금적수 계산 : **학자금대여액은 업무무관가지급금대상에서 제외**된다.

성명	대여일	가지급금	일수	적 수
김수현	1.1	100,000,000원	365일	36,500,000,000원

2. 인정이자율 : 원칙 : 가중평균차입이자율(8%)

3. 인정이자 계산

$$익금산입액 = 가지급금적수 \times 인정이자율 \times \frac{1}{365} - 실제수령이자$$

$$= 36,500,000,000원 \times 8\% \times \frac{1}{365} - 0 = 8,000,000원$$

4. 5%차이가 나는지 여부

$$\frac{인정이자 - 수령이자}{인정이자} = \frac{(8,000,000원 - 0원)}{8,000,000원} = 100\% \geq 5\%$$

5. 세무조정

〈익금산입〉 가지급금 인정이자(대표이사) 8,000,000원(상여)

연/습/문/제

 객관식

01. 다음은 법인세법상 부당행위계산부인의 규정을 적용하기 위한 요건이다. 다음 중 그 요건으로 틀린 것은?

① 당사자의 조세회피 의도가 있어야 한다.
② 특수관계자 간의 거래이어야 한다.
③ 부당한 행위 · 계산이 있어야 한다.
④ 조세의 부당한 감소가 있어야 한다.

02. 다음 중 법인세법상 부당행위계산부인이 적용되지 않는 경우는?

① 임원에게 주택 구입자금으로 2천만원을 무상대여한 경우
② 출자임원(지분율 0.8%)에게 무상으로 사택을 제공한 경우
③ 주주의 주금납입액을 내신 부담한 경우
④ 연임된 임원에게 퇴직금을 지급한 경우

03. 법인세법상 부당행위계산의 부인규정에 대한 설명이 잘못된 것은?

① 법인과 특수관계에 있는 자와의 거래이어야 한다.
② 소액주주는 특수관계 여부 관계없이 발행주식총수의 1% 미만이면 제외된다.
③ 소득에 대한 조세부담이 부당하게 감소되어야 한다.
④ 특수관계의 판정시기는 그 행위당시를 기준으로 판단한다.

04. 법인세법상의 부당행위계산 부인에 관한 설명으로 옳지 않은 것은?

① 특수관계에 해당하는지의 여부는 행위당시를 기준으로 하여 판단한다.

② 비영리내국법인에 대하여도 부당행위계산의 부인규정을 적용할 수 있다.

③ 법인이 주주가 아닌 임원에게 사택을 무상으로 제공하는 경우에는 부당행위계산의 부인 규정을 적용할 수 없다.

④ 법인이 특수관계에 있는 다른 법인으로부터 제품을 저가에 매입한 경우, 그제품의 취득가액은 시가이다.

05. 법인세법상 부당행위계산의 부인규정에 관한 설명으로 가장 옳지 않은 것은?

① 특수관계자로부터 금전을 차입한 경우에는 당좌대출이자율을 시가로 할 수 있다.

② 용역을 시가보다 낮은 요율로 제공받은 경우에도 적용된다.

③ 부당행위계산의 부인을 적용하는 경우 시가와 거래금액의 차액이 3억 이상이거나 시가의 5% 이상인 경우 익금에 산입하는 것이 원칙이다.

④ 대표적 유형으로는 특수관계자에 대한 가지급금의 인정이자가 있다.

06. 다음 중 법인세법상 부당행위계산부인 규정과 관련한 설명으로 옳지 않은 것은?

① 해당법인에 50%이상을 출자한 법인에 50%이상을 출자하고 있는 법인이나 개인은 법인세법상 해당 법인의 특수관계자에 해당한다.

② 시가가 불분명한 경우 주식의 시가는 감정평가법인의 감정가액으로 하되, 감정가액이 없으면 상속세 및 증여세법상의 평가금액으로 한다.

③ 출자자 등의 출연금을 법인이 부담한 때에는 부당행위계산의 부인대상이 된다.

④ 해당 법인의 업무와 직접 관련이 없는 출자자등에 대한 자금의 대여액은 인정이자의 계산대상이 되는 가지급금에 해당한다.

07. 법인세법상 부당행위계산의 부인에 대한 설명으로 틀린 것은?

① 특수관계자로부터 자산을 시가에 미달하게 매입하여 판매하는 경우 시가와 매입가격과의 차액은 부당행위계산 부인대상은 아니다.

② 특수관계자로부터 시가 5억원의 토지를 5.2억원에 매입한 경우에도 적용된다.

③ 부당행위계산의 부인을 적용하는 경우 시가와 거래금액의 차액을 익금에 산입한다.

④ 연임된 임원에게 퇴직금을 지급한 때에는 부당행위에 포함한다.

08. 법인세법상 가지급금 인정이자 손금불산입 규정에 대한 설명이다. 옳지 않은 것은?

① 가지급금이란 명칭여하에 불구하고 당해 법인의 업무와 관련이 없는 자금의 대여액을 말한다.
② 임원에게 주택자금을 무상으로 대여한 경우에는 가지급금 인정이자 계상대상이 아니다.
③ 총차입금 및 자산가액의 합계액은 적수로 계산한다.
④ 동일인에 대한 가지급금 등과 가수금이 함께 있는 경우에는 특별한 약정이 없으면 이를 상계한 금액으로 한다.

09. 법인의 대표이사에 대한 업무와 관련 없는 가지급금을 계상하고 있을 때 법인세법상 세무조정시 고려해야 할 사항이 아닌 것은?

① 업무무관 자산 등에 대한 지급이자 손금불산입 규정
② 가지급금인정이자 세무조정
③ 기부금에 대한 세무조정
④ 대손충당금에 대한 세무조정

10. 법인세법상 업무무관가지급금에 대한 규제를 설명한 것이다. 규제 내용이 옳지 않은 것은?

① 업무무관가지급금에 대하여 가지급금인정이자의 익금산입
② 업무무관가지급금에 대한 가산세 적용
③ 업무무관자산 등에 대한 지급이자 손금불산입
④ 업무무관가지급금에 대한 대손금 부인

11. 다음 중 법인세법상 인정이자의 계상대상인 가지급금에 해당하는 것은?

① 대표자에게 상여처분한 금액에 대한 소득세를 법인이 납부하고 이를 가지급금으로 계상한 금액(특수관계가 소멸될 때까지의 기간에 상당하는 금액에 한한다)
② 사용인에 대한 월정급여액의 범위 안에서의 일시적인 급료의 가불금
③ 중소기업이 아닌 무주택종업원에 대한 국민주택 취득자금 대여액
④ 사용인에 대한 경조사비 또는 학자금(자녀의 학자금을 포함한다)의 대여액

주관식

01. 다음은 법인세법상 부당행위계산의 부인 요건에 대한 설명으로 괄호 안에 알맞은 숫자를 넣으시오.

> 법인세법상 부당행위계산의 부인은 특수관계인과의 거래로 인하여 그 법인의 소득에 대한 조세의 부담을 부당하게 감소시킨 것으로 인정되는 경우에 적용한다. 조세의 부담을 부당하게 감소시킨 것으로 인정되는 경우란 고가매입 또는 저가양도의 경우 시가와 거래가액의 차액이 (   )원 이상이거나 시가의 100분의 5에 상당하는 금액 이상인 경우를 말한다.

02. 다음 자료의 설명을 뜻하는 법인세법상 용어로 적당한 것은?

> 내국법인의 행위 또는 소득금액의 계산이 특수관계인과의 거래로 인하여 그 법인의 소득에 대한 조세의 부담을 부당하게 감소시킨 것으로 인정되는 경우에는 그 법인의 행위 또는 소득금액의 계산과 관계없이 그 법인의 각 사업연도의 소득금액을 계산한다.

03. 다음은 법인세법상 부당행위계산의 부인에 관한 내용이다. (   ) 안에 들어갈 숫자를 적으시오.

> 법인이 자산을 시가보다 높은 가액으로 매입한 경우, 시가와 거래가액의 차액이 3억원 이상이거나 시가의 (   )% 이상인 경우에 한하여 부당행위계산 부인을 적용한다.

연/습/문/제 답안

객관식

1	2	3	4	5	6	7	8	9	10	11
①	②	②	④	②	②	②	②	③	②	③

[풀이 - 객관식]

01. 부당행위계산부인규정은 조세회피의도와는 상관없다.

02. **출자임원에게 무상으로 사택을 제공한 경우는 부당행위계산부인대상**이지만 소액주주임원은 예외적으로 부당행위계산의 부인규정을 적용하지 아니한다.

03. 소액주주는 지배주주와 특수관계가 아니어야 하고, **소액주주가 임직원일 경우 특수관계에 해당**한다.

04. 법인이 특수관계에 있는 다른 법인으로부터 제품을 저가에 매입한 경우, 그 제품의 취득가액은 해당 매입가액이다.

05. 부당행위계산의 **부인규정은 고가양수, 저가양도에 해당시 적용**된다.

06. 주식의 경우 상증법상 평가금액으로 한다. 일반자산의 경우 감정평가법인의 감정가액, 상증법상 평가액순으로 적용한다.

07. 시가와의 차액이 **시가의 5% 미만인 경우 제외**한다. (5.2억 - 5억)/5억 = 4%

08. 임원에게 주택자금을 무상으로 대여한 경우에는 가지급금 인정이자 계상대상이다.

09. 법인이 특수관계자에게 업무무관 가지급금 지급시 지급이자손금불산입, 가지급금인정이자 세무조정을 하여야 하고, 이런 채권은 대손충당금 설정대상채권에서 제외한다.

10. 업무무관가지급금에 대한 가산세 규정은 없다.

11. 일반기업의 무주택종업원에게 대한 국민주택 취득 자금 대여액은 업무무관가지급금으로 봅니다. **다만 중소기업의 경우 근로자(임원, 지배주주는 제외)에 대한 주택 구입 · 전세자금 대여금은 업무무관가지급금에서 제외됩니다.**

주관식

1.	3억	2.	부당행위계산의 부인	3.	5

Chapter

과세표준과 세액의 계산

12

로그인 세무회계 2급

제1절 과세표준의 계산

	각사업연도소득금액
(−)	**이 월 결 손 금** * 15년(10년, 5년) 이내 발생한 세무상 결손금
(−)	비 과 세 소 득
(−)	소 득 공 제
	과 세 표 준

1. 이월결손금의 공제 

(1) 결손금의 소급공제와 이월공제

각 사업연도의 손금총액이 익금총액을 초과하는 경우 그 초과하는 금액을 각 사업연도의 결손금이라 한다. 이러한 세무상 결손금은 그것이 발생한 사업연도에 있어서 법인의 순자산 감소를 나타내는 것이므로 다른 사업연도의 소득에서 공제되어야 한다.

따라서 **법인세법은 소급공제(이전 사업연도의 소득금액에서 공제)하거나 이월공제(이후 사업연도의 소득에서 공제)를 규정**하고 있다.

법인세법은 원칙적으로 이월공제를 허용하나, **중소기업 장려책의 일환으로 소급공제도 허용**하고 있다.

(2) 이월결손금의 공제

① **<u>15년간 이월하여 공제함을 원칙으로 한다.(강제공제)</u>**

〈결손금의 공제기간〉

2020년 이후	2009년~2019년	2008년 이전
15년	**10년**	**5년**

② 이월결손금공제 한도

일반기업	**<u>당해연도 소득의 80%</u>** 예외) ① 법원결정에 의한 회생계획이나 경영정상화계획을 이행중인 기업 ② 지급배당소득공제를 통하여 법인세를 사실상 비과세하는 명목회사 ③ 사업재편계획을 이행 중인 법인
중소기업	당해연도 소득의 100%

③ 미소멸 세무상 이월결손금만 대상이다. 따라서 **자산수증이익, 채무면제이익으로 충당된 이월결손금은 각 사업연도의 과세표준을 계산할 때 공제된 것으로 본다.**

④ 추계결정 · 경정시 이월결손금은 공제를 배제한다.(**<u>예외 : 천재 · 지변으로 추계시</u>**)

<예제 12 - 1> 이월결손금공제

㈜ 무궁(중소기업이 아님)의 다음 자료에 의하여 20x1년의 세무조정과 법인세 과세표준을 계산하시오.

1. 결산서상 당기순이익 : 100,000,000원
2. 해당연도 중 결손보전을 위하여 주주로 부터의 토지 10,000,000원을 증여받고 이를 영업외수익으로 계상하였다.
3. 기타의 세무조정사항
   ① 익금산입 및 손금불산입 : 23,000,000원
   ② 손금산입 및 익금불산입 : 12,000,000원
4. 연도별 각 사업연도 세무상 이월결손금 잔액은 다음과 같다.

2008년	2016년	2018년
4,000,000원	7,000,000원	6,000,000원

해답

1. 세무조정 **〈자산수증이익〉**

결산서	(차) 토 지	10,000,000	(대) 자산수증이익	10,000,000
세무상	(차) 토 지	10,000,000	(대) 잉여금(결손금)	10,000,000
수정분개	(차) 자산수증이익	10,000,000	(대) 잉여금(결손금)	10,000,000
세무조정	**〈익금불산입〉 자산수증이익(이월결손금보전) 10,000,000원(기타)**			

2. 공제가능한 이월결손금

사업연도	세무상 이월결손금 잔액	감 소 내 역		잔액	
		당기공제액	보 전	기한내	기한경과
2008	4,000,000[*1]		4,000,000[*2]		
2016	7,000,000	1,000,000[*3]	6,000,000[*2]		
2018	6,000,000	6,000,000[*3]			
계	17,000,000	7,000,000	10,000,000		

***1. 2008**년 이전 분은 **5**년간 이월공제(자산수증이익 등으로 보전 가능)

***2.** 자산수증이익 이월결손금보전분 (공제시기에 제한이 없다) : **10,000,000**원

***3. 2016, 18**년분 공제(**10**년간 공제)

3. 각사업연도 소득금액 및 과세표준의 계산

	결산서상당기순이익	100,000,000원	
(+)	익 금 산 입	23,000,000원	
(−)	손 금 산 입	(22,000,000원)	[12,000,000원 + 10,000,000원(자산수증익)]
	차 가 감 소 득 금 액	101,000,000원	
	각사업연도소득금액	101,000,000원	
(−)	이 월 결 손 금	**(7,000,000원)**	☞*공제한도 101,000,000×80%*
	과 세 표 준	94,000,000원	

(3) 결손금소급공제 

㉠ 중소기업
㉡ 직전사업연도에 납부한 법인세액이 있어야 한다.
㉢ 법정신고기한 내에 신고(직전 사업연도와 결손금이 발생한 해당 사업연도)

☞ 법인세 신고기한 내에 결손금소급공제신청서를 제출하지 못한 경우에는 경정청구할 수 없다.

환급세액 = MIN[㉠, ㉡]
㉠ 환급대상액 = 직전사업연도의 법인세산출세액
－[직전사업연도 법인세과세표준－소급공제결손금액]×직전 사업연도 법인세율
㉡ 한도액 = 직전 사업연도[법인세산출세액－공제감면세액]

<예제 12 - 2> 결손금 소급공제

㈜ 무궁의 다음 자료에 의하여 20x1년의 결손금 소급공제에 따른 환급받을 세액을 계산하시오.

1. 당기	결손금 △200,000,000원
2. 전기	1. 과세표준 500,000,000원 2. 산출세액 75,000,000원 3. 공제감면세액 △18,000,000원 4. 가산세 3,000,000원 5. 총부담세액 60,000,000원 6. 전기 법인세율은 과세표준 2억 이하는 9%, 2억 초과는 19%로 가정한다.

해답

결손금 소급공제 환급세액 = MIN[㉠, ㉡] = 38,000,000원
㉠ 환급대상액 = 전기법인세산출세액－[전기과세표준－소급공제결손금액]×전기법인세율
= 75,000,000－[500,000,000－200,000,000]×전기 법인세율(9%, 19%)
= 38,000,000원
㉡ 한도액 = 전기법인세산출세액(75,000,000)－전기공제감면세액(18,000,000)
= 57,000,000원

2. 비과세

정책적인 목적 등을 위하여 국가가 과세권을 포기한 소득이다.
법인세법에서 규정된 비과세소득은 공익신탁의 신탁재산에서 발생하는 소득이 있다.

3. 소득공제

과세표준상 계산상 과세소득의 일부를 공제해 줌으로써 세부담을 경감시켜주는 제도이다.
이러한 **비과세와 소득공제(예외규정 있음)의 미공제분은 다음연도로 이월되지 않는다.**

제2절 산출세액 및 총부담세액의 계산

	과세표준	
(×)	세율	* 9%, 19%, 21%, 24%
=	산출세액	
(−)	세액감면 · 세액공제	
(+)	가산세	
=	총부담세액	
(−)	기납부세액	* 중간예납세액, 원천징수세액, 수시부과세액
(+)	토지등양도소득에 대한 법인세	
	차감납부할세액	

1. 산출세액

① 법인세의 세율

반드시 암기하세요!

과세표준	산출세액
2억원 이하	**과세표준×9%**
2억원 초과 200억원 이하	**18,000,000원+(과세표준－2억원)×19%**
200억원 초과~3,000억원 이하	37.8억원+(과세표준－200억원)×21%
3,000억원 초과	625.8억원+(과세표준－3,000억원)×24%

☞ 성실신고확인대상 소규모 법인(부동산 임대업 등)에 대한 법인세율 : **0~200**억원 이하 **19%**(개정세법 **25**)

② 사업연도가 1년 미만인 경우

과세표준을 1년으로 환산하여 세율로 곱하여 1년간 산출세액을 계산하고, 월단위 세액을 계산하여 월수를 곱하여 1년 미만 월수의 세액을 계산한다.

$$\text{산출세액} = \left\{ \text{과세표준} \times \frac{12}{\text{사업연도 월수}^{*1}} \right\} \times \text{세율} \times \frac{\text{사업연도 월수}^{*1}}{12}$$

***1. 1**월 미만의 일수는 **1**월로 한다.

<예제 12 - 3> 산출세액(사업년도가 1년 미만)

㈜ 무궁의 다음 자료에 의하여 1기 사업연도의 법인세 산출세액을 산출하시오.

1. 20x1년 7월 10일에 설립등기한 신설법인으로서 20x1년 8월 20일에 사업을 개시하여 최초로 손익이 발생하였다.
2. 제 1기 사업연도 과세표준은 150,000,000원이다.
3. 회사의 정관에 사업연도는 1월 1일부터 12월 31일까지이고,
4. 법인세율은 2억 이하 9%, 2억 초과 19%로 가정한다.

해답

1. 연환산 과세표준＝150,000,000×12개월/6개월＝300,000,000원

2. 연환산 산출세액＝18,000,000＋100,000,000×19%＝37,000,000원

3. 1기(6개월) 법인세산출세액＝37,000,000÷12개월×6개월＝18,500,000원

☞ **1**기 사업연도 월수 : **6**개월(**7.10~12.31** → **1**개월 미만은 **1**개월로 한다.)

2. 세액공제

세액공제란 산출세액에서 일정액을 공제하는 것을 말한다. 법인세법 및 조세특례제한법[*1]에 따른 세액공제는 다음과 같다.

구 분	종 류	이월공제	최저한세
1. 법인세법	① 외국납부세액공제 ② 재해손실세액공제 ③ 사실과 다른 회계처리로 인한 경정에 따른 세액공제[*2]	10년간 – 기간제한 없음	적용대상이 아님
2. 조세특례제한법	① **연구 · 인력개발비에 대한 세액공제** ② 통합 투자세액공제	10년간 10년간	**적용대상임**[*3]

*1. 조세특례제한법은 조세의 감면 또는 중과 등 조세의 특례와 이의 제한에 관한 사항을 규정하여 과세의 공평을 기하고 조세정책을 효율적으로 수행함으로써 국민경제의 건전한 발전에 이바지함을 목적으로 한다.

*2. 분식회계(이익과대)로 인하여 과다납부한 법인세를 경정청구한 경우 관할 세무서장이 경정시 경정한 세액을 세액공제로 법인에게 돌려주는 것(매년 납부한 세액의 20%를 한도로 세액공제)

*3. *중소기업의 연구 · 인력개발비 세액공제는 적용대상에서 제외됨.*

(1) 외국납부세액공제

국외소득이 있는 경우 원천지국의 법인세와 우리나라의 법인세를 동시에 부담하게 되므로 이러한 국제적 이중과세를 조정하기 위한 제도로 **세액공제를 받을 수 있다. 이러한 세액공제는** 10년간 이월공제되고, 미공제 분에 대해서 공제기간 종료 다음 과세연도에 손금에 산입한다.

① 외국법인세액의 범위

직접납부 외국법인세액 + 의제외국납부세액 + 간접납부 외국법인세액

② 외국납부세액 공제액 계산

$$\text{MIN[①, ②]} = \left[\text{① 외국납부세액, ② 법인세 산출세액} \times \frac{\text{과세표준에 산입된 국외원천소득}}{\text{과세표준}}\right]$$

③ 국외사업장이 2 이상의 국가에 있는 경우에는 **국가별로 구분하여 이를 계산하는 방법(국별한도제)만 적용한다.**

(2) 재해손실세액공제

사업연도 중 천재지변, 기타 재해로 인하여 **자산총액(토지의 가액은 제외)의 20% 이상을 상실**하여 납세가 곤란하다고 인정되는 경우에는 다음의 금액을 산출세액에서 공제한다.

MIN[①,②] = ① 공제대상법인세액×재해상실비율 ② 한도액 = 상실된 자산가액

재해발생일로부터 3개월이내 신청하거나 과세표준신고기한까지 신고할 수 있다.

3. 세액감면과 세액공제의 적용순서

① **세액감면**
② **이월공제되지 않는 세액공제**
③ **이월공제되는 세액공제**
④ **사실과 다른 회계처리로 인한 경정에 따른 세액공제**

제3절 가산세

종 류	적 용 대 상	가산세액
1. 무기장가산세	장부를 비치·기장의무를 이행하지 아니한 경우	MAX[①, ②] ① 무신고납부세액×20% ② 수입금액×0.07%
2. 원천징수등 납부지연 가산세	원천징수세액의 미납부·미달납부	**MIN[①, ②]** **① 미달납부세액×3%+미달납부세액×미납일수×이자율** **② 미달납부세액의 10%**
3. 지급명세서 불성실가산세	지급명세서 기한 내에 미제출 또는 제출된 지급명세서의 내용이 불분명한 경우	미제출·불분명 지급금액×1% **(기한후 3개월 이내에 제출시에는 50% 감면)**
4. 간이지급명세서 불성실가산세	간이 지급명세서 기한 내에 미제출 -상용근로소득, 원천징수대상 사업소득, 인적용역 관련 기타소득	지급금액의 1만분의 25 **(기한후 1개월 이내에 제출시에는 50% 감면-10만분의 125)**

종 류	적 용 대 상	가산세액
5. **계산서 등 또는 계산서 합계표 불성실가산세**	- 계산서를 미교부 부실기재한 경우 또는 합계표를 제출하지 않거나 부실기재한 경우 - 가공 및 위장계산서 등(현금영수증 포함)를 수수한 경우	**- 미발급, 가공 및 위장수수×2%** **- 지연발급×1%** **- 계산서 합계표 미제출×0.5% (지연제출 0.3%)**
6. 지출증명서류 미수취가산세	**건당 3만원 초과분에 해당하는 경비 등을 지출하고 임의증빙서류를 수취한 경우**	**미수취금액 중 손금으로 인정되는 금액×2%**
7. 주식등 변동상황 명세서 미제출 가산세	미제출 또는 변동상황을 누락하여 제출한 경우와 필요적 기재사항이 불분명한 경우	미제출·불분명 주식의 액면금액×1%
8. 주주등 명세서 제출불성실	신설법인이 설립등기일부터 2개월 이내 주주등 명세서를 미제출 등	미제출·누락 등 주식의 액면금액×0.5%
9. 현금영수증 미발급가산세	- 현금영수증가맹점 미가입 - **발급거부(5천원 이상/건)** 및 사실과 다르게 발급	- 총수입금액**×0.5%** - 발급거부금액의 5%
10. 기부금영수증 발급불성실가산세	- 비영리내국법인이 기부금영수증을 사실과 다르게 발급하거나 - 기부자별 발급명세를 작성·보관하지 아니한 경우	- 사실과 다르게 발급된 영수증에 기재된 금액의 5% - 작성·보관하지 아니한 금액의 0.2%
11. 업무용승용차 관련 비용명세서	- 미제출 - 불성실	미제출 금액(손금산입액)×1% 사실과 다르게 제출한 금액×1%

연/습/문/제

객관식

01. 법인세법상 결손금에 대한 설명으로 틀린 것은?

① 부동산임대업을 영위하는 법인(중소기업)은 결손금소급공제규정을 적용받을 수 있다.
② 추계결정의 경우에는 추계결정사유에 관계없이 이월결손금을 공제하지 않는다.
③ 모든 법인은 결손금 이월공제가 가능하다.
④ 결손금소급공제기간은 직전사업연도로 한다.

02. 법인세법상 이월결손금에 대한 다음 설명 중 옳지 않은 것은?

① 소급공제되지 않은 이월결손금은 과세표준 계산시 각 사업연도소득금액에서 공제되거나 자산수증이익 또는 채무면제이익에 충당되는 경우에 소멸한다.
② 합병시 승계한 이월결손금은 과세표준계산상 공제가 가능하나, 자산수증이익 또는 채무면제이익에 의해 보전되더라도 익금불산입 규정을 적용받지는 못한다.
③ 기부금한도액 계산시 공제한 이월결손금은 소멸된 것이 아니므로 과세표준 계산시 각사업연도소득금액에서 공제할 수 있다.
④ 주식발행초과금을 이월결손금 보전에 사용할 경우 이월결손금은 소멸되어 과세표준 계산시 각 사업연도 소득금액에서 공제할 수 없다.

03. 다음은 이월결손금과 관련하여 법인세법상 규정을 설명한 것이다. 가장 옳지 않은 것은?

① 모든 기업은 결손금 소급공제에 따라 직전사업연도 법인세액을 환급받을 수 있다.
② 자산수증이익으로 충당된 이월결손금은 각사업연도 소득금액에서 공제된 것으로 본다.
③ 각 사업연도의 개시일 전 15년(2009~2019년 발생분은 10년) 이내에 개시한 사업연도에서 발생한 결손금으로서 공제되지 않은 결손금은 각사업연도 소득금액에서 공제가능하다.
④ 이월결손금은 먼저 발생한 사업연도의 결손금부터 순차로 공제한다.

04. 법인세법상 결손금소급공제에 대한 설명으로 옳은 것은?

① 결손금 중 일부만을 소급공제받은 후 결손금이 감소된 경우 소급공제받은 결손금이 먼저 감소된 것으로 본다.

② 소급공제받은 결손금은 법인세과세표준을 계산함에 있어서 이미 공제받은 결손금으로 보지 않는다.

③ 내국법인의 제조업에서 발생하는 결손금에 한하여 소급공제를 적용받을 수 있다.

④ 법인세 신고기한 내에 결손금소급공제신청서를 제출하지 못한 경우에는 경정청구할 수 없다.

05. 다음 중 법인세법상 세액공제가 아닌 것은?

① 연구·인력개발비에 대한 세액공제　② 외국납부세액공제

③ 재해손실세액공제　④ 사실과 다른 회계처리로 인한 경정에 따른 세액공제

06. 다음은 법인세법상 외국납부세액에 대한 설명이다. 다음 중 옳지 않은 것은?

① 법인은 외국납부세액에 대하여 세액공제만 적용할 수 있다.

② 외국납부세액공제는 일괄한도방식을 적용한다.

③ 외국납부세액공제의 한도초과액은 해당사업연도의 다음사업연도 개시일부터 10년 이내에 끝나는 각 사업연도에 이월하여 공제한다.

④ 외국납부세액 공제는 국제적 이중과세를 조정하기 위한 제도이다.

07. 다음은 법인세법상 재해손실세액공제에 대한 설명이다. 다음 중 옳은 것은?

① 법인이 각 사업연도 중 천재지변, 그 밖의 재해로 인하여 자산총액의 30% 이상을 상실하여 납세가 곤란하다고 인정되는 경우에 적용한다.

② 재해손실비율 산정시 자산총액은 토지를 포함한 사업용 자산가액을 말한다.

③ 재해손실세액공제를 받으려는 법인은 법인세법이 재해발생일 부터 1개월 이내에 재해손실세액공제신청서를 납세지 관할세무서장에게 제출하여야 한다.

④ 납세지 관할세무서장은 법인이 재해손실세액공제를 받을 법인에 대하여 해당 세액공제가 확인될 때까지 국세징수법에 따라 그 법인세의 징수를 유예할 수 있다.

08. 다음은 법인세법 또는 조세특례제한법상 세액공제이다. 다음 중 10년간 이월공제가 되지 아니하는 세액공제는?

① 외국납부세액공제　② 통합투자세액공제

③ 재해손실세액공제　④ 연구·인력개발에 대한 세액공제

09. 다음 중 법인세법상 가산세에 대한 설명으로 옳은 것은?

① 법정기한 내 지급명세서를 제출하지 않거나 불분명한 경우 : 미제출불분명지급금액×2%
② 사업과 관련하여 법소정사업자로부터 재화 또는 용역을 공급받고 법정증명서류를 수취하지 않은 경우 : 그 수취하지 아니한 금액의 5%
③ 주식 등 변동상황명세서를 제출하지 아니하거나 불분명한 경우 : 미제출불분명하게 제출한 주식 등의 액면금액 또는 출자가액×1%
④ 법인이 설립등기일로부터 2개월이내 주주 등의 명세서를 제출하지 아니한 경우 : 주식 액면가액의 1%

10. 다음 중 법인세법상 세액공제에 대한 설명으로 옳지 않은 것은?

① 재해손실세액공제 적용 시 자산의 가액에는 토지의 가액을 포함한다.
② 외국납부세액공제는 이월공제가 가능하지만, 재해손실세액공제는 이월공제가 허용되지 아니한다.
③ 법인세 과세표준을 추계결정(천재지변 제외)하는 경우 외국납부세액공제를 적용하지 아니한다.
④ 외국납부세액 공제한도금액을 계산할 때 국외사업장이 2 이상의 국가에 있는 경우에는 국가별로 구분하여 이를 계산한다.

11. 다음 중 법인세법상 외국납부세액공제에 대한 설명으로 옳지 않은 것은?

① 외국납부세액공제는 국제적 이중과세의 문제를 해결하기 위하여 세액을 조정하는 방법이다.
② 국외사업장이 2이상의 국가에 있는 경우에는 국가별로 구분하여 공제한도금액을 계산한다.
③ 외국납부세액공제액이 법인세법상 한도를 초과하는 경우 이월공제가 허용되지 아니한다.
④ 외국납부세액공제액은 해당 사업연도의 국외원천소득에 대한 산출세액을 한도로 한다.

12. 다음 중 법인세법상 지급명세서 등 제출 불성실가산세에 대한 설명으로 옳지 않은 것은? (단, 일용근로소득은 제외한다.)

① 지급명세서를 기한까지 제출하지 아니한 경우 가산세는 지급금액의 100분의 1로 한다.
② 간이지급명세서를 기한까지 제출하지 아니한 경우 가산세는 지급금액의 1만분의 25로 한다.
③ 지급명세서를 제출기한이 지난 후 3개월 이내에 제출하는 경우에 가산세는 지급금액의 1천분의 1로 한다.
④ 간이지급명세서가 불분명하거나 사실과 다른 경우 가산세는 지급금액의 1만분의 25로 한다.

주관식

01. 다음 (　)에 들어갈 숫자는 무엇인가?

> • 외국정부에 납부하였거나 납부할 외국법인세액이 공제한도를 초과하는 경우 그 초과하는 금액은 해당 사업연도의 다음 사업연도 개시일부터 (　)년 이내에 끝나는 각 사업연도에 이월하여 그 이월된 사업연도의 공제한도 범위에서 공제받을 수 있다.

02. 다음 (　)안에 알맞은 서식의 이름은 무엇인가?

> 법인세법상 유보로 소득처분된 금액은 차기 이후 반대의 세무조정을 필요로 하므로 관리를 철저히 하여야 한다. 이러한 모든 유보금액을 관리하는 서식을 (　　)(이)라 한다.

03. (주)A의 제1기 법인세 과세표준이 250,000,000원인 경우, 당해 제1기 사업연도가 1년인 경우(1.1~12.31)와 6개월(7.1~12.31)인 경우의 법인세산출세액의 차이는 얼마인가? (단, 법인세율은 과세표준 2억원 이하 10%, 2억 초과 20%로 가정한다.)

04. 다음의 제조업(중소기업)을 영위하는 ㈜우리세무의 20x1년 귀속분 자료를 통해 법인세법상 세부담 최소화관점에서 각 사업연도 소득금액을 계산하면? 회사는 외화자산 · 부채에 대해서 거래일 환율평가방법으로 신고하였다.

[자료1] 손익계산서

•매출액	100,000,000원	•매출원가	65,000,000원
•판매관리비	20,000,000원	•영업외수익	5,000,000원
•영업외비용	5,000,000원	•법인세비용	1,000,000원
•당기순이익	14,000,000원		

[자료2] 세무조정추가자료

•영업외수익에는 외화환산이익 1,000,000원이 있다.
•영업외비용에는 채권자불분명사채이자 1,000,000원이 있다.
•20x0년에 발생한 일반기부금한도초과액 500,000원이 있으며 당기지출기부금은 없다.
•3년전에 발생한 이월결손금 1,500,000원이 있다.

05. 다음 자료는 ㈜갑의 제5기 사업연도(20x1.01.01~20x1.05.31)의 법인세 신고자료이다. 이 자료에 의해 법인세로 신고 납부할 금액은 얼마인가?

(1) 손익계산서상 당기순이익 : 160,000,000원(법인세비용 10,000,000원이 반영된 금액임)
(2) 원천납부세액 : 2,400,000원
(3) 세율 : 과세표준 2억원 이하는 10%, 과세표준 2억원 초과분은 20%으로 가정한다.

06. ㈜호성은 20x1년 4월15일에 사업을 개시하였다. 다음 자료를 근거로 하여 법인세 산출세액을 계산하면? (소수점 첫째자리에서 반올림하시오)

- 정관에 기재한 사업연도 : 1월 1일 ~ 12월 31일
- 당기순이익 : 200,000,000원
- 익금산입액 : 10,000,000원
- 익금불산입액 : 40,000,000원
- 손금불산입액 : 15,000,000원
- 비과세소득 : 5,000,000원
- 세율 : 과세표준 2억원 이하는 9%, 과세표준 2억원 초과분은 19%으로 가정한다.

07. 중소기업인 갑법인이 다음 자료에 의하여 해당 사업연도 결손금 전액을 소급공제 신청할 경우 환급세액은 얼마인가?

1) 해당 사업연도(20x1.1.1 ~ 12.31) 결손금 : 120,000,000원
2) 직전 사업연도(20x0.1.1 ~ 12.31) 법인세 신고내역
   - 과세표준 : 280,000,000원
   - 산출세액 : 37,600,000원
   - 감면세액 : 4,500,000원
   - 가 산 세 : 1,000,000원
3) 전기 세율 : 과세표준 2억원 이하는 10%, 과세표준 2억원 초과분은 20%으로 가정한다.

08. 다음 자료에 의하여 법인세법상 갑법인의 환급세액을 계산하면 얼마인가?

1. 당해 사업연도(제12기) 관련자료	• 결 손 금 : △180,000,000원
2. 직전 사업연도(제11기) 관련자료	• 과세표준 : 200,000,000원 • 산출세액 : 22,000,000원 • 감면세액 : 8,000,000원
3. 직전 사업연도 법인세 세율	과세표준 2억원 이하는 10%, 2억원 초과는 20%로 가정한다.
4. 기타	☞회사는 중소기업이다.

09. 다음의 자료에 의한 (주)세무의 20x1년귀속 법인세 자진납부세액은 얼마인가?

① 사업연도 : 20x1.7.1 ~ 20x1.12.31
② 각 사업연도 소득금액 : 300,000,000원
③ 공익신탁이자소득 : 30,000,000원
④ 수시부과세액 : 10,000,000원
⑤ 원천징수세액 : 10,000,000원
⑥ 재해손실세액공제액 : 10,000,000원
⑦ 이상의 자료 이외에는 없다고 가정한다.(세율은 2억원 이하 9%, 2억원 초과 19%로 가정한다.)

10. 다음 자료에 의하여 20x1년 ㈜세민의 법인세법상 외국납부세액공제액을 계산하면?

Ⓐ 사업연도 : 01.01.~12.31.(12월말 결산법인임)
Ⓑ 과세표준 : 500,000,000원(국외소득 200,000,000원)
Ⓒ 세율은 2억원 이하 10%, 2억원 초과 20%로 가정한다.
Ⓓ 외국납부세액 : 40,000,000원

11. 다음 괄호 안에 들어 갈 숫자를 쓰시오.

> 법인세법상 현금영수증가맹점으로 가입하여야 할 법인이 가입하지 아니하거나 현금영수증가맹점이 건당 (　　)원 이상의 거래금액에 대하여 현금영수증 발급을 거부하거나 사실과 다르게 발급한 경우에는 해당 사업연도의 거래에 대하여 관할 세무서장으로부터 통보받은 건별 발급 거부금액 또는 건별로 사실과 다르게 발급한 금액의 100분의 5에 상당하는 금액(건별로 계산한 금액이 5천원 미만이면 5천원으로 한다)을 가산한 금액을 법인세로서 징수하여야 한다. 이 경우 산출세액이 없는 경우에도 가산세를 징수한다.

12. 법인세법상 다음의 괄호 안에 들어갈 숫자는 무엇인가?

> 내국법인이 각 사업연도 중 천재지변이나 그 밖의 재해로 인하여 대통령령으로 정하는 자산총액의 100의 (　　) 이상을 상실하여 납세가 곤란하다고 인정되는 경우에는 재해손실세액공제를 적용한다.

13. 법인세법상 다음 괄호 안에 들어갈 알맞은 숫자를 쓰시오.

> 각 사업연도 소득에서 공제하는 이월결손금은 각 사업연도 소득의 100분의 (　　)을 한도로 한다(중소기업과 회생계획을 이행 중인 기업 등 대통령령으로 정하는 법인은 제외).

14. 다음은 법인세법상 가산세에 관한 설명으로 괄호 안에 들어갈 알맞은 숫자는 무엇인가?

> 내국법인이 장부의 비치 · 기장의무를 이행하지 않은 경우 둘 중 큰 금액을 가산세로 납부하여야 한다.
>
> ① 산출세액×(　)%　　　　② 수입금액×7/10,000

15. 아래 자료에서 법인세 세무조정계산서 작성 시 소득금액조정합계표 및 자본금과적립금조정명세서(乙)의 작성과 모두 연관되는 항목의 합계액을 구하시오.

- 기업업무추진비 한도초과액 : 1,200,000원
- 임원상여금 : 1,500,000원
- 업무무관자산 등에 대한 지급이자 손금불산입액 : 700,000원
- 대손충당금 한도초과액 : 1,000,000원
- 건물 감가상각비 한도초과액 : 1,000,000원

16. 법인세법상 다음의 괄호 안에 들어갈 숫자는 무엇인가?

> 내국법인이 사업과 관련하여 사업자로부터 재화 또는 용역을 공급받고 적격증명서류를 받지 아니하거나 사실과 다른 증명서류를 받은 경우 증명서류수취불성실가산세 (　　)%가 적용된다.

연/습/문/제 답안

객관식

1	2	3	4	5	6	7	8	9	10	11	12
②	④	①	④	①	②	④	③	③	①	③	③

[풀이 - 객관식]

01. **천재지변 기타 불가항력으로 추계결정시**에는 **이월결손금공제가능**하다.
중소기업의 업종기준은 소비성 서비스업(유흥업 등)을 제외한 모든 업종으로 확대되었다.

02. 이월결손금은 각 사업연도소득 금액에서 공제되거나 자산수증이익 등에 충당되어 익금불산입된 경우에 한하여 소멸되므로 기업회계상 주식발행초과금 등과 상계한 금액은 소멸되지 않는다.

03. **결손금 소급공제는 중소기업만 가능**하다.

04. ① 소급공제되지 않은 결손금이 먼저 감소된 것으로 본다.(계산편의상 목적)
② 소급공제 받았으므로 결손금은 소멸한다.
③ 중소기업에 한해서 소급공제가 된다.

05. 연구 · 인력개발비에 대한 세액공제는 조세특례제한법상 세액공제이다.

06. **외국납부세액공제는 국별한도제만 적용할 수 있다.**

07. ①은 20%, ②는 토지를 제외, ③ **3개월 이내**

08. **재해손실세액공제는 이월공제가 되지 않는다.**

09. ① : 1% ② : 2% ④ : 0.5%

10. 재해손실세액공제 적용시 **상실된 자산의 가액에 토지의 가액을 포함하지 아니한다.**

11. 해당 사업연도의 다음 사업연도 개시일부터 **10년 이내**에 끝나는 각 사업연도로 이월하여 그 이월된 사업연도의 공제한도금액 내에서 공제받을 수 있다.

12. 지급명세서를 제출기한이 지난 후 3개월 이내에 제출하는 경우에 가산세는 **지급금액의 1천분의 5(미제출 1%의 50% 감면)**로 한다.

주관식

01	10	02	자본금과적립금조정명세서(을)	03	10,000,000원
04	14,500,000원	05	23,266,666원	06	19,200,000
07	21,600,000원	08	14,000,000원	09	11,300,000원
10	32,000,000원	11	5,000	12	20
13	80	14	20	15	2,000,000
16	2				

03. ① 1년인 경우 : 200,000,000×10%(가정)+50,000,000×20%(가정)=30,000,000

② 6개월인 경우 :

연환산 과세표준 : 250,000,000×12/6=500,000,000

연환산산출세액 : 200,000,000×10%+300,000,000×20% = 80,000,000

산출세액 : 80,000,000×6/12=40,000,000

③ 차이 : 40,000,000-30,000,000=10,000,000

04.

	결산서상당기순이익	**14,000,000원**	
(+)	**익금산입**	**1,000,000원**	법인세비용
		1,000,000원	**채권자불분명사채이자**
(-)	**손금산입**	**1,000,000원**	외화환산이익(거래일 환율평가방법 신고)
	차가감소득금액	**15,000,000원**	=기준소득금액
		☞ 일반기부금한도=(15,000,000-1,500,000)×10%	
(-)	**전기기부금손금산입**	**500,000원**	
	각사업연도소득금액	**14,500,000원**	

05. ① 과세표준 : 160,000,000+10,000,000=170,000,000

② 연환산과세표준=170,000,000÷5개월×12개월=408,000,000원

③ 연산출세액=20,000,000+(408,000,000-200,000,000)×20%(가정)=61,600,000원

④ 산출세액(5개월)=61,600,000÷12개월×5개월=25,666,666원

⑤ 신고납부세액=25,666,666-2,400,000=23,266,666원

06. ① 각사업연도소득금액 = 200,000,000 + 10,000,000 - 40,000,000 + 15,000,000
= 185,000,000원

② 과세표준(9개월) = 185,000,000 - 5,000,000(비과세) = 180,000,000원

③ 연환산과세표준 = 180,000,000 ÷ 9개월 × 12개월 = 240,000,000원

④ 연산출세액 = 18,000,000 + 40,000,000 × 19% = 25,600,000원

⑤ 산출세액(9개월) = 25,600,000 ÷ 12개월 ×9개월 = 19,200,000원

07. ① 환급대상액 : 37,600,000원 - (280,000,000원 - 120,000,000원) × 10% = 21,600,000원

② 한도액 : 37,600,000원 - 4,500,000원 = 33,100,000원

08. 환급세액 : MIN[①, ②] = 14,000,000원

① 환급대상세액 : 22,000,000원 - (200,000,000원 - 180,000,000원) × 10% = 20,000,000원

② 환급한도액 : 22,000,000원 - 8,000,000원 = 14,000,000원

09. ① 과세표준(6개월) = 300,000,000원 - 30,000,000원(공익신탁) = 270,000,000원

② 연환산과세표준 = 270,000,000 ÷ 6개월 × 12개월 = 540,000,000원

③ 연산출세액 = 18,000,000 + 340,000,000 × 19% = 82,600,000원

④ 산출세액(6개월) = 82,600,000 ÷ 12개월 × 6개월 = 41,300,000원

⑤ 자진납부세액 = 41,300,000원 - 10,000,000원 - 10,000,000원 - 10,000,000원 = 11,300,000원

10. ① 법인세산출세액 계산 : 200,000,000 × 10%(가정) + 300,000,000 × 20%(가정) = 80,000,000원

② 외국납부세액한도액계산 : 80,000,000 × 200,000,000/500,000,000 = 32,000,000원

③ 한도액 32,000,000원까지 공제 가능

15. 유보 = 대손충당금 한도초과액(1,000,000) + 건물 감가상각비 한도초과액(1,000,000)
기업업무추진비 한도초과액과 업무무관자산 등에 대한 지급이자는 기타사외유출, 임원상여금은 상여로 처리한다.

Chapter

13 납세절차

제1절 법인세의 신고 및 납부

1. 법인세의 신고

(1) 신고기한

각사업연도종료일이 속하는 달의 말일부터 3개월(**성실신고확인대상 내국법인은 4개월**) 이내에 신고하여야 한다. **각사업연도소득금액이 없거나 결손금이 있는 경우에도 마찬가지이다.**

(2) 신고시 제출서류

구 분	종 류	비 고
필수적 첨부서류	**① 재무상태표** **② 손익계산서** **③ 이익잉여금처분계산서(결손금처리계산서)** **④ 법인세과세표준 및 세액조정계산서 (세무조정계산서)** **⑤ 현금흐름표(외부감사 대상법인)**	**• 필수적 첨부서류 미첨부의 경우 무신고로 본다.**
기타서류	⑥ 기타부속서류	

2. 법인세의 자진납부 - 분납

납부할 세액(**중간예납 포함**)이 **1천만원(가산세 제외)을 초과하는 경우에는 다음의 세액을 납부기한이 경과한 날로부터 1월(중소기업은 2월)** 이내에 분납할 수 있다.

구 분	분납가능금액
① **납부할 세액이 2천만원 이하인 경우**	**1천만원을 초과하는 금액**
② **납부할 세액이 2천만원을 초과하는 경우**	**그 세액의 50% 이하의 금액**

〈중소기업에 대한 세제지원〉

구 분	중소기업	일반기업
1. 기업업무추진비 기본한도	**36,000,000원**	**12,000,000원**
2. 대손금 인정	- 부도발생일로부터 6개월 이상 경과한 외상매출금 - 외상매출금 및 미수금으로 회수기일로부터 2년이 경과한 외상매출금등	-
3. 업무무관가지급금	근로자에 대한 주택구입 · 전세자금대여금은 제외	
4. 이월결손금공제한도	당해연도 소득의 100%	80%
5. **결손금소급공제**	허용	-
6. **분납기간**	2월 이내	1월 이내
7. 최저한세 세율	7%	10%~
8. 중간예납의무	중간예납세액 50만원 미만 배제	-
9. 세액감면	창업중소기업에 대한 세액감면 중소기업에 대한 특별세액감면	-
10. 통합투자세액공제	기본공제율 10%	대기업 : 1%~

제2절 사업연도 중의 신고·납부

1. 중간예납

(1) 중간예납의무자 : 각 사업연도의 기간이 6개월을 초과하는 법인

☞ 중간예납제외자

① 사립학교를 경영하는 법인(초·중·고·대학 등)

② **신설법인(다만, 합병이나 분할에 따라 신설된 법인은 중간예납의무가 있다.)**

③ 청산법인

④ 중간예납세액 50만원(직전연도 실적기준 법인세액의 1/2) 미만인 중소기업

(2) 중간예납세액의 계산

아래의 두 가지 방법 중 선택하여 중간예납세액을 계산할 수 있으나, **직전연도의 산출세액이 없는 법인은 가결산방법에 의해 중간예납세액을 계산하여 납부**하여야 한다.

구분	계산
① 전년도 실적기준	$\left[\text{직전산출세액(가산세 포함)} - \text{직전감면세액·원천징수세액}\right] \times \dfrac{6}{\text{직전월수}}$
② 가결산방법[*1]	$\left[\text{중간예납기간의 과세표준} \times \dfrac{12}{6} \times \text{세율}\right] \times \dfrac{6}{12} - \text{중간예납기간의 감면·원천징수세액}$

*1. 과세표준을 1년간으로 환산하여 세율로 곱하여 1년간 산출세액을 계산하고, 월산출세액을 계산하여 중간예납기간 월수만큼 곱한다.

(3) 중간예납세액의 납부

중간예납세액은 그 중간예납기간(12월말 법인의 경우 1.1~6.30)이 지난날부터 2개월 이내(8월 31일)에 납세지 관할세무서장에 납부하여야 한다. **1천만원 초과시 분납도 가능하다.**

2. 원천징수

내국법인에게 다음의 소득을 지급하는 자는 해당 원천징수세율을 적용하여 계산한 금액에 상당하는 법인세를 징수하여 그 징수일이 속하는 달의 다음달 10일까지 관할 세무서장에게 납부하여야 한다.

소액부징수 : **원천징수세액이 1천원 미만인 경우에는 해당 법인세를 징수하지 않는다.**

구 분	원천징수세율
① **이자소득**	14%(비영업대금이익 25%)
② **집합투자기구로부터의 이익 중 투자신탁의 이익(배당소득)**	14%

☞ 집합투자기구(펀드) : 2인 이상의 투자자로부터 금전 등을 모아 일상적인 운용지시를 받지 아니하면서 재산적 가치가 있는 투자 대상자산을 운용하고 그 결과를 투자자에게 배분하여 귀속시키는 것을 의미한다.

3. 수시부과

법인세포탈의 우려가 있어 조세채권을 조기에 확보하여야 될 것으로 인정되는 일정한 요건(**신고를 하지 않고 본점 등을 이전한 경우, 사업부진 기타 사유로 인하여 휴업 또는 폐업상태에 있는 경우 등**)에 대해서 사업연도 중이라도 당해 사업연도 법인세액의 일부로서 수시로 부과할 수 있도록 규정하고 있다.

제3절 성실신고 확인제도

1. 제출대상법인

① 가족회사 등 특정법인(업무용승용차관련비용과 기업업무추진비한도가 축소 적용되는 특정법인)

② **성실신고확인대상자인 개인사업자에서 법인으로 전환된지 3년 이내의 법인**
→ **외부감사를 받은 내국법인은 제출하지 아니할 수 있다.**

2. 성실신고확인서 제출에 대한 혜택

① **신고기한 연장 : 1개월**

② 성실신고확인비용세액공제 : 성실신고 확인비용의 60%(한도 150만원)

3. 성실신고확인서 미제출에 대한 제재

① **가산세 부과 : MAX(산출세액의 5%, 수입금액의 0.02%)**

② 세무조사 사유에 추가

제4절 결정 · 경정

1. 결정

납세지 관할세무서장(또는 관할지방국세청장)은 법인이 과세표준신고를 하지 않은 때에는 해당 법인의 각 사업연도의 소득에 대한 법인세의 과세표준과 세액을 결정한다. 이러한 **결정은 과세표준 신고기한으로부터 1년 이내에 완료**하여야 한다.

2. 경정

① 신고내용에 오류 또는 누락이 있는 경우

② 지급명세서, 매출 · 매입처별 계산서합계표 또는 매출 · 매입처별 세금계산서합계표의 전부 또는 일부를 제출하지 않은 경우

③ 시설규모나 영업 현황으로 보아 신고내용이 불성실하다고 판단되는 경우등

법인이 과세표준신고를 한 경우에 상기 사유가 있는 이를 경정한다.

이처럼 법인세의 과세표준과 세액을 결정 또는 경정한 후 그 결정 · 경정에 오류나 누락이 있는 것이 발견된 경우에는 즉시 이를 다시 경정한다.

3. 결정 · 경정의 방법 : 실지조사(예외 : 추계조사)

과세표준신고서 및 그 첨부서류에 의하거나 비치 · 기장된 장부나 그 밖의 증명서류에 의한 실지 조사에 따라야 한다.

☞ 추계조사사유

① 소득금액을 계산할 때에 필요한 장부나 증명서류가 없거나 그 중요한 부분이 미비 또는 거짓인 경우

② 기장의 내용이 시설규모 · 종업원수와 원자재 · 상품 · 제품 또는 각종 요금의 시가 등에 비추어 허위임이 명백한 경우

③ 기장의 내용이 원자재 사용량 · 전력사용량 기타 조업상황에 비추어 허위임이 명백한 경우

제5절 비영리법인에 대한 법인세

1. 과세소득 : 수익사업소득에 대해서 과세한다.

① 사업소득

② 금융소득(이자 · 배당소득)

③ 주식 등의 양도로 인한 수입

④ 유형자산 및 무형자산의 처분으로 인한 수입. 다만 고유목적사업에 직접 사용하는 유 · 무형자산(3년 이상 사용)의 처분수입은 제외한다.

⑤ 채권매매익 등

2. 구분경리

수익사업을 영위하는 경우에 수익사업과 수익사업이 아닌 그 밖의 사업에 속하는 것을 구분하여 기록한다. 그러나 공통 익금과 손금은 다음의 방법으로 구분계산한다.

구 분		안분계산방법
① 공통익금		수입금액 또는 매출액
② 공통손금	㉠ 동일 업종	수입금액 또는 매출액
	㉡ 상이 업종	개별손금액(공통손금 제외)

연/습/문/제

객관식

01. 다음 중 법인세법상 법인세 과세표준 신고시 필수적 첨부서류에 해당하여 제출시 무신고로 보는 서류에 해당하지 않는 것은?

① 재무상태표 ② 세무조정계산서
③ 소득금액조정합계표 ④ 이익잉여금처분계산서

02. 다음 중 법인세상 신고 및 납부에 관한 설명으로 옳지 않은 것은?

① 법인세는 신고납세제도를 채택하고 있기 때문에 과세표준신고에 의하여 법인세 납세의무가 구체적으로 확정된다.
② 납부할 세액이 2천만 원을 초과하는 때에는 그 세액의 50% 이하의 금액을 분납할 수 있다.
③ 납부의무가 있는 내국법인은 각 사업연도의 종료일이 속하는 달의 말일부터 3개월 이내에 과세표준과 세액을 신고하여야 한다.
④ 각 사업연도의 소득금액이 없거나 결손금이 있는 법인은 법인세의 과세표준과 세액을 신고할 의무가 없다.

03. 법인세법상 법인세과세표준 및 세액의 신고와 납부에 대한 설명으로 틀린 것은?

① 수익사업을 영위하는 비영리법인도 영리법인에 준하여 신고하여야 한다.
② 소득금액이 없거나 결손시에도 신고하여야 한다.
③ 법인은 법인세액이 1천만원 이하인 경우에도 분납할 수 있다.
④ 각사업연도가 6개월을 초과하는 법인만 중간예납의무가 있다.

04. 법인세법상 중간예납 대상법인은?

① 이자소득만 있는 사립학교법인 ② 합병에 의한 신설법인
③ 영리내국법인 중 신설법인 ④ 국내사업장이 없는 외국법인

05. 다음은 법인세법상 중간예납의무를 지지 않는 법인이다. 이에 해당하지 않는 것은?

① 각 사업연도의 기간이 6개월 이하인 법인
② 고등교육법에 따른 사립학교를 경영하는 법인
③ 합병으로 신설된 법인의 최초 사업연도
④ 청산기간 중에 해산 전의 사업을 영위하지 아니한 청산법인

06. 법인세법상 (가) 및 (나)에 들어갈 날짜로 옳은 것은?

㈜우리세무의 8기 사업연도가 20x0.4.1~20x1.3.31인 경우 법인세중간예납신고납부기한은 (가)이고 법인세 확정신고납부기한은 (나)이다.

① (가) : 20x0.12.31 (나) : 20x1.06.30
② (가) : 20x0.11.30 (나) : 20x1.06.30
③ (가) : 20x0.08.31 (나) : 20x1.03.31
④ (가) : 20x0.11.30 (나) : 20x1.05.31

07. 현행 법인세법에서 중소기업에 대한 조세지원내용이 아닌 것은?

① 기업업무추진비 한도액의 증액 ② 적격증명서류 관련 가산세
③ 결손금 소급공제에 따른 환급 ④ 법인세 분납기간의 연장

08. 다음은 법인세법상 수시부과사유에 대한 설명이다. 옳지 않은 것은?

① 화재 등으로 사업의 영위가 곤란한 경우
② 사업부진 기타 사유로 인하여 휴업 또는 폐업한 상태에 있는 경우
③ 신고를 하지 않고 본점 등을 이전한 경우
④ 조세를 포탈할 우려가 있다고 인정되는 상당한 이유가 있는 경우

09. 다음 중 법인세의 결정 · 경정에 관한 설명으로 옳지 않은 것은?

① 법인세 과세표준 신고를 하였으나 신고내용에 오류 또는 탈루가 있는 경우 납세지 관할세무서장 또는 관할지방국세청장은 과세표준과 세액을 경정한다.
② 법인세의 결정 및 경정은 실지조사와 추계조사 중 선택하여 적용할 수 있다.
③ 법인세 중간예납에 대해서는 국세기본법에 의한 수정신고나 경정청구를 적용하지 않는다.
④ 법인세의 과세표준과 세액을 결정 또는 경정한 후 그 결정 · 경정에 오류 또는 탈루가 있는 것이 발견된 때에는 즉시 이를 다시 경정한다.

10. 법인세의 과세표준과 세액을 결정할 때는 실지조사에 의한 것이 원칙이나, 다음 중 어느 하나에 해당하여 장부나 그 밖의 증빙서류로 소득금액을 계산할 수 없는 경우 과세표준과 세액을 추계할 수 있다. 이에 해당하지 않는 것은?

① 소득금액을 계산함에 있어서 필요한 장부 또는 증빙서류가 없거나 그 중요한 부분이 미비 또는 허위인 경우
② 기장의 내용이 시설규모, 종업원수, 원자재 · 상품 · 제품 또는 각종 요금의 시가 등에 비추어 허위임이 명백한 경우
③ 동일 업종의 다른 법인과 당기순이익율 등이 차이가 현저한 경우
④ 기장의 내용이 원자재사용량 · 전력사용량 기타 조업상황에 비추어 허위임이 명백한 경우

11. 다음 중 법인세법상 비영리법인의 수익사업(과세소득)에 해당하지 않는 것은?

① 배당소득
② 주식 · 신주인수권 또는 출자지분의 양도로 인한 수입
③ 3년 이상 고유목적사업에 직접 사용하는 고정자산의 처분수입
④ 이자소득

12. 다음 중 법인세법상 성실신고확인서 제출에 대한 설명으로 틀린 것은?

① 외부감사를 받은 내국법인은 제출하지 아니할 수 있다.
② 성실신고확인대상 사업자가 내국법인으로 전환한 경우 전환 후 2년간 적용한다.
③ 납세지 관할 세무서장은 성실신고확인서를 보정할 것을 요구할 수 있다.
④ 성실신고확인대상 법인은 법인세의 과세표준과 세액을 각 사업연도 종료일이 속하는 달의 말일부터 4개월 이내에 신고하여야 한다.

13. 다음 중 법인세법상 성실신고확인서 제출에 대한 설명으로 옳은 것은?

① 성실신고확인서를 제출하는 법인의 법인세 과세표준과 세액은 각 사업연도의 종료일이 속하는 달의 말일부터 3개월 이내에 제출하여야 한다.

② 주식회사의 외부감사에 관한 법률에 따라 감사를 받은 내국법인은 제출하지 않아도 된다.

③ 업종 중 부동산임대업을 주업으로 하는 내국법인은 제출하지 않아도 된다.

④ 소득세법상 성실신고 확인대상사업자가 내국법인으로 전환한 경우 매년 성실신고확인서를 제출하여야 한다.

14. 다음 중 법인세법상 원천징수의무에 대한 설명으로 옳은 것은?

① 원칙상 소득을 지급받는 자가 법인이고, 지급하는 자가 비사업자인 개인인 경우 개인은 원천징수의무가 있다.

② 법인이 개인에게 기타소득을 지급하는 경우 원천징수의무는 선택사항이다.

③ 소득을 지급받는 자가 법인이고, 지급하는 자가 사업자인 개인인 경우 개인은 원천징수의무가 없다.

④ 원천징수의무자가 법인인 경우 법인의 본점소재지를 원천징수 납세지로 할 수 있다.

15. 다음 중 법인세법상 원천징수에 대한 설명으로 옳지 않은 것은?

① 법인세를 원천징수할 시기는 원칙적으로 원천징수 대상 소득을 실제 지급하는 때이다.

② 원천징수세액이 1천원 미만인 경우 해당 법인세를 징수하지 아니한다.

③ 원천징수의무자가 납세의무자로부터 법인세를 원천징수한 경우 그 납세의무자에게 원천징수영수증을 발급하여야 한다.

④ 이자소득과 배당소득은 법인세 원천징수 대상 소득이다.

16. 다음 중 법인세법상 중간예납에 대한 설명으로 틀린 것은?

① 중간예납기간 중 휴업 등의 사유로 사업수입금액이 없는 것으로 납세지관할 세무서장이 확인한 휴업법인도 중간예납의 의무가 있다.

② 각 사업연도의 기간이 6월을 초과하는 법인은 해당 사업연도 개시일부터 6월간을 중간예납기간으로 한다.

③ 직전 사업연도의 중소기업으로서 직전 사업연도 산출세액을 기준으로 계산한 금액이 50만원 미만인 내국법인은 중간예납세액을 납부할 의무가 없다.

④ 중간예납세액의 계산 방법은 직전 사업연도의 산출세액을 기준으로 계산하거나 해당 중간예납기간의 법인세액을 기준으로 계산하는 방법이 있다.

주관식

01. 다음 ( )안에 알맞은 숫자는 무엇인가?

> 법인세법에 따른 원천징수세액이 ( )원 미만인 경우에는 당해 법인세를 징수하지 아니한다.

02. 법인세법상 분납규정에 관한 설명이다. 다음 ( )안에 들어갈 숫자는?

> 중소기업은 납부세액이 2천만원을 초과하는 경우 납부세액의 50% 이하의 금액을 납부기한이 지난 날부터 ( )개월 이내 분납할 수 있다.

03. 다음 ( )안에 들어갈 알맞은 숫자를 쓰시오.

> 12월말 결산법인인 (주)세무(일반기업)의 납부할 세액이 2,700만원(가산세 500만원 포함)인 경우에 법인세 신고납부 기한인 3월 31일까지 법인세법에서 허용한 납부할 세액은 최소 ( ) 만원 이상이다.

04. 다음 자료에 의하여 비영리내국법인의 수익사업에 대한 소득금액을 계산하면 얼마인가? (단, 수익사업과 비수익사업은 업종이 상이하며, 고유목적사업준비금은 설정하지 않는다.)

구 분	수익사업(제조업)	비수익사업(학교사업)	공 통
익 금	14억원	6억원	4억원
손 금	8억원	2억원	2억원
매출액	14억원	6억원	

05. 사업연도가 20x0년 7월 1일부터 20x1년 6월 30일까지인 (주)세민의 법인세중간예납에 대한 과세표준 신고기한은 언제까지인가?

06. 다음 자료에서 법인세법상 빈칸에 들어갈 숫자는 무엇인가?

> 내국법인이 납부할 세액이 1천만원을 초과하는 경우에는 자진납부할 세액의 일부를 납부기한이 지난 날부터 (　　)개월(중소기업의 경우에는 2개월) 이내에 분납할 수 있다.

07. 다음 자료에서 법인세법상 빈칸에 들어갈 내용은 무엇인가?

> 내국법인의 각 사업연도의 소득에 대한 법인세의 과세표준은 각 사업연도의 소득의 (　　)% 범위에서 이월결손금 공제액 · 비과세소득 및 소득공제액을 차례로 공제한 금액으로 한다.(중소기업과 회생계획을 이행 중인 기업 등은 제외)

08. 법인세법상 다음 (　　)안에 들어갈 숫자는 무엇인가?

> 직전 사업연도의 중소기업으로서 직전 사업연도의 산출세액을 기준으로 하는 방법에 따라 계산한 중간예납세액이 (　　)원 미만인 내국법인은 중간예납세액을 납부할 의무가 없다.

연/습/문/제 답안

객관식

1	2	3	4	5	6	7	8	9	10	11	12	13	14	15
③	④	③	②	③	②	②	①	②	③	③	②	②	④	④
16														
①														

[풀이 - 객관식]

02. **결손법인도 반드시 신고**하여야 한다.

03. **1천만원 초과인 경우 분납**할 수 있다.

04,05. 새로 설립된 법인의 최초 사업연도에는 중간예납을 하지 않지만, 합병이나 분할로 신설된 법인은 중간예납을 하여야 한다.

06. **확정신고기한은 종료일로부터 3개월 이내, 중간예납은 중간예납기간 종료일로부터 2개월 이내** 신고납부하여야 한다.

07. **적격증빙서류 관련 가산세는 2%**로 중소기업과 일반기업간에 차이가 없다.

09. 법인세의 결정 및 경정은 실지조사를 원칙으로 하되, 법 소정 사유로 인하여 장부 기타 증빙서류에 의하여 소득금액을 계산할 수 없는 경우에는 과세표준과 세액을 추계조사할 수 있다.

12. 성실신고확인대상 사업자가 내국법인으로 전환한 경우 **전환 후 3년간 성실신고확인서를 제출**해야 한다.

13. ① 성실신고 확인서를 제출한 경우에는 **법인세 신고기한을 1개월 더 연장**하여 준다.
③ 성실신고확인서를 제출은 부동산임대업을 주업으로 하는 등 특정한 업종을 영위하는 법인이 대상이다.
④ 법인으로 **전환 후 3년간 제출**하여야 한다.

14. ① 지급하는 자가 비사업자인 개인인 경우 **개인은 원천징수의무는 없다.**
② 법인이 개인에게 기타소득을 지급하는 경우 소득세법상 원천징수의무가 있다.
③ 지급하는 자가 사업자인 개인인 경우 소득을 지급시 원천징수의무가 있다.

15. 법인세 원천징수 대상 소득은 소득세법에 따른 **이자소득**과 집합투자기구로부터의 이익 중 「자본시장과 금융투자업에 관한 법률」에 따른 **투자신탁의 이익**이다.
16. **휴업법인에 대하여 중간예납의무가 없다.**

주관식

1.	1,000	2.	2	3.	16,000,000원
4.	720,000,000원	5.	20x1.2.28(29)	6.	1
7.	80	8.	50만		

[풀이 - 주관식]

03. 분납세액에는 가산세 및 감면분 추가납부세액은 제외함으로, 2,700만원에서 500만원을 차감한 2,200만원이 2,000만원을 초과하므로 50%에 해당하는 금액인 1,100만원과 가산세 500만원을 합산한 1,600만원을 최소한으로 납부해야 한다.
04. 수익사업과 비수익사업의 업종이 상이하므로 **공통익금은 매출액으로, 공통손금은 개별손금으로 안분** 계산한다.
   ① 익금 = 개별익금 + 공통익금안분액 = 14억원 + 4억원 × (14억원/20억원) = 16.8억원
   ② 손금 = 개별손금 + 공통손금안분액 = 8억원 + 2억원 × (8억원/10억원) = 9.6억원
   ③ 소득금액 = 16.8억원 - 9.6억원 = 7.2억원(720,000,000원)
05. 각 사업연도의 기간이 6개월을 초과하는 법인은 해당 사업연도 개시일부터 6개월간을 중간예납기간으로 하며, **중간예납기간이 지난 날부터 2개월 이내에 중간예납세액을 납부**하여야 한다.

Part Ⅲ

소득세

Chapter

소득세 기본개념 1

로그인 세무회계 2급

제1절 소득세의 의의

1. 소득세의 특징

소득세는 개인의 소득을 과세대상으로 하여 부과하는 조세이다.

(1) 부담 능력에 따른 과세(응능과세제도 ⇒ VS 응익과세제도)

(2) 납세자와 담세자가 동일한 직접세(VS 부가세는 간접세)

(3) **열거주의 과세방법**(**이자 · 배당 · 사업소득은 유형별 포괄주의)**

소득이란 개인이 일정기간에 얻은 경제적 이익을 말하며, 소득세법상 소득이란 소득세법상 열거된 소득을 의미한다. 즉, 소득세법은 열거주의에 의해 과세대상소득을 규정하고 있으므로 열거되지 아니한 소득은 비록 담세력이 있더라도 과세되지 않는다.

다만, 예외적으로 금융소득(이자 · 배당소득)과 사업소득은 열거되지 않은 소득이라도 유사한 소득을 포함하는 **유형별 포괄주의**를 채택하고 있다.

(4) 개인단위과세제도 및 인적공제

개인별 소득을 기준으로 과세하는 개인단위 과세제도를 원칙으로 하고, 개인(납세의무자)의 담세능력에 따라 세부담능력도 다르다는 것을 고려하여 인적공제를 두고 있다.

(5) 소득세의 과세방법

① 종합과세 : 소득의 원천에 불문하고 모든 종류의 소득을 합산하여 과세하는 것(이자, 배당, 사업, 근로, 연금 및 기타소득)

② 분리과세 : 일정금액 이하(20백만원)인 금융소득, 일용근로소득, 복권당첨소득 등에 대하여 원천징수로써 납세의무를 종결하는 것

③ 분류과세 : 간헐적으로 발생되는 퇴직소득, 양도소득을 종합소득과 구별하기 위하여 과세하는 제도

(6) 누진과세

소득세는 단계별 초과누진세율을 적용하여 소득이 많은 개인에게 상대적으로 많은 세금을 납부하게 하여 소득 재분배를 하고 있다.

(7) 원천징수

소득세의 납세의무자는 사업자가 아닌 자가 상당히 많은 비중을 차지하고 있다. 이러한 조건에서 세원의 탈루를 최소화하고 납세편의를 도모하기 위하여 소득세법은 원천징수 제도를 시행하고 있다.

2. 납세의무자

소득세의 납세의무자는 원칙적으로 자연인인 개인(거주자 및 비거주자)에 한정된다.

1. 거주자 (무제한 납세의무자)	국내에 주소를 두거나 **1과세기간 중 183일 이상** 거소를 둔 개인	**국내+국외원천소득**
2. 비거주자 (제한납세의무자)	거주자가 아닌 개인	**국내원천소득**

여기서 거소란 주소지 외의 장소 중 상당기간에 걸쳐 거주하는 장소로서 주소와 같이 밀접한 일반적 생활관계가 형성되지 않는 장소를 말한다.

(1) 거주자와 비거주자의 의제

거주자의제	비거주자의제
① 계속하여 **183일 이상** 국내에 거주할 것을 통상 필요로 하는 직업을 가진 때 ② 국내에 생계를 같이하는 가족이 있고, 그 직업 및 자산상태에 비추어 계속하여 183일 이상 국내에 거주할 것으로 인정되는 때	① 계속하여 **183일 이상** 국외에 거주할 것을 통상 필요로 하는 직업을 가진 때 ② 외국국적을 가졌거나 외국법령에 의하여 그 외국의 영주권을 얻은 자로서 국내에 생계를 같이하는 가족이 없고 그 직업 및 자산상태에 비추어 다시 입국하여 주로 국내에 거주하리라고 인정되지 아니하는 때

[특례]

① **외국 항행 선박 또는 항공기의 승무원** : 그 승무원과 생계를 같이하는 가족이 거주하는 장소 또는 그 승무원이 근무기간외의 기간 중 통상 체재하는 장소가 국내에 있는 때에는 당해 승무원의 주소는 국내에 있는 것으로 보고, 그 장소가 국외에 있는 때에는 당해 승무원의 주소가 국외에 있는 것으로 본다.

② **국외에서 근무하는 공무원** 또는 거주자나 내국법인의 국외사업장 또는 해외현지법인(내국법인이 발행주식총수 또는 출자지분의 100분의 100을 직접 또는 간접출자한 경우에 한정한다)등에 파견된 임원 또는 직원은 **무조건 거주자**로 본다.

(2) 거주자 또는 비거주자가 되는 시기

거주자로 되는 시기	비거주자로 되는 시기
① **국내에 주소를 둔 날** ② **국내에 주소를 가지거나 국내에 주소가 있는 것으로 보는 사유가 발생한 날** ③ **국내에 거소를 둔 기간이 183일이 되는 날**	① 거주자가 주소 또는 거소의 국외 이전을 위하여 출국하는 날의 다음 날 ② 국내에 주소가 없거나 국외에 주소가 있는 것으로 보는 사유가 발생한 날의 다음 날

3. 과세기간

소득세법상 과세기간은 1역년주의(1.1 - 12.31)이고 예외적으로 납세의무자의 사망 또는 출국시 예외적인 과세기간을 두고 있다.

구　분	과 세 기 간	확정신고기한
원　칙	1.1~12.31	익년도 5.1~5.31
사망시	1.1~사망한 날	**상속개시일이 속하는 달의 말일부터 6개월이 되는 날**
출국시 (거주자가 출국하여 비거주자가 되는 경우)	**1.1~출국한 날**	출국일 전일

신규사업자 또는 폐업자는 일반 거주자와 마찬가지로 1월 1일부터 12월 31일까지의 기간을 1과세기간으로 하고 있는데, 이는 신규사업 전 또는 폐업 이후에도 과세대상이 되는 다른 소득이 있을 수 있기 때문이다.

4. 납세지

(1) 원칙

구분	내용
거 주 자	**주소지**로 한다. 다만, 주소지가 없는 경우에는 그 거소지로 한다. 사업소득이 있는 거주자가 사업장소재지를 납세지로 신청한 때에는 "그 사업장소재지"를 납세지로 지정할 수 있다.
비거주자	**주된 국내사업장의 소재지**(국내사업장이 없는 경우에는 국내원천소득이 발생하는 장소)
	비거주자가 납세관리인을 둔 경우 : 국내사업장의 소재지 또는 납세관리인의 주소지나 거소지 중 납세관리인이 납세지로 신고한 장소

(2) 원천징수하는 소득세의 납세지

구분		납세지
개인	거주자	해당 거주자의 주된 사업장 소재지
	비거주자	해당 비거주자의 주된 사업장 소재지
법인		① 원칙 : 법인의 본점 또는 주사무소의 소재지 ② 예외 : 지점 등이 독립적으로 회계사무를 처리하는 경우 : 그 사업장 소재지

(3) 납세지변경

변경후의 납세지 관할 세무서장에게 **변경된 날부터 15일 이내 신고**하여야 한다.

5. 과세대상소득

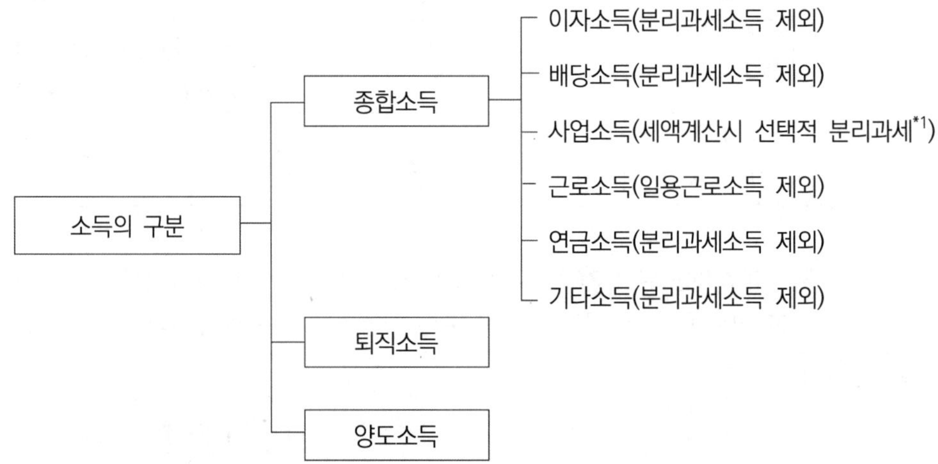

*1. 수입금액이 2천만원 이하의 주택임대소득만 대상

연/습/문/제

 객관식

01. 소득세법에 관한 설명 중 옳은 것은?

① 소득세의 과세대상은 경상적 · 반복적인 소득으로서 소득세법상 열거된 소득에 한하여 과세하는 것을 원칙으로 한다.

② 이자 · 배당 · 연금 및 기타소득에 대하여는 법에 열거되지 않더라도 유사한 유형의 소득인 경우에는 과세한다.

③ 비거주자는 국내원천소득뿐만 아니라 국외원천소득에 대해서도 납세의무가 있다.

④ 퇴직소득에 대하여는 예납적 원천징수의 형태를 취하고 있다.

02. 소득세법은 개인사업자(복식부기의무자가 아님)가 기계장치를 처분함으로써 발생하는 유형자산처분이익에 대해서 소득세를 과세하지 않고 있다. 이에 대한 근거로 타당한 것은?

① 소득원천설
② 실질과세의 원칙
③ 조세평등주의
④ 순자산증가설

03. 소득세법상 납세의무자에 대한 설명으로 옳지 않은 것은?

① 국내에 주소를 두거나 1과세기간 중 183일 이상 거소를 둔 개인을 거주자라 하며, 국내외원천소득에 대하여 소득세를 과세한다.

② 거주자가 아닌 자를 비거주자라 하며 국내원천소득에 대해서만 소득세를 과세한다.

③ 계속하여 183일 이상 국외에 거주하는 국외근무공무원은 비거주자에 해당하므로 국내원천소득에 대해서만 납세의무를 진다.

④ 1거주자에 해당하지 아니하는 법인 아닌 단체는 공동사업을 경영하는 것으로 보아 구성원 각자가 받았거나 받을 소득금액에 따라 각자 소득세 납세의무를 진다.

04. 소득세법상 비거주자가 거주자로 되는 시기에 대한 설명이다. 옳지 않은 것은?

① 외국의 공무원이 국내에 대사관에 근무하기 위하여 입국한 날의 다음날
② 국내에 주소를 둔 날
③ 계속하여 183일 이상 국내에 거주할 것을 통상 필요로 하는 직업을 가지게 되는 등 국내에 주소를 가지거나 국내에 주소가 있는 것으로 보는 사유가 발생한 날
④ 국내에 거소를 둔 기간이 183일이 되는 날

05. 다음 중 소득세법상 비거주자에 해당하는 경우는?

① 국내에 거주하는 개인이 계속하여 183일 이상 국내에 거주할 것을 통상 필요로 하는 직업을 가진 때
② 국내에 거주하는 개인이 국내에 생계를 같이하는 가족이 있고, 그 직업 및 자산상태에 비추어 계속하여 183일 이상 국내에 거주할 것으로 인정되는 때
③ 외국을 항행하는 선박 또는 항공기의 승무원의 경우 그 승무원과 생계를 같이하는 가족이 거주하는 장소가 국내인 때
④ 183일 이상 국내에 거주하는 주한외교관과 그 외교관의 세대에 속하는 가족으로서 대한민국 국민이 아닌 자

06. 소득세법상 과세기간에 대한 설명이다. 틀린 것은?

① 소득세의 과세기간은 1월 1일부터 12월 31일까지 1년으로 한다.
② 거주자가 사망한 경우의 과세기간은 1월 1일부터 사망한 날까지로 한다.
③ 개인사업자는 사업개시일부터 12월 31일까지로 한다.
④ 거주자가 주소 또는 거소를 국외로 이전하여 비거주자가 되는 경우의 과세기간은 1월 1일부터 출국한 날까지로 한다.

07. 소득세법상 납세지의 연결이 옳지 않은 것은?

① 주소지가 없는 거주자 : 거소지
② 국내사업장이 없는 비거주자 : 국내원천소득이 발생하는 장소
③ 국내사업장이 있는 비거주자가 납세관리인을 둔 경우 : 납세관리인의 주소지
④ 공무원으로서 국내에 주소가 없는 경우 : 그 가족의 생활근거지 또는 소속기관의 소재지

08. 다음은 소득세법상 납세지에 관한 설명이다. 다음 중 옳지 않은 것은?

① 거주자의 소득세 납세지는 그 주소지로 한다. 다만, 주소지가 없는 경우에는 그 거소지로 한다.

② 비거주자의 소득세 납세지는 국내사업장(국내사업장이 둘 이상 있는 경우에는 주된 국내사업장)의 소재지로 한다. 다만, 국내사업장이 없는 경우에는 국내원천소득이 발생하는 장소로 한다.

③ 주소지가 2이상인 때에는 실제 거주하고 있는 곳을 납세지로 한다.

④ 거소지가 2이상인 때에는 생활관계가 보다 밀접한 곳을 납세지로 한다.

09. 소득세법상 원천징수 등의 경우의 납세지에 관한 설명이다. 옳지 않은 것은?

① 원천징수하는 자가 거주자인 경우 : 그 거주자의 주된 사업장 소재지. 다만, 주된 사업장 외의 사업장에서 원천징수를 하는 경우에는 그 사업장의 소재지, 사업장이 없는 경우에는 그 거주자의 주소지 또는 거소지로 한다.

② 원천징수하는 자가 비거주자인 경우 : 그 비거주자의 주된 국내사업장 소재지. 다만, 주된 국내사업장 외의 국내사업장에서 원천징수를 하는 경우에는 그 국내사업장의 소재지, 국내사업장이 없는 경우에는 그 비거주자의 거류지 또는 체류지로 한다.

③ 원천징수하는 자가 법인인 경우 : 그 법인의 대표자 주소지

④ 납세조합이 원천징수하는 소득세의 납세지는 그 납세조합의 소재지로 한다.

10. 다음 중 소득세법상 납세지에 대한 설명으로 틀린 것은?

① 거주자의 소득세 납세지는 그 주소지로 한다. 다만, 주소지가 없는 경우에는 그 거소지로 한다.

② 원천징수하는 자가 거주자인 경우 납세지는 원칙적으로 그 거주자의 주소지 또는 거소지로 한다.

③ 거주자나 비거주자는 납세지가 변경된 경우 변경된 날부터 15일 이내에 대통령령으로 정하는 바에 따라 그 변경 후의 납세지 관할 세무서장에게 신고하여야 한다.

④ 비거주자가 납세관리인을 둔 경우 그 비거주자의 소득세 납세지는 그 국내사업장의 소재지 또는 그 납세관리인의 주소지나 거소지 중 납세관리인이 대통령령으로 정하는 바에 따라 그 관할 세무서장에게 납세지로서 신고하는 장소로 한다.

11. 다음 중 소득세법상 납세지에 관한 것으로 옳은 것은?

① 주소지가 2이상인 경우 주민등록법에 의하여 등록된 곳을 납세지로 한다.

② 국내에 2이상의 사업장이 있는 비거주자의 경우 비거주자의 거소지를 납세지로 한다.

③ 공무원으로서 국내에 주소가 없는 사람의 소득세 납세지는 별도로 두지 아니한다.

④ 납세지의 경우 신고를 할 순 없고 사업장이나 주소지를 기준으로 결정된다.

주관식

01. 종합소득이 있는 거주자 갑이 20x1년 5월 6일에 사망한 경우 그 상속인은 언제까지 사망일이 속하는 과세기간에 대한 갑의 과세표준을 신고하여야 하나? 단, 상속인이 주소 또는 거소의 국외이전을 위해 출국하지 않는다고 가정한다.

02. 다음은 소득세법상 과세소득의 범위에 관한 설명이다. (　) 안에 들어갈 숫자는 무엇인가?

> 거주자에게는 소득세법에서 규정하는 모든 소득에 대해서 과세한다. 다만, 해당 과세기간 종료일 10년 전부터 국내에 주소나 거소를 둔 기간의 합계가 (　)년 이하인 외국인 거주자에게는 과세대상 소득 중 국외에서 발생한 소득의 경우 국내에서 지급되거나 국내로 송금된 소득에 대해서만 과세한다.

03. 소득세법상 납세지가 변경된 경우 변경된 날부터 몇 일 이내에 그 변경 후의 납세지 관할 세무서장에게 신고해야 하는가?

04. 소득세법상 거주자는 1과세기간 동안 몇 일 이상의 거소를 둔 개인을 말하는가?

연/습/문/제 답안

객관식

1	2	3	4	5	6	7	8	9	10	11
①	①	③	①	④	③	③	③	③	②	①

[풀이 - 객관식]

01. ② **유형별 포괄주의가 적용되는 소득은 이자 · 배당 · 사업소득**에 한한다.
    ③ **비거주자는 국내원천소득**에 대하여만 납세의무가 있다.
    ④ 퇴직소득은 원천징수로 납세의무가 종결되는 완납적 원천징수 대상소득이다.

02. 소득세법은 소득원천설에 따라 사업활동에서 발생하는 소득만 사업소득으로 본다.

03. **국외공무원은 항상 거주자에 해당**한다.

06. 개인사업자의 경우도 1월 1일부터 12월 31일까지이다.

07. 비거주자가 납세관리인을 둔 경우에는 국내사업장의 소재지 또는 납세관리인의 주소지나 거소지 중 신고하는 장소로 한다.

08. 주소지가 2 이상인 때에는 주민등록법에 의하여 등록된 곳을 납세지로 한다.

09. 법인의 본점 또는 주사무소의 소재지가 납세지가 된다.

10. 원천징수하는 자가 거주자인 경우 그 거주자의 주된 사업장 소재지가 납세지가 된다. 다만 주된 사업장 외의 사업장에서 원천징수를 하는 경우에는 그 사업장의 소재지, 사업장이 없는 경우에는 그 거주자의 주소지 또는 거소지로 한다.

11. 비거주자는 국내사업장소재지를 납세지로 하고, **사업소득자는 사업장소재지를 납세지로 할 수 있다.** 국내에 주소가 없는 공무원의 경우 가족의 생활근거지 또는 그 소속기관의 소재지를 납세지로 한다.

주관식

1.	20x1년 11월 30일	2.	5	3.	15일
4.	183일				

[풀이 - 주관식]

01. **상속개시일이 속하는 달의 말일부터 6개월이 되는 날**이 신고기한이다.

Chapter

종합소득 2

제1절 금융소득(이자 · 배당소득)

1. 이자소득

(1) 이자소득의 범위

소득세법에서는 이자소득을 열거하고 있는데 대표적인 예를 들면 다음과 같다.

① 예금이자

② 채권 또는 증권의 이자와 할인액

③ 채권 또는 증권의 환매조건부 매매차익

④ 보험기간이 10년 미만인 저축성보험의 보험차익(2003.12.31. 이전 계약체결분 7년)

☞ 보장성 보험에 대한 보험금은 비열거소득에 해당한다.

⑤ 비영업대금의 이익

비영업대금이라 함은 자금대여를 영업으로 하지 아니하고 일시적 · 우발적으로 금전을 대여하는 것을 말한다. 다만 사업성이 있는 경우에는 사업소득으로 과세한다.

	자금대여	성 격	소득 구분
금융업	**영업대금의 대여**	**사업적**	**사업소득**
금융업 이외	**비영업대금의 대여**	**일시우발적**	**이자소득**

⑥ 직장공제회 초과반환금(1999년 1월 1일 이후 가입자에 한함)

☞ 직장공제회 : 법률에 의하여 설립된 공제회 · 공제조합(이와 유사한 단체를 포함)으로서 동일직장이나 직종에 종사하는 근로자들의 생활안정, 복리증진 또는 상호부조 등을 목적으로 구성된 단체를 말한다.

⑦ 위와 유사한 소득으로서 금전사용에 따른 대가로서의 성격이 있는 것

⑧ 이자부복합금융거래[*1]에서 발생한 이익

*1. 이자소득을 발생시키는 거래와 파생상품이 결합된 경우 해당 파생상품의 거래・행위로부터 이익

(2) 이자소득이 아닌 것

① 사업관련 소득

물품을 매입할 때 대금의 결제방법에 따라 에누리되는 금액, 외상매출금이나 미수금을 약정기일 전에 지급함으로써 받는 할인액, 외상매출금이나 미수금의 지급기일을 연장하여 주고 추가로 지급받는 금액(**소비대차전환분 제외**) 등은 이자소득으로 보지 아니한다.

☞ 소비대차 : 당사자 일방이 금전 기타 대체물의 소유권을 상대방에게 이전할 것을 약정하고, 상대방은 그와 동종・동질・동량의 물건을 반환할 것을 약정하는 계약

② 손해배상금에 대한 법정이자

	손해배상금	법정이자
법원의 판결 또는 화해에 의하여 지급받을 경우 (육체적 · 정신적 · 물리적 피해)	**과세제외**	**과세제외**
계약의 위약 · 해약	**기타소득**	**기타소득**

(3) 비과세이자소득 : 공익신탁의 이익 등이 있다.

☞ 공익신탁 : 재산을 공익목적(종교, 자선, 학술등)에 사용하기 위하여 신탁하는 것

(4) 이자소득의 수입시기 : <u>**권리의무확정주의**</u>

구 분		수 입 시 기
① 채권 등의 이자와 할인액	무기명	그 지급을 받는 날
	기 명	약정에 의한 지급일
② 예금의 이자	보통예금 · 정기예금 · 적금 또는 부금의 이자	원칙 : 실제로 이자를 지급받는 날 1. 원본에 전입하는 뜻의 특약이 있는 이자는 그 특약에 의하여 "원본에 전입된 날" 2. 해약으로 인하여 지급되는 이자는 그 "해약일" 3. 계약기간을 연장하는 경우에는 그 "연장하는 날"
③ **통지예금의 이자**		<u>**인출일**</u>
④ 채권 또는 증권의 환매조건부 매매차익		약정에 따른 당해 채권 또는 증권의 환매수일 또는 환매도일. 다만, 기일 전에 환매수 또는 환매도하는 경우에는 그 환매수 또는 환매도일

구 분	수 입 시 기
⑤ 저축성보험의 보험차익	보험금 또는 환급금의 지급일. 다만, 기일 전에 해지하는 경우에는 그 해지일
⑥ 직장공제회의 초과반환금	약정에 따른 공제회 반환금의 지급일
⑦ 비영업대금의 이익	약정에 따른 이자지급일. 약정에 따른 이자지급일 전에 이자를 지급하는 경우에는 그 이자지급일
⑧ 유형별 포괄주의에 따른 이자소득	약정에 의한 상환일로 함. 다만, 기일 전에 상환하는 때에는 그 상환일

☞ 통지예금 : 현금을 인출할 때에 사전 통지가 요구되는 예금을 말한다. 일정일 전에 예고하고 인출하기 때문에 정기예금 다음 가는 이자율을 적용하고 있다.

(5) 이자소득금액 : 필요경비불인정

이자소득금액 = 이자소득 총수입금액(비과세, 분리과세소득 제외)

2. 배당소득

(1) 배당소득의 범위

① 일반적인 이익배당
② 의제배당(법인세법을 참조하십시오.)
③ 법인세법에 의하여 배당으로 처분된 금액(인정배당)
④ 집합투자기구의 이익

☞ 집합투자기구(펀드) : 2인 이상의 투자자로부터 금전 등을 모아 일상적인 운용지시를 받지 아니하면서 재산적 가치가 있는 투자 대상자산을 운용하고 그 결과를 투자자에게 배분하여 귀속시키는 것을 의미한다.

⑤ 공동사업에서 발생하는 소득금액 중 손익분배비율에 상당하는 금액

공동사업 이익배분	**공동사업자(경영 참가시)**	**사업소득**
	출자공동사업자(경영 미참가시)	**배당소득**

⑥ 위와 유사한 소득으로서 수익분배의 성격이 있는 것
⑦ 배당부복합금융거래[*1]에서 발생한 이익

*1. 배당소득을 발생시키는 거래와 파생상품이 결합된 경우 해당 파생상품의 거래・행위로부터 이익

(2) 비과세 배당소득 : 장기보유우리사주 등에서 발생한 배당소득(조특법)

(3) 배당소득의 수입시기

구분		수입시기
일반배당		• 무기명주식의 이익배당 : 실제지급일 • 기명주식의 이익배당 : 잉여금처분결의일
의제배당	**감자 등**	**감자결의일 등**
	해산	**잔여재산가액 확정일**
	잉여금자본전입	**자본전입 결의일**
	합병, 분할	**합병(분할)등기일**
인정배당		당해 사업연도의 결산확정일
출자공동사업자의 배당		과세기간 종료일
기타 유사한 소득		그 지급을 받은 날

(4) 배당소득금액 : 필요경비불인정

배당소득금액 = 배당소득 총수입금액(비과세, 분리과세소득 제외) + 귀속법인세

☞ 귀속법인세 = Gross – Up대상 배당 소득 × **가산율(10%)**

배당소득의 이중과세 조정 참고

㈜ 무궁	
8. 법인세차감전순이익	100
9. 법인세(세율 9%)	9
10. 당기순이익	91

*배당 가산율 = 9/91 = 10%

→ 91 전액배당 → 1. 배당소득

개인(㈜무궁의 100% 주주)	
1. 배당소득	90
2. 배당가산액(90×10%)	9
3. 배당소득금액 계	99
....	
4. 산출세액(과세표준×세율)	xx
5. 배당소득세액공제	9
6. 결정세액	xx

3. 금융소득의 과세방법

(1) 종합과세 여부와 판정기준

과세방법	범 위	원천징수세율
1. 무조건 분리과세	-비실명 이자 · 배당소득 -직장공제회 초과반환금 -법원보관금의 이자소득	45% 기본세율 14%
2. 무조건종합과세	-국외에서 받은 이자 · 배당소득 - 원천징수되지 않는 금융소득 -**출자공동사업자의 배당소득**	- - 25%
3. 조건부종합과세	- 일반적인 이자소득 · 배당소득 - 비영업대금이익	14% 25%

① **2천만원(출자공동사업자의 배당소득 제외)을 초과하는 경우 … 종합과세**
② **2천만원 이하인 경우 … 분리과세(조건부 종합과세분만)**

(2) Gross-up 금액 계산 및 종합소득금액 확정

원천징수세율(14%) 적용순서	
① **이자소득금액**	**Gross-up대상 배당소득 총수입금액** 1. **내국법인으로부터 수령** 2. **법인세가 과세된 잉여금으로 배당을 받을 것** 3. **종합과세되고 기본세율(2천만원 초과)이 적용되는 배당소득**
② **Gross-up제외 배당소득총수입금액**	
③ **Gross-up대상 배당소득총수입금액 ×110%**	
=종합소득금액(①+②+③)	

<예제 2 - 1> 금융소득(귀속법인세)

거주자인 홍길동의 20x1년 귀속 금융소득의 내역은 다음과 같다. 종합소득에 합산될 금융소득 금액은 얼마인가?

1. 국내정기예금이자	4,000,000원
2. 주권상장법인으로부터 받은 현금 배당금	5,000,000원
3. 국외원천이자소득(원천징수되지 않음)	6,000,000원
4. 비상장법인으로부터 받은 현금배당금	7,000,000원
5. 비영업대금이익	8,000,000원

해답

1. 금융소득의 과세방법분류

1. 국내정기예금이자	조건부종합과세
2. 주권상장법인으로부터 받은 현금 배당금	조건부종합과세
3. 국외원천이자소득(원천징수되지 않음)	무조건종합과세
4. 비상장법인으로부터 받은 현금배당금	조건부종합과세
5. 비영업대금이익	조건부종합과세

∴ 조건부+무조건 종합과세>2,000만원이므로 전액 종합과세한다.

2. 14%세율 및 기본세율 적용순서

<table>
<tr><th>원천징수세율(14%) 적용순서</th><td rowspan="5">- 14%</td><td colspan="2">- 2,000만원 -</td></tr>
<tr><td rowspan="3">① 이자소득금액</td><td>- 국내정기예금이자</td><td>4,000,000</td></tr>
<tr><td>- 비영업대금이익</td><td>8,000,000</td></tr>
<tr><td>- 국외원천이자소득</td><td>6,000,000</td></tr>
<tr><td>② Gross - up 제외 배당소득총수입금액</td><td>-</td><td>-</td></tr>
<tr><td rowspan="3">③ Gross - up대상 배당소득총수입금액</td><td></td><td>- 주권상장법인 배당금</td><td>2,000,000</td></tr>
<tr><td rowspan="2">- 기본세율</td><td>- 주권상장법인 배당금</td><td>3,000,000</td></tr>
<tr><td>- 비상장법인 배당금</td><td>7,000,000</td></tr>
</table>

Gross - up금액

3. 종합소득에 합산할 금융소득금액 : 20,000,000원 + 10,000,000원 × 110% = 31,000,000원

연/습/문/제

 객관식

01. 다음 중 소득세법상 이자소득에 해당하지 아니하는 것은?

① 계약의 위약 또는 해약으로 인한 손해배상금의 법정이자
② 국가나 지방자치단체가 발행한 채권 또는 증권의 이자와 할인액
③ 국외에서 받는 예금의 이자
④ 외상매출금을 소비대차로 전환하여 지급기일을 연기하고 받는 연체이자

02. 다음 중 소득세법상 이자소득에 해당하지 아니하는 것은?

① 법원의 판결 및 화해에 의하여 지급 받은 손해배상금에 대한 법정이자
② 국가나 지방자치단체가 발행한 채권 또는 증권의 이자와 할인액
③ 국외에서 받는 예금의 이자
④ 단기저축성보험(보험기간 10년 미만)의 보험차익

03. 다음 중 소득세법상 과세되지 않는 것은?

① 저축성 보험(만기10년 이상)에 대한 보험차익 1,000만원
② 계약의 위약으로 인한 손해배상금 수령액 500만원
③ 주택복권 당첨소득 2,000만원
④ 외국의 법률에 의한 건설이자의 배당 300만원

04. 소득세법상 이자소득의 수입시기에 관한 내용이다. 바르게 짝지어지지 않은 것은?

① 통지예금의 이자 : 인출일
② 저축성보험의 보험차익 : 보험금 환급금의 지급일 단, 기일전 해지시 해지일
③ 기명인 양도가능 채권의 이자와 할인액 : 그 지급받는 날
④ 직장공제회 초과반환금 : 약정에 따른 공제회반환금의 지급일

05. 다음 중 소득세법상 배당소득금액의 수입시기로 바르지 않은 것은?

① 기명주식에 대한 잉여금 처분에 의한 배당 : 잉여금처분결의일
② 법인세법에 의하여 처분된 배당 : 해당사업연도의 결산확정일
③ 해산 : 잔여재산가액을 분배한 날
④ 감자 : 감자 결의일

06. 소득세법상 배당소득의 수입시기로 잘못된 것은?

① 무기명주식의 이익이나 배당 : 그 지급을 받은 날
② 잉여금의 처분에 의한 배당 : 당해 법인의 당해 사업연도의 결산확정일
③ 법인세법에 따라 처분된 배당 : 당해 법인의 당해 사업연도의 결산확정일
④ 합병으로 인한 의제배당 : 합병등기일

07. 다음 중 소득세법상 원칙적인 수입시기로 옳지 않은 것은?

① 잉여금의 처분에 의한 배당 : 당해 법인의 잉여금처분결의일
② 직장공제회 초과반환금 : 약정에 의한 공제회반환금의 지급일
③ 법인세법에 의하여 처분된 배당 : 당해 법인의 당해 사업연도의 결산확정일
④ 통지예금의 이자 : 약정에 의한 이자지급일

08. 다음은 거주자 갑의 국내소득 자료이다. 소득세법상 20x1년도에 귀속되는 소득을 모두 열거한 것은?

㉮ 이자지급 약정일은 20x0년 12월 26일이지만 20x1년 1월 10일에 수령한 정기예금이자 ㉯ 이자지급 약정일은 20x0년 12월 26일이지만 20x1년 1월 10일에 수령한 기명식회사채이자 ㉰ 이자지급 약정일은 20x0년 12월 26일이지만 20x1년 1월 10일에 수령한 비영업대금이익 ㉱ 임대료지급 약정일은 20x0년 12월 26일이지만 20x1년 1월 10일에 수령한 임대료수입액

① ㉮ ② ㉱ ③ ㉯, ㉰ ④ ㉮, ㉯

09. 다음 중 소득세법상 무조건 종합과세되는 금융소득에 해당하는 것은?

① 출자공동사업자의 배당소득 ② 직장공제회 초과반환금
③ 비실명 이자·배당소득 ④ 법원보관금의 이자소득

10. 다음 중 소득세법상 무조건 분리과세되는 금융소득에 해당하는 것은?

① 비영업대금의 이익
② 국내 주권상장법인으로부터 대주주가 받는 배당소득
③ 비실명 이자소득
④ 출자공동사업자의 배당소득

11. 소득세법상 금융소득 종합과세시 조정대상 배당소득을 기본세율이 적용되는 배당소득에 대하여 적용되는데, 아래 보기 중 종합과세되는 금융소득의 구성순서로 옳은 것은?

㉠ 이자소득과 배당소득이 함께 있는 경우에는 이자소득부터 먼저 합산 ㉡ 배당가산(Gross－up)이 적용되지 않는 배당소득 ㉢ 배당가산(Gross－up)이 적용되는 배당소득을 합산

① ㉠-㉡-㉢ ② ㉠-㉢-㉡ ③ ㉡-㉢-㉠ ④ ㉢-㉡-㉠

12. 다음의 이자·배당소득 중 소득세법상 무조건 분리과세되는 소득이 아닌 것은?

① 원천징수되지 않은 외국법인으로부터의 배당소득
② 분리과세를 신청한 장기채권의 이자와 할인액(2017.12.31 이전 발행분)
③ 직장공제회의 초과반환금
④ 법원보관금의 이자소득

13. 다음 중 소득세법상 그로스업(배당가산) 대상이 아닌 배당소득은?

① 내국법인으로부터 받는 이익이나 잉여금의 배당 또는 분배금
② 법인으로 보는 단체로부터 받는 배당금 또는 분배금
③ 법인세법에 따라 배당으로 처분된 금액
④ 외국법인으로부터 받는 배당소득

14. 다음의 소득세법상 배당소득 중 Gross-up(Imputation)대상 배당소득이 아닌 것은?

① 일반배당 중 내국법인으로부터 받는 배당
② 의제배당 중 감자 · 해산 · 합병 · 분할로 인한 의제배당
③ 자본잉여금의 감자차익으로 인한 배당
④ 법인세법에 의하여 배당으로 처분된 금액

15. 소득세법상 배당소득금액 계산시 20x1년도의 총수입금액에 동 배당소득의 100분의 11에 상당하는 금액을 가산하여야 하는 배당소득은?

① 토지 재평가차액의 자본전입으로 인한 의제배당
② 법인세법에 의하여 배당으로 처분된 금액
③ 자기주식 소각익의 자본전입으로 인한 의제배당
④ 외국법인으로부터 받은 배당소득

16. 다음 중 소득세법상 이자 · 배당소득에 대한 원천징수세율이 틀린 것은?

① 비실명 이자소득 : 45%
② 비영업대금의 이익 : 25%
③ 출자공동사업자의 배당소득 : 14%
④ 법원보관금 등의 이자 : 14%

17. 다음 중 소득세법상 Gross-up(배당가산) 대상 배당소득 대상에 대한 설명이다. 옳지 않은 것은?

① 자기주식소각이익의 자본전입으로 인하여 발생한 의제배당은 대상이 아니다.
② 외국법인으로부터 받은 배당소득은 대상이 아니다.
③ 배당가산 적용 대상액은 해당 배당소득의 전액을 대상액으로 하여 계산한다.
④ 내국법인으로부터 받은 배당소득은 대상이다.

주관식

01. 다음 자료에서 밑줄 그은 말이 틀린 경우 이에 대한 옳은 말은 무엇인가?

법인세법에 따라 배당으로 처분된 금액을 <u>의제배당</u>이라 하는데 이 <u>의제배당</u>은 GROSS-UP대상이 된다.

02. 다음 자료에 의하여 거주자 양세무씨의 20x1년 종합소득금액을 계산하면 얼마인가? (단, 주어진 자료 이외에는 없고, Gross－up율은 11%로 가정한다)

- 상장법인의 주식보유에 따른 현금배당 : 25,000,000원
- 뇌물로 받은 금품 : 3,000,000원

03. 다음은 거주자 A씨의 금융소득자료이다. 소득세법상 A씨의 20x1년 귀속 금융소득 합계액은 얼마인가? (단, 종합과세 및 분리과세는 고려하지 않는다.)

ㄱ. 이자지급약정일이 20x0년 10월 31일인데 20x1년 2월 20일에 실제 수령한 비영업대금이익 13,000,000원
ㄴ. 20x1년 은행예금이자 25,000,000원
ㄷ. 보험기간 10년인 저축성보험이 만기가 되어 20x0년에 수령함에 따른 보험차익 30,000,000원

04. 소득세법상 다음 괄호 안에 들어갈 내용은 무엇인가?

출자공동사업자의 배당소득에 대한 원천징수세율은 100분의 (　　)이다.

05. 소득세법상 다음의 괄호 안에 들어갈 알맞은 숫자는 무엇인가?

배당세액공제액 = Min(①, ②)
① 귀속법인세 = 조정대상 배당소득 총수입금액×(　)%
② 한도액 = 종합소득산출세액 － 비교산출세액

연/습/문/제 답안

객관식

1	2	3	4	5	6	7	8	9	10	11	12	13	14	15
①	①	①	③	③	②	④	①	①	③	①	①	④	③	②
16	17													
③	③													

[풀이 - 객관식]

01. 손해배상금에 대한 소득세법상 과세

구 분	계약의 위약 또는 해약	그 외의 경우
손해배상금	기타소득	과세제외
손해배상금에 대한 이자		

02. **법원의 판결 및 화해에 의하여 지급받은 손해배상금에 대한 법정이자**는 이자소득으로 보지 아니한다.

03. 저축성보험 중 다음의 요건을 충족해야 비과세된다.
   ① 일시납 납입보험료 합계액이 1억원 이하(계약기간 10년 이상)
   ② 월적립식 저축성보험으로 매월납입보험료 150만원 이하(계약기간 10년 이상)
   ③ 종신형연금보험

04. 기명인 경우 **약정에 따른 이자지급 개시일**이 수입시기이다.

05. 해산 : 잔여재산가액이 확정된 날

06. **잉여금의 처분에 의한 배당은 당해 법인의 잉여금처분결의일이 수입시기이다.**

07. **통지예금의 이자의 수입시기는 인출일**이다.

08. ㉮ 정기예금이자 : 현금주의
   ㉯ 기명식회사채이자 : 이자지급약정일
   ㉰ 비영업대금의 이익 : 약정일과 회수일 중 빠른 날(단, 회수불능사유 발생시는 회수일)
   ㉱ 임대료 수입 : 지급 약정일. 단, 약정이 없으면 지급을 받은 날

09. **직장공제회, 비실명 금융소득, 법원보관금의 이자소득은 무조건분리과세소득**이다.

10. ①·②는 조건부종합과세대상이며, ④는 무조건 종합과세대상이다.

12. 원천징수되지 않은 외국법인으로부터의 배당소득은 종합과세임.

13. **외국법인으로부터 받는 배당소득은 그로스업에 해당하지 않는다.**

15. 법인세가 과세된 잉여금을 재원으로 배당을 받으면 Gross-up대상이다.
재평가차액(세율 1%)은 법인세법상 익금항목으로서 법인세가 과세되나, Gross-up대상에서 제외된다.

16. 출자공동사업자의 배당소득에 대해서는 25%로 원천징수한다.

17. Gross-up은 **내국법인의 법인세 과세소득**으로 지급된 **배당소득금액 중 2천만원을 초과하여 기본세율로 종합과세되는 부분**에 대하여만 적용된다.

주관식

1.	인정배당	2.	28,500,000원	3.	25,000,000원
4.	25	5.	10		

[풀이 - 주관식]

02. 종합소득금액 = 배당소득 25,550,000원(20,000,000원 + 5,000,000원 × 110%)
+ 기타소득 3,000,000원 = 28,500,000원

03. ㄱ. 20x0년 소득(비영업대금 이익 : 약정일)
ㄴ. 20x1년 소득(은행예금이자)
ㄷ. 비과세 소득(10년 이상인 저축성보험)

제2절 사업소득

1. 사업소득의 범위

사업소득은 개인이 사업을 함에 따라 발생하는 소득을 말한다.

"사업"이라 함은 **자기의 계산과 위험 아래 영리 목적이나 대가를 받을 목적으로 독립적으로 경영하는 업무로서 계속적이고 반복적으로 행사하는 것**을 말한다.

소득세법은 열거주의에 따라 다음의 사업만을 과세대상으로 한다.

① 농업(**작물재배업중 곡물 및 기타 식량작물 재배업 제외**)·수렵업·임업·어업·광업·제조업·전기가스 및 수도사업·도매업·소매업·소비자용품수리업·숙박업·음식점업·운수업·창고업·통신업·금융업·보험업

② 건설업(주택신축판매업 포함)

③ 부동산업, 임대업 및 사업서비스업

☞ **부동산임대업소득의 범위**

ⓐ **부동산 또는 부동산상의 권리(전세권, 부동산임차권 및 지역권과 지상권의 설정·대여)의 대여**

☞ 전세권 : 타인의 부동산을 일정기간 그 용도에 따라 사용, 수익한 후 그 부동산을 반환시 전세금의 반환을 받는 권리

지상권 : 타인의 토지에 건물, 공작물 등을 소유하기 위하여 그 토지를 사용할 수 있는 권리

지역권 : 자기의 토지의 이용가치를 증가시키기 위하여 타인의 토지를 일정한 방법(통행 또는 수로)으로 이용하는 권리

ⓑ 공장재단 또는 광업재단의 대여로 인하여 발생하는 소득

☞ 공장재단 : 공장에 있는 토지, 기계 등의 일부 또는 전부로써 이루어진 기업재산으로서 소유권과 저당권의 목적이 되는 것을 말한다. 기업의 담보능력이 커진다.

광업재단 : 광업권과 광업권에 기하여 광물을 채굴·취득하기 위한 각종 설비 및 이에 부속하는 사업의 설비로 구성되는 일단의 기업재산으로서 법에 따라 소유권과 저당권의 목적이 되는 것을 말한다.

ⓒ 광업권자·조광권자·덕대가 채굴에 관한 권리를 대여함으로 인하여 발생하는 소득

☞ 광업권 : 광구에서 등록을 받은 광물 등을 채굴할 수 있는 권리

조광권 : 설정행위에 의하여 타인의 광구에서 광물을 채굴할 수 있는 권리(덕대와 같은 개념이다.)

④ 부동산매매업

⑤ 교육서비스

☞ 유아교육법에 따른 유치원과 초·중등 교육법 및 고등교육법에 따른 학교는 제외

⑥ 보건 및 사회복지사업

⑦ 사회 및 개인서비스업, 가사서비스업 등

⑧ 가구내 고용활동에서 발생하는 소득
⑨ **복식부기의무자가 차량 및 운반구 등 사업용 유형자산(감가상각자산)을 양도함으로써 발생하는 소득**
⑩ 위 소득과 유사한 소득으로서 **영리를 목적으로 자기의 계산과 책임 하에 계속적 · 반복적으로 행하는 활동**을 통하여 얻는 소득(유형별 포괄주의)

2. 비과세사업소득

(1) 농지대여소득

다만, **농지(전답)를 주차장 등으로 사용하게 함으로 발생하는 소득은 사업소득에 해당된다.**

(2) 1개의 주택을 소유하는 자의 주택임대소득(고가주택의 임대소득은 제외)

☞ **고가주택 : 기준시가 12억원을 초과하는 주택**

참고

주택임대소득에 대한 과세요건 및 과세방법

Ⅰ. 과세요건(주택수 기준)

주택수(부부합산)	월세	보증금
1주택	비과세(고가주택 및 국외소재는 제외)	비과세
2주택	과세	
3주택 이상		간주임대료 과세

2.과세방법(수입금액 기준)

수입금액	과세방법
2천만원 이하	(세액계산시) 종합과세와 분리과세 중 선택
2천만원 초과	종합과세

(3) 농어가부업소득 등

① 시행령에서 정한 농가부업규모의 축산에서 발생하는 소득은 전액 비과세
② ①외의 소득으로서 **연간 3,000만원 이하의 소득**
③ 어업소득(어로어업 · 양식어업 소득) : 5천만원 이하

(4) 전통주의 제조소득(수도권지역 외의 읍 · 면지역) : 연 1,200만원 이하의 소득

(5) 조림기간이 5년 이상인 임목의 벌채 또는 양도로 발생하는 소득

조림기간 5년 이상인 임지의 임목의 벌채 또는 양도로 발생하는 소득으로서 필요경비를 차감한 후 연 600만원 이하의 소득금액은 비과세한다.

(6) 작물재배업에서 발생하는 소득(10억원 이하의 작물재배)

☞ 곡물 및 기타 식량작물재배업은 사업소득에서 과세제외

3. 사업소득의 과세방법

사업소득은 모두 종합소득에 합산하여 과세하는 것이 원칙이나, 예외적으로 **주택임대소득의 수입금액이 2천만원 이하**일 경우 **종합소득 확정신고시 세액계산을 종합과세방법과 분리과세방법 중 선택이 가능하다.**

그리고 대부분의 사업소득에 대하여는 원천징수를 하지 않지만, 예외적으로 원천징수되는 사업소득이 있다.

(1) 원천징수

1) 특정사업소득에 대한 원천징수

① 특정사업소득 : **수입금액의 3%를 원천징수**

㉠ 의료보건용역(수의사의 용역을 포함)

㉡ 저술가 · 작곡가 등이 제공하는 인적용역

② 원천징수

국내에서 거주자나 비거주자에게 특정사업소득을 지급하는 자는 원천징수하여 그 징수일이 속하는 달의 다음달 10일까지 납부하여야 한다.

2) 봉사료수입금액에 대한 원천징수

부가가치세가 면제되는 접대부 · 댄서와 이와 유사한 용역을 제공하는 자에게 지급하는 **특정봉사료수입금액(봉사료금액이 공급가액의 20%를 초과)에 대해서는 5%를 원천징수**한다.

(2) 사업소득에 대한 연말정산

간편장부대상자인 보험모집인 또는 방문방매원등(신청한 경우에 한함)에게 모집수당 또는 판매수당 등의 사업소득을 지급하는 원천징수의무자는 해당 사업소득에 대한 소득세의 연말정산을 하여야 한다.

원천징수의무자는 다음연도 2월분 사업소득을 지급하는 때(미지급시 2월말까지) 또는 해당 사업자와 거래계약을 해지하는 달의 사업소득을 지급하는 때에 연말정산을 하여야 한다.

이처럼 연말정산된 사업소득 외의 다른 소득이 없는 경우에는 해당 소득자는 해당 과세기간에 대한 과세표준 확정신고를 하지 않아도 된다.

① 독립된 자격으로 보험가입자의 모집 및 이에 부수되는 용역을 제공하고 그 실적에 따라 모집수당 등을 받는 자

② 「방문판매 등에 관한 법률」에 의하여 방문판매업자를 대신하여 방문판매업무를 수행하고 그 실적에 따라 판매수당 등을 받거나 후원방문판매조직에 판매원으로 가입하여 후원방문판매업을 수행하고 후원수당 등을 받는 자

③ 독립된 자격으로 일반 소비자를 대상으로 사업장을 개설하지 않고 음료품을 배달하는 계약배달 판매 용역을 제공하고 판매실적에 따라 판매수당 등을 받는 자

4. 사업소득금액의 계산

〈기업회계기준과 세법의 차이 조정〉

세법과 기업회계기준에서의 수익과 비용에 대해서 98% 이상 동일하나, 2% 미만이 차이가 난다. 이러한 차이를 조정하는 것을 세무조정이라고 한다.

	기업회계기준	세 법	
수 익(≒총 수입금액)	실현주의	권리확정	**"권리의무확정주의"**
비 용(≒ 필요경비)	수익 · 비용대응의 원칙	의무확정	

사업소득금액은 해당 과세기간의 총수입금액에서 이에 소요된 필요경비를 공제하여 계산하며 전년도에 사업소득에서 발생한 이월결손금이 있는 경우에는 이를 공제한다.

기업회계	세무조정		소득세법
수익	【+)총수입금액산입	(−)총수입금액불산입	**총수입금액**
−			−
비용	(+)필요경비 산입	(−)필요경비 불산입	**필요경비**
=	**+가산 : 총수입금액산입+필요경비 불산입** **−차감 : 총수입금액불산입+필요경비산입**		=
당기순이익			**사업소득금액**

(1) 총수입금액

해당 과세기간에 수입하였거나 수입할 금액의 합계액으로 한다.

총수입금액산입	총수입금액불산입
ⓐ 사업수입금액 - 매출에누리와 환입, 매출할인 제외 - **임직원에 대한 재화 · 용역의 할인금액은 사업수입금액에 포함(개정세법 25)** ⓑ 장려금등 기타 이와 유사한 성질의 급여 ⓒ 사업과 관련된 자산수증이익 · 채무면제이익 ⓓ **사업과 관련하여 생긴 보험차익(퇴직연금운용자산)** ⓔ **가사용으로 소비된 재고자산** ⓕ 간주임대료 ⓖ **사업용 유형자산(부동산 제외)양도가액(복식부기의무자)** ⓗ 기타(전속계약금, 관세환급금 등)	ⓐ 소득세 등의 환급액 ⓑ 부가가치세 매출세액 ⓒ **재고자산 이외(고정자산)의 자산의 처분이익 (복식부기의무자 제외)** ⓓ 국세환급가산금

☞ 관세환급금 : 원재료를 가공하여 제품을 해외로 수출하거나 상품을 재수출시 이미 부담한 관세를 환급받게 되는 것.

참고

간주임대료(소득세 VS 부가가치세)

구분	소득세법(장부작성)	부가가치세법
1. 적용대상자	제한없음	제한없음
2. 적용제외 대상자산	2주택이하는 제외*1 *1. *3주택 이상 소유 & 보증금합계액 3억 초과는 적용* ☞주택수 및 보증금 합계액에서 제외되는 소형주택 ① 전용면적 40m² & ② 기준시가 2억 이하	주택은 제외(당연면세)
3. 총수입금액/과세표준	[보증금등 적수 – 임대용부동산의 건설비상당액적수] ÷365(366)×정기예금이자율 – 임대사업에서 발생한 금융수익	보증금등×정기예금이자율×과세대상기간의 일수/365(366)

(2) 필요경비

해당 과세기간의 총수입금액에 대응하는 비용을 말한다.

필요경비산입	필요경비불산입
ⓐ 판매한 상품 등에 대한 원료의 매입가액과 그 부대비용(매입에누리, 매입할인금액 제외) ⓑ 종업원의 급여 - **임직원에 대한 재화 · 용역 등 할인금액(개정세법 25)** ⓒ 사업용자산에 대한 비용 및 감가상각비 ⓓ **복식부기의무자의 사업용 유형자산 양도 시 장부가액** ⓔ 사용자본인의 건강보험료 등 ⓕ 거래수량 또는 거래금액에 따라 상대편에게 지급하는 장려금 기타 이와 유사한 성질의 금액	ⓐ **소득세와 지방소득세** ⓑ **벌금 · 과료와 과태료와 강제징수비** ⓒ **감가상각비 중 상각범위액을 초과하는 금액** ⓓ **대표자의 급여와 퇴직급여** ⓔ **재고자산 이외(고정자산)의 자산의 처분손실** (복식부기의무자 제외) ⓕ **가사(집안 일)관련경비와** 초과인출금에 대한 지급이자 ⓖ 업무와 **관련하여 고의 또는 중대한 과실**로 타인의 권리를 침해한 경우에 지급되는 손해배상금 ⓗ 한도 초과 업무용 승용차 관련비용등 (복식부기의무자)

☞ 초과인출금 : 부채(충당금과 준비금은 제외)의 합계액이 사업용자산의 합계액을 초과하는 것을 말한다.

(3) 업무용승용차 관련비용

① 적용대상 : **복식부기의무자**

② **업무용승용차 범위 : 부가가치세법상 매입세액불공제 대상 승용차**

③ 관련비용 : 감가상각비, 임차료, 유류비 등

④ 업무전용자동차 보험 가입 : 성실신고확인대상 사업자 등은 1대외 추가하는 승용차는 업무용자동차보험가입(미가입시 업무사용금액의 50%만 인정)

⑤ 업무용승용차의 감가상각비 : 정액법(내용연수 5년), 감가상각비 한도 800만원/년

5. 총수입금액과 필요경비의 귀속연도(권리의무확정주의)

법인세법에 따른 손익의 귀속사업연도 거의 동일하다.

구 분	사업소득의 수입시기
1. 상품등의 판매	인도한 날
2. 1 이외의 자산매매	대금청산일
3. 시용판매	상대방이 구입의사를 표시한 날
4. 위탁판매	수탁자가 위탁품을 판매하는 날
5. 인적용역제공*1	**용역대가를 지급받기로 한 날 또는 용역제공을 완료한 날 중 빠른 날**

*1. 연예인 및 직업운동선수 등이 계약기간 1년을 초과하는 일신전속계약에 대한 대가를 일시에 수령시 계약기간에 따라 대가를 균등하게 안분한다.(월할계산, 초월산입・말월불산입)

<예제 2 - 2> 사업소득금액

다음은 레고상사를 경영하는 홍길동씨(복식부기자가 아님)의 사업소득금액을 계산하시오.

1. 손익계산서상 당기순이익 : 1,000,000원
2. 손익계산서에 반영되어 있는 금액
   (1) 소득세비용 : 100,000원
   (2) 가사관련경비 : 200,000원
   (3) 거래상대방으로부터 받은 판매장려금 : 300,000원
   (4) 상품창고 화재로 인한 보험차익 : 400,000원
   (5) 지역가입자로 납부한 본인 건강보험료 : 500,000원
   (6) 업무용 비품의 처분 손실 : 600,000원
   (7) 시설의 개체에 따른 기계장치 폐기손실 : 700,000원*
   (*폐기처분한 기계장치와 관련된 상각부인액 100,000원이 있다.)
   (8) 비영업대금의 이익 : 800,000원
   (9) 사업자 본인의 급여 : 900,000원
   (10) 전년도 소득세 환급액(잡이익계상) : 100,000원

해답

구 분	사 업 소 득 금 액		비 고
1. 당 기 순 이 익	1,000,000		
2. 세 무 조 정 사 항			
(1) 소 득 세 비 용	필요경비불산입	(+)100,000	
(2) 가 사 관 련 경 비	필요경비불산입	(+)200,000	
(6) 비 품 처 분 손 실	필요경비불산입	(+)600,000	
(7) 전 기 상 각 부 인 액	필요경비산입	(-)100,000	상각부인액은 처분시 추인한다.
(8) 비 영 업 대 금 이 익	총수입금액불산입	(-)800,000	이자소득으로 과세
(9) 대 표 자 급 여	필요경비불산입	(+)900,000	
(10) 소 득 세 환 급 액	총수입금액불산입	(-)100,000	소득세환급액은 총수입금액불산입이다.
3. 소 득 금 액		1,800,000	

6. 법인세법과의 차이

(1) 제도의 차이

구 분	법인세법	소득세법
1. 과세대상소득	- 각사업연도소득, 청산소득, 토지 등 양도소득	- 종합 · 퇴직 · 양도소득
2. 과세원칙 및 방법	- 순자산증가설(포괄주의) - 종합과세	- 소득원천설(열거주의) - 종합 · 분류 · 분리과세
3. 과세기간	- 정관등에서 정하는 기간	1.1~12.31
4. 납세지	본점, 실질적 관리장소의 소재지 등	거주자의 주소지 등

(2) 각사업연도소득과 사업소득금액의 차이 

구 분		법인세법	소득세법
1. 이자수익과 배당금수익		- 각 사업연도 소득에 포함	- 사업소득에서 제외(이자 · 배당소득)
2. 유가증권처분손익		- 익금 또는 손금	- 사업소득에 해당 안됨. ☞ **양도소득으로 과세될 수 있음**
3. 고정자산처분손익		- 익금 또는 손금	- 과세 제외(기계 · 비품 등) ☞ **부동산등의 처분익 발생 시 양도소득으로 과세될 수 있음** ☞ **복식부기의무자는 과세**
4. 자산수증이익, 채무면제익		사업관련 여부에 관계없이 익금	사업과 관련이 있는 경우에만 총수입금액산입
5. 대표자급여 및 퇴직급여		손금	필요경비불산입
6. 기업업무추진비		법인 전체로 계산함.	***각 사업장별로 기업업무추진비 한도액을 계산하여 적용함.***
7. 현물기부금(특례 · 일반)		장부가액	**MAX[시가, 장부가액]**
8. 소득처분	사외유출	귀속자의 소득세 납세의무 유발	귀속자의 소득으로 처분하지 않고 사업주가 인출하여 증여한 것으로 본다.
	유보	세무조정금액이 사내에 남아있는 경우 유보로 처분하여 별도관리한다.	

연/습/문/제

객관식

01. 다음 중 소득세법상 비과세 사업소득에 해당하지 않는 것은?

① 논밭을 작물 생산에 이용하게 함으로써 발생하는 소득
② 1개의 고가주택을 소유하는 자의 주택임대소득
③ 연 3,000만원 이하의 농가부업소득
④ 연 1,200만원 이하의 전통주 제조소득

02. 소득세법상 비과세소득에 대한 설명이다. 다음 중 비과세사업소득에 해당하지 않는 것은?

① 논·밭을 작물 생산에 이용하게 함으로써 발생하는 소득
② 1개의 주택을 소유하는 자의 주택임대소득(기준시가가 12억원을 초과하는 주택 및 국외에 소재하는 주택의 임대소득은 제외)
③ 축산 양어 등 연 5천만원 이하의 농가부업소득
④ 조림기간 5년 이상인 임지의 임목의 벌채 또는 양도로 발생하는 소득으로서 연 600만원 이하의 금액

03. 다음 중 소득세법상 사업소득금액을 계산할 때 총수입금액에 산입되는 것은?

① 가사용으로 사용한 재고자산의 가액
② 사업과 무관한 채무면제이익
③ 소득세 환급액
④ 매출할인

04. 다음은 소득세법상 사업소득 중 부동산임대업에 관한 설명이다. 옳은 것은?

① 공장재단 또는 광업재산을 대여하고 그 사용대가를 받는 것은 부동산임대업에서 발생하는 소득으로 본다.

② 주택을 대여하고 보증금을 받은 경우에는 3주택 이상을 대여하고 보증금의 합계액이 3억원을 초과하는 경우에만 간주임대료를 총수입금액에 산입한다.

③ 부동산임대업(주거용 건물임대업 제외)에서 발생한 이월결손금은 사업소득금액, 근로소득금액, 연금소득금액, 기타소득금액, 이자소득금액, 배당소득금액에서 순차로 공제한다.

④ 부동산매매업자가 판매를 목적으로 취득한 토지, 건물 등의 부동산을 일시적으로 대여하고 얻는 소득은 부동산매매업에서 발생하는 소득으로 본다.

05. 소득세법상 소득금액을 계산할 때 총수입금액에 산입하는 것은?

① 거주자가 재고자산 또는 임목을 가사용으로 소비하거나 종업원 또는 타인에게 지급한 금액

② 거주자의 사업소득금액을 계산할 때 이전 과세기간으로부터 이월된 소득금액

③ 거주자가 환급받은 소득세 또는 지방소득세

④ 거주자가 무상으로 받은 자산의 가액과 채무의 면제이익 중 소득세법에 따른 이월결손금의 보전에 충당된 금액

06. 소득세법상 사업소득의 계산에 있어 총수입금액에 불산입되는 것이 아닌 것은?

① 거주자가 소득세 또는 지방소득세 소득분을 환급받았거나 환급받을 금액 중 다른 세액에 충당한 금액

② 거주자의 자산수증이익이나 채무면제이익 중 이월결손금의 보전에 충당된 금액

③ 관세환급금 등 필요경비로서 지출된 세액이 환입되었거나 환입될 금액

④ 부가가치세의 매출세액

07. 거주자 김씨는 수년간 계속하여 TV 광고출연을 하고 있는 유명 연예인으로서, 20x1.1.10. 연예인 자격으로 (주)H사와 2년간 TV광고출연에 대한 일신전속계약을 체결함과 동시에 전속계약금 2억원을 일시에 현금으로 수령하였다. 김씨의 TV 광고출연과 관련하여 실제로 소요된 필요경비가 없을 때 소득세법상 김씨의 해당 전속계약금에 관한 설명으로 옳은 것은?

① 전속계약금은 기타소득으로서 20x1년에 귀속되는 총수입금액은 2억원이다.

② 전속계약금은 사업소득으로서 20x1년에 귀속되는 총수입금액은 1억원이다.

③ 전속계약금은 사업소득으로서 20x1년에 귀속되는 총수입금액은 2억원이다.

④ 전속계약금은 기타소득으로서 수령한 금액의 80%는 필요경비로 인정된다.

08. 소득세법상 거주자가 사업소득금액을 계산할 때 필요경비에 산입하는 것은?

① 선급비용
② 업무와 관련하여 고의 또는 중대한 과실로 타인의 권리를 침해한 경우에 지급되는 손해배상금
③ 국세의 가산세와 강제징수비
④ 국민건강보험법 및 노인장기요양보험에 따른 지역가입자로서 부담하는 보험료

09. 다음은 소득세법상 사업소득의 필요경비불산입 항목이다. 이에 해당하지 않는 것은?

① 소득세와 지방소득세 소득분
② 거래수량 또는 거래금액에 따라 상대편에 지급하는 장려금
③ 반출하였으나 판매하지 아니한 제품에 대한 개별소비세 또는 주세의 미납액. 다만, 제품가액에 그 세액 상당액을 더한 경우는 제외한다.
④ 업무와 관련하여 고의 또는 중대한 과실로 타인의 권리를 침해한 경우에 지급되는 손해배상금

10. 다음 중 소득세법상 연말정산이 가능한 사업소득자에 해당하지 않는 것은?

① 독립된 자격으로 보험가입자의 모집 및 이에 부수되는 용역을 제공하고 그 실적에 따라 모집수당 등을 받는 자
② 방문판매 등에 관한 법률에 의하여 방문판매업자를 대신하여 방문판매업무를 수행하고 그 실적에 따라 판매수당 등을 받거나 후원방문판매조직에 판매원으로 가입하여 후원방문판매업을 수행하고 후원수당 등을 받는 자
③ 저술가 · 작곡가 등 일정한 자가 직업상 제공하는 인적용역
④ 독립된 자격으로 일반 소비자를 대상으로 사업장을 개설하지 않고 음료품을 배달하는 계약배달 판매용역을 제공하고 판매실적에 따라 판매수당 등을 받는 자

11. 소득세법상 사업소득에 관한 설명으로 옳은 것은?

① 소득세법에서 정한 일정의 농가부업소득에 대해서는 비과세가 적용된다.
② 대표자에 대한 인건비는 필요경비에 산입된다.
③ 주택신축판매업으로 인한 소득은 기타소득으로 구분된다.
④ 부동산임대소득은 사업소득이 아니다.

12. 다음 중 소득세법상 사업소득과 관련된 설명으로 옳지 않은 것은?

① 사업소득금액 계산시 대표자 본인에 대한 급여는 필요경비로 인정되지 않는다.
② 간편장부대상자가 사업용 고정자산을 양도함으로써 발생하는 차익은 사업소득금액 계산시 총수입금액에 산입하지 않는다.
③ 총수입금액을 얻기 위하여 직접 사용된 부채에 대한 지급이자는 필요경비에 산입한다.
④ 사업소득 중에서 원천징수대상이 되는 소득은 없다.

13. 다음 중 소득세법상 사업소득의 수입시기에 관한 내용 중 가장 옳지 않는 항목은?

① 상품 등의 시용판매 : 상대방이 구입의 의사를 표시한 날. 다만, 일정기간 내에 반송하거나 거절의 의사를 표시하지 아니하는 한 특약 또는 관습에 의하여 그 판매가 확정되는 경우에는 그 기간의 만료일로 한다.
② 상품 등의 위탁판매 : 위탁자가 수탁자에게 위탁품을 제공한 날
③ 무인판매기에 의한 판매 : 당해 사업자가 무인판매기에서 현금을 인출하는 때
④ 인적용역의 제공 : 용역대가를 지급받기로 한 날 또는 용역의 제공을 완료한 날 중 빠른 날

14. 다음 중 소득세법상 비과세 사업소득에 관한 설명으로 옳지 않은 것은?

① 일정한 전통주를 농어촌지역에서 제조함으로서 발생하는 소득으로 소득금액의 합계액이 연 1,200만원 이하인 것
② 주거용 건물 임대업에서 발생한 총수입금액의 합계액이 2천만원 이하인 것
③ 조림기간 5년 이상인 임지의 임목의 벌채 또는 양도로 발생하는 소득금액으로서 연 600만원 이하인 것
④ 식량작물재배업 외의 작물재배업에서 발생하는 소득으로서 해당 과세기간의 수입금액의 합계액이 10억원 이하인 것

15. 다음 중 소득세법상 사업소득에 관한 설명으로 옳지 않은 것은?

① 사업소득금액 계산시 대표자 본인에 대한 급여는 필요경비로 인정하지 않는다.
② 은행예금 수입이자는 사업소득금액 계산시 총수입금액에 불산입한다.
③ 복식부기의무자가 사업용 차량운반구를 양도하는 경우 그 양도가액은 총수입금액에 불산입한다.
④ 사업소득 중에서도 원천징수대상이 되는 소득이 있다.

16. 다음 중 소득세법상 업무용승용차 관련비용에 대한 설명으로 가장 옳지 않은 것은?

① 성실신고대상자는 업무용승용차 전부를 업무전용자동차보험에 가입해야만 비용으로 인정받을 수 있다.

② 종업원 명의의 차량을 업무수행에 이용한 경우에는 해당 규정을 적용받지 않는다.

③ 업무용승용차의 감가상각은 내용연수 5년의 정액법으로 강제상각하여야 한다.

④ 간편장부대상자는 업무용승용차에 대한 규정을 적용받지 않는다.

주관식

01. 다음 자료에 의하여 소득세법상 사업소득금액을 계산하면 얼마인가?

1. 손익계산서상 당기순이익 : 100,000,000원
2. 손익계산서에 반영되어 있는 금액
   (1) 대표자급여 : 10,000,000원
   (2) 유형자산처분이익 : 1,500,000원(복식부기의무자가 아님)

02. 다음은 제조업을 영위하는 사업자 이천사씨의 제10기(20x1.1.1~20x1.12.31) 손익계산서에 반영되어 있는 수익항목에 관한 자료이다. 제10기 사업소득의 총수입금액을 계산하면 얼마인가?

• 총매출액	: 100,000,000원
• 거래상대방인 (주)세무로부터 받은 판매장려금	: 5,000,000원
• 사업여유자금을 친구에게 금전대여후 받은 이자수익	: 5,000,000원
• 가사사용한 재고자산가액	: 5,000,000원 (시가)
• 소득세 환급액	: 5,000,000원

03. 국내에서 제조업을 영위하는 사업자 갑의 제5기(20x1.1.1~12.31)의 손익계산서에 반영되어 있는 수익 항목에 관한 자료이다. 제5기 소득세법상 사업소득의 총수입금액은 얼마인가?

(1) 총매출액	120,000,000원
(2) 거래상대방인 (주)A로부터 받은 판매장려금	5,000,000원
(3) 이자수익	7,500,000원
(4) (주)B로부터 받은 배당금수익	1,500,000원
(5) 제조공장건물의 화재로 인한 보험차익	1,400,000원
(6) 사업과 관련 없이 기증받은 컴퓨터	2,000,000원(시가)

04. 다음 자료에 의하여 소득세법상 사업소득금액(복식부기의무자가 아님)을 계산하면 얼마인가?

1. 손익계산서상 당기순이익 : 10,000,000원
2. 손익계산서에 반영되어 있는 금액
   (1) 대표자 급여 : 5,000,000원
   (2) 업무용 비품의 처분 손실 : 2,000,000원
   (3) 시설의 개체에 따른 기계장치 폐기손실 : 4,000,000원*
   (* 폐기처분한 기계장치와 관련된 상각부인액 1,000,000원이 있다.)
   (4) 비영업대금의 이익(25% 원천징수 후 금액) : 3,000,000원

05. 연예인이 직업인 김씨는 연예기획사와 20x1년 7월 1일부터 2년간 전속계약을 체결하고, 전속계약금 4억원을 20x1년 6월 30일에 일시에 받았다. 이 경우 소득세법상 20x1년의 총수입금액은 얼마인가?

06. 소득세법에 의한 사업소득의 총수입금액을 계산하면?

㉠ 총매출액 : 3,000만원	㉡ 매출 환입액 : 500만원
㉢ 매출 에누리 : 300만원	㉣ 예금이자 수입 : 150만원
㉤ 매출 할인액 : 200만원	㉥ 매입 할인액 : 350만원
㉦ 지급한 보조금 : 50만원	㉧ 지급받은 장려금 : 100만원

07. 거주자 염해상은 제조업(중소기업)을 영위하는 복식부기의무자인 개인사업자로 20x1년 사업소득에 관한 자료는 다음과 같다. 소득세법상 20x1년 기업업무추진비 한도초과액은 몇 원인가? 단, 신규사업자가 아니며, 금액은 숫자로 쓰시오.

- 매출액 : 10억원(일반수입금액)
- 기업업무추진비(접대비) : 4천만원

08. 소득세법상 아래의 괄호 안에 공통으로 들어갈 알맞은 숫자는?

주택을 대여하고 보증금을 받은 경우에는 ( ) 주택 이상을 소유하고 보증금의 합계액이 ( ) 억원을 초과하는 경우에만 간주임대료를 계산한다.

09. 소득세법상 다음의 괄호 안에 들어갈 내용은 무엇인가?

복식부기의무자는 업무용승용차에 대한 감가상각비를 계산할 때 정액법을 상각방법으로 하고, 내용연수를 (   )년으로 하여 계산한 금액을 감가상각비로 하여 필요경비에 산입해야 한다.

연/습/문/제 답안

객관식

1	2	3	4	5	6	7	8	9	10	11	12	13	14	15
②	③	①	①	①	③	②	④	②	③	①	④	②	②	③

16
①

[풀이 - 객관식]

01. 1개의 주택을 소유하는 자의 주택임대소득(**고가주택 및 국외소재주택임대소득은 제외**)은 비과세된다.

02. 축산, 양어 등 연 3천만원 이하의 농가부업소득은 비과세이다.

03,5. **가사용으로 사용한 재고자산은 총수입금액 산입**에 해당한다.

04. ② 주택보증금 간주임대료는 임대주택이 아니라 **소유주택이 3주택 이상**이면 적용됨.
③ 부동산임대업(주거용 건물 임대업 제외)의 결손금은 부동산임대업과만 통산된다.
④ 일시적으로 부동산을 임대시 기타소득에 해당한다.

07. 연예인이 사업활동과 관련하여 받는 전속계약금은 사업소득금액으로 계약기간이 1년을 초과하는 일신전속계약에 대한 대가를 일시에 받는 경우에는 계약기간에 따라 해당대가를 균등하게 안분한 금액을 **각 과세기간 종료일에 수입한 것**으로 하며, 월수의 계산은 해당 계약기간의 개시일이 속하는 날이 1개월 미만인 경우에는 1개월로 하고, 해당 계약기간의 종료일이 속하는 달이 1개월 미만인 경우에는 이를 산입하지 아니한다.

09. 판매장려금은 필요경비항목이다.

11. 대표자 인건비는 필요경비불산입되며, 주택신축판매업으로 인한 소득은 사업소득으로 보며, 부동산임대소득은 사업소득이다.

12. **의료보건용역 및 인적용역 등은 원천징수대상 사업소득**이다.

13. 수탁자가 그 위탁품을 판매하는 날이 수입시기이다.

14. 주거용 건물 임대업에서 발생한 총수입금액 2천만원 이하인 경우 **세액계산시 분리과세 또는 종합과세 중 선택**할 수 있다.

15. **복식부기의무자가 사업용 차량운반구 양도시 양도가액은 총수입금액에 산입**한다.

16. 성실신고대상자는 **1대 외에 추가하는 승용차에 대하여 업무전용자동차 보험에 가입**하여야 하며, 전용 보험 미가입 시 전액 비용으로 인정되지 않는다(2025년까지는 50%만 인정).

주관식

1.	108,500,000	2.	110,000,000	3.	126,400,000
4.	13,000,000	5.	100,000,000	6.	21,000,000
7.	1,000,000	8.	3	9.	5

[풀이 - 주관식]

01. 사업소득금액 = 당기순이익(100,000,000) + 필요경비불산입(10,000,000) - 총수입금액불산입(1,500,000) = 108,500,000원

02. 총매출액(100,000,000) + 판매장려금(5,000,000) + 재고자산(5,000,000) = 110,000,000원

03. 총수입금액 = 총매출액 + 판매장려금 + 보험차익(사업과 관련)

04.

구 분	사업소득금액
1. 당기순이익	10,000,000
2. 세무조정사항	
(1) 대표자급여	(+) 5,000,000
(2) 비품처분손실	(+) 2,000,000 (과세 제외)
(3) 기계장치상각부인액	(-) 1,000,000
(4) 비영업대금의 이익	( ) 3,000,000 (이자소득)
3. 소득금액	13,000,000

05. 일신전속계약에 대가를 일수에 수령시 **계약기간에 따라 월할계산**한다.
4억원×6개월/24개월 = 1억원

06. 총매출액(3,000) - 매출 환입액(500) - 매출에누리(300) - 매출 할인액(200) + 지급받은 장려금(100) = 2,100만원

07. 기업업무추진비한도액(중소기업) = 기본한도(36,000,000) + 수입금액(1,000,000,000)×0.3%
= 39,000,000원
기업업무추진비(40,000,000) - 기업업무추진비한도액(39,000,000) = 1,000,000원

제3절 근로소득

1. 근로소득의 개념

근로소득이란 근로자가 육체적·정신적 노동을 하여 보수로 얻는 소득·봉급·급료·임금·연금·상여금 따위가 있는데 이는 명칭여하를 불문한다.

① 근로의 제공으로 인하여 받는 봉급·급료·상여·수당 등의 급여
② 법인의 주주총회·사원총회 등 의결기관의 결의에 의하여 상여로 받는 소득
③ 법인세법에 의하여 상여로 처분된 금액(인정상여)
④ 퇴직함으로써 받는 소득으로서 퇴직소득에 속하지 아니하는 소득
⑤ 종업원등 또는 대학의 교직원이 지급받는 직무발명보상금(고용관계 종료 전 지급되는 보상금에 한정) ☞ 퇴직 후 지급받으면 기타소득으로 과세
⑥ 종업원 등에 대한 할인 금액(개정세법 25)
자사 및 계열사의 종업원으로 일반소비자의 시가보다 할인하여 공급받는 경우

(1) 근로소득에 포함되는 항목

① 기밀비·교제비·여비

㉠ 기밀비(판공비 포함)·교제비 등의 명목으로 받는 것으로서 업무를 위하여 사용된 것이 분명하지 아니한 급여

㉡ 여비의 명목으로 정기적으로 받는 연액 또는 월액의 급여

② 공로금·위로금·학자금

종업원이 받는 공로금·위로금·학자금·장학금(종업원의 자녀가 사용자로부터 받는 학자금·장학금 포함) 등 이와 유사한 성질의 급여

③ 각종 수당

㉠ 근로수당·가족수당·출납수당·직무수당·시간외근무수당 등

㉡ 보험회사·증권회사 등 금융기관의 내근사원이 받는 집금수당과 보험가입자의 모집·증권매매의 권유·저축의 권장으로 인한 대가·기타 이와 유사한 성질의 급여

㉢ 기술수당·보건수당·연구수당 등

④ 회사로부터 받는 경제적 이익

㉠ 출자임원이 주택을 제공받음으로써 얻는 이익. 다만, **비출자임원(소액주주임원 포함)과 종업원이 사택을 제공받음으로써 얻는 이익은 비과세 근로소득**으로 본다.

㉡ 모든 임직원이 주택자금을 저리 또는 무상으로 대여받음으로써 얻는 이익
다만 **중소기업 종업원의 주택구입·임차자금 대여이익은 비과세 근로소득**으로 본다.

〈사택제공 및 주택자금대여〉

	사택제공이익	주택자금대여이익
출자임원	근로소득	근로소득 (중소기업 종업원은 비과세)
소액주주(1% 미만)임원, 비출자임원	비과세 근로소득	
종업원		

㉢ 종업원이 보험계약자이거나 종업원 또는 그 배우자·가족을 보험수익자로 하는 보험과 관련하여 사용자가 부담하는 보험료

㉣ 임원 또는 사용인이 회사로부터 주식매수선택권을 부여받아 이를 행사함으로써 얻은 이익

☞ 주식매수선택권(**stock option**) : 법인의 경영·기술혁신 등에 기여하였거나 기여할 능력을 갖춘 임직원등에게 낮은 가격으로 당해 법인의 신주를 매입할 수 있도록 부여한 권리

(2) 근로소득으로 보지 아니하는 것

① **경조금 : 사업자가 사용인에게 지급한 경조금 중 사회통념상 타당하다고 인정되는 금액**

② 퇴직급여로 지급하기 위하여 적립되는 급여

☞ 대가의 명칭여하에 관계없이 퇴직을 원인으로 지급받는 공로금·위로금은 원칙적으로 퇴직소득으로 본다.

2. 비과세 근로소득

(1) 실비변상적 성질의 급여

① 일직료·숙직료 또는 여비로서 실비변상 정도의 금액

② **자가운전보조금(월 20만원 이내)**

종업원이 소유차량(임차차량 포함)을 종업원이 직접 운전하여 사용자의 업무수행에 이용하고 시내 출장 등에 소요된 실제여비를 지급받는 대신에 그 소요경비를 해당 사업체의 규칙 등에 의하여 정하여진 지급기준에 따라 받는 금액

③ 선원이 받는 승선수당, 경찰공무원이 받는 함정근무수당·항공수당, 소방공무원이 받는 함정근무수당·항공수당·화재진화수당(월 20만원 이내)

④ 초·중등교육법에 의한 교육기관의 교원이 받는 연구보조비(월 20만원 이내)

⑤ 방송·통신·신문사 등의 기자가 받는 취재수당(월 20만원 이내)

(2) 생산직근로자의 연장근로수당 등

① 비과세요건

㉠ **공장 또는 광산에서 근로를 제공하는 생산 및 관련 종사자,** 어업을 영위하는 자에게 고용되어 근로를 제공하는 자

㉡ **직전년도 총급여액이 3,000만원 이하로서 월정액급여*가 210만원 이하인 자**

* 월정액급여＝급여총액－상여 등 부정기적 급여－실비변상・복리후생적 성질의 급여－연장・야간・휴일근로수당 등

㉢ 통상임금에 가산하여 받는 연장근로・휴일근로・야간근로수당일 것

② 비과세금액

㉠ 광산근로자・일용근로자 : 전액 비과세

㉡ **'㉠' 외의 생산직근로자 : 연 240만원 비과세**

(3) 식사와 식사대

① **사내급식 등을 통하여 근로자가 제공받는 식사 기타 음식물 : 전액 비과세**

② **식사・음식물을 제공받지 아니하는 근로자가 받는 식사대* : 월 20만원**

* 만일 식사 기타 음식물을 제공받으면서 식사대를 지급받으면, 식사대는 전액 과세된다.

(4) 복리후생적 성질의 급여

① 사택제공이익 : 비출자임원, 소액주주임원, 종업원에게 제공

② 중소기업 종업원의 주택자금 저리 대여이익

③ 단체순수보장성 보험 및 단체환급부보장성 보험 중 70만원 이하의 보험료

(5) 기타의 비과세 근로소득

① 각종 법률에 의하여 받는 금액

㉠ 산업재해보상보험법에 의하여 지급받는 요양급여・휴업급여・장해급여・유족급여 및 장의비 또는 근로의 제공으로 인한 부상・질병 또는 사망과 관련하여 근로자나 그 유족이 지급받는 배상・보상 또는 위자의 성질이 있는 급여

㉡ 고용보험법에 의하여 받는 실업급여 및 육아휴직급여와 산전후 휴가급여 등

② 본인 학자금

교육・훈련기간이 6월 이상인 경우에는 당해 교육기간을 초과하여 근무하지 않는 경우에 지급받은 금액을 반납할 것을 조건으로 한다.

③ **출산 · 양육 관련 급여**

㉠ 출산지원금(개정세법 25)

근로자 본인 또는 배우자의 출산과 관련하여, 출생일 이후 2년 이내에, 공통 지급규정에 따라 지급(2회 이내)받는 급여로서 전액 비과세(한도 없음)

㉡ 양육(보육)수당

근로자 또는 그 배우자의 출산이나 **6세 이하의 자녀양육관련 급여로서 월 20만원 이내의 금액**

④ 국외근로시 받은 급여

㉠ 일반근로자 : 국외 등에서 근로를 제공하고 받는 보수 중 월 100만원(외항선원, 원양어업선원 및 해외건설 근로자는 500만원) 이내의 금액

㉡ 공무원 등 : 국외 등에서 근무하고 받는 수당 중 당해 근로자가 국내에서 근무할 경우에 지급받을 금액 상당액을 초과하여 받는 금액

⑤ 건강보험료 등의 사용자부담금

국민건강보험법 · 고용보험법 · 국민연금법 · 근로자퇴직급여보장법 등에 의하여 국가 · 지방자치단체 또는 사용자가 부담하는 부담금

⑥ 「발명진흥법」상 지급받는 **직무발명보상금으로서 7백만원 이하의 보상금**

⑦ 종업원 할인 금액(개정세법 25)

㉠ 비과세 금액 : MAX(시가의 20%, 연 240만원)

㉡ 요건 : 종업원 등이 직접 소비목적으로 구매 & 일정기간 동안 재판매 금지 & 공통 지급기준에 따라 할인금액적용

⑧ 주식매수선택권 행사이익(비상장 벤처기업 · 코넥스 상장 벤처기업 임직원, 연간 2억원 이내)

3. 근로소득의 과세방법

(1) 근로소득자(종합과세소득)

매월분의 급여 또는 상여지급시 **근로소득 간이세액표에 의하여 소득세를 원천징수하고 다음 연도 2월분 급여지급시 연말정산**을 한다.

(2) 일용근로자 - 분리과세소득

일용근로자란 근로를 제공한 날 또는 시간에 따라 급여를 계산하거나 근로를 제공한 날 또는 시간의 근로성과에 따라 급여를 계산하여 받는 자로서 근로계약에 따라 일정한 **고용주에게 3개월 이상(건설공사 : 1년 이상) 계속 고용되어 있지 않는 업무종사자**를 말한다.

원천징수세액 = [일급여액 - 150,000원] × 6% - 근로소득세액공제(산출세액 × 55%) **= [(일급여액 - 150,000원) × 6%] × (1 - 55%)**

4. 근로소득금액의 계산

(1) 계산구조

근로소득금액 = 근로소득 총수입금액* - 근로소득공제(공제한도 2천만원)

* 근로소득 총수입금액 = 근로소득 - 비과세소득 - 분리과세소득

(2) 근로소득공제

근로소득공제는 근로기간이 1년 미만인 경우에도 월할 공제하지 아니하고 전액 공제한다. 다만, 당해 연도의 총급여액이 공제액에 미달하는 경우에는 당해 연도 총급여액을 공제액으로 한다.

구 분	공제액 한도
500만원 이하	**총급여액* × 70%**
500만원 초과 1,500만원 이하	350만원 + (총급여액 - 500만원) × 40%
1,500만원 초과 4,500만원 이하	750만원 + (총급여액 - 1,500만원) × 15%
4,500만원 초과 1억원 이하	1,200만원 + (총급여액 - 4,500만원) × 5%
1억원 초과	1,475만원 + (총급여액 - 1억원) × 2%

* 총급여액 = 근로소득 - 비과세 근로소득

5. 근로소득의 수입시기

급 여	근로를 제공한 날
잉여금처분에 의한 상여	**잉여금처분결의일**
인정상여	해당 사업연도 중 근로를 제공한 날
주식매수선택권	**행사한 날**

<예제 2 - 3> 근로소득금액

다음 자료에 의하여 생산직 근로자인 김길동씨의 근로소득금액을 계산하시오.
직전년도 총급여액이 4천만원이고, 배우자와 6세 이하 자녀가 있다.

〈연간 급여 명세〉

1. 기본급(월 2,000,000원×12월)	24,000,000원
2. 상여금	10,000,000원
3. 직책수당(월 50,000원×12월)	600,000원
4. 식대보조금(월 150,000원×12월) – **별도 식사를 제공하지 않고 있음**	1,800,000원
5. 시간외근무수당	1,000,000원
6. 경조금(결혼축하금)	300,000원
7. 자가운전보조금(월 300,000원×12월) *** 본인차량으로 회사업무에 사용하고 있으며, 별도 교통비를 청구하지 않음.**	3,600,000원
8. 자녀양육수당(월 100,000원×12월)	1,200,000원
9. 연월차수당	1,000,000원
합 계	43,500,000원

해답

1. 총급여액 계산

항 목	근로소득해당액	비과세	총급여액
1. 기본급	24,000,000원	–	24,000,000원
2. 상여금	10,000,000원	–	10,000,000원
3. 직책수당	600,000원	–	600,000원
4. 식대보조금	1,800,000원	1,800,000원	–
5. 시간외근무수당*	1,000,000원	–	1,000,000원
6. 경조금	–	–	–
7. 자가운전보조금	3,600,000원	2,400,000원	1,200,000원
8. 자녀양육수당	1,200,000원	1,200,000원	–
9. 연월차수당	1,000,000원	–	1,000,000원
합 계	43,200,000원	5,400,000원	37,800,000원

* 월정액 급여가 **210**만원 초과이거나, 직전년도 총급여액이 **3**천만원 초과이므로 전액 과세한다.

2. 근로소득공제
   7,500,000원 + (37,800,000원 – 15,000,000원) × 15% = 10,920,000원

3. 근로소득금액
   37,800,000원 – 10,920,000원 = 26,880,000원

연/습/문/제

 객관식

01. 다음 중 소득세법상 근로소득이 아닌 것은?

① 근로를 제공함으로써 받는 봉급 · 급료 · 보수 · 세비 · 임금 · 상여 · 수당과 이와 유사한 성질의 급여
② 사업자가 종업원에게 지급한 경조금 중 사회통념상 타당하다고 인정되는 금액
③ 법인의 주주총회 · 사원총회 또는 이에 준하는 의결기관의 결의에 따라 상여로 받는 소득
④ 법인세법상 임원퇴직금 한도 초과액

02. 다음 중 소득세법상 근로소득으로 과세되는 것은?

① 단체순수보장성보험의 보험료 중 연 70만원 이하의 금액
② 업무와 관련하여 회사의 지급기준에 따라 수령한 교육비
③ 근로자가 자녀의 출산으로 인하여 사용자로부터 지급받은 월 10만원 이하의 금액
④ 중소기업 종업원이 아닌 주택의 구입에 소요되는 자금을 무상으로 대여받음으로써 얻는 이익

03. 다음 중 소득세법상 과세대상 근로소득이 아닌 것은?

① 근로를 제공함으로써 받는 봉급 · 급료 · 보수 · 세비 · 임금 · 상여 · 수당과 이와 유사한 성질의 급여
② 임원 아닌 종업원이 사택을 제공받아 얻는 이익
③ 법인의 주주총회 · 사원총회 또는 이에 준하는 의결기관의 결의에 따라 상여로 받는 소득
④ 근무기간 중에 종업원이 주식매수선택권 행사로 얻은 이익

04. 소득세법상 비과세 근로소득이 아닌 것은?

① 고용보험법에 따라 받는 실업급여
② 사내급식 등을 통하여 근로자가 제공받는 20만원 상당의 식사 기타 음식물
③ 월정액급여 210만원 이하인 생산직 근로자가 받은 연 240만원 연장근로수당
④ 사용인이 회사로부터 주식매수선택권을 부여받아 이를 행사함으로써 얻은 50만원 이익(벤처기업 아님)

05. 다음은 소득세법상 사택제공이익과 주택자금대여이익에 대한 내용이다. 다음 중 비과세되는 근로소득은?

① 출자임원의 사택제공이익
② 종업원의 사택제공이익
③ 비출자임원의 주택자금대여이익
④ 임원의 주택자금대여이익

06. 다음 소득 중 소득세법상 한도 없이 비과세 되는 근로소득은?

① 근로자 또는 그 배우자의 출산이나 6세 이하의 자녀의 보육과 관련하여 받는 급여
② 근로자가 사내 급식 또는 이와 유사한 방법으로 제공받는 식사 기타 음식물
③ 종업원이 자신의 소유차량을 사용주의 업무수행에 이용하고 받는 자가운전보조금
④ 학교의 교원이나 연구활동에 직접 종사하는 자 등이 받는 연구보조비 또는 연구활동비

07. 소득세법상 근로소득에 대한 설명이다. 옳은 것은?

① 총무과장(소액주주에 해당)이 사택을 제공받음으로써 얻은 이익은 근로소득에 해당한다.
② 국내에 있는 외국기관으로부터 받은 근로소득은 내국법인으로부터 받은 근로소득과 다르게 근로세액공제를 받지 못한다.
③ 동일한 고용주에게 계속하여 6개월 이상 고용된 건설공사 종사자도 일용근로자에 해당될 수 있다.
④ 월정액급여 210만원 이하인 광산근로자가 근로기준법에 따른 연장근로수당은 연 240만원 이내의 금액에 대하여만 비과세하고, 초과한 금액에 대해서는 과세한다.

08. 소득세법상 근로소득의 수입시기에 대한 설명이다. 바르게 짝지어지지 않은 것은?

① 급여 : 근로를 제공한 날
② 잉여금처분에 의한 상여 : 당해 법인의 잉여금처분결의일
③ 인정상여 : 당해 법인의 결산확정일
④ 근로소득에 해당하는 퇴직위로금 : 지급받거나 지급받기로 한 날

09. 소득세법상의 각종 소득별 총수입금액의 수입시기에 대한 다음의 설명 중에서 옳은 것은?

① 내국법인이 발행한 기명식 채권의 이자와 할인액은 약정에 의한 지급일이다.
② 법인세법에 의한 인정배당은 배당하는 법인의 사업연도 종료일이다.
③ 법인의 해산으로 인한 의제배당은 해산결의일이다.
④ 법인세법에 의한 인정상여는 해당 법인의 결산확정일이다.

10. 다음의 소득 중 소득세의 과세대상이 아닌 것은?

① 8촌 친척으로부터 월 5%의 이자를 지급하는 조건으로 차입하여 대학동문에게 월 3%의 이자를 받는 조건으로 대여한 거주자 최세무씨의 이자수입
② 제조업을 영위하는 거주자 최세무씨가 개인자금으로 유가증권시장에 상장된 주식에 투자하여 얻은 매매차익(단, 소액주주에 해당하는 거래임)
③ 교육법에 따른 고등학교의 육성회로부터 교사인 최세무씨가 지급받은 월 30만원의 연구보조비
④ 최세무씨가 교육법에 따른 대학교에 입학하게 되어 회사로부터 조건 없이 보조받은 대학등록금

11. 다음 중 소득세법상 근로소득에 해당하지 않는 것은 무엇인가?

① 퇴직 후 행사하는 주식매수선택권의 행사이익
② 종업원등 또는 대학의 교직원이 지급받는 직무발명보상금
③ 퇴직함으로써 받는 소득으로서 퇴직소득에 속하지 아니하는 소득
④ 근로를 제공함으로써 받는 봉급·급료·보수·세비·임금·상여·수당과 이와 유사한 성질의 급여

12. 다음 중 소득세법상 과세되는 근로소득에 해당하지 않는 것은?

① 법인의 주주총회의 결의에 의하여 상여로 받는 소득
② 법인세법에 의하여 상여로 처분된 금액(인정상여)
③ 종업원이 계약자인 사용자가 부담하는 보험료 중 단체순수보장성보험료 중 연 70만원 이하의 금액
④ 퇴직으로 인하여 받는 소득으로서 퇴직소득에 속하지 않는 소득

13. 다음 중 소득세법상 근로소득 비과세와 관련된 내용 중 가장 틀린 것은?

① 직원이 실제 여비 대신 지급받는 월 20만원 이내의 자가운전보조금은 비과세된다.
② 근로자의 6세 이하 자녀의 보육과 관련하여 사용자로부터 받는 월 20만원 이내의 자녀수당은 비과세한다.
③ 국민건강보험의 근로자 부담분을 사용자가 부담하는 경우의 부담분은 근로소득을 비과세한다.
④ 직원은 사내급식 대신 지급받는 월 20만원 이내의 식대는 비과세된다.

 주관식

01. 다음 (　)에 들어갈 숫자는?

소득세법상 일용근로자에 대한 근로소득 공제액은 1일 (　　)만원으로 한다.

02. 일용근로자인 갑의 일당이 35만원인 경우에 원천징수할 소득세는 얼마인가?

03. 소득세법상 월정액급여 210만원 이하로서 직전 과세기간의 총급여액이 3천만원 이하인 생산직 근로자가 받는 연장근로 · 야간근로 또는 휴일근로소득 중 연간 비과세 한도는 얼마인가?

04. 다음 빈 (　) 안에 들어갈 알맞은 숫자는?

20x1년 귀속소득세법상 국외 등의 건설현장 등에서 근로를 제공하고 받는 보수의 경우에는 월 (　　) 만원 이내의 금액은 비과세 급여로 한다.

05. 소득세법상에 대한 설명으로 (가)에 알맞은 원천징수세율은 무엇인가?

> 원천징수의무자가 소득을 지급할 때 원천징수 세율을 적용하여야 한다. 근로소득에 대해서는 기본세율을 적용하지만, 일용근로자의 근로소득에 대해서는 (가)으로 한다.

06. 다음 자료를 이용하여 거주자 김경태의 20x1년 총 급여액을 계산하면 얼마인가?

• 급여 합계	:	25,000,000원
• 상여 합계*1	:	6,000,000원
• 자가운전보조금(30만원/월)*2	:	3,600,000원
• 식사대(5만원/월)*3	:	600,000원

*1. 위의 상여는 김경태씨가 20x1년 제공한 근로에 대한 대가로 지급받은 것임.

*2. 자가운전보조금은 김경태씨 소유차량을 직접 운전하여 업무수행에 이용하고 여비를 받지 않는 대가로 받았다.

*3. 김경태씨는 월 10만원에 해당하는 식사(음식물)를 제공받고 있다.

07. 다음 자료에 따라 20x1년 김씨의 소득세법상 근로소득금액을 계산하시오?

• 김씨의 연간 급여 명세이다.

(1) 기본급(월 1,000,000x12개월)	:	12,000,000원
(2) 상여금	:	5,000,000원
(3) 식대보조금(월 120,000x12월)	:	1,440,000원 (식사는 제공하지 않는다)
(4) 연월차수당	:	1,000,000원

• 근로소득공제

총급여액 1,500만원 초과 4,500만원 이하 → 750만원+(총급여액-1,500만원)×15%

연/습/문/제 답안

객관식

1	2	3	4	5	6	7	8	9	10	11	12	13		
②	④	②	④	②	②	③	③	①	②	①	③	③		

[풀이 - 객관식]

01. 사회통념상 타당한 경조금은 근로소득에 해당되지 않는다.

02. 모든 임원 · 종업원이 **주택의 구입 · 임차에 소요되는 자금을 저리 또는 무상으로 대여받음**으로써 얻는 이익은 근로소득이다.

03. **종업원이 사택을 제공받음으로써 얻은 이익은 비과세근로소득**이다.

04. 주식매수선택권을 부여받아 이를 행사함으로써 얻은 이익은 근로소득으로 과세된다.(벤처기업 제외)

05. **주택자금대여이익(중소기업은 비과세근로소득)은 임직원 불문하고 근로소득**에 해당하나, **사택제공이익은 출자임원(1% 이상)에 한해서 근로소득**으로 본다.

06. **현물로 식사를 제공받으면 전액 비과세**된다.

07. ① 총무과장(소액주주에 해당)이 사택을 제공받음으로써 얻은 이익은 비과세근로소득이다.
② 국내에 있는 외국기관으로부터 받은 근로소득은 내국법인으로부터 받은 근로소득과 동일하게 과세한다.
③ 동일한 고용주에게 계속하여 **12개월 이상 고용된 건설공사 종사자**는 일용근로자에 해당되지 않는다.
④ 광산근로자가 근로기준법에 따른 연장근로수당은 전액 비과세한다.

08. 인정상여의 수입시기는 해당 사업연도 중 **근로를 제공한 날**이다.

09. ② 인정배당의 수입시기는 해당 사업연도의 결산확정일이다.
③ 해산으로 인한 의제배당의 수입시기는 잔여재산가액확정일이다.
④ 인정상여의 수입시기는 해당사업연도 중 근로를 제공한 날이다

10. ① 비영업대금의 이익
③ 월 20만원까지는 비과세, 초과분은 과세
④ 법소정 요건을 충족시키지 못하는 본인학자금이므로 전액 과세

11. **퇴직 후 행사하는 주식매수선택권의 행사이익은 기타소득**이다.

12. 종업원이 계약자인 사용자가 부담하는 보험료 중 **단체순수보장성보험료 중 연 70만원 이하의 금액**은 비과세근로소득이다.
13. 건강보험료를 사용자가 부담하는 경우 **사용자 부담분은 근로소득으로 과세**한다.

주관식

1.	15	2.	5,400원	3.	2,400,000원
4.	500	5.	6%	6.	32,800,000원
7.	10,050,000원				

[풀이 - 주관식]

02. (350,000 - 150,000)×6%×(1 - 55%) = 5,400원
06. 자가운전보조금은 월 20만 이내 비과세이고, 식대는 음식물을 제공받으므로 과세에 해당한다.
    총급여액 = 25,000,000원 + 6,000,000원 + 1,200,000원 + 600,000원
07. 총급여액 = 기본급(12,000,000) + 상여(5,000,000) + 연월차(1,000,000) = 18,000,000원
    ☞ **식대의 비과세 한도는 월 20만원**
    근로소득공제액 = 750만원 + (18,000,000 - 15,000,000) × 15% = 7,950,000
    근로소득금액 = 총급여액(18,000,000) - 근로소득공제(7,950,000) = 10,050,000원

제4절 연금소득

1. 연금소득의 범위

(1) 공적연금

① 국민연금 : 국민연금법에 의하여 지급받는 각종 연금

② 특수직 연금 등 : 공무원연금법 · 군인연금법 · 사립학교교직원연금법 등에 의하여 지급받는 각종 연금

〈국민연금과 공무원연금의 과세체계〉

구 분		~ 2001년까지	2002년 ~
1. 연금납입시		소득공제불인정 또는 50% 소득공제	**전액소득공제**
2. 수령시	① 연금수령	**과세제외**	연금소득으로 과세
	② 일시금수령		퇴직소득으로 과세

(2) 연금계좌(사적연금)

① 퇴직연금

㉠ 퇴직보험의 보험금을 연금형태로 지급받는 경우 당해 연금 또는 이와 유사한 것으로서 퇴직자가 지급받는 연금

㉡ 근로자퇴직급여보장법에 따라 지급받은 연금

② 개인연금

연금저축에 가입하고 연금형태로 지급받는 소득 등

③ 기타연금

위 '①' 내지 '②'와 유사하고 연금형태로 지급받는 것으로서 세법이 정하는 것

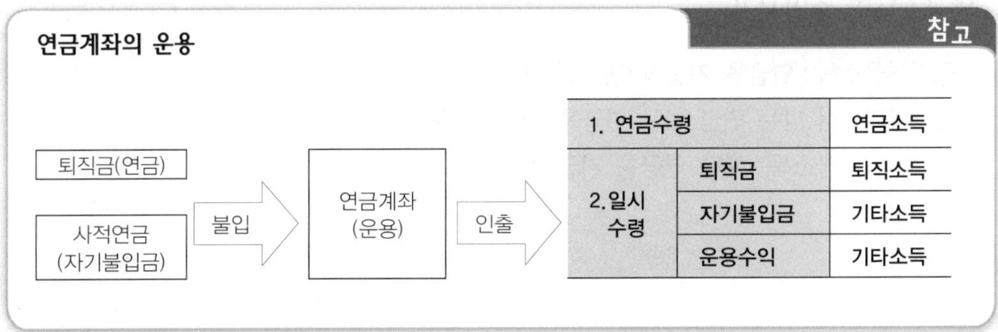

2. 비과세 연금소득

① 국민연금법에 의하여 지급받는 장애연금
② 공무원연금법 · 군인연금법 등에 의하여 지급받는 장해연금 · 상이연금
③ 산업재해보상보험법에 의하여 지급받는 각종 연금
④ 국군포로대우등에 관한 법률에 따른 국군포로가 지급받는 연금

3. 연금소득의 과세방법

(1) 공적연금 : 종합과세

원천징수의무자가 매월 공적연금소득을 지급하는 때에는 연금소득 간이세액표에 의하여 소득세를 원천징수한다. 연말정산은 다음연도 1월분 지급시 한다.

(2) 연금계좌에서 연금수령시(사적연금)

① 1,500만원 이하 : 저율 · 분리과세(5%~3%)
② 1,500만원 초과 : (세액계산시) 종합과세하거나 **15% 분리과세를 선택**할 수 있다.

4. 연금소득금액의 계산

연금소득금액 = 연금소득 총수입금액 – 연금소득공제

① 연금소득 총수입금액 = 연금소득 – 비과세소득 – 분리과세소득

② 연금소득공제 : **연금소득공제의 한도는 900만원으로 한다.**

5. 연금소득의 수입시기

① 공적연금소득 : 연금을 지급받기로 한 날
② 연금계좌에서 받는 연금소득 : 연금을 수령한 날
③ 그 밖의 연금소득 : 해당 연금을 지급받은 날

제5절 기타소득

1. 기타소득의 범위

기타소득은 이자소득, 배당소득, 사업소득, 근로소득, 연금소득, 퇴직소득, 양도소득 이외의 소득으로서 다음에 열거된 소득으로 한다(열거주의).

(1) 80% 추정필요경비가 적용되는 기타소득

기타소득의 범위	필요경비
① 공익법인이 주무관청의 승인을 받아 시상하는 상금 및 부상과 다수가 순위 경쟁하는 대회에서 입상자가 받는 상금 및 부상	MAX [①수입금액의 80%, ②실제 소요경비]
② 계약의 위약 또는 해약으로 인하여 받는 위약금과 배상금중 주택입주지체 상금	
③ 서화 · 골동품의 양도로 발생하는 소득[*1](개당 양도가액 6천만원 이상인 것) ☞ 사업장등 물적시설을 갖춘 경우와 서화 · 골동품을 거래하기 위한 목적으로 사업자 등록을 한 경우에는 사업소득으로 과세	

*1. 양도가액이 1억원 이하 또는 보유기간이 10년 이상 경우 90% 필요경비

(2) 60% 추정필요경비가 적용되는 기타소득

기타소득의 범위	필요경비
① **인적용역을 일시적으로 제공하고 지급받는 대가** ㉠ 고용관계 없이 다수인에게 강연을 하고 강연료 등의 대가 용역 ㉡ 라디오 · 텔레비전방송 등을 통하여 해설 · 계몽 또는 연기의 심사 등을 하고 받는 보수 또는 이와 유사한 성질의 대가는 받는 용역 ㉢ 변호사 · 공인회계사 · 세무사 · 건축사 · 측량사 · 변리사 기타 전문적 지식 또는 특별한 기능을 가진 자가 당해 지식 또는 기능을 활용하여 보수 또는 기타 대가를 받고 제공하는 용역 ㉣ '㉠ 내지 ㉢' 외의 용역으로서 고용관계 없이 수당 또는 이와 유사한 성질의 대가를 받고 제공하는 용역	MAX [①수입금액의 60%, ②실제 소요경비]
② **일시적인 문예창작소득**(문예, 학술, 미술, 음악, 사진에 속하는 창작품) ㉠ 원고료 ㉡ 저작권사용료인 인세 ㉢ 미술 · 음악 또는 사진에 속하는 창작품에 대하여 받는 대가	

기타소득의 범위	필요경비
③ **광업권, 어업권, 산업재산권, 산업정보, 산업상 비밀, 영업권(점포임차권 포함)**, 토사석의 채취허가에 따른 권리, 지하수의 개발 · 이용권 기타 이와 유사한 자산이나 권리를 양도 또는 대여하고 그 대가로 발생하는 소득	MAX [①수입금액의 60%, ②실제 소요경비]
④ 공익사업과 관련된 지상권 · 지역권의 설정 · 대여소득	
⑤ 통신판매중개를 통하여 물품 또는 장소를 대여(연 500만원 이하)	

(2) 실제발생경비만 필요경비가 인정되는 소득

기타소득의 범위	필요경비
① 상금, 현상금, 포상금, 보로금 또는 이에 준하는 금품	실제발생경비
② **저작자 또는 실연자 · 음반제작자 · 방송사업자 외**의 자가 저작권 또는 저작인접권의 양도 또는 사용의 대가로 받는 금품 ☞ 저작자등에게 귀속되면 사업소득임	
③ 영화필름 · 라디오 · 텔레비전방송용 테이프 또는 필름, 기타 이와 유사한 자산이나 권리의 양도 · 대여 또는 사용의 대가로 받는 금품	
④ **물품 또는 장소를 일시적으로 대여하고 사용료로서 받는 금품**	
⑤ 계약의 위약 또는 해약으로 인하여 받는 위약금과 배상금, 부당이득 반환시 지급받는 이자	
⑥ 유실물의 습득 또는 매장물의 발견으로 인하여 보상금을 받거나 새로 소유권을 취득하는 경우 그 보상금 또는 자산	
⑦ 무주물의 점유로 소유권을 취득하는 자산	
⑧ 거주자 · 비거주자 또는 법인과 특수관계가 있는 자가 그 특수관계로 인하여 당해 거주자 등으로부터 받는 경제적 이익으로 급여 · 배당 또는 증여로 보지 아니하는 금품	
⑨ **재산권에 관한 알선수수료 · 사례금**	
⑩ 법인세법에 의하여 처분된 기타소득	
⑪ 연금저축의 해지일시금(불입계약기간 만료 후 연금 외의 형태로 지급받는 금액 포함)	
⑫ 퇴직전에 부여받은 주식매수선택권을 퇴직 후에 행사하거나 고용관계 없이 주식매수선택권을 부여받아 이를 행사함으로써 얻는 이익 종업원 또는 대학의 교직원이 퇴직한 후에 지급받는 직무발명보상금(학생이 받는 보상금도 대상)	

기타소득의 범위	필요경비
⑬ **뇌물 및 알선수재 및 배임수재에 의하여 받는 금품** ☞ 알선수재 : 금품을 받고 다른 사람의 직무에 관해 잘 처리해주도록 알선한 죄 배임수재 : 다른 사람의 일을 처리하는 사람이 그 임무에 관하여 부정한 청탁을 받고 재산상의 이익을 취함.	
⑭ 승마투표권 및 경륜 · 경정법에 의한 승자투표권의 환급금	단위투표금액 합계액
⑮ 슬롯머신(비디오게임 포함) 및 투전기 기타 이와 유사한 기구를 이용하는 행위에 참가하여 받는 당첨금품 등	당첨 당시 슬롯머신 등에 투입한 금액
⑯ **복권 · 경품권 기타 추첨권에 의하여 받는 당첨금품**	실제발생경비
⑰ 사행행위등 규제 및 처벌특례법에 규정하는 행위에 참가하여 얻은 재산상의 이익	
⑱ 종교인소득 ☞ 근로소득으로 신고시 인정	의제필요경비

2. 비과세 기타소득

① 국가유공자등예우및지원에관한법률에 의하여 받는 보훈급여금 · 학습보조비 및 귀순북한동포보호법에 의하여 받는 정착금 · 보로금 및 기타금품

② 국가보안법 등에 의하여 받는 상금과 보로금 등

③ **종업원 또는 대학의 교직원이 퇴직한 후에 지급받거나 대학의 학생이 받는 직무발명보상금으로서 700만원 이하의 금액**

④ 상훈법에 의한 훈장과 관련하여 받는 상금과 부상 등

⑤ 국군포로의 송환 및 대우 등에 관한 법률에 따라 받는 정착금 등

⑥ 문화재보호법에 따라 국가지정문화재로 지정된 서화 · 골동품의 양도로 발생하는 소득

⑦ **서화 · 골동품을 박물관 또는 미술관에 양도함으로써 발생하는 소득**

3. 기타소득의 과세방법

(1) 무조건 분리과세

① **각종 복권당첨소득, 승마투표권 · 승자투표권의 환급금, 슬롯머신의 당첨금품은 20%(복권당첨금 등이 3억원을 초과하는 경우 당해 초과분에 대하여는 30%)** 세율로 소득세를 원천징수당함으로써 납세의무가 종결된다.

② 서화 · 골동품의 양도소득 : 20%

③ 연금계좌 납입시 세액공제분과 운용수익 부분 **연금외 수령시 : 15%**

(2) 무조건 종합과세 : 원천징수 대상에서 제외

뇌물 및 알선수재 및 배임수재에 의하여 받는 금품

(3) 선택적 분리과세

연 300만원 이하의 기타소득금액은 분리과세 또는 종합과세를 선택에 의할 수 있다.

(4) 과세최저한

1. 원칙	기타소득금액이 건별로 **5만원 이하**[*1]인 경우 ☞ 연금계좌에서 발생하는 기타소득은 과세최저한 적용제외
2. 예외	1. 승마투표권 등의 환급금으로서 건별로 해당 권면에 표시된 금액의 합계액이 10만원 이하이고 가. 적중한 개별 투표당 환급금이 10만원 이하인 경우 나. 단위 투표금액당 환급금이 단위 투표금액의 100배 이하이면서 적중한 개별 투표당 환급금이 200만원 이하인 경우
	2. 복권당첨금, 슬롯머신 등의 당첨금품 등이 **건별로 200만원 이하**인 경우

4. 기타소득금액의 계산

기타소득금액 = 기타소득 총수입금액* – 필요경비

* 기타소득 총수입금액 = 기타소득금액 – 비과세소득 – 분리과세소득

5. 기타소득의 수입시기

(1) 원칙

지급을 받은 날로 한다**(현금주의).**

(2) 예외

① 법인세법에 의하여 처분된 기타소득에 대하여는 당해 법인의 당해 사업연도의 결산확정일로 한다.

② 광업권 · 어업권 · 산업재산권 등의 자산이나 권리를 양도하거나 대여하고 받은 기타소득은 인도일 · 사용수익일 중 빠른 날로 한다. 다만, 대금청산 전에 자산을 인도 또는 사용 · 수익하였으나 대금이 확정되지 아니한 경우 대금지급일

〈개별소득의 특징〉

사업소득	근로소득	기타소득
계속 · 반복적(사업적)	**고용계약**	**일시 · 우발적**
	[강 사 료]	
학원강사(사업자)	대학교 시간강사	정치인 특강

참고

종교인 소득

1. 기타소득 중 종교인 소득으로 명시→조건부과세대상 기타소득이므로 300만원 이하인 경우 분리과세 가능(근로소득으로도 신고가능)
2. 소득의 범위 : 종교인이 종교단체(민법 32조에 따라 설립된 비영리단체)로부터 받는 소득
3. 비과세소득 : 종교활동을 위하여 통상적으로 사용할 목적으로 지급받은 금액(종교활동비), 종교활동과 관련있는 학자금, 식사대(월 20만원 이하) 등
4. 필요경비 : MAX[의제필요경비, 실제 소요된 필요경비]

구간	의제필요경비
2천만원 이하	80%
2천만원 초과 4천만원 이하	1,600만원+2천만원 초과금액의 50%
4천만원 초과 6천만원 이하	2,600만원+4천만원 초과금액의 30%
6천만원 초과	3,200만원+6천만원 초과금액의 20%

5. 원천징수 : 종교인 소득 간이세액표에 따라 원천징수, 원천징수시 반기 납부특례적용
6. 연말정산 : 다음연도 2월분 종교인소득 지급시(2월말까지 – 사업소득연말정산 규정 준용)
7. 퇴직소득 : 종교관련 종사자가 현실적인 퇴직을 원인으로 종교단체로부터 지급받을시

<예제 2 - 4> 기타소득금액

다음 자료에 의하여 김길동씨의 종합소득에 합산될 기타소득금액을 계산하시오. 필요경비는 확인되지 않는다.

명 세	금 액
1. 단국대학교에서 전산회계 관련 특별강의(일시적인 강사료임)	1,000,000원
2. 국가보안법에 의해 국가로부터 받은 상금	2,000,000원
3. 법인세법에 의하여 처분된 기타소득	3,000,000원
4. 복권당첨소득	4,000,000원
5. 사내에서 특별강연을 하고 받은 강사료	5,000,000원
6. 유실물 습득으로 인한 보상금	6,000,000원
7. 상표권의 양도로 받은 대가	7,000,000원
8. 공익사업과 관련하여 지역권을 설정하고 받은 대가	8,000,000원
9. 위약금과 배상금 중 주택입주 지체상금	9,000,000원
10. 영업권(사업용고정자산과 함께 양도)	1,000,000원
11. 저작자로서 받은 저작권 사용료	1,000,000원
합 계	48,000,000원

해답

1. 소득의 구분

명 세	기타소득			기 타
	비과세	선택적	분리과세	
1. 일시적인 강사료임		1,000,000원		
2. 국가로부터 받은 상금	2,000,000원	-		
3. 기타소득(법인세법)		3,000,000원		
4. 복권당첨소득		-	4,000,000원	
5. 사내 강사료		-		근로소득
6. 유실물 습득 보상금		6,000,000원		
7. 상표권 양도대가		7,000,000원		
8. 지역권 설정대가(공익사업)		8,000,000원		
9. 주택입주 지체상금		9,000,000원		
10. 영업권+사업용고정자산양도		-		양도소득
11. 저작권 사용료(저작자)		-		사업소득

2. 기타소득금액의 계산

명　세	총수입금액	필요경비	필요경비율
1. 일시적인 강사료임	1,000,000원	600,000원	60%
3. 기타소득(법인세법)	3,000,000원	0원	-
6. 유실물 습득 보상금	6,000,000원	0원	-
7. 상표권 양도대가	7,000,000원	4,200,000원	60%
8. 지역권 설정대가(공익사업)	8,000,000원	4,800,000원	60%
9. 주택입주 지체상금	9,000,000원	7,200,000원	80%
합　계	34,000,000원	16,800,000원	
	종합소득에 합산될 기타소득금액 = 17,200,000원		

연/습/문/제

 객관식

01. 다음 중 소득세법상 연금소득에 대한 설명으로 옳지 않은 것은?

① 2002년 이후 납입된 공적연금을 일시금으로 수령 시 퇴직소득으로 과세한다.
② 퇴직연금을 일시금으로 수령하는 경우에는 퇴직소득으로 분류된다.
③ 2002년 이후 공적연금을 불입한 경우에는 불입액 전액을 소득공제한다.
④ 연금소득공제액이 500만원을 초과 시 500만원으로 한다.

02. 다음은 소득세법의 연금소득에 관한 설명이다. 옳지 않은 것은?

① 공적연금납입액 전액을 종합소득금액에서 공제한다.
② 연금소득은 다른 종합소득과 합산하여 종합과세 함이 원칙이나, 사적연금총액이 1,500만원 초과인 경우 종합과세하거나 15% 분리과세를 선택할 수 있다,
③ 연금소득금액은 해당 연도에 받은 총연금액에서 900만원을 한도로 연금소득공제액을 공제한 금액으로 한다.
④ 국내에서 연금소득을 지급하는 자는 그에 대한 소득세를 원천징수하여 그 징수일이 속하는 달의 다음달 10일까지 정부에 납부하여야 한다.

03. 소득세법상 연금소득에 대한 설명으로 옳지 않은 것은?

① 원칙적으로 연금의 납입시 소득공제를 인정하는 대신 연금을 수령할 때 연금소득에 대해서 소득세를 과세한다.
② 사적연금도 연금소득으로 과세된다.
③ 다른 종합소득이 없고 공적연금소득만 있는 경우에는 과세표준 확정신고를 하지 않아도 된다.
④ 국민연금 등의 공적연금은 지급금액의 5%를 소득세로 원천징수한다.

04. 다음의 각 소득에 대한 소득세법상의 소득구분이 틀린 것은?

① 지역권을 설정 또는 대여하고 받는 금품 : 사업소득
② 사업용 고정자산과 함께 양도하는 영업권 : 기타소득
③ 직장공제회 초과반환금 : 이자소득
④ 연금저축에 가입하고 연금형태로 지급받는 소득 : 연금소득

05. 다음 중 소득세법상 기타소득이 아닌 것은?

① 점포임차권의 양도소득
② 연금저축의 해지일시금
③ 산업재산권의 대여소득
④ 비상장법인의 신주인수권 처분에 따른 차익

06. 다음은 소득세법상 소득구분에 대한 설명이다. 옳지 않은 것은?

① 작물재배업 중 곡물 및 기타 식량 작물 재배업으로부터 발생하는 소득 : 사업소득
② 계약의 해약으로 인하여 받는 위약금 : 기타소득
③ 지역권을 설정 또는 대여하고 받는 금품 : 사업소득
④ 사업용 고정자산과 함께 양도하는 영업권 : 양도소득

07. 다음의 각 소득에 대한 소득세법상의 소득구분이 옳은 것은?

① 공익사업과 관련하여 지역권을 설정 또는 대여하고 받는 금품 : 기타소득
② 사업용 고정자산과 함께 양도하는 영업권 : 사업소득
③ 직장공제회 초과반환금 : 근로소득
④ 연금저축에 가입하고 연금형태로 지급받는 소득 : 이자소득

08. 소득세법상 거주자의 기타소득금액 계산시 지급받은 금액의 60%,80%를 필요경비로 인정하는 경우가 아닌 것은? (단, 실제 소요된 경비는 지급받은 금액의 60%,80%를 초과하지 않음)

① 상금과 부상 중 공익법인이 주무관청의 승인을 얻어 시상하는 상금과 부상
② 공익사업과 관련하여 지상권 · 지역권을 설정 또는 대여하고 받는 금품
③ 계약을 위약 또는 해약으로 인한 위약금과 배상금 중 주택입주지체상금
④ 소유자가 없는 물건의 점유로 소유권을 취득하는 자산

09. 다음 중 소득세법상 무조건 분리과세 되는 기타소득에 해당하지 않는 것은?

① 승마투표권 등의 구매자가 받는 환급금
② 슬롯머신 등을 이용하는 행위에 참가하여 받는 당첨금품
③ 뇌물 · 알선수재 및 배임수재에 따라 받은 금품
④ 복권 당첨금

10. 소득세법상 기타소득에 대한 설명 중 잘못된 것은?

① 저작자가 저작권 사용료를 받는 경우 기타소득이다.
② 종업원 등이 퇴직한 후에 지급받는 연 700만원 이하의 직무발명보상금은 비과세 기타소득이다.
③ 고용관계 없는 자가 다수인에게 강연을 하고 받는 강연료 등은 총수입금액의 60%를 필요경비로 인정한다.
④ 복권당첨금은 기타소득으로 과세된다.

11. 다음 중 소득세법상 납세의무자가 분리과세와 종합과세를 선택할 수 있는 것은?

> 가. 사적연금의 총 연금액이 연 1,500만원 초과의 연금소득
> 나. 일당 10만원 이하의 일용근로소득
> 다. 연간 2,000만원 이하의 사업소득
> 라. 연간 300만원 이하의 기타소득금액

① 가, 나　　② 가, 다　　③ 가, 라　　④ 나, 다

12. 소득세법상 기타소득에 대한 설명 중 옳지 않은 것은?

① 법인세법의 소득처분에 따른 기타소득금액은 그 법인의 소득처분일에 수입한 것으로 본다.
② 승자투표권의 구매자가 받는 환급금은 소득세 20%(3억원 초과분은 30%)의 원천징수로 납세의무가 종결된다.
③ 원천징수의무가 적용된 300만원 이하의 기타소득금액(복권당첨금 등은 제외)은 분리과세와 종합과세 중 거주자가 선택할 수 있다.
④ 공익사업과 관련하여 지상권을 설정하고 지급받는 금액의 60%를 필요경비로 공제받을 수 있다. 다만, 실제 소요된 필요경비가 60%에 해당하는 금액을 초과하면 전체금액을 필요경비로 공제받을 수 있다.

13. 다음 중 소득세법상 기타소득에 해당하지 않는 것은?

① 소기업 · 소상공인 공제부금의 해지일시금
② 문예창작소득
③ 종업원 등이 퇴직한 후에 지급받은 직무발명보상금으로서 연 700만원 이하의 금액
④ 법인세법에 따라 처분된 기타소득

14. 다음 중 소득세법상 연금소득에 대한 설명으로 가장 옳지 않은 것은?

① 연금소득의 수입시기는 연금을 지급받거나 받기로 한 날이다.
② 공적연금소득만 있고 다른 소득이 없는 경우는 연말정산으로 납세의무가 종결된다.
③ 연금소득은 분리과세를 적용받을 수 없다.
④ 국민연금법에 따라 받는 유족연금은 비과세소득이다.

15. 다음 중 소득세법상 거주자의 소득구분에 관한 설명으로 옳지 않은 것은?

① 직장공제회 초과반환금은 이자소득으로 과세한다.
② 지역권과 지상권을 대여함으로써 발생하는 소득은 기타소득으로 과세한다.
③ 고용관계 없이 주식매수선택권을 부여받아 이를 행사함으로써 얻는 이익은 기타소득으로 과세한다.
④ 소기업 · 소상공인 공제부금의 해지일시금은 사업소득으로 과세한다.

16. 다음 중 소득세법상 연금소득에 대한 설명 중 가장 틀린 것은?

① 연금소득금액은 총연금액(연금소득에서 제외하는 소득과 비과세소득의 금액은 제외)에서 연금소득공제를 적용한 금액으로 한다.
② 공적연금소득만 있는 자는 연말정산에 의하여 사실상 과세가 종결되므로 다른 소득이 없는 경우 과세표준 확정 신고를 하지 않아도 된다.
③ 1,500만원 초과 사적연금소득에 대해서 선택적 분리과세가 가능하다.
④ 국민연금법, 공무원 연금법에 따른 연금소득은 비과세이다.

주관식

01. 소득세법상 다음 (㉠)에 알맞은 숫자는?

> 광업권 · 어업권 · 산업재산권 · 산업정보, 산업상 비밀 · 상표권 · 영업권 그 밖에 이와 유사한 자산이나 권리를 양도하거나 대여하고 그 대가로 받는 금품에 대한 필요경비가 없는 경우 필요경비로 의제되는 비율은 (㉠)%이다.

02. 다음 ( )안에 들어갈 숫자는 무엇인가?

> 소득세법상 연금소득금액은 총 연금액에서 ( )원을 한도로 연금소득공제액을 공제한 금액으로 한다.

03. 다음 ( )에 들어갈 숫자는 무엇인가?

> 해당 과세기간의 기타소득금액이 ( )원 이하인 경우 해당 소득은 납세의무자의 선택에 따라 종합소득과세표준에 합산하지 않고 원천징수로 종결할 수 있다. 다만 뇌물 · 알선수재 및 배임수재에 따라 받은 금품은 제외한다.

04. 다음 자료에 의하여 종합소득에 합산될 기타소득금액을 구하시오.(단, 실제발생경비는 모두 없는 것으로 함)

> • 법인세법에 의하여 처분된 기타소득 10,000,000원
> • 원작자로 받은 원고료 1,000,000원
> • 복권당첨소득 100,000원

05. 다음 자료에서 소득세법상 종합소득에 합산하여야 할 기타소득금액은 얼마인가?

① 영업권양도금액(사업용고정자산과 함께 양도) : 10,000,000원
② 일시적인 문예창작소득 : 5,000,000원
③ 지하수개발권 대여소득 : 10,000,000원
④ 로또복권당첨금 : 5,000,000원
⑤ 주택입주지체상금 : 1,000,000원

06. 다음 자료를 이용하여 거주자 오세민의 20x1년도 종합소득금액을 계산하면 얼마인가? (단, 모든 소득은 국내에서 발생한 것으로 세법에 규정된 원천징수는 적법하게 이루어졌으며 필요경비는 확인되지 않는다)

㉠ 유실물 습득으로 인한 보상금 : 5,000,000원
㉡ 상표권의 양도로 인한 대가 : 15,000,000원
㉢ 지역권을 대여하고 받은 대가 : 10,000,000원
㉣ 토지의 매각대금 : 20,000,000원
㉤ 은행예금이자 : 10,000,000원

07. 다음은 국내거주자 김모씨의 20x1년 소득과 관련된 자료이다. 해당 자료를 토대로 종합소득금액을 계산하면 얼마인가?

구 분	금 액
은행예금이자	34,000,000원
국내 주권상장법인의 주식보유에 따른 현금배당금	8,000,000원
고용관계 없는 일시적 강연료수입액	20,000,000원

08. 소득세법상 연금계좌에서 연금외 수령한 기타소득에 대한 원천징수세율은 몇%인가?

연/습/문/제 답안

객관식

1	2	3	4	5	6	7	8	9	10	11	12	13	14	15
④	②	④	②	④	①	①	④	③	①	③	①	③	③	②④
16														
④														

[풀이 - 객관식]

01. **연금소득공제액의 한도는 900만원**으로 한다.

02. 1,500만원 초과 **사적연금에 대해서 분리과세 또는 종합과세 선택가능**하다.

03. 공적연금의 경우 기본세율로 원천징수하고, **사적연금의 경우 5%의 세율**로 원천징수한다.

04. **사업용 고정자산과 함께 양도하는 영업권 : 양도소득**

05. 비상장법인의 신주인수권 처분에 따른 차익은 양도소득에 해당된다.

06. 곡물 및 기타 식량 작물 재배업으로부터 발생하는 소득은 사업소득 범위에서 제외된다.

07. ② **사업용 고정자산과 함께 양도하는 영업권 : 양도소득**
③ 직장공제회 초과반환금 : 이자소득
④ 연금저축에 가입하고 연금형태로 지급받는 소득 : 연금소득

08. 무주물 점유는 실제 소요된 경비를 필요경비로 한다.

10. **저작자의 저작권사용료는 사업소득**이나, **저작자 외의 저작권사용료는 기타소득**에 해당한다.

11. **1,500만원 초과 사적연금과 3백만원 이하 기타소득금액**인 경우 선택적 분리과세할 수 있다.

12. 법인세법상 사외유출되어서 소득처분이 기타소득일 경우 **결산확정일이 기타소득의 수입시기**이다.

13. 종업원 등이 퇴직한 후에 지급받은 **직무발명보상금으로서 연 700만원 이하의 금액은 비과세 소득**이다.

14. 일정한 요건 내에서 연금소득은 분리과세를 적용받을 수 있다.

15. 지역권과 지상권을 대여함으로써 발생하는 소득은 사업소득으로 과세한다.
소기업 · 소상공인 공제부금(노란우산공제)의 해지일시금은 기타소득으로 과세한다.

16. **국민연금이나 공무원연금의 연금소득은 종합과세대상**이다.

주관식

1.	60	2.	9,000,000	3.	3,000,000
4.	10,400,000	5.	6,200,000	6.	21,000,000
7.	50,800,000	8.	15		

[풀이 - 주관식]

04. 10,000,000 + 1,000,000 × (1 - 0.6) = 10,400,000원

05. **<u>사업용고정자산과 함께 양도하는 영업권은 양도소득</u>**, 복권당첨금은 분리과세

명 세	총수입금액	필요경비율	기타소득금액
1. 일시적인 문예창작소득	5,000,000원	60%	2,000,000원
2. 지하수개발권 대여소득	10,000,000원	60%	4,000,000원
3. 주택입주지체상금	1,000,000원	80%	200,000원
합 계	34,000,000원		6,200,000원

06. ㉣ 토지의 매각대금 - 양도소득

㉤ 은행예금이자 - 기준금액 분리과세 소득

명 세	소득 구분	총수입금액	필요경비	소득금액
㉠ 유실물 습득으로 인한 보상금	기타	5,000,000	0	5,000,000
㉡ 상표권의 양도로 인한 대가	기타	15,000,000	9,000,000(60%)	6,000,000
㉢ 지역권을 대여하고 받은 대가	사업	10,000,000	0	10,000,000
합 계		30,000,000		21,000,000

07. **<u>금융소득이 20백만원 초과하므로 종합과세</u>**된다.

구 분	금 액
이자소득금액	34,000,000원
배당소득금액	8,800,000원(= 8,000,000원 × 110%)
기타소득금액	8,000,000원[= 20,000,000원 × (1 - 60%)]
종합소득금액	50,800,000원

소득금액계산의 특례

제1절 부당행위계산의 부인

법인세법의 경우와 거의 같으며, 소득세법상 적용되는 대상소득은 **배당소득(출자공동사업의 배당소득만 해당한다), 사업소득, 기타소득과 양도소득**에 한한다.

다만 직계존비속(특수관계인)에게 주택을 무상으로 사용하게 하고 직계존비속이 해당 주택에 실제 거주하는 경우는 부당행위계산 부인대상 제외한다.

제2절 공동사업

1. 공동사업장의 소득금액 계산

사업소득이 발생하는 사업을 공동으로 경영하고 그 손익을 분배하는 공동사업(출자공동사업자가 있는 공동사업을 포함)의 경우에는 해당 사업을 경영하는 장소를 **1거주자로 보아 공동사업장별로 그 소득금액을 계산**한다.

2. 공동사업의 소득분배

(1) 원칙 : 손익분배비율에 의한 소득분배

(2) 예외 : **공동사업합산과세**

거주자 1인과 그와 특수관계에 있는 자가 공동사업자에 포함되어 있는 경우로서 **손익분배비율을 거짓으로 정하는 등의 사유가 있는 경우**에는 손익분배비율에 따른 소득분배규정에 불구하고 그 특수관계자의 소득금액은 주된 공동사업자(**손익분배비율이 큰 공동사업자**)의 소득금액으로 본다.

☞ **손익분배비율이 같을 경우**

① 공동사업소득외의 종합소득금액이 많은 자

② 직전과세기간의 종합소득금액이 많은 자

③ 해당 사업에 대한 종합소득과세표준을 신고한 자 순으로 한다.

(3) **연대납세의무 : 공동사업합산과세시**

(4) 기타

① 원천징수세액의 배분 : 각 공동사업자의 손익분배비율

② 가산세 배분 : 공동사업장과 관련된 가산세는 손익분배비율

③ 1사업자의제 : 공동사업장을 1사업자로 보아 장부비치, 기장의무 등을 부여한다.

④ **결정 · 경정시 관할 : 대표공동사업자의 주소지 관할세무서장**

제3절 결손금과 이월결손금의 공제

1. 결손금과 이월결손금의 의의

결손금이란 소득금액계산시 필요경비가 총수입금액을 초과하는 경우 동 금액을 말하며, 이월결손금이란 동 결손금이 다음 연도 이후로 이월된 경우 이를 말한다.

소득세법상 결손금과 이월결손금은 **사업소득(결손금은 양도소득에서도 발생)**에서만 발생한다.

2. 결손금 및 이월결손금의 공제

(1) 결손금 공제(수평적 통산)

사업소득의 결손금(**부동산임대업에서 발생한 결손금은 무조건 다음 연도로 이월하여 해당 부동산임대업의 소득금액에서만 공제**)은 종합소득금액계산시 다음 순서로 공제한다. **다만 부동산임대업에서 주거용건물 임대업은 제외한다.**

사업소득(부동산임대업) → 근로소득 → 연금소득 → 기타소득 → 이자소득 → 배당소득

(2) 이월결손금 공제(수직적 통산)

이월결손금은 당해 이월결손금이 **발생한 연도의 종료일부터 일정기간 이월하여** 과세연도의 소득금액 계산시 먼저 발생한 이월결손금부터 순차로 공제한다.

〈결손금의 공제기간〉

2020년 이후	2009년~2019년	2008년 이전
15년	**10년**	**5년**

① 사업소득의 이월결손금

사업소득의 이월결손금은 종합소득금액계산시 다음 순서로 공제한다.

사업소득(부동산 임대업의 소득금액을 포함) → 근로소득 → 연금소득 → 기타소득 → 이자소득 → 배당소득

☞ 금융소득은 기본세율 적용분(종합과세분)에서 공제한다.

② 사업소득중 부동산임대업

부동산임대업(주거용 건물임대업 제외)에서 발생한 이월결손금은 당해 부동산임대업 소득금액에서만 공제한다.

(3) 납세자에게 종합과세되는 금융과세소득이 있는 경우

기본세율적용분(2천만원 초과분)에 대해서만 납세자가 그 소득금액의 범위내에서 공제여부 및 공제금액을 결정할 수 있다. → 원천징수세율 적용분(2천만원 이하분)에는 적용불가

☞ 금융소득에서 결손금과 이월결손금을 강제적으로 공제하면 산출세액은 동일한데 결손금 등이 소멸되는 결과가 나타날 수 있기 때문에 납세자가 결정할 수 있게 하였다.

(4) 이월결손금공제의 배제

소득금액을 추계신고, 결정, 경정하는 경우에는 이월결손금공제를 배제한다.

다만, 천재·지변 기타 불가항력으로 인하여 장부·기타 증빙서류가 멸실되어 추계하는 경우에는 이월결손금공제를 적용한다.

(5) 결손금소급공제

① **중소기업의 사업소득(부동산임대업의 결손금 제외)에서 발생한 결손금**

② 결손금 발생연도와 그 직전연도의 소득세를 신고기한 내에 신고한 경우

③ 과세표준 확정신고기한 내에 소급공제환급신청을 한 경우

직전 과세기간 해당 중소기업의 사업소득에 대한 종합소득세액을 환급받을 수 있다.

연/습/문/제

객관식

01. 다음 중 소득세법상 부당행위계산부인의 대상소득이 아닌 것은?

① 출자공동사업자에 대한 배당소득
② 연금저축의 해지일시금
③ 산업재산권의 대여소득
④ 이사회결의에 의해 지급받은 직원 퇴직위로금

02. 소득세법상 납세지 관할 세무서장 또는 지방국세청장은 "일정한 소득"이 있는 거주자의 행위 또는 계산이 그 거주자와 특수관계인과의 거래로 인하여 그 소득에 대한 조세 부담을 부당하게 감소시킨 것으로 인정되는 경우에는 그 거주자의 행위 또는 계산과 관계없이 해당 과세기간의 소득금액을 계산할 수 있다. 위의 "일정한 소득"에 해당하지 않는 것은?

① 이자소득　② 공동출자사업자에 따른 배당소득
③ 사업소득　④ 기타소득

03. 소득세법상 공동사업에 관한 다음 설명 중 옳은 것은?

① 공동사업장의 기업업무추진비 한도액 계산시 기초금액에 공동사업자의 인원수를 곱해서 계산한다.
② 공동사업자는 다른 공동사업자의 사업소득의 소득세 미납액에 대한 연대납세의무를 지는 것이 원칙이다.
③ 공동사업장을 1거주자로 보아 기장의무 규정을 적용하며, 공동사업장별로 사업자등록을 하여야 한다.
④ 공동사업장의 원천징수 등 납부지연(불성실)가산세는 원천징수업무를 담당하는 공동사업자에게 부과한다.

04. 다음 공동사업에 대한 소득금액계산의 특례를 설명하고 있다. 가장 옳지 않은 것은?

① 사업소득이 발생하는 사업을 공동으로 경영하고 그 손익을 분배하는 공동사업의 경우 공동사업장을 1거주자로 보아 소득금액을 계산한다.

② 공동사업에서 발생한 소득금액은 원칙적으로 손익분배비율에 따라 각 공동사업자별로 분배한다.

③ 공동사업에서 발생하는 소득금액의 결정 또는 경정은 각 공동사업자의 주소지관할세무서장이 한다.

④ 공동사업합산과세에 해당되는 경우 주된 공동사업자 외의 특수관계자는 그의 손익분배비율에 해당하는 소득금액을 한도로 주된 공동사업자와 연대하여 납세의무를 부담한다.

05. 다음 중 소득세법상 소득금액 계산에 관한 설명으로 가장 틀린 것은?

① 사업소득 또는 근로소득이 있는 거주자의 행위 또는 계산이 그 거주자와 특수관계인과의 거래로 인하여 그 소득에 대한 조세 부담을 부당하게 감소시킨 것으로 인정되는 경우 그 거주자의 행위 또는 계산과 관계없이 해당 과세기간의 소득금액을 계산할 수 있다.

② 우리나라가 조세의 이중과세 방지를 위하여 체결한 조세조약의 상대국과 당국 간에 합의를 하는 경우에는 그 합의에 따라 그 거주자의 각 과세기간의 소득금액을 조정하여 계산할 수 있다.

③ 피상속인의 소득금액에 대한 소득세로서 상속인에게 과세할 것과 상속인의 소득금액에 대한 소득세는 구분하여 계산하여야 한다.

④ 사업소득이 발생하는 사업을 공동으로 경영하고 그 손익을 분배하는 공동사업의 경우에는 공동사업장을 1거주자로 보아 공동사업장별로 그 소득금액을 계산한다.

06. 다음 중 소득세법상 소득금액 계산의 특례와 관련된 설명 중 가장 옳지 않는 것은?

① 사업소득, 기타소득, 출자공동사업자의 배당소득 그리고 양도소득은 부당행위계산부인의 대상이 된다.

② 사업소득이 발생하는 사업을 공동으로 경영하고 그 손익을 분배하는 공동사업의 경우에는 공동사업장을 1거주자로 보아 공동사업장별로 그 소득금액을 계산한다.

③ 주된 공동사업자와 특수관계인의 소득금액이 주된 공동사업자에게 합산되는 경우 그 합산과세되는 소득금액에 대해서는 주된 공동사업자의 특수관계인은 각각 납부의무를 진다.

④ 중소기업을 경영하는 거주자가 그 중소기업의 사업소득금액을 계산할 때 해당 과세기간의 결손금이 발생한 경우에는 직전 과세기간의 그 중소기업의 사업소득에 부과된 소득세액을 한도로 하여 결손금소급공제세액을 환급신청 할 수 있다. 다만, 부동산임대업에서 발생한 결손금의 경우 그러하지 아니한다.

07. 소득세법상 결손금공제에 관한 설명으로 옳지 않은 것은?

① 사업소득(부동산임대업 제외)의 결손금은 다른 소득금액과 통산하고 통산 후 남은 결손금은 다음 연도로 이월시킨다.

② 부동산임대업(주거용 건물임대업)에서 발생한 결손금은 사업소득금액 처럼 다른 소득금액과 통산할 수 있다.

③ 2018년 발생한 이월결손금은 발생연도 종료일부터 10년 내에 종료하는 과세기간의 소득금액 계산시 먼저 발생한 것부터 순차로 공제한다.

④ 부동산임대업(주거용 건물임대업 제외)에서 발생한 결손금은 다른 종합소득금액에서 결손금 공제가 가능하다.

08. 다음 중 소득세법상 결손금 및 이월결손금 공제에 대한 내용으로 틀린 것은?

① 세법에서 정하는 중소기업을 영위하는 거주자는 해당과세기간의 종합소득금액에서 결손금을 공제하고도 남은 사업소득 결손금은 직전 과세기간으로 소급공제를 신청할 수 있다.

② 부동산임대업 이외의 사업의 결손금은 근로소득금액, 연금소득금액, 기타소득금액, 이자소득금액, 배당소득금액의 순서로 공제한다.

③ 종합과세되는 이자소득과 배당소득 중 원천징수세율이 적용되는 부분에 대해서도 사업소득의 결손금과 이월결손금을 공제할 수 있다.

④ 부동산임대업(주거용건물임대업 제외)에서 발생한 이월결손금은 다른 종합소득금액에서 공제하지 아니하고 부동산임대사업에서 발생한 소득금액에서 공제한다.

09. 소득세법상 소득금액계산과 관련된 설명으로 틀린 것은?

① 부당행위계산부인규정은 사업소득, 기타소득, 출자공동사업자의 배당소득과 양도소득이 있는 거주자에게 적용될 수 있다.

② 사업소득의 이월결손금 중 부동산임대업(주거용 건물 임대업 제외)에서 발생한 이월결손금은 부동산임대업에서 발생한 소득에서만 공제한다.

③ 공동사업자의 소득금액을 계산하는 경우 기업업무추진비한도액은 공동사업에 출자한 공동사업자별로 각각 계산한다.

④ 상속인에게 납세의무가 승계되는 경우에도 피상속인의 소득과 상속인의 소득을 구분하여 각각 소득세를 계산하여야 한다.

10. 다음 중 소득세법상 소득금액계산과 관련된 설명으로 가장 옳지 않은 것은?

① 부동산임대업의 해당과세기간의 이월결손금은 중소기업의 결손금 소급공제에 따른 환급을 받을 수 없다.

② 피상속인의 소득금액은 상속인에게 승계되며 상속인의 소득금액과 합산하여 계산한다.

③ 부동산임대업에서 발생한 결손금은 종합소득 과세표준을 계산할 때 기타소득금액에서 공제하지 아니한다.

④ 이자소득, 연금소득에 대해서는 부당행위계산부인 규정이 적용되지 아니한다.

11. 다음 중 소득세법상 공동사업장에 대한 특례에 대한 설명으로 틀린 것은?

① 공동사업장에서 발생한 소득금액에 대하여 원천징수된 세액은 각 공동사업자의 손익분배비율에 따라 배분한다.

② 공동사업장에 대해서는 그 공동사업장을 1사업자로 보아 소득금액을 계산할 수 있도록 증명서류 등을 갖춰 놓아야 한다.

③ 공동사업장의 구성원의 변동이 있는 경우에도 기장의무는 직전연도 당해 공동사업장의 수입금액에 의하여 판정한다.

④ 공동사업장을 1거주자로 보아 공동사업장별로 그 소득금액을 계산하므로 각 공동사업자별로 분배한 소득금액은 각 공동사업자의 다른 사업소득금액과 합산하여 종합소득 과세표준을 계산하지 아니한다.

12. 다음 중 소득세법상 부당행위계산의 부인 대상이 아닌 것은?

① 특수관계인으로부터 시가보다 높은 가격으로 자산을 매입하거나 특수관계인에게 시가보다 낮은 가격으로 자산을 양도한 경우

② 특수관계인에게 금전이나 그 밖의 자산 또는 용역을 무상 또는 낮은 이율 등으로 대부하거나 제공한 경우. 직계존비속에게 주택을 무상으로 사용하게 하고 직계존비속이 그 주택에 실제 거주하는 경우도 포함한다.

③ 특수관계인으로부터 금전이나 그 밖의 자산 또는 용역을 높은 이율 등으로 차용하거나 제공받는 경우

④ 특수관계인으로부터 무수익자산을 매입하여 그 자산에 대한 비용을 부담하는 경우

주관식

01. 소득세법상 종합소득금액 계산시 일반적인 사업소득의 이월결손금을 공제하는 순서로 나열하시오.

가. 배당소득금액	나. 근로소득금액	다. 기타소득금액
라. 이자소득금액	마. 연금소득금액	바. 사업소득금액

02. 소득세법상 거주자 1인과 그와 특수관계에 있는 자가 공동사업자에 포함되어 있는 경우로서 손익분배비율을 허위로 정하는 경우에 주된 공동사업자를 결정하는 순서를 정하시오.

(1) 손익분배비율이 제일 큰 자
(2) 공동사업소득 외의 종합소득금액이 많은 자
(3) 직전 연도의 종합소득금액이 많은 자
(4) 해당 사업에 대한 종합소득과세표준을 신고한 자

03. 소득세법상 부당행위계산 부인이 적용되기 위한 요건 중 (　　)에 들어갈 알맞은 내용을 적으시오.

부당행위 계산부인은 특수관계인과의 거래에서 조세 부담을 부당하게 감소시킨 것으로 인정되는 경우적용하는 규정으로 해당 거래가 시가와 거래가액의 차액이 3억원 이상이거나 시가의 100분의 (　　)에 상당하는 금액 이상인 경우만 해당한다.

연/습/문/제 답안

객관식

1	2	3	4	5	6	7	8	9	10	11	12
④	①	③	③	①	③	④	③	③	②	④	②

[풀이]

01. 근로소득은 부당행위계산부인의 적용대상이 아니고, ②는 기타소득에 해당한다.

02. 부당행위계산의 부인대상소득에 관한 문제이다.

03. ① 공동사업장의 기업업무추진비 한도액 계산시 공동사업자를 1거주자로 보므로 기초금액에 공동사업자의 인원수를 곱하면 안된다.

② 공동사업자는 다른 공동사업자의 사업소득의 소득세 미납액에 대한 연대납세의무를 지지 않는 것이 원칙이나, **공동사업합산과세가 적용**되는 경우에는 주된 소득자가 아닌 공동사업자는 **연대납세의무를 진다.**

④ 공동사업장의 원천징수 등 **납부지연가산세는 손익분배비율에 따라 분배**하여 각 공동사업자가 부담한다.

04. **결정·경정은 대표공동사업자의 주소지 관할세무서장**으로 한다.

05. 근로소득에 대해서는 부당행위계산 부인규정을 적용하지 않는다.

06. 주된 공동사업자와 특수관계인의 소득금액이 주된 공동사업자에게 합산되는 경우 그 합산과세되는 소득금액에 대해서는 주된 공동사업자의 특수관계인은 그의 손익분배비율에 해당하는 그의 소득금액을 한도로 주된 공동사업자와 연대하여 납세의무를 진다.

07. 부동산임대업(주거용 건물 임대업제외)에서 발생한 결손금은 부동산임대업에서 발생한 소득금액에서 공제한다.

08. 종합과세되는 이자소득과 배당소득 중 **원천징수세율이 적용되는 부분(2천만원 이하분)에 대해서는 사업소득의 결손금과 이월결손금을 공제할 수 없다.**

09. 공동사업자의 소득금액을 계산하는 경우 **기업업무추진비한도액은 공동사업장을 1거주자로 보아 계산**한다.

10. 피상속인의 소득금액에 대한 소득세로서 상속인에게 과세할 것과 상속인의 소득금액에 대한 소득세는 구분하여 계산하여야 한다.
11. 거주자의 사업소득금액과 각 공동사업자별로 분배한 소득금액은 합산하여 종합소득금액을 계산한다.
12. **직계존비속에게 주택을 무상**으로 사용하게 하고 직계존비속이 해당 주택에 **실제 거주하는 경우는 부당행위계산 부인대상에서 제외**한다.

주관식

1.	바,나,마,다,라,가	2.	(1) - (2) - (3) - (4)	3.	5

Chapter

종합소득 과세표준 및 세액계산 4

로그인 세무회계 2급

제1절 종합소득 과세표준의 계산구조

종합소득금액
(-) 종합소득공제 소득세법과 조세특례제한법에 의한 공제
종합소득과세표준

이러한 종합소득공제는 다음과 같이 분류한다.

구 분	종 류	근거법령
1. 인적공제	1. 기본공제 2. 추가공제	소득세법
2. 물적공제	1. 공적연금 보험료공제 2. **특별소득공제(사회보험료, 주택자금)**	소득세법
	3. 신용카드소득공제 4. 기타 소득공제	조세특례제한법

인적공제란 거주자의 최저생계비 보장 및 부양가족의 상황에 따라 세부담에 차별을 두어 부담능력에 따른 과세를 실현하기 위한 제도이다.

이에 반해 물적공제란 납세의무자가 지출한 일정한 비용(연금보험료 등)을 과세표준계산상 공제하는 제도로서 사회보장제도를 세제측면에서 지원하기 위함이다.

제2절 종합소득인적공제

1. 기본공제(인당 150만원)

	공제대상자[*1]	요 건		비 고
		연 령	연간소득금액[*2]	
1. 본인공제	해당 거주자	–	–	
2. 배우자공제	거주자의 배우자	–	**100만원 이하 (종합+퇴직+양도소득금액의 합계액) 다만 근로소득만 있는 경우 총급여 5백만원 이하**	**장애인은 연령제한을 받지 않는다. 그러나 소득금액의 제한을 받는다.**
3. 부양가족공제	직계존속(계부계모 포함[*3])	**60세 이상**		
	직계비속(의붓자녀)과 입양자	**20세 이하**		
	형제자매	**20세 이하/ 60세 이상**		
	국민기초생활보호대상자	–		
	위탁아동(6개월 이상)	18세 미만[*4]		

*1. 직계비속(또는 입양자)과 그 직계비속의 그 배우자가 모두 장애인에 해당하는 경우에는 그 배우자도 기본공제 대상자에 포함된다.

*2. XX소득금액과 XX소득과 다른 표현이다. XX소득금액이란 필요경비(또는 소득공제)를 공제 후 금액을 말한다.

*3. 직계존속이 재혼한 배우자를 직계존속 사후에도 부양하는 경우 포함

*4. 보호기간이 연장된 위탁아동 포함(20세 이하인 경우)

2. 추가공제

기본공제 대상자를 전제로 하고 **추가공제는 중복하여 적용가능**하다.

1. 경로우대공제	기본공제 대상자가 **70세 이상**인 경우	**100만원/인**
2. 장애인공제	기본공제대상자가 **장애인**[*1]인 경우	**200만원/인**
3. 부녀자공제	해당 과세기간의 종합소득금액이 3천만원 이하인 거주자로서 1. 배우자가 없는 여성으로서 기본공제대상인 부양가족이 있는 세대주인 경우 or 2. 배우자가 있는 여성인 경우	**50만원**
4. 한부모소득공제	배우자가 없는 자로서 기본공제대상자인 직계비속 또는 입양자가 있는 경우 ☞ **부녀자공제와 중복적용 배제**	**100만원**

*1. 국가유공자 등 예우 및 지원에 관한 법률에 의한 상이자, 항시 치료를 요하는 중증환자 등

3. 인적공제 관련사항

(1) 공제대상가족인 생계를 같이하는 자의 범위

해당 과세기간 종료일 현재 주민등록표상의 동거가족으로서 당해 거주자의 주소 또는 거소에서 현실적으로 생계를 같이하는 자이어야 한다. 다만 **다음의 경우는 동거하지 않아도 생계를 같이하는 것으로 본다.**

① 배우자 및 직계비속, 입양자(항상 생계를 같이하는 것으로 본다) ② 이외의 동거가족의 경우에는 취학, 질병의 요양, 근무상·사업상 형편 등으로 본래의 주소에서 일시퇴거한 경우 ③ 주거의 형편에 따라 별거하고 있는 직계존속

(2) 공제대상자의 판정시기

공제대상자에 해당하는지의 여부에 대한 판정은 **해당 연도의 과세기간 종료일 현재의 상황**에 따른다.

다만, **과세기간 종료일전에 사망 또는 장애가 치유된 자는 사망일 전일 또는 치유일 전일의 상황**에 따른다.

또한 **연령기준이 정해진 공제의 경우 해당 과세기간 중에 기준연령에 해당하는 날이 하루라도 있는 경우 공제대상자**가 된다.

세법상연령 = 연말정산연도 – 출생연도

즉 1965년생인 경우 당해연도(2025년) 기준으로 60살이 되므로 직계존속인 경우 연령요건이 충족된다.

<예제 4 - 1> 소득요건

다음 생계를 같이하는 부양가족의 소득에 대하여 소득요건을 충족하는지 판단하시오.

명 세	소득요건 충족여부
1. 근로소득 총급여 6,000,000원이 있는 장인	
2. 복권당첨소득 200,000,000원이 있는 아버지	
3. 국내정기예금이자소득이 22,000,000원이 있는 장남	
4. 기타소득금액(일시적인 강연료) 3,200,000원이 있는 차남	
5. 일용근로소득 12,000,000원이 있는 배우자	

해답

충 족 이 유	충족여부
1. 총급여액 5백만원 초과자	×
2. 복권당첨소득은 무조건 분리과세소득에 해당한다.	○
3. 정기예금이자소득은 조건부종합과세소득으로서 20백만원 초과인 경우 종합과세되고, 20백만원 이하인 경우 분리과세된다.	×
4. 기타소득금액이 3백만원 초과인 경우 무조건 종합과세한다.	×
5. 일용근로소득은 무조건 분리과세소득에 해당한다.	○

<예제 4 - 2> 인적공제

다음은 직원 이은영(여성근로자)씨 부양가족내용이다. 인적공제액을 계산하시오.

가족	이름	연령	소득현황	비 고
배우자	김길동	48세	총급여 4,000,000원	
부 친	이무식	75세	이자소득금액 18,000,000원	국민은행 정기예금에 대한 이자금액임
딸	김은정	22세	대학생	장애인
아 들	김두민	0세		올해 출산함
자 매	이두리	19세	양도소득금액 3,000,000원	장애인

해답

1. 인적공제 판단

가족	이름	요 건		기본공제	추가공제	판 단
		연령	소득			
배우자	김길동	-	○	○	-	**총급여액 5백만원 이하자**
부친	이무식	○	○	○	경로우대	**예금이자가 20백만원 이하인 경우에는 분리과세소득임.**
딸	김은정	×	○	○	장애인	**장애인은 연령요건을 따지지 않음**
아들	김두민	○	○	○		
자매	이두리	○	×	×	-	소득금액 1백만원 초과자

2. 인적공제액 계산

	대상자	세법상 공제액	인적공제액
1. 기본공제	본인, 배우자, 부친, 딸, 아들	1,500,000원/인	7,500,000원
2. 추가공제			
① 부녀자	본인	500,000원	500,000원
② 장애인	딸	2,000,000원/인	2,000,000원
③ 경로	부친	1,000,000원/인	1,000,000원
합 계			11,000,000원

제3절 소득공제

1. 연금보험료공제

종합소득이 있는 거주자가 공적연금 관련법에 따른 기여금 또는 개인부담금(이하 "연금보험료"라 한다)을 납입한 경우에는 해당 과세기간의 종합소득금액에서 그 과세기간에 납입한 연금보험료를 공제한다.

① 국민연금법에 따라 부담하는 연금보험료
② 공적연금(공무원연금 등)에 의한 기여금 또는 부담금

2. 주택담보노후연금 이자비용공제

① 공제대상자 : 연금소득이 있는 거주자가 주택담보노후연금을 받은 경우
② 공제한도 : 200만원(연금소득금액을 초과하는 경우 초과금액은 없는 것으로 한다.)

3. 특별소득공제

(1) (사회)보험료공제

근로소득이 있는 거주자(일용근로자는 제외한다)가 해당 과세기간에 「국민건강보험법」, 「고용보험법」 또는 「노인장기요양보험법」에 따라 근로자가 부담하는 보험료를 지급한 경우 그 금액을 해당 과세기간의 근로소득금액에서 공제한다.

국민건강보험료, 고용보험료, 노인장기요양보험료	전액

(2) 주택자금공제

① 대상자

특별소득공제신청을 한 **근로소득자로서 세대주인 자**가 해당 주택자금공제를 적용받을 수 있다.

② 공제대상과 금액

구 분	대 상	공 제 액
무주택 세대주(세대구성원도 요건 충족시 가능)로서 근로소득이 있는 거주자가 국민주택(주거용 오피스텔도 추가) 규모이하		
1. 주택임차자금	국민주택규모의 주택을 임차하기 위하여 차입한 차입금의 원리금(원금과 이자)을 상환하는 경우	상환액의 40%
2. 장기주택저당 차입금	무주택자인 세대주가 **기준시가 6억원 이하인 주택**을 취득하기 위하여 차입한 장기주택저당차입금의 이자를 지급하는 경우(한도 600~2,000만원)	이자상환액 전액

4. 주택마련저축소득공제 : 청약저축, 주택청약종합저축 등(조특법)

대 상	공 제 액
근로소득자인 무주택 세대주 및 배우자(개정세법 25)가 해당 과세연도에 법에 따른 청약저축·주택청약저축에 납입한 금액이 있는 경우	불입액의 40%

5. 신용카드 등 사용금액에 대한 소득공제(조특법) 

(1) 공제대상자

근로소득이 있는 거주자(일용근로자 제외)가 재화 등을 제공받고 신용카드 등으로 결제시 총급여액의 25%(최저사용금액)을 초과하는 경우에 소득공제를 한다.

① 본인, 배우자, 직계존비속 등**(소득요건이 적용되나, 연령요건은 적용되지 않는다.)**

② **형제자매는 대상자에서 제외된다.**

(2) 신용카드 범위 : 신용카드, 현금영수증, 직불카드, 기명식선불카드 등

(3) 사용금액제외 : **해외사용분 제외**

① **사업소득과 관련된 비용 또는 법인의 비용**

② 보험료, 리스료

③ 교육비(학원비는 공제대상임)

④ 제세공과금(국세, 지방세, 아파트관리비, 고속도로 통행료 등)

⑤ 상품권 등 유가증권구입비

⑥ 취득세 등이 부과되는 재산의 구입비용**(중고자동차의 경우 구입금액의 10% 공제)**

⑦ 전기료, 수도료, 가스료, 전화료 등
⑧ 기부금, 소득세법에 따라 세액공제를 적용받는 월세액
⑨ 국가, 지방자치단체, 지방자치단체조합에 지급하는 사용료, 수수료 등의 대가
⑩ 면세점(시내 · 출국장 면세점, 기내면세점 등) 사용금액

(4) 공제율

전통시장 · 대중교통	도서 · 공연 · 박물관 등	직불카드, 현금영수증등	신용카드
40%	30%	30%	15%

(5) 특별세액공제와 중복가능

① 의료비특별세액공제
② 교육비특별세액공제(취학전 아동의 학원비 및 체육시설수강료, 중고등학생의 교복구입비용)

(6) 추가공제 : 전통시장사용분과 대중교통비, 총급여 7천만원 이하자의 도서 · 신문 · 공연비, 박물관 · 미술관, 수영장·체력단련장 시설이용료[*1](개정세법 25) 등

*1. 2025.7.1. 이후 지출분부터 적용

6. 개인연금저축소득공제

대 상(거주자 본인 명의)	공 제 액
2000.12.31 이전 가입분(계약만료 시까지)	불입액의 40%와 72만원 중 적은 금액

7. 소득공제 종합한도

(1) 공제한도 : 2,500만원

(2) 공제한도 소득공제

① 소득세법상 특별소득공제(건강보험료, 고용보험료 등은 제외)
② 조세특례제한법상 청약저축, 신용카드 등 사용금액, 우리사주조합출자에 대한 소득공제등

연/습/문/제

 객관식

01. 다음 중 소득세법상 종합소득이 있는 거주자에 대하여 기본공제를 적용할 수 없는 경우는?

① 소득금액이 전혀 없는 생계를 같이하는 62세의 장모
② 은행예금이자 200만원만 있는 35세의 배우자
③ 이자소득금액이 90만원인 생계를 같이하는 59세의 모친
④ 소득금액이 100만원인 19세의 차남

02. 소득세법상 종합소득공제 중 인적공제에 대한 설명이다. 20x1년도 인적공제를 받을 수 있는 것은? 단, 모든 인적공제 적용은 거주자와 생계를 같이 한다고 가정한다.

① 전년도 10월 20일 가정위탁을 받아 양육하다 당년도 3월 20일 파양한 위탁아동
② 사업소득금액이 200만원인 79세 직계존속
③ 장애인인 직계비속의 배우자가 소득이 없는 21세 장애인
④ 재혼한 59세 직계존속의 배우자

03. 다음 중 소득세법상 종합소득공제에 대한 설명으로 옳지 않은 것은?

① 과세기간 종료일 전에 사망한 사람에 대해서 공제대상에 해당하는지 여부의 판정은 해당 과세기간의 과세기간 종료일 현재의 상황에 따른다.
② 거주자의 기본공제대상자인 경우에 한해서 추가공제를 받을 수 있으며, 추가공제는 중복적용할 수 있다.
③ 거주자 또는 동거가족(직계비속 · 입양자는 제외한다)이 취학 · 질병의 요양, 근무상 또는 사업상의 형편 등으로 본래의 주소 또는 거소에서 일시 퇴거한 경우에도 생계를 같이 하는 사람으로 본다.
④ 분리과세이자소득, 분리과세배당소득, 분리과세연금소득과 분리과세기타소득만이 있는 자에 대해서는 인적공제 및 특별소득공제를 적용하지 아니한다.

04. 소득세법상 인적공제 대상자는 주민등록표의 동거가족으로써 생계를 같이하는 부양가족이어야 하지만 예외적으로 동거가족으로 인정되는 것들이 있다. 이에 해당하지 않는 것은?

① 직계비속·입양자는 항상 생계를 같이 하는 부양가족으로 본다.

② 거주자 또는 그 동거가족(직계비속 및 입양자는 제외한다)이 취학, 질병의 요양, 근무상 또는 사업상의 형편으로 본래의 주소 또는 거소를 일시 퇴거한 경우에도 그 사실이 입증될 때에는 생계를 같이하는 사람으로 본다.

③ 거주자의 형제 중 그 형제의 주거 형편에 따라 별거하고 있는 경우에는 생계를 같이 하는 사람으로 본다.

④ 거주자의 부양가족 중 거주자(그 배우자를 포함한다)의 직계존속이 주거 형편에 따라 별거하고 있는 경우에는 생계를 같이 하는 사람으로 본다.

05. 소득세법상 기본공제대상자가 받을 수 있는 추가공제에 대한 설명이다. 옳지 않은 것은?

① 70세 이상인 사람의 경우 1명당 연 100만원

② 장애인인 경우 1명당 연 200만원

③ 해당 거주자가 배우자가 없는 여성으로서 부양가족이 있는 세대주이거나 배우자가 있는 여성인 경우 연 50만원

④ 배우자가 없는 자로서 부양자녀(20세 이하)가 있는 경우 연 50만원

06. 소득세법상 퇴직자인 거주자가 종합과세대상 기타소득만 있는 경우, 다음 중에서 소득공제할 수 없는 것은?

① 기본공제 ② 신용카드공제

③ 경로우대공제 ④ 장애인공제

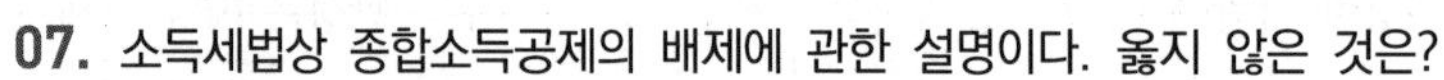

07. 소득세법상 종합소득공제의 배제에 관한 설명이다. 옳지 않은 것은?

① 분리과세 이자소득, 분리과세 배당소득만 있는 자에 대해서는 종합소득공제를 적용하지 아니한다.

② 분리과세 연금소득과 분리과세 기타소득만 있는 자에 대해서는 종합소득공제를 적용하지 아니한다.

③ 과세표준확정신고를 하여야 할 자가 인적공제를 증명하는 서류를 제출하지 아니한 경우에는 기본공제 중 거주자 본인에 대한 분만을 공제하며 과세표준확정신고 여부와 관계없이 그 서류를 나중에 제출한 경우에도 공제되지 아니한다.

④ 수시부과 결정의 경우에는 기본공제 중 거주자 본인에 대한 분만 공제한다.

08. 다음 중 소득세법상 종합소득공제 중 인적공제에 관한 설명 중 틀린 것은?

① 배우자 및 직계비속은 항상 생계를 같이하는 부양가족으로 본다.
② 직계비속이 해당 과세기간 중 20세가 된 경우에는 기본공제대상이 될 수 없다.
③ 한부모소득공제와 부녀자공제에 모두 해당되는 경우에는 한부모소득공제만 적용할 수 있다.
④ 해당 과세기간 중 장애가 치유되어 해당 과세기간에는 장애인이 아닌 경우에도 추가공제(장애인 공제)를 적용받을 수 있다.

09. 다음 중 소득세법상 소득공제금액이 가장 큰 것은?(모두 공제가능하다고 가정)

① 기본공제 중 본인공제
② 한부모소득공제
③ 장애인 공제
④ 경로우대공제

10. 다음 중 조세특례제한법상 신용카드 소득공제에 대한 설명으로 맞는 것은?

① 총급여액의 30%를 초과하여 신용카드등을 사용한 금액에 대하여 공제하는 제도이다.
② 신용카드등 사용액 중 대중교통 및 전통시장 사용분은 30%를 공제한다.
③ 총급여 7천만원 이하자에 한해 도서공연비 지출한 경우 100만원 한도 내에서 30% 공제한다.
④ 신용카드 등 사용액에는 신용카드 사용액만 해당하고 직불카드 사용액은 공제되지 않는다.

11. 다음 중 소득세법상 사업소득자(성실신고 사업자 제외)에게 적용되지 않는 소득공제 항목은?

① 기본공제대상 배우자 공제
② 70세 이상 경로우대 공제
③ 연금보험료 공제
④ 신용카드 등 사용금액에 대한 공제

12. 다음 중 소득세법상 추가공제에 대한 설명으로 틀린 것은?

① 70세 이상인 사람의 경우 1명당 연 100만원 추가 공제한다.
② 해당 거주자가 배우자가 없는 사람으로서 기본공제 대상자인 직계비속 또는 입양자가 있는 경우 연 100만원 추가 공제한다.
③ 장애인인 경우 1명당 연 100만원 추가 공제한다.
④ 종합소득금액이 3천만원 이하인 거주자가 배우자가 없는 여성으로서 부양가족이 있는 세대주이거나 배우자가 있는 여성인 경우 연 50만원 추가 공제한다.

주관식

01. 다음 (　　)안에 알맞은 숫자는 무엇인가?

> 종합소득이 있는 거주자(자연인만 해당한다)에 대해서는 기본공제 대상자에 해당하는 사람의 수에 1명당 연 (　　)만원을 곱하여 계산한 금액을 그 거주자의 해당 과세기간의 종합소득금액에서 공제한다.

02. 사업소득자인 남성 김모씨는 만 70세이며, 직계존비속이 없으며, 종합소득금액이 없는 장애인인 만 68세 배우자만 있다면 김모씨가 20x1년 귀속 종합소득세 신고시 적용받을 수 있는 인적공제액은 최대 얼마인가?

03. 다음은 A씨의 20x1년 귀속분 근로소득연말정산과 관련된 자료이다. 소득세법상 A씨가 기본공제를 받을 수 있는 가족 수는 몇 명인가?

> - 본　인 : 38세, 사업소득금액 8,000만원 있음
> - 배우자 : 33세, 부동산임대소득금액 600만원 있음
> - 부　친 : 69세, 국내 은행예금이자소득 300만원 있음
> - 모　친 : 66세, 소득 없음
> - 장　남 : 6세, 소득 없음
> - 동　생 : 35세, 소득 없음(장애인임)
> - 모두 생계를 같이 하고 있음

04. 다음 중 소득세법상 기본공제 대상자(본인의 소득공제 금액이 최대가 되도록 함)는 몇 명인가?

> ㉠ 본인 : 근로소득자
> ㉡ 배우자 : 근로소득금액이 120만원 있음
> ㉢ 아들 : 만 23세 장애인이며 방송출연으로 사업소득금액 90만원 있음
> ㉣ 딸 : 금년 만 20세 대학생, 소득이 없음
> ㉤ 누이 : 생계를 같이하며 금년에 만 60세이며 소득이 없음

05. 다음 (가)에 해당하는 금액은 얼마인가?

> 소득세법상 일정요건을 갖춘 해당 거주자가 배우자가 없는 여성으로서, 기본공제대상 부양가족이 있는 세대주이거나 배우자가 있는 여성인 경우, 해당 과세기간 종합소득금액에서 기본공제 외에 연 50만원의 부녀자추가공제를 적용받을 수 있다. 이 경우 이 부녀자추가공제를 적용 받을 수 있는 거주자는 해당 과세기간에 종합소득과세표준을 계산할 때 합산하는 종합소득금액이 (가)이하인 거주자로 한정한다.

06. 다음 자료를 이용하여 소득세법상 거주자 A씨의 기본공제와 추가공제 금액의 합계는 얼마인가?

> • 거주자 A씨(남성) : 만 52세, 근로소득금액 50,000,000원
> • 배우자 B씨(여성) : 만 50세, 일용근로소득금액 10,000,000원
> • 아들 C씨 : 만 22세, 대학생, 장애인, 소득없음
> • 아들 D씨 : 만 18세, 고등학생, 소득없음
> • 거주자 A씨의 형 E씨 : 만 61세(주민등록표상 동거가족 아님), 소득없음

연/습/문/제 답안

객관식

1	2	3	4	5	6	7	8	9	10	11	12
③	③	①	③	④	②	③	②	③	③	④	③

[풀이 - 객관식]

01. 60세 이상이어야 기본공제대상 부양가족이다.

02. 6개월 이상 위탁아동이 기본공제대상자이고, **직계비속과 직계비속의 배우자 모두 장애인일 경우 직계비속의 배우자도 기본공제대상**이 된다.

03. **사망일 전날의 상황**에 따른다.

04. 직계존속에 대해서만 인정한다.

05. 한부모소득공제는 연 100만원을 추가 공제할 수 있다.

06. **신용카드소득공제는 근로소득자만 소득공제**할 수 있다.

07. 과세표준확정신고를 하여야 할 자가 인적공제를 증명하는 서류를 제출하지 아니한 경우에는 기본공제 중 거주자 본인에 대한 분만을 공제한다. 다만, 과세표준확정신고 여부와 관계없이 그 서류를 나중에 제출한 경우에는 그러하지 아니하다.

08. 연령기준이 정해진 공제의 경우 해당 과세기간 중에 **기준연령에 해당하는 날이 하루라도 있는 경우 기본공제대상**이 된다.

09. **장애인공제(200만), 본인공제(150만), 한부모소득공제(100만), 경로우대공제(100만)**

10. ① **총급여액의 25%를 초과**하여 사용한 금액에 대하여 공제하는 제도이다.
    ② 신용카드등 사용액 중 **대중교통 및 전통시장 사용분은 40%를 공제**한다.
    ④ 직불카드도 신용카드 사용액에 포함된다.

11. **신용카드 등 사용금액에 대한 공제는 근로소득자**만 적용됨.

12. 장애인의 경우에는 연 200만원 추가 공제한다.

주관식

1.	150	2.	6,000,000원	3.	5명
4.	5명	5.	30,000,000원	6.	800만원

[풀이 - 주관식]

02. 본인(150만원), 배우자(150만원), 경로우대(100만원) 및 장애인공제(200만원)를 적용받을 수 있음.

03.

관계	요건		기본공제	추가공제	판 단
	연령	소득			
본인	–	–	○		
배우자	–	×	×	–	
부친	○	○	○	–	20백만원 이하의 정기예금이자는 분리과세소득이다.
모친	○	○	○		
장남	○	○	○		
동생	×	○	○	장애인	장애인은 연령요건을 충족하지 않아도 된다.

04.

관계	요건		기본공제	추가공제	판 단
	연령	소득			
본인	–	–	○		
배우자	–	○	○	–	근로소득금액 1,200,000원일 경우 총급여액 = 1,200,000/30%(근로소득공제율) = 4,000,000원이므로 총급여액 5백만원이하자
아들	×	○	○	–	장애인은 연령요건을 충족하지 않아도 된다.
딸	○	○	○		
누이	○	○	○		

06.

관계	요건		기본공제	추가	판 단
	연령	소득			
본인	–	–	○		
배우자	–	○	○		일용근로소득은 분리과세소득
아들1(22)	×	○	○	장애(1)	장애인은 연령요건을 따지지 않음
아들2(18)	○	○	○	• ***기본공제 : 4명×150만원=600만원***	
형(61)	생계를 같이하지 않음.			• ***추가공제 : 장애인=200만원***	

제4절 종합소득세액의 계산

1. 종합소득세액의 계산구조

	종합소득과세표준	
(×)	세율	
=	**종합소득산출세액**	
(−)	세액공제 · 감면	배당세액공제, 외국납부세액공제, 근로소득세액공제, **특별세액공제** 등
=	**종합소득결정세액**	
(+)	가산세	
=	**총결정세액**	
(−)	기납부세액	**중간예납세액, 원천징수세액, 수시부과세액**
	차감납부할세액	

2. 기본세율

과세표준	세 율
1,400만원 이하	**6%**
1,400만원 초과 5,000만원 이하	84만원[*1] + 1,400만원을 초과하는 금액의 15%
5,000만원 초과 8,800만원 이하	624만원[*2] + 5,000만원을 초과하는 금액의 24%
8,800만원 초과 1.5억 이하	1,536만원 + 8,800만원을 초과하는 금액의 35%
1.5억 초과 3억 이하	3,706만원 + 1.5억원 초과하는 금액의 **38%**
3억 초과 5억 이하	9,406만원 + 3억원 초과하는 금액의 **40%**
5억 초과 10억 이하	1억7천406만원 +5억원 초과하는 금액의 **42%**
10억 초과	3억8천406만원+10억원 초과하는 금액의 **45%**

*1. 14,000,000×6%=840,000

*2. 840,000+(50,000,000−14,000,000)×15%=6,240,000

아래 금액도 같은 구조로 계산된다.

3. 세액공제 및 세액감면

(1) 소득세법상 세액공제

구 분	공제요건	세액공제
1. 배당세액공제	배당소득에 배당가산액을 합산한 경우 ☞ 이중과세조정목적	- **배당가산액(10%)**
2. 기장세액공제	**간편장부대상자**가 복식부기에 따라 장부를 기장한 경우	- **기장된 사업소득에 대한 산출세액의 20%** - 한도액 : 1,000,000원
3. 외국납부세액공제	외국납부세액이 있는 경우 **10년간 이월공제가 가능하다.** ☞ 이중과세조정목적	- 외국납부세액 - 한도액 : 국외원천소득분
4. 재해손실세액공제	**재해상실비율이 자산총액(토지 제외)의 20% 이상**인 경우	- 산출세액(사업소득)×재해상실비율 - 한도액 : 재해상실자산가액
5. 근로소득세액공제	근로소득이 있는 경우	- 산출세액의 55%, 30% **(일용근로자는 55%이고 한도는 없다.)**
6. 자녀세액공제	종합소득이 있는 거주자	8세 이상 기본공제대상 자녀
7. 연금계좌세액공제	종합소득이 있는 거주자	
8. 특별세액공제	근로소득이 있는 거주자 (일용근로자 제외)	

☞ 근로소득세액공제(상용근로자)

근로소득산출세액	세액공제액	한도
130만원 이하	근로소득산출세액 × ***55%***	급여구간별 별도 한도
130만원 초과	715,000원＋(근로소득산출세액－130만원) × 30%	

$$근로소득산출세액 = 종합소득산출세액 \times \frac{근로소득금액}{종합소득금액}$$

참고

간편장부대상자

1. 해당 과세기간에 신규로 사업을 개시한 사업자
2. 직전 과세기간의 수입금액의 합계액이 다음의 금액에 미달하는 사업자

☞ 수입금액에 사업용 유형자산 처분에 따른 수입금액 제외

업 종 별	수입금액 기 준
농업 · 임업 및 어업, 광업, 도매 및 소매업, 부동산매매업 등	3억
제조업, 숙박 및 음식점업, 전기 · 가스 · 증기 및 수도사업, 하수 · 폐기물처리 · 원료재생 및 환경복원업, 건설업, 운수업, 출판 · 영상 · 방송통신 및 정보서비스업, 금융 및 보험업	1.5억
부동산임대업, 전문 · 과학 및 기술서비스업, 사업시설관리 및 사업지원서비스업, 교육서비스업, 보건업 및 사회복지서비스업, 예술 · 스포츠 및 여가 관련 서비스업, 협회 및 단체, 수리 및 기타 개인서비스업, 가구내 고용활동	0.75억

(2) 조세특례제한법상 세액공제

구 분	공제요건	세액공제
월세 세액공제	**- 해당과세기간 총급여액이 8천만원 이하 (종합소득금액이 7천만원 이하)인 근로자와 기본공제 대상자의 국민주택 임차**	- 월세액의 15%, 17% (공제대상 월세액 한도 1,000만원)
결혼세액공제 (개정세법 25)	- 혼인 신고를 한 거주자(생애 1회)	- 50만원(혼인신고를 한 해)
기부정치자금 세액공제	본인이 정치자금을 기부시	- **10만원 이하 : 100/110 공제** - 10만원 초과 : 15% 공제
고향사랑 기부금	**- 주민등록상 거주지를 제외한 지방자치단체에 기부한 경우**	- **10만원 이하 : 100/110 공제** - 10만원 초과~2천만원(개정세법 25) 이하 : 15% 공제
성실사업자	의료비 및 교육비 세액공제	해당액의 일정률
전자신고세액공제	납세자가 직접 전자신고시	- 2만원

참고

성실사업자(소득세 및 조세특례제한법)

	소득세법	조특법
요건 (모두 충족)	① 신용카드가맹점 및 현금영수증가맹점으로 모두 가입한 사업자 또는 전사적 자원관리 · 판매시점 정보관리시스템설비를 도입한 사업자 ② 장부를 비치 · 기장하고 그에 따라 소득금액을 계산하여 신고할 것 ③ 사업용계좌를 신고하고, 사업용계좌를 사용하여야 할 금액의 3분의 2이상을 사용할 것	① 소득세법상 성실사업자 ② 해당과세기간 개시일 현재 2년이상 계속사업 ③ 직전 3개 과세기간의 연평균수입금액을 50% 초과하여 신고할 것 ④ 국세의 체납사실 등을 고려하여 시행령으로 요건 지정
혜 택	표준세액공제	의료비 · 교육비 특별세액공제+월세 세액공제

(3) 조세특례제한법상 세액감면(사업소득)

구 분	공제요건
기간감면	창업중소기업에 대한 세액 감면등
일반감면	중소기업[제조업, 도소매업, 의료업(**의원 · 치과의원 · 한의원 제외**), 건설업 등]특별세액감면

(4) 적용순위

소득세의 감면규정과 세액공제에 관한 규정이 동시에 적용되는 경우 그 적용순위는 다음과 같다.

① 해당 과세기간의 소득에 대한 소득세의 감면

② 이월공제가 인정되지 않는 세액공제

③ 이월공제가 인정되는 세액공제(이월된 미공제액을 먼저 공제)

4. 자녀세액공제 

(1) 기본세액공제

종합소득이 있는 거주자의 **기본공제대상자에 해당하는 자녀**(입양자 및 위탁아동을 포함한다) 및 손자녀에 대해서는 다음의 금액을 종합소득산출세액에서 공제한다. 다만 **아동수당*1의 지급으로 인하여 8세 이상의 자녀에 한한다**.

1명인 경우	25만원	(개정세법 25)
2명인 경우	**55만원**	
2명 초과	55만원+**40만원/초과인**	

(2) **출산입양세액공제 : 첫째 30만원 둘째 50만원 셋째 이상 70만원**

5. 연금계좌세액공제(12%, 15%)

종합소득이 있는 거주자가 연금계좌에 납입한 금액(이연퇴직소득, 다른계좌에서 이체된 금액 제외) 중 12%, 15%를 해당 과세기간의 종합소득산출세액에서 공제한다.

해당액 = MIN[① MIN(연금저축, 600만원) + 퇴직연금, ② 연 900만원]

6. 특별세액공제

(1) 표준세액공제 : 특별소득공제와 특별세액공제 미신청

근로소득이 있는 자	**13만원**
근로소득이 없는 거주자	7만원(성실사업자 12만원)

☞ 조특법상 기부금공제(정치자금 등)을 신청한 경우 표준세액공제가 배제됨

(2) 특별세액공제 공통적용요건

〈공통 적용요건 : 기본공제자 판단기준〉

구 분	보험료		의료비	교육비		기부금
	일반	장애인		일반	장애인특수	
연령요건	○(충족)	×(미충족)	×	×	×	×
소득요건	○	○	×	○	×	○
세액공제액	**12%**	**15%**	**15~30%**	**15%**		**15%, 30%**

☞ **근로기간 지출한 비용만 세액공제대상이(예외 : 기부금세액공제은 1년 동안 지출한 금액이 대상이 된다.) 되며,** 일정사유 발생(혼인, 이혼, 별거, 취업등)한 날까지 지급금액만 대상이다.

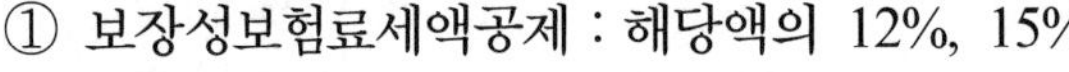

① 보장성보험료세액공제 : 해당액의 12%, 15%

① 보장성보험료[*1]	기본공제대상자를 피보험자로 하는 보장성보험료와 **주택임차보증금(보증대상 3억 이하) 반환보증 보험료**[*3]	연 100만원 한도	12%
② 장애인전용 보장성보험료[*2]	기본공제대상자 중 장애인을 피보험자 또는 수익자로 하는 보장성보험료	연 100만원 한도	15%

*1. 만기에 환급되는 금액이 납입보험료를 초과하지 아니하는 보험(만기에 환급되는 금액이 납입보험료를 초과하는 보험을 저축성보험이라고 한다.)

*2. 장애인전용보장성보험의 계약자(장애인)에 대하여 보장성보험료와 장애인전용보장성보험보험료 규정이 동시에 적용되는 경우 그 중 하나만을 선택하여 적용한다.

*3. 임대인이 전세금을 반환하지 않는 경우 그 반환을 책임지는 보험

② 의료비세액공제 : 해당액의 15~30%

㉠ 의료비의 공제대상액 계산

		세액공제율
난임시술비	**임신을 위하여 지출하는 시술비용**	30%
미숙아 등	**미숙아 · 선천성 이상아에 대한 의료비**	20%
특정	㉠ **본인** ㉡ **(과세기간 개시일) 6세 이하** ㉢ **(과세기간 종료일) 65세 이상인 자** ㉣ 장애인 ㉤ 중증질환자, 희귀난치성질환자 또는 결핵환자 등	15%
일반	난임, 미숙아 등, 특정의료비 이외	
의료비공제 대상액	난임시술비 + 미숙아등 + 특정의료비 + MIN[① 일반의료비 - 총급여액의 3%, ② 7백만원]*1 *1. MIN[① 일반의료비 - 총급여액의 3%, ② 7백만원]이 (-)인 경우에는 의료비공제대상액에서 차감한다.	

㉡ 세액공제 대상 의료비

세액공제 대상의료비	대상제외 의료비
㉠ 질병의 예방 및 치료에 지출한 의료비 ㉡ 치료, 요양을 위한 의약품(한약 포함) 구입비 ㉢ 장애인보장구 구입 · 임차비용 ㉣ 보청기 구입비용 ㉤ 의사 등의 처방에 따라 의료용구를 직접 구입 또는 임차하기 위하여 지출한 비용 ㉥ 시력보정용안경 · 콘택트렌즈 구입비용(1인당 50만원 이내) ㉦ 예방접종비, 의료기관에 지출한 식대, 건강검진비 및 라식 수술비 및 근시교정시술비 ㉧ **산후조리원에 지출한 비용(출산 1회당 2백만원 한도)**	㉠ **국외의료기관에 지출한 의료비** ㉡ **건강증진을 위한 의약품 구입비** ㉢ **미용목적 성형수술비** ㉣ **간병인에 대한 간병비용** ㉤ **실손의료보험금으로 보전받은 금액**

〈의료비 세액공제액 계산방법〉

	공제대상액	공제율	총급여액 0.5억	총급여 2억
난임의료비	5,000,000	30%	5,000,000	5,000,000
특정의료비	5,000,000	15%	5,000,000	4,000,000
일반의료비 (한도 7백만원)	5,000,000	15%	3,500,000 *총급여액 3% : 1,500,000*	*총급여액 3% : 6,000,000*
총급여액 0.5억	(3,500,000 + 5,000,000) × 15% + 5,000,000 × 30% = 2,775,000원			
총급여액 2억	4,000,000 × 15% + 5,000,000 × 30% = 2,100,000원			

③ 교육비세액공제 : 해당액의 15% 

1. 본인	1) 전액(**대학원 교육비는 본인만 대상**) 2) 직무관련수강료 : 해당 거주자가 직업능력개발훈련시설에서 실시하는 직업능력개발훈련을 위하여 지급한 수강료 다만, 근로자수강지원을 받은 경우에는 이를 차감한 금액으로 한다.
2. 기본공제대상자 (직계존속 제외)	학교, 보육시설 등에 지급한 교육비(대학원 제외) 1) **대학생 : 900만원/인** 2) **취학전아동, 초중고등학생 : 300만원/인** ☞ **취학전 아동의 학원비도 공제대상**
3. 장애인특수교육비 (직계존속도 가능)	**한도없음**

공제대상교육비	공제불능교육비
㉠ 수업료, 입학금, 보육비용, 수강료 및 급식비등 ㉡ **방과후 학교(어린이집, 유치원 포함) 수업료와 방과후 도서구입비(초 · 중 · 고등학생)** ㉢ **중 · 고등학생 교복구입비용(연 50만원 한도)** ㉣ **초 · 중 · 고등학생체험학습비(한도 : 30만원/인)** ㉤ **대학입학 전형료, 수능응시료**	㉠ **직계존속의 교육비 지출액 (장애인특수교육비 제외)** ㉡ **학원수강료(취학전 아동은 제외)**

④ 기부금세액공제 

기부금세액공제는 근로소득이 있는 거주자와 근로소득이 없는 종합소득자(사업소득자는 필요경비공제)로서 **기본공제대상자**의 기부금지출액을 말한다.

1천만원 이하인 경우	대상액의 15%
1천만원 초과인 경우	대상액의 30%

㉠ 기부금 종류

1. 특례기부금	1. 국가등에 무상으로 기증하는 금품 2. 국방헌금과 위문금품 3. 이재민구호금품(천재 · 지변) 4. 사립학교등에 지출하는 기부금 5. 사회복지공동모금회에 출연하는 금액 6. 특별재난지역을 복구하기 위하여 자원봉사한 경우 그 용역의 가액
2. 우리사주조합에 지출하는 기부금 – 우리사주조합원이 아닌 거주자에 한함	
3. 일반기부금	1. 종교단체 기부금 2. 종교단체외 ① 노동조합에 납부한 회비, 사내근로복지기금에 지출기부금 ② 사회복지등 공익목적의 기부금 ③ 무료 · 실비 사회복지시설 기부금 ④ 공공기관 등에 지출하는 기부금

㉡ 기부금이월공제

기부금이 한도액을 초과한 경우와 **기부금세액공제를 받지 못한 경우**(종합소득산출세액을 초과) 10년간 이월하여 기부금세액공제를 받을 수 있다.

〈근로소득자와 사업소득자의 소득공제와 특별세액공제〉 

구 분		근로소득자	사업소득자
인적공제		○	○
물적소득 공제	**공적연금보험료**	○	○
	특별소득공제	○	×
	신용카드 소득공제	○	×
연금계좌납입세액공제		○	○
표준세액공제		13만원	7만원(성실사업자 : 12만원)
특별세액 공제	**보장성보험료세액공제**	○	×
	의료비세액공제	○	△*1
	교육비세액공제	○	△*1
	기부금세액공제	○	×*2(필요경비 산입)
월세세액공제		○	△*1

***1.** 성실사업자와 성실신고확인대상자로서 성실신고확인서를 제출한 자는 공제가 가능하다.

***2.** 연말정산대상 사업소득자등은 기부금세액공제 가능

<예제 4 - 3> 종합소득세

다음은 김말동씨 소득내역이다. 20x1년 종합소득 확정신고시 결정세액을 계산하시오.

1. 종합소득내역

기타소득금액	5,000,000원
근로소득금액	10,000,000원
사업소득금액	25,000,000원
합 계	40,000,000원

2. 종합소득공제 : 15,000,000원

3. 종합소득세율은 아래와 같다고 가정한다.

과세표준	세 율
1,400만원 초과 5,000만원 이하	84만원+1,400만원을 초과하는 금액의 15%

4. 세액공제는 근로소득세액공제만 있다고 가정하고, 한도는 고려하지 마세요.

해답

	종합소득과세표준	25,000,000	40,000,000 − 15,000,000
(×)	세율	15%	
=	종합소득산출세액	2,490,000	840,000 + (25,000,000 − 14,000,000) × 15%
(−)	근로소득세액공제	342,375	
=	**종합소득결정세액**	**2,147,625**	

☞ 근로소득세액공제

1. 근로소득산출세액 = 종합소득산출세액 × $\frac{\text{근로소득금액}}{\text{종합소득금액}}$

= 2,490,000 × 10,000,000/40,000,000 = 622,500

2. 근로소득세액공제 = 622,500 × 55%(130만원 이하 55%) = 342,375

연/습/문/제

객관식

01. 다음 중 조세특례제한법상 세액공제에 해당하는 것은?

① 기장세액공제　② 기부정치자금세액공제
③ 배당세액공제　④ 외국납부세액공제

02. 소득세법상 종합소득산출세액 계산과 그 특례에 관한 설명으로 옳은 것은?

① 금융소득에 대해서는 무조건 14%의 세율로 과세한다.
② 2,000만원 이하의 일반금융소득은 14%의 세율로 과세한다.
③ 비영업대금이익은 무조건 20%의 세율로 과세된다.
④ 국외에서 받는 금융소득도 국내 금융소득과 동일하게 2,000만원을 초과하는 경우에만 종합과세된다.

03. 소득세법상 세액공제에 대한 설명으로 옳지 않은 것은?

① 외국납부세액공제는 이중과세조정을 목적으로 한다.
② 일용근로자의 근로소득세액공제의 한도액은 없다.
③ 간편장부대상자가 복식부기에 의해 기장하는 경우 기장세액공제는 기장된 소득에 대한 산출세액의 20%를 공제하며 그 한도액은 100만원이다.
④ 재해손실세액공제는 재해로 사업용 자산총액의 30% 이상을 상실한 경우 적용한다.

04. 다음 중 개인(거주자)에게는 적용되지만 법인에게는 적용되지 않는 세액공제로만 묶인 것은?

① 배당세액공제, 기장세액공제　② 외국납부세액공제, 임시투자세액공제
③ 근로소득세액공제, 외국납부세액공제　④ 재해손실세액공제, 기장세액공제

05. 다음 중 소득세법상 세액공제에 대한 내용으로 가장 틀린 것은?

① 간편장부대상자가 복식부기에 따라 기장하여 소득세 신고를 하는 경우 산출세액의 20%를(100만원 한도) 세액공제할 수 있다.

② 거주자의 종합소득금액에 국외원천소득이 합산되어 있는 경우 외국에서 납부된 외국소득세액은 국내소득과는 별개이므로 별도로 공제할 수 없다.

③ 근로소득이 있는 사업소득자도 근로소득에 대해 근로소득세액공제를 받을 수 있다.

④ 재해손실세액공제를 적용받으려는 자는 법률에 따라 관할 세무서장에게 신청할 수 있다.

06. 소득세법상 특별세액공제에 대한 설명이다. 가장 옳게 설명한 것은?

① 근로소득이 없는 자는 특별세액공제 중 기부금세액공제와 연 7만원(성실사업자는 12만원)의 표준세액공제를 적용한다.

② 보험료 세액공제 중 자동차보험료는 공제한도 없이 세액공제 대상이다..

③ 거주자가 기본공제대상자의 교육비세액공제를 공제받고자 할 때 기본공제대상자의 연령 및 소득에 제한받지 아니한다.

④ 사업자가 기부금공제를 받고자 할 때 반드시 필요경비산입방법과 기부금공제방법 중 선택하여 적용받아야 한다.

07. 다음 거주자 갑의 부양가족에 대한 교육비중 소득세법상 거주자 갑의 교육비 세액공제 대상이 아닌 것은? (단, 모든 부양가족은 소득이 없다)

① 본인의 대학원 학비
② 부친(61세)의 노인대학 학비
③ 여동생(27세)의 대학교 학비
④ 딸(5세)의 유치원비

08. 소득세법상 특별세액공제 중 의료비 세액공제대상 의료비의 범위에 포함되지 않는 것은?

① 장애인 보장구를 직접 구입 또는 임차하기 위하여 지출한 비용

② 시력보정용 안경 또는 콘택트렌즈 구입을 위하여 지출한 비용으로서 기본공제 대상자(연령 및 소득금액의 제한을 받지 아니한다) 1인당 연 50만원 이내의 금액

③ 보청기 구입을 위하여 지출한 비용

④ 미용·성형수술을 위한 비용 및 건강증진을 위한 의약품 구입비용

09. 다음 중 거주자의 종합소득세 세액을 계산 할 때 특별세액공제 중 항상 근로자만이 받을 수 있는 세액공제는?

① 교육비세액공제 ② 의료비세액공제
③ 보험료세액공제 ④ 기부금세액공제

10. 다음 중 소득세법상 근로소득자 A가 연말정산시 교육비 세액공제로 받을 수 없는 것은? (단, 별도의 언급이 없으면 비장애인이다.)

① 중학생 딸의 교복구입비용 30만원
② 배우자의 대학원 수업료 500만원
③ 대학생 첫째아들의 대학교 수업료 200만원
④ 장애인인 둘째아들의 특수교육비 300만원

11. 다음 중 소득세법상 재해손실 세액공제에 관한 설명으로 옳은 것은?

① 해당과세기간에 사업용자산(토지 포함) 총액의 20/100 이상 상실한 경우에 적용한다.
② 재해발생일 현재 기 과세된 소득세상당액에서만 공제한다.
③ 재해상실비율의 계산은 사업자별로 1사업장 단위로 계산한다.
④ 상실한 타인소유의 자산으로서 그 상실에 대한 변상책임이 당해 사업자에게 있는 자산도 재해손실세액공제 재해자산에 포함된다.

12. 다음 중 소득세법상 기장세액공제에 대한 설명 중 가장 옳지 않는 것은?

① 간편장부대상자가 비치 · 기장한 장부에 의하여 소득금액을 계산하고 세법이 규정한 과세표준확정신고 서류를 제출하는 경우에 해당한다.
② 비치 · 기록한 장부에 의하여 신고하여야 할 소득금액의 20% 이상을 누락하여 신고한 경우 기장세액공제를 적용하지 않는다.
③ 천재지변 등으로 인하여 기장세액공제와 관련된 장부 및 증명서류를 해당 과세표준 확정신고기간 종료일부터 5년간 보관하지 않는 경우에 기장세액공제를 적용하지 아니한다.
④ 복식부기에 의하여 계산한 금액의 20%에 해당하는 금액을 공제한다. 다만, 공제세액이 100만원을 초과하는 경우에는 100만원을 공제한다.

주관식

01. 다음 ( )안에 들어갈 숫자는 무엇인가?

> 사업자가 해당 연도에 천재지변 그 밖의 재해로 자산총액의 ( )% 이상에 상당하는 자산을 상실하여 납세가 곤란하다고 인정되는 경우에는 소득세법상 재해손실세액공제를 받을 수 있다.

02. 다음은 20x1년 종합소득세 세율이다. 다음 ( )에 공통적으로 들어갈 숫자는?

종합소득과세표준	세 율
1,400만원 이하	과세표준의 100분의 6
1,400만원 초과 5,000만원 이하	84만원+1,400만원을 초과하는 금액의 100분의 15
5,000만원 초과 8,800만원 이하	624만원+5,000만원을 초과하는 금액의 100분의 24
8,800만원 초과 ( )억원 이하	1,590만원+8,800만원을 초과하는 금액의 100분의 35
( )억원 초과 3억원 이하	3,760만원+( )억원을 초과하는 금액의 100분의 38
3억원 초과 5억원 이하	9,460만원+3억원을 초과하는 금액의 100분의 40
5억원 초과 10억원 이하	17,060만원+5억원 초과하는 금액의 100분의 42
10억원 초과	38,460만원+10억원 초과하는 금액의 100분의 45

03. 다음은 소득세법상 업종별 복식장부와 간편장부의 소득금액기준 중 하나에 대한 설명이다. ( )에 들어갈 숫자는?

> 소득세법상 부동산임대업 사업자로서 직전 과세기간 수입금액이 ( )만원 이상인 자는 복식부기로 장부를 기장하여야 한다.

04. 다음 (가), (나)에 들어갈 말로 옳은 것은?

> 소득세법상 간편장부대상자가 20x1년 귀속분 종합소득 과세표준확정신고를 함에 있어서 복식부기에 의하여 기장한 경우에는 (가)를 기장세액공제를 하며 그 한도액은 (나)이다.

05. 다음은 근로소득자인 김철수의 소득자료이다. 다음 자료를 기초로 근로소득세액공제액을 계산하면 얼마인가?

- 근로소득금액 : 10,000,000원
- 사업소득금액 : 15,000,000원
- 종합소득공제 : 4,500,000원
- 세율구간 : 84만원+(1천 400만원을 초과하는 금액의 100분의 15)라고 가정한다.
- 130만원 이하시 근로소득세액공제 : 근로소득산출세액의 55%
  ☞ 공제한도는 66만원이다.

06. 다음 자료를 참고로 하여 거주자 윤찬호씨의 20x1년 귀속 종합소득세 산출세액을 계산하면?

1. 종합소득금액
   (1) 사업소득금액 : 23,000,000원
   (2) 근로소득금액 : 35,000,000원
   (3) 기타소득금액 : 18,000,000원

2. 종합소득공제액
   (1) 기본공제 : 6,000,000원
   (2) 추가공제 : 5,000,000원
   (3) 특별공제 : 7,000,000원

3. 세율(속산표)
   (1) 1,400만원 이하 : 과세표준×6%
   (2) 5,000만원 이하 : 과세표준×15% - 1,260,000원
   (3) 8,800만원 이하 : 과세표준×24% - 5,760,000원

07. 다음 중 소득세법상 표준세액공제가 적용되는 경우 ㉠근로소득이 있는 자와 ㉡근로소득이 없는 사업자(성실사업자 아님)의 표준세액공제를 적으시오.

08. 다음 소득세법상 세액공제중 근로소득만이 있는 거주자가 공제할 수 있는 세액공제를 모두 고르시오.

① 기장세액공제　② 재해손실 세액공제　③ 외국납부세액공제
④ 보험료세액공제　⑤ 의료비 세액공제　⑥ 교육비 세액공제

09. 소득세법상 다음 (㉠) 안에 들어갈 알맞은 숫자는?

> 20x1년 귀속 소득세법상 과세표준이 10억원을 초과하는 경우 최고세율을 적용하고 있으며, 세율은 (㉠)%이다.

10. 근로소득이 있는 거주자가 소득이 없는 직계비속의 교육비를 다음과 같이 지급한 경우 소득세법상 교육비 세액공제 대상금액은 얼마인가?

> • 중학생 1인 : 120만원 • 고등학생 1인 : 280만원
> • 대학생 1인 : 1,000만원 • 대학원생 1인 : 1,500만원

연/습/문/제 답안

객관식

1	2	3	4	5	6	7	8	9	10	11	12			
②	②	④	①	②	①	②	④	③	②	④	③			

[풀이 - 객관식]

02. 비영업대금의 이익도 조건부 종합과세이고, **국외금융소득은 무조건 종합과세**이다.

03. 재해손실세액공제는 재해로 사업용 **자산총액의 20% 이상을 상실**한 경우 적용한다.

04. **배당세액공제와 기장세액공제는 개인사업자에게만 적용**되며, 법인에게는 적용되지 아니한다.

05. 외국납부세액이 있는 경우 세액공제가 적용된다.

06. 보장성보험료의 한도 1백만원, 교육비세액공제는 소득에 제한을 받고, 사업소득자의 기부금은 필요경비에 산입한 방법(추계 신고하는 연말정산대상 사업자는 제외)으로 한다.

07. 직계존속의 교육비는 원칙적으로 세액공제대상이 아니다.

09. 성실신고사업자는 의료비세액공제 및 교육비세액공제가 허용되고, 기부금세액공제는 종합소득자(사업소득만 있는 자는 필요경비 산입)가 허용된다.

10. **대학원수업료는 본인의 경우**만 교육비 공제 대상이다.

11. ① 토지는 제외한다.
② **재해상실자산가액 한도로 공제**된다.
③ 재해상실비율의 계산은 사업장 단위가 아닌 사업자 단위로 계산하여 적용한다.

12. 천재지변 등 부득이한 사유에 해당하는 경우에는 5년 동안 보관할 의무는 없다.

주관식

1.	20	2.	1.5	3.	7,500
4.	가 : 20% 나 : 100만원	5.	399,300원	6.	8,160,000원
7.	㉠ 13만원 ㉡7만원	8.	③,④,⑤,⑥	9.	45
10.	13,000,000				

[풀이 - 주관식]

06.

구 분	금 액	계 산 내 역
1. 종합소득과세표준	20,500,000	10,000,000 + 15,000,000 - 4,500,000
2. 종합소득산출세액	1,815,000	840,000 + (20,500,000 - 14,000,000) × 15/100
- 근로소득산출세액	726,000	1,815,000 × (10,000,000/25,000,000)
3. 근로소득세액공제	399,300	726,000 × 55%

07.

구 분	금 액	계 산 내 역
1. 종합소득금액	76,000,000	23,000,000 + 35,000,000 + 18,000,000
2. 종합소득공제	18,000,000	6,000,000 + 5,000,000 + 7,000,000
3. 종합소득과세표준	58,000,000	
4. 종합소득산출세액	8,160,000	58,000,000 × 24% - 5,760,000

07. **근로소득이 있는 경우 13만원, 근로소득이 없는 성실사업자가 아닌 경우 7만원**을 적용한다.

08. 재해손실세액공제와 기장세액공제는 사업자가 대상임
근로소득이 있는 거주자가 가능한 소득세법상 세액공제는 근로소득세액공제, 외국납부세액공제, 연금계좌세액공제, 자녀세액공제, 특별세액공제(보험료세액공제, 의료비세액공제, 교육비세액공제, 기부금세액공제)임.

10. 중학생(120만원) + 고등학생(280만원) + 대학생(900만원 한도) + 대학원생은 본인만 대상
= 13,000,000원

Chapter

5 퇴직소득

Login

로그인 세무회계 2급

제1절 퇴직소득의 범위

1. 범위

① 공적연금 관련법에 따라 받는 일시금*1

② 사용자 부담금을 기초로 하여 현실적인 퇴직을 원인으로 지급받는 소득

③ 위 ①의 소득을 지급하는 자가 퇴직소득의 일부 또는 전부를 지연하여 지급하면서 지연지급에 대한 이자를 함께 지급하는 경우 해당 이자

④ 「과학기술인공제회법」에 따라 지급받는 과학기술발전장려금

⑤ 「건설근로자의 고용개선 등에 관한 법률」에 따라 지급받는 퇴직공제금

⑥ 소기업 · 소상공인이 폐업 · 법인해산 등 법정사유로 공제부금에서 발생하는 소득(예 : 노란우산공제)

*1 퇴직일시금 : '근로자퇴직급여 보장법' 등에 따라 지급받는 일시금

Ⓐ 퇴직연금제도 및 개인퇴직계좌에서 지급받는 일시금

Ⓑ 확정기여형퇴직연금 및 개인퇴직계좌에서 중도인출되는 금액

Ⓒ 연금을 수급하던 자가 연금계약의 중도해지 등을 통하여 받는 일시금

연금수령시	연금소득
일시금수령시	퇴직소득

☞ 해고예고수당 : 사용자가 30일 전에 예고를 하지 아니하고 근로자를 해고하는 경우 근로자에게 지급하는 해고예고수당은 퇴직소득으로 본다.

현실적 퇴직	현실적 퇴직에 해당하지 않는 경우
① **종업원이 임원이 된 경우** ② 합병·분할 등 조직변경, 사업양도 또는 직·간접으로 출자관계에 있는 법인으로의 전출이 이루어진 경우 ③ **법인의 상근임원이 비상근임원이 된 경우** ④ **비정규직근로자가 정규직근로자로 전환된 경우** ☞ ①~④의 경우 퇴직급여를 실제 받지 아니한 경우 퇴직으로 보지 아니할 수 있다. ⑤ **법에 따라 퇴직급여를 중간 정산하여 지급한 경우** ⑥ 법에 따라 퇴직연금제도가 폐지된 경우	① **임원이 연임된 경우** ② 법인의 대주주의 변동으로 인하여 계산의 편의, 기타사유로 전사용인에게 퇴직급여를 지급한 경우 ③ 기업의 제도·기타 사정 등을 이유로 퇴직금을 1년기준으로 매년 지급하는 경우 ④ 비거주자의 국내사업장 또는 외국법인의 국내 지점의 근로자가 본점(본국)으로 전출하는 경우 등

〈임원퇴직금 한도〉

2012.1.1. 이후 근무기간의 퇴직소득금액이 한도액을 초과하는 경우 그 초과금액은 근로소득으로 본다

1. 임원퇴직금 한도액	퇴직한날부터 소급하여 3년[*1] 동안 지급받은 총급여의 연평균환산액×10% ×2020년 이후의 근속기간[*2]/12개월**×2**[*3] ***1.** 근무기간이 **3**년 미만인 경우에는 월수로 계산한 해당 근무기간을 말한다. ***2.** 개월수로 계산하며, **1**개월 미만의 기간이 있는 경우에는 이를 **1**개월로 한다. ***3. 2012~2019** 적립된 퇴직소득은 **3**배
2. 한도적용대상 임원퇴직금	**퇴직소득금액 - 2011년말 퇴직가정시 지급받을 퇴직소득**[*1] *1. 퇴직소득금액× $\frac{\text{2011년말 이전 근속연수}}{\text{전체 근속연수}}$

2. 비과세퇴직소득

① 근로의 제공으로 인한 부상·질병 또는 사망과 관련하여 근로자나 그 유가족이 받는 연금과 위자료의 성질이 있는 급여

② 국민연금법, 고용보험법 등 각종 법률에 따라 받는 노령연금, 장해연금, 유족연금 등

제2절 퇴직소득의 계산

1. 계산구조

	퇴 직 소 득 금 액	퇴직급여액
	환 산 급 여 액	(퇴직소득금액 - 근속연수공제)÷근속연수×12
(-)	환 산 급 여 차 등 공 제	
	퇴 직 소 득 과 세 표 준	
×	세 율	**기본세율**
=	퇴 직 소 득 산 출 세 액	과세표준×기본세율÷12×근속연수
-	외 국 납 부 세 액 공 제	이월공제가 되지 않는다.(종합소득세는 10년간 이월공제 적용)
	퇴 직 소 득 결 정 세 액	⇨ 원천징수세액

(1) 근속연수 공제

근속년수	공 제 액
5년 이하	100만원 × 근속년수
5년 초과 10년 이하	500만원 + 200만원 × (근속년수 - 5년)
10년 초과 20년 이하	1,500만원 + 250만원 × (근속년수 - 10년)
20년 초과	4,000만원 + 300만원 × (근속년수 - 20년)

☞ 1년 미만인 기간이 있는 경우에는 이를 1년으로 본다.

(2) 차등공제

환산급여	차 등 공 제
800만원 이하	환산급여의 100%
7,000만원 이하	800만원 +800만원 초과분의 60%
1억원 이하	4,520만원 +7,000만원 초과분의 55%
3억원 이하	6,170만원 +1억원 초과분의 45%
3억원 초과	15,170만원 +3억원 초과분의 35%

2. 퇴직소득에 대한 과세방법

1. 분류과세	종합소득에 합산하지 않고 별도로 과세한다.
2. 원천징수	원천징수일이 속하는 다음달 10일까지 정부에 납부하여야 한다. **다만, 국외 근로소득이 있는 사람이 퇴직함으로써 받는 퇴직소득은 원천징수하지 않는다.**

3. 퇴직소득의 수입시기

1. 일반적인 퇴직소득	-퇴직한 날
2. 잉여금처분에 따른 퇴직급여	-해당 법인의 잉여금 처분 결의일
3. 이외의 퇴직소득	-소득을 지급받은 날

연/습/문/제

 객관식

01. 소득세법상 퇴직소득에 관한 설명으로 틀린 것은?

① 퇴직위로금이나 퇴직공로금등 퇴직을 사유로 지급시 퇴직소득으로 본다.
② 원칙적으로 퇴직소득에 대한 총수입금액의 수입시기는 퇴직을 한 날로 한다.
③ 연금형태로 받는 퇴직보험의 보험금은 연금소득에 해당한다.
④ 거주자의 퇴직소득금액에 외국소득세를 납부한 국외원천소득이 합산되어 있는 경우라도 외국납부세액공제를 받을 수 없다.

02. 다음 중 소득세법상 퇴직소득에 해당하지 않는 것은?

① 각종 공무원 및 사립학교 교직원에게 지급되는 명예퇴직수당
② 근로기준법에 의한 해고예고수당
③ 2005년 1월 1일 이후 퇴직시 근로자퇴직급여 보장법에 의하여 근로자가 연금형태로 지급받는 퇴직연금
④ 퇴직함으로써 받는 퇴직보험금 중 일시금

03. 다음 중 소득세법상 퇴직소득에 대한 설명으로 옳지 않은 것은?

① 공적연금 관련법에 따라 받는 일시금은 퇴직소득에 해당한다.
② 임원의 퇴직소득 중 법인세법에 따른 임원 퇴직급여 한도초과액으로 손금불산입된 금액은 근로소득에 해당한다.
③ 종업원이 임원이 된 경우 현실적인 퇴직이다.
④ 퇴직소득에 대한 총수입금액의 수입시기는 원칙적으로 퇴직급여를 실지로 지급받는 날로 한다.

04. 소득세법상 퇴직소득의 수입시기이다. 옳지 않은 것은?

① 잉여금처분에 따른 퇴직급여의 경우에는 해당 법인의 잉여금 처분결의일
② 과세이연계좌로 이체 또는 입금된 퇴직급여액을 다시 지급받는 경우는 퇴직한 날
③ 확정기여형 퇴직연금 및 개인퇴직계좌에서 중도인출금을 지급받는 경우에는 소득을 지급받는 날
④ 연금을 수급하던 자가 연금계약의 중도해지 등으로 일시금을 지급받는 경우에는 소득을 지급받는 날

05. 소득세법상 현실적인 퇴직으로 보지 아니하는 경우는?

① 법인의 상근임원이 비상근임원이 된 경우(퇴직급여 지급)
② 사용자의 사망으로 상속인이 사업을 승계한 경우
③ 종업원이 임원이 된 경우
④ 기업의 제도, 기타 사정 등을 이유로 퇴직급여를 1년 기준으로 매년 지급하는 경우

06. 다음 중 소득세법상 퇴직소득과 근로소득의 구분에 대한 설명으로 옳지 않은 것은?

① 국민연금법에 따라 받는 일시금은 퇴직소득으로 구분한다.
② 법인의 퇴직급여규정이 정관에 규정된 경우, 임원에게 지급한 퇴직급여 중 정관에 규정한 금액을 초과하여 지급하는 금액은 근로소득으로 구분한다.
③ 법인의 퇴직급여규정이 정관 등에 규정되지 않은 경우, 임원에게 지급한 퇴직급여는 전액 근로소득으로 구분한다.
④ 공적연금 관련법에 따라 받는 일시금 퇴직소득을 지급하는 자가, 퇴직소득의 일부 또는 전부를 지연하여 지급하면서 지연지급에 대한 이자를 함께 지급하는 경우, 해당 이자는 퇴직소득으로 구분한다.

MEMO

연/습/문/제 답안

객관식

1	2	3	4	5	6
④	③	④	②	④	③

[풀이 - 객관식]

02. 근로자퇴직급여 보장법에 의하여 근로자가 연금형태로 지급받는 퇴직연금은 연금소득으로 과세된다.

03. 일반적인 퇴직소득의 수입시기는 **현실적으로 퇴직한 날을 수입시기**로 한다.

04. 지급한날이 퇴직소득의 수입시기이다.

06. 임원의 퇴직급여규정이 정관에 규정되지 않은 경우, 법인세법상 법정산식 한도까지만 퇴직소득으로 보고, 이를 초과하여 지급한 퇴직급여는 근로소득으로 구분한다.

Chapter

납세절차 등

6

로그인 세무회계 2급

제1절 원천징수

1. 원천징수의 개념

원천징수란 원천징수의무자가 소득 또는 수입금액을 지급할 때 납세의무자가 내야 할 세금을 미리 징수하여 정부에 납부하는 제도이다.

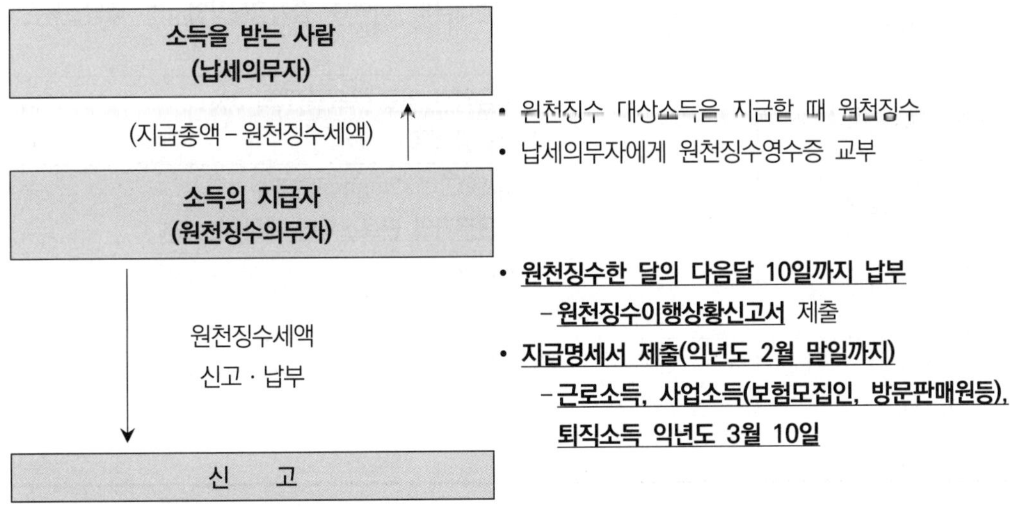

2. 원천징수의 종류

원천징수는 **원천징수로 납세의무가 종결되는지 여부**에 따라 완납적 원천징수와 예납적 원천징수로 나눌 수 있다.

〈예납적 원천징수와 완납적 원천징수의 비교〉

구 분	예납적 원천징수	완납적 원천징수
납세의무 종결	원천징수로 종결되지 않음	원천징수로 납세의무 종결
확정신고 의무	**확정신고의무 있음**	**확정신고 불필요**
조세부담	확정신고시 정산하고 원천징수 세액을 기납부세액으로 공제함	원천징수세액
대상소득	**분리과세 이외의 소득**	**분리과세소득** **① 비실명금융소득** **② 직장공제회초과반환금** **③ 복권당첨금** **④ 일용근로소득**

3. 원천징수세율

구 분			원천징수 여부	비 고
종합소득	금융소득	이 자	○	-**지급액의 14%(비실명 45%)** -**비영업대금의 이익과 출자공동사업자의 배당소득은 25%**
		배 당		
	특정사업소득		○	-**인적용역과 의료 · 보건용역의 3%** -**봉사료의 5%**
	근 로 소 득		○	-간이세액표에 의하여 원천징수 -**일용근로자의 근로소득에 대해서는 6%**
	연 금 소 득		○	-공적연금 : 간이세액표에 의하여 원천징수 -사적연금 : 3%~5%
	기 타 소 득		○	**기타소득금액의 20%(3억 초과 복권당첨소득 30%)**
퇴 직 소 득			○	기본세율
양 도 소 득			×	

4. 원천징수신고납부

원천징수의무자는 다음달 10일까지 원천징수이행상황신고를 제출하여야 한다.

구 분	원천징수신고납부기한
1. 원칙	징수일이 속하는 달의 다음달 10일
2. 예외	반기별 납부사업자 : **상시고용인원이 20인 이하**인 소규모 업체로서 세무서장의 승인을 얻은 경우 ① 징수일이 1월 1일 ~ 6월 30일 : 7월 10일 ② 징수일이 7월 1일 ~12월 31일 : 다음연도 1월 10일

☞ 신규사업자는 신청일이 속하는 반기의 상시 고용인원이 20명 이하인 경우에도 반기별 납부를 신청할 수 있다.

5. 지급시기의제

소득을 미지급시 지급한 것으로 의제하여 원천징수를 하여야 한다.

1. 이자소득	**총수입금액의 수입시기**
2. 배당소득	**잉여금처분에 의한 배당 : 처분결의일부터 3월이 되는 날** 다만 11.1~12.31 결의분은 다음연도 2월말 (예) 2월 28일 주주총회에서 현금 배당 100원 지급결의 5월 28일 결의일부터 3개월 내에 미지급 ⇒ 지급한 것으로 의제(원천징수 14원) 6월 10일 원천징수이행상황신고서 신고 및 납부
3. 근로소득 및 퇴직소득	1. 1~11월분 : 12/31 2. 12월분 : 익년도 2월말 3. 잉여금처분상여 및 잉여금처분 퇴직소득 : 결의일부터 3월 다만 11.1~12.31결의분은 다음 연도 2월말
4. 법인세법상 인정 배당 · 상여 등	1. 법인이 신고 : 신고일 또는 수정신고일 2. 정부가 결정 · 경정하는 경우 : 소득금액 변동통지서 수령일

제2절 연말정산(근로소득)

1. 의의

연말정산이란 근로소득을 지급하는 자가 다음해 2월분 급여를 지급하는 때에 지난 1년간의 총급여액에 대한 근로소득세액을 정확하게 계산한 후, 매월 급여지급시 간이세액표에 의하여 이미 원천징수납부한 세액과 비교하여 적게 징수한 경우에는 더 징수하고, 많이 징수한 세액은 돌려주는 절차를 말한다.

2. 연말정산의 시기

구 분	시 기	신고납부
(1) 일반	**다음해 2월분 급여 지급시**	**3월 10일까지**
(2) 중도퇴사	**퇴직한 달의 급여를 지급하는 때**	**다음달 10일까지**
(3) 반기별납부자	다음해 2월분 급여 지급시	신고는 3월 10일까지 납부는 7월 10일까지

제3절 소득세 신고 · 납부절차

1. 소득세 신고절차

구 분	내 용	신고여부	납부기한
1. 중간예납	사업소득이 있는 거주자가 상반기(1월~6월)의 소득세를 미리 납부하는 절차	고지납부	11월 30일
2. 사업장 현황신고	**면세사업자(개인)**의 총수입금액을 파악하기 위한 제도	자진신고	**다음연도 2월 10일까지**
3. 확정신고	소득세법상 소득이 있는 자가 소득세를 확정신고납부하는 것	자진신고	다음연도 5월말까지

2. 중간예납

(1) 중간예납대상자

사업소득이 있는 거주자는 중간예납 의무가 있다.
다만, 다음에 해당하는 사람은 중간예납 의무가 없다.

① 신규사업자
② 사업소득 중 수시 부과하는 소득
③ 보험모집인, 방문판매인 등 연말정산대상 사업소득으로서 원천징수의무자가 직전연도에 사업소득세의 연말정산을 한 경우
④ 납세조합이 소득세를 매월 원천징수하여 납부하는 경우

(2) 징수

고지납부가 원칙이고 1천만원초과시 분납도 가능하다.
(소액부징수 : 50만원 미만인 때에는 징수하지 않는다.)

(3) 신고납부 : 11월 1일부터 11월 30일까지

① 원칙 : **중간예납기준액**의 1/2을 고지하여 징수
☞ 예외 : 중간예납기간의 실적을 계산하여 신고납부

② 임의적 신고대상자 : 사업부진으로 **중간예납기준액의 30%**에 미달시 중간예납추계액을 신고 납부할 수 있음

③ 강제적 신고대상자 : 중간예납기준액이 없는 거주자(복식부기 의무자)가 당해 연도의 중간예납기간 중 종합소득이 있는 경우에는 중간예납세액을 신고 · 납부하여야 함.
☞ 중간예납기준액 : 직전년도 종합소득에 대한 소득세로서 납부하였거나 납부하여야 할 세액
중간예납기준액＝중간예납세액＋확정신고자진납부세액＋추가납부세액(수시부과세액 및 원천징수세액 제외)
중간예납추계액(세액) : 당해년도 1.1~6.30까지 종합소득에 대한 소득세 추계액

3. 사업장현황신고 : 개인면세사업자

개인면세사업자가 5월의 종합소득 확정신고를 하기 전에 1년간의 수입금액을 미리 신고하는 제도를 사업장현황 신고(사업장별로 신고)라고 한다.

다음연도 2월 10일까지 사업장 소재지 관할세무서장에게 신고하여야 한다.

4. 지급명세서 제출의무

(1) **제출의무자** : 소득세납세의무가 있는 개인에게 소득을 국내에서 지급하는 자

(2) 제출기한

① **원칙 : 익년도 2월말일**
② **근로소득, 퇴직소득, 원천징수대상사업소득 : 익년도 3월 10일**
③ 일용근로자의 근로소득 : 지급일이 속하는 달의 다음달 말일(매월단위 제출)
④ 휴업(폐업)의 경우 : 휴업(폐업)일이 속하는 달의 다음다음 달 말일

5. 근로소득 간이지급명세서 제출의무

(1) 제출의무자 : 상용근로소득, 원천징수대상 사업소득,
인적용역관련 기타소득을 지급하는 자
(2) **제출기한 : 상용근로소득(반기 단위제출, 반기말 다음달 말일)**
원천징수대상 사업소득 및 인적용역 관련 기타소득(매월단위 제출, 다음달 말일)

6. 확정신고와 납부

(1) 과세표준확정신고

당해 연도의 소득금액(종합소득 · 퇴직소득 · 양도소득)이 있는 거주자는 당해 소득의 과세표준을 당해 연도의 다음 연도 5월 1일부터 5월 31일까지 납세지 관할세무서장에게 신고하여야 한다.

이러한 **과세표준 확정신고는 해당 과세기간의 과세표준이 없거나 결손금액이 있는 경우에도 하여야 한다.**

(2) 제출서류

① 인적공제, 연금보험료공제, 주택담보노후연금 이자비용공제 및 특별공제대상임을 증명하는 서류
② 종합소득금액 계산의 기초가 된 총수입금액과 필요경비의 계산에 필요한 서류
③ 사업소득금액을 비치 · 기록된 장부와 증명서류에 의하여 계산한 경우에는 기업회계기준을 준용하여 작성한 **재무상태표 · 손익계산서와 그 부속서류, 합계잔액시산표 및 조정계산서. 기장을 한 사업자의 경우에는 간편장부소득금액 계산서. 이 경우 복식부기의무자가 재무상태표 · 손익계산서, 합계잔액시산표 및 조정계산서를 제출하지 아니한 경우에는 종합소득 과세표준확정신고를 하지 아니한 것으로 본다.**

④ 필요경비를 산입한 경우에는 그 명세서

⑤ 사업자(소규모사업자는 제외)가 사업과 관련하여 다른 사업자(법인을 포함한다)로부터 재화 또는 용역을 공급받고 적격증빙서류외의 것으로 증명을 받은 경우에는 영수증 수취명세서

⑥ 사업소득금액을 비치·기록한 장부와 증명서류에 의하여 계산하지 아니한 경우에는 추계소득금액 계산서

〈확정신고 의무 제외자〉

① **<u>근로소득만 있는 자</u>**
② **<u>퇴직소득만 있는 자</u>**
③ **<u>연말정산대상 연금소득만 있는 자</u>**
④ **<u>연말정산대상 사업소득만 있는 자</u>**
⑤ 위 ①·② 또는 ②·③ 또는 ②·④ 소득만 있는 자
⑥ 분리과세이자소득·분리과세배당소득·분리과세연금소득 및 분리과세기타소득(원천징수되지 아니하는 소득은 제외)만이 있는 자
⑦ 위 ① 내지 ⑤에 해당하는 자로서 분리과세이자소득·분리과세배당소득·분리과세연금소득 및 분리과세기타소득이 있는 자

(3) 자진납부 및 분납

거주자는 해당 연도의 과세표준에 대한 종합소득·퇴직소득·양도소득 산출세액에서 감면세액·공제세액·기납부세액을 공제한 금액을 과세표준확정신고기한까지 납세지 관할세무서에 납부하여야 한다.

또한 납부할 세액(가산세 및 감면분 추가납부세액은 제외)이 **<u>1천만원을 초과하는 거주자는 다음의 세액을 납부기한 경과 후 2개월 이내에 분납</u>**할 수 있다.

① **납부할 세액이 2천만원 이하인 때에는 1천만원을 초과하는 금액**
② **납부할 세액이 2천만원을 초과하는 때에는 그 세액의 50% 이하의 금액**

7. 소액부징수

① 원천징수세액이 1천원 미만인 경우(**<u>이자소득과 인적용역 사업소득으로서 계속적·반복적 활동을 통해 얻는 소득</u>**은 제외)

② 납세조합의 징수세액이 1천원 미만인 경우

③ ***<u>중간예납세액이 50만원 미만</u>***인 경우

8. 성실신고 확인제도

성실한 납세를 위하여 필요하다고 인정되어 수입금액이 일정규모 이상의 사업자(성실신고확인대상사업자)는 종합소득과세표준 확정신고시 비치·기록된 장부와 증명서류에 의하여 계산한 사업소득금액의 적정성을 세무사 등이 확인하고 작성한 확인서를 납세지 관할 세무서장에게 제출하여야 한다.

(1) 사업자 범위 : <u>**해당 과세기간**</u>의 수입금액의 합계액이 일정금액이상인 개인사업자

☞ <u>수입금액에 사업용 유형자산 처분에 따른 수입금액 제외</u>

1. 농업, 도매 및 소매업, 부동산매매업등	15억원 이상
2. 제조업, 건설업, 음식점업, 금융 및 보험업 등	7.5억원 이상
3. 부동산임대업, 교육서비스업, 보건업, 기타 개인서비스업등	5억원 이상

(2) 성실신고확인서 제출 : 사업소득금액의 적정성을 세무사 등이 확인하고 작성한 확인서를 납세지 관할세무서장에게 신고

(3) 성실신고확인서 관련 혜택 및 제재

① <u>**확정신고기한 연장 : 익년 6월 30일까지**</u>
② **의료비 및 교육비, 월세 세액공제**를 허용함.
③ <u>**성실신고 확인비용에 대한 세액공제(60%, 연 120만원 한도)**</u>
④ 미제출가산세 : MAX(산출세액의 5%, 수입금액의 0.02%)
⑤ 미제출시 세무조사 가능

9. 소득세법상 주요가산세

종 류	적 용 대 상	가 산 세 액
1. 신고불성실 가산세(무신고, 과소신고 등)	-거주자가 과세표준확정신고(**양도소득세예정신고서**)을 제출하지 않거나 미달신고시	무신고 20%, 과소신고 10%
2. 지급명세서 불성실가산세	지급명세서 기한내에 미제출 또는 제출된 지급명세서의 내용이 불분명한 경우	미제출·불분명 지급금액×1%(**기한후 3개월 이내에 제출시에는 0.5%**)
3. 근로소득 등 간이지급명세서 불성실가산세	근로소득 등 간이지급명세서 미제출	지급금액×0.25% **(기한후 1개월 이내에 제출시에는 50% 감면)**
4. **계산서 등 또는 계산서 합계표 불성실가산세**	-계산서를 미교부 부실기재한 경우 또는 합계표를 제출하지 않거나 부실기재한 경우 -가공 및 위장계산서 등(현금영수증 포함)를 수수한 경우	**-미발급, 가공 및 위장수수×2%** **-지연발급×1%** **-계산서 합계표 미제출×0.5%** **(지연제출 0.3%)**
5. 원천징수 등 납부지연 가산세	원천징수세액의 미납부·미달납부	MIN[①, ②] **① 미달납부세액×3%+미달납부세액×미납일수×이자율** **② 미달납부세액의 10%**
6. **지출증빙 미수취가산세 (증빙불비 가산세)**	**사업자가 건당 3만원 초과분에 해당하는 경비 등을 지출하고 임의증빙서류를 수취한 경우**	**미수취금액 중 필요경비 인정액×2%** ☞ 소규모사업자 및 소득금액이 추계되는 자 제외
7. 영수증수취명세서제출 불성실가산세	사업자가 영수증수취명세서를 제출하지 아니하거나 불분명하게 제출한 경우(3만원 초과분)	미제출·불분명금액×1% ☞ 소규모사업자 및 소득금액이 추계되는 자 제외
8. **무기장가산세**	**사업자(소규모사업자 제외)가 장부를 비치하지 않거나 허위로 기장하는 경우**	미기장/누락기장한 소득금액에 대한 산출세액×20%
9. 사업장현황신고 불성실가산세	**의료업, 수의업 및 약사업**	무신고(미달신고)수입금액×0.5%
10. 사업용계좌 미사용가산세	**복식부기의무자**	미사용금액, 미신고기간의 수입금액×0.2%

종 류	적 용 대 상	가 산 세 액
11. 주택임대 사업자 미등록	사업개시일로부터 20일 이내 미등록시	신청한 날의 직전일까지 주택임대수입금액×0.2%
12. 현금영수증 미발급	건당 거래금액이 10만원 이상 자진 미발급시	미발급금액의 20%
13. 기타	신용카드매출전표미발급가산세, 현금영수증미발급가산세 등이 있다.	

〈소규모 사업자의 가산세〉

1. 신규사업개시자
2. 직전연도 사업소득의 수입금액합계액이 4,800만원에 미달하는 자
3. 연말정산되는 사업소득만 있는 자

사업자	기장관련		계산서 발급 불성실 가산세	영수증수취 명세서 미제출 가산세	적격증빙 미수취 가산세	**지급명세서 제출불성실 가산세**
	기장	무기장 가산세				
1. 복식부기의무자	-	○	○	○	○	○
2. 간편장부대상자	**기장세액공제**	○	○	○	○	○
- 소규모사업자	**기장세액공제**	×	×	×	×	○

사업용계좌의 신고 · 사용의무 참고

1. 사용의무자 : 복식부기의무자
2. 사용거래
   ① 거래의 대금을 금융회사 등을 통하여 결제하거나 결제받는 경우
   ② 인건비 및 임차료를 지급하거나 지급받는 경우
3. 신고기한 : ***과세기간의 개시일부터 6개월 이내***에 사업장 또는 주소지 관할세무서장에게 신고

제4절 결정 · 경정

1. 결정

납세지 관할세무서장(또는 관할 지방국세청장)은 종합소득 또는 퇴직소득 과세표준확정신고를 하여야 할 자가 신고를 하지 않은 경우에는 해당 거주자의 해당 과세기간의 과세표준과 세액을 결정한다. 이러한 결정은 **과세표준 신고기한으로부터 1년 이내에 완료**하여야 한다.

2. 경정

① 신고내용에 탈루 또는 오류가 있는 경우
② 근로소득세, 연금소득세, 사업소득세, 퇴직소득세를 원천징수한 내용에 탈루 또는 오류가 있는 경우로서 법에 정한 사유
③ 매출 · 매입처별 세금계산서합계표 또는 지급명세서의 전부 또는 일부를 제출하지 않은 경우
④ 사업용계좌를 이용(신고)하여야 할 사업자가 이를 이행하지 않는 경우 등

납세지 관할세무서장(또는 관할 지방국세청장)은 종합소득 또는 퇴직소득 과세표준확정신고를 한 자가 상기 사유가 있는 경우 이를 경정한다.

이처럼 과세표준과 세액을 결정 또는 경정한 후 그 결정 · 경정에 오류나 누락이 있는 것이 발견된 경우에는 즉시 이를 다시 경정한다.

3. 결정 · 경정의 방법 : 실지조사(예외 : 추계조사)

과세표준확정신고서 및 그 첨부서류에 의하거나 장부나 그 밖의 증명서류에 의한 실지 조사에 따라야 한다.

(1) 추계조사사유

① 과세표준을 계산할 때 필요한 장부와 증명서류가 없거나 중요한 부분이 미비 또는 허위인 경우
② 기장의 내용이 시설규모 · 종업원수와 원자재 · 상품 · 제품의 시가, 각종 요금 등에 비추어 허위임이 명백한 경우
③ 기장의 내용이 원자재 사용량 · 전력사용량 기타 조업상황에 비추어 허위임이 명백한 경우

(2) 추계의 방법

추계과세표준 = 추계소득금액 – 소득공제액

① 단순경비율 적용대상자

<u>추계소득금액 = 수입금액 – 수입금액 × 단순경비율</u>

☞ 적용대상자

㉠ **신규로 사업을 개시한 사업자로서 해당 과세기간의 수입금액이 간편장부대상자 수입금액에 미달하는 자**

㉡ 직전과세기간의 수입금액의 합계액이 다음의 금액에 미달하는 사업자

☞ <u>간편장부대상자 기준(㉠) 수입금액에 사업용 유형자산 처분에 따른 수입금액 제외</u>

업 종 별	㉠ 간편 장부대상자	㉡ 수입금액 기 준
농업 · 임업 및 어업, 광업, 도매 및 소매업, 부동산매매업 등	3억	6,000만원
제조업, 숙박 및 음식점업, 전기 · 가스 · 증기 및 수도사업, 하수 · 폐기물처리 · 원료재생 및 환경복원업, 건설업, 운수업, 출판 · 영상 · 방송통신 및 정보서비스업, 금융 및 보험업	1.5억	3,600만원
<u>부동산임대업</u>, 전문 · 과학 및 기술서비스업, 사업시설관리 및 사업지원서비스업, 교육서비스업, 보건업 및 사회복지서비스업, 예술 · 스포츠 및 여가 관련 서비스업, 협회 및 단체, 수리 및 기타 개인서비스업, 가구내 고용활동	0.75억	**<u>2,400만원</u>**

☞ **단순경비율 적용 배제 사업자 : 의료업, 수의업, 약국업, 전문직 사업자(변호사, 공인회계사, 세무사등)**

② 기준경비율 적용대상자(일반적인 사업자)

추계소득금액 = MIN[㉠, ㉡]

㉠ 기준소득금액 = 수입금액 – **<u>매입비용과 사업용고정자산의 임차료(고정자산의 매입비용은 제외)</u>**
<u>– 종업원의 급여와 퇴직급여</u> – 수입금액 × 기준경비율(**<u>복식부기의무자는 기준경비율의 50%</u>**)

㉡ 비교소득금액 = (수입금액 – 수입금액 × 단순경비율) × 배율(3.2배, 간편장부대상자 2.6배)

<예제 6 - 1> 추계소득금액

다음은 김말동씨 소득내역이다. 20x1년 종합소득 확정신고시 추계결정에 따른 사업소득금액을 계산하시오. 김말동씨는 **복식부기의무자로서 기준경비율 대상자**이다.

1. 종합소득내역

1. 매출액	100,000,000원
2. 주요경비 ① 원재료매입 ② 종업원 급여 ③ 상가임차료 ④ 사업용고정자산매입비용	 10,000,000원 20,000,000원 30,000,000원 50,000,000원
3. 기준경비율 단순경비율 적용배율	10% 80% 3.2배(간편장부대상자 2.6배)

2. 적격증빙을 수취하였고, 원재료 매입비용은 전부 사업에 사용하였고 기초재고는 없다고 가정한다.

해답

1. 매출액	100,000,000원	비 고
2. 주요경비 ① 원재료매입 ② 종업원 급여 ③ 상가임차료 ④ 수입금액×10%×50%	 (10,000,000원) (20,000,000원) (30,000,000원) (5,000,000원)	☞ **사업용고정자산의 매입비용은 제외한다.** ☞ 복식부기의무자는 50%만 인정
3. 기순소득금액	35,000,000원	
4. 비교소득금액	64,000,000원	수입금액×(1 - 80%)×3.2배
5. 추계소득금액	35,000,000원	MIN[3, 4]

참고

사업자의 장부 기장 의무

1. 장부의 비치 · 기장

사업자는 소득금액을 계산할 수 있도록 증명서류 등을 갖춰 놓고 그 사업에 관한 모든 거래사실이 객관적으로 파악될 수 있도록 복식부기에 따라 장부를 기록 · 관리하여야 한다. 다만, 업종 · 규모 등을 고려하여 업종 일정규모 미만의 사업자는 간편 장부에 관한 거래 사실을 기록할 수 있음

① 복식부기의무자 : 간편장부대상자에 해당되지 않는 사업자

② 간편장부대상자.

㉠ 당해 과세기간에 신규로 사업을 개시한 사업자

㉡ 직전과세기간의 수입금액 합계액이 업종별 기준금액에 미달하는 사업자

☞ <u>장부신고자의 경우 수입금액에 사업용 유형자산 처분에 따른 수입금액 제외</u>

직전연도 사업소득 수입금액	장부신고자		추계신고자	
업 종 별	복식부기 의무자	간편장부 대상자	기준경비율 적용대상자	단순경비율 적용대상자
농업 · 임업 및 어업, 광업, 도매 및 소매업, 부동산매매업 등	3억원 이상	3억원 미만	0.6억원 이상	0.6억원 미만
제조업, 숙박 및 음식점업, 건설업, 운수업, 출판 · 영상 · 방송통신 및 정보서비스업, 금융 및 보험업 등	1.5억원 이상	1.5억원 미만	0.36억원 이상	0.36억원 미만
부동산임대업, 전문 · 과학 및 기술서비스업, 교육서비스업, 보건업 및 예술 · 스포츠 및 여가 관련 서비스업, 기타 개인서비스업, 가구내 고용활동 등	0.75억원 이상	0.75억원 미만	0.24억원 이상	0.24억원 미만

☞ <u>전문직사업자(의사, 변호사 등)은 반드시 복식장부를 기록해야 한다.</u>

2. 장부기록시 혜택 및 미기록시 불이익

기록시혜택	미기록시 불이익
1. 결손시 인정받고 향후 10년간 결손금공제가 적용 2. 간편장부대상자가 복식부기에 의하여 장부기록시 기장세액공제 3. 고정자산에 대한 감가상각비를 계상시 비용으로 인정	1. 추계로 소득세를 신고하므로 결손시에도 불인정 2. 직전사업연도 수입금액이 4,800만원이상이면 무기장가산세 부담 3. 복식부기의무자는 무신고가산세와 무기장가산세중 큰 금액을 가산세로 부담

연/습/문/제

 객관식

01. 다음 중 원천징수의무가 없는 소득으로만 묶은 것은?

㉮ 배당소득	㉯ 연금소득
㉰ 퇴직소득	㉱ 상품판매로 인한 소득
㉲ 기타소득	㉳ 일용근로자의 근로소득
㉴ 부동산의 양도로 인한 소득	㉵ 건물임대료 수익

① ㉰, ㉱, ㉴　　② ㉳, ㉴, ㉵
③ ㉱, ㉴, ㉵　　④ ㉲, ㉳, ㉴

02. 다음 중 소득세법상 이자소득에 대한 원천징수세율이 틀린 것은?

① 정기예금 이자 : 14%
② 비영업대금의 이익 : 14%
③ 비실명이자 : 45%, 90%
④ 법원보관금 등의 이자 : 14%

03. 다음 중 원천징수되는 소득세가 가장 적은 것은?

① 복권을 5,000원에 구입하여 65,000원에 당첨되었다
② 공익사업과 관련하여 지상권을 대여하고 1,000,000원을 받았다.
③ 대학생이 신문사에 글을 기고하고 원고료로 120,000원을 받았다.
④ 대학교수가 TV토론회에 출연하고 출연료 500,000원을 받았다.

04. 다음 중 소득세법상 중간예납에 대한 설명으로 틀린 것은?

① 전년도의 종합소득에 대한 소득세로서 납부하였거나 납부하여야 할 세액의 2분의 1에 상당하는 금액은 중간예납기준액이 된다.
② 중간예납신고기한은 11월 1일부터 11월 30일까지이다.
③ 중간예납세액이 1천만원을 초과하여도 분납할 수 없다
④ 중간예납세액이 50만원 미만인 때에는 해당 소득세를 징수하지 아니한다.

05. 다음 중 소득세법상 중간예납에 대한 설명으로 옳지 않은 것은?

① 근로소득 또는 연말정산대상 사업소득이 있는 거주자는 중간예납의무가 있다.
② 중간예납기간은 1월 1일부터 6월 30일까지이다.
③ 중간예납추계액이 중간예납기준액의 30%에 미달하는 경우에는 중간예납추계액으로 신고할 수 있다.
④ 중간예납세액은 원칙적으로 직전연도 중간예납기준액의 50%로 한다.

06. 다음은 소득세법상 중간예납에 대한 설명이다. 옳지 않은 것은?

① 중간예납기간은 1월 1일부터 6월 30일까지이다.
② 중간예납기준액은 원칙적으로 전년도 납부실적을 기준으로 한다
③ 종합소득이 있는 거주자는 모두 중간예납의무가 있다.
④ 중간예납 추계액의 조사결정은 실지조사결정이나 추계조사결정에 의한다.

07. 다음 중 소득세법상 사업장현황신고를 하여야 하는 사업자는?

① 부가가치세 과세사업자인 개인사업자 ② 부가가치세 면세사업자인 개인사업자
③ 부가가치세 과세사업자인 법인사업자 ④ 부가가치세 면세사업자인 법인사업자

08. 다음 중 소득세법상 사업장현황보고에 대한 설명으로 틀린 것은?

① 사업장현황신고의무를 지는 자는 부가가치세가 면제되는 개인사업자이다.
② 해당 사업자는 해당과세기간의 다음연도 2월 10일까지 사업장소재지관할세무서장에게 신고하여야 한다.
③ 사업장현황신고에는 매출액 및 매입액, 주요경비명세 등의 내용이 포함된 신고서를 제출하여야 한다.
④ 사업장현황신고를 하지 아니하거나 미달하게 신고한 경우 미신고 또는 과소신고한 수입금액의 1%를 가산세로 납부하여야 한다.

09. 다음 중 소득세법상 지급명세서 제출대상이 아닌 것은?

① 이자소득 ② 배당소득 ③ 기타소득 ④ 양도소득

10. 다음 중 소득세법상 과세표준 확정신고 의무가 있는 자는?

① 근로소득과 퇴직소득만 있는 자
② 퇴직소득 및 분리과세기타소득만 있는 자
③ 근로소득과 사업소득만 있는 자
④ 연말정산대상 사업소득만 있는 자

11. 다음 중 종합소득세 확정신고를 반드시 해야 하는 경우는?

① 일용근로자의 급여
② 원천징수대상 기타소득금액이 연 300만원 이하인 거주자
③ 사적연금총액이 연 2,000만원인 거주자
④ 근로소득이 있으면서 사업소득이 있는 거주자

12. 다음 중 소득세법상 결정 · 경정과 징수 · 환급에 대한 설명으로 잘못된 것은?

① 당초 신고한 소득세의 경정은 신고내용에 오류가 있는 경우에는 국세부과권의 제척기간이 만료된 후에도 할 수 있다.
② 소득세법상 결손금 소급공제는 법인세법과 달리 사업장 단위로 적용한다.
③ 중간예납세액이 50만원 미만인 경우에는 해당 중간예납세액을 징수하지 아니한다.
④ 종합소득세의 무신고시 해당 종합소득에 대한 과세표준과 세액의 결정은 과세표준확정신고일로부터 1년 이내에 완료하여야 한다.

13. 다음 중 소득세법상 기준경비율 적용 시 주요경비가 아닌 것은?

① 매입비용 ② 인건비 ③ 임차료 ④ 이자비용

14. 다음 중 소득세법상 단순경비율에 대한 설명으로 옳지 않은 것은?

① 단순경비율제도란 장부가 없는 영세사업자에 대하여 추계과세하는 제도를 말한다.
② 모든 신규사업자는 해당 과세기간 수입금액에 관계없이 단순경비율을 적용하여 신고할 수 있다.
③ 부동산임대업의 경우 직전 과세기간 수입금액이 2,400만원에 미달하는 사업자는 단순경비율로 신고할 수 있다.
④ 단순경비율의 소득금액은 수입금액 × (1 - 단순경비율)이다.

15. 다음 중 소득세법상 설명으로 잘못된 것은?

① 종합소득이 있는 비거주자와 양도소득만 있는 거주자는 중간예납의무가 없다.
② 소득세법상 결손금 소급공제는 법인세법과 달리 사업장 단위로 적용한다.
③ 중간예납세액이 50만원 미만인 경우에는 중간예납세액을 징수하지 아니한다.
④ 소득금액을 추계조사결정하는 경우 전문직 사업자가 신규사업자라 하더라도 수입금액에 관계없이 단순경비율 적용을 배제한다.

16. 다음 중 소득세법상 종합소득세의 납세절차에 관한 설명으로 옳지 않은 것은?

① 부가가치세가 면제되는 재화 또는 용역을 공급하는 개인사업자에 대하여는 사업자현황신고의무가 있다.
② 중간예납의무자는 중간예납세액을 중간예납기간 종료일로부터 2개월 이내에 자진납부하여야 한다.
③ 근로소득 및 공적연금소득만 있는 자는 반드시 과세표준확정신고를 하여야 한다.
④ 이자소득에 대한 원천징수세액이 1,000원 미만인 때에도 소득세를 징수한다.

17. 다음 중 소득세법상 납부에 관한 설명으로 옳은 것은?

① 거주자가 납부할 세액이 500만원을 초과하는 경우 세금을 분납할 수 있다.
② 세액을 분납할 경우 분납기한은 납부기한 경과 후 45일 이내이다.
③ 양도소득세는 예정신고납부를 하지 않아도 된다.
④ 확정신고시 납부할 세액이 3천만원인 경우 최대로 분할납부할 수 있는 세액은 1,500만원이다.

18. 다음 중 소득세법상 종합소득세 확정신고에 관한 설명으로 옳지 않은 것은?

① 종합소득이 있는 거주자는 그 종합소득과세표준을 해당 과세기간의 다음 연도 5.1부터 5.31까지(성실신고 확인대상자가 성실신고 확인서를 제출하는 경우에는 6.30.까지) 납세지 관할 세무서장에게 신고하여야 한다.
② 사업소득자는 결손금이 발생한 때에는 확정신고를 하지 아니할 수 있다.
③ 타소득 없는 방문판매원으로 원천징수의무자가 연말정산한 방문판매원은 소득세 확정신고를 하지 아니할 수 있다.
④ 소득세 확정신고 대상자가 확정신고를 하지 아니한 경우 과세표준과 세액을 결정하여 통지하기 전까지 기한 후 신고를 할 수 있다.

19. 다음 중 소득세법상 성실신고확인제도에 대한 설명으로 옳지 않은 것은?

① 성실신고확인대상사업자가 성실신고확인서를 제출하는 경우에는 종합소득과세표준 확정신고를 그 과세기간의 다음 연도 6월 1일부터 6월 30일까지 하여야 한다.
② 세무사가 성실신고확인대상사업자에 해당하는 경우에는 자신의 사업소득금액의 적정성에 대하여 해당 세무사가 성실신고확인서를 작성 · 제출해서는 아니된다.
③ 성실신고확인대상 개인사업자가 성실신고 확인서를 제출하는 경우에는 성실신고 확인에 직접 사용한 비용의 100분의 60에 해당하는 금액을 해당 과세연도의 소득세에서 공제한다.
④ 성실신고확인대상 개인사업자의 공제세액의 한도는 120만원이다.

20. 다음은 소득세법상 성실신고 확인제도에 관한 설명이다. 가장 옳지 않은 것은?

① 성실신고 확인 비용에 대한 세액공제는 연 120만원을 한도로 한다.
② 성실신고사업자인지 여부 기준의 수입금액을 산정할 때 사업용 유형자산을 양도함으로써 발생한 수익금액도 포함한다.
③ 성실신고확인서를 제출한 경우 의료비 및 교육비의 세액공제가 가능하다.
④ 성실신고사업자의 확정신고기한은 익년 6월 30일까지이다.

21. 다음 중 소득세법상 원천징수와 관련한 설명으로 옳지 않은 것은?

① 원천징수의무자가 소득세가 과세되지 아니하거나 면제되는 소득을 지급할 때에는 소득세를 원천징수하지 아니한다.
② 국가나 지방자치단체의 장이 법에서 정하는 소득을 지급하는 때에 소득세를 원천징수하여야 한다.
③ 법에서 정하는 소득이 발생 후 지급되지 아니함으로써 소득세가 원천징수 되지 아니한 소득이 종합소득에 합산되어 종합소득에 대한 소득세가 과세된 경우에 그 소득을 지급할 때에는 소득세를 원천징수하지 아니한다.
④ 원천징수의무자가 기타소득을 지급할 때에는 지급한 총수입금액에 원천징수세율을 적용하여 계산한 소득세를 원천징수한다.

22. 다음 중 소득세법상 사업장현황신고를 하지 않을 경우, 사업장현황신고불성실 가산세(0.5%)가 적용되는 업종은?

① 의료업
② 세무사업
③ 변호사업
④ 건축사업

23. 소득세법상 소규모사업자에게도 적용될 수 있는 가산세는?

① 영수증수취명세서미제출가산세　　② 증빙불비가산세
③ 무기장가산세　　④ 지급명세서제출불성실가산세

24. 다음은 소득세법상 소규모사업자에게는 적용되지 않는 가산세 내용이다. 이에 해당되지 않는 것은?

① 사업자가 사업과 관련하여 다른 사업자로부터 재화 또는 용역을 공급받고 사실과 다른 증명서류를 받은 경우
② 사업자가 영수증 수취명세서를 과세표준 확정신고기한까지 제출하지 아니하거나 제출한 영수증 수취명세서가 불분명한 경우
③ 사업자가 장부를 비치 · 기록하지 아니하였거나 비치 · 기록한 장부에 따른 소득금액이 기장하여야 할 금액에 미달한 경우
④ 신용카드가맹점이 신용카드에 의한 거래를 거부하거나 신용카드매출전표를 사실과 다르게 발급하여 관할 세무서장으로부터 통보받은 경우

25. 다음 중 소득세법상 사업용계좌에 대한 설명으로 옳지 않은 것은?

① 개인사업자 중 복식부기의무자는 관할 세무서에 의무적으로 개설해야 한다.
② 금융거래, 인건비, 임차료 등 주요거래는 사업용계좌를 이용하여야 한다.
③ 복식부기의무자는 해당 과세기간 개시일(신규사업자는 다음 과세기간 개시일)부터 3개월 이내에 신고해야 한다.
④ 사업용계좌 미개설시 미개설기간 수입금액의 0.2%의 가산세를 부과한다.

26. 다음 중 소득세법상 가산세에 대한 설명으로 틀린 것은?

① 지급명세서를 기한까지 제출하지 아니한 경우 : 지급금액의 100분의 2
② 계산서에 필요적 기재사항의 일부가 기재되지 아니한 경우(착오 제외) : 공급가액의 100분의 1
③ 매출,매입처별 계산서합계표를 제출하지 아니한 경우(착오 제외) : 공급가액의 1,000분의 5
④ 계산서를 발급시기에 발급하지 아니한 경우 : 공급가액의 100분의 2

 주관식

01. 다음 (　　)안에 들어갈 숫자는 무엇인가?

> 소득세법상 사업소득 중 부가가치세의 면세대상인 의료보건용역과 인적용역의 공급에서 발생한 소득을 지급하는 원천징수의무자는 그 수입금액의 (　　)%를 원천징수하여야 한다.

02. 다음 (　　)에 알맞은 숫자를 답안에 쓰시오.

> 종합소득이 있는 거주자가 중간예납기간의 종료일 현재 그 중간예납기간 종료일까지의 종합소득금액에 대한 소득세액(이하 "중간예납추계액"이라 한다)이 중간예납기준액의 100분의 (　　)에 미달하는 경우에는 11월 1일부터 11월 30일까지의 기간에 대통령령으로 정하는 바에 따라 중간예납추계액을 중간예납세액으로 하여 납세지 관할 세무서장에게 신고할 수 있다.

03. 다음 괄호 안에 들어 갈 날짜를 쓰시오.(반드시 몇월 몇일로 표시할 것)

> 부가가치세법상 면세사업자는 소득세법상 사업장의 현황을 해당 과세기간의 다음 연도 (　　)까지 사업장 소재지 관할 세무서장에게 신고하여야 하며, 이를 사업자현황신고라 한다.

04. 고용관계 없이 다수인에게 강연을 하고 강연료로 25만원을 받은 경우 소득세법상 원천징수할 금액은 얼마인가?

05. 소득세법상 납부할 세액이 2천만원 이하인 때에는 (　　)을 초과하는 금액을 분납할 수 있다. 괄호에 알맞은 금액은 얼마인가?

06. 소득세법상 다음 (㉠)에 알맞은 숫자는?

비영업대금의 이익에 대한 원천징수세율은 (㉠)% 이다. (지방세제외)

07. 다음 자료에 의하여 20x1년에 사업을 신규로 개시한 사업자의 소득금액을 계산하면 얼마인가? 단, 조세부담을 최소화하는 방법을 선택한다.

(1) 매출액 100,000,000원
(2) 증빙서류가 있는 필요경비의 내용
- 인 건 비 : 20,000,000원
- 지급수수료 : 5,000,000원
- 매 입 비 용 : 30,000,000원
- 임 차 료 : 11,000,000원

(3) 경비율 : 단순경비율 70%, 기준경비율 10%

08. 다음 자료에 의하여 거주자 세무의 당해 연도의 소득세법상 소득세 중간예납 세액(전년도 납부실적에 의함)을 계산하면 얼마인가?

〈 자 료 〉 직전년 귀속 종합소득세과세표준 확정신고 및 수정신고 내역
- 중간예납 세액 : 3,000,000원
- 원천징수세액 : 1,000,000원
- 수시부과 세액 : 1,000,000원
- 확정신고 납부세액 : 5,000,000원
- 수정신고 자진납부세액 : 2,000,000원

09. 빈칸에 들어갈 내용은 무엇인가?

성실신고확인대상 개인사업자가 성실신고확인서를 제출하는 경우에 성실신고 확인에 직접 사용한 비용의 100분의 60에 해당하는 금액을 과세연도의 소득세에서 공제한다. 다만 공제세액의 한도는 (　　　)원의 범위에서 정한다.

10. 소득세법상 다음의 괄호 안에 들어갈 금액은 얼마인가?

원천징수세액이 (　　　)원 미만인 경우(이자소득 제외)에는 해당 소득세를 징수하지 아니한다.

11. 소득세법상 다음의 괄호 안에 들어갈 알맞은 숫자를 쓰시오.

> 직전 연도의 상시고용인원이 (　　)명 이하인 원천징수의무자로서 원천징수 관할 세무서장으로부터 승인을 받은 자는 원천징수세액을 그 징수일이 속하는 반기의 마지막 달의 다음 달 10일까지 납부할 수 있다.

12. 소득세법상 다음의 괄호 안에 공통으로 들어갈 내용은 무엇인가?

> 근로소득에 대한 원천징수의무자가 12월분의 근로소득을 다음연도 (　　) 말일까지 지급하지 아니한 때에는 그 근로소득을 다음연도 (　　) 말일에 지급한 것으로 보아 소득세를 원천징수한다.

13. 소득세법상 (　)에 알맞은 숫자는 무엇인가?

> 소득세법상 복식부기의무자는 복식부기의무자에 해당하는 과세기간의 개시일로부터 (　　)개월 이내에 사업장 또는 주소지 관할 세무서장에게 사업용 계좌를 신고해야 한다.

14. 다음은 소득세법상 현금영수증에 관한 내용이다. 아래 괄호 안에 들어갈 숫자를 적으시오.

> 현금영수증 발급의무자가 건당 거래금액 (　　　　)원 이상인 재화 또는 용역을 공급하고 그 대금을 현금으로 받은 경우로서 현금영수증을 발급하지 아니한 경우 미발급금액의 20%의 가산세가 부과된다.

15. 소득세법상 아래의 빈 칸에 들어갈 가산세율로 알맞은 숫자는?

> 사업자(소규모사업자 및 소득금액이 추계되는 자는 제외)가 영수증 수취명세서를 미제출하는 경우에는 그 제출하지 아니한 분의 지급금액 (　)%를 가산세로 해당 과세기간의 종합소득 결정세액에 더하여 납부하여야 한다.

연/습/문/제 답안

객관식

1	2	3	4	5	6	7	8	9	10	11	12	13	14	15
③	②	③	③	①	③	②	④	④	③	④	①	④	②	①
16	**17**	**18**	**19**	**20**	**21**	**22**	**23**	**24**	**25**	**26**				
②	④	②	①	②	④	①	④	④	③	①				

[풀이 - 객관식]

01. 상품판매, 양도소득, 사업소득(부동산임대)은 원천징수대상이 아니다.

02. 비영업대금의 원천징수세율은 25%이다.

03. ① (65,000 - 5,000) × 20% = 12,000

② (1,000,000 - 600,000) × 20% = 80,000

③ 필요경비 60%를 제외한 기타소득금액이 48,000원이므로 과세최저한에 해당되어 원천징수되는 세금은 없다.

④ 500,000 × 60%(필요경비 공제후 소득금액) × 20% = 40,000

04. **중간예납세액도 1천만원 초과시 분납이 가능**하다.

05. **근로소득과 연말정산대상 사업소득이 있는 거주자는 중간예납의무가 없다.**

06. 신규사업자, 사업소득 외의 소득만 있는 자 등은 중갑예납의무가 없다. 따라서 종합소득이 있는 거주자라 하여 중간예납의무가 있는 것은 아니다.

08. 가산세율 0.5%

10,11. **사업소득이 있는 경우에는 종합소득세 확정신고**를 반드시 하여야 한다.

12. 국세부과 제척기간이 만료된 후에는 어떠한 경우에도 해당 세액의 결정 · 경정을 할 수 없다.

14. 신규사업자라도 일정규모 이상의 복식부기의무자는 단순경비율을 적용할 수 없다.

15. **종합과세되는 비거주자도 소득세중간예납의무**가 있다.

16. 소득세의 중간예납세액은 고지 발급으로 징수하는 것이 원칙이다.

17. ① 납부세액 1,000만원 초과시 분납가능
② 2개월 이내 분납이 가능하다.
③ 양도소득세는 예정신고납부를 반드시 하여야 한다.

18. 해당 과세기간의 **과세표준이 없거나 결손금이 발생한 때에도 확정신고 의무가 있다.**

19. 성실신고확인대상사업자가 성실신고확인서를 제출하는 경우에는 종합소득과세표준 확정신고를 그 과세기간의 **다음 연도 5월 1일부터 6월 30일까지** 하여야 한다.

20. **유형자산 처분수익은 성실신고사업자 선정시 수입금액을 포함하지 않고 판단**한다.

21. 기타소득을 원천징수하는 경우 **기타소득금액(필요경비를 차감 후)**에 원천징수세율을 적용하여 계산한 소득세를 원천징수한다.

22. **사업장 현황신고는 면세사업자인 의료업, 수의업 및 약사업**이 신고대상이다.

23,24. 소규모사업자는 ①②③ 가산세 적용을 제외한다.

25. **6개월 이내 신고**하여야 한다.

26. **지급명세서 미제출 가산세 1%**

주관식

1.	3%	2.	30	3.	2월 10일
4.	20,000원 또는 7,500원	5.	10,000,000원	6.	25%
7.	29,000,000원	8.	5,000,000	9.	120만
10.	1,000	11.	20	12	2월
13.	6	14	100,000	15.	1

[풀이 - 주관식]

04. **일시우발적이라면 기타소득**이고, **사업적으로 강연을 하면 사업소득**에 해당한다.
기타소득금액 = 250,000 × 40%(필요경비를 제외한 소득금액) × 20%(원천징수세율) = 20,000원
사업소득으로 분류된다면 250,000원 × 3% = 7,500원

07. 신규로 사업을 개시하였으므로, 간편장부대상자에 해당한다. 따라서 다음의 3가지 방법으로 비교하여 세부담을 최소화한다.

MIN[①,②,③] = 29,000,000

① **장부기장시 소득금액** : 34,000,000원

100,000,000 - 20,000,000 - 5,000,000 - 30,000,000 - 11,000,000 = 34,000,000

② **단순경비율에 의한 소득금액** : 100,000,000 × (1 - 0.7) = 30,000,000원

③ **기준경비율에 의한 소득금액** : 29,000,000원

100,000,000 - (20,000,000 + 30,000,000 + 11,000,000) - 100,000,000 × 10% = 29,000,000

08. 중간예납기준액(직전년도 납부세액) : 3,000,000(중간예납세액) + 5,000,000(확정신고납부세액) + 2,000,000(수정신고납부세액) = 10,000,000

중간예납세액 : 중간예납기준액(10,000,000) × 1/2 = 5,000,000원

11. 직전 연도(신규로 사업을 개시한 사업자의 경우 신청일이 속하는 반기)의 **상시고용인원이 20명 이하**인 원천징수의무자로서 원천징수 관할 세무서장으로부터 원천징수세액을 매 반기별로 납부할 수 있도록 승인을 받은 자는 원천징수세액을 그 징수일이 속하는 **반기의 마지막 달의 다음 달 10일**까지 납부할 수 있다.

Chapter 7

양도소득세

양도라 함은 자산에 대한 등기 · 등록에 관계없이 매도, 교환, 법인에 대한 현물출자 등(대물변제 : 이혼위자료의 지급, 공용수용도 포함)으로 인하여 **그 자산이 유상으로 사실상 이전되는 것을 말한다.**

- 양도에서 제외되는 것

① **환지처분 또는 체비지에의 충당 : 공익사업의 원할한 수행**

☞ 환지처분 : 시행자가 환지계획에 따라 토지구획정리사업이 완료된 뒤 종전의 토지에 갈음하여 새로운 토지를 교부하고 이에 종전의 권리를 이전시키는 처분을 말한다.

체비지 : 도시개발사업을 환지방식으로 시행하는 경우 해당 사업에 필요한 재원을 확보하기 위하여 사업주가 토지소유주로부터 취득하여 처분할 수 있는 토지

② **양도담보** : 그러나 **채무불이행으로 변제에 충당시 양도에 해당**한다.

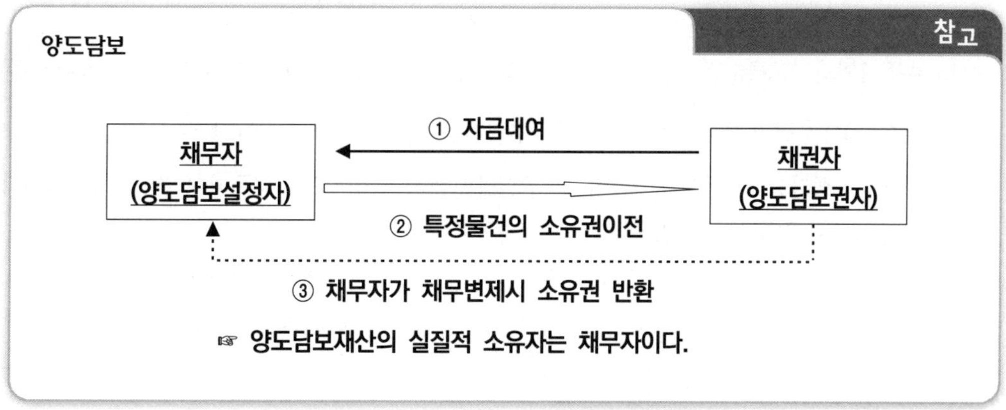

제1절 양도소득세 과세대상자산

1. 과세 대상자산

구 분		과 세 대 상
1그룹 (부동산 등)	부동산	토지, 건물
	부동산에 관한 권리	① 지상권, 전세권 ② 등기된 부동산임차권 ③ 부동산을 취득할 수 있는 권리(아파트분양권 등)
	기타자산	① 특정주식(A, B) ② 특정시설물이용권 ③ 영업권 ☞ **사업용 고정자산과 함께 양도하는 것에 한함**
2그룹	일반주식	① 상장주식 중 대주주 양도분과 장외양도분 ② 비상장주식 ③ 해외주식(외국법인이 발행한 주식 등)
3그룹	파생상품	파생상품 등의 거래 또는 행위로 발생하는 소득
4그룹	신탁수익권	신탁의 이익을 받을 권리의 양도로 발생하는 소득

(1) 기타자산

① 특정주식(A) : 부동산 과다법인의 주식(㉠ & ㉡ & ㉢)

㉠ 주식을 발행한 법인의 토지 · 건물 · 부동산에 관한 권리의 합계액이 자산총액의 50% 이상

㉡ 주주 1인과 그 특수관계인의 소유주식합계액이 주식총액의 50% 초과

㉢ 주주 1인과 그 특수관계인이 양도한 주식합계액이 주식총액의 50% 이상(3년간 누계기준)

② 특정주식(B) : 골프장 등 특수업종을 영위하는 부동산 과다법인의 주식

㉠ 골프장, 스키장, 휴양코도미니엄, 전문휴양시설을 건설 또는 취득하여 직접 경영하거나 분양 또는 임대하는 사업을 영위하는 법인

㉡ 해당 법인의 자산총액 중 토지, 건물 및 부동산에 관한 권리의 합계액 이 80% 이상인 법인 → 상기 요건에 해당하는 주식은 단 1주를 양도하더라도 양도세 과세대상이다.

③ 특정시설물이용권

시설물을 배타적으로 이용하거나 일반 이용자에 비하여 유리한 조건으로 이용할 수 있도록 한 시설물이용권을 말하며, 골프회원권, 헬스클럽이용권 등이 대표적 사례이다.

④ 영업권 : **사업용 고정자산(토지 · 건물 · 부동산에 관한 권리)과 함께 양도하는 경우**

☞ *영업권만 양도시 기타소득에 해당한다.*

(2) 주식(신주인수권등 포함)

주식시장의 활성화를 위하여 상장주식에 대하여는 원칙적으로 양도소득세를 과세하지 않는다. 그러나 이러한 점을 이용해 변칙증여를 하는 경우가 있으므로 이를 방지하기 위하여 **대주주가 양도하는 것과 장외(유가증권시장, 코스닥시장 이외 : 중개 또는 대리에 의하여 거래되는 주식은 장외거래로 보지 않는다.)에서 양도하는 것과 비상장주식은 양도소득세 과세대상**이 된다.

〈상장법인 대주주 범위〉

	상장주식			비상장주식
	유가증권시장	코스닥시장	코넥스시장	
지분비율기준	1% 이상	2% 이상	4% 이상	4% 이상
시가총액기준	50억 이상			

☞ 최대주주가 아닌 경우 본인보유 주식만 계산

2. 비과세 양도소득

① **파산선고의 처분으로 인하여 발생하는 소득**

② **농지의 교환 · 분합으로 인하여 발생하는 소득**

③ **1세대 1주택[고가주택(실지거래가액 12억 초과) 제외]과 그 부수토지의 양도로 인한 소득**

* 주택수 산정시 조합원입주권 및 분양권 포함

④ **소액주주가 K-OTC를 통해 양도한 중소 · 중견기업주식**

* **K-OTC(korea over the counter)** : 금융투자협회가 운영하는 비상장법인 주식 거래시장

1세대 1주택의 양도소득에 대한 비과세 참고

1. 양도소득세가 과세되지 않는 1세대 1주택
   - 1세대가 양도일 현재 국내에 당해 양도주택하나(고가주택 제외)만을 보유하고 있는 경우로서 해당 주택의 보유기간이 2년 이상(최종적으로 1주택만 보유하게 된 날부터 기산)인 것을 말한다.
2. 다음의 경우에는 보유기간의 제한을 받지 않는다.
   ㉠ 취학, 1년 이상의 질병의 치료 · 요양, 근무상 형편으로 1년 이상 살던 주택을 팔고 세대원 모두가 다른 시, 군지역으로 이사할 때
   ㉡ 세대원 모두가 국외이주로 출국후 2년 내 양도시
   ㉢ 1년 이상 계속하여 국외거주를 필요로 하는 취학 또는 근무상의 형편으로 세대전원이 출국 후 2년 내 양도시
   ㉣ 재개발, 재건축사업에 참여한 조합원이 재개발, 재건축사업기간 중 일시 취득하여 1년 이상 살던 집을 재개발, 재건축 아파트로 세대전원이 이사하게 되어 팔게 될 때
   (재개발 재건축된 주택의 준공일로부터 2년 이내에 양도하여야 하고, 완공된 주택에서 1년 이상 계속 거주하여야 한다.)
   ㉤ 임대주택법에 의한 건설임대주택을 취득하여 양도하는 경우로서 당해 주택의 임차일로부터 양도일까지의 거주기간(세대전원)이 5년 이상인 때
3. 1세대 2주택이라도 다음과 같은 경우에는 양도소득세를 과세하지 않는다.
   ㉠ 이사를 가기 위해 일시적으로 두 채의 집을 갖게 될 때(3년 이내 양도)
   ㉡ 상속을 받아 두 채의 집을 갖게 될 때
   ㉢ 한 울타리 안에 두채의 집이 있을 때
   ㉣ 집을 사간 사람이 등기이전을 해가지 않아 두 채가 될 때
   ㉤ 직계존속을 모시기 위하여 세대를 합쳐 두채의 집을 갖게 될 때(10년 이내 양도)
   ㉥ 결혼으로 두 채의 집을 갖게 될 때(10년(개정세법 25) 이내 양도)
   ㉦ 농어촌주택을 포함하여 두 채의 집을 갖게 될 때

제2절 양도소득세 과세표준

1. 취득 · 양도시기 

		취득시기(양도시기)
1. 유상	① 원칙	대금청산일
	② 대금청산일 불분명시	등기부 등에 기재된 **등기접수일 또는 명의개서일**
	③ 대금청산전 소유권이전 등기를 한 경우	등기부 등에 기재된 등기접수일
	④ 장기할부	소유권이전등기접수일, 인도일 또는 사용수익일 중 빠른 날
2. 기타	① 자가건축	사용검사필증 교부일
	② 상속 · 증여	**상속이 개시된** 날 또는 증여를 받은 날

2. 과세표준 계산절차 

양도가액	(= 총수입금액)
- 필요경비	⇨ **취득가액+기타의 필요경비**
= 양도차익	⇨ **자산별로 계산**
- 장기보유특별공제	⇨ **등기된 토지 · 건물로서 보유기간이 3년 이상**
= 양도소득금액	
- 양도소득기본공제	⇨ **그룹별 연 250만원**
양도소득과세표준	

3. 양도가액과 취득가액

① 원칙 : **실지거래가액**

② 예외 : 실지거래가액을 인정 또는 확인할 수 없는 경우 추계

㉠ 매매사례가액 ⇨ ㉡ 감정가액 ⇨ ㉢ 환산취득가액 ⇨ ㉣기준시가

☞ 환산취득가액이란 양도당시의 실지거래가액(매매사례가액 · 감정가액)을 기준시가에 따라 환산한 취득가액(추정취득가액)을 말한다.

$$환산취득가액 = 양도\ 당시의\ 실지거래가액 \times \frac{취득당시의\ 기준시가}{양도당시의\ 기준시가}$$

☞ 환산취득가액 적용시 가산세 적용
① 적용대상 : 건물을 신축하여 취득한 후 **5**년 이내 양도
② 가산세율 : 환산취득가액의 **5%**

4. 필요경비 : 세금계산서 등 법적증빙을 갖춘 경우만 인정

<table>
<tr><th></th><th>취득가액</th><th colspan="4">필요경비</th></tr>
<tr><td>1. 원칙 : 실제경비</td><td>실지거래가액,
등기부기재가액 등</td><td colspan="4">자본적지출액, 양도비용</td></tr>
<tr><td rowspan="6">2. 예외 : 추계액</td><td rowspan="6">매매사례가액,
감정가액,
<u>환산취득가액,</u>
기준시가 등</td><td colspan="4">[개산공제] 취득당시 기준시가×공제율</td></tr>
<tr><td colspan="2"></td><td>공제율</td></tr>
<tr><td colspan="2">1. 토지와 건물[*1]</td><td>3%</td></tr>
<tr><td rowspan="2">2. 부동산에 관한 권리</td><td>① 지상권, 전세권 등</td><td>7%</td></tr>
<tr><td>② 부동산취득권리</td><td rowspan="2">1%</td></tr>
<tr><td colspan="2">3. 기타자산　4. 주식</td></tr>
<tr><td></td><td></td><td colspan="4">*1. <u>미등기양도자산 : 0.3%</u></td></tr>
</table>

5. 장기보유특별공제와 양도소득기본공제

(1) 장기보유특별공제

㉠ 토지, 건물로서 ㉡ 등기되고 ㉢ 보유기간이 3년 이상인 보유한 것과 조합원입주권만 적용된다. 다만, **미등기자산 등을 양도한 경우에는 장기보유특별공제를 적용하지 않는다.**

☞ 조합원입주권 : 도시및주거환경정비법 규정에 따른 관리처분계획의 인가로 인하여 취득한 입주자로 선정된 지위를 말한다.

① 1세대 1주택 이외의 자산

보유기간(년)	3	4	5	6	7	8	9	10	11	12	13	14	<u>15</u>
공제율(%)	6	8	10	12	14	16	18	20	22	24	26	28	<u>30</u>

② 1세대 1주택

보유/거주기간(년)	2	3	4	5	6	7	8	9	<u>10</u>
<u>보유기간별 공제율</u>	–	12	16	20	24	28	32	36	**40**
<u>거주기간별 공제율</u>	8[*1]	12	16	20	24	28	32	36	**<u>40</u>**

*1. 보유기간 3년 이상에 한정함.

<u>장기보유특별공제액 = 자산의 양도차익 × 보유기간별 공제율</u>

(2) 양도소득기본공제

자산 그룹별로 각각 250만원을 공제(국외부동산 제외)하며 양도한 모든 자산에 대하여 적용되나 토지, 건물, 부동산에 관한 권리로서 **"미등기양도자산"에 대하여는 양도소득기본공제를 적용하지 아니한다.**

또한 **해당 과세기간에 먼저 양도한 자산의 양도소득금액에서부터 순서대로 공제한다.**

6. 양도소득금액의 계산 특례

(1) 양도차손의 공제

양도소득금액은 [1그룹] 토지 · 건물, 부동산에 관한 권리 및 기타자산의 양도소득금액 및 [2그룹] 주식 등의 양도소득금액으로 구분하여 계산하는데, 이처럼 **각 그룹별로** 소득금액을 계산할 때 양도차손이 발생한 자산이 있는 경우에는 다음 순서에 따라 **각 그룹별 내 다른 자산의 양도소득금액에서 그 양도차손을 순차적으로 공제**한다.

1. 양도차손이 발생한 자산과 **같은 세율을 적용**받는 자산의 양도소득금액
2. 양도차손이 발생한 자산과 **다른 세율을 적용**받는 자산의 양도소득금액(양도소득으로 안분계산)

(2) 배우자 · 직계존비속간 증여재산에 대한 이월과세

거주자가 양도일부터 소급하여 10년 이내에 그 배우자 또는 직계존비속으로부터 증여받은 토지 · 건물, 특정시설물 이용권, 부동산을 취득할 수 있는 권리, 양도일 전 1년 이내 증여받은 주식 등(개정세법 25)의 양도차익을 계산할 때 취득가액은 그 배우자 등의 취득당시의 기준으로 계산한다. 이 경우 **기납부한 증여세는 필요경비로 본다.** 다만 수증자가 이월과세적용으로 1세대 1주택비과세를 적용받는 경우에는 이월과세 적용 배제 → 이 경우 우회양도에 대한 부당행위계산 부인 규정 적용

〈이월과세〉

배우자 or 직계존비속 (연대납세의무 X)	① 증여 →	거주자 (수증자) 납세의무자	② 양도(10년내) →	타인

③ 양도차익 = 양도가액 – 배우자등의 취득가액

☞ 비교과세 : 증여자의 취득가액을 승계하여 계산한 양도소득세와 수증자의 취득가액으로 계산한 양도소득세를 비교하여 큰 세액으로 한다.

(3) 부당행위계산의 부인

① 고가취득·저가양도의 부인

② 증여 후 양도행위의 부인

거주자가 특수관계자에게 자산을 증여한 후 그 자산을 증여받은 자가 그 **증여일부터 10년 이내에 다시 타인에게 양도한 경우로서 다음요건을 모두 갖춘 경우에는 증여자가 그 자산을 직접 양도한 것**으로 본다.

㉠ 증여세(증여받은자)+양도소득세(증여받은자)<증여자가 직접 양도한 경우 양도소득세

㉡ 양도소득이 해당 수증자에게 실질적으로 귀속되지 않아야 한다.

이처럼 **증여자가 자산을 직접 양도한 것으로 보는 경우 그 양도소득에 대해서는 증여자와 증여받은 자가 연대하여 납세의무를 진다.**

〈증여후 양도행위 부인〉

〈이월과세와 부당행위계산부인〉

	이월과세	증여후 양도행위 부인
적용대상자산	토지, 건물, 부동산을 취득할 수 있는 권리, 특정시설물 이용권, 양도일 전 1년 이내 증여받은 주식등(개정세법 25)	양도소득세 과세대상 자산
수증자	배우자 또는 직계존비속	특수관계인
양도일까지의 기간	10년	10년
납세의무자	수증자	증여자
연대납세의무	×	○

(4) 부담부증여의 경우 양도가액과 취득가액

증여자의 채무를 수증자가 인수하는 경우에 증여가액 중 그 **채무액에 상당하는 부분은 그 자산이 유상으로 사실상 이전된 것**으로 본다.

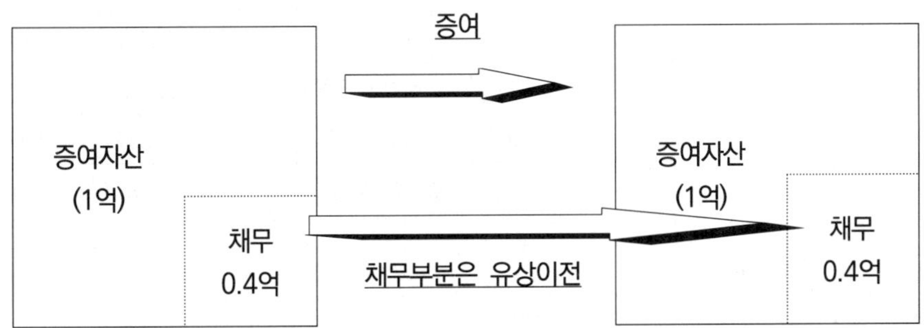

$$\text{양도가액 및 취득가액} = \text{양도·취득당시의 가액} \times \frac{\text{인수한 채무상당액}}{\text{증여가액}}$$

<예제 7 - 1> 양도소득세의 과세표준

다음은 김말동씨 양도소득에 관련된 자료이다. 김말동씨의 20x1년 양도소득세 과세표준을 산출하시오.

1. 20x1년 양도자산 내역(양도순서 : A → B → C → D)

양도순서	양도가액	보유기간	필요경비	세율
사업용토지A	30,000,000	7년	40,000,000원	기본
미등기건물B	40,000,000	5년	35,000,000원	70%
주택C(2주택)	50,000,000	5년	20,000,000원	기본
비상장주식D	60,000,000	3년	50,000,000원	10%

2. 장기보유특별공제는 다음과 같다.

보유기간(년)	3	4	5	6	7	8	9	10
1세대 1주택 이외의 자산	6	8	10	12	14	16	18	20

3. 주식은 주권상장법인이 아닌 중소기업이 발행한 주식이다.

해답

	1그룹 : 부동산등			2그룹 : 주식
	A (기본세율)	B (70%)	C (기본세율)	D (10%)
1. 양도가액	30,000,000	40,000,000	50,000,000	60,000,000
2. 필요경비(취득가액+양도비용)	40,000,000	35,000,000	20,000,000	50,000,000
3. 양도차익(1-2)	△10,000,000	5,000,000	30,000,000	10,000,000
4. 장기보유특별공제	-	장기보유특별 공제배제	3,000,000 (양도차익의 10%)	-
5. 공제전양도소득금액(3-4)	△10,000,000	5,000,000	27,000,000	10,000,000
6. 양도차손 공제*1	10,000,000		△10,000,000	
7. 공제후 양도소득금액(5-6)	0	5,000,000	17,000,000	10,000,000
8. 양도소득기본공제*2	-	-	△2,500,000	△2,500,000
9. 과세표준(7-8)	0	5,000,000	14,500,000	7,500,000

*1. A의 양도차손공제는 1그룹 내의 동일한 기본세율을 적용받는 자산 C의 양도소득금액 범위안에서 공제한다.

*2. 기본공제는 그룹별로 각각 250만원을 공제한다. 미등기자산은 기본공제가 안되고, 또한 같은 그룹에서 기본공제는 해당 과세기간에 먼저 양도한 자산의 양도소득금액에서 순차적으로 받는다.

제3절 양도소득세액의 계산

	양도소득과세표준	각 세율별로 구분하여 계산
×	세율	
=	양도산출세액	
–	세액감면·공제	
=	양도소득결정세액	
+	가산세	
=	양도소득총결정세액	
–	기납부세액	⇨ 예정신고납부세액, 수시부과세액
	차가감납부할 세액	

1. 세율

구분			양도소득세율
부동산 및 부동산에 관한 권리	**미등기자산**		**70%**
	보유기간 1년 미만		50%[**주택등 : 70%**]
	보유기간 1년 이상 2년 미만		40%[주택등 : 60%]
	보유기간 2년 이상		기본세율
기타자산			기본세율
주식	중소기업의 주식		**10%**(대주주 : 20%)
	중소기업 이외의 주식	일반	20%*1
		고액주주가 1년 미만 보유	30%
파생상품			10%(탄력세율*2)
신탁수익권			20%(3억 초과는 25%)

*1. 대주주 양도시 : 과세표준이 3억 초과인 경우 25%

*2. 탄력세율 : 소득세법상 파생상품의 양도소득세 기본세율(20%)을 탄력적으로 변경하여 운영하는 세율

☞ 둘 이상의 세율이 동시에 적용되는 자산 양도일 경우 높은 세액으로 양도소득세를 신고하여야 한다.

〈미등기양도자산과 비사업용토지에 대한 불이익〉

	미등기양도자산	비사업용토지
1. 장기보유특별공제	배제	공제
2. 양도소득기본공제(250만원)	배제	공제
3. 비과세와 감면	배제	-
4. 세율	최고세율 70%	**기본세율+10%**
5. 필요경비개산공제	0.3%	3%

제4절 양도소득세액의 납세절차

1. 예정신고와 납부

① 주식, 출자지분을 제외한 자산을 양도(1호 자산) : **양도한 날이 속하는 달의 말일부터 2개월 이내**

☞ 부담부증여 : 증여세 신고기한(수증일이 속하는 달의 말일부터 3개월 이내)

② 주식 및 출자지분을 양도(2호 자산) : **양도일이 속하는 반기의 말일부터 2개월 이내 양도차익이 없거나 결손금이 발생한 경우에 신고를** 하여야 하고 예정신고를 하지 않을 경우 무신고가산세 20%를 적용한다.

☞ 파생상품 : 예정신고의무가 면제되며, 연 1회 확정신고납부만 한다.

③ 전자신고세액공제(예정신고) : 건당 2만원

2. 확정신고 : 다음연도 5.1~5.31

해당 과세기간 과세표준이 없거나 결손금액이 있는 경우에도 확정신고를 하여야 한다.

☞ 양도소득세 예정신고의 무신고, 과소신고 후 확정신고기한 까지 신고·수정신고한 경우 신고불성실가산세 50% 감면

3. 분납 : 1천만원 초과시 소득세 분납규정 준용

4. 물납 없음

연/습/문/제

객관식

01. 소득세법상 양도로 보지 않는 경우는?

① 체비지로 충당되는 경우
② 법인에 토지를 현물출자하는 경우
③ 등기 건물을 서로 교환하는 경우
④ 토지수용후 협의양도하는 경우

02. 토지소유권을 다음과 같이 이전하는 경우에 소득세법상 양도소득세 과세 대상이 되는 것은?

① 담보목적으로 양도한 경우
② 이혼시 재산분할청구권 행사로 소유권을 이전한 경우
③ 사회복지법인에 기부한 경우
④ 동일한 용도의 토지와 교환한 경우

03. 토지의 소유권이 이전되었을 경우 양도소득세 과세대상이 되는 것으로만 묶은 것은?

㉮ 채무자의 변제에 충당	㉯ 이혼위자료의 지급
㉰ 환지처분 및 보류지에의 충당	㉱ 공공사업 시행자에게 수용
㉲ 학교법인에 기부	

① ㉮, ㉯, ㉲　　② ㉮, ㉱, ㉲
③ ㉮, ㉯, ㉱　　④ ㉰, ㉱, ㉲

04. (가)와 (나)에 들어갈 말로 옳은 것은?

> 소득세법상 양도소득세 계산 시 증여에 의해 취득한 자산에 대하여는 (가)을 취득시기로 보며, 상속에 의하여 취득한 자산은 (나)을 양도시기로 본다.

	(가)	(나)		(가)	(나)
①	등기접수일	상속이 개시된 날	②	등기접수일	등기접수일
③	등기완료일	등기완료일	④	등기완료일	상속이 개시된 날

05. 다음 중 소득세법상 장기보유특별공제를 무조건 받을 수 없는 것은?

① 미등기자산
② 1세대 3주택에 해당하는 주택의 양도
③ 1세대 2주택에 해당하는 주택의 양도
④ 조합원입주권

06. 소득세법상 미등기 양도자산에 대한 불이익에 대한 설명 중 잘못된 것은?

① 양도소득세 비과세 적용 배제
② 양도소득세율 60% 세율 적용
③ 장기보유특별공제 배제
④ 양도소득기본공제 배제

07. 소득세법상 양도소득계산에 있어서 미등기양도자산에 대한 양도소득세 계산 규정이다. 옳지 않은 것은?

① 미등기자산의 양도는 필요경비 개산공제를 배제한다.
② 미등기자산의 양도는 양도소득기본공제를 배제한다.
③ 미등기자산의 양도는 장기보유특별공제를 배제한다.
④ 미등기자산의 양도는 비과세와 감면을 배제한다.

08. 양도소득세에 관련된 설명 중 틀린 것은?

① 보유기간이 3년 이상인 토지·건물에 한하여 장기보유특별공제를 적용한다.
② 동일그룹 내 같은 세율을 적용받는 자산의 양도소득금액에서 공제 후 남은 양도차손은 동일 그룹 내 다른 세율을 적용받는 자산의 양도소득금액비율로 배분한다.
③ 동일그룹내에서 공제되지 못한 양도차손은 이월되지 않고 소멸한다.
④ 미등기양도자산은 장기보유특별공제를 적용받지 않으나 양도소득기본공제는 적용받는다.

09. 다음 중 소득세법상 양도소득세에 대한 설명으로 틀린 것은?

① 거주자가 양도소득세 과세대상인 국내 토지와 주식을 해당 과세기간 중에 처분한 경우 적용받는 양도소득기본공제액은 총 250만원이다.
② 토지, 건물에 대하여 장기보유특별공제를 적용받기 위한 최소한의 보유기간요건은 3년이다.
③ 양도소득금액은 양도차익에서 장기보유특별공제를 차감하여 산출한다.
④ 양도소득세의 세율 중 미등기된 건물의 세율은 70%이다.

10. 다음 중 소득세법상 부당행위계산부인의 대상소득인 것은?

① 보험회사 근로자의 보험가입자 모집으로 인한 상여
② 퇴직연금의 해지일시금
③ 제조업 사업자의 비영업대금의 이익
④ 주권비상장법인의 주식의 양도소득

11. 다음 중 소득세법상 납세의무의 범위에 대한 설명으로 옳지 않은 것은?

① 공동사업장에서 발생한 소득금액에 대하여 원천징수된 세액은 각 공동사업자의 손익분배비율에 따라 배분한다.
② 피상속인의 소득금액에 대해서 과세하는 경우에는 그 상속인이 납세의무를 진다.
③ 증여자가 자산을 직접 양도한 것으로 보는 경우 그 양도소득에 대해서 수증자는 납세의무가 없다.
④ 신탁재산에 귀속되는 소득은 그 신탁의 수익자에게 귀속되는 것으로 본다.

12. 소득세법상 거주자가 배우자에게 증여받은 자산을 5년 이내에 양도시 이월과세에 대한 신고납부의무에 관한 설명이 틀린 것은?

① 취득가액은 당초 증여자의 취득당시 취득가액으로 한다.
② 당초 증여에 대한 증여세는 필요경비에 산입한다.
③ 양도소득세 계산시 장기보유특별공제의 보유기간의 기산일은 당초 증여한 배우자 등이 취득한 날로부터 기산한다.
④ 당초 증여자와 수증자간에 양도소득세에 대하여 연대납세의무가 있다.

13. 비상장주식을 20x1년 6월 24일에 양도하였다면 소득세법상 양도소득세예정신고납부기한은 언제인가?

① 20x1.10.31
② 20x1.08.31
③ 20x1.12.31
④ 20x2.05.31

14. 다음 소득세법상 납부에 관한 설명으로 옳은 것은?

① 거주자가 납부할 세액이 500만원을 초과하는 경우 세금을 분납할 수 있다.
② 세액을 분납할 경우 분납기한은 납부기한 경과 후 45일 이내이다.
③ 양도소득세는 물납규정이 있으므로 물납이 허용된다.
④ 확정신고시 납부할 세액이 3천만원인 경우 최대로 분할납부할 수 있는 세액은 1,500만원이다.

15. 다음 중 소득세법상 양도소득에 대한 설명 중 옳지 않은 것은?

① 양도소득세 과세대상 건물을 양도한 경우에는 그 양도일이 속하는 달의 말일부터 2개월 이내에 예정신고를 하여야 한다.
② 주권상장법인의 대주주가 주식을 양도한 경우에는 그 양도일이 속하는 반기(半期)의 말일부터 2개월 이내에 양도소득 예정신고를 하여야 한다.
③ 토지거래계약에 관한 허가구역에 있는 토지를 양도할 때 토지거래계약허가를 받기 전에 대금을 청산한 경우에는 그 허가일이 속하는 달의 말일부터 2개월 이내에 양도소득 예정신고를 하여야 한다.
④ 양도소득과세표준 예정신고는 양도차익이 없거나 양도차손이 발생한 경우에는 적용하지 아니한다.

16. 다음 중 소득세법상 비과세 양도소득이 아닌 것은?

① 파산선고에 의한 처분으로 발생하는 소득
② 법정의 농지의 교환 또는 분합으로 발생하는 소득
③ 공익사업에 수용으로 인하여 발생하는 소득
④ 1세대가 1주택을 보유하는 경우(고가주택 아님)로서 해당 주택과 이에 딸린 토지의 양도로 발생하는 소득

17. 다음 중 소득세법상 양도소득세 과세대상이 아닌 것은?

① 사업용고정자산과 함께 양도하는 영업권　② 등기된 부동산임차권
③ 비상장법인의 주식　④ 산업재산권의 양도

18. 다음 중 소득세법상 양도소득세 과세대상이 아닌 것은?

① 골프회원권의 양도　② 법인에 대한 부동산의 현물출자
③ 토지로 이혼 위자료 변제　④ 업무용 차량의 양도

 주관식

01. 양도소득세가 과세되는 1세대 1주택으로서 보유기간이 16년이고 거주지간이 11년인 고가주택의 장기보유특별공제액은 양도차익의 몇 %인가?

02. 소득세법상 20x1년도에 양도하는 양도자산의 양도소득금액 계산시 토지를 15년 이상 보유시 양도차익의 몇 %를 장기보유특별공제로 공제하는가?

03. 다음 ( )안에 들어갈 숫자는 무엇인가?

> 현행 소득세법상 양도소득의 세율은 그 구분에 따라 각각 다른 세율을 적용한다. 특히 미등기자산의 양도의 경우 (   )%의 세율을 적용한다.

04. 다음 토지의 양도차익은 얼마인가? (단, 필요경비 개산공제는 하지 않는 것으로 한다)

> 국내 거주자 김모씨는 2004.2.10 취득한 토지를 20x1.8.10 타인에게 양도하였다. 토지 양도당시의 실지거래가액은 10억원이고 취득당시의 실지거래가액은 확인할 수 없다. 해당토지의 취득당시의 매매사례가액 및 감정가액은 없다. 그리고 토지의 취득당시의 개별공시지가는 2억원이고 양도당시의 개별공시지가는 5억원이다.

05. 다음 자료에 의해 양도소득세 과세표준을 구하시오.

> • 상가 양도가액 130,000,000원
> • 상가 취득가액 100,000,000원
> • 상가 취득시 취득세, 등록세 2,000,000원
> • 상가 양도시 중개수수료 1,200,000원
> • 보유기간 5년 5개월
> • 상기비용을 제외하고는 추가비용은 발생하지 않았다.
> • 양도일 현재 합산할 양도소득세 과세대상 자산은 없다.

06. 다음 자료에 의하여 미등기된 토지를 양도한 이세무씨의 양도소득산출세액은 얼마인가? 단, 주어진 자료 이외의 사항은 없다고 가정한다.

(1) 양도시점에 실지거래가액 : 500,000,000원
(2) 양도시점에 기준시가 : 350,000,000원
(3) 취득시점에 기준시가 : 210,000,000원
(4) 보유기간에 발생한 필요경비 : 50,000,000원
(5) 취득시점 : 2001. 3. 1, 양도시점 : 20x1. 8. 1
(6) 취득가액(실지거래가액)을 확인할 수 없는 경우에 해당된다.

07. 다음 자료에 의하여 해당 주택의 부담부 증여시 양도와 관련한 양도차익을 계산하면 얼마인가? 다만, 양도가액에서 공제할 필요경비는 취득가액만 고려한다고 가정한다.

(1) 거주자 최세무氏는 20x1년 10월 1일 특수관계가 없는 초등학교 동창인 거주자 김밝음氏에게 전세보증금을 인수하는 조건으로 국내 소재 주택을 증여하였다.
(2) 단독주택의 증여가액 : 100,000,000원(실지거래가액 가정)
(3) 단독주택의 취득 당시 실지거래가액 : 60,000,000원
(4) 증여 당시 세입자의 전세보증금 : 60,000,000원

08. 다음 자료에 의해 양도소득세 양도차익을 구하시오.

- 건물 양도가액 : 1,000,000,000원
- 건물 취득가액 : 900,000,000원
- 건물 취득시 취득세, 등록세 : 40,000,000원
- 건물 양도시 중개수수료 : 20,000,000원
- 보유기간 : 12년 5개월
- 상기비용을 제외하고는 추가비용은 없다.
- 양도일 현재 합산할 양도소득세 과세대상 자산은 없다.

연/습/문/제 답안

객관식

1	2	3	4	5	6	7	8	9	10	11	12	13	14	15
①	④	③	①	①	②	①	④	①	④	③	④	②	④	④
16	17	18												
③	④	④												

[풀이 - 객관식]

03. ㉮,㉯는 대물변제, ㉱는 수용으로 양도에 해당하나, 보류지(공공용지 또는 체비지로 사용하기 위해 보류한 토지) 충당은 대물변제이므로 사실상의 양도에 해당하지만 도시재개발 사업을 지원하기 위해 이를 양도의 범위에서 제외하고 있으며, **학교법인에의 기부는 무상이전이므로 양도에 해당하지 않는다.**

06. **미등기양도시 최고세율인 70%**가 적용된다.

07. 일반적으로 **필요경비 개산공제는 3%**이지만 **미등기양도자산의 경우에는 0.3%**를 적용한다.

08. **미등기양도자산에 대하여 장기보유특별공제와 양도소득기본공제도 적용하지 않는다.**

09. **각 그룹별로 각각 250만원씩** 공제한다.

10. 근로소득, 연금소득, 퇴직소득, 이자소득, 일반적인 배당소득에 대하여는 적용하지 않는다.

11. **증여자와 수증자가 연대하여 납세의무**를 진다.

12. 증여자와 수증자간의 양도소득세의 연대납세의무규정은 증여후 양도행위의 부인규정에서 적용된다.

13. **양도일이 속하는 반기의 말일부터 2개월 이내**로 한다.

14. ① 납부세액 1,000만원 초과시 분납가능
② 2개월 이내
③ 양도세 물납규정은 폐지되었다.

15. **양도차익이 없거나 양도차손이 발생한 경우에도 양도소득 예정신고**를 하여야 한다.

17. **산업재산권의 양도는 기타소득**으로 과세됨.

18. 부동산등을 매각시 양도차익에 부과되는 것이 양도소득세이다.

주관식

1.	80%	2.	30%	3.	70
4.	600,000,000원	5.	21,620,000원	6.	139,559,000원
7.	24,000,000원	8.	40,000,000원		

[풀이 - 주관식]

01. 보유기간이 10년 이상인 경우에는 최고공제율인 40%와 거주기간이 10년이상인 경우에는 40%를 합산하여 적용한다.

04.

1. 양도가액	1,000,000,000	
2. 필요경비	400,000,000	(=1,000,000,000원×200,000,000원/500,000,000원)
3. 양도차익(1 - 2)	600,000,000	

05.

1. 양도가액	130,000,000	
2. 필요경비	103,200,000	100,000,000 + 2,000,000 + 1,200,000
3. 양도차익(1 - 2)	26,800,000	
4. 장기보유특별공제	2,680,000	장기보유특별공제율 10%(5년)
5. 양도소득금액(3 - 4)	24,120,000	
6. 양도소득기본공제	△2,500,000	
7. 과세표준(5 - 6)	21,620,000	

06. **<u>미등기자산은 장기보유특별공제, 기본공제를 하지 못하고, 필요경비(개산공제액 취득당시 기준시가의 0.3%)</u>**에 있어서도 제한을 받는다. 또한 취득가액을 알 수 없는 경우 환산가액으로 추정한다.

1. 양도가액	500,000,000	
2. 필요경비	300,630,000	* 환산취득가액 = 5억원×(210,000,000/350,000,000) * 필요경비개산액 = 2억1천만원 × 0.3%
3. 양도차익(1 - 2)	199,370,000	
4. 장기보유특별공제	-	
5. 양도소득금액(3 - 4)	199,370,000	
6. 양도소득기본공제	-	
7. 과세표준(5 - 6)	199,370,000	
8. 산출세액	139,559,000	세율 : 70%

07.

$$양도가액\ 및\ 취득가액 = 양도 \cdot 취득당시의\ 가액 \times \frac{인수한\ 채무상당액}{증여가액}$$

$$양도가액 = 100{,}000{,}000원(증여가액) \times \frac{60{,}000{,}000}{100{,}000{,}000} = 60{,}000{,}000원$$

$$필요경비(취득가액) = 60{,}000{,}000원(취득가액) \times \frac{60{,}000{,}000}{100{,}000{,}000} = 36{,}000{,}000원$$

양도차익 = 60,000,000 - 36,000,000 = 24,000,000원

08. 양도차익 = 양도가액(1,000,000,000) - 필요경비(900,000,000 + 40,000,000 + 20,000,000)
= 40,000,000원

Part Ⅳ

국세기본법

Chapter

총 칙 1

로그인 세무회계 2급

제1절 국세기본법 개요

1. 국세기본법의 목적과 내용

① 총칙법	국세에 관한 기본적이고 공통적인 사항을 규정하는 총칙법 기본적으로 세법은 1세목 1법률주의이다.
② 불복절차법	위법, 부당한 국세처분에 대한 불복절차를 규정

☞ 법률 : 헌법의 조세법률주의에 따라 국회에서 제정하는데, 이러한 법률은 조세법의 가장 핵심적인 것이 된다.
명령(시행령과 시행규칙) : 국회의 의결을 거치지 않고 행정부에 의해 제정된 법규를 말한다. 개별세법마다 대통령이 제정한 대통령령(시행령)과 각 부처장관이 제정한 부령(시행규칙)으로 구분한다.

2. 용어의 정의

① 국세와 세법

㉠ 국세	국가가 부과하는 조세이다. 넓은 의미에서 **관세도 국세이지만 국세기본법에서는 관세를 포함하지 않는 내국세만**을 의미한다.
㉡ 세법	개별세법(국세의 종목과 세율을 정하고 있는 법률)과 일반세법(국세징수법, 조세특례제한법 등)을 말한다. **본래 국세기본법ㆍ지방세법ㆍ관세법 등도 세법에 속하지만 국세기본법에 따른 '세법'이라는 용어는 이들을 포함시키지 않는 것이다.**

② 가산세 · 강제징수비 · 공과금

㉠ 가산세	각종의무의 불이행에 가해지는 벌과금적 성격을 가지고 있다.
㉡ 강제징수비	**국세징수법 중 체납[*1]처분에 관한 규정에 따른 재산의 압류, 보관, 운반, 매각에 소요되는 비용(매각을 대행시키는 경우 그 수수료를 포함)을 말한다.** *1. 국세를 지정납부기한까지 납부하지 않은 것
㉢ 공과금	국세징수법에 규정하는 강제징수의 예에 의하여 징수할 수 있는 채권 중 국세, 관세 및 지방세와 이와 관계되는 강제징수비를 제외한 것

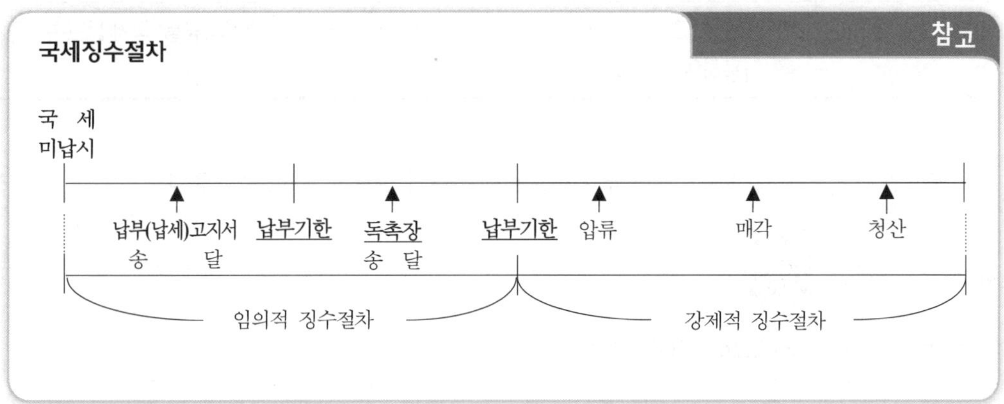

③ 납세의무자 등

㉠ 납세의무자	세법에 따라 국세를 납부할 의무가 있는 자(국세를 징수하여 납부할 의무는 제외한다.)를 말한다.
㉡ 납세자	납세의무자: **본래의 납세의무자**, **납세의무를 승계받은 자**, **연대납세의무자**, **제2차납세의무자, 납세보증인** 징수납부의무자: **원천징수의무자, 부가가치세대리납부의무자 등**
㉢ 제2차 납세의무자	납세자가 납세의무를 이행할 수 없는 경우에 납세자에 갈음하여 납세의무를 지는 자를 말한다.
㉣ 보증인	납세자의 국세, 강제징수비의 납부를 보증한 자를 말한다.

④ 과세기간 등

㉠ 과세기간	세법에 따라 국세의 과세표준의 계산의 기초가 되는 기간
㉡ 과세표준	세액산출의 기초가 되는 과세대상의 수량 또는 가액
㉢ 과세표준 신고서	과세표준과 국세의 납부 또는 환급에 필요한 사항을 기재한 신고서
㉣ 정보통신망	정보통신망이란 전기통신설비를 활용하거나 전기통신설비와 컴퓨터 및 컴퓨터의 이용기술을 활용하여 정보를 수집 · 가공 · 저장 · 검색 · 송신 또는 수신하는 정보통신체계를 말한다.
㉤ 전자신고	과세표준신고서 등 국세기본법 또는 세법에 따른 신고관련서류를 국세정보통신망을 이용하여 신고하는 것

⑤ 세무공무원 : 국세청장 · 지방국세청장 · 세무서장 또는 그 소속공무원

⑥ 특수관계인 

㉠ 혈족 · 인척 등 세법으로 정하는 **친족관계**

ⓐ 4촌 이내의 혈족

ⓑ 3촌 이내의 인척

ⓒ 배우자(**사실상의 혼인관계에 있는 자를 포함한다.**)

ⓓ 친생자로서 다른 사람에게 친양자 입양된 자 및 그 배우자 · 직계비속

ⓔ (생계를 같이 하는)혼외출생자의 생부 · 생모

☞ 혈족 : 자기와 혈연으로 이어져 있는 자
인척 : 혼인관계를 통하여 맺어진 친척

㉡ 임원 · 사용인 등 세법으로 정하는 **경제적 연관관계**

㉢ 주주 · 출자자 등 세법으로 정하는 **경영지배관계**

3. 국세기본법과 다른 법률과의 관계

① 국세에 관하여 세법에 별도의 규정이 있는 경우를 제외하고는 국세기본법에서 정하는 바에 따른다. 즉 **세법의 별도규정이 국세기본법보다 우선함.**

② 세법의 별도규정 사례

세법의 별도규정	국세기본법규정
• 상증법상 명의 신탁재산의 증여의제규정	1. 국세부과의 원칙
• 소득세법상 **공동사업의 경우 손익분배비율에 따른 납세의무**	2. 연대납세의무
• 각 세법의 가산세 규정	3. 가산세 부과와 감면
• 분식회계로 인한 과다납부세액의 환급제한 특례 • 부가세법상 조기환급에 관한 규정	4. 국세환급금의 충당과 환급

③ 관세법과의 관계 : 관세법 우선

제2절 기간과 기한

기간이란 특정시점(=기산점)에서 다른 특정시점(=만료점)까지의 **계속된 기간**을 말하며 기한이란 법률행위의 효력·소멸이나 채무이행을 위하여 정해진 **일정시점**을 말한다.

1. 기간의 계산방법

세법에서 규정하는 기간의 계산은 국세기본법 또는 세법에 특별한 규정이 있는 것을 제외하고는 민법에 따른다.

(1) 기산점

기간을 일·주·월 또는 년으로 정한 때에는 기간의 초일은 불산입한다. **(초일불산입의 원칙)**

단, 그 기간이 오전 0시로부터 시작하는 때에는 초일을 산입하며, **연령계산에는 출생일을 산입한다.**

(예) 법인세신고기한 : 사업연도 종료일이 속하는 달의 말일(12.31)로부터 3개월 이내(익년 3.31)

(2) 만료점

① 기간을 일·주·월·년으로 정한 때에는 기간말일의 종료로 기간이 만료한다.

② 기간을 주·월·년으로 정한 때에는 역에 의하여 계산한다.
여기서 월이나 연의 장단을 따지지 않고 월수나 연수를 계산한다는 것이다.
(예) 1월 31일로부터 한 달 이내 → 2/E
1월 10일부터 3개월 : 만료일 4월 10일

2. 기한의 특례

① 공휴일 등의 경우 : 납세의무자의 신고·신청·청구, 그 밖에 서류의 제출·통지·납부 또는 징수에 관한 기한이 **공휴일·토요일·근로자의 날(5월 1일)일 때에는 그 공휴일·토요일·근로자의 날의 다음날을 기한**으로 한다

② **국세정보통신망에 장애가 발생한 경우** : 신고기한 만료일 또는 납부기한 만료일에 국세정보통신망이 정전, 통신상의 장애, 프로그램의 오류 및 그 밖의 부득이한 사유에 의하여 국세정보통신망의 가동이 정지되어 전자신고 또는 전자납부를 할 수 없게 되는 경우에는 그 **장애가 복구되어 신고 또는 납부할 수 있게 된 날의 다음날을 기한**으로 한다.

3. 우편 등에 의한 서류 제출시

① 원칙 : 도달주의(서류제출 : 납세자 → 과세당국, 서류송달 : 과세당국 → 납세자)

② **우편신고의 경우(발신주의)** : 우편으로 과세표준신고서 등을 제출한 경우에는 **우편날짜 도장이 찍힌 날에 신고된 것**으로 본다. 다만, 우편날짜 도장이 찍히지 아니하였거나 분명하지 아니하면 통상 걸리는 배송일수를 기준으로 발송한 날로 인정되는 날에 신고되거나 청구된 것으로 본다.

③ 전자신고의 경우 : 신고서 등을 국세정보통신망을 이용하여 제출하는 경우에는 **국세정보통신망에 입력되어 국세청장에게 전송된 때에 신고되거나 청구**된 것으로 본다. 과세표준신고·과세표준수정신고와 관련된 서류 중 **그 원본을 제출하기 곤란한 증명서 등 국세청장이 지정하는 서류는 제출기간을 10일간 연장**할 수 있다.

4. 기한의 연장

(1) 천재지변 등으로 인한 기한연장

1) 사유

모든 기한 (신고, 신청등)	① 천재지변, 화재 · 전화(戰禍), 그 밖의 재해를 입거나 도난을 당한 경우 ② 납세자 또는 그 동거가족이 질병이나 중상해로 6개월이상의 치료가 필요하거나 사망하여 상중일 경우 ③ 정전 · 프로그램의 오류, 그 밖의 부득이한 사유로 한국은행 및 체신관서의 정보통신망의 정상적인 가동이 불가능한 경우 ④ 금융회사 등 또는 체신관서의 휴무 그 밖의 부득이한 사유로 정상적인 세금납부가 곤란하다고 국세청장이 인정하는 경우 ⑤ **권한 있는 기관에 장부나 서류가 압수 또는 영치된 경우** ⑥ 납세자의 장부작성을 대행하는 세무사 등이 화재, 전화, 그 밖의 재해를 입거나 도난을 당한 경우 등
납부기한	① **납세자가 그 사업에 심각한 손해를 입거나 그 사업이 중대한 위기에 처한 때** ② **납세자의 형편, 경제적 사정 등을 고려하여 기한의 연장이 필요하다고 인정되는 경우로서 국세청장이 정하는 기준에 해당시**

2) 기한연장의 절차

기한의 연장을 받으려는 자는 **기한 만료일 3일 전**까지 문서로 해당 행정기관의 장에게 신청하여야 한다.

한편 납부기한을 연장하는 경우 관할 세무서장은 납부할 금액에 상당하는 담보의 제공을 요구할 수 있다.

3) 기한연장기간

기한연장은 3개월 이내로 하되, 해당 기한연장의 사유가 소멸되지 아니하는 경우 관할 세무서장은 **1월의 범위에서 그 기한을 다시 연장**할 수 있다. 다만, 신고 및 납부와 관련된 기한연장은 그 기간을 **모두 합산하여 9월을 초과하지 아니하는 범위**에서 관할 세무서장이 이를 연장할 수 있다.

제3절 서류의 송달(과세관청⇒납세자)

1. 송달받아야 할 자

원칙적으로 그 명의인(서류의 수신인)에게 송달한다.

2. 송달장소

① 원칙적인 송달장소 : 그 명의인의 주소·거소·영업소 또는 사무소에 송달함을 원칙으로 한다. 이 경우 정보통신망을 이용한 전자송달인 경우에는 명의인의 전자우편주소에 송달한다.

② 예외 : 송달을 받아야 할 자가 송달받기를 거부하지 아니하면 다른 장소에서 교부가능하다.

③ 특별한 경우 송달장소

㉠ 연대납세의무자에게 서류를 송달 : 대표자가 있는 경우 대표자, **대표자가 없는 경우 국세를 징수하기에 유리한 자에게 송달**한다. 다만, **납부의 고지와 독촉에 관한 서류는 연대납세의무자 모두에게 각각 송달한다.**

㉡ 상속재산관리인이 있을 때에는 상속재산관리인의 주소 또는 영업소

㉢ 납세관리인이 있을 때에는 납세관리인의 주소 또는 영업소

☞ 납세관리인 : 납세자가 국내에 주소 또는 거소를 두지 아니하거나 국외로 주소 또는 거소를 이전할 때에는 국세에 관한 사항을 처리하기 위하여 납세관리인(변호사, 세무사, 공인회계사)을 정하여야 한다.

㉣ 송달받을 장소를 신고한 경우 : 송달을 받아야 할 자가 주소 또는 영업소 중에서 송달받을 장소를 신고하는 경우 신고한 장소

3. 송달방법

(1) 원칙 : 교부송달, 우편송달 및 전자송달

① 교부송달	㉠ 공무원이 직접 송달장소에서 송달받을 자에게 서류를 교부하는 방법 ㉡ 송달한 장소에서 서류의 송달을 받아야 할 자를 만나지 못한 때에는 그 사용인이나 그 밖에 종업원 또는 동거인으로서 사리를 판별한 수 있는 사람에게 서류를 송달할 수 있다. ㉢ 서류를 송달받아야 할 자 또는 그 사용인이나 그 밖에 종업원 또는 동거인으로서 사리를 판별할 수 있는 사람이 정당한 사유없이 서류 수령을 거부할 때에는 송달할 장소에 서류를 둘 수 있다.(**유치송달**)

<table>
<tr><td>② 우편송달</td><td colspan="2">일반우편 또는 등기우편으로 할 수 있다.
☞ 등기우편 : 납부의 고지 · 독촉 · 강제징수 또는 세법에 의한 정부의 명령에 관계되는 서류의 송달은 등기우편에 의함을 원칙으로 한다.
〈일반우편송달대상〉
㉠ 50만원 미만의 소득세 중간예납세액의 납부고지서
㉡ 50만원 미만의 부가가치세 예정고지 납부고지서
㉢ 법정신고기한 내에 과세표준 신고서를 제출하였으나 과세표준 신고액에 상당하는 세액의 전부나 일부를 납부하지 아니하여 발송하는 납부고지서</td></tr>
<tr><td>③ 전자송달</td><td colspan="2">㉠ 서류의 송달을 받아야 할 자가 신청하는 경우에만 한한다.
㉡ 납부고지서, 국세환급금통지서, 신고안내문, 그 밖에 국세청장이 정하는 서류로 한다.
㉢ 전자송달은 해당 납세자가 지정한 전자우편주소로 송달하여야 하지만, 전자송달의 경우에도 국세정보통신망의 장애로 전자송달을 할 수 없는 경우 등 국세청장이 정하는 경우에는 교부 또는 우편의 방법으로 송달할 수 있다.</td></tr>
<tr><td rowspan="2">④ 공시송달</td><td>㉠ 사유</td><td>-주소 또는 영업소가 국외에 있고 송달하기 곤란한 경우
-주소 또는 영업소가 분명하지 아니한 경우
-서류를 등기우편으로 송달하였으나 수취인이 부재 중 또는 수취를 거부하여 반송됨으로써 납부기한 내에 송달이 곤란하다고 인정되는 경우
-세무공무원이 2회 이상 납세자를 방문[처음 방문과 마지막 방문의 기간이 3일(토요일, 공휴일 제외) 이상이어야 함]하여 서류를 교부하려고 하였으나 수취인의 부재중인 것으로 확인되어 납부기한 내에 송달이 곤란하다고 인정되는 경우</td></tr>
<tr><td>㉡ 방법</td><td>국세정보통신망(다른 공시송달방법과 함께 하여야 함), 세무서 또는 송달장소 관할 특별자치시 · 특별자치도 · 시 · 군 · 구의 게시판 등이나 관보 또는 일간신문에 게재한다.</td></tr>
</table>

4. 송달의 효력 발생시기

구　분	효력발생
1. 교부, 우편, 전자송달	**도달주의** 다만, 전자송달의 경우에는 송달받을 자가 지정한 컴퓨터에 입력된 때(국세정보통신망에 저장하는 경우에는 저장된 때)에 그 송달을 받아야 할 자에게 도달된 것으로 본다.
2. 공시송달	**공고한 날부터 14일이 지난 때**

제4절 인격

인격이란 권리와 의무의 주체가 될 수 있는 자격을 의미하며 자연인과 법인으로 구분한다. 자연인은 출생시점에 인격을 취득하며 사망으로 인격을 상실하고, 법인의 경우에는 설립등기를 거쳐 인격을 취득하며 청산절차에 따라 인격을 상실한다.

☞ 설립등기를 하지 않음으로 인하여 법인격을 취득하지 못한 사단 등은 법률상 권리의무의 주체가 될 수 없지만, 그 단체에 과세물건이 귀속되는 경우에는 과세형평상 납세의무를 지워야 하는 것은 당연하다. 이 경우 세법상 법인격이 없는 단체를 법인으로 볼 것인가 아니면 거주자 또는 공동사업으로 볼 것인가에 따라 납세의무의 내용이 달라지므로 그 판단기준은 매우 중요하다.

1. 국세기본법 규정에 의한 법인 의제

1. 항상 법인으로 보는 단체	① 주무관청의 허가 또는 인가를 받아 설립하였거나 법령에 의하여 주무관청에 등록한 사단·재단 기타 단체로서 등기되지 않은 것 ② 공익을 목적으로 출연된 기본재산이 있는 재단으로서 등기되지 않은 것
2. 신청, 승인에 의해 법인으로 보는 단체	① 단체의 조직과 운영에 관한 규정을 가지고 대표자 또는 관리인을 선임 ② 단체 자신의 계산과 명의로 수익과 재산을 독립적으로 소유, 관리할 것 ③ **단체의 수익을 구성원에게 분배하지 않을 것(비영리성)**

2. 법인으로 보는 단체의 납세의무 이행방법

국세에 관한 의무는 그 대표자나 관리인이 이행하여야 하며, 해당 단체는 국세에 관한 의무 이행을 위하여 대표자나 관리인을 선임하거나 변경신고하려는 경우에는 관할 세무서장에게 문서로 신고하여야 한다.

3. 법인격없는 단체에 대한 개별세법 규정

1. 법인세법	-**법인격없는 단체는 비영리내국법인**으로 본다.
2. 소득세법	1. **1거주자(또는 비거주자)로 보는 경우** ① 단체의 대표자 또는 관리인이 선임되어 있고 ② 이익분배방법 및 비율이 없는 경우 **2. 그 이외에는 공동사업(손익분배비율이 있는 경우)으로 본다.**
3. 부가세법	-법인으로 보는 경우 : 부가가치세 납세의무 -법인으로 보지 않는 경우 : 공동사업자로서 연대납세의무를 진다.

연/습/문/제

 객관식

01. 다음 중 국세기본법상 세법이 아닌 것은?

① 국세기본법
② 조세범 처벌법 및 조세범 처벌절차법
③ 국제조세조정에 관한 법률
④ 국세징수법

02. 국세기본법상 신고기한을 연장할 수 있는 사유가 아닌 것은 무엇인가?

① 납세자가 도난을 당한 경우
② 납세자의 동거가족이 사망하여 상중(喪中)인 경우
③ 납세자가 그 사업이 중대한 위기에 처한 경우
④ 권한 있는 기관에 장부나 서류가 압수 또는 영치된 경우

03. 국세기본법상 법인격 없는 단체 중 신청에 의해 법인으로 보는 단체의 요건을 설명한 것이다. 다음 중 옳지 않은 것은?

① 사단, 재단, 그 밖의 단체의 조직과 운영에 관한 규정을 가지고 있어야 한다.
② 대표자나 관리인을 선임하고 있어야 한다.
③ 사단, 재단, 그 밖의 단체 자신의 계산과 명의로 수익과 재산을 독립적으로 소유 · 관리하여야 한다.
④ 사단, 재단, 그 밖의 단체의 수익을 구성원에게 분배하여야 한다.

04. 다음 중 국세기본법상 신고기한이 연장되는 경우로 잘 짝지어있는 것은?

가. 사업이 중대한 위기에 처한 때	나. 동거가족이 질병으로 위중한 때
다. 권한 있는 기관에 장부 또는 서류가 압수된 때	라. 해외이주시

① 가, 나 ② 가, 다
③ 나, 다 ④ 나, 라

05. 다음 중 국세기본법상 사용하는 용어에 대한 설명으로 틀린 것은?

① 국세 : 국세기본법에 따른 국세라는 용어는 관세를 포함하지 않는 내국세만을 가리키는 것이다.
② 세법 : 국세의 종목과 세율을 정하고 있는 법률과 국세징수법, 조세특례제한법, 국제조세조정에 관한 법률, 조세범처벌법 및 조세범 처벌절차법을 말한다.
③ 원천징수 : 세법에 따라 원천징수의무자가 국세(이에 관계되는 가산세는 제외한다)를 징수하는 것을 말한다.
④ 납세의무자란 세법에 따라 국세를 납부할 의무(국세를 징수하여 납부할 의무는 포함)가 있는 자를 말한다.

06. 다음 중 국세기본법상 적법한 서류의 송달에 해당하지 않은 것은?

① 강제징수에 관계되는 서류를 등기우편으로 송달하는 경우
② 수취인이 부재중이어서 교부송달이 곤란하여 공시송달한 경우
③ 30만원에 해당하는 소득세중간예납고지서를 일반우편으로 송달한 경우
④ 부가가치세법에 따른 예정고지납부고지서를 교부송달하는 경우

07. 국세기본법상 우편으로 과세표준신고서를 제출한 경우 언제를 신고된 때로 보아야 하는가?

① 통신 날짜 도장이 찍힌 날 ② 도달한 날로부터 7일이 경과하는 날
③ 도달일 ④ 신고서 작성일

08. 다음 중 국세기본법상 특수관계인의 범위 중 "혈족 · 인척 등 대통령령으로 정하는 친족관계"의 범위에 포함되지 않는 것은?

① 배우자(사실상의 혼인관계에 있는 자를 제외한다)
② 3촌 이내의 인척
③ 4촌 이내의 혈족
④ 친생자로서 다른 사람에게 친양자 입양된 자 및 그 배우자 · 직계비속

09. 국세기본법상 서류의 송달에 대한 설명으로 틀린 것은?

① 연대납부의 고지와 독촉에 관한 서류는 그 대표자를 명의인으로 하며, 대표자가 없을 때에는 연대납세의무자 중 국세를 징수하기에 유리한 자를 명의인으로 한다.
② 50만원 미만의 소득세중간예납세액의 납부고지서는 일반우편으로 송달할 수 있다.
③ 서류의 송달에 대한 효력은 원칙적으로 도달주의에 의하나, 공시송달의 경우 특례규정을 두고 있다.
④ 교부송달의 경우에 송달을 받아야 할 자가 송달받기를 거부하지 아니하면 다른 장소에서 교부할 수 있다.

10. 국세기본법상 정전, 프로그램의 오류, 그 밖의 부득이한 사유로 전산장애가 발생하여 국세정보통신망과 한국은행 및 체신관서의 정보통신망의 정상적인 가동이 불가능한 경우 적용되는 것이 아닌 것은?

① 장애가 복구되어 신고 또는 납부할 수 있게 된 날 까지 전자신고 또는 납부기한이 연장된다.
② 국세기본법 또는 세법에서 규정하는 신고를 정해진 기한까지 할 수 없다고 인정하는 경우 관할세무서장은 그 기한을 연장할 수 있다.
③ 서류를 송달받아야 할 자가 전자송달을 신청한 경우라도 교부 또는 우편의 방법으로 송달할 수 있다.
④ 국세기본법 또는 세법에서 규정하는 서류의 제출을 정해진 기한까지 할 수 없다고 인정하는 경우 관할세무서장은 그 기한을 연장할 수 있다.

11. 국세기본법상 특수관계인이란 본인과 다음 중 어느 하나에 해당하는 관계에 있는 자를 말한다. 이 경우 이 법 및 세법을 적용할 때 본인도 그 특수관계인의 특수관계인으로 본다. 이에 해당하지 않는 것은?

① 혈족 · 인척 등 대통령령으로 정하는 친족관계
② 학연 · 지연 등 대통령령으로 정하는 사회적 연관관계
③ 임원 · 사용인 등 대통령령으로 정하는 경제적 연관관계
④ 주주 · 출자자 등 대통령령으로 정하는 경영지배관계

12. 다음은 국세기본법상 법인으로 보는 단체를 설명한 것 중 가장 옳지 않은 것은?

① 수익을 구성원에게 분배하지 아니하여야 한다.
② 주무관청의 허가 또는 인가를 받아 설립된 단체로서 등기되지 아니하여야 한다.
③ 공익목적으로 출연된 재단으로 등기되어야 한다.
④ 조직과 운영에 관한 규정을 가지고 대표자나 관리인을 선임하고 있어야 한다.

13. 국세기본법상 서류송달에 관한 설명 중 잘못된 것은?

① 연대납세의무자인 경우 납부의 고지는 연대납세자 대표자에게 송달하여야 한다.
② 공시송달의 경우 공고한 날로부터 14일이 경과함으로써 송달이 있는 것으로 본다.
③ 서류를 교부송달하는 경우 송달을 받아야 할 자에게 도달한 때로부터 서류송달의 효력이 발생한다.
④ 소득세 중간예납세액의 납부고지서를 일반우편으로 송달한 경우 적법한 송달이다.

14. 국세기본법상 서류의 송달에 대한 설명으로 옳지 않은 것은?

① 서류 송달은 교부, 우편 또는 전자송달 등의 방법으로 한다.
② 연대납세의무자에게 연대납세의무에 관한 납부의 고지와 독촉에 관한 서류를 송달할 때에는 그 대표자에게 송달하여야 한다.
③ 일단 유효하게 송달된 서류가 후에 반송되더라도 송달의 효력에는 영향이 없다.
④ 납세관리인이 있을 때에는 납부의 고지와 독촉에 관한 서류는 그 납세관리인의주소 또는 영업소에 송달한다.

15. 다음은 국세기본법상 법인으로 보는 단체에 대한 설명이다. 다음 중 옳지 않은 것은?

① 주무관청에 인가 또는 허가를 받아 설립되고 수익을 구성원에게 배분하지 않는 법인이 아닌 단체는 항상 법인으로 보아 국세기본법과 세법을 적용한다.
② 종교단체 등도 국세기본법상 일정한 요건을 갖추고 관할세무서장에게 신청하여 승인을 얻는 경우 법인으로 본다.
③ 법인으로 보는 법인격 없는 단체는 법인세법에 따른 영리법인으로 본다.
④ 법인으로 보는 단체 외의 법인 아닌 단체는 거주자 또는 비거주자로 보아 소득세를 과세한다.

16. 국세기본법상 규정된 법인이 아닌 단체에 대한 설명이다. 옳지 않은 것은?

① 법인이 아닌 사단, 재단, 그 밖의 단체 중 공익을 목적으로 출연된 기본재산이 있는 재단으로서 등기되지 않고 수익을 구성원에게 분배하는 단체는 법인으로 본다.
② 법인으로 보는 법인이 아닌 단체의 국세에 관한 의무는 그 대표자나 관리인이 이행하여야 한다.
③ 법인으로 보는 법인이 아닌 단체는 법인세법과 상속세및증여세법에 따른 비영리법인으로 본다.
④ 법인으로 보지 않는 단체 중 대표자나 관리인이 선임되어 있으나, 이익의 분배방법이나 분배비율이 정해져 있지 않은 단체는 소득세법상 1거주자나 비거주자로 본다.

17. 다음 중 국세기본법상 서류의 송달시 반드시 등기우편에 의해야 하는 것은?

① 40만원인 소득세 중간예납세액의 납부고지서
② 30만원인 부가가치세 예정고지세액의 납부고지서
③ 20만원인 법인세 납부독촉장
④ 전자세금계산서 시행 안내문

18. 다음 중 국세기본법상 기간의 계산에 대한 내용으로 옳지 않은 것은?

① 기간의 계산은 국세기본법 또는 그 세법에 특별한 규정이 있는 것을 제외하고는 민법에 따른다
② 기간을 주, 월 또는 연으로 정한 때에는 역에 의하여 계산하지 아니한다.
③ 주, 월 또는 연의 처음으로부터 기간을 기산하지 아니하는 때에는 최후의 주, 월 또는 연에서 그 기산일에 해당한 날의 전일로 기간이 만료한다.
④ 월 또는 연으로 기간을 정한 경우에 최종의 월에 해당일이 없는 때에는 그 월의 말일로 기간이 만료한다.

19. 국세기본법상 서류송달에 대한 설명으로 옳지 않은 것은?

① 아무도 없는 사업장에 고지서를 두고 온 것은 유치송달이라 볼 수 없다.
② 소득세 중간예납세액의 납부고지서 및 부가가치세 예정고지세액의 납부고지서로서 50만원 미만에 해당하는 납부고지서는 일반우편으로 송달할 수 있다.
③ 국세처분에 관한 서류가 납세자에게 송달된 때에 그 효력이 발생하는 것이므로 사리를 판별할 수 있는 종업원이나 동거인에게 송달되었다 해도 납세자가 수령하지 않으면 송달의 효력이 발생하지 않는다.
④ 서류를 공시송달하는 경우 서류요지를 공고한 날로부터 14일이 지남으로써 서류의 송달이 있는 것으로 본다.

20. 다음 중 국세기본법상 법인격 없는 단체 중 신청에 의해 법인으로 보는 단체의 요건을 설명한 것으로 옳지 않은 것은?

① 사단, 재단, 그 밖의 단체의 조직과 운영에 관한 규정을 가지고 있어야 한다.
② 대표자나 관리인을 선임하고 있어야 한다.
③ 사단, 재단, 그 밖의 단체 자신의 계산과 명의로 수익과 재산을 독립적으로 소유·관리하여야 한다.
④ 사단, 재단, 그 밖의 단체의 수익을 구성원에게 분배하여야 한다.

21. 국세기본법상 전자신고에 관한 설명으로서 옳지 않은 것은?

① 신고기한일이나 납부기한일에 국세정보통신망이 대통령령으로 정하는 장애로 가동이 정지되어 전자신고를 할 수 없는 경우에는 그 장애가 복구되어 신고 또는 납부할 수 있게 된 날의 다음날을 기한으로 한다.

② 전자신고의 신고일은 해당 신고서 등이 국세청장에게 전송된 때로 한다.

③ 전자신고는 납세자의 신청에 대하여 관할세무서장이 승인하는 경우에 한하여 적용할 수 있다.

④ 전자신고를 하는 경우 동 전자신고를 할 때 제출하여야 할 관련서류는 10일의 범위에서 제출기한을 연장할 수 있다.

22. 다음 중 국세기본법상 용어의 정의에 대한 설명으로 옳지 않은 것은?

① 과세표준신고서는 국세의 과세표준과 국세의 납부 또는 환급에 필요한 사항을 기재한 신고서를 말한다.

② 부가가치세법상 대리납부의무자는 납세의무자에 포함된다.

③ 강제징수비란 재산의 압류·보관·운반과 공매에 소요된 비용(매각을 대행시키는 경우 그 수수료를 포함)을 말한다.

④ 세법이란 국세의 종목과 세율을 정하고 있는 법률과 국세징수법, 조세특례제한법, 국제 조세조정에 관한 법률, 조세범처벌법 및 조세범처벌절차법을 말한다.

23. 다음 중 국세기본법상 공시송달의 사유에 해당하지 않는 것은?

① 주소 또는 영업소가 국외에 있고 송달하기 곤란한 경우

② 주소 또는 영업소가 분명하지 아니한 경우

③ 서류를 등기우편으로 송달하였으나 수취인이 부재중인 것으로 확인되어 반송됨으로써 납부기한 내에 송달이 곤란하다고 인정되는 경우

④ 세무공무원이 1회 이상 납세자를 방문하여 서류를 교부하려고 하였으나 수취인이 부재중인 것으로 확인되어 납부기한 내에 송달이 곤란하다고 인정되는 경우

 주관식

01. 다음 빈 ( )에 들어갈 알맞은 말은?

> 국세기본법상 (   )이란 「국세징수법」에서 규정하는 강제징수의 예에 따라 징수할 수 있는 채권 중 국세, 관세, 임시수입부가세, 지방세와 이와 관계되는 강제징수비를 제외한 것을 말한다.

02. 다음 (   ) 안에 들어갈 알맞은 숫자는 무엇인가?

> 국세기본법상 납부의 고지 · 독촉 · 강제징수(체납처분) 또는 세법에 따른 정부의 명령에 관계되는 서류의 송달을 우편으로 할 때에는 등기우편으로 하여야 한다. 다만, 「소득세법」 제65조 제1항에 따른 중간예납세액의 납부(납세)고지서 및 「부가가치세법」제18조 제2항에 따라 징수하기 위한 납부고지서로서 (   )만원 미만에 해당하는 납부고지서는 일반우편으로 송달할 수 있다.

03. 다음 국세기본법상 설명으로 (㉠)안에 알맞은 말은?

> 국세기본법상 (㉠)란 세법에서 규정하는 의무의 성실한 이행을 확보하기 위하여 세법에 따라 산출한 세액에 가산하여 징수하는 금액을 말한다.

04. 다음 (   )안에 들어갈 숫자는?

> 천재 · 지변 등으로 인한 기한연장은 (   )월 이내로 하되, 당해 기한연장의 사유가 소멸되지 아니하는 경우 관할세무서장은 1월의 범위 안에서 그 기한을 다시 연장할 수 있다. 다만, 신고 및 납부와 관련된 기한연장은 9월을 초과하지 아니하는 범위 안에서 관할세무서장이 이를 연장할 수 있다.

05. 국세기본법상 세무공무원이 2회 이상 납세자를 방문(처음 방문과 마지막 방문의 기간이 3일 이상)하여 서류를 교부하고자 하였으나 수취인이 부재중인 것으로 확인되어 납기 내에 송달이 곤란하다고 인정되는 경우의 송달방법은 무엇인가?

06. 국세기본법상 다음 괄호에 알맞은 숫자는?

공시송달의 경우에는 서류의 주요내용을 공고한 날부터 ( )일이 지나면 서류송달이 된 것으로 본다.

07. 국세기본법상 다음 괄호 안에 들어갈 내용은 무엇인가?

연대납세의무자에게 서류를 송달할 때에는 대표자를 명의인으로 한다. 다만, ( )와 독촉에 관한 서류는 연대납세의무자 모두에게 각각 송달하여야 한다.

08. 국세기본법상 (㉠)에 들어갈 말은 무엇인가?

(㉠)란 주주 1인과 그의 특수관계인으로서 그들의 소유주식 합계가 해당 법인의 발행주식총수의 50%를 초과하면서 그에 관한 권리를 실질적으로 행사하는 자들을 말한다.

연/습/문/제 답안

객관식

1	2	3	4	5	6	7	8	9	10	11	12	13	14	15
①	③	④	③	④	②	①	①	①	①	②	③	①,④	②	③
16	**17**	**18**	**19**	**20**	**21**	**22**	**23**							
①	③	②	③	④	③	②	④							

[풀이 - 객관식]

01. **국세기본법에서는 국세기본법을 세법으로 보지 않는다.**

02. **중대한 위기에 처한 경우는 납부의 경우만 연장**된다.

03. 단체의 수익을 구성원에게 분배하지 않아야 한다.

05. 납세의무자란 세법에 따라 국세를 납부할 의무(**국세를 징수하여 납부할 의무는 제외**)가 있는 자를 말한다.

06. 세무공무원이 2회 이상 납세자를 방문하여 서류를 교부하려고 하였으나 수취인의 부재중인 것으로 확인되어 납부기한 내에 송달이 곤란한다고 인정되는 경우 공시송달이 가능하다.

08. **배우자는 사실혼 관계도 포함**된다.

09. **납부의 고지와 독촉에 관한 서류는 연대납세의무자 모두에게 각각 송달**한다.

10. 그 장애가 복구되어 신고 또는 납부할 수 있게 된 날의 **다음날을 기한**으로 한다.

12. 공익목적으로 출연된 재단으로 등기되지 아니하여야 한다.

13. ① **납부의 고지와 독촉에 관한 서류**는 **연대납세의무자 모두에게 각각 송달**한다.
   ④ **50만원 미만일 경우 일반우편도 가능**하다.

15. 법인으로 보는 **법인격 없는 단체**는 법인세법에 따른 **비영리법인으로 본다.**

16. 법인이 아닌 사단, 재단, 그 밖의 단체 중 공익을 목적으로 출연된 기본재산이 있는 재단으로서 등기되지 않고 **수익을 구성원에게 분배하지 아니하는 단체**는 법인으로 본다.

19. 국세처분에 관한 서류가 납세자에게 송달된 때에 그 효력이 발생하는 것이므로 사리를 판별할 수 있는 종업원이나 동거인에게 송달할 수 있다.

20. **단체의 수익을 구성원에게 분배하지 않아야 한다.(비영리성)**

21. 전자신고는 납세자의 신청 및 승인 절차를 요구하지 아니한다.
22. **부가가치세법상 대리납부의무자는 납세의무자가 아니라 징수납부의무자로서 납세자**에 해당한다.
23. 2회 이상

주관식

1.	공과금	2.	50	3.	가산세
4.	3	5.	공시송달	6.	14
7.	납부의 고지	8.	과점주주		

Chapter

국세부과와 세법적용의 원칙 2

1. 국세부과의 원칙 (과세관청 및 납세자)	① 실질과세의 원칙
	② 신의성실의 원칙
	③ 근거과세의 원칙
	④ 조세감면의 사후관리
2. 세법적용의 원칙 (과세관청)	① 재산권부당침해 금지의 원칙(세법해석기준)
	② 소급과세금지의 원칙
	③ 세무공무원 재량의 한계
	④ 기업회계의 존중

제1절 국세부과의 원칙

국세부과의 원칙이란 국세에 관한 과세요건의 충족을 확인하고 납세의무자의 납부세액을 확정할 때 지켜야 할 원칙이다.

1. 실질과세의 원칙(법형식<경제적 실질)

법적형식이나 외관에 불구하고 실질에 따라 세법을 해석하고 과세요건사실을 인정하여야 한다는 원칙으로서 이는 조세법의 3대 기본원칙(1. 조세법률주의 2. 조세평등주의 3. 신의성실의 원칙) 중 하나인 **조세평등주의를 구체화한 원칙**으로 "소득이 있는 곳에 과세한다"는 대명제를 구체화 한 것이다.

1. 귀속에 관한 실질주의	**과세대상이 되는 소득, 수익, 재산, 행위 또는 거래의 귀속이 명의일 뿐이고 사실상 귀속되는 자가 따로 있는 때에는 사실상 귀속되는 자를 납세의무자로 한다.** → 위법소득에 대한 과세의 근거제공 ① 사업자명의등록자와 별도로 사업자가 있는 경우에는 **사실상의 사업자를 납세의무자**로 본다. ② 명의신탁부동산을 매각처분한 경우에는 **양도의 주체 및 납세의무자는 명의신탁자이다.** ☞ 명의신탁부동산 : 부동산 등 재산에 대하여 소유자 명의를 실소유자가 아닌 타인의 이름으로 해놓는 것
2. 거래내용에 관한 실질주의	과세표준의 계산에 관한 규정은 소득, 재산, 또는 거래의 명칭이나 형식에 불구하고 그 실질내용에 따라 판단한다.(예 : 기업업무추진비)
3. 경제적 실질에 따른 실질과세	**제3자를 통한 간접적인 방법이나 둘 이상의 행위 또는 거래를 거치는 방법(우회거래)**으로 세법의 혜택을 부당하게 받기 위한 것으로 인정되는 경우에는 그 경제적 실질내용에 따라 당사자가 직접 거래를 한 것으로 보거나 연속된 하나의 행위 또는 거래를 한 것으로 보아 세법을 적용한다.

2. 신의성실의 원칙

신의성실의 원칙은 상대방의 신의를 배반하여서는 안된다는 원칙이다. 납세자가 그 의무를 이행할 때에는 신의에 따라 성실히 하여야 한다. **세무공무원이 그 직무를 수행할 때에도 또한 같다.**

① 적용요건

㉠ 납세자의 신뢰에의 대상이 되는 과세관청의 **공적견해표시(선행행위)**

㉡ 납세자가 과세관청의 견해표시를 신뢰,그 신뢰에 납세자의 귀책사유가 없어야 한다

㉢ 납세자가 과세관청의 견해표시에 대한 신뢰를 기초로 하여 어떤 행위를 해야 한다.

㉣ 과세관청이 당초의 견해표시에 반하는 적법한 행정처분(후행행위)으로 인하여 **납세자가 불이익을 받아야 한다.**

② 효과 : 위 요건의 충족을 입증하는 경우 과세관청의 처분은 적법한 것임에도 불구하고 신의칙 위반에 호소하여 **취소될 수 있는 행정처분이 된다.**

3. 근거과세의 원칙 : 실지조사결정

장부등 직접적인 자료에 입각하여 납세의무를 확정하여야 한다는 원칙이다. 국세를 조사·결정할 때 장부의 기록내용이 사실과 다르거나 장부의 기록에 누락된 것이 있을 때에는 **"그 부분에 대해서만" 정부가 조사한 사실에 따라 결정**할 수 있으며 이 경우에는 그 조사한 사실과 **결정의 근거를 결정서에 적어야 한다.**

행정기관의 장은 해당 납세의무자 또는 그 대리인의 **구술에 의한 요구가 있는 때**에는 그 **결정서를 열람 또는 복사**하게 하거나 그 등본 또는 초본이 원본과 일치함을 확인하여야 한다.

☞ 등본 : 문서의 원본내용을 전부 그대로 베낀 서류
초본 : 원본에서 필요한 부분만을 발췌하여 만든 서류

4. 조세감면의 사후관리

정부는 국세를 감면한 경우에 그 감면의 취지를 성취하거나 국가정책을 수행하기 위하여 필요하다고 인정하면 세법에서 정하는 바에 따라 감면한 세액에 상당하는 자금 등의 운용 범위를 정할 수 있으며, 그 **운용 범위를 벗어난 자금 등에 상당하는 감면세액은 세법에서 정하는 바에 따라 감면을 취소하고 징수할** 수 있다.(예 : 조특법상 세액공제 자산에 대한 매각제한)

제2절 세법적용의 원칙

1. 재산권 부당침해금지의 원칙(세법해석의 기준)

세법을 해석·적용할 때에는 과세의 형평과 해당 조항의 합목적성에 비추어 납세자의 재산권이 부당하게 침해되지 아니하도록 하여야 한다. 이는 세법의 목적을 고려하고 해당 조항의 제정목적을 고려하여, 납세자의 재산권이 부당히 침해되지 않도록 조세부담이 국민들의 담세력에 따라 공정하게 배분되는 방향으로 해석하여야 한다는 것이다.**(유추해석과 확장해석 금지)**

2. 소급과세금지의 원칙 

세법의 효력발생 전에 완결된 사실에 대하여 새로운 세법을 적용하여 과세할 수 없다는 원칙으로 이는 **조세법률주의의 하부원칙** 중 하나이며 **납세자의 법적안정성과 예측가능성을 보장**하는데 그 의의가 있다.

구 분	내 용
① 입법에 의한 소급과세금지	국세를 납부할 의무가 성립한 소득, 수익, 재산, 행위 또는 거래에 대해서는 그 성립 후의 **새로운 세법에 따라 소급하여 과세해서는 아니한다는 것이다.**
② 해석에 의한 소급과세금지	세법의 해석이나 국세행정의 관행이 일반적으로 납세자에게 받아들여진 후에는 그 해석이나 관행에 의한 행위 또는 계산은 정당한 것으로 보며, 새로운 해석이나 관행에 의하여 소급하여 과세되지 아니한다.

(1) 유리한 소급효

법적안정성과 예측가능성을 보장하는데 그 취지가 있다고 볼 때 납세자에게 유리한 소급효는 이 원칙의 취지에 반하지 않으므로 **과세형평을 저해하지 않는 범위 내에서 허용된다는 것이 통설**이다.

(2) 진정소급과 부진정소급

구 분	내 용	통설과 판례
① 진정소급	**새로운 법률시행 전에 완결된 사실에 대한 소급과세**를 의미한다.	금지
② 부진정소급	새로운 법률 시행 전에 발생하였으나 그 시행시점까지 아직 완결되지 아니하고 있는 사실에 대한 소급과세를 의미한다.	허용

(3) 소급과세의 판정기준일 : 납세의무성립일

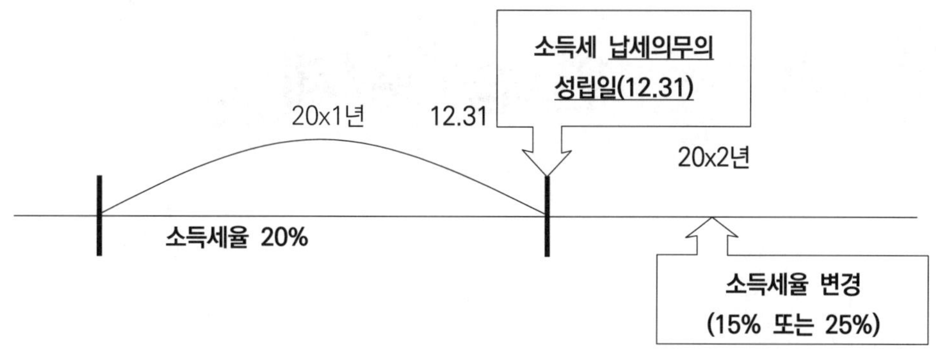

구　　분		내　　용
① 소득세율 인하 15%(20x1년, 20x2년)		**유리한 소급효이므로 인정**
② 소득세율 인상 25%	20x1년	**진정소급 : 금지**
	20x2년	**부진정소급 : 허용**

3. 세무공무원의 재량의 한계

세무공무원이 재량으로 직무를 수행할 때에는 과세의 형평과 해당 세법의 목적에 비추어 일반적으로 적당하다고 인정되는 한계를 엄수하여야 한다는 원칙이다.

4. 기업회계의 존중

국세의 과세표준을 조사·결정할 때에 해당 납세의무자가 계속하여 적용하고 있는 기업회계기준 등 일반적으로 공정·타당하다고 인정되는 것은 존중하여야 한다는 원칙이다. **다만, 세법에 특별한 규정이 있는 것은 그러하지 아니하다.**

연/습/문/제

객관식

01. 국세기본법상 근거과세의 원칙에 대한 것이 아닌 것은?

① 실지조사결정　　② 조세감면의 사후관리
③ 결정근거의 부기　　④ 결정서의 열람 · 복사

02. 국세기본법상 세법적용의 원칙에 대한 설명으로 잘못된 것은?

① 과세의 대상이 되는 소득, 수익, 재산, 행위 또는 거래의 귀속이 명의(名義)일 뿐이고 사실상 귀속되는 자가 따로 있을 때에는 사실상 귀속되는 자를 납세의무자로 하여 세법을 적용한다.
② 납세의무가 이미 성립한 경우에는 새로운 세법을 적용하는 것을 금지한다.
③ 명의신탁부동산을 매각처분한 경우에는 양도의 주체 및 납세의무자는 명의수탁자이다
④ 사업자명의등록자와는 별도로 사실상의 사업자가 있는 경우에는 사실상의 사업자를 납세의무자로 본다.

03. 다음 중 국세기본법상 국세부과의 원칙이 아닌 것은?

① 실질과세의 원칙　　② 신의성실의 원칙
③ 소급과세금지의 원칙　　④ 근거과세의 원칙

04. 다음은 국세기본법상 세법적용의 원칙에 대한 설명이다. 옳은 것은?

① 납세의무가 성립한 후에는 납세자에게 유리한 세법개정이 있는 경우에도 소급적용이 불가능하다.
② 기업회계의 존중은 세무공무원이 세무행정을 함에 있어 항상 지켜야 할 원칙이다.
③ 세법의 해석시 어떠한 경우에도 확장해석 · 유추해석은 허용되지 않는다.
④ 특정 법인의 과세기간 중에 법인세율이 인상되는 세법개정이 있은 후 해당 과세기간에 대한 세액을 계산함에 있어 그 개정된 세율을 적용하는 것은 소급과세금지원칙에 위반된다.

05. 다음은 국세부과의 원칙에 대한 설명이다. 옳지 않은 것은?

① 소급과세금지의 원칙은 국세부과의 원칙이 아니다.

② 신의성실의 원칙은 납세자와 과세당국 모두에게 적용된다.

③ 정부는 납세자가 조세감면의 사후관리규정을 위반한 경우 해당 감면을 취소하고 그 감면세액을 추징할 수 있다.

④ 납세의무자가 세법에 따라 장부를 갖추어 기록하고 있는 경우, 그 장부의 기록내용이 사실과 다르거나 누락된 것이 발견된 때에는, 전체 내용에 대하여 정부는 세무조사 및 결정할 수 있다.

06. 다음은 국세기본법상 실질과세의 원칙에 관한 설명이다. 다음 중 이에 해당하지 않는 것은?

① 과세의 대상이 되는 소득, 수익, 재산, 행위 또는 거래의 귀속이 명의일 뿐이고 사실상 귀속되는 자가 따로 있을 때에는 사실상 귀속되는 자를 납세의무자로 하여 세법을 적용한다.

② 실질과세의 원칙은 조세법률주의를 실현하기 위해 필요불가결한 원칙이므로 실질과세의 원칙은 다른 원칙보다 우선하여 적용하여야 한다.

③ 제3자를 통한 간접적인 방법이나 둘 이상의 행위 또는 거래를 거치는 방법으로 국세기본법 또는 세법의 혜택을 부당하게 받기 위한 것으로 인정되는 경우에는, 그 경제적 실질 내용에 따라 당사자가 직접 거래를 한 것으로 보거나, 연속된 하나의 행위 또는 거래를 한 것으로 보아 국세기본법 또는 세법을 적용한다.

④ 세법 중 과세표준의 계산에 관한 규정은 소득, 수익, 재산, 행위 또는 거래의 명칭이나 형식에 관계없이 그 실질 내용에 따라 적용한다.

07. 다음 중 국세기본법상의 세법적용의 원칙에 해당하지 않는 것은?

① 근거과세의 원칙 ② 소급과세금지의 원칙

③ 세무공무원의 재량의 한계 ④ 기업회계의 존중

08. 국세기본법상 세법적용의 원칙에 관한 설명 중 틀리는 것은?

① 세법을 적용할 때에는 과세의 형평과 해당 조항의 합목적성에 비추어 납세자의 재산권이 부당하게 침해되지 않아야 한다.

② 세무공무원은 자유재량에 따라 직무를 수행한다.

③ 세법의 해석이 일반적으로 납세자에게 받아들여진 후에는 그 해석에 의한 행위는 정당한 것으로 보며, 새로운 해석에 의하여 소급하여 과세되지 않는다.

④ 국세의 과세표준을 조사 결정할 때에는 납세자가 계속하여 적용하고 있는 기업회계기준으로써 일반적으로 공정타당하다고 인정되는 것은 존중하여야 한다.

09. 다음은 국세기본법상 실질과세의 원칙을 설명한 것이다. 이에 해당하지 않는 것은?

① 과세의 대상이 되는 소득, 수익, 재산, 행위 또는 거래의 귀속이 명의일 뿐이고 사실상 귀속되는 자가 따로 있을 때에는 사실상 귀속되는 자를 납세의무자로 하여 세법을 적용한다.

② 세법 중 과세표준의 계산에 관한 규정은 소득, 수익, 재산, 행위 또는 거래의 명칭이나 형식에 관계없이 그 실질 내용에 따라 적용한다.

③ 제3자를 통한 간접적인 방법으로 세법의 혜택을 부당하게 받기 위한 것으로 인정되는 경우에는 그 경제적 실질 내용에 따라 세법을 적용한다.

④ 납세자가 그 의무를 이행할 때에는 신의에 따라 성실하게 하여야 한다.

10. 다음 중 국세기본법상 국세부과의 원칙과 세법적용의 원칙에 대한 설명으로 잘못된 것은?

① 과세의 대상이 되는 소득, 수익, 재산, 행위 또는 거래의 귀속이 명의(名義)일 뿐이고 사실상 귀속되는 자가 따로 있을 때에는 사실상 귀속되는 자를 납세의무자로 하여 세법을 적용한다.

② 납세의무가 이미 성립한 경우에는 새로운 세법을 적용하는 것을 금지한다.

③ 명의신탁부동산을 매각처분한 경우에는 양도의 주체 및 납세의무자는 명의수탁자이다.

④ 사업자명의등록자와는 별도로 사실상의 사업자가 있는 경우에는 사실상의 사업자를 납세의무자로 본다.

11. 다음 중 국세기본법상 국세부과의 원칙 중 근거과세에 관련된 내용으로 틀린 것은?

① 납세의무자가 세법에 따라 장부를 갖추어 기록하고 있는 경우에는 해당 국세 과세표준의 조사와 결정은 그 장부와 이에 관계되는 증거자료에 의하여야 한다.

② 국세를 조사·결정할 때 장부의 기록 내용이 사실과 다르거나 장부의 기록에 누락된 것이 있을 때에는 장부 전체에 대하여 정부가 조사한 사실에 따라 결정할 수 있다.

③ 정부는 장부의 기록 내용과 다른 사실 또는 장부 기록에 누락된 것을 조사하여 결정하였을 때에는 정부가 조사한 사실과 결정의 근거를 결정서에 적어야 한다.

④ 행정기관의 장은 해당 납세의무자 또는 그 대리인이 요구하면 결정서를 열람 또는 복사하게 하거나 그 등본 또는 초본이 원본과 일치함을 확인하여야 한다.

12. 다음 중 국세기본법상 국세부과의 원칙과 세법적용의 원칙에 대한 설명으로 잘못된 것은?

① 납세의무가 성립된 후에는 그 성립 후의 새로운 세법에 따라 소급하여 과세하지 않는다.

② 신의성실의 원칙은 과세당국과 납세자 모두에게 적용된다.

③ 세무공무원이 재량으로 직무를 수행할 때에는 과세의 형평과 해당 세법의 목적에 비추어 일반적으로 적당하다고 인정되는 한계를 엄수해야 한다.

④ 명의신탁 부동산을 양도한 경우 납세의무자는 명의수탁자이다.

13. 다음 중 국세기본법상 세법 적용의 원칙에 대한 설명으로 옳지 않은 것은?

① 세법을 해석 · 적용할 때는 과세의 형평(衡平)과 해당 조항의 합목적성에 비추어 납세자의 재산권이 부당하게 침해되지 아니하도록 하여야 한다.

② 세법의 해석이나 국세행정의 관행이 일반적으로 납세자에게 받아들여진 후에는 그 해석이나 관행에 의한 행위 또는 계산은 정당한 것으로 보며, 새로운 해석이나 관행에 의하여 소급하여 과세되지 아니한다.

③ 세무공무원이 재량으로 직무를 수행할 때는 과세의 형평과 해당 세법의 목적에 비추어 일반적으로 적당하다고 인정되는 한계를 엄수하여야 한다.

④ 세무공무원이 국세의 과세표준을 조사 · 결정할 때는 해당 납세의무자가 계속하여 적용하고 있는 기업회계의 기준 또는 관행으로서 일반적으로 공정 · 타당하다고 인정되는 것은 세법에 특별한 규정이 있더라도 존중하여야 한다.

주관식

01. 다음은 국세기본법상 국세부과의 원칙 중 무엇에 관한 설명인가?

> 제3자를 통한 간접적인 방법이나 2이상의 행위 또는 거래를 거치는 방법으로 이 법 또는 세법의 혜택을 부당하게 받기 위한 것으로 인정되는 경우에는 그 경제적 실질내용에 따라 당사자가 직접 거래를 한 것으로 보거나 연속된 하나의 행위 또는 거래를 한 것으로 보아 이 법 또는 세법을 적용한다.

02. 국세기본법상 "국세를 납부할 의무가 성립한 소득, 수익, 재산, 행위 또는 거래에 대해서는 그 성립 후의 새로운 세법에 따라 소급하여 과세하지 아니한다."는 세법적용의 원칙은 무엇을 설명하고 있는지 용어를 쓰시오.

03. 국세기본법상 다음 괄호안에 들어갈 내용은 무엇인가?

> 세무공무원이 명시적으로 부가가치세 면제대상으로 세무지도를 하여 납세자가 이를 믿고 부가가치세를 거래징수하지 않았으나 그 이후에 과세관청이 한 부가가치세 과세처분은 (　　　　　) 의 원칙에 위반된다.

04. 국세기본법상 아래의 빈칸에 들어갈 내용은 무엇인가?

> 국세부과의 원칙 중 (　　　　　　)원칙에 대한 설명으로 납세의무자가 세법에 따라 장부를 갖추어 기록하고 있는 경우에는 해당 국세 과세표준의 조사와 결정은 그 장부와 이와 관계되는 증거자료에 의하여야 한다.

연/습/문/제 답안

객관식

1	2	3	4	5	6	7	8	9	10	11	12	13		
②	③	③	③	④	②	①	②	④	③	②	④	④		

[풀이 - 객관식]

02. 명의신탁자가 납세의무자임

04. ① 납세의무가 성립한 후에는 **납세자에게 유리한 세법개정이 있는 경우에도 소급적용이 가능**하다.
② 기업회계의 존중은 국세의 과세표준을 조사·결정하는 경우에만 적용되는 원칙이다.
④ 특정 법인의 과세기간 중에 법인세율이 인상되는 세법개정이 있은 후 해당 과세기간에 대한 세액을 계산함에 있어 개정세율을 적용하는 것은 소급과세금지원칙에 위반되지 않는다.

05. 납세의무자가 세법에 따라 장부를 갖추어 기록하고 있는 경우, 장부의 기록내용이 사실과 다르거나 누락된 것이 있을 때에는 그 부분에 대해서만 정부가 조사한 사실에 따라 결정할 수 있다.

06. 실질과세의 원칙은 조세평등주의를 구체화한 원칙으로 조세법률주의에 대한 침해를 최소화하도록 제한적으로 적용되어야 한다.

09. ④은 신의성실의 원칙에 대한 설명이다.

10. **명의신탁자산의 처분시 명의신탁자가 납세의무자**이다.

11. 장부의 기록 내용이 사실과 다르거나 장부의 기록에 누락된 것이 있을 때에는 **그 부분에 대해서만 결정**할 수 있다.

12. 과세의 대상이 되는 소득, 수익, 재산, 행위 또는 거래의 귀속이 명의일 뿐이고 사실상 귀속되는 자가 따로 있을 때에는 사실상 귀속되는 자를 납세의무자로 하여 세법을 적용한다. 따라서 **명의신탁한 부동산을 양도한 경우 납세의무자는 명의신탁자**이다.

13. 세무공무원이 국세의 과세표준을 조사·결정할 때에는 해당 납세의무자가 계속하여 적용하고 있는 기업회계의 기준 또는 관행으로서 일반적으로 공정·타당하다고 인정되는 것은 존중하여야 한다. 다만, **세법에 특별한 규정이 있는 것은 그러하지 아니하다.**

주관식

1.	실질과세의 원칙	2.	소급과세의금지(원칙)	3.	신의성실
4.	근거과세				

Chapter 3

납세의무의 성립 · 확정 · 소멸

〈납세의무의 성립 · 확정 · 소멸〉 

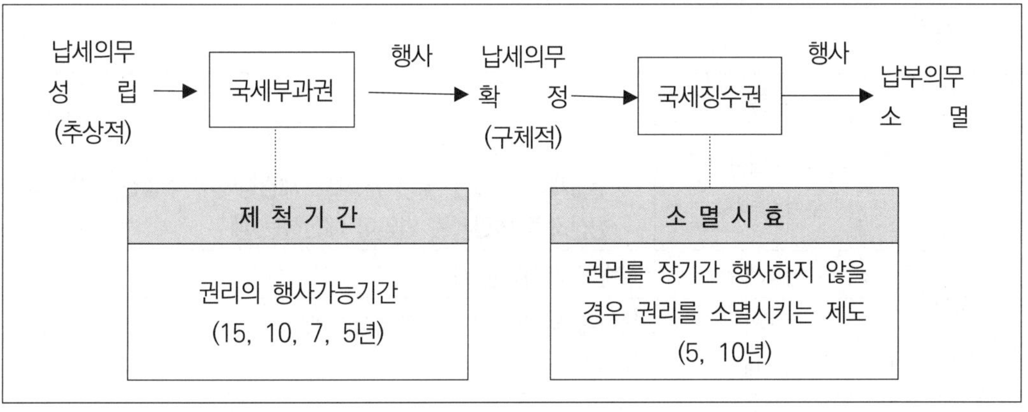

순서	내 용		소득세
1. 성립	세법이 정하는 과세요건이 충족되어 납세의무가 객관적으로 발생한 것을 말한다.		20x1.12.31
2. 확정	과세표준과 세액이 확정되는 것을 말한다.		~20x2.05.31(신고)
3. 소멸	조세채권의 실현	납부, 충당	~20x2.05.31(납부)
	조세채권의 미실현	부과의 취소, 제척기간의 만료, 소멸시효 완성	20x2.6.1~

제1절 납세의무의 성립(=추상적납세의무)

1. 납세의무의 성립 과세요건

① 납세의무자

② 과세물건과 그 귀속

㉠ 과세물건 : 소득, 소비, 재산으로 나눌 수 있으며 이러한 과세물건을 선정하고 배합할 것인가는 조세부담의 공평성과 효율성에 영향을 미친다.

㉡ 과세물건의 귀속 : 과세물건과 납세의무자와의 결합관계를 의미한다.

③ 과세표준과 세율

2. 납세의무의 성립시기

(1) 원칙

유형	세 목	성립시기
기간세	소득세, 법인세, 부가가치세	과세기간이 끝나는 때 ☞ **수입재화에 대한 부가가치세는 세관장에게 수입신고하는 때** **청산소득 법인세는 법인이 해산하는 때**
수시세 (과세사실이 발생시)	상속세	**상속이 개시되는 때**
	증여세	**증여에 의하여 재산을 취득하는 때**
	인지세	과세문서를 작성한 때
	증권거래세	해당 매매거래가 확정되는 때
가산세	무신고 및 과소신고, 초과환급	**법정신고기한이 경과한 때**
	납부지연	**법정납부기한 경과 후 1일마다 그날이 경과하는 때** ☞ **납부지연가산세 중 3% 부분 : 납부고지서에 따른 납부기한이 경과하는 때**
	원천징수 등 납부지연	**법정납부기한이 경과한 때**
	개별세법상 가산세	**가산할 국세의 납세의무가 성립하는 때**
부가세(교육세, 농어촌특별세)		**본세의 납세의무가 성립하는 때**
종합부동산세		**과세기준일(매년 6월 1일)**

☞ • 인지세 : 국내에서 재산에 관한 권리 등의 창설, 이전 또는 변경에 관한 계약서 기타 이를 증명하는 문서를 작성하는 자는 당해 문서를 작성할 때 작성한 문서에 정부가 발행하는 인지를 붙여서 자진납부하는 세금

• 증권거래세 : 유가증권을 매매하는 경우 양도자와 양수자 양측이나 일방에게 부과하는 거래세

- 농어촌특별세 : 농 · 어업의 경쟁력 강화와 농어촌의 산업기반시설의 확충에 필요한 재원에 충당하기 위하여 과세하는 세금
- 교육세 : 교육을 수행하는데 필요한 경비를 조달할 목적으로 징수하는 조세
- 종합부동산세 : 일정한 기준을 초과하는 토지 및 주택의 소유자에게 부과하는 국세

(2) 예외

세 목	성립시기
원천징수하는 소득세 · 법인세	**소득금액 또는 수입금액을 지급하는 때**
납세조합이 징수하는 소득세 · 예정신고납부하는 소득세(양도소득세)	과세표준이 되는 금액이 발생한 달의 말일
중간예납소득세 · 법인세, 예정신고 부가가치세	중간예납기간 또는 예정신고기간이 끝나는 때
수시부과하여 징수하는 국세	수시부과할 사유가 발생한 때

제2절 납세의무의 확정(=구체적납세의무)

조세의 납부 또는 징수를 위하여 세법이 정하는 바에 따라 납세의무자의 신고행위나 과세권자의 과세처분 등 일정한 행위나 절차를 거쳐서 납부할 세액을 구체적으로 확정하는 절차이다.

1. 납세의무의 확정방식

① 신고납세제도

납세의무자가 과세표준 및 세액을 정부에 신고한 때 확정된다. 그러나 납세의무자가 신고하지 않거나 신고내용에 오류나 누락이 있는 경우에는 정부가 경정(결정)하게 된다.

② 부과과세제도

과세당국의 결정에 의하여 납세의무(고지서 도달시)가 확정되는 것을 말한다.

③ 납세의무의 성립과 동시에 확정되는 경우(자동확정) 

㉠ 인지세	과세문서를 작성한 때
㉡ 원천징수하는 소득세 또는 법인세	소득금액 또는 수입금액을 지급하는 때
㉢ 납세조합이 징수하는 소득세	그 과세표준이 되는 금액이 발생한 달의 말일
㉣ 중간예납하는 법인세	중간예납기간이 끝나는 때 ☞중간예납소득세는 고지납부이므로 납세 고지시 확정됨
㉤ 납부지연가산세 및 원천징수납부 지연(불성실)가산세(납부고지서상 납부기한 후의 가산세)	- 납부지연 : 납부고지서에 따른 납부기한이 경과하는 때 - 원천징수납부 : 법정납부기한이 경과하는 때

2. 신고납세제도와 부과과세제도의 비교 

<table>
<tr><th colspan="2"></th><th>정부부과제도</th><th colspan="3">신고납세제도</th></tr>
<tr><td colspan="2">의의</td><td>과세권자에게만 확정권을 부여</td><td colspan="3">1차 : 납세의무자에게 확정권부여
2차 : 무신고시 과세권자가 확정</td></tr>
<tr><td colspan="2">적용세목</td><td>상속세, 증여세, 종합부동산세</td><td colspan="3">법인세, 소득세, 부가가치세 등</td></tr>
<tr><td rowspan="3">확정의 절차</td><td>주체</td><td>과세권자</td><td>원칙 : 납세의무자</td><td rowspan="3">무신고</td><td>과세권자</td></tr>
<tr><td>방식</td><td>과세표준과 세액의 결정</td><td>과세표준신고</td><td>과세표준과 세액의 결정</td></tr>
<tr><td>효력발생 시기</td><td>결정통지서(고지서) 도달시</td><td>신고서 제출시</td><td><u>결정통지서(고지서) 도달시</u></td></tr>
<tr><td colspan="2">탈루세액</td><td>세액추징</td><td colspan="3">세액추징, 처벌</td></tr>
<tr><td colspan="2">종합부동산세</td><td colspan="4">원칙 : 부과과세방식을 채택
예외 : 납세자가 신고시 신고납세 방식 허용</td></tr>
</table>

제3절 납세의무의 소멸

1. 소멸사유

유 형	사 유	내 용
조세채권실현	① 납부	세액을 국고에 납입하는 것
	② 충당	납부할 국세 등과 국세환급금을 상계
조세채권 미실현	① 부과의 취소	유효하게 행해진 부과처분을 당초 처분시점으로 소급하여 효력을 상실시키는 처분 ☞ **부과의 철회는 추후 납세자로부터 징수할 수 있는 경우에 부과 또는 징수의 절차를 거치므로 납세의무가 소멸되지 않는다.(예 : 행방불명)**
	② 제척기간만료	국세부과권의 존속기간 경과
	③ 소멸시효완성	국세징수권을 일정기간동안 미행사

2. 국세부과의 제척기간

(1) 개념

일정한 권리에 대해 법이 정하는 존속기간을 의미하는 것으로 권리에 대한 법률관계를 속히 종결지으려는 데 그 목적이 있기 때문에 제척기간이 끝나면 조세를 부과할 수 있는 권리는 당연히 소멸한다.

(2) 일반적인 국세부과권의 제척기간 

구 분		제척기간
상속세, 증여세	① **사기나 그 밖의 부정한 행위**로 조세포탈하거나 환급 · 공제, 무신고 · 거짓신고 또는 누락 신고시	*15년*
	② 이외	10년
기타 국세	① 부정행위로 조세포탈 · 환급 · 공제시 등	10년
	*② **무신고시***	**7년**
	③ 이외	*5년*

☞ 이월세액공제에 대한 부과제척 기간 특례(개정세법 25) : 무신고 7년, 과소신고 5년

구 분		제척기간
역외거래	① **부정행위로 포탈시**	15년
	② **무신고시**	*10년*
	③ *이외*	**7년**

☞ 상증세 특례제척기간 : 일정한 사유에 해당하는 경우에는 해당 재산의 상속 또는 증여가 있음을 안 날로부터 1년 이내에 상증세를 부과할 수 있다.(평생과세제도)
☞ 역외거래 : 국제거래 또는 거주자간 국외자산 및 국외용역 거래

(3) 제척기간의 기산일(=국세를 부과할 수 있는 날)

구 분		제척기간 기산일
① 일반	과세표준과 세액을 신고하는 국세(상증세 포함) (신고납부방식으로 납부하는 종합부동산세는 제외)	**과세표준신고기한[*1]의 다음날**
	종합부동산 · 인지세	납세의무가 성립한 날
② 예외	원천징수의무자 또는 납세조합에 대해서 부과하는 국세	법정납부기한의 다음 날
	과세표준신고기한 또는 법정납부기한이 연장된 경우	연장된 기한의 다음 날
	공제세액 등을 의무불이행 등의 사유로 징수하는 경우	공제세액 등을 징수할 사유가 발생한 날

*1. 과세표준 신고기한에는 중간예납 · 예정신고기한 및 수정신고기한은 포함되지 않는다. 따라서 중간예납세액 등의 제척기간도 정기분 과세표준 신고기한의 다음날부터 기산된다.

☞ 불법소득에 대한 부과제척기간 특례 : 뇌물, 알선수재, 배임수재로 인한 소득에 대한 형사판결이 확정된 경우 확정판결일부터 1년

(4) 제척기간 만료의 효과 : **국세부과권이 장래를 향하여 소멸**

따라서 결국 성립된 납세의무가 확정되지도 않은 상태에서 소멸되므로 다음단계인 징수권은 처음부터 발생할 여지가 없다.

3. 국세징수권의 소멸시효

(1) 개념

소멸시효는 권리자가 권리를 행사할 수 있었음에도 불구하고 일정기간 권리를 행사하지 않은 경우 법률관계의 안정을 유지하고, 권리의 행사를 게을리하는 자는 보호할 가치가 없다는 이유에서 그 권리를 소멸시키는 제도이다. 따라서 소멸시효가 완성되면 국세징수권이 당연히 소멸하게 된다. 민법상 소멸시효가 완성된 후 그 이익을 받을 자는 이익을 포기할 수 있으나, 국세징수권의 소멸시효는 **그 이익(시효이익)을 포기할 수 없다.**(모든 납세자에게 평등적용)

(2) 소멸시효기간(행사할 수 있는 때로부터)

① **5억 미만 국세채권(가산세 제외) : 5년**
② **5억 이상 국세채권(가산세 제외) : 10년**

(3) 소멸시효의 기산일(=국세징수권을 행사할 수 있는 때)

구 분		소멸시효 기산일
① 일반	과세표준과 세액을 신고에 의하여 납세의무가 확정되는 세액(신고납부조세)	법정신고 납부기한의 다음날
	과세표준 또는 세액을 정부가 결정 등을 하여 납세고지한 세액(정부부과조세)	(고지서상)납부기한의 다음날
② 예외	원천징수의무자 또는 납세조합으로부터 징수하는 국세	납부기한의 다음 날
	법정신고납부기한이 연장된 경우	연장된 기한의 다음 날

(4) 소멸시효의 중단과 정지

권리를 행사할 수 없는 합당한 사유가 있는 경우에는 소멸시효의 진행이 정지하고, 소멸시효가 완성되기 전에 권리의 행사가 있으면 소멸시효의 진행은 중단된다.

따라서 **소멸시효가 중단된 경우에는 중단사유가 발생할 때까지 지나간 소멸시효기간은 효력을 상실하고 중단사유 종료시점부터 새로 시효가 진행**한다.

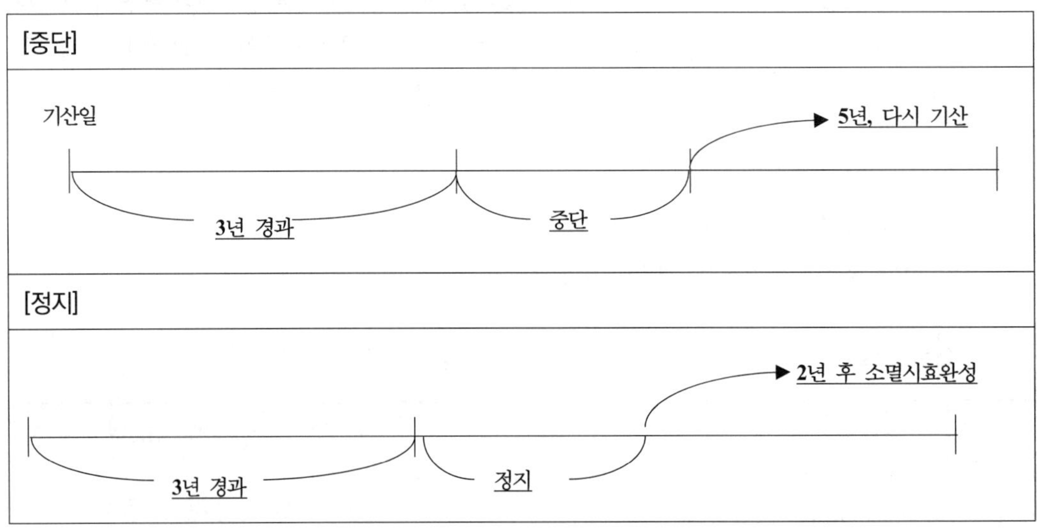

구 분	사 유	
중단사유	**① 납부고지(납세고지)** **② 독촉** **③ 교부청구** **④ 압류**	*징수권행사로 중단*
정지사유	① 분납기간 ② 납부고지의 유예, 지정납부기한 · 독촉장에서 정하는 기한의 연장, 징수 유예기간 ③ 압류 · 매각의 유예기간 ④ 연부연납기간 ⑤ 세무공무원이 사해행위 취소 소송 등 ⑥ **체납자가 국외에 6개월 이상 계속 체류**하는 경우 해당 국외체류기간	징수권행사가 불가능한 기간에는 정지

☞ 납부고지 : 조세채권에 대하여 징세관청이 납부기한을 지정하여 그 이행을 청구하는 행위

독촉 : 납세자가 납세 고지서에 의하여 지정된 납부기한까지 국세등을 완납하지 않는 경우에 그 납부를 촉구하는 절차

- 교부청구 : 다른 기관에 의해 강제 환가절차가 개시된 경우에는 과세관청이 납세자의 재산을 압류할 수 없으므로 그 집행기관에 대하여 환가대금의 배분을 청구하게 되는 것
- 압류 : 체납자의 특정재산에 대하여 처분을 금지시키는 징세관청의 행위를 말한다.
- 사해행위 취소 소송 : 강제징수를 집행할 때에 체납자가 국세의 징수를 면탈하려고 재산권을 목적으로 한 법률행위를 한 경우에 이러한 사해행위에 대하여 취소를 청구할 수 있다. 이러한 취소소송의 시효정지의 효력은 소송이 각하 · 기각 또는 취하된 경우에는 그 효력이 없다.

(5) 소멸시효의 완성의 효과 : 기산일에 소급하여 징수권이 소멸

〈국세부과제척기간과 국세징수권소멸시효〉 

구 분	국세부과제척기간	국세징수권소멸시효
개 념	국가가 국세를 부과할 수 있는 기간	국가의 징수권을 장기간 미행사시 징수권을 소멸시키는 제도
기간	15, 10, 7, 5년	**5년(5억원 미만) 10년(5억원 이상)**
기산일	국세를 부과할 수 있는 날	징수권을 행사할 수 있는 날
중단과 정지	**제도 없음**	**있음**
효과	부과권소멸	징수권소멸

연/습/문/제

객관식

01. 다음 중 국세징수권 소멸시효의 중단사유로 옳지 않은 것은?

① 납세담보의 제공 ② 교부청구
③ 압류 ④ 독촉

02. 국세기본법상 납세의무가 성립하는 때 특별한 절차 없이 납세의무가 확정되는 세목이 아닌 것은?

① 인지세 ② 종합부동산세
③ 납세조합이 징수하는 소득세 ④ 원천징수하는 소득세

03. 국세기본법상 국세부과의 제척기간에 대한 설명이다. 제척기간의 기산일에 대한 설명 중 옳지 않은 것은?

① 원천징수의무자 또는 납세조합에 대하여 부과하는 국세의 경우 해당 원천징수세액 또는 납세조합징수세액의 법정납부기한의 다음 날
② 과세표준신고기한 또는 법정 납부기한이 연장되는 경우 그 연장된 기한의 다음 날
③ 종합부동산세 및 인지세의 경우 해당 국세의 납세의무가 성립한 날
④ 공제, 면제, 비과세 또는 낮은 세율의 적용 등에 따른 세액을 의무불이행 등의 사유로 징수하는 경우 해당 공제세액 등을 징수할 수 있는 사유가 발생한 날의 다음날

04. 국세기본법상 납세의무의 소멸사유가 아닌 것은?

① 부과철회 ② 국세부과의 제척기간만료
③ 납부 및 충당 ④ 국세징수권 소멸시효의 완성

05. 국세기본법상 납세의무의 성립과 동시에 확정되는 국세가 아닌 것은?

① 인지세
② 원천징수하는 소득세
③ 납세조합이 징수하는 소득세
④ 정부가 조사결정 하는 법인세 중간예납

06. 국세기본법에 따른 소멸시효의 정지사유가 아닌 것은?

① 세법에 따른 분납기간 ② 세법에 따른 이의신청기간
③ 세법에 따른 징수유예기간 ④ 세법에 따른 연부연납기간

07. 국세기본법상 신고납세제도를 채택하고 있지 아니한 세목은?

① 소득세 ② 상속세 ③ 법인세 ④ 부가가치세

08. 국세기본법상 국세징수권 소멸시효의 중단 사유가 아닌 것은?

① 납부고지 ② 교부청구 ③ 압류 ④ 연부연납기간

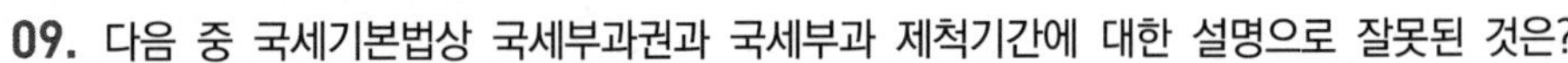

09. 다음 중 국세기본법상 국세부과권과 국세부과 제척기간에 대한 설명으로 잘못된 것은?

① 신고기한을 법에서 정하고 있는 국세의 경우 해당신고기한까지는 국세부과권을 행사할 수 없다.
② 국세부과의 제척기간이 만료되면 과세관청은 해당 국세에 대한 결정 · 경정 및 부과취소를 할 수 없으므로 제척기간이 만료된 후에 행해진 과세처분은 무효이다.
③ 국세부과의 제척기간이 만료되면 이미 성립한 납세의무는 확정되지 아니한 상태에서 소멸하게 된다.
④ 국세기본법은 법소정사유에 대해서는 제척기간의 특례를 두고 있으며 기한연장사유에 해당하는 경우에는 그 기간의 연장을 허용한다.

10. 다음 중 국세기본법상 납세의무가 확정되는 시점이 아닌 것은?

① 5월말 종합소득세를 신고하는 경우
② 상속개시일로부터 6개월 이내에 상속세를 신고하는 경우
③ 종합부동산세를 정부가 납부고지 하는 경우
④ 부가가치세의 1기 확정신고를 하는 경우

11. 국세기본법상 국세부과권의 제척기간에 대한 내용이다. 틀린 것은?

① 납세자가 법정신고기한까지 부가가치세 과세표준신고서를 제출하지 아니한 경우 : 5년

② 법인세의 경우 사기 · 기타부정한 행위로 조세포탈, 환급, 공제시 : 10년

③ 소득세의 경우 무신고한 경우 : 7년

④ 상속세 및 증여세의 경우 납세자가 부정행위로 상속세 · 증여세를 포탈하거나 환급 · 공제받은 경우 : 15년

12. 다음은 국세기본법상 납세의무의 성립시기에 대한 설명이다. 틀린 것은?

① 원천징수하는 소득세 또는 법인세 : 소득금액 또는 수입금액을 지급하는 때

② 개별세법상 가산세 : 이를 가산할 국세의 납세의무가 성립하는 때

③ 납세조합이 징수하는 소득세 또는 예정신고납부하는 소득세 : 그 과세표준이 되는 금액이 발생한 달의 다음달 말일

④ 부가가치세 : 수입재화의 경우에는 세관장에게 수입신고를 하는 때

13. 다음은 국세기본법상 국세의 납세의무 성립시기에 대한 설명이다. 옳게 짝지어지지 않은 것은?

① 소득세 · 법인세 : 과세기간이 끝나는 때. 다만, 청산소득에 대한 법인세는 그 법인이 해산(분할 또는 분할합병으로 인한 해산을 포함한다.) 또는 합병을 하는 때

② 상속세 : 상속이 개시되는 때

③ 증여세 : 증여계약서가 작성되는 때

④ 부가가치세 : 과세기간이 끝나는 때. 다만, 수입재화의 경우에는 세관장에게 수입신고를 하는 때

14. 다음 중 국세기본법상 국세징수권의 소멸시효에 대한 설명으로 틀린 것은?

① 소멸시효는 납부고지, 독촉, 교부청구, 압류로 중단된다.

② 시효가 중단된 때에는 중단까지 진행되어 온 경과한 시효기간은 그 효력이 상실되고 중단사유가 종료한 때부터 새로 시효가 진행한다.

③ 주된 납세자의 국세가 소멸시효의 완성에 의하여 소멸한 때에는 제2차 납세의무자, 납세보증인과 물적납세의무자에도 그 효력이 미친다.

④ 사해행위 취소소송의 제기로 인해 중단된 소멸시효의 효력은 소송이 각하 · 기각 또는 취하된 경우에는 효력이 없다.

15. 다음은 국세기본법상 국세부과의 제척기간을 연결한 것이다. 옳은 것은?

① 법인세 : 무조건 5년
② 상속세 : 무조건 10년
③ 무신고한 부가가치세 : 7년
④ 사기나 그 밖의 부정한 행위로 포탈한 종합소득세 : 15년

16. 다음 중 국세기본법상 납세의무의 성립시기에 대한 설명으로 옳지 않은 것은?

① 부동산에 대한 증여세는 증여에 대한 의사표시를 한 때에 납세의무가 성립한다.
② 청산소득에 대한 법인세는 해당 법인이 해산하는 때에 납세의무가 성립한다.
③ 수입재화에 대한 부가가치세는 세관장에게 수입신고를 하는 때에 납세의무가 성립한다.
④ 납세조합이 징수하는 소득세는 해당 과세표준이 되는 금액이 발생한 달의 말일에 납세의무가 성립한다.

17. 다음 중 국세기본법상 세목별 납세의무의 성립시기로 옳지 않은 것은?

① 상 속 세 : 상속에 의하여 재산을 취득하는 때
② 인 지 세 : 과세문서를 작성한 때
③ 증권거래세 : 해당 매매거래가 확정되는 때
④ 개별세법상 가산세 : 가산할 국세의 납세의무가 성립하는 때

18. 다음 중 국세기본법상 납부의무에 관한 설명으로 옳은 것은?

① 납세자가 일반 국내거래에 대하여 단순히 법정신고기한까지 과세표준신고서를 제출하지 아니한 경우 국세부과의 제척기간은 5년이다.
② 결손처분은 납세의무의 소멸사유가 아니다.
③ 거주자인 납세자가 납부할 세액이 있음에도 20X1년 귀속 소득세 신고를 하지 않은 경우 국세징수권의 소멸시효는 20X2.6.1.부터 기산한다.
④ 국세징수권의 소멸시효가 완성되면 국세의 납부의무는 소멸하지만 강제징수비는 소멸하지 아니한다.

주관식

01. 다음 ( )에 들어갈 숫자는?

> 국세기본법상 5억원 이상의 국세(가산세 제외)에 대한 국세징수권의 소멸시효는 국세의 징수를 목적으로 하는 국가의 권리는 이를 행사할 수 있는 때부터 ( )년의 기간 동안 행사하지 아니하면 소멸시효가 완성된다.

02. 상속세 및 증여세가 다음의 경우에 해당할 때 국세기본법상 국세부과권의 제척기간은 몇 년인가?

> • 상속 · 증여재산가액에서 가공의 채무를 공제하여 신고한 경우
> • 권리의 이전이나 그 행사에 등기 · 등록 · 명의개서 등을 요하는 재산을 상속인 · 수증자 명의로 등기 등을 하지 않은 경우로서 그 재산을 상속 · 증여재산의 신고에서 누락한 경우
> • 예금 · 주식 · 채권 · 보험금 · 기타의 금융자산을 상속 · 증여재산의 신고에서 누락한 경우

03. 국세기본법상 다음 (㉠)에 들어갈 숫자는?

> 국세기본법상 20x1년 귀속 역외거래(거주자간 국외자산 및 국외용역 거래)에 대한 부과제척기간은 무신고일 경우 (㉠)년이다.

04. 다음은 국세기본법상 국세 부과의 제척기간에 대한 설명이다. ( )에 알맞은 말은?

> 납세자가 부정행위로 상속세 · 증여세를 포탈하거나 환급 · 공제받은 경우, 국세부과의 제척기간은 ( )년으로 한다.

05. 국세기본법상 다음 괄호 안에 들어갈 내용은 무엇인가?

> 납세자가 부정행위로 증여세를 포탈하는 경우로서 제3자 명의로 되어 있는 증여자의 재산을 수증자가 취득한 경우에는 과세관청은 해당 재산의 증여가 있음을 안 날로부터 ( ) 이내에 증여세를 부과할 수 있다. 다만, 상속인이나 증여자 및 수증자가 사망한 경우와 포탈세액 산출의 기준이 되는 재산가액이 50억원 이하인 경우에는 그러하지 아니하다.

연/습/문/제 답안

객관식

1	2	3	4	5	6	7	8	9	10	11	12	13	14	15
①	②	④	①	④	②	②	④	④	②	①	③	③	④	③
16	17	18												
①	①	②												

[풀이 - 객관식]

01. 납세담보의 제공은 소멸시효의 중단과 정지사유가 아니다.

03. 공제, 면제, 비과세 또는 낮은 세율의 적용 등에 따른 세액을 의무불이행 등의 사유로 징수하는 경우 해당 공제세액 등을 **징수할 사유가 발생한 날을 기산일**로 함.

04. **부과의 철회**는 추후 납세자로부터 징수할 수 있는 경우에 부과 또는 징수의 절차를 거치므로 **납세의무가 소멸되지 않는다.**

06. 이의신청기간은 소멸시효의 정지가 되지 아니한다.

07. 상속세는 정부부과과세제도임.

08. **연부연납기간은 소멸시효의 정지사유**임

09. 국세기본법에 규정된 기한연장사유와 관계없이 국세부과권의 제척기간이 만료된 후에는 어떠한 경우에도 해당 세액의 결정·경정을 할 수 없다.

10. 상속세와 증여세는 정부부과제도이므로 과세관청이 해당세액을 결정 고지하는 때에 납세의무가 확정된다.

11. 무신고시(기타세) 제척기간은 7년이다.

12. 그 과세표준이 되는 금액이 발생한 달의 말일임.

13. **증여세는 증여에 의해 재산을 취득하는 때 납세의무가 성립**됨.

14. **사해행위취소소송은 소멸시효의 정지효력**이 있다.

16. 증여세는 증여에 의하여 재산을 취득하는 때에 납세의무가 성립한다. **등기·등록을 요하는 재산에 대하여는 등기·등록일에 납세의무가 성립**한다.

18. ① 납세자가 단순히 법정신고기한까지 과세표준신고서를 제출하지 아니한 경우 국세부과의 제척기간은 7년이다.

③ **국세를 신고하지 않는 경우**에는 세액이 확정되지 않았으므로 **제척기간이 기산**되고, **국세징수권의 소멸시효는 기산되지 아니한다.**

④ 국세징수권의 소멸시효가 완성되면 국세의 납부의무 및 강제징수비, 이자상당액도 소멸한다.

주관식

1.	10	2.	15년	3.	10
4.	15	5.	1년		

[풀이 - 주관식]

01. 고액체납(5억원 이상)의 국세에 대하여 국세징수권을 강화하기 위하여 위함이다.
5억원 미만의 경우 5년간이다.

03. 역외거래에 대한 과세실효성을 제고하기 위해 무신고의 경우 부과제척기간을 10년으로 한다.

Chapter 4

납세의무의 확장

로그인 세무회계 2급

Login

납세의무확장제도란 본래의 납세의무자 외의 자에게 납세의무를 이행하게 하는 제도를 말하는데, 개별세법에 특례규정이 있으면 개별세법이 우선한다.

① 납세의무의 승계
② 연대납세의무
③ 제2차납세의무
④ 양도담보권자의 물적납세의무가 있다.

제1절 납세의무의 승계

승계사유	합 병	상 속
승계대상	합병으로 소멸된 법인에게 부과되거나 그 법인이 납부할 국세 및 강제징수비**(성립된 국세)**	피상속인이 납부할 국세와 강제징수비
승계자	합병법인	상속인 또는 상속재산관리인
승계한도	한도없이 전액 승계	**상속으로 얻은 재산을 한도로 한다.**

☞ 상속으로 얻은 재산＝자산－부채－상속세

제2절 연대납세의무

연대납세의무란 하나의 동일한 납세의무를 2명 이상이 연대해서 납부할 의무를 지는 것을 말한다. 이 경우 하나의 납세의무에 대하여 각각 독립적으로 전액의 납세의무를 이행할 책임을 지고, **연대납세의무자 중 한명이 납세의무를 이행하면 다른 연대납세의무자의 납세의무도 소멸**된다.

국세기본법 규정	내 용
공유물 · 공동사업	공유자 또는 공동사업자가 연대하여 납부할 의무를 진다.
법인의 분할	분할법인(소멸시 제외), 분할신설법인, 존속하는 분할합병의 상대방법인이 연대하여 납부의무를 진다. - 한도 : 분할로 승계된 재산가액

〈분할법인, 분할신설법인, 분할합병의 상대방법인〉

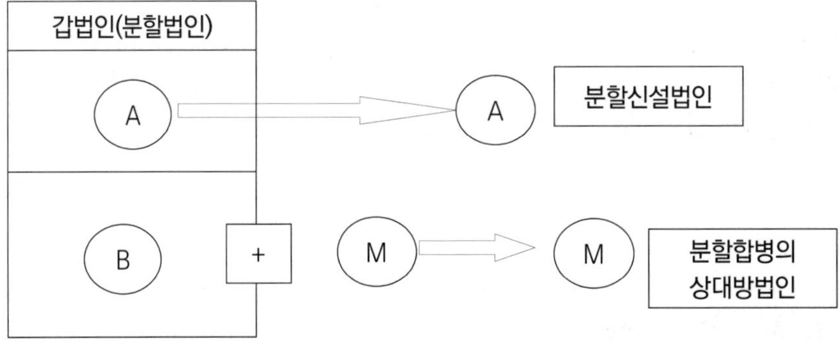

제3절 제2차 납세의무

1. 개요 

본래 납세자가 납세의무를 이행할 수 없는 경우에 본래 납세자에 갈음하여 납세의무를 지는 것을 말한다. 이러한 제2차 납세의무는 부종성과 보충성의 2가지 성격을 가진다.

① 부종성 : 본래의 납세의무가 소멸하면 제2차 납세의무도 소멸하고, 본래의 납세의무에 대한 변경 등의 효력이 제2차 납세자에게 그대로 미치는 것을 말한다.

② 보충성 : 제2차 납세의무자는 **본래 납세자의 재산에 대해서 강제징수를 하여도 납세자의 국세 및 강제징수비에 충당하기에 부족한 경우에 그 부족액에 한하여 납부책임을 진다.**

〈부종성, 보충성〉

	체납세액	주납세의무자
부종성	10억	소멸 변경
보충성	10억	7억 징수

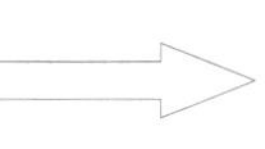

2차납세의무자
소멸 변경
부족분 3억에 대하여 책임

2. 2차 납세의무 요약

유 형	주된 납세의무자	제2차 납세의무자	한 도
(1) 청산인 등	해산한 법인	청산인*1	**분배 · 인도한 재산가액**
		잔여재산을 분배 · 인도받은 자	**각자가 받은 재산의 가액**
(2) 출자자	- **법인 (코스피, 코스닥 상장법인은 제외)**	(납세의무 성립일 현재) 무한책임사원(합명회사사원), 합자회사 무한책임사원	**무제한적 납세의무**
		(납세의무 성립일 현재) 일정한 과점주주*2	**부족액×지분비율**
(3) 법인	납부기간종료일 현재 무한책임 사원 · 과점주주	법인 **(출자자의 소유주식 등을 환가할 수 없을 경우에만)**	**순자산가액(시가)×지분율**
(4) 사업양수인	사업양도인	사업양수인	**양수한 재산의 가액(시가)**

*1. 청산인 : 법인이 해산하여 청산하는 경우 잔여재산분배 등에 그 청산사무를 집행하는 사람 주로 대표이사가 한다.

*2. 과점주주 : 주주 또는 합자회사 유한책임사원, 유한책임회사 사원, 유한회사사원, 영농·영어조합 법인의 조합원(개정세법 25)과 그와 친족이나 그 밖의 특수관계인 중 그들의 소유주식 합계 또는 출자액 합계가 해당 법인의 발행주식 총수 또는 출자총액의 50%를 초과하는 자로서 법인의 경영에 지배적인 영향력을 행사하는 자를 말한다.

3. 사업양수인의 제2차 납세의무

구분	내 용
1. 사업양수	사업장별로 그 사업에 관한 모든 권리 · 의무**(미수금, 미지급금 제외)**를 포괄적으로 승계하는 것을 말한다. ① 포괄승계 여부는 사업장별로 판정 ② 포괄승계 여부는 사업의 물적설비의 승계에 의해 판정한다.
2. 양수인	**-사업에 관한 권리 · 의무를 포괄적으로 승계한 자 중** **① 양도인과 특수관계자** **② 양도인의 조세회피를 목적으로 사업을 양수한 자**
3. 대상국세	**① 해당 사업에 관한 국세(사업소득세, 부가세등 : 양도소득세는 제외)** **② 사업양도일 이전에 양도인의 납세의무가 확정된 국세 등**
4. 납부책임의 한도	**양수한 재산가액(순자산가액 : 시가)을 한도로 한다.**

제4절 양도담보권자의 물적납세의무

〈양도담보의 개념〉

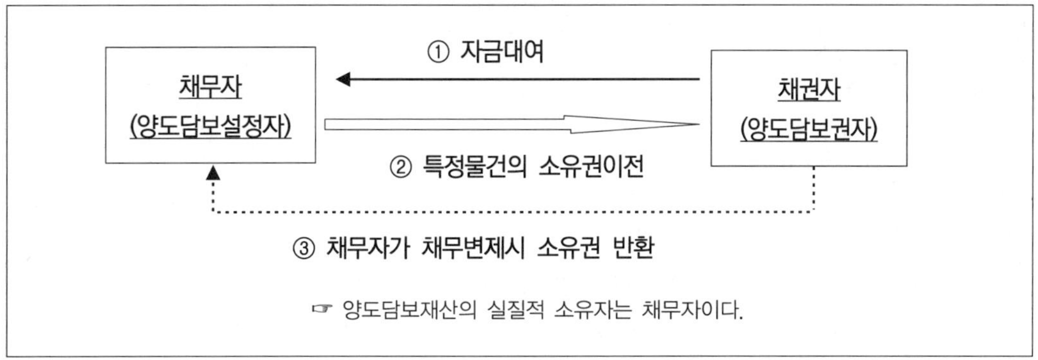

① 납세자(양도담보설정자)가 국세 또는 강제징수비를 체납한 경우에 그 **납세자**에게 양도담보재산이 있으면 그 **납세자의 다른 재산에 대해서 강제징수를 집행하여도 징수할 금액에 미치지 못하는 경우에만** 양도담보재산으로 납세자의 국세와 강제징수비를 징수할 수 있다.

② 국세의 **법정기일 전에 담보의 목적이 된 양도담보재산은 제외한다.**

③ **양도담보권자의 물적납세의무는 양도담보재산을 한도로 한다.**

④ **양도담보권자에 대한 납부고지 후 피담보채무의 불이행으로 재산이 양도담보권자에게 확정적으로 귀속되어 양도담보종료에도 불구하고 여전히 물적납세의무를 부담한다.**

연/습/문/제

객관식

01. 국세기본법상 납세의무의 승계에 관한 설명으로 틀린 것은?

① 법인이 합병한 경우 합병 후 존속하는 법인 또는 합병으로 설립된 법인은 합병으로 소멸된 법인에 부과되거나 그 법인이 납부할 국세 및 강제징수비를 납부할 의무를 진다.

② 피상속인에게 한 처분 또는 절차는 상속으로 인한 납세의무를 승계하는 상속인에 대해서도 효력이 있다.

③ 상속이 개시된 때에 그 상속인은 피상속인에게 부과되거나 그 피상속인이 납부할 국세 및 강제징수비를 별도의 한도 없이 납부할 의무를 진다.

④ 상속인이 있는지 분명하지 아니할 때에는 상속인에게 하여야 할 납부(납세)의 고지 · 독촉이나 그 밖에 필요한 사항은 상속재산관리인에게 하여야 한다.

02. 국세기본법상 사업양수인의 제2차 납세의무에 관한 설명이다. 옳은 것은?

① 사업의 포괄적인 양도 · 양수가 있어야 하므로 미수금 및 미지급금도 포괄적으로 인수 및 인계해야 한다.

② 사업용 부동산을 양도함으로써 발생한 양도소득세도 포함한다.

③ 양도일 이전 및 이후에 양도인의 납세의무가 확정된 국세이어야 한다.

④ 사업양수인의 제2차 납세의무는 양수한 재산가액을 한도로 한다.

03. 다음 중에서 국세기본법상 보충적 납세의무를 부담하지 아니하는 자는?

① 비상장법인의 과점주주　　② 양도담보권자

③ 해산법인의 청산인　　④ 양도담보설정자

04. 다음 중 국세기본법상 연대납세의무에 대한 설명으로 옳지 않은 것은?

① 연대납세의무란 수인이 동일한 납세의무에 관하여 각각 자신의 지분만큼 납부할 의무를 부담하는 것을 말한다.
② 개별세법에 별도 규정이 있으면, 국세기본법상 연대납세의무는 개별세법의 규정을 따른다.
③ 국세기본법에는 법인의 분할로 인한 연대납세의무가 규정되어 있다.
④ 법인이 "채무자 회생 및 파산에 관한 법률"에 따라 신회사를 설립하는 경우 기존의 법인에 대하여 부과되거나 납세의무가 성립한 국세 등은 신회사에 연대납세의무가 있다.

05. 다음 중 국세기본법상 보충적 납세의무를 부담하지 아니하는 자는?

① 주권비상장법인의 무한책임사원
② 해산법인의 청산인
③ 양도담보권자
④ 법인의 주주

06. 국세기본법상 양도담보권자의 물적납세의무의 성립요건이다. 옳지 않은 것은?

① 납세자가 국세 또는 강제징수비를 체납한 경우이어야 한다.
② 양도담보설정자의 다른 재산이 있는 경우에도 양도담보재산에 대하여 물적납세의무가 성립한다.
③ 체납한 국세의 법정기일 후에 담보의 목적이 된 양도담보재산에 한한다.
④ 양도담보권자에게 납부고지서가 송달되는 시점에 양도담보재산이 존재하고 있어야 한다.

07. 국세기본법상 제2차 납세의무에 대한 설명이다. 옳은 것은?

① 출자자의 제2차 납세의무자는 납부기간 종료일 현재의 무한책임사원 등이다.
② 청산인의 제2차 납세의무의 범위에는 한도가 없다.
③ 제2차 납세의무를 지는 무한책임사원의 납부책임에는 한도가 있다.
④ 사업양수인은 양도인이 사업용 부동산을 양도함으로써 납부하여야 할 양도소득세에 대하여는 제2차 납세의무를 진다.

08. 다음 중 국세기본법상 납부책임에 있어서 그 한도가 없는 제2차 납세의무는 무엇인가?

① 청산인 등의 제2차 납세의무
② 출자자(무한책임사원)의 제2차 납세의무
③ 법인의 제2차 납세의무
④ 사업양수인의 제2차 납세의무

09. 다음은 국세기본법상 법인의 제2차 납세의무에 대한 설명이다. 다음 중 옳은 것은?

① 법인의 제2차 납세의무를 지는 과점주주는 그 법인의 운영을 실질적으로 지배하는 위치에 있음을 요한다.

② 법인의 제2차 납세의무는 그 국세의 납세의무 성립일 현재 과점주주 등의 재산으로 그 출자자가 납부할 국세 등을 충당하여도 부족한 경우에 한한다.

③ 법인의 제2차 납세의무는 유가증권시장상장법인을 제외한 법인에 한정한다.

④ 법인의 제2차 납세의무는 그 법인의 자산총액에서 부채총액을 뺀 가액을 그 법인의 발행주식총액 또는 출자총액으로 나눈 가액에, 그 출자자의 소유주식 금액 또는 출자액을 곱하여 산출한 금액을 한도로 한다.

10. 다음 중 국세기본법상 납세의무승계에 대한 설명으로 옳지 않는 것은?

① 상속이 개시된 때에 그 상속인 또는 상속재산관리인은 피상속인에게 부과되거나 그 피상속인이 납부할 국세와 강제징수비를 상속으로 받은 재산의 한도에서 납부할 의무를 진다.

② 제1항의 경우에 상속인이 있는지 분명하지 아니할 때에는 상속인에게 하여야 할 납부의 고지·독촉이나 그 밖에 필요한 사항은 상속재산관리인에게 하여야 한다.

③ 상속인이 2명 이상일 때에는 각 상속인은 한도없이 상속지분만큼 납세의무를 진다.

④ 피상속인에게 한 처분 또는 절차는 상속으로 인한 납세의무를 승계하는 상속인이나 상속재산관리인에 대해서도 효력이 있다.

11. 다음 중 국세기본법상 납세의무의 확장에 관한 설명으로 옳지 않은 것은?

① 법인이 합병한 경우 합병 후 존속하는 법인 또는 합병으로 설립된 법인은 합병으로 소멸된 법인에 부과되거나 그 법인이 납부할 국세와 강제징수비를 납부할 의무를 진다.

② 상속이 개시된 때에 그 상속인 및 상속재산관리인은 피상속인에게 부과되거나 그 피상속인이 납부할 국세와 강제징수비를 상속으로 받은 재산의 가액에 상관없이 모두 납부할 의무를 진다.

③ 법인이 분할되거나 분할합병되는 경우 분할되는 법인에 대하여 분할일 또는 분할합병일 이전에 부과되거나 납세의무가 성립한 국세·강제징수비는 분할되는 법인이 연대하여 납부할 의무를 진다.

④ 법인이 분할 또는 분할합병으로 해산하는 경우 해산하는 법인에 부과되거나 그 법인이 납부할 국세 및 강제징수비는 분할 또는 분할합병으로 설립되는 법인이 연대하여 납부할 의무를 진다.

12. 다음 중 국세기본법상 제2차 납세의무에 대한 설명으로 옳지 않은 것은?

① 법인의 재산으로 그 법인에 부과되거나 그 법인이 납부할 국세 등에 충당하여도 부족한 경우에는 그 국세의 납세의무 성립일 현재 무한책임사원 및 과점주주는 그 부족한 금액에 대하여 제2차 납세의무를 진다.

② 법인이 해산한 경우에 그 법인에 부과되거나 그 법인이 납부할 국세 등을 납부하지 아니하고 청산 후 남은 재산을 분배하거나 인도하였을 때에 그 법인에 대하여 강제징수를 집행하여도 징수할 금액에 미치지 못하는 경우에는 청산인 또는 청산 후 남은 재산을 분배받거나 인도받은 자는 그 부족한 금액에 대하여 제2차 납세의무를 진다.

③ 사업이 양도·양수된 경우에 양도일 이전에 양도인의 납세의무가 확정된 그 사업에 관한 국세 등을 양도인의 재산으로 충당하여도 부족할 때에는 그 사업에 관한 모든 권리 의무를 포괄적으로 승계한 사업의 양수인은 그 부족한 금액에 대하여 양수한 재산의 가액을 한도로 제2차 납세의무를 진다.

④ 국세의 납부기간 만료일 현재 법인의 무한책임사원 또는 과점주주의 재산으로 납부할 국세 등에 충당하여도 부족한 경우에는 그 법인은 그 부족한 금액에 대하여 제2차 납세의무를 진다.

13. 국세기본법상 사업양수인의 제2차 납세의무에 관한 설명이다. 틀린 것은?

① 사업의 포괄적인 양도·양수가 있어야 한다.(미수금 및 미지급금은 제외)

② 해당 사업에 관한 국세이어야 한다.

③ 사업양도일 이전 및 이후에 양도인의 납세의무가 성립된 국세이어야 한다.

④ 사업양수인의 제2차 납세의무는 양수한 재산가액을 한도로 한다.

14. 다음은 국세기본법상 제2차 납세의무를 나타낸 표이다. 다음 중 틀린 것은?

구분	주된 납세자	제2차 납세의무자
청산인 등의 제2차 납세의무	① **해산법인**	청산인과 잔여재산을 분배·인도받은 자
출자자의 제2차 납세의무	법인	② **무한책임사원 또는 일정한 과점주주**
법인의 제2차 납세의무	무한책임사원 또는 과점주주	③ **법인의 대표이사**
사업양수인의 제2차 납세의무	④ **사업양도인**	사업양수인

주관식

01. 다음에서 “갑”씨가 국세기본법상 제2차 납세의무를 지는 금액을 계산하면 얼마인가?

> “갑”씨는 20x1년 11월 30일에 “을”씨부터 주권비상장법인인 (주)병기업의 의결권 있는 발행주식 중 80%를 인수하고 대금을 지급하였다. (주)병기업은 제7기 사업연도(20x0.01.01~12.31)의 법인세 20,000,000원과 제8기 사업연도(20x1.01.01~12.31)의 법인세 50,000,000원을 미납하였으며, ㈜병기업의 재산으로 미납액을 납부할 수 없음이 명백하다.

02. 다음은 국세기본법상 출자자의 제2차 납세의무의 과점주주에 관한 설명이다. (   )안에 들어갈 분수(또는 비율(%))는 얼마인가?

> “과점주주”란 주주 또는 유한책임사원 1명과 그와 대통령령으로 정하는 친족이 그 밖의 특수관계에 있는 자로서 그들의 소유주식 합계 또는 출자액 합계가 법인의 발행주식 총수 또는 출자총액의 (   )을(를) 초과하는 자들(이하 “과점주주”라 한다)을 말한다.

03. 다음 자료에서 ㈜B가 국세기본법상 제2차 납세의무자로서 부담하여야 하는 금액은?

> (1) 제조업을 영위하는 ㈜B의 과점주주(지분율65%)인 : “갑”씨는 20x1년 과세기간의 종합소득세 240,000,000원을 체납하고 있는 중이다.
> (2) 관할세무서장은 강제징수 절차를 이행하였으나, “갑”씨에게는 ㈜B의 주식 이외의 다른 재산은 없는 것으로 파악하였다.
> (3) ㈜B 주식은 정관에 의하여 양도가 제한되어 있다.
> (4) 종합소득세 납부기간 만료일 현재 ㈜B의 재산상태는 다음과 같다.
> • 장부가액(자산 : 1,530,000,000원, 부채 : 1,300,000,000원)
> • 시　　가(자산 : 1,500,000,000원, 부채 : 1,300,000,000원)

04. 갑은 제조업과 부동산임대업을 영위하던 중 20x1년 10월 1일에 제조업을 을에게 포괄적으로 양도하였다. 다음은 갑에 대한 자료이다. 갑의 자산으로 갑이 체납액을 충당하여도 부족할 경우 사업양수인인 을이 제2차 납세의무자로서 납부하여야 할 최대금액은 얼마인가?

> ㉠ 20x1년 1기 부가가치세 체납액 3억(제조업 부문 2억원, 부동산임대업 부문 1억원)
> ㉡ 20x1년 제2기 예정신고 부가가치세 체납액 2억원(제조업 부문 1억원, 부동산임대업 부문 1억원)
> ㉢ 갑의 20x1년 10월 1일 제조업 부문의 총자산은 3억 6천만원, 부채는 3억원으로 평가됨

05. 다음 자료에서 '이것'은 무엇인가?

> '이것'은 일정한 사유로 인하여 본래의 납세자로부터 다른 자에게로 납세의무가 이전되는 것을 말하는 것으로, 예를 들어 상속이 개시된 때에 그 상속인 또는 상속재산관리인은 피상속인에게 부과되거나 그 피상속인이 납부할 국세 등을 납부할 의무를 지게 되는 것을 말한다.

06. 국세기본법상 주된 납세자의 국세 · 가산세 및 강제징수비를 징수하기 위하여 그 자의 재산에 대하여 강제징수를 집행하여도 징수할 금액에 부족한 경우에 주된 납세자와 일정한 관계에 있는 자가 그 부족액에 대하여 보충적으로 납세의무를 부담하는 것을 무엇이라 하는지 쓰시오.

연/습/문/제 답안

객관식

1	2	3	4	5	6	7	8	9	10	11	12	13	14
③	④	④	①	④	②	③	②	④	③	②	④	③	③

[풀이 - 객관식]

01. 피상속인에게 부과되거나 그 피상속인이 납부할 국세 및 강제징수비를 **상속으로 받은 재산의 한도에서 납부할 의무를 진다.**

02. ① 미수금, 미지급금은 포괄적으로 양수, 양도에서 제외함.
② 해당 사업에 관한 국세이어야 한다.
③ **양도일 이전 양도인의 납세의무가 확정된 국세**이어야 한다.

03. 법인의 **양도담보권자는 보충적 납세의무인 물적납세의무**를 지나 양도담보설정자는 보충적 납세의무를 지지 아니한다.

04. 연대납세의무란 **수인이 동일한 납세의무에 관하여 각각 독립하여 전액의 납부의무를 부담**하는 것을 말한다.

05. 법인의 무한책임사원 또는 일정한 과점주주, 해산법인의 청산인 등은 제2차 납세의무를, 양도담보권자는 물적납세의무를 진다. 출자자의 제2차 납세의무는 주된 납세의무자가 법인이므로 무한책임사원이거나 일정한 과점주주가 제2차 납세의무자가 된다.

06. 양도담보설정자의 **다른 재산에 대하여 강제징수를 집행해도 징수할 금액에 미치지 못하는 경우에만** 양도담보권자의 물적납세의무가 성립한다.

07. ① 출자자의 제2차 납세의무자는 해당 국세의 **납세의무 성립일 현재의 무한책임사원** 등이다.
② 청산인의 제2차 납세의무는 **분배 또는 인도한 재산가액을 한도**로 한다.
④ 사업양수인은 양도인이 사업용 부동산을 양도함으로써 납부하여야 할 **양도소득세에 대하여는 제2차 납세의무를 지지 않는다.**

08. 출자자의 제2차 납세의무 중 무한책임사원에게만 제2차 납세의무가 한도 없이 적용되며, 나머지는 납부책임의 한도가 있음.

09. 법인의 제2차 납세의무는 과점주주의 경우 아무런 제한이 없고, 상장여부와 관계없이 모든 법인이 포함되며, **국세의 납부기간 만료일 현재 시점으로 과점주주를 판단**함.
10. **상속받은 재산을 한도로 연대납부할 의무**를 진다.
11. 상속이 개시된 때에 그 상속인 및 상속재산관리인은 피상속인에게 부과되거나 그 피상속인이 납부할 국세와 강제징수비를 상속으로 받은 재산의 한도에서 납부할 의무를 진다.
12. 법인의 무한책임사원 등의 재산으로 납부할 국세 등에 충당하여도 부족한 경우에 그 법인은 **출자자의 소유주식등을 환가할 수 없는 경우에만** 그 부족한 금액에 대하여 제 2차 납세의무를 진다.
13. 양도일 이전 양도인의 납세의무가 확정된 국세이어야 한다.
14. 법인의 2차 납세의무는 해당 법인이 지는 것이다.

주관식

1.	40,000,000원	2.	50%	3.	130,000,000
4.	60,000,000	5.	납세의무 승계	6.	제2차 납세의무

[풀이 - 주관식]

01. 제2차 납세의무자는 해당 국세의 성립일 현재의 무한책임사원과 과점주주이므로 "갑"씨가 과점주주가 되는 시점인 제8기의 미납 법인세에 대하여만 자신의 지분율을 한도로 제2차 납세의무를 부담한다.(50,000,000원×80%=40,000,000원)
03. 순자산가액은 시가로 계산한다.
(1,500,000,000 - 1,300,000,000)×65%=130,000,000
04. ㉠의 세소법 부분 2억원은 대상국세, ㉡의 1억원은 20x1년 2기 부가가치세가 양도일 현재 확정되지 아니하였으므로 제외, ㉢ 납부의 한도액은 양수한 재산가액(순자산가액) 6천만원이다.

Chapter

국세와 일반채권의 관계 5

로그인 세무회계 2급

제1절 국세 우선의 원칙

국세의 우선권이란 국세와 공과금이나 그 밖의 채권이 납세자의 재산에서 경합되어 징수되거나 변제되는 경우에는 공과금이나 그 밖의 채권보다 국세(강제징수비 포함)를 우선적으로 징수하는 제도이다. 이 때 국세의 징수순서는 **강제징수비, 국세의 순서**로 한다.

1. 국세우선권의 제한

1. **공익비용 우선**	강제집행 · 경매 또는 파산절차에 소요된 비용
2. 선집행 지방세 등의 강제징수비	•선집행 지방세의 강제징수비 •선집행 공과금의 강제징수비 ☞ **조세채권간에는 압류선착수주의와 담보우선주의에 따라 순위가 달라진다.** **① 담보된 조세>② 압류한 조세>③ 교부청구(참가압류[*1]한 경우 포함)한 조세**
3. 소액임차보증금	주택 또는 상가 건물의 임차인에 대한 법에서 보장된 소액보증금은 국세 등에 우선한다.
4. 임금채권	① 최종 3월분의 임금채권, 최종 3년간 퇴직금 : 공익비용을 제외한 다른 채권에 우선한다. ② 기타 임금채권 : 담보 채권이외의 채권에는 우선한다.
5. 법정기일전 피담보채권 등[*2]의 우선	국세의 법정기일 전에 설정된 피담보채권은 국세보다 우선하여 변제한다. 그러나 당해 재산자체에 부과된 **상속세, 증여세 및 종합부동산세 등은 저당권의 설정시기를 불문하고 항상 피담보채권보다 우선하여 징수된다.**

*1. 이미 다른 기관에서 압류한 재산인 경우 세무서장이 참가압류통지서를 송달하여 압류에 참가하는 것

*2. 전세권, 질권, 저당권 설정 등기하거나 주택임대차보호법 또는 상가건물임대차보호법에 따른 대항요건과 확정일자를 갖춘 보증금

2. 법정기일 : 일반인이 국세의 존재를 확인할 수 있는 시점(공시된 시점)

구분	내용	법정기일
원칙	**1. 과세표준과 세액의 신고에 의해 납세의무가 확정되는 국세의 경우 신고한 해당 세액(신고납세조세)**	**신고일**
	2. 과세표준과 세액을 정부가 결정, 경정 또는 수시부과하는 세액 (정부부과조세)	**납부고지서 발송일**
예외	1. 원천징수의무자나 납세조합으로부터 징수하는 국세와 인지세	납세의무의 확정일
	2. 제2차납세의무자(보증인 포함)의 재산에서 국세를 징수하는 경우	납부고지서의 발송일

3. 국세와 일반채권의 순위 

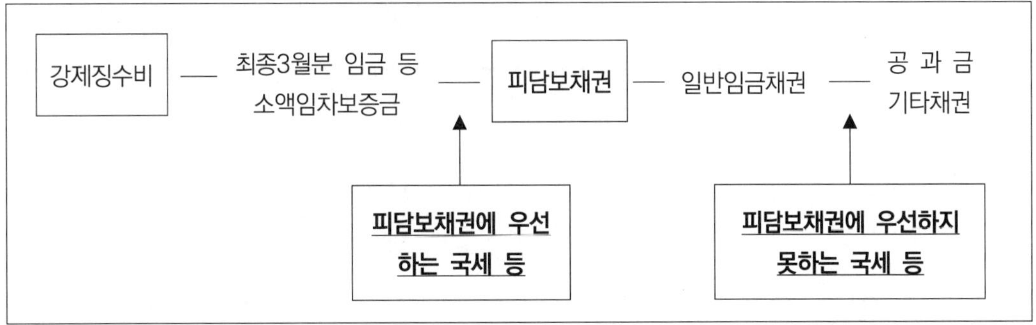

1순위 : 공익비용
2순위 : 최종 3월분의 임금 등 소액임차보증금
3순위 : 당해 재산에 부과된 조세(**상속세, 증여세, 종합부동산세**)

담보권설정일≤법정기일	담보권설정일〉법정기일[*1]
4순위 : 국세	4순위 : 피담보채권
5순위 : 피담보채권[*3]	5순위 : 일반임금채권[*2]
6순위 : 일반임금채권[*2]	6순위 : 국세
7순위 : 공과금 및 기타 채권	7순위 : 공과금 및 기타 채권

*1. 담보권설정일이 법정기일보다 빠르다.
*2. 일반임금채권은 언제나 피담보채권다음에 위치한다.
*3. 피담보채권을 증명하는 서류
① 부동산등기부 등본 ② 공증인의 증명 ③ 질권에 대한 증명으로서 세무서장이 인정하는 것
④ 공문서 또는 금융회사 등의 장부상의 증명으로서 세무서장이 인정하는 것

[납세의무의 성립, 확정, 법정기일 등]

㉳ : 성립 ㉱ : 확정 ㉲ : 법정기일 ㉴ : 소멸시효 기산 ㉵ : 제척기간기산

	과세기간 종료일 (특정행위 발생일)	⇒	신고서 제출일	⇒	법정신고 납부기한 익일	⇒	납부고지서				
							발송일	⇒	도달일	⇒	납부기한 익일
1. 신고납세 조세	㉳		㉱ ㉲		㉵ ㉴						
-정부결정 (경정)	㉳				㉵		㉲		㉱		㉴
2. 정부부과 조세	㉳				㉵		㉲		㉱		㉴
3. 인지세	㉳ ㉱ ㉲ ㉵										㉴

연/습/문/제

 객관식

01. 국세기본법상 전세권, 질권, 저당권에 의하여 담보된 채권에 언제나 우선하는 그 재산에 대하여 부과된 국세에 해당하지 않는 것은?

① 양도소득세　② 상속세
③ 증여세　④ 종합부동산세

02. 다음 중 국세기본법상 설명으로 옳지 않은 것은?

① 국세 또는 강제징수비는 다른 공과금이나 그 밖의 채권에 항상 우선하여 징수한다.
② 가등기에 의한 본등기가 압류 후에 행하여진 경우에도 법정기일 전에 가등기된 재산에 대해서는 국세의 우선권이 제한된다.
③ 국세 강제징수에 의하여 납세자의 재산을 압류한 경우에 다른 국세 · 강제징수비 또는 지방세의 교부청구가 있으면 압류에 관계되는 국세 또는 강제징수비는 교부청구된 다른 국세 · 강제징수비와 지방세에 우선하여 징수한다.
④ 납세담보물을 매각하였을 때에는 압류우선규정에도 불구하고 그 국세 또는 강제징수비는 매각대금 중에서 다른 국세 · 강제징수비와 지방세에 우선하여 징수한다.

03. 다음 중 국세기본법상 국세가 우선하는 경우는?

① 소액임차보증금
② 상속세가 부과된 상가건물의 매각대금 중 국세의 법정기일 전에 전세권 · 질권 또는 저당권에 의하여 담보된 채권
③ 선집행 지방세의 강제징수비
④ 최종 3년간 퇴직금

04. 국세기본법상 법정기일이란 일반인이 국세의 존재를 확인할 수 있는 시점, 즉 국세가 공시된 것으로 볼 수 있는 시점을 말한다. 다음 중 법정기일에 대한 내용으로 틀린 것은?

① 과세표준과 세액을 정부가 결정·경정 또는 수시부과 결정을 하는 경우 고지한 해당 세액에 대해서는 그 납부고지서의 발송일

② 원천징수의무자나 납세조합으로부터 징수하는 국세와 인지세의 경우에는 그 신고일

③ 제2차 납부의무자(보증인을 포함한다)의 재산에서 국세를 징수하는 경우에는 납부고지서의 발송일

④ 양도담보재산에서 국세를 징수하는 경우에는 납부고지서의 발송일

05. 다음 중 국세기본법상 국세 우선권에 대한 설명으로 가장 틀린 것은?

① 사용자의 재산을 매각하거나 추심할 때 그 매각금액 또는 추심금액 중에서 국세를 징수하는 경우에 근로기준법 또는 근로자퇴직급여 보장법에 따라 국세에 우선하여 변제되는 임금, 퇴직금, 재해보상금, 그 밖에 근로관계로 인한 채권이 있다.

② 등기되지 않은 주택 임차보증금은 어떠한 경우에도 국세보다 우선하지 못한다.

③ 국세의 법정기일 후에 저당권 설정을 등록한 재산을 매각할 때 그 매각금액 중에서 저당권에 의하여 담보된 채권은 국세에 우선하지 못한다.

④ 강제집행, 경매 또는 파산 절차에 따라 재산을 매각할 때 그 매각금액 중에서 국세 및 강제징수비를 징수하는 경우 그 강제집행, 경매 또는 파산절차에 든 비용이 국세 및 강제징수비보다 우선한다.

06. 다음은 국세기본법상 납세자의 재산을 강제환가절차에 의해 매각하는 경우에 그 매각대금 중에 국세우선권에 제한을 가져오는 것이다. 이에 해당하지 않는 것은?

① 국세의 법정기일 전에 전세권·질권·저당권의 설정을 등기·등록한 사실이 증명되는 재산

② 선집행 지방세·공과금

③ 소액주택임차보증금

④ 최종 3월분의 임금채권

 주관식

01. 다음 보기에서 국세기본법상 조세채권 상호간의 우선순위는 "① → ② → ③"의 순서이다. 다음에서 위 "①, ②, ③"에 해당하는 것의 기호를 순서대로 나열하시오.

㉠ 압류한 국세	㉡ 담보된 국세	㉢ 교부청구한 국세

02. 거주자 오세무씨는 20x1년 귀속 소득세를 납부하지 않아 관할세무서장은 오세무씨의 주택을 20x3년 11월에 압류하여 20x4년 8월에 매각하였다. 다음 자료에 의하여 주택매각대금 100,000,000원 중에서 국세기본법상 소득세로 징수할 수 있는 금액을 계산하면 얼마인가?

㉠ 강제징수비 : 5,000,000원
㉡ 소 득 세 : 80,000,000원(납부지연가산세는 제외)
(오세무씨의 소득세 신고일 : 20x2년 5월 31일)
㉢ 해당 주택에 설정된 저당권에 의해 담보되는 채권 : 50,000,000원
(저당권 설정일 : 20x2년 5월 7일)
㉣ 해당 주택에 대한 임차보증금 : 30,000,000원
(이 중 주택임대차보호법에 따른 우선변제금액은 14,000,000원이며, 세입자는 20x2년 5월 25일 확정일자를 받았다.)

03. 개인사업을 하고 있는 이지체씨는 20x1년 소득세를 체납하여 동 사업자의 상가건물 및 토지가 400,000,000원에 경매처분되었다. 다음 자료를 이용하여 소득세(본세)로 충당될 금액을 계산하면?

가. 종합소득세 신고일 : 20x2년 5월 31일
나. 징수하여야 할 소득세 : 350,000,000원
(강제징수비 5,000,000원, 가산세 3,000,000원 포함)
다. 사용자에 대한 최종 3월분 임금과 최종 3년간의 퇴직금 : 100,000,000원
라. 전세권(설정일 : 20x1년 9월 10일)에 의해 설정된 채권 : 70,000,000원
마. 기타 일반채권(사업자에 대한 매출채권) : 250,000,000원

04. 다음의 자료에 의하여 B씨가 체납한 소득세와 그에 대한 가산세로 징수될 금액은 얼마인가?

(1) 주택상가 겸용 건물의 경매가격	50,000,000원
(2) 경매비용	3,000,000원
(3) 황제은행의 대출금(20x1년 6월 2일 저당권 설정)	10,000,000원
(4) 보라은행의 대출금(20x1년 2월 2일 저당권 설정)	20,000,000원
(5) B씨의 20x0년 귀속 종합소득세(신고일 20x1년 5월31일)	28,000,000원
(6) 소득세에 대한 가산세	2,000,000원
(7) 주택에 대한 임대보증금	30,000,000원

(전세권 및 확정일자는 안되어 있고, 주택임대차보호법에 의한 우선 변제금액은 20,000,000원 이다.)

05. 국세기본법상 다음의 예와 같이 국세와 경합되는 채권이 있는 경우로서, 압류재산에 질권 또는 저당권에 의하여 담보된 채권이 없는 경우 다음 채권의 우선 변제순위를 나열하시오.

Ⓐ 임차인의 보증금 중 일정액, 최종 3월분의 임금과 최종 3년간의 퇴직금 및 재해보상금
Ⓑ 최종 3월분 이외의 임금 및 기타 근로관계로 인한 채권
Ⓒ 국세
Ⓓ 일반채권

연/습/문/제 답안

객관식

1	2	3	4	5	6
①	①	②	②	②	②

[풀이 - 객관식]

01. **당해세에는 상속세, 증여세, 종합부동산세**이다.

02. 항상 우선인 것은 아니다.

03. 상속세가 부과된 재산에 대해서는 국세의 법정기일 전에 전세권 등에 의하여 담보된 채권이 국세에 우선 할 수 없다.

04. 원천징수의무자나 납세조합으로부터 징수하는 **국세와 인지세의 법정기일은 납세의무의 확정일**을 말한다. 인지세는 과세문서를 작성한 때, 납세조합이 징수하는 소득세는 그 과세표준이 되는 금액이 발생한 달의 말일, 원천징수하는 소득세 등은 수입금액을 지급하는때가 납세의무의 확정이 된다.

05. 법정의 **소액주택임차보증금은 국세보다 우선**한다.

06. 선집행 지방세·공과금의 강제징수비는 우선하나 선집행 지방세·공과금은 순위를 별도 판정해야 함.

주관식

1.	㉡,㉠,㉢	2.	15,000,000원	3.	225,000,000원
4.	7,000,000원	5.	Ⓐ-Ⓑ-Ⓒ-Ⓓ		

[풀이 - 주관식]

02.

순 위	금 액	비 고
1. 강제징수비	5,000,000	
2. 소액임차보증금	14,000,000	
3. 법정기일전 피담보채권	50,000,000	20x2.5.7
4. 잔여임차보증금 (대항요건을 갖춘 임차보증금)	16,000,000	20x2.5.25
5. 국세등	15,000,000	20x2.5.31(신고일)
계	100,000,000	

03.

순 위	금 액	비 고
1. 강제징수비	5,000,000	
2. 우선변제임금채권	100,000,000	
3. 법정기일전 피담보채권	70,000,000	20x1.9.10
4. 국세등	225,000,000	20x2.5.31(신고일)
계	400,000,000	

04.

순 위	금 액	비 고
1. 강제징수비(경매비용)	3,000,000	
2. 소액임차보증금	20,000,000	
3. 보라은행대출금	20,000,000	20x1.2.2
4. 국세등	7,000,000	20x1.5.31(신고일)
계	50,000,000	경매가격

☞ 주택에 대한 임차보증금은 주택임대차보호법상 대항요건과 확정일자를 갖추어야 한다.

05. **압류재산에 질권 또는 저당권에 의하여 담보된 채권이 없는 경우 순위**

(1순위) 임차인의 보증금 중 일정액, 최종 3월분의 임금과 최종 3년간의 퇴직금 및 재해보상금

(2순위) 최종 3월분 이외의 임금 및 기타 근로관계로 인한 채권

(3순위) 국세

(4순위) 일반채권

Chapter

과세와 환급 6

로그인 세무회계 2급

Login

제1절 관할관청

관할관청이란 국세를 납세자가 신고, 납부하거나 국가가 납세자에게 부과, 징수할 때에 법률상 유효하게 행정처리를 담당하는 과세관청(세무서 등)을 말한다.

구 분	내 용
(1) 과세표준신고의 관할	① 과세표준신고서는 신고 당시 해당 국세의 납세지를 관할하는 세무서장에게 제출하여야 한다. 다만, 전자신고를 하는 경우에는 지방국세청장이나 국세청장에게 제출할 수 있다. ② **관할을 위반하여 신고서를 제출한 경우에도 신고의 효력에는 영향이 없다.(관할세무서로 이관)**
(2) 결정 또는 경정결정의 관할	① 국세의 과세표준 및 세액의 결정 또는 경정결정은 그 **처분당시 그 국세의 납세지를 관할하는 세무서장**이 한다. ② 국세의 납세지를 **관할하는 세무서장 이외의 세무서장이 행한 결정 또는 경정결정처분은 그 효력이 없다.**

제2절 수정신고

1. 의의

과세표준수정신고란 제출한 과세표준신고서의 기재사항에 누락이나 오류가 있는 경우 납세자 스스로 **당초 신고의 신고액보다 증액하여 수정·정정신고하는 것**을 말한다.

2. 수정신고 요건

(1) 신고자 적격

과세표준신고서를 법정신고기한 내에 제출한 자 / 기한후 과세표준 신고서를 제출한 자(예외 : 과세표준 확정신고가 면제된 자 - 근로소득만 있는 자 등)

(2) 신고기한

결정 또는 경정하여 통지하기 전까지

(3) 신고사유

① **과세표준 및 세액을 미달하여 신고시**
② 결손금액 또는 환급세액을 과다 신고시
③ 원천징수의무자의 정산과정에서의 누락

(4) 효력

① 납세의무의 확정력
  ㉠ 신고납세조세 : 있다.
  ㉡ 정부부과조세 : 없다.
② 과소신고가산세 감면효과

1개월 이내	3개월 이내	6개월 이내	1년 이내	1년6개월 이내	2년 이내
90%	75%	50%	30%	20%	10%

③ 납부지연 가산세 부담의 축소

제3절 경정청구

1. 의의

최초신고 · 수정신고 · 결정 · 경정된 납세의무의 내용이 과대 또는 후발적 사유로 인하여 과대된 경우에 과세관청으로 하여금 이를 정정하여 결정 또는 경정하도록 촉구하는 납세의무자의 청구이다.

2. 경정청구 요건

(1) 신고자 적격

① **과세표준신고서를 법정신고기한 내에 제출한 자 / 기한후 과세표준 신고서를 제출한 자**
② 종합부동산세를 부과 · 고지받아 납부한 납세자

(2) 신고기한

법정신고기한 경과 후 5년 이내에 청구
[후발적 사유(소송 등) 및 과세관청의 증액결정·경정처분이 있음을 안 날로부터 3개월 이내 청구]

(3) 신고사유

① **과세표준 및 세액을 초과하여 신고시**
② 결손금액 또는 환급세액을 미달 신고시
③ 세액공제 금액을 과소신고한 경우(개정세법 25)

(4) 효력

세무서장은 청구를 받은 날부터 2월 이내에
① 과세표준 및 세액을 결정 또는 경정하거나
② 결정 또는 경정할 이유가 없다는 뜻을 그 청구자에게 통지하여야 한다.
이 경우 부작위처분이나 거부처분시 90일 내에 조세불복이 가능하다.
또한 2개월 내에 통지를 받지 못한 경우 2개월 되는 다음날부터 불복청구를 제기할 수 있음.

제4절 기한후신고

1. 의의

법정신고기한까지 과세표준신고서를 제출하지 아니한 자는 관할 세무서장이 세법에 따라 해당 국세의 과세표준 및 세액(가산세를 포함)을 결정하여 통지하기 전으로서 국세 부과의 제척기간이 끝나기 전까지 기한후과세표준신고서를 제출할 수 있다.

☞ 기한후 과세표준신고서를 제출한 자로서 세법에 따라 납부하여야 할 세액이 있는 자는 그 세액을 납부하여야 한다.

2. 절차 및 효력

① **납세의무의 확정력은 없다.**

[기한후 과세표준신고서]의 제출시 세법에 의하여 관할 세무서장은 과세표준과 세액을 결정 또는 경정하여야 한다. 따라서 기한후 신고를 하는 경우에도 그 자체만으로 납세의무의 확정력은 없고 반드시 정부의 결정 또는 경정(**관할세무서장은 세법에 따라 신고일부터 3개월 이내 과세표준과 세액을 결정·경정후 통지**)에 의하여 납세의무가 확정된다.

② 무신고가산세 감면효과

1개월 이내	3개월 이내	6개월 이내
50%	**30%**	**20%**

③ 납부지연 가산세 부담의 축소

④ **기한후신고자에 대한 경정청구 및 수정신고 허용**

〈수정신고, 경정청구, 기한후 신고〉 

	수정신고	경정청구		기한후신고
		일반적	후발적 사유	
1. 대상자	법정신고기한 내 과세표준 신고서를 제출한 자/기한후 신고자	좌동	① 좌동 ② 과세표준과 세액의 결정을 받은 자	신고기한 내 미제출한 자
2. 사유	과소신고	과대신고	과대한 것으로 되는 경우	납부할 세액이 있는 경우
3. 기한	결정 · 경정하여 통지하기 전까지	법정신고기한 후 5년 이내	후발적사유가 발생한 것을 안 날로부터 3개월 이내	결정하여 통지하기 전까지
4. 세액의 확정력	① 신고납세조세 : 확정력 있음 ② 정부부과조세 : 확정력 없음	**확정력은 없으나**, 과세당국으로부터 2개월 이내에 결정 등을 하여야 할 법률상의 의무를 지움		**확정력 없음**

제5절 가산세

1. 개념

정부는 세법에 규정하는 의무를 위반한 자에 대해서 이 법 또는 세법이 정하는 바에 의하여 가산세를 부과할 수 있다. 이 경우 가산세는 해당 의무가 규정된 세법의 해당국세의 세목으로 한다. 다만, **해당 국세를 감면하는 경우에는 가산세는 그 감면하는 국세에 포함시키지 아니하는 것으로 한다.**

2. 가산세의 내용

(1) 무신고가산세

① 일반적인 경우

구분	가산세
법인 또는 소득세법의 복식부기의무자	MAX[1,2] = 1.무신고납부세액의 20%, 2.수입금액의 0.07%
부가가치세법상 사업자	납부세액의 20% + 영세율 과세표준의 0.5%

☞ 교육세법, 농어촌특별세법 및 종합부동산세법에 따른 신고는 제외한다. 즉 무신고가산세가 미적용된다.

② 부정무신고인 경우

구분	가산세
법인 또는 소득세법의 복식부기의무자	MAX[1,2] = 1.무신고납부세액의 40%, 2.수입금액의 0.14%
부가가치세법상 사업자	납부세액의 40% + 영세율 과세표준의 0.5%

(2) 과소신고 · 초과환급신고가산세

① 일반적인 경우

구분	가산세
법인세 · 소득세 등	과소신고납부세액×10%
부가가치세 등	(과소신고분 납부세액 + 초과신고분 환급세액)×10% + 영세율과세표준×0.5%

② 부정과소신고인 경우

부정과소신고분과 일반과소신고분을 분리하여 부정과소신고분은 40%, 일반과소신고분은 10% 가산세율을 적용한다.

구분	가산세
법인 또는 소득세법의 복식부기의무자	MAX[1,2] = 1. 산출세액(부정과소분)의 40%, 2. 수입금액(부정과소분)의 0.14% ☞ 일반과소신고분은 산출세액의 10%
부가가치세 등	납부세액(부정과소분)의 40% + 영세율 과세표준의 0.5% ☞ 일반과소신고분 납부세액의 10%

☞ 무신고가산세 및 과소신고가산세 계산시 역외거래가 수반되는 부정행위시 **60%**

(3) 납부지연 가산세(연체이자 성격의 가산세)

납부지연가산세 = ①*2 + ② ① 지연이자 : *미납세액(또는 초과환급받은 세액)×기간*1 ×이자율* ② 체납에 대한 제재 : 법정납부기한까지 미납세액×3%(**납부고지서에 따른 납부기한까지 완납하지 아니한 경우에 한정함**)

***1. 납부기한의 다음날부터 납부일까지의 일수를 말한다(최대 5년).**

***2. 납부고지서에 따른 고지세액이 납부고지서별 · 세목별 150만원 미만인 경우에는 ①가산세를 적용하지 않는다.**

〈사례〉

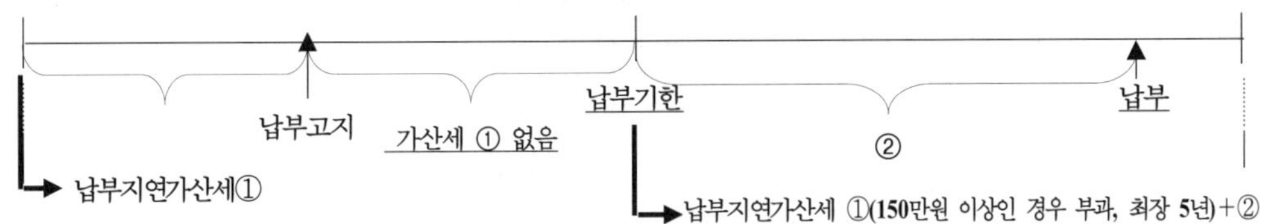

(4) 원천징수 등 납부지연가산세

가산세 MIN[1,2] 1. 과소납부분 원천징수세액×3%+과소납부분 원천징수세액×경과일수×이자율 2. 과소납부분 원천징수세액×50% 　-납부기한 다음 날부터 납부고지일까지는 10% 한도 적용

3. 가산세의 감면

(1) 가산세 미부과

① 천재 등으로 인한 기한연장사유에 해당시

② 납세자가 의무를 불이행한 것에 대하여 정당한 사유가 있는 경우

(2) 수정신고 등에 의한 감면

① 수정신고에 의한 과소신고가산세

1개월 이내	3개월 이내	6개월 이내	1년 이내	1년6개월 이내	2년 이내
90%	75%	50%	30%	20%	10%

② 기한후 신고에 의한 무신고가산세

1개월 이내	3개월 이내	6개월 이내
50%	30%	20%

☞ 수정신고서, 기한후신고서의 제출과 동시에 세액을 납부하지 아니하고 신고서만 제출한 경우에도 감면적용
과세표준과 세액을 경정(결정)할 것을 미리 알고로 과세표준수정신고(기한후 신고)를 제출한 경우는 제외한다.

㉠ 해당 국세에 관하여 세무공무원이 조사에 착수한 것을 알고 과세표준수정신고서 또는 기한후과세표준신고서를 제출한 경우

㉡ 해당 국세에 관하여 관할 세무서장으로부터 과세자료 해명 통지를 받고 과세표준수정신고서를 제출한 경우

(3) 해당 가산세의 50% 감면

① 과세전적부심사 결정, 통지기간 이내에 그 결과를 통지하지 아니한 경우 결정통지가 지연됨으로써 해당 기간에 부과되는 납부지연가산세

② 세법에 따른 제출 등의 기한이 경과한 후 1개월 이내에 의무를 이행시

③ 예정신고기한내에 무신고 또는 과소신고 후 확정신고기한까지 과세표준을 신고 또는 수정신고한 경우(예 : 양도소득세 예정신고)

4. 가산세의 한도

다음 중 어느 하나에 해당하는 가산세에 대해서는 그 의무위반의 종류별로 **각각 5천만원(중소기업이 아닌 기업은 1억원)을 한도**로 한다. 다만, 해당 의무를 고의적으로 위반한 경우는 제외한다.

이때 한도액의 구분은 소득세법, 법인세법, 부가가치세법에 따른 가산세는 과세기간 단위, 상속세 및 증여세법에 따른 가산세는 의무를 이행하여야 할 기간 단위로 구분으로 하며, 조세특례제한법에 따른 가산세는 해당 세목의 구분에 따른다.

구분	내용
소득세법	**지급명세서제출불성실가산세**, 계산서불성실가산세, 사업장현황신고불성실가산세, 기부금영수증불성실가산세, 영수증수취명세서불성실가산세 등 제외 : 사업용계좌 미개설, 미사용 가산세
법인세법	법정증빙서류 미수취가산세, 주식·출자지분변동상황명세서제출불성실가산세, 지급명세서제출불성실가산세, 계산서불성실가산세, 비영리내국법인의 기부금영수증부정발급등가산세, 유보소득계산명세서 제출불성실 가산세, 계산서 지연발급가산세
부가가치세법	**미등록가산세**, 세금계산서불성실가산세, 매출처별세금계산서합계표불성실가산세, 매입처별세금계산서합계표불성실가산세, 수입금액명세서불성실가산세

제6절 국세의 환급

1. 국세환급금

세무서장은 납세의무자가 국세 또는 강제징수비로서 납부한 금액 중 잘못 납부하거나 초과하여 납부한 금액이 있거나 세법에 따라 환급하여야 할 환급세액이 있으면 즉시 그 오납액·초과납부액 또는 환급세액을 납세의무자에게 반환하여야 한다. 이를 국세환급금이라 한다.

결정(국세환급금) ⇒ 충당(다른 세금과 상계) ⇒ 지급(잔액 지급)

(1) 국세환급금 발생원인

	과오납금	환급세액
의의	세법적용의 오류로 인하여 발생	적법한 절차에 의하여 발생
사례	① 착오납부와 이중납부 ② 납부후 감액 결정 ③ 부과의 취소	① 기납부세액이 결정세액을 초과하는 경우 ② 부가가치세법상 환급세액 ③ 적법한 납부후 세법의 개정으로 세액이 감소되는 경우

(2) 충당

구 분	내 용
직권충당	① 체납된 국세·강제징수비 등 ② 납부고지에 의하여 납부하는 국세(납부기한 전 징수사유)
신청에 의한 충당 (임의적 충당 : **납세자의 동의**)	① 납부고지에 의하여 납부하는 국세(납부기한 전 징수사유 제외) ② 세법에 따라 자진 납부하는 국세

참고

납부기한 전(납기 전) 징수사유(국세징수법)

납기전 징수는 세무서장이 납부기한까지 기다려서는 징수할 수 없다고 인정되는 다음의 사유가 있는 경우에만 할 수 있다.

1. 국세의 체납으로 강제징수를 받을 때
2. 지방세 또는 공과금의 강제징수를 받을 때
3. 강제집행을 받을 때
4. 어음법 또는 수표법에 따른 어음교환소에서 거래정지처분을 받은 때 등

(3) 환급

① 환급방법

구 분	내 용
금전납부에 대한 환급	**결정한 날로부터 30일 내**에 납세자에게 환급하여야 한다.
물납에 대한 환급	물납 후 환급이 발생한 경우 해당 물납재산으로 환급하여야 한다.

② 환급세액의 양도

㉠ 국세환급금송금통지서를 발송하기 전에 한하여 납세자는 **국세환급금에 관한 권리를 양도할 수 있다.**

㉡ 세무서장은 국세환급금에 관한 권리의 양도 요구가 있는 경우에 양도인 또는 양수인이 납부할 국세 및 체납처분비가 있으면, **충당하고 남은 금액**에 대해서는 양도의 요구에 지체없이 따라야 한다.

2. 국세환급금가산금

세무서장은 국세환급금을 충당하거나 지급할 때에는 다음의 국세환급가산금 기산일부터 충당하는 날 또는 지급결정을 하는 날까지의 기간과 법정이자율에 따라 계산한 국세환급가산금을 국세환급금에 가산하여야 한다.

국세환급금가산금 = 국세환급금 × 법정이자율 × 이자계산기간
다만, 조세불복 인용결정일로 부터 40일 이후 지급시 이자율은 1.5배 적용

☞ 물납재산으로 환급시 국세환급가산금 미적용

3. 소멸시효

국세환급금과 국세환급가산금에 관한 권리는 이를 행사할 수 있는 날로부터 5년간 행사하지 아니하면 소멸시효가 완성한다.

☞ 납세자에 대한 안내・통지(납세자가 찾아가지 않는 환급금 지급을 독려)의 소멸시효 중단 효력없음을 명확화

연/습/문/제

 객관식

01. 사업자 오세민씨는 20x1년 제2기 부가가치세 확정신고를 법정 신고기한 내에 신고납부하였다. 그런데 20x2년 5월 종합소득세 신고를 하기 위하여 정리하던 중 매출액의 중복계산으로 20x1년 제2기 부가가치세를 과다하게 신고납부한 것을 알게 되었다. 오세민씨가 행하여야 할 가장 적절한 것은?

① 수정신고 ② 이의신청

③ 과세전적부심사 ④ 경정청구

02. 국세기본법상 가산세에 관한 설명으로 틀린 것은?

① 법정신고기한이 지난 후 2년이 지난 후에 수정신고를 한 경우는 과소신고가산세의 감면을 받을 수 없다.

② 국세를 감면하는 경우에 가산세는 그 감면하는 국세에 포함하지 않는다.

③ 가산세를 감면받으려는 자는 감면에 따른 신청서를 관할세무서장에게 제출하여야 한다.

④ 중소기업인 법인의 지급명세서제출불성실가산세는 1억원을 한도로 한다.

03. 국세기본법상 기한 후 신고에 대한 설명이다. 옳지 않은 것은? 

① 법정신고기한까지 과세표준 신고서를 제출하지 아니한 자가 신고기한 경과 후 정부가 결정하여 통지하기 전까지 과세표준과 세액을 신고하는 것을 기한 후 신고라 한다.

② 기한후과세표준신고서를 제출한 자로서 세법에 따라 납부하여야 할 세액이 있는 자는 기한후과세표준신고서 제출과 동시에 그 세액을 납부하지 않아도 된다.

③ 기한후과세표준신고서를 제출한 경우 해당 국세의 납세의무를 확정하는 효력이 있다.

④ 법정신고기한이 지난 후 1개월 이내에 기한 후 신고를 한 경우 무신고 가산세의 50%를 감면한다.

04. 다음은 국세기본법상 과세표준 신고의 관할에 관한 설명이다. 옳지 않은 것은?

① 과세표준신고서는 신고 당시 해당 국세의 납세지를 관할하는 세무서장에게 제출하여야 한다.
② 전자신고를 하는 경우에는 지방국세청장이나 국세청장에게 제출할 수 있다.
③ 과세표준신고서가 납세자의 관할 세무서장 외의 세무서장에게 제출된 경우에는 그 신고의 효력은 무효다.
④ 납세자의 관할세무서장 외의 세무서장에게 제출되는 과세표준신고서에 대해서는 관할 세무서를 밝혀 그 세무서장에게 제출하도록 하여야 한다.

05. 국세기본법상 가산세의 부과에 대한 설명이다. 다음 중 옳지 않은 것은?

① 정부는 세법에서 규정한 의무를 위반한 자에게 국세기본법 또는 세법에서 정하는 바에 따라 가산세를 부과할 수 있다.
② 가산세는 해당 의무가 규정된 세법의 해당 국세의 세목으로 한다.
③ 해당 국세를 감면하는 경우에는 가산세는 그 감면대상에 포함된다.
④ 가산세는 납부할 세액에 가산하거나 환급받을 세액에서 공제한다.

06. 다음 중 국세기본법상 경정청구에 대한 내용이다. 틀린 것은?

① 소득 기타 과세물건의 귀속을 제3자에게로 변경시키는 결정 또는 경정이 있은 때는 해당 사유가 발생한 것을 안 날로부터 3개월 이내에 경정청구를 할 수 있다.
② 경정청구는 수정신고한 과세표준 및 세액에 대해서는 할 수 없다.
③ 경정청구만으로 세액의 감액확정력이 발생하는 것은 아니다.
④ 경정청구는 법정신고기한이 지난 후 5년이다. 다만, 후발적사유가 있는 경우 달리할 수 있다.

07. 국세기본법상 국세환급금에 관한 설명이다. 다음 중 옳지 않은 것은?

① 국세환급금 중 체납된 국세 등에 충당한 후 남은 금액은 국세환급금의 결정을 한 날부터 30일 내에 대통령령으로 정하는 바에 따라 납세자에게 지급하여야 한다.
② 납부고지에 의한 납부할 세액은 납세자가 동의하는 경우에만 국세환급금으로 충당할 수 있다.
③ 납세자는 국세환급금에 관한 권리를 타인에게 양도할 수 없다.
④ 세무서장은 국세환급금을 지급할 때에는 국세환급가산금을 국세환급금에 가산하여 지급한다.

08. 국세기본법상 수정신고 등에 의한 감면규정에 대한 내용이다. 틀린 것은?

① 법정신고기한이 지난 후 1개월 이내 수정신고를 한 경우 과소신고가산세 90% 감면
② 법정신고기한이 지난 후 1개월 이내에 기한후 신고를 한 경우 무신고가산세 50% 감면
③ 과세전적부심사 결정 · 통지기간 내에 그 결과를 통지하지 않은 경우 결정 · 통지가 지연됨으로써 해당 기간에 부과되는 납부지연 가산세 50% 감면
④ 법정신고기한이 지난 후 6개월 초과 1년 이내 수정신고한 경우 과소신고가산세 20% 감면

09. 국세기본법상 경정청구에 대한 설명으로 옳은 것은?

① 경정청구에 대하여 각 세법에 별도의 규정을 두고 있는 경우에는 각 세법의 규정을 우선 적용한다.
② 경정청구는 과세표준신고서를 법정신고기한 내에 제출한 자만 할 수 있다.
③ 결손금을 과소 신고한 경우에는 납부할 세액이 없으므로 경정청구를 할 수 없다.
④ 경정청구는 세액의 감액을 확정하는 효력이 있다.

10. 다음 중 국세기본법상 일정기간 이내에 수정신고를 하면 감면이 되는 가산세가 아닌 것은?

① 과소신고가산세
② 초과환급신고가산세
③ 영세율과세표준 신고불성실가산세
④ 납부지연가산세

11. 다음은 국세기본법상의 소멸시효에 관한 설명이다. 다음 중 옳지 않은 것은?

① 국세징수권의 소멸시효란 국가가 국세징수권을 일정기간 행사하지 않는 경우 그 징수권을 소멸시키는 제도이다.
② 소멸시효에는 중단과 정지가 있다.
③ 소멸시효는 국세징수권에만 적용되고 납세자의 국세환급금에는 소멸시효가 적용되지 않는다.
④ 국세징수권의 소멸시효가 완성되면 기산일에 소급하여 징수권이 소멸한다.

12. 국세기본법상 수정신고와 경정청구에 대한 설명으로 옳지 않은 것은?

① 당초 과세표준과 세액의 과소신고의 경우에는 수정신고한다.
② 당초 과세표준과 세액의 과대신고의 경우에는 경정청구한다.
③ 경정청구는 법정신고기한 경과 후 2년 이내에만 청구할 수 있다. 다만, 후발적사유가 있는 경우 달리할 수 있다.
④ 소득세를 수정신고하는 경우에는 세액을 확정하는 효력이 있으나, 경정청구하는 경우에는 세액을 확정하는 효력이 없다.

13. 다음 중 국세기본법상 가산세의 한도가 없는 것은?

① 지급명세서 미제출가산세 ② 사업자 미등록가산세
③ 영수증수취명세서 미제출가산세 ④ 사업용계좌 미개설 미사용가산세

14. 다음 중 국세기본법상 설명으로 가장 옳지 않은 것은?

① 수정신고는 원칙적으로 법정신고기한 내에 과세표준신고서를 제출한 자에 대하여만 적용하나, 기한후신고의 대상자는 법정신고기한 내에 과세표준신고서를 제출하지 아니한 자이다.
② 법정신고기한 후 1개월 이내에 기한후신고를 한 경우에는 납부지연가산세의 50%를 경감받는다.
③ 기한후신고는 모든 세목에 대하여 납세의무를 확정하는 효력이 없다.
④ 기한후신고를 한 자는 기한후과세표준신고액에 상당하는 세액과 가산세를 기한후과세표준신고서의 제출과 동시에 납부하지 않아도 된다.

15. 다음은 국세기본법상 경정청구의 요건이다. 타당하지 않은 것은?

① 과세표준신고서를 법정 신고기한 후에 제출한 경우도 경정청구할 수 없다.
② 과세표준신고서에 기재된 과세표준 및 세액 등이 세법에 따라 신고하여야 할 과세표준 및 세액에 초과하게 신고하여야 한다.
③ 과세표준신고서에 기재된 결손금액 또는 환급세액이 세법에 따라 신고하여야 할 결손금액 또는 환급세액에 미달 신고하여야 한다.
④ 법정신고기한 경과 후 5년 이내 신고하여야 한다.

16. 다음은 국세기본법상 가산세의 감면에 관한 설명이다. 다음 중 옳지 않은 것은?

① 법정신고기한이 지난 후 1개월 이내에 기한후 신고를 한 경우 무신고가산세의 50%를 감면한다.
② 가산세 부과의 원인이 되는 사유가 천재지변 등의 기한연장사유에 해당하거나 납세자가 의무를 이행하지 않은 것에 정당한 사유가 있는 때에는 해당 가산세를 부과하지 않는다.
③ 법정신고기한이 지난 후 6개월 초과 1년 이내에 수정신고를 한 경우 과소신고가산세 · 초과환급신고가산세 및 영세율과세표준신고불성실가산세의 50%를 감면한다.
④ 과세전적부심사 결과 · 통지기간 내에 그 결과를 통지하지 않은 경우 결과 · 통지가 지연됨으로써 해당 기간에 부과되는 납부지연 가산세의 50%를 감면한다.

17. 국세기본법은 부정한 방법으로 무신고 · 과소신고 · 초과환급신고한 경우에 가산세를 중과하고 있다. 다음 중 부정한 방법에 해당하는 것이 아닌 것은?

① 이중장부의 작성
② 허위증빙의 수취(허위임을 모르고 수취한 경우 포함)
③ 장부와 기록의 파기
④ 자산의 은닉 또는 소득 · 수익 · 행위 · 거래의 조작 또는 은폐

18. 국세기본법상 기한후신고에 대한 설명으로 틀린 것은?

① 기한후 신고는 납세의무를 확정하는 효력이 없다.
② 기한후과세표준신고서를 제출한 경우 관할 세무서장은 세법에 따라 신고일부터 2개월 이내에 해당 국세의 과세표준과 세액을 결정하여야 한다.
③ 관할세무서장이 과세표준과 세액을 결정하여 통지하기 전까지 기한후 과세표준신고서를 제출할 수 있다.
④ 법정신고기한이 지난후 6개월 이내 기한후 신고를 한 경우 무신고가산세 감면의 혜택이 있다.

19. 국세기본법상 수정신고 · 경정청구 · 기한 후 신고에 대한 내용이다. 알맞은 것은?

구분	납세자	과세관청
과소신고한 경우	㉠	증액결정
과대신고한 경우	㉡	감액결정
무신고한 경우	㉢	결　정

	㉠	㉡	㉢
①	경정청구	수정신고	기한 후 신고
②	수정신고	경정청구	기한 후 신고
③	수정신고	기한 후 신고	경정청구
④	기한 후 신고	수정신고	경정청구

20. 다음 중 국세기본법상 가산세 감면사유에 해당하지 않는 것은?

① 법정신고기한 경과 후 6개월 이내에 기한 후 신고를 한 경우
② 법정신고기한 경과 후 1개월 이내에 기한 후 신고를 한 경우
③ 법정신고기한 경과 후 6개월 이내에 수정신고 한 경우(경정이 미리 있을 줄 안 경우 포함)
④ 천재지변으로 인하여 발생한 경우

21. 다음 중 국세기본법상 물납재산의 환급에 관한 내용으로 가장 잘못된 것은?

① 납세자가 상속세를 물납한 후 환급하는 경우 해당 물납재산으로 환급하여야 한다.
② 물납재산을 환급하는 경우 국세환급가산금은 지급하지 아니한다.
③ 해당 물납재산의 성질상 분할하여 환급하는 것이 곤란한 경우 금전으로 환급한다.
④ 물납재산이 수납된 이후 발생한 법정과실 및 천연과실은 납세자에게 환급하여야 한다.

주관식

01. 다음 (   )에 알맞은 숫자는?

국세기본법상 법정신고기한이 지난 후 (   )개월 이내에 기한후 신고를 하는 경우 무신고가산세를 50%를 감면한다.

02. 다음 (   ) 안에 들어갈 알맞은 숫자를 쓰시오.

관할세무서장은 과세표준수정신고서를 법정신고기한이 지난 후 6개월 초과 1년 이내에 제출한 자에 대하여는 과소신고가산세 및 초과환급가산세, 부가가치세법상 영세율과세표준신고 불성실가산세를 (   )% 경감한다.

03. 다음 괄호 안에 들어 갈 숫자를 쓰시오.

국세환급금 중 충당한 후 남은 금액은 국세환급금의 결정을 한 날부터 (   )일 내에 대통령령으로 정하는 바에 따라 납세자에게 지급하여야 한다.

04. 국세기본법상 부당무신고, 부당과소신고한 경우에 세액기준으로 (   )%의 가산세와 수입금액기준으로 14/10,000 중 큰 금액을 가산세로 부과한다.

05. 다음 (㉠)과 (㉡)에 들어갈 숫자를 기입하시오.

> 국세기본법상 일반적인 경정 등의 청구는 법정신고기한이 지난 후 (㉠)년 이내에 청구할 수 있고, 후발적 사유에 의한 경정 등의 청구는 사유가 발생한 것을 안 날부터 (㉡)개월 이내에 청구할 수 있다.

06. 국세기본법상 과세표준신고서를 법정신고기한까지 제출한 자가 이를 수정신고할 경우 법정 신고기한부터 수정신고일까지 기간이 1개월 초과 3개월 이내인 경우 과소신고 초과환급신고가산세의 감면율은?

07. 다음 국세기본법상 설명으로 (㉠) 안에 들어갈 숫자는 무엇인가?

> 납세자의 국세환급금과 국세환급가산금에 관한 권리는 '행사할 수 있는 때'부터 (㉠)년간 행사하지 않으면 소멸시효가 완성된다.

08. 다음 자료에서 설명하는 국세기본법상 제도로서 아래의 빈칸에 들어갈 용어는 무엇인가?

> (   )(이)란 최초신고 및 수정신고한 과세표준 및 세액 또는 결정이나 경정된 과세표준 및 세액 등이 세법에 따라 신고하여야 할 과세표준 및 세액을 초과(결손금액 또는 환급세액이 미달)하는 경우에 과세관청으로 하여금 과세표준 및 세액을 정정하여 결정 또는 경정하도록 촉구하는 납세의무자의 청구를 말한다. 이는 과세표준과 세액이 과대신고된 경우 납세의무자의 권리구제를 가능케 하기 위한 제도로서 매우 중요하다.

09. 국세기본법상 다음 괄호 안에 들어갈 내용은 무엇인가?

> 법정신고기한이 지난 후 1개월 이내에 수정신고한 경우 과소신고 · 초과환급신고가산세의 (   )%를 감면한다.

10. 다음은 국세기본법상 기한후신고에 관한 내용이다. 괄호 안에 공통으로 들어갈 숫자를 적으시오.

> 기한후과세표준신고서를 제출한 경우 관할 세무서장은 세법에 따라 신고일부터 (   )개월 이내에 해당 국세의 과세표준과 세액을 결정하여 신고인에게 통지하여야 한다. 다만, 부득이한 사유로 신고일부터 (   )개월 이내에 결정할 수 없는 경우에는 그 사유를 신고인에게 통지하여야 한다.

연/습/문/제 답안

객관식

1	2	3	4	5	6	7	8	9	10	11	12	13	14	15
④	④	③	③	③	②	③	④	①	④	③	③	④	②	①
16	**17**	**18**	**19**	**20**	**21**									
③	②	②	②	③	④									

[풀이 - 객관식]

01. **과다신고했으므로 경정청구대상**이다.
02. **중소기업의 가산세 한도는 5천만원**이다.
03. **기한 후 신고는 확정력이 없다.**
04. 신고의 효력에는 영향이 없다.
05. 해당 국세를 감면하는 경우에는 **가산세는 그 감면대상에 포함시키지 않는다.**
06. 수정신고한 과세표준 및 세액에 대해서도 경정청구를 할 수 있다.
07. 납세자는 국세환급금에 관한 권리를 타인에게 양도할 수 있다.
08. 6개월 초과 1년 이내는 30% 감면함.
09. 경정청구는 과세표준신고서를 법정신고기한내에 제출한 자와 기한 후 신고서를 제출한 자도 대상이다. 결손금의 과소신고도 경정청구대상이며, 세액감액을 확정하는 효력이 없고 세무서장은 **청구를 받은 날부터 2개월 이내에 결정·경정 등**을 해야 한다.
11. 납세자의 국세환급금과 국세환급가산금에 관한 권리는 행사할 수 있는 때부터 5년간 행사하지 않으면 소멸시효가 완성된다.
12. 통상적인 **경정청구는 법정신고기한 경과 후 5년 이내에 청구**할 수 있다.
14. 무신고가산세만 감면된다.
15. **기한후 과세표준을 신고한 경우도 경정청구할** 수 있다.
16. 6개월 초과 1년이 내는 30% 감면함.
17. 허위증빙을 수취한 경우에는 허위임을 알고 수취한 경우에만 부당한 방법으로 본다.
18. **3개월 이내에 결정하여 통지**하여야 한다.
20. 가산세 감면은 경정이 미리 있을 줄 안 경우는 감면사유에서 제외한다.

21. 물납재산이 수납된 이후 발생한 **법정과실 및 천연과실은 납세자에게 환급하지 아니하고 국가에 귀속**된다.

주관식

1.	1	2.	30	3.	30
4.	40	5.	㉠ : 5, ㉡ : 3	6.	75%
7.	5	8.	경정청구	9.	90
10.	3				

Chapter

납세자권리구제 7

로그인 세무회계 2급

제1절 조세불복절차 개요

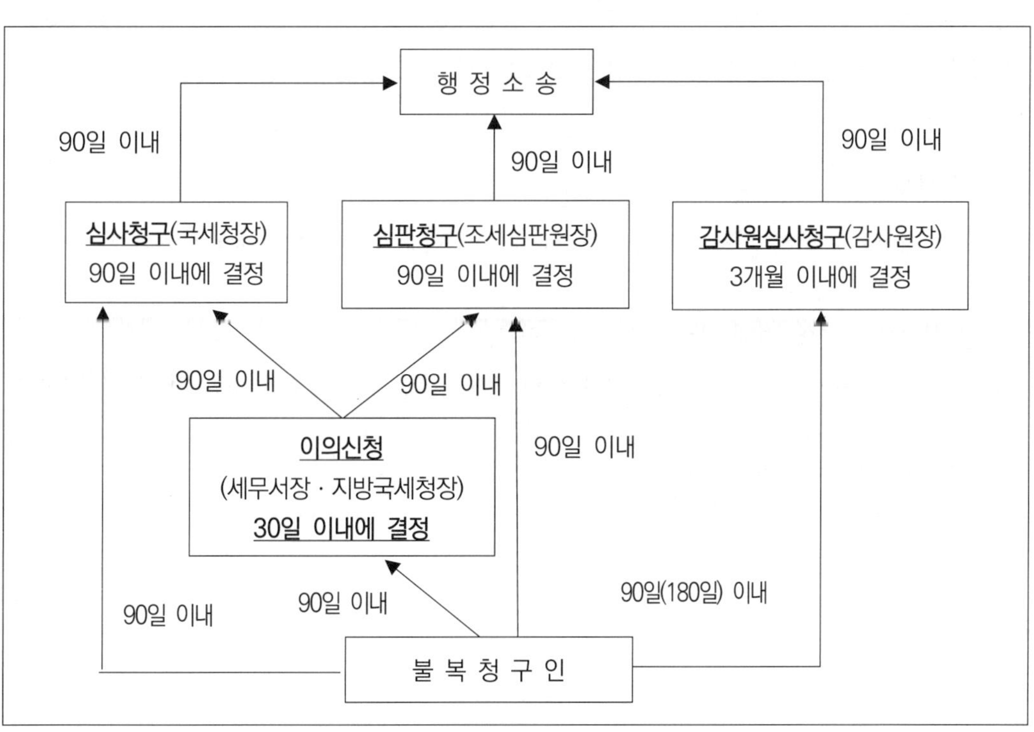

1. 심급구조

(1) 국세불복절차(원칙 : 1급심, 예외 : 2급심)

국세에 대한 불복제도는 심사청구나 심판청구 중 하나를 선택하여야 하는 필수적 1심제이지만, 심사청구 또는 심판청구 이전에 이의신청을 두어 임의적 2심제로 되어 있다. **동일한 처분에 대해서는 심사청구와 심판청구를 중복하여 제기할 수 없다.**

☞ **이의신청이 배제되는 처분**

① 국세청장의 과세표준조사·결정에 따른 처분
② 국세청의 감사결과로서의 시정지시에 따른 처분
③ 국세청의 세무조사 결과에 따른 처분
④ 국세청장의 특별한 지시에 따른 처분
⑤ 세법에 따라 국세청장이 하여야 할 처분
⑥ 감사원장의 시정요구에 의하여 국세청장이 지시한 과세처분

(2) 행정소송

조세불복에 의하여 법원에 행정소송을 제기하려면 **행정심판전치주의에 의하여 국세기본법상의 심사청구 또는 심판청구나 감사원법상 심사청구에 의한 불복절차를 반드시 거쳐야 한다.**

2. 불복대상

불복의 대상을 제한하지 않고 위법·부당한 처분에 의해 권익을 침해받는 사항이면 원칙적으로 모두 불복의 대상으로 인정한다.

다만 다음의 처분에 대해서는 불복할 수 없다.

① 이의신청, 심사청구 또는 심판청구에 대한 처분. 다만, 이의신청에 대한 처분에 대해서 심사청구 또는 심판청구를 하는 경우는 제외
② 조세범처벌법에 의한 통고처분
③ 감사원법에 따라 심사청구를 한 처분이나 그 심사청구에 대한 처분
④ 국세기본법 및 세법에 따른 과태료 부과처분

3. 불복청구인과 대리인

1. 불복청구인	위법 또는 부당한 처분을 받거나 필요한 처분을 받지 못하여 **권리 또는 이익의 침해를 받은 자 및 이해관계인(납세보증인 등)도 포함**한다.
2. 대리인	청구인 또는 처분청은 변호사 또는 세무사를 대리인으로 선임할 수 있다. ① **신청 또는 청구의 취하는 특별한 위임을 받은 경우에만 할 수 있다.** ② 대리인의 권한은 서면으로 증명하여야 하며, 대리인을 해임하였을 때에는 **그 사실을 서면으로 해당 재결청에 신고**하여야 한다.
3. 국선대리인	① 신청자 : 이의신청인, 심사청구 또는 심판청구인, 과세전 적부심사 청구인 ② 대상 ㉠ 이의신청인 ⓐ 개인 : 종합소득금액 5천만원이하, 소유재산 5억원 이하일 것 ⓑ **법인 : 수입금액이 3억원 이하, 자산가액 5억원 이하** ㉡ **5천만원 이하의 청구일 것** ㉢ **상속세, 증여세, 종합부동산세가 아닐 것**

☞ 불복신청서를 서면과 국세정보통신망 등을 통한 제출이 가능하다.

4. 불복청구의 효력 : 집행부정지효력(처분의 집행에는 영향이 없다)

예외 : 집행중지

① 불복청구인이 심한 재해를 입은 경우에 정부가 이를 조사하기 위하여 상당한 시일이 필요하다고 인정시

② 압류재산에 대하여는 결정이 확정되기 전까지 공매는 정지

제2절 불복청구의 구체적 내용

1. 불복청구절차

(1) 불복청구기한

① 이의신청 : 당해 처분이 있은 것을 안 날(처분통지일)부터 90일 이내
② 심사청구, 심판청구 : 결정의 통지를 받은 날부터 90일 이내

(2) 불복청구시 기간계산의 특례

① 우편에 의한 불복청구시 : 발신주의
② 기한연장사유의 발생시

불복청구인이 천재지변 등 기한연장사유(신고 · 신청 · 청구 · 서류의 제출 · 통지에 관한 기한연장사유에 한함)로 인하여 청구기간내에 청구할 수 없는 때에는 그 사유가 소멸한 날부터 14일 이내에 청구할 수 있다.

(3) 보정요구

불복청구의 내용이나 절차가 국세기본법 등에 적합하지 아니하나 보정할 수 있다고 인정하는 때에는 20일 내의 기간을 정하여 보정을 요구할 수 있다.(직권보정도 가능하다.)
보정기간은 심사청구기간에 산입되지 않는다.

2. 불복청구에 대한 결정

(1) 결정기관

구 분	결정기관	결정절차
이의신청	세무서장/ 지방국세청장	**이의신청심의 위원회 심의를 거쳐 30일(납세자가 항변하는 경우 60일 이내에 결정한다.** ☞ 세무서장은 이의신청의 대상이 된 처분이 지방국세청장이 결정 또는 처리해야 하는 경우에는 7일 이내에 해당신청서에 의견서를 첨부하여 지방국세청장에게 송부하여야 한다.
심사청구	국세청장	국세청장은 90일이내 **국세심사위원회 의결**에 따라 결정 ☞ 국세심사위원회의 심의기관에서 의결기관으로 변경
심판청구	조세심판관회의	조세심판관회의가 심리를 거쳐 90일 이내에 결정

(2) 결정의 종류 

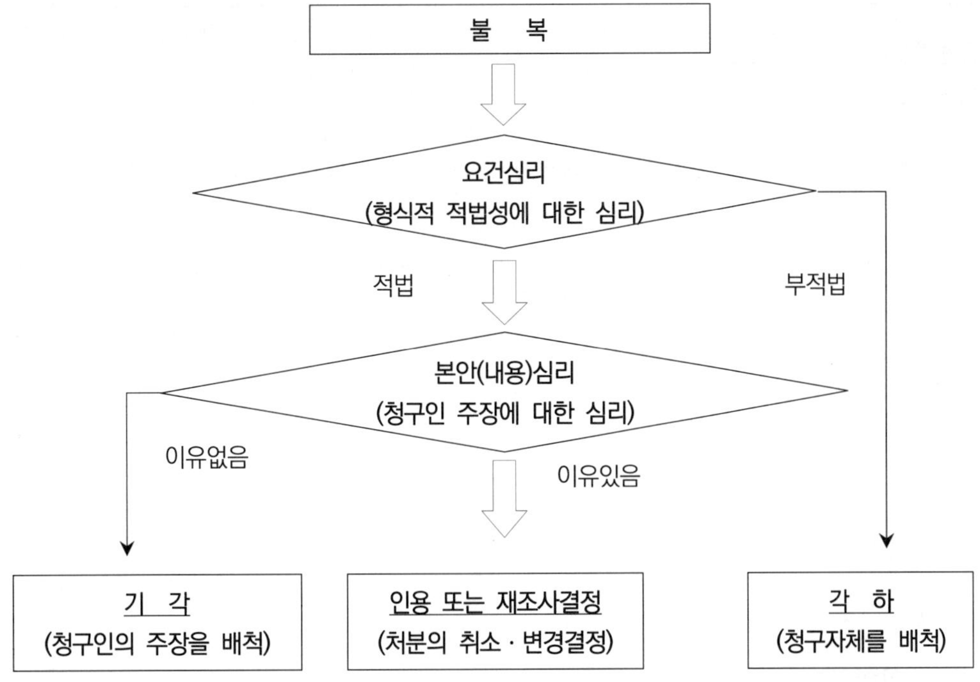

1. 각하결정	요건심리의 결과 **청구가 형식적으로 부적법한 경우** 본안심리를 하지 않고 청구 자체를 배척하는 결정 ① 청구기간이 지난 후에 청구된 경우 ② 보정요구를 받고도 **보정기간 내에 보정을 하지 아니한 경우** **③ 청구가 적법하지 않은 경우** ④ 불복청구의 대상이 되는 처분이 존재하지 아니하는 경우 ⑤ 불복청구의 대상이 되는 처분에 의하여 권리나 이익을 침해당하지 아니하는 경우 ⑥ 대리인이 아닌 자가 대리인으로서 불복을 청구하는 경우
2. 기각결정	본안심리의 **결과 청구가 이유없다고 판단**하여 청구인의 주장을 배척하고 원처분을 유지하는 결정
3. 인용 또는 재조사결정	① 취소 또는 경정결정 : 청구인의 주장이 그 실질적 내용에 있어 일부 또는 전부가 이유 있다고 인정하여 그 처분의 전부 또는 일부를 취소하거나 처분을 변경하는 결정 ② 필요한 처분의 결정 : 청구인의 주장이 이유있다고 인정하는 경우에 필요한 처분의 결정을 내리는 결정 ③ **재조사결정** : 인용범위 결정을 위해 사실관계 확인 등 추가적으로 조사가 필요한 경우에는 처분청으로 하여금 재조사하여 그 결과에 따라 취소·경정하거나 필요한 처분을 하는 결정 –재조사결정일부터 60일 이내 결정서 주문에 기재된 범위에 한정하여 조사·처분

(3) 결정의 효력

1. 불가변력	불복청구에 대한 결정이 그 결정을 한 재결청 자신을 구속하는 효력(**결정에 하자가 있어도**) 재결청 자신도 이를 취소하거나 변경할 수 없다.
2. 불가쟁력	결정에 대하여 청구기한 내에 다음 심급에 불복청구를 제기하지 않거나 제소기간 내에 행정소송을 제기하지 않으면 결정은 확정되며, 그 효력을 다툴 수 없게 되는 것
3. 기속력	인용결정이 당사자와 관계 행정청에 대하여 그 결정의 취지에 따르도록 구속하는 효력

제3절 조세심판관회의

1. 개요

(1) 회의의 구성

조세심판관회의는 주심조세심판관 1명과 배석조세심판관 2명 이상으로 구성한다.

(2) 의결방법

담당조세심판관 2/3 이상의 출석으로 개의하고, 출석조세심판관 과반수의 찬성으로 의결한다.

☞ 예외 : 다음의 경우에는 조세심판관회의의 심리를 거치지 아니하고 주심조세심판관이 이를 심리하여 결정할 수 있다.

① 심판청구의 대상이 **소액(5,000만원 미만, 지방세의 경우는 2천만원 미만)**일 것

② 심판청구가 과세표준·세액의 결정에 관한 것외의 것으로서 유사한 청구에 대해 이미 결정된 사례가 있는 것

③ 각하사유에 해당하는 경우

(3) 비공개원칙

다만, 조세심판관회의의 의장이 필요하다고 인정할 때에는 공개할 수 있다.

불복청구의 내용이나 절차가 국세기본법 등에 적합하지 아니하나 보정할 수 있다고 인정하는 때에는 20일 내의 기간을 정하여 보정을 요구할 수 있다.(직권보정도 가능하다.)

2. 조세심판관의 제척 외

(1) 제척

제척이란 조세심판관이 청구사건과 특별한 관계에 있어서 심판 때 공정을 기하지 못할 사유가 있을 경우에는 그 조세심판관을 해당 사건의 심판에 관여하지 못하게 하는 제도이다. 다음에 해당하는 경우에는 심판관여로부터 제척된다.

① 심판청구인 또는 대리인인 경우(대리인이었던 경우 포함)
② 위 '①'에 규정된 사람의 친족이거나 친족이었던 경우
③ 위 '①'에 규정된 사람의 사용인이거나 사용인(청구일 기준 최근 5년 이내)이었던 경우
④ 불복의 대상이 되는 처분, 처분에 대한 이의신청에 관하여 증언 또는 감정을 한 경우
⑤ 심판청구일 전 최근 5년 이내에 세무공무원으로서 불복의 대상이 되는 처분, 처분에 대한 이의신청 또는 그 기초과 되는 세무조사에 관여하였던 경우
⑥ 그 밖에 심판청구인 또는 그 대리인의 업무에 관여하거나 관여하였던 경우

(2) 회피

회피는 조세심판관이 자발적으로 특정 심판청구사건의 심판관여를 거절하도록 하는 제도이다. 따라서 조세심판관은 제척의 원인이 있을 때에는 심판청구의 주심조세심판관 또는 배석조세심판관의 지정에서 회피하여야 한다.

(3) 기피

담당조세심판관에게 공정한 심판을 기대하기 어려운 사정이 있다고 인정되는 때에는 심판청구인은 해당 조세심판관의 기피를 신청할 수 있다. 기피신청은 담당 조세심판관의 지정 또는 변경 통지를 받은 날부터 7일 이내에 하여야 한다

3. 심리원칙

구 분	내 용
사건의 병합 또는 분리심리	담당조세심판관은 필요하다고 인정하면 여러개의 심판사항을 병합하거나 병합된 심판사항을 여러 개의 심판사항으로 분리할 수 있다.
자유심증증주의	조세심판관은 조사, 심리의 결과와 과세형평에 따라 사실을 판단하여야 한다.
불고불리의 원칙	심판청구를 한 처분 이외의 처분에 대해서는 그 처분의 전부 또는 일부를 취소 또는 변경하거나 새로운 처분의 결정을 하지 못한다.
불이익변경금지의 원칙	심판청구를 결정을 할 때에 심판청구를 한 처분보다 청구인에게 불이익이 되는 결정을 하지 못한다.

〈국세불복제도〉

	이의신청 (임의적절차)	심사청구 (필수적절차)	심판청구 (필수적절차)
결정기관	이의신청심사위원회의 심의를 거쳐 세무서장(지방국세청장)이 결정	국세심사위원회의 의결에 따라 결정	•원칙 : 조세심판관회의에서 결정 •예외 : ① 조세심판관합동회의 ② 주심국세심판관이 결정
청구기관	당해 처분이 있는 것을 안 날로부터 90일 이내	당해 처분이 있은 것을 안 날 또는 이의신청 결정통지를 받은 날로부터 90일 이내	당해 처분이 있은 것은 안 날 또는 이의신청에 대한 결정통지를 받은 날로부터 90일 이내
결정기간	**30일 이내 (항변시 60일)**	90일 이내	90일 이내
보정기간	20일 이내의 기간	20일 이내의 기간	상당한 기간

연/습/문/제

객관식

01. 다음 중 불복청구에 대한 결정으로 옳지 않은 것은?

① 심사청구가 이유 있다고 인정되는 때 : 취소, 경정 또는 필요한 처분의 결정
② 불복청구의 대상이 된 처분이 존재하지 않을 때 : 기각
③ 보정기한 경과 후 심사청구에 대한 보정을 한 경우 : 각하
④ 심사청구가 이유 없다고 인정하는 때 : 기각

02. 다음은 국세기본법상 불복청구의 대리인에 관련된 내용이다. 다음 중 옳지 않은 것은?

① 이의신청인, 심사청구인 또는 심판청구인과 처분청은 변호사, 세무사 또는 세무사법에 따라 등록한 공인회계사를 대리인으로 선임할 수 있다.
② 대리인의 권한은 서면으로 증명하여야 한다.
③ 대리인은 본인을 위하여 그 신청 또는 청구에 관한 모든 행위를 할 수 있다. 다만, 그 신청 또는 청구의 취하는 특별한 위임을 받은 경우에만 할 수 있다.
④ 대리인을 해임하였을 때에는 그 사실을 즉시 구두로 해당 재결청에 신고하여야 한다.

03. 다음 중 국세기본법상 불복청구인이 선택가능한 조세불복절차가 아닌 것은?

① 이의신청 → 심사청구 → 행정소송　　② 이의신청 → 행정소송
③ 심판청구 → 행정소송　　④ 감사원심사청구 → 행정소송

04. 국세기본법상 불복청구의 요건심리에 관한 내용이다. 다음 중 옳지 않은 것은?

① 국세청장은 심사청구의 내용이나 절차가 국세기본법 또는 세법에 적합하지 아니하나 보정할 수 있다고 인정되면 20일 이내의 기간을 정하여 보정할 것을 요구할 수 있다.
② 보정할 사항이 경미한 경우에는 직권으로 보정할 수 있다.
③ 보정요구를 받은 심사청구인은 보정내용을 출석하여 구술하거나 서면으로 제출할 수 있다.
④ 보정기간은 심사청구기간에 산입된다.

05. 다음은 국세기본법과 다른 법률과의 관계를 설명한 것이다. 틀린 것은?

① 국세불복에 관하여 국세기본법에 의한 심사청구 또는 심판청구와 그에 대한 결정을 거치지 않고 행정소송을 제기할 수 없다.
② 개별세법에 특례규정을 두고 있는 경우에도 국세기본법의 규정을 따른다.
③ 관세법 및 수출용원재료에 대한 관세 등 환급에 관한 특례법에서 세관장이 부과·징수하는 국세에 관하여 국세기본법에 대한 특례규정을 둔 경우에는 관세법 등의 특례규정이 국세기본법에 우선한다.
④ 납세자가 감사원법에 따라 감사원에 심사청구를 제기하는 경우에는 국세기본법의 심사청구 또는 심판청구를 할 수 없다.

06. 다음 중 국세기본법상 불복청구에 대한 설명으로 옳은 것은?

① 사업이 중대한 위기에 처한 사유로 인하여 불복청구기간 내 불복청구를 할 수 없는 때에는 그 사유가 소멸한 날로부터 14일 이내에 불복청구를 할 수 있다.
② 보정기간은 청구기간 및 결정기간에 산입하지 아니한다.
③ 심판청구는 이의신청에 대한 결정의 통지를 받은 날로부터 3월 이내에 하여야 한다.
④ 감사원 심사청구 후 행정소송의 제기기간은 3월 이내이다.

07. 다음 중 국세기본법상 심사와 심판에 대한 설명으로 옳지 않은 것은?

① 동일한 처분에 대해서는 심사청구와 심판청구를 중복하여 제기할 수 없다.
② 조세심판관회의는 담당조세심판관 과반수의 출석으로 개의하고, 출석조세심판관 3분의 2 이상의 찬성으로 의결한다.
③ 담당 조세심판관에게 공정한 심판을 기대하기 어려운 사정이 있다고 인정될 때에는 심판청구인은 그 조세심판관의 기피를 신청할 수 있다.
④ 심사청구에 대한 결정이 있는 후에 해당 결정에 경미한 하자가 있음이 밝혀지더라도 국세청장은 그 결정을 취소하거나 변경할 수 없다.

08. 다음 중 국세기본법상 이의신청이 배제되는 처분에 해당하지 않는 것은?

① 국세청장의 과세표준 조사 · 결정에 따른 처분
② 국세청의 감사결과로서의 시정지시에 따른 처분
③ 세무서의 세무조사 결과에 따른 처분
④ 세법에 따라 국세청장이 하여야 할 처분

09. 국세기본법상 조세불복에 관한 설명으로 옳지 않은 것은?

① 세법에 따른 처분으로서 위법 또는 부당한 처분으로 인하여 권리와 이익을 침해당한 자는 조세불복을 청구할 수 있다.
② 세법에 따른 처분에 의하여 권리나 이익을 침해당하게 될 이해관계인인 보증인은 위법 또는 부당한 처분을 받은 자의 처분에 대하여 조세불복을 청구할 수 있다.
③ 조세불복에 의하여 법원에 행정소송을 제기하려면 행정심판전치주의에 의하여 국세기본법상의 심사청구 또는 심판청구나 감사원법상 심사청구에 의한 불복절차를 반드시 거쳐야 한다.
④ 동일한 처분에 대해서 심사청구와 심판청구를 선택하거나 중복하여 제기할 수 있다.

10. 다음은 국세기본법상 국세불복제도에 관한 설명이다. 다음 중 옳지 않은 것은?

① 국세의 경우 행정심판을 거치지 않고 행정소송을 할 수 있다.
② 이의신청은 국세불복심급에서 임의적 심급이다.
③ 불복청구는 세법에 특별한 규정이 있는 것을 제외하고는 해당 처분의 집행에 효력을 미치지 않는다.
④ 불복대상의 범위는 국세에 관한 위법 또는 부당한 처분 · 거부처분 및 부작위이다.

11. 다음 중 국세기본법상 조세불복제도에 대한 설명으로 가장 옳지 않은 것은?

① 이의신청은 임의적 절차이므로 이의신청을 제기하지 않고 심사청구를 제기할 수 있다.
② 동일한 처분에 대하여 심사청구를 한 후 인용되지 않을 경우 심판청구를 제기할 수 있다.
③ 위법한 과세처분에 대한 행정소송은 국세기본법에 따른 심사청구 또는 심판청구, 「감사원법」에 따른 심사청구와 그에 따른 결정을 거치지 아니하면 제기할 수 없다.
④ 이의신청을 거친 후 심판청구를 하려면 이의신청 결정통지를 받은 날로부터 90일 이내에 제기하여야 한다.

12. 다음 중 국세기본법상 이의신청에 대한 설명으로 가장 옳은 것은?

① 이의신청은 처분이 있음을 안 날 또는 처분의 통지를 받은 날부터 60일 이내에 해당 처분을 하였거나 하였어야 할 세무서장에게 하거나 또는 세무서장을 거쳐 관할 지방국세청장에게 하여야 한다.

② 지방국세청장에게 하는 이의신청을 받은 세무서장은 이를 받은 날부터 14일 이내에 해당 신청서에 의견서를 첨부하여 지방국세청장에게 송부하여야 한다.

③ 이의신청은 이의신청을 받은 날부터 30일 이내에 결정하여야 한다. 다만, 납세자가 결정기간(30일) 내에 항변하는 경우에는 60일 이내에 결정하여야 한다.

④ 지방국세청장장이 조사·결정 또는 처리하였거나 하였어야 할 것인 경우에는 국세청장이 심리결정할 수도 있다.

13. 다음 중 국세기본법상 불복청구에 대하여 기각결정을 내려야 할 사유에 해당하는 것은?

① 불복청구를 기한이 지난 후 행한 경우

② 불복청구 후에 보정요구를 받고도 보정기간 내에 보정을 하지 아니한 경우

③ 불복청구의 형식적 요건이 불비된 경우

④ 불복청구가 이유없다고 인정되는 경우

객관식

01. 국무총리소속으로 설치되어 있으며 조세쟁송에 관한 사무를 독립적으로 수행하며 조세쟁송에 대해 심판청구를 행하는 곳은?

02. 다음은 납세자의 권리구제를 위한 것으로 국세기본법 또는 세법에 의한 처분을 받기 전 또는 처분 후의 권리구제 절차를 나타낸 것이다. 청구절차에 맞도록 (   ) 안에 가장 알맞은 말을 답안에 쓰시오. 단, 임의적 절차를 포함하며, 심판청구를 선택심급으로 한다.

과세전적부심사청구 → (   ) → 심판청구 → 행정소송

03. 다음 (　　)안에 들어갈 숫자는 무엇인가?

> 국세기본법상 이의신청, 심사청구 또는 심판청구를 하는 자는 처분이 있음을 안 날(처분통지를 받은 때에는 그 받은 날)로부터 (　　)일 이내에 청구하여야 한다.

04. 다음은 국세기본법상 소액심판의 요건에 대한 설명이다. (　　) 안에 들어갈 숫자는? (단, 문제는 국세에 한정한다)

> 1. 심판청구금액이 (　　)원 미만의 것으로 다음 각목의 1에 해당하는 것
>   가. 청구사항이 법령의 해석에 관한 것이 아닌 것
>   나. 청구사항이 법령의 해석에 관한 것으로서 유사한 청구에 대하여 이미 조세심판관회의의 의결에 따라 결정된 사례가 있는 것
>
> 2. 심판청구가 과세표준 또는 세액의 결정에 관한 것 이외의 것으로서 유사한 청구에 대하여 이미 조세심판관회의의 의결에 따라 결정된 사례가 있는 것

05. "조세심판관회의 또는 조세심판관합동회의는 심판청구에 관한 결정을 할 때 심판청구를 한 처분보다 청구인에게 불리한 결정을 하지 못한다."는 원칙을 두고 있다. 국세기본법상 이 원칙은 무엇을 설명하고 있는지 용어를 쓰시오.

06. 다음은 국세기본법상 불복청구에 대한 결정 중 하나에 대한 설명이다. 이를 의미하는 국세기본법상 용어를 적으시오.

> 요건 심리의 결과 청구요건을 갖추지 못한 경우에 내용 심리를 하지 아니하고 신청 자체를 배척하는 결정이다.

07. 국세기본법상 다음 설명에 해당하는 조세불복절차는 무엇인가?

> • 불복의 사유를 갖추어 해당 처분을 하였거나 하였어야 할 세무서장에게 하거나 세무서장을 거쳐 관할 지방 국세청장에게 하여야 한다.
> • 불복청구의 종류로서 임의적 절차에 해당한다.

08. 국세기본법상 다음의 (   ) 안에 들어갈 알맞은 숫자를 쓰시오.

국세청장은 심사청구의 내용이나 절차가 이 법 또는 세법에 적합하지 아니하나 보정할 수 있다고 인정되면 (   )일 이내의 기간을 정하여 보정할 것을 요구할 수 있다.

연/습/문/제 답안

객관식

1	2	3	4	5	6	7	8	9	10	11	12	13		
②	④	②	④	②	②	②	③	④	①	②	③	④		

[풀이 - 객관식]

01. 각하로 처리하여야 한다.

02. 서면으로 신고하여야 한다.

03. 이의신청 후 **심사청구 또는 심판청구에 대한 결정이 있어야 행정소송**이 가능하다.

04. **보정기간은 심사청구기간에 산입하지 아니한다.**

05. 개별세법에 특례규정을 두고 있는 경우에는 개별세법 규정을 따른다.

06. ① 사업에 심한 손해를 입거나 사업이 중대한 위기에 처한 때 및 납세자의 형편, 경제적 사정 등을 고려하여 납부기한의 연장이 필요하다고 인정되는 경우로서 국세청장이 정하는 기준에 해당하는 때는 납부기한의 연장사유로서 불복청구기간의 연장사유에 해당하지 아니한다.
③ 심판청구는 이의신청에 대한 결정의 통지를 받은 날로부터 90일 이내에 하여야 한다.
④ 감사원 심사청구 후 행정소송의 제기기간은 90일 이내이다.

07. **담당조세심판관 2/3이상의 출석으로 개의하고, 출석조세심판관 과반수의 찬성으로 의결한다.**

08. 세무서의 세무조사 결과에 따른 처분은 이의신청 대상처분이다.

09. **동일한 처분에 대해서는 심사청구와 심판청구를 중복하여 제기할 수 없다.**

10. **행정심판전치주의에 의하여 국세기본법상의 심사청구 또는 심판청구나 감사원법상 심사청구에 의한 불복절차를 반드시 거쳐야 한다.**

11. **심사청구와 심판청구를 동시에 제기할 수 없다.**

12. ① 90일 이내, ② 7일 이내, ④ 국세청장에게는 이의신청을 하지 않는다.

13. ①~③은 각하결정이다.

주관식

1.	조세심판원	2.	이의신청	3.	90
4.	50,000,000	5.	불이익변경금지의 원칙	6.	각하
7.	이의신청	8.	20		

08. 국세청장은 심사청구의 내용이나 절차가 이 법 또는 세법에 적합하지 아니하나 보정할 수 있다고 인정되면 **20일 이내의 기간을 정하여 보정할 것을 요구**할 수 있다.

Chapter

납세자권리

8

Login

로그인 세무회계 2급

제1절 납세자 권리헌장

1. 제정권자 : 국세청장

2. 교부사유

① 국세의 과세표준과 세액을 결정 또는 경정하기 위하여 질문을 하거나 해당 장부, 서류 또는 그 밖의 물건을 검사, 조사하거나 그 제출을 명하는 경우(조세범칙조사를 포함한다)
② 사업자등록증을 발급하는 경우

참고

납세자 권리 헌장(국세청 고시 제2018-01호.2018.02.01.)

납세자의 권리는 헌법과 법률에 따라 존중되고 보장됩니다.

납세자는 신고 등의 협력의무를 이행하지 않았거나 구체적인 조세탈루 혐의가 없는 한 성실하다고 추정되고 법령에 의해서만 세무조사 대상으로 선정되며, 공정한 과세에 필요한 최소한의 기간과 범위에서 조사받을 권리가 있습니다.

납세자는 증거인멸의 우려 등이 없는 한 세무조사 기간과 사유를 사전에 통지받으며, 사업의 어려움으로 불가피한 때에는 조사의 연기를 요구하여 그 결과를 통지받을 권리가 있습니다.

납세자는 세무대리인의 조력을 받을 수 있고 명백한 조세탈루혐의 등이 없는 한 중복조사를 받지 아니하며, 장부 · 서류는 탈루혐의가 있는 경우로서 납세자의 동의가 있어야 세무관서에 일시 보관될 수 있습니다.

납세자는 세무조사 기간이 연장 또는 중지되거나 조사범위가 확대될 때, 그리고 조사가 끝났을 때 그 사유와 결과를 서면으로 통지받을 권리가 있습니다.

납세자는 위법 · 부당한 처분 또는 절차로 권익을 침해당하거나 침해당할 우려가 있을 때 그 처분의 적법성에 대하여 불복을 제기하여 구제받을 수 있으며, 납세자보호담당관과 보호위원회를 통하여 정당한 권익을 보호받을 수 있습니다.

납세자는 자신의 과세정보에 대해 비밀을 보호받고 권리행사에 필요한 정보를 신속하게 제공받을 수 있으며, 국세공무원으로부터 언제나 공정한 대우를 받을 권리가 있습니다.

국세청장

제2절 납세자의 권리

1. 납세자의 성실성 추정

세무공무원은 납세자가 다음 중 어느 하나에 해당하는 경우를 제외하고는 납세자가 성실하며 납세자가 제출한 신고서 등이 진실한 것으로 추정하여야 한다.

① 납세자가 세법이 정하는 신고, 세금계산서 또는 계산서의 작성, 발급, 제출, 지급명세서의 작성 · 제출 등의 납세협력의무를 이행하지 아니한 경우
② 무자료거래, 위장 · 가공거래 등 거래내용이 사실과 다른 혐의가 있는 경우
③ 납세자에 대한 구체적인 탈세제보가 있는 경우
④ 신고내용에 탈루나 오류의 혐의를 인정할 만한 명백한 자료가 있는 경우
⑤ 납세자가 세무공무원에게 직무와 관련하여 금품을 제공하거나 금품제공을 알선한 경우

2. 세무조사권의 남용금지

(1) 조사권 남용금지

세무공무원은 적정하고 공평한 과세의 실현을 위하여 필요한 최소한의 범위에서 세무조사를 행하여야 하며, 다른 목적 등을 위해 조사권을 남용하여서는 안된다.

(2) 중복조사의 금지

그러나 <u>다음과 같은 경우는 재조사가 가능</u>하다.

① **조세탈루의 혐의를 인정할 만한 명백한 자료가 있는 경우**

② **거래상대방에 대한 조사가 필요한 경우**

③ **2개 이상의 과세기간과 관련하여 잘못이 있는 경우**

④ **이의신청, 심사청구, 심판청구에 따른 필요한 처분의 결정 또는 과세전적부심사에 따른 재조사결정에 따라 조사를 하는 경우**

⑤ **납세자가 세무공무원에게 직무와 관련하여 금품을 제공하거나 금품제공을 알선한 경우**

⑥ **부분조사를 실시한 후 해당 조사에 포함되지 아니한 부분에 대하여 조사하는 경우**

⑦ **부동산투기, 매점매석, 무자료거래 등 경제질서 교란 등을 통한 탈세혐의가 있는 자에 대해서 일제조사를 하는 경우**

⑧ **과세관청 외의 기관이 직무상 목적을 위하여 작성하거나 취득하여 과세관청에 제공한 자료의 처리를 위한 재조사나 국세환급금의 결정을 위한 확인조사 등을 하는 경우**

⑨ **조세범칙행위 혐의를 인정할 만한 명백한 자료가 있는 경우(단, 범칙심의위원회에서 혐의가 없다고 심의한 경우는 제외)**

3. 세무조사시 조력을 받을 권리

납세자는 위한 실지조사를 받는 경우에 변호사, 공인회계사, 세무사로 하여금 조사에 참여하게 하거나 의견을 진술하게 할 수 있다.

4. 세무조사 대상자 선정

(1) 정기선정

세무공무원은 다음 중 어느 하나에 해당하는 경우에 정기적으로 신고의 적정성을 검증하기 위하여 대상을 선정하여 세무조사를 할 수 있다. 이 경우 세무공무원은 객관적 기준에 따라 공정하게 그 대상을 선정하여야 한다.

① 국세청장이 납세자의 신고내용에 대하여 정기적으로 성실도를 분석한 결과 불성실혐의가 있다고 인정하는 경우

② 최근 4과세기간 이상 동일세목의 세무조사를 받지 아니한 납세자에 대해서 업종, 규모등을 고려하여 신고내용이 적정한지를 검증할 필요가 있는 경우

③ 무작위추출방식으로 표본조사를 하려는 경우

(2) 수시세무조사

세무공무원은 정기선정에 의한 조사외에 다음 중 어느 하나에 해당하는 경우에는 세무조사를 실시할 수 있다. 그리고 세무공무원은 과세관청의 조사결정에 의하여 과세표준 및 세액이 확정되는 세목의 경우 과세표준 및 세액을 결정하기 위하여 세무조사를 할 수 있다.

① 납세자가 세법에서 정하는 신고, 성실신고확인서의 제출, 세금계산서 또는 계산서의 작성 · 교부 · 제출, 지급명세서의 작성 · 제출 등의 납세협력의무를 이행하지 아니한 경우

② 무자료거래, 위장 · 가공거래 등 거래내용이 사실과 다른 혐의가 있는 경우

③ 납세자에 대한 구체적인 탈세제보가 있는 경우

④ 신고내용이 탈루나 오류의 혐의를 인정할 만한 명백한 자료가 있는 경우

(3) 예외

세무공무원은 소규모 성실사업자로서 다음의 요건을 모두 충족하는 경우 정기선정 세무조사를 실시하지 아니할 수 있다. 다만, 객관적인 증거자료에 의하여 과소신고한 것이 명백한 경우는 제외한다.

① 개인의 경우 간편장부대상자를 말하며, 법인의 경우 법인세과세표준 및 세액신고서에 적어야 할 대당 법인의 수입금액(과세기간이 1년 미만인 경우에는 1년으로 환산한 수입금액을 말한다)이 3억원 이하인 자

② 장부 기록 등이 다음에 정하는 요건을 충족하는 사업자(사업소득자에 한함)

㉠ 모든 거래사실이 객관적으로 파악될 수 있도록 복식부기방식으로 장부를 기록 · 관리할 것

㉡ 과세기간 개시 이전에 신용카드가맹점으로 가입하고 해당 과세기간에 신용카드 결제를 거부하는 행위를 하지 아니할 것(현금영수증가맹점 의무가입자에 한함)

㉢ 과세기간 개시 이전에 현금영수증가맹점으로 가입하고 해당 과세기간에 현금영수증 발급을 거부하는 행위를 하지 아니할 것(현금영수증가맹점 의무가입자에 한함)

㉣ 개인의 경우 사업용계좌를 개설하여 사용할 것

㉤ 업종별 평균수입금액 증가율 등을 고려하여 국세청장이 정하여 고시하는 수입금액 등의 신고기준에 해당할 것

㉥ 해당 과세기간의 법정신고납부기한 종료일 현재 최근 3년간 조세범으로 처벌받은 사실이 없을 것

㉦ 해당 과세기간의 법정신고납부기한 종료일 현재 국세의 체납사실이 없을 것 등

5. 세무조사에 대한 납세자의 권리

(1) 사전통지

세무공무원은 세무조사(조세범칙조사는 제외한다)하는 경우에는 조사를 받을 납세자(납세자가 납세관리인을 정하여 관할 세무서장에게 신고한 경우에는 납세관리인)에게 **조사개시 20일 전(개정세법 25)에** 조사대상 세목, 과세기간, 조사기간 및 조사사유나 그 밖의 대통령령이 정하는 사항을 통지하여야 한다. 다만, 사전에 통지하면 증거인멸 등으로 조사목적을 달성할 수 없다고 인정되는 경우는 제외한다.

☞불복 청구 등의 재조사결정에 따른 재조사의 경우에는 7일 전 통지(개정세법 25)

(2) 세무조사의 연기신청

통지를 받은 납세자가 천재지변 등 다음의 사유로 조사를 받기 곤란한 경우에는 관할세무관세의 장에게 조사를 연기해 줄 것을 신청할 수 있다. 연기신청을 받은 관할세무관서의 장은 연기신청 승인 여부를 결정하고 그 결과를 조사개시 전까지 통지하여야 한다.

① 천재지변
② 화재나 그 밖의 재해로 사업상 심각한 어려움이 있을 때
③ 납세자 또는 납세관리인의 질병, 장기출장 등으로 세무조사가 곤란하다고 판단될 때
④ 권한 있는 기관에 장부, 증거서류가 압수되거나 영치되었을 때
⑤ 그밖에 이에 준하는 사유가 있는 때

☞ **연기사유가 소멸되거나 조세채권 확보 등 긴급한 사유가 있는 경우 중단**
→ 조사재개 5일 전까지 사전통지

(3) 세무조사기간

세무공무원은 조사대상 세목, 업종, 규모, 조사난이도 등을 고려하여 **세무조사기간이 최소한이 되도록 하여야 한다.** 다만 다음 중 어느 하나에 해당하는 경우에는 세무조사 기간을 연장할 수 있다. **세무공무원은 세무조사기간을 연장하려는 때에는 연장사유와 기간을 납세자에게 문서로 통지**하여야 한다.

① 납세자가 장부, 서류 등을 은닉하거나 제출을 지연하거나 거부하는 등 조사를 기피하는 행위가 명백한 경우
② 거래처 조사 또는 거래처 현지확인 및 금융거래 현지확인이 필요한 경우
③ 세금탈루 혐의가 포착되거나 조사 과정에서 조사유형이 조세범칙조사로 전환되는 경우
④ 천재지변이나 노동쟁의로 조사가 중단되는 경우
⑤ 납세자보호관 또는 담당관이 세금탈루혐의와 관련하여 추가적인 사실 확인이 필요하다고 인정하는 경우

⑥ 조사대상자가 세금탈루혐의에 대한 해명 등을 위하여 세무조사기간의 연장을 신청한 경우로서 납세자보호관 등이 이를 인정하는 경우

☞ 중소기업 등의 세무조사 기간 제한
세무조사 기간을 정할 경우 조사대상 과세기간 중 연간 수입금액 또는 양도가액이 가장 큰 과세기간의 연간 수입금액 또는 양도가액이 **100**억원 미만인 납세자에 대한 세무조사기간은 **20**일 이내로 한다.

(4) 세무조사 기간연장 제한에 예외사유

다음에 해당하는 경우에는 세무조사 기간의 제한 및 세무조사 연장기간의 제한을 받지 아니한다.

① 무자료거래, 위장·가공거래 등 거래 내용이 사실과 다른 혐의가 있어 실제 거래 내용에 대한 조사가 필요한 경우
② 역외거래를 이용하여 세금을 탈루(脫漏)하거나 국내 탈루소득을 해외로 변칙유출한 혐의로 조사하는 경우
③ 명의위장, 이중장부의 작성, 차명계좌의 이용, 현금거래의 누락 등의 방법을 통하여 세금을 탈루한 혐의로 조사하는 경우
④ 거짓계약서 작성, 미등기양도 등을 이용한 부동산 투기 등을 통하여 세금을 탈루한 혐의로 조사하는 경우
⑤ 상속세·증여세 조사, 주식변동 조사, 범칙사건 조사 및 출자·거래관계에 있는 관련자에 대하여 동시조사를 하는 경우

(5) 세무조사중지

납세자가 세무조사 중지를 신청하거나, 상호합의절차 개시로 외국 과세기관과 협의가 필요한 경우 등에 해당하면 세무조사를 중지한다.

(6) 세무조사범위확대의 제한

세무공무원은 구체적인 세금탈루 증거자료가 여러 과세기간 또는 다른 세목까지 관련되는 것으로 확인되는 경우등의 경우를 제외하고는 조사진행 중 세무조사의 범위를 확대할 수 없다.

(7) 장부·서류의 보관금지

① 세무공무원은 세무조사의 목적으로 납세자의 장부 또는 서류 등을 세무관서에 임의로 보관할 수 없다. 다만, 납세자의 동의가 있는 경우에는 세무조사 기간동안 일시 보관할 수 있다.
② 세무공무원은 일시 보관하고 있는 장부 등에 대하여 납세자가 반환을 요청한 경우에는 그 반환을 요청한 날부터 14일 이내에 장부 등을 반환하여야 한다. 다만 조사목적을 달성하기 위하여 필요한 경우에는 납세자보호위원회의 심의를 거쳐 한차례만 14일 이내의 범위에서 보관기간을 연장할 수 있다.

③ ②에도 불구하고 일시 보관하고 있는 장부 또는 서류 등에 대하여 납세자가 반환을 요청한 경우에는 세무조사에 지장이 없다고 판단될 때에는 즉시 반환하여야 한다. 이 경우 세무공무원은 장부 또는 서류 등의 사본을 보관할 수 있고, 그 사본이 원본과 다름없다는 사실을 확인하는 납세자의 서명 또는 날인을 요구할 수 있다.

④ ①에 따라 납세자의 장부등을 세무관서에 일시 보관하고자 하는 경우에 세무공무원은 납세자, 소지자 또는 보관자 등 정당한 권한이 있는 자로부터 일시보관 동의서를 받아야 하며, 일시보관증을 교부하여야 한다.

(8) 통합조사의 원칙

세무조사는 납세자의 사업과 관련하여 **세법에 따라 신고·납부의무가 있는 세목을 통합하여 실시하는 것을 원칙**으로 한다. 다만, 다음의 경우에는 특정한 세목만을 조사할 수 있다.

① 세목의 특성, 납세자의 신고유형, 사업규모 또는 세금탈루 혐의 등을 고려하여 특정 세목만을 조사할 필요가 있는 경우

② 조세채권의 확보 등을 위하여 특정 세목만을 긴급히 조사할 필요가 있는 경우

③ 그 밖에 세무조사의 효율성 및 납세자의 편의 등을 고려하여 특정 세목만을 조사할 필요가 있는 경우

(9) 부분조사

다음 해당 사항에 대하여 확인을 위하여 필요한 부분에 한정한 조사를 실시할 수 있다.
부분조사는 같은 세목 및 같은 과세기간에 대하여 2회를 초과하여 실시할 수 없다.

① 경정 등의 청구에 대한 처리 또는 국세환급금의 결정을 위하여 확인이 필요한 경우

② 재조사결정에 따라 사실관계 확인 등이 필요한 경우

③ 거래상대방에 대한 세무조사 중에 거래 일부의 확인이 필요한 경우

④ 납세자에 대한 구체적인 탈세 제보가 있는 경우로서 해당 탈세 혐의에 대한 확인이 필요한 경우

⑤ 명의위장, 차명계좌의 이용을 통하여 세금을 탈루한 혐의에 대한 확인이 필요한 경우

⑥ 그 밖에 세무조사의 효율성 및 납세자의 편의 등을 고려하여 특정 사업장, 특정 항목 또는 특정 거래에 대한 확인이 필요한 경우 등

(10) 결과통지

세무공무원은 세무조사를 마쳤을 때에는 그 조사를 마친 날부터 **20일(소재불분명으로 공시송달시 40일) 이내**에 조사결과를 납세자에게 설명하고, 이를 서면으로 통지하여야 한다.

① 근거법령 및 조항, 과세표준 및 세액계산의 기초가 되는 구체적 사실 등
② 가산세 종류 및 금액, 산출근거

납세관리인을 정하지 아니하고 국내에 주소 또는 거소를 두지 아니한 경우, 통지서 수령 거부시에는 서면통지를 생략할 수 있다.

6. 세무공무원의 비밀유지의무

세무공무원은 납세자가 세법이 정한 납세의무를 이행하기 위하여 제출한 자료나 국세의 부과·징수를 위하여 업무상 취득한 자료 등 과세정보를 타인에게 제공 또는 누설하거나 목적 외의 용도로 사용해서는 아니된다

다음의 경우에는 예외로 한다.

① 국가행정기관, 지방지방자치단체 등이 조세, 과징금의 부과·징수 등을 위하여 과세정보 요구
② 국가기관이 조세쟁송이나 조세범 소추(訴追)를 위하여 과세정보를 요구하는 경우
③ 법원의 제출명령 또는 법관이 발부한 영장에 의하여 과세정보를 요구하는 경우
④ 세무공무원 간에 국세의 부과·징수 또는 질문·검사에 필요한 과세정보를 요구하는 경우
⑤ 통계청장이 국가통계작성 목적으로 과세정보를 요구하는 경우
⑥ 사회보험의 운영을 목적으로 설립된 기관이 관계 법률에 따른 소관업무를 수행하기 위하여 과세정보를 요구하는 경우
⑦ 국가행정기관 등이 급부·지원 등을 위한 자격의 조사·심사 등에 필요한 과세정보를 당사자의 동의를 받아 요구하는 경우
⑧ 국정조사위원회의 의결로 비공개회의에 과세정보의 제공을 요청하는 경우
⑨ 다른 법률의 규정에 따라 과세정보를 요구하는 경우

7. 과세전적부심사(사전구제제도)

(1) 심사대상

세무조사결과의 서면통지 또는 과세예고 통지(예 : 납부고지하려는 세액이 100만원 이상인 경우 등)를 받은 자는 통지를 받은 날부터 30일 이내에 통지를 한 세무서장 또는 지방국세청장에게 통지 내용의 적법성 여부에 관하여 과세전적부심사를 청구할 수 있다.

다만, **법령과 관련하여 국세청장의 유권해석을 변경하여야 하거나** 국세청장의 훈령, 예규, 고시 등과 관련하여 새로운 해석이 필요한 경우, **과세전적부심사청구금액이 5억원 이상에 해당하는 경우** 등에 대해서는 **국세청장에게 청구**할 수 있다.

(2) 제외대상

① **납부기한(납기전) 징수의 사유**가 있거나 세법에 규정하는 **수시부과의 사유**가 있는 경우
② 조세범 처벌법 위반으로 고발 또는 통고처분하는 경우
③ **세무조사결과통지를 하는 날부터 국세부과제척기간의 만료일까지의 기간이 3개월 이하인 경우**
④ 국제조세조정에 관한 법률에 따라 조세조약을 체결한 상대국이 상호합의절차의 개시를 요청한 경우를 말한다.
⑤ 조세심판원 등의 재조사결정에 따른 처분청의 재조사인 경우

(3) 결정

과세전적부심사청구를 받은 세무서장 · 지방국세청장 또는 국세청장은 각각 국세심사위원회의 심사를 거쳐 결정을 하고 그 결과를 청구를 받은 날부터 30일 이내에 청구인에게 통지하여야 한다.

① 청구가 이유없다고 인정되는 경우 : 채택하지 아니한다는 결정(불채택)
② 청구가 이유있다고 인정되는 경우 : 채택하는 결정. 다만, 청구가 일부 이유있다고 인정되는 경우에는 일부 채택하는 결정 또는 **심사대상 통지 내용의 적법성에 관하여 재조사하여 그 결과에 따라 당초 통지내용을 수정하거나 유지하는 등의 통지를 하도록 하는 재조사 결정(채택)**
③ **청구기간이 지났거나 보정기간에 보정하지 아니한 경우 또는 청구가 부적법한 경우** : 심사하지 아니한다는 결정(**심사거부**)

8. 납세자보호위원회

세무서 및 지방국세청 및 국세청에 납세자보호위원회를 둔다.

(1) 심의사항(세무서 및 지방국세청)

① 세무조사 대상 과세기간 중 연간 수입금액 또는 양도가액이 가장 큰 과세기간의 연간 수입금액 또는 양도가액이 100억원 미만(부가가치세에 대한 세무조사의 경우 1과세기간 공급가액의 합계액이 50억원 미만)인 납세자("중소규모납세자"라 한다) 이외의 납세자에 대한 세무조사(「조세범 처벌절차법」에 따른 "조세범칙조사"는 제외한다.) 기간의 연장. 다만, 세무조사대상자가 해명 등을 위하여 세무조사기간의 연장을 신청한 경우는 제외한다.
② 중소규모납세자 이외의 납세자에 대한 세무조사 범위의 확대
③ 세무조사 기간 연장에 대한 중소규모납세자의 세무조사 일시중지 및 중지 요청
④ 위법·부당한 세무조사 및 세무조사 중 세무공무원의 위법·부당한 행위에 대한 납세자의 세무조사 일시중지 및 중지 요청
⑤ 장부등의 일시 보관 기간 연장
⑥ 그 밖에 납세자의 권리보호를 위하여 납세자보호담당관이 심의가 필요하다고 인정하는 안건

(2) 심의사항(국세청)

① 세무서 납세자보호위원회 또는 지방국세청 납세자보호위원회의 심의를 거친 세무서장 또는 지방국세청장의 결정에 대한 납세자의 취소 또는 변경 요청
② 그 밖에 납세자의 권리보호를 위한 국세행정의 제도 및 절차 개선 등으로서 납세자보호관이 심의가 필요하다고 인정하는 사항

(3) 위원

위원장을 포함한 18명으로 구성한다.

제3절 보칙

1. 납세관리인

납세자가 국내에 주소 또는 거소를 두지 아니하거나 국외로 주소 또는 거소를 이전할 때에는 국세에 관한 사항을 처리하기 위하여 납세관리인을 정하여야 한다. 그리고 납세자는 국세에 관한 사항을 처리하게 하기 위하여 변호사, 세무사 또는 세무사법에 따라 등록한 공인회계사를 납세관리인으로 둘 수 있다.

2. 고지금액의 최저한

고지할 국세(인지세를 제외) 또는 강제징수비를 합친 금액이 1만원 미만일 때에는 그 금액은 없는 것으로 본다.

3. 장부등의 비치보존

납세자는 각 세법이 규정하는 바에 따라 모든 거래에 관한 장부 및 증거서류를 성실하게 작성하여 비치하여야 하며, 그 방부 및 증거서류는 그 거래사실이 속하는 과세기간에 대한 해당 **국세의 법정신고기한이 지난날부터 5년간(역외거래의 경우 7년간) 보존하여야 한다.**

다만, 국세부과의 제척기간에 해당하는 경우에는 제척기간까지 보존하여야 한다.

4. 서류접수증교부

납세자 등으로부터 과세표준신고서, 과세표준수정신고서, 경정청구서 또는 과세표준신고, 과세표준수정신고, 경정청구와 관련된 서류 등을 제출받은 경우 세무공무원은 납세자 등에게 접수증을 발급하여야 한다. **다만 신고서등을 우편, 팩스 전송, 신고함에 직접 투입한 경우에는 발급하지 않을 수 있다.**

5. 포상금의 지급

국세청장은 다음 중 어느 하나에 해당하는 자에게는 법이 정한 포상금을 지급할 수 있다. 이 경우 자료의 제공 또는 신고는 성명 및 주소를 명기하고 서명날인한 문서로써 하여야 한다. 그리고 객관적으로 확인되는 증거자료 등을 첨부하여야 한다.

① 조세를 탈루한 자에 대한 탈루세액 또는 부당하게 환급·공제받은 세액을 산정하는데 중요한 자료를 제공한 자(한도 40억원)
② 체납자의 은닉재산을 신고한 자(한도 30억원)
③ 신용카드가맹점과 현금영수증가맹점에 대해서 법위반을 신고한 자(다만, 신용카드매출전표 또는 현금영수증 결제대상 거래금액이 5천원 미만인 경우는 제외한다.)(한도 20억원)
④ 법인, 복식부기 의무가 있는 개인사업자의 차명계좌 신고(한도 20억원)

탈세자료 제공한 자에게는 포상금을 지급할 수 있으나, 공무원이 그 직무와 관련하여 자료를 제공하거나 은닉재산을 신고한 경우에는 포상금을 지급하지 아니한다.

6. 불성실기부금 수령단체 등의 명단 공개

(1) 명단 공개 대상

① 불성실기부금수령단체
② 조세범처벌법에 따른 범죄로 유죄판결이 확정된 자로서 포탈세액 등이 연간 2억원 이상
③ 해외금융계좌정보의 신고의무자로서 신고기한 내에 신고하지 아니하거나 과소 신고한 금액이 50억원을 초과하는 자
④ 「특정범죄 가중처벌 등에 관한 법률」에 따라 (세금)계산서 교부의무 등을 위반(가공 허위 기재금액이 30억원 이상인 경우)하여 가중처벌된 자

(2) 명단 공개 제외

다음의 경우에는 명단을 공개하지 아니한다.
① 체납된 국세가 이의신청·심사청구 등 **불복청구 중에 있는 경우**
② 국세정보공개심의위원회가 공개할 실익이 없거나 공개하는 것이 부적절하다고 인정하는 경우
③ 『국제조세조정에 관한 법률』에 따라 **수정·기한후 신고를 한 경우(세무조사 등을 알고 신고한 경우는 제외)**

연/습/문/제

 객관식

01. 다음 중 국세기본법에 대한 설명 중 잘못된 것은?

① 납세자가 작성 비치한 장부 및 증빙서류는 그 거래사실이 속하는 과세기간 종료일부터 10년간 보존하여야 한다.

② 납세자가 국내에 주소 또는 거소를 두지 않은 때에는 세무사를 납세관리인으로 둘 수 있다.

③ 국세청장은 국세기본법에 규정한 사항 기타 납세자의 권리보호에 관한 사항을 포함하는 납세자 권리헌장을 제정하여 고시하여야 한다.

④ 납세자가 과세표준신고서를 우편으로 제출하는 경우에는 접수증을 교부하지 않을 수 있다.

02. 다음 중 국세기본법상 조세에 관한 신고에 의하여 포상금을 지급받을 수 없는 자는 누구인가? (단, 탈루세액, 부당하게 환급·공제받은 세액, 은닉재산의 신고를 통하여 징수된 금액 또는 해외금융계좌 신고의무 불이행에 따른 과태료가 대통령령으로 정하는 금액 이상이라고 가정한다)

① 조세를 탈루한 자에 대한 탈루세액 또는 부당하게 환급·공제받은 세액을 산정하는 데 중요한 자료를 제공한 회사의 경리인 김갑수씨

② 체납자의 은닉재산을 신고한 체납자의 친구인 김갑수씨

③ 타인의 명의를 사용하여 사업을 경영하는 것을 직무와 관련하여 알게 되어 신고한 공무원 김갑수씨

④ 고가의 골프채를 골프용품 매장에서 신용카드로 결제할 것을 요청하였으나 이를 거부하는 경우 소비자인 김갑수씨

03. 다음은 국세기본법상 세무공무원의 세무조사기간 연장사유이다. 이에 해당하지 않는 것은?

① 납세자가 장부 · 서류 등을 은닉하거나 제출을 지연하거나 거부하는 등 조사를 기피하는 행위가 명백한 경우
② 거래처 조사, 거래처 현지확인 또는 금융거래 현지확인이 필요한 경우
③ 권한 있는 기관에 장부, 증거서류가 압수되거나 영치되었을 때
④ 천재지변이나 노동쟁의로 조사가 중단되는 경우

04. 국세기본법상 세무공무원은 과세정보를 타인에게 제공, 누설 및 목적 외의 용도로 사용해서는 아니된다. 다만, 예외적으로 다음 중 어느 하나에 해당하는 경우에는 과세정보를 제공할 수 있는데 이에 해당하지 않는 것은?

① 지방자치단체 등이 법률에서 정하는 조세의 부과 · 징수 등을 위하여 사용할 목적으로 과세정보를 요구하는 경우
② 사업과 관련하여 민사소송이 진행되는 이해당사자가 자료를 요구하는 경우
③ 법원의 제출명령 또는 법관이 발부한 영장에 의하여 과세정보를 요구하는 경우
④ 통계청장이 국가통계작성 목적으로 과세정보를 요구하는 경우

05. 국세기본법상 세무공무원은 같은 세목 및 같은 과세기간에 대해서는 재조사를 할 수 없으나, 다음의 경우에는 재조사할 수 있다. 이에 해당하지 않는 것은?

① 납세자가 해당 과세기간의 조사결과에 대하여 불복하는 경우
② 거래상대방에 대한 조사가 필요한 경우
③ 조세탈루의 혐의를 인정한 만한 명백한 자료가 있는 경우
④ 불복청구에 이유가 있다고 인정되어 필요한 처분의 결정에 따라 조사를 하는 경우

06. 사업자 오세무씨는 세무조사의 사전통지를 받았으나 세무조사를 받기 곤란한 사유가 있어 세무조사의 연기신청을 하려고 한다. 국세기본법상 세무조사의 연기신청 사유에 해당하지 않는 것은?

① 화재, 그 밖의 재해로 사업상 심각한 어려움이 있을 때
② 납세자 또는 납세관리인의 질병, 장기출장 등으로 세무조사가 곤란하다고 판단될 때
③ 사업자가 폐업신고로 인하여 장부 등이 비치 보관되어 있지 아니할 때
④ 권한 있는 기관에 장부, 증거서류가 압수되거나 영치되었을 때

07. 다음 중 국세기본법상 과세전적부심사를 청구할 수 있는 경우는?

① 납세자에게 납기전징수사유가 있는 경우
② 세무조사결과 등에 따라 조세범처벌법 위반으로 고발 또는 통고처분하는 경우
③ 법령과 관련하여 국세청장의 유권해석을 변경하여야 하는 경우
④ 세무조사결과통지를 하는 날부터 국세부과제척기간의 만료일까지의 기간이 3개월 이하인 경우

08. 다음 중 국세기본법상 과세전적부심사를 청구할 수 있는 경우는?

① 세무조사결과에 대한 서면통지를 받은 경우
② 조세범칙사건을 조사하는 경우
③ 납기전징수의 사유가 있는 경우
④ 세법에서 규정하는 수시부과의 사유가 있는 경우

09. 다음 중 국세기본법상 과세전적부심사의 청구에 관한 설명으로 가장 옳지 않은 것은?

① 세무조사 결과에 대한 서면통지나 그 밖에 과세예고통지를 받은 자는 통지를 받은 날부터 30일 이내에 통지를 한 세무서장이나 지방국세청장에게 과세전적부심사청구를 할 수 있다.
② 과세전적부심사에 대한 결정을 하고 그 결과를 청구를 받은 날부터 30일 이내에 청구인에게 통지하여야 한다.
③ 과세전적부심사에 대한 결정은 심사거부, 불채택, 채택 등이 있다.
④ 세무조사 결과통지 및 과세예고통지를 하는 날부터 국세부과 제척기간의 만료일까지의 기간이 2개월 이하인 경우에 과세전적부심사를 청구할 수 없다.

10. 다음 중 국세기본법상 과세전적부심사에 대한 설명으로 가장 틀린 것은?

① 납부고지 하려는 세액이 100만원 이상인 경우 납세자에게 그 내용을 서면으로 통지(과세예고통지)하여야 한다. 다만 감사원의 지적사항에 대한 소명 안내를 받은 경우는 제외한다.
② 과세예고통지를 받은 자는 통지를 받은 날부터 30일 이내에 통지를 한 세무서장이나 지방국세청장에게 과세전적부심사를 청구할 수 있다.
③ 청구 기간이 지났거나 보정 기간에 보정하지 아니한 경우 채택하지 아니한다는 결정을 한다.
④ 세무조사 결과 통지를 하는 날부터 국세부과 제척기간의 만료일까지의 기간이 3개월 이하인 경우 과세전적부심사를 청구할 수 없다.

11. 다음 중 국세기본법상 세무조사 정기선정사유에 해당하지 않는 것은?

① 납세자가 세법에서 정하는 신고, 성실신고확인서의 제출, 세금계산서 또는 계산서의 작성 · 교부 · 제출, 지급명세서의 작성 · 제출 등의 납세협력의무를 이행하지 아니한 경우

② 국세청장이 납세자의 신고 내용에 대하여 과세자료, 세무정보 등 회계성실도 자료 등을 고려하여 정기적으로 성실도를 분석한 결과 불성실 혐의가 있다고 인정하는 경우

③ 최근 4과세기간 이상 같은 세목의 세무조사를 받지 아니한 납세자에 대하여 업종 등을 고려하여 신고 내용이 적정한지를 검증할 필요가 있는 경우

④ 무작위추출방식으로 표본조사를 하려는 경우

12. 다음 중 국세기본법상 납세자의 권리에 대한 설명으로 잘못된 것은?

① 납세자에 대한 구체적인 탈세 제보가 있는 경우 수시 세무조사 대상이 된다.

② 세무조사를 하는 경우(증거인멸 우려가 있는 경우 등 제외) 납세자에게 조사개시 30일 전에 통지하여야 한다.

③ 세무조사를 마친 날부터 20일(공시송달 사유에 해당하는 경우 40일) 이내에 조사결과를 통지하여야 한다.

④ 납세자의 질병으로 세무조사가 곤란할 때 세무조사 연기신청을 할 수 있다.

13. 다음 중 국세기본법상 납세자권리헌장에 포함하여야 할 내용으로 옳지 않은 것은?

① 납세자의 성실성 추정

② 세무조사권 남용의 금지

③ 세무조사의 사전통지와 연기신청

④ 통합조사금지의 원칙

14. 다음 중 국세기본법상 국세청장에게 과세전적부심사를 청구할 수 없는 경우는?

① 법령과 관련하여 국세청장의 유권해석을 변경해야 하거나 새로운 해석이 필요한 것

② 국세청장의 예규 등과 관련하여 새로운 해석이 필요한 것

③ 세무서에 대한 국세청장의 업무감사 결과에 따라 세무서장이 하는 과세예고 통지에 관한 것

④ 과세전적부심사 청구금액이 10억원 미만인 것

15. 다음 중 국세기본법상 세무조사에 관한 설명으로 옳지 않은 것은?

① 세무공무원은 거래상대방에 대한 조사가 필요한 경우에는 같은 세목 및 같은 과세기간에 대한 재조사를 할 수 있다.

② 세무공무원은 납세자가 장부 등의 제출거부 등 조사를 기피하는 행위가 명백한 경우 세무조사기간을 연장할 수 있다.

③ 납세자가 세법이 정하는 신고 등의 납세협력의무를 이행하지 아니한 경우 정기선정에 의한 조사 외에 세무조사를 실시할 수 있다.

④ 성실신고확인서를 제출하면 세무조사를 면제해 준다.

16. 국세기본법상 세무공무원의 세무조사 기간에 대한 설명으로 가장 옳지 않은 것은?

① 세무조사 기간을 연장하는 경우에는 그 사유와 기간을 납세자에게 문서로 통지하여야 한다.

② 납세자가 장부 · 서류 등의 제출을 지연하는 등으로 인하여 세무조사를 정상적으로 진행하기 어려운 경우에는 세무조사를 중지할 수 있다. 이 경우 그 중지기간은 세무조사 기간에 산입한다.

③ 세무조사 기간을 정할 경우 조사대상 과세기간 중 연간 수입금액이 가장 큰 과세기간의 연간 수입금액이 100억원 미만인 납세자에 대한 세무조사 기간은 20일 이내로 한다.

④ 세무조사 기간은 최소한이 되도록 하여야 하나 거래처 조사, 금융거래 현지확인 등이 필요한 경우에는 세무조사 기간을 연장할 수 있다.

17. 다음 중 국세기본법상 납세자의 권리에 관한 내용으로 옳지 않은 것은?

① 사업자등록증을 발급하는 경우 세무공무원은 납세자권리헌장의 내용이 수록된 문서를 납세자에게 내주어야 한다.

② 세무공무원은 거래상대방에 대한 조사가 필요한 경우에도 같은 세목 및 같은 과세기간에 대하여 재조사할 수 없다.

③ 납세자가 장기출장 등으로 세무조사가 곤란하다고 판단되면 세무조사의 연기를 신청할 수 있다.

④ 증거인멸 등의 이유가 있는 경우 세무조사에 대한 사전통지를 하지 않을 수 있다.

주관식

01. 다음 괄호 안에 들어갈 숫자를 쓰시오.

> 국세기본법상 고지할 국세(인지세는 제외한다) · 가산세 또는 강제징수비를 합친 금액이 대통령령으로 정하는 금액인 (   )원 미만일 때에는 그 금액은 없는 것으로 본다.

02. 다음 ( )안에 들어갈 국세기본법상 사전적 권리구제제도는 무엇인가?

> 세무조사 결과에 대한 서면통지나 그 밖에 과세예고통지를 받은 날부터 30일 이내에 통지를 한 세무서장이나 지방국세청장에게 통지내용의 적법성에 관한 ( )를(을) 청구할 수 있다.

03. 세무조사결과에 대한 서면통지 또는 과세예고통지를 받은 자는 그 통지를 받은 날부터 (   )일 이내에 당해 세무서장 또는 지방국세청장에게 통지 내용의 적법성 여부에 관한 심사를 청구할 수 있다. 이를 과세전적부심사제도라 한다. 괄호 안에 들어갈 알맞은 것은?

04. 다음은 국세기본법상 과세전적부심사에 대한 결정에 관한 내용이다. 빈칸에 들어갈 숫자를 적으시오.

> 과세전적부심사청구를 받은 세무서장, 지방국세청장 또는 국세청장은 각각 국세심사위원회의 심사를 거쳐 채택, 불채택 등의 결정을 하고 그 결과를 청구를 받은 날부터 (   )일 이내에 청구인에게 통지해야 한다.

05. 다음은 국세기본법상 세무조사 사전통지에 관한 내용이다. 빈칸에 들어갈 숫자를 적으시오.

> 세무공무원은 세무조사를 하는 경우에는 조사를 받을 납세자(납세자가 납세관리인을 정하여 관할 세무서장에게 신고한 경우에는 납세관리인)에게 조사를 시작하기 (   )일 전에 납세자 또는 납세관리인의 성명과 주소 또는 거소, 조사기간, 조사대상 세목, 과세기간 및 조사 사유, 부분조사를 실시하는 경우에는 해당 부분조사의 범위를 적은 문서로 통지해야 한다.

연/습/문/제 답안

객관식

1	2	3	4	5	6	7	8	9	10	11	12	13	14	15
①	③	③	②	①	③	③	①	④	③	①	②	④	④	④
16	17													
②	②													

[풀이 - 객관식]

01. 납세자가 작성 비치한 장부 및 증빙서류는 그 거래사실이 속하는 과세기간에 대한 '당해 국세의 법정 신고기한이 경과한 날부터' 5년간 보존하여야 한다.

02. 공무원이 직무와 관련하여 알게 된 내용은 포상금 지급대상이 아니다.

05. 납세자가 해당 과세기간의 조사 결과통지에 대하여 불복하는 것은 재조사 사유가 될 수 없다.

09. 세무조사 결과통지 및 과세예고통지를 하는 날부터 국세부과 제척기간의 만료일까지의 기간이 3개월 이하인 경우에 과세전적부심사를 청구할 수 없다.

10. 심사하지 아니한다는 결정(심사거부)을 한다.

11. **①은 수시세무조사에 대한 사유이고, ②③④는 정기세무조사 대상 선정기준**이다.

12. 세무공무원은 세무조사를 하는 경우에는 조사를 받을 납세자에게 **조사를 시작하기 20일** 전(개정세법 25)에 조사대상 세목, 조사기간 및 조사 사유, 그 밖에 대통령령으로 정하는 사항을 통지하여야 한다. 다만, 사전통지를 하면 증거인멸 등으로 조사 목적을 달성할 수 없다고 인정되는 경우에는 그러하지 아니하다.

13. 세무조사는 납세자의 사업과 관련하여 세법에 따라 신고·납부의무가 있는 세목을 통합하여 실시하는 것을 원칙으로 한다.

14. **과세전적부심사 청구금액이 10억원 이상**인 것에 대해 국세청장에게 청구할 수 있다.

15. 성실신고확인서를 제출한다고 해서 세무조사를 면제해주는 것은 아니다.

16. 납세자가 장부·서류 등을 은닉하거나 제출을 지연 또는 거부하는 등으로 세무조사를 진행하기 어려운 경우에는 세무조사를 중지할 수 있다. 이 경우 그 **중지기간은 세무조사 기간 및 세무조사 연장기간에 산입**하지 않는다.

16. 거래상대방에 대한 조사가 필요한 경우에는 같은 세목 및 같은 과세기간에 대하여 재조사할 수 있다.

주관식

1.	10,000	2.	과세전적부심사	3.	30
4.	30	5.	20 (개정세법 25)		

Part V
기출문제

20**년 **월 **일 시행
제**회 세무회계자격시험

A형

종목 및 등급 : **세무회계2급**

제한시간 : 80분

페이지수 : 10p

수험번호 : ________________

성　　명 : ________________

▶시험시작 전 문제를 풀지 말 것◀

♣ 수험준비요령

① 시험지가 본인이 응시한 종목인지, 페이지수가 맞는지를 확인합니다.
종목과 페이지를 확인하지 않은 것에 대한 책임은 수험자에게 있습니다.

② OMR카드에는 반드시 컴퓨터싸인펜을 사용하여야 하며, 수험번호, 주민등록번호, 성명, 응시종목/급수, 문제유형 란에 정확히 마킹하십시오.

③ 컴퓨터싸인펜 외에 다른 필기구를 사용하거나 다른 수험정보 및 중복 마킹으로 인한 채점누락 등의 책임과 불이익은 수험자 본인에게 있습니다.

④ 시험을 마친 OMR답안카드는 감독관확인을 받은 후 제출하십시오.

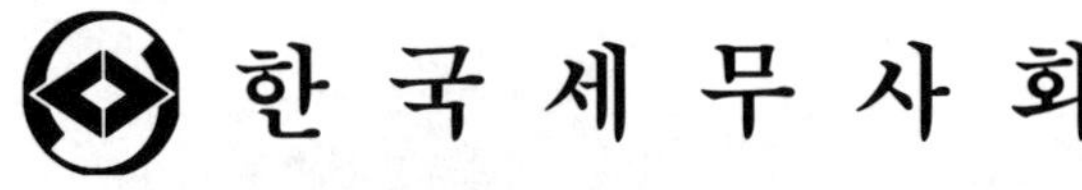

제114회 세무회계2급

합격율	시험년월
31%	2024.12

세법1부 법인세법, 부가가치세법

객관식 문항 당 4점

01. 다음 중 법인세법에 대한 설명으로 가장 옳지 않은 것은?

① 외국법인이란 외국의 법률에 따라 설립된 법인을 말한다.
② 주무관청의 인가를 받아 설립한 사단으로서 등기되지 않은 단체도 법인세 납세의무를 진다.
③ 외국의 정부·지방자치단체는 비영리외국법인으로서 법인세 납세의무를 진다.
④ 영리 아닌 사업을 목적으로 설립된 비영리내국법인이라 하더라도 수익사업에서 발생하는 소득에 대한 납세의무를 진다.

02. 다음 중 법인세법상 결산서에 계상하지 않은 경우로서 추후 경정청구가 가능한 것은?

① 파손·부패 등의 사유로 정상가액으로 판매할 수 없는 재고자산평가손
② 생산설비의 폐기손
③ 주식을 발행한 법인이 파산한 경우 주식평가손
④ 상법에 따른 소멸시효가 완성된 외상매출금

03. 다음 중 법인세법상 반드시 기타사외유출로 처분하지 않는 것은?

① 임대보증금 등의 간주익금
② 기업업무추진비의 한도초과액
③ 업무용승용차 처분손실 중 한도초과액
④ 대손충당금 한도초과액

04. 다음 중 법인세법상 세금과 공과금에 대한 설명으로 가장 옳지 않은 것은?

① 각 세법에 규정된 의무 불이행으로 인하여 납부하였거나 납부할 세액(가산세를 포함)은 손금에 산입하지 아니한다.

② 비영업용 소형자동차의 구입 · 임차 · 유지관리에 관한 매입세액은 손금에 산입하지 아니한다.

③ 과태료(과료와 과태금을 포함)는 손금에 산입하지 아니한다.

④ 가산금 및 강제징수비는 손금에 산입하지 아니한다.

05. 다음 중 법인세법상 손금불산입 항목에 해당하지 않는 것은?

① 업무무관자산을 취득 · 관리함으로써 생기는 비용

② 법인세 공제세액에 대한 농어촌특별세

③ 소액주주 임원에 대한 사택 유지비

④ 주식할인발행차금

06. 다음 중 법인세법상 지출증명서류에 해당하지 않는 것은?

① 신용카드 매출전표　　② 현금영수증

③ 세금계산서　　④ 계약서

07. 다음 중 법인세법상의 기부금에 대한 설명으로 옳지 않은 것은?

① 기부금은 그 지출한 날이 속하는 사업연도에 귀속한다.

② 기부금이란 내국법인이 사업과 직접적인 관계없이 무상으로 지출하는 금액을 말한다.

③ 특례기부금을 금전 외의 자산으로 제공한 경우 장부가액과 시가 중 큰 금액으로 한다.

④ 당해연도에 발생한 기부금과 이월기부금이 있는 경우 발생순서가 오래된 기부금부터 먼저 공제한다.

08. 다음 중 법인세법상 퇴직급여가 손금불산입 되는 경우는?

① 법인의 직원이 해당 법인의 임원으로 취임한 때
② 법인의 임직원이 그 법인의 조직변경에 의하여 퇴직한 때
③ 법인의 임원이 연임된 경우
④ 「근로자퇴직급여 보장법」에 따라 퇴직급여를 중간정산하여 임원에게 지급한 때

09. 다음 중 법인세법상 자산 · 부채의 평가에 대한 설명으로 옳지 않은 것은?

① 「보험업법」이나 그 밖의 법률에 따른 유형자산 및 무형자산 등의 평가(장부가액을 감액한 경우만 해당) 시에는 평가 후의 금액을 법인세법에서 인정한다.
② 유형자산으로서 천재지변 · 화재 등의 사유로 파손되거나 멸실된 것은 그 장부가액을 감액할 수 있다.
③ 재고자산으로서 파손 · 부패 등의 사유로 정상가격으로 판매할 수 없는 것은 그 장부가액을 감액할 수 있다.
④ 가상자산은 선입선출법에 따라 평가해야 한다.

10. 다음 중 법인세법상 손비로 계상한 수선비를 감가상각자산의 자본적 지출로 보지 않는 것은?

① 개별자산별로 600만원 미만으로 지출한 수선비
② 빌딩 등에 있어서 피난시설 등의 설치
③ 재해 등으로 인하여 멸실 또는 훼손되어 본래의 용도에 이용할 가치가 없는 건축물 · 기계 · 설비 등의 복구
④ 본래의 용도를 변경하기 위한 개조

11. 다음 중 법인세법상 세액공제에 대한 설명으로 옳지 않은 것은?

① 법인이 재해로 인하여 자산총액의 30% 이상을 상실하여 납세가 곤란하다고 인정되는 경우 재해손실세액공제가 적용된다.
② 재해손실세액공제 계산 중 타인 소유의 자산으로서 상실로 인한 변상책임이 법인에게 있는 것은 상실된 자산가액에 포함한다.
③ 사실과 다른 회계처리로 인한 경정에 따른 세액공제는 이월공제가 가능하다.
④ 외국납부세액공제는 국외원천소득에 대한 이중과세를 조정하기 위한 제도이다.

12. 다음 중 법인세법상 과세표준의 신고에 대한 설명으로 옳지 않은 것은?

① 성실신고 확인대상 내국법인이 성실신고확인서를 제출하는 경우에는 각 사업연도 종료일이 속하는 달의 말일부터 4개월 이내에 과세표준과 세액을 신고하여야 한다.

② 내국법인으로서 각 사업연도의 소득금액이 없거나 결손금이 있는 법인의 경우에도 과세표준과 세액을 신고하여야 한다.

③ 관할지방국세청장은 신고서 또는 그 밖의 서류에 미비한 점이 있거나 오류가 있을 때는 신고기한을 연장할 수 있다.

④ 과세표준 신고 시 세무조정계산서를 첨부하지 아니한 경우 무신고로 본다.

13. 다음 중 법인세법상 가산세에 대한 설명으로 가장 옳지 않은 것은?

① 업무용승용차 관련비용 명세서를 제출하지 아니한 경우 : 업무용승용차 관련비용 등으로 손금에 산입한 금액의 100분 1

② 주주 등의 명세서를 제출하지 아니한 경우 : 주식 등의 액면금액 또는 출자가액의 1천분의 5

③ 성실신고 확인대상 법인이 성실신고확인서를 제출하지 아니한 경우 : 수입금액의 1만분의 20

④ 증명서류 수취 불성실 가산세 : 증명서류를 받지 아니한 금액의 100분의 2

14. 다음 중 부가가치세법에 대한 설명으로 옳지 않은 것은?

① 수익사업을 하지 않는 비영리법인은 사업자에 해당하지 아니한다.

② 재화를 수입하는 자는 부가가치세를 납부할 의무가 있다.

③ 사업자가 재화의 공급 시 부가가치세를 거래징수하지 못한 경우에도 부가가치세를 납부할 의무가 있다.

④ 법인격 없는 사단·재단도 부가가치세를 납부할 의무가 있다.

15. 다음 중 부가가치세법상 사업장에 대한 설명으로 옳지 않은 것은?

① 부동산매매업을 영위하는 개인은 업무를 총괄하는 장소를 사업장으로 한다.

② 사업자가 사업장을 두지 아니하면 사업자의 주소 또는 거소를 사업장으로 한다.

③ 재화를 보관하고 관리할 수 있는 시설만 갖춘 장소로서 하치장으로 신고된 장소는 사업장으로 본다.

④ 재화를 수입하는 자의 부가가치세 납세지는 「관세법」에 따라 수입을 신고하는 세관의 소재지로 한다.

16. 다음 중 부가가치세법상 재화의 공급에 해당하지 않는 것은?

① 상표권의 양도 ② 상품권의 양도

③ 건물의 현물출자 ④ 전기의 공급

17. 다음 중 부가가치세법상 사업자단위과세에 대한 설명으로 옳지 않은 것은?

① 사업자단위로 등록신청을 한 경우에는 사업자단위과세 적용 사업장에 한 개의 등록번호를 부여한다.

② 사업장 단위로 등록한 사업자가 사업자단위과세 사업자로 변경하려면 사업자단위과세 사업자로 적용받으려는 과세기간 개시 20일 전까지 사업자의 본점 또는 주사무소 관할 세무서장에게 변경등록을 신청하여야 한다.

③ 사업자 단위로 등록하는 법인사업자는 지점 관할세무서장에게 등록을 신청할 수 있다.

④ 사업자단위과세 사업자가 각 사업장별로 신고·납부하려는 경우에는 그 납부하려는 과세기간 개시 20일 전에 사업자단위과세 포기신고서를 사업자단위과세 적용 사업장 관할 세무서장에게 제출하여야 한다.

18. 다음 중 부가가치세법상 용역의 공급시기에 대한 설명으로 옳지 않은 것은?

① 장기할부조건부로 용역을 공급하는 경우 : 대가의 각 부분을 받기로 한 때

② 공급단위를 구획할 수 없는 용역을 계속적으로 공급하는 경우 : 대가의 각 부분을 받기로 한 때

③ 사업자가 폐업 전에 공급한 용역의 공급시기가 폐업일 이후에 도래하는 경우 : 폐업일

④ 부동산 임대용역을 공급하는 경우에 임대보증금에 대한 간주임대료가 발생한 경우 : 역무의 제공이 완료되고 그 공급가액이 확정되는 때

19. 다음 중 부가가치세법상 영세율에 대한 설명으로 옳지 않은 것은?

① 국외에서 공급하는 용역에 대해서는 영세율을 적용한다.

② 수출하는 물품에 대해서는 영세율을 포기할 수 있다.

③ 영세율은 비거주자 또는 외국법인에 대해서는 상호주의를 적용한다.

④ 부가가치세 신고 시 영세율첨부서류를 제출하지 않는 경우 가산세가 부과된다.

20. 다음 중 부가가치세법상 과세표준에 포함되는 것은?

① 환입된 재화의 가액
② 재화 또는 용역의 공급과 직접 관련되지 아니하는 국고보조금과 공공보조금
③ 장기할부판매의 경우 할부이자 상당액
④ 공급에 대한 대가를 약정기일 전에 받았다는 이유로 사업자가 당초의 공급가액에서 할인해 준 금액

21. 다음 중 부가가치세법상 불공제되는 매입세액에 해당하지 않는 것은?

① 면세사업 등에 관련된 매입세액
② 사업과 직접 관련이 없는 지출에 대한 매입세액
③ 기업업무추진비 및 이와 유사한 비용과 관련된 매입세액
④ 운수업 등에 직접 영업용으로 사용되는 자동차의 구입과 관련된 매입세액

22. 다음 중 부가가치세법상 의제매입세액공제율로 옳지 않은 것은?

① 음식점을 경영하는 법인사업자 : 8/108
② 음식점을 경영하는 해당 과세기간 과세표준 2억 이하인 개인사업자 : 9/109
③ 음식점을 경영하는 해당 과세기간 과세표준 2억 초과인 개인사업자 : 8/108
④ 개별소비세법에 따른 과세유흥장소의 경영자 : 2/102

23. 다음 중 부가가치세법상 세금계산서 발급 의무가 면제되는 경우가 아닌 것은?

① 내국신용장에 의하여 수출업자에게 공급하는 재화
② 부동산임대용역 중 간주임대료
③ 공급받는 자에게 신용카드매출전표 등을 발급한 경우
④ 간편사업자등록을 한 사업자가 국내에 공급하는 전자적 용역

24. 다음 중 부가가치세법상 예정신고를 반드시 해야 하는 사업자는?

① 예정부과기간에 세금계산서를 발급하지 아니한 세금계산서 발급대상인 간이과세자
② 직전 과세기간의 공급가액의 합계액이 2억원인 법인사업자
③ 사업부진으로 각 예정신고기간의 공급가액 또는 납부세액이 직전 과세기간의 공급가액 또는 납부세액의 3분의 1에 미달하는 자
④ 간이과세자에서 해당 과세기간 개시일 현재 일반과세자로 변경된 경우

25. 다음 중 부가가치세법상 조기환급에 대한 설명으로 옳은 것은?

① 영세율 적용대상 사업자는 예정신고 시까지 영세율 적용대상 과세표준이 없는 경우에도 예정신고 기간분에 대한 조기환급을 받을 수 있다.
② 사업설비를 신설·취득하는 경우에는 감가상각자산이 아니라 하더라도 조기환급을 받을 수 있다.
③ 관할 세무서장은 조기환급세액을 각 예정신고기간별로 그 예정신고기한이 지난 후 15일 이내에 예정신고한 사업자에게 환급하여야 한다.
④ 수출과 내수를 겸영하는 경우에는 수출 부분에 상당하는 매입세액만을 조기환급 받을 수도 있다.

세법2부 국세기본법, 소득세법(조세특례제한법)

객관식 문항 당 4점

01. 다음 중 국세기본법상 특수관계인의 범위에 해당하지 않는 것은?

① 3촌 이내의 인척
② 6촌 이내의 혈족
③ 배우자(사실상의 혼인관계에 있는 자 포함)
④ 친생자로서 다른 사람에게 친양자 입양된 자

02. 다음 중 국세기본법상 기한연장에 대한 설명으로 옳지 않은 것은?

① 기한연장은 3개월 이내로 하되, 해당 기한연장의 사유가 소멸되지 않는 경우 관할 세무서장은 1개월의 범위에서 그 기한을 다시 연장할 수 있다.

② 신고와 관련된 기한연장은 3개월을 넘지 않는 범위에서 관할 세무서장이 할 수 있다.

③ 기한의 연장을 받으려는 자는 기한 만료일 3일 전까지 해당 행정기관의 장에게 신청하여야 한다.

④ 납세자가 화재 및 도난을 당한 경우 기한연장이 가능하다.

03. 다음 중 국세기본법상 서류의 송달에 대한 설명으로 가장 옳지 않은 것은?

① 공시송달은 서류의 주요 내용을 공고한 날로부터 30일이 지나면 송달의 효력이 발생한다.

② 서류를 교부하였을 때에는 송달서에 수령인이 서명 또는 날인하게 하여야 하고, 수령인이 서명 또는 날인을 거부하면 그 사실을 송달서에 적어야 한다.

③ 납세의 고지와 독촉에 관한 서류를 연대납세의무자에게 송달하는 경우에는 연대납세의무자 모두에게 각각 송달하여야 한다.

④ 납세의 고지 · 독촉 · 강제징수 또는 세법에 따른 정부의 명령과 관계되는 서류의 송달을 우편으로 할 때에는 등기우편으로 하여야 한다.

04. 다음 중 국세기본법상 국세 부과의 원칙과 세법 적용의 원칙에 대한 설명으로 옳지 않은 것은?

① 국세를 납부할 의무가 성립한 경우에는 그 후 개정된 새로운 세법에 따라 소급하여 과세할 수 없다.

② 신의성실원칙은 과세관청에만 그 준수가 요구된다.

③ 납세의무자가 세법에 따라 장부를 갖추어 기록하고 있는 경우에는 해당 국세 과세표준의 조사와 결정은 그 장부와 이에 관계되는 증거자료에 의하여야 한다.

④ 사업자등록명의자와는 별도로 사실상의 사업자가 있는 경우에는 사실상의 사업자를 납세의무자로 본다.

05. 다음 중 국세기본법상 납세의무자가 과세표준과 세액을 정부에 신고했을 때 납세의무가 확정되는 국세에 해당하지 않는 것은?

① 소득세 ② 인지세
③ 증권거래세 ④ 개별소비세

06. 다음 중 국세기본법상 원칙적인 부과제척기간에 대한 설명으로 가장 옳지 않은 것은?

① 법인세 · 소득세 · 부가가치세의 부과제척기간은 원칙적으로 5년이다.

② 납세자가 법정신고기한까지 상속세 과세표준신고서를 제출하지 않은 경우의 부과제척기간은 7년이다.

③ 납세자가 부정행위로 소득세를 포탈한 경우 부과제척기간은 10년이다.

④ 부정행위란 조세의 부과와 징수를 불가능하게 하거나 현저히 곤란하게 하는 적극적 행위를 말한다.

07. 다음 중 국세기본법상 제2차 납세의무에 대한 설명으로 옳지 않은 것은?

① 법인의 청산 시 청산인의 제2차 납세의무의 한도는 분배하거나 인도한 재산의 가액으로 한다.

② 법인의 청산 시 잔여재산을 분배받거나 인도받은 자의 제2차 납세의무의 한도는 각자가 받은 재산의 가액으로 한다.

③ 출자자의 제2차 납세의무에서 주된 납세자인 법인은 증권시장에 주권이 상장된 법인을 포함한다.

④ 주된 납세자인 법인의 납세의무 성립일 현재 무한책임사원과 과점주주가 출자자의 제2차 납세의무를 진다.

08. 다음 중 국세기본법상 물적납세의무의 성립요건에 대한 설명으로 옳지 않은 것은?

① 양도담보설정자가 국세 등을 체납해야 한다.

② 양도담보가 국세의 법정기일 이전에 설정되어야 한다.

③ 양도담보설정자의 재산(양도담보재산은 제외)에 대하여 강제징수를 집행하여도 징수할 금액에 미치지 못하는 경우에 해당해야 한다.

④ 양도담보권자에게 납부고지서가 송달되는 시점에 양도담보재산이 존재하고 있어야 한다.

09. 다음 중 국세기본법상 기한 후 신고 시 가산세 감면율로 옳지 않은 것은?

① 법정신고기한이 지난 후 1개월 이내에 기한 후 신고를 한 경우 : 50%

② 법정신고기한이 지난 후 1개월 초과 3개월 이내에 기한 후 신고를 한 경우 : 30%

③ 법정신고기한이 지난 후 3개월 초과 6개월 이내에 기한 후 신고를 한 경우 : 20%

④ 법정신고기한이 지난 후 6개월 초과 1년 이내에 기한 후 신고를 한 경우 : 10%

10. 다음 중 국세기본법상 경정청구에 대한 설명으로 옳지 않은 것은?

① 기한후과세표준신고를 한 경우에도 경정 등의 청구를 할 수 있다.
② 경정 등의 청구를 받은 세무서장은 그 청구를 받은 날부터 2개월 이내에 결정 또는 경정 여부를 통지하여야 한다.
③ 경정 등의 청구를 한 자가 세무서장으로부터 결정 또는 경정 여부의 통지를 받지 못한 경우에는 심사청구를 할 수 없다.
④ 소득이나 그 밖의 과세물건의 귀속을 제3자에게로 변경시키는 결정 또는 경정이 있을 때에는 그 사유가 발생한 것을 안 날로부터 3개월 이내에 결정 또는 경정을 청구할 수 있다.

11. 다음 중 국세기본법상 세무조사 수시선정 사유에 해당하지 않는 경우는?

① 납세자에 대한 구체적인 탈세 제보가 있는 경우
② 납세자가 1과세기간에 2회 이상 경정청구를 하는 경우
③ 무자료거래, 위장·가공거래 등 거래 내용이 사실과 다른 혐의가 있는 경우
④ 납세자가 세무공무원에게 직무와 관련하여 금품을 제공하거나 금품제공을 알선한 경우

12. 다음 중 소득세법상 납세의무자에 대한 설명으로 가장 옳지 않은 것은?

① 거주자는 국내외 원천소득 모두에 대해서 소득세 납세의무를 진다.
② 외국국적이나 외국영주권자인 경우 거주기간에 상관없이 비거주자로 본다.
③ 국내에 거소를 둔 기간은 입국한 날의 다음 날부터 출국한 날까지로 한다.
④ 국외에서 직업을 갖고 183일 이상 계속하여 거주하는 때에도 국내에 가족 및 자산의 유무 등과 관련하여 생활의 근거가 국내에 있는 것으로 보는 때에는 거주자로 본다.

13. 다음 중 소득세법상 이자소득과 배당소득의 과세방법에 대한 설명으로 옳지 않은 것은?

① 외국법인이 발행한 채권 또는 증권에서 발생하는 이자소득·배당소득을 거주자에게 지급하는 경우에는 국내에서 그 지급을 대리하거나 그 지급 권한을 위임 또는 위탁받은 자가 그 소득에 대한 소득세를 원천징수할 필요가 없다.
② 원천징수의무자가 이자소득 또는 배당소득을 지급할 때에는 그 지급금액에 원천징수세율을 적용하여 계산한 소득세를 원천징수한다.
③ 비영업대금 이익의 원천징수세율은 25% 또는 14%이다.
④ 이자소득·배당소득에 대해서 외국에서 외국소득세액을 납부한 경우에는 원천징수세액에서 그 외국소득세액을 뺀 금액을 원천징수세액으로 한다.

14. 다음 중 소득세법상 사업소득 총수입금액에 산입하는 금액으로 옳지 않은 것은?

① 관세환급금 등 필요경비로 지출된 세액이 환입되었거나 환입될 경우
② 거래 상대방으로부터 받은 장려금
③ 사업과 관련하여 해당 사업용 자산의 손실로 취득하는 보험차익
④ 자산수증이익 중 이월결손금의 보전에 충당된 금액

15. 다음 중 소득세법상 업무용승용차 관련비용에 대한 설명으로 가장 옳지 않은 것은?

① 성실신고대상자는 업무용승용차 전부를 업무전용자동차보험에 가입해야만 비용으로 인정받을 수 있다.
② 종업원 명의의 차량을 업무수행에 이용한 경우에는 해당 규정을 적용받지 않는다.
③ 업무용승용차의 감가상각은 내용연수 5년의 정액법으로 강제상각하여야 한다.
④ 간편장부대상자는 업무용승용차에 대한 규정을 적용받지 않는다.

16. 다음 중 소득세법상 간편장부대상자에 대한 설명으로 옳지 않은 것은?

① 해당 과세기간에 신규로 사업을 개시한 사업자는 간편장부대상자이다.
② 제조업을 영위하는 개인사업자로서 직전 과세기간의 수입금액의 합계액이 1억 5천만원에 미달하는 경우에는 당해 과세기간에 복식부기의무자가 된다.
③ 사업장이 둘 이상인 개인사업자의 경우 겸업의 수입금액을 주업종(수입금액이 가장 큰 업종)의 수입금액으로 환산한 금액을 주업종의 수입금액에 합하여 복식부기의무자 여부를 판정한다.
④ 세무사업을 영위하는 개인사업자는 간편장부대상자에서 제외한다.

17. 다음 중 소득세법상 근로소득에 포함되지 않는 것은?

① 기획재정부령이 정하는 방법에 따라 퇴직급여로 지급되기 위하여 적립되는 급여
② 실비변상적 급여에 해당하지 아니하는 벽지수당
③ 임원이 지급 받는 퇴직소득으로서 법인세법에 따라 손금불산입된 임원 퇴직급여 한도초과액
④ 휴가비

18. 일반인 김씨는 방송사 오디션프로그램에 참여하여 우승상금으로 5억원을 받게 되었다. 그는 5억원 전액을 받을 수 있을 것으로 기대하였으나, 세금을 원천징수 한다는 사실을 알게 되었다. 김씨에게 원천징수할 세액은 얼마인가? 단, 지방소득세는 제외한다.

① 15,000,000원 ② 20,000,000원 ③ 30,000,000원 ④ 40,000,000원

19. 다음 중 소득세법상 소득금액계산의 특례에 대한 설명으로 옳지 않은 것은?

① 부당행위계산은 사업소득, 기타소득, 출자공동사업자의 배당소득, 양도소득에 대해서만 계산한다.
② 공동사업에서 발생한 소득금액을 계산할 때 공동사업을 경영하는 각 거주자 간에 약정된 손익분배비율이 없는 경우에는 실제 분배된 금액에 따라 소득세를 계산한다.
③ 피상속인의 소득금액에 대한 소득세로서 상속인에게 과세할 것과 상속인의 소득금액에 대한 소득세는 구분하여 계산하여야 한다.
④ 연금계좌의 가입자가 사망하였으나 그 배우자가 연금외수령 없이 해당 연금계좌를 상속으로 승계하는 경우에는 연금계좌에 있는 피상속인의 소득금액은 상속인의 소득금액으로 보아 소득세를 계산한다.

20. 다음 중 소득세법상 종합소득에 반드시 합산되는 소득에 해당하는 것은?

① 직장공제회 초과반환금
② 총수입금액의 합계액이 2천만원 이하인 자의 주택임대소득
③ 가구 내 고용활동에서 발생하는 소득
④ 일용근로자의 근로소득

21. 다음 중 소득세법상 추가공제에 대한 설명으로 옳지 않은 것은?

① 기본공제대상자가 70세 이상인 경우 : 1명당 연 100만원(경로우대자 공제)
② 해당 거주자가 배우자가 없는 사람으로서 기본공제대상자인 직계비속 또는 입양자가 있는 경우 : 연 100만원(한부모공제)
③ 해당 과세기간에 종합소득과세표준을 계산할 때 합산하는 종합소득금액이 3천만원 이하인 거주자가 배우자가 없는 여성으로서 부양가족이 있는 세대주이거나 배우자가 있는 여성인 경우 : 연 50만원(부녀자공제)
④ 한부모공제와 부녀자공제 모두 해당되는 경우에는 부녀자공제를 적용한다.

22. 다음 중 소득세법상 기본공제대상자에 해당하는 8세 이상의 자녀 수에 따른 세액공제액으로 옳지 않은 것은?

① 1명인 경우 : 연 25만원 ② 2명인 경우 : 연 50만원
③ 3명인 경우 : 연 95만원 ④ 4명인 경우 : 연 135만원

23. 다음 중 소득세법상 퇴직소득에 대한 설명으로 가장 옳지 않은 것은?

① 무주택자인 근로자가 본인 명의로 주택을 구입하고자 퇴직급여를 미리 지급받은 경우 그 지급받은 날 퇴직한 것으로 본다.
② 「공무원연금법」에 따라 받은 일시금은 기타소득에 해당한다.
③ 퇴직소득에 대한 총수입금액의 수입시기는 원칙적으로 퇴직하는 날로 한다.
④ 퇴직소득은 종합소득에 합산하지 않고 별도로 과세한다.

24. 다음 중 소득세법상 종합소득과세표준 확정신고에 대한 설명으로 옳지 않은 것은?

① 퇴직소득과 공적연금소득만 있는 자는 과세표준 확정신고를 하지 아니할 수 있다.
② 해당 과세기간에 분리과세 주택임대만 있는 경우에는 과세표준 확정신고를 하지 아니할 수 있다.
③ 복식부기의무자가 합계잔액시산표를 제출하지 아니한 경우 과세표준 확정신고를 하지 아니한 것으로 본다.
④ 수시부과를 한 경우 수시부과 후 추가로 발생한 소득이 없을 경우에는 과세표준 확정신고를 하지 아니할 수 있다.

25. 다음 중 소득세법상 중간예납에 대한 설명으로 옳지 않은 것은?

① 거주자는 중간예납세액을 11월 30일까지 납부해야 한다.
② 중간예납세액이 1천만원을 초과하는 경우 분할납부할 수 있다.
③ 중간예납 추계액이 중간예납 기준액의 30%에 미달하는 경우 중간예납 추계액을 중간예납세액으로 할 수 있다.
④ 해당 과세기간 중 신규로 사업을 시작한 자(해당 과세기간 개시일 현재 사업자가 아님)로서 당해 수입금액이 1억 5천만원 이상인 경우에는 중간예납대상이 될 수 있다.

OMR 카드의 수험번호, 종목, 급수, 유형 및 감독관확인란을 한 번 더 확인하신 후 제출하시기 바랍니다.

제114회 세무회계2급 답안 및 해설

세법1부 - 법인세법, 부가가치세법

1	2	3	4	5	6	7	8	9	10	11	12	13	14	15
①	④	④	②	③	④	③	③	①	①	①	③	③	①	③
16	17	18	19	20	21	22	23	24	25					
②	③	④	②	③	④	①	①	②	③					

01. 외국법인이란 **외국에 본점 또는 주사무소를 둔 법인**을 말하며, 설립준거법에 따르는 것이 아니다.
02. 상법에 따른 **소멸시효가 완성된 외상매출금은 신고조정 사항**이다.
03. 대손충당금 한도초과액은 유보로 소득처분한다.
04. **비영업용 소형자동차의 구입·임차·유지관리에 관한 매입세액은 손금에 산입**한다.
05. **소액주주 임원에 대한 사택 유지비는 손금으로 인정**된다.
06. 계약서는 법인세법상 지출증명서류에 열거하지 않고 있다.
07. **특례기부금을 금전 외의 자산으로 제공한 경우 장부가액**으로 한다.
08. **임원의 연임은 현실적인 퇴직에 해당하지 않아** 퇴직급여 지급시 손금불산입된다.
09. 「보험업법」이나 그 밖의 법률에 따른 유형자산 및 무형자산 등의 평가(**장부가액을 증액한 경우만** 해당) 시에는 평가 후의 금액을 법인세법에서 인정한다.
10. **600만원 미만의 수선비는 소액수선비로서** 자본적 지출에 포함하지 아니한다.
11. **20% 이상을 상실한 경우** 재해손실세액공제가 적용된다.
12. 관할지방국세청장은 신고서 또는 그 밖의 서류에 미비한 점이 있거나 **오류가 있을 때는 보정할 것을 요구할 수** 있다.
13. 성실신고 확인대상 법인이 성실신고확인서를 제출하지 아니한 경우에는 **법인세 산출세액의 100분의 5와 수입금액의 1만분의 2 중 큰 금액을 가산세**로 한다.
14. 사업자란 사업목적이 **영리이든 비영리이든 관계없이 사업상 독립적으로 재화 또는 용역을 공급**하는 자를 말한다.
15. 재화를 보관하고 관리할 수 있는 시설만 갖춘 장소로서 **하치장으로 신고된 장소는 사업장으로 보지 아니한다.**
16. **상품권은 화폐대용증권으로 재화의 범위에서 제외**된다.
17. 사업자 단위로 등록하는 **법인사업자는 본점 관할세무서장에게 등록을 신청**할 수 있다.
18. 부동산 임대용역을 공급하는 경우에 **임대보증금에 대한 간주임대료**가 발생한 경우 : **예정신고기간 또는 과세기간의 종료일**

19. **영세율은 포기 제도가 없다.**
20. **장기할부판매의 할부이자는 과세표준에 포함**한다.
21. **운수업, 자동차판매업 등 직접 영업용으로 사용되는 자동차**의 구입과 임차 및 유지에 관한 매입세액은 공제가능하다.
22. **음식점을 경영하는 법인사업자**의 의제매입세액공제율은 **6/106**이다.
23. 내국신용장 또는 구매확인서에 의하여 공급하는 재화는 영세율이 적용되더라도 국내거래이므로 세금계산서 발급대상 거래이다.
24. **직전 과세기간의 공급가액의 합계액이 1억 5천만원 이상인 법인사업자는 예정신고**를 하여야 한다.
25. **감가상각자산을 신설, 취득**하여야 하며, **영세율 적용대상이 되는 과세표준이 있는 경우에 한하여** 조기환급 받을 수 있다.

세법2부 - 국세기본법, 소득세법(조세특례제한법)

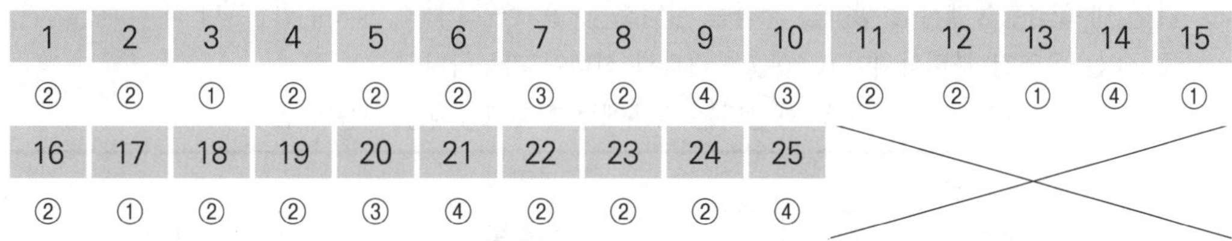

1	2	3	4	5	6	7	8	9	10	11	12	13	14	15
②	②	①	②	②	②	③	②	④	③	②	②	①	④	①
16	17	18	19	20	21	22	23	24	25					
②	①	②	②	③	④	②	②	②	④					

01. **4촌 이내의 혈족이 특수관계인에 해당**한다.
02. **신고와 관련된 기한연장은 9개월을 넘지 않는 범위에서 관할 세무서장**이 할 수 있다.
03. 공시송달은 서류의 주요 내용을 **공고한 날로부터 14일이 지나면 송달의 효력이 발생**한다.
04. **신의성실의 원칙은 납세자가 그 의무를 이행할 때에도 적용**된다
05. 인지세는 납세의무가 성립하는 때인 **과세문서를 작성한 때에 특별한 절차 없이 그 세액이 확정**된다.
06. 납세자가 법정신고기한까지 **상속세 과세표준신고서를 제출하지 않은 경우 부과제척기간은 15년**이다.
07. 출자자의 **제2차 납세의무에서 주된 납세자인 법인은 증권시장에 주권이 상장된 법인을 제외한 법인**으로 한다.
08. 물적납세의무가 성립하기 위해서는 **양도담보가 국세의 법정기일 이후에 설정**되어야 한다.
09. 법정신고기한이 지난 후 **6개월을 초과하여 기한 후 신고를 한 경우 가산세 감면은 없다.**
10. 경정 등의 청구를 한 자가 세무서장으로부터 결정 또는 경정 여부의 통지를 받지 못한 경우에는 통지를 받기 전이라도 그 **2개월이 되는 날의 다음 날부터 심사청구**를 할 수 있다.

11. 납세자가 동일 과세기간에 재차 **경정청구를 하는 것은 세무조사 사유에 해당하지 않는다.**
12. **외국국적이나 영주권의 취득 여부와는 관련이 없으며** 거주기간, 직업, 국내에 생계를 같이하는 가족 및 국내 소재 자산의 유무 등 생활관계의 객관적인 사실에 따라 구분한다.
13. 외국법인이 발행한 채권 또는 증권에서 발생하는 이자소득·배당소득을 거주자에게 지급하는 경우에는 국내에서 그 지급을 대리하거나 그 **지급 권한을 위임 또는 위탁받은 자가 그 소득에 대한 소득세를 원천징수**하여야 한다.
14. **자산수증이익 중 이월결손금의 보전에 충당된 금액은 총수입금액 불산입**한다.
15. 성실신고대상자는 **1대 외에 추가하는 승용차에 대하여 업무전용자동차 보험에 가입**하여야 하며, 전용 보험 미가입 시 전액 비용으로 인정되지 않는다(2025년까지는 50%만 인정).
16. 제조업을 영위하는 개인사업자로서 **직전 과세기간의 수입금액의 합계액이 1억 5천만원에 미달하는 경우에는 당해 과세기간에 간편장부대상자**가 된다.
17. **퇴직급여로 지급되기 위하여 적립되는 급여는 근로소득에 포함되지 않는다.**
18. 원천징수세액=상금(500,000,000)×(1－80%)×기타소득 원천징수세율(20%)＝20,000,000원
19. 공동사업에서 발생한 소득금액을 계산할 때 공동사업을 경영하는 **각 거주자 간에 약정된 손익분배비율이 없는 경우에는 지분비율**에 의한다.
20. **가구 내 고용활동에서 발생하는 소득은 사업소득**으로 종합소득에 반드시 합산된다.
①, ④는 무조건 분리과세이고 ②는 분리과세 선택이 가능하다.
21. 한부모공제와 부녀자공제 모두 해당되는 경우에는 한부모공제를 적용한다.
22.

1명인 경우	25만원	(개정세법 25)
2명인 경우	**55만원**	
2명 초과	55만원＋**40만원/초과인**	

23. **공적연금 관련법에 따라 받는 일시금은 퇴직소득**에 해당한다.
24. 해당 과세기간에 **분리과세 주택임대소득만 있는 경우에도 종합소득과세표준 확정신고**를 하여야 한다.
25. 과세기간 중에 **신규로 사업을 시작한 자는 중간예납의무를 지지 않는다.**

제112회 세무회계2급

합격율	시험년월
38%	2024.8

세법1부 법인세법, 부가가치세법

01. 다음 중 법인세법상 납세의무자에 대한 설명으로 옳은 것은?

① 외국법인이란 외국의 법률에 따라 설립된 법인을 말한다.
② 영리외국법인은 청산소득에 대한 법인세 납세의무가 없다.
③ 외국정부와 지방자치단체는 각 사업연도의 소득 및 청산소득에 대하여 납세의무를 지지 않는다.
④ 외국에서 주된 영업을 하는 영리법인은 국내에 본점이나 주사무소 또는 사업의 실질적 관리장소를 두고 있다고 하더라도 내국법인으로 분류될 수 없다.

02. 다음 중 법인세법상 사업연도에 대한 설명으로 옳은 것은?

① 사업연도는 법령이나 법인의 정관 등에서 정하는 1 회계기간으로 하되, 그 기간을 1년 미만으로 할 수 없다.
② 내국법인의 최초 사업연도의 개시일은 사실상의 사업개시일로 한다.
③ 법령이나 정관 등에 사업연도에 관한 규정이 없는 내국법인이 사업연도에 대하여 신고하지 않은 경우 매년 1월 1일부터 12월 31일까지를 사업연도로 한다.
④ 내국법인이 폐업하는 경우 사업연도는 그 사업연도 개시일부터 폐업일까지로 한다.

03. 다음 중 법인세법상 법인에서 사외유출된 금액이 발생한 경우에 대한 설명으로 옳지 않은 것은?

① 사외유출된 금액의 귀속자가 주주인 경우 배당으로 소득처분한다.
② 사외유출된 금액의 귀속자가 임원 또는 직원인 경우 상여로 소득처분한다.
③ 사외유출된 금액의 귀속자가 사업을 영위하는 거주자인 경우 기타소득으로 소득처분한다.
④ 사외유출된 금액의 귀속자가 분명하지 않은 경우 법인 대표자에 대한 상여로 소득처분한다.

04. 다음 중 법인세법상 익금에 대한 설명으로 옳지 않은 것은?

① 법인의 자산수증이익과 채무면제이익은 익금에 해당한다.
② 지출 당시 손금에 산입된 재산세는 추후 환입 시 익금에 해당한다.
③ 자기주식처분이익은 익금에 해당한다.
④ 법인이 특수관계 없는 개인으로부터 유가증권을 저가매입하는 경우에는 매입시점에 시가와 그 매입가액의 차액을 익금으로 본다.

05. 다음 중 법인세법상 손금불산입되는 벌금 등의 사례로 옳지 않은 것은?

① 전기요금의 납부지연으로 인한 연체가산금
② 업무와 관련하여 발생한 교통사고 벌과금
③ 「국민건강보험법」에 따라 징수하는 연체금
④ 법인의 임원 또는 직원이 관세법을 위반하고 지급한 벌과금

06. 다음 중 법인세법상 대손충당금을 설정할 수 없는 채권이 아닌 것은?

① 업무와 관련하여 특수관계 없는 자에게 대여한 금액
② 할인어음, 배서양도한 어음
③ 채무보증으로 인하여 발생한 구상채권
④ 특수관계인에게 업무와 관련 없이 지급한 가지급금

07. 다음 중 법인세법상 재고자산 및 유가증권의 평가에 대한 설명으로 틀린 것은?

① 법인의 재고자산평가는 원가법과 저가법 중 법인이 납세지 관할 세무서장에게 신고한 방법에 의한다.
② 법인의 재고자산은 종류별, 영업장별로 각각 다른 방법으로 평가할 수 있다.
③ 법인이 보유한 채권의 평가는 선입선출법, 총평균법, 이동평균법 중 선택할 수 있다.
④ 법인이 평가방법을 신고하고 신고한 방법에 따라 평가하였으나 계산상 착오인 경우는 임의 변경으로 보지 않는다.

08. 다음 중 법인세법상 유형자산의 감가상각에 대한 설명으로 옳지 않은 것은?

① 건설 중인 자산은 감가상각자산에 포함되지 아니한다.

② 상각부인액은 그 이후 사업연도에 시인부족액을 한도로 손금에 산입한다.

③ 시인부족액은 그 후 사업연도의 상각부인액에 충당된다.

④ 감가상각자산을 양도한 경우 당해 자산의 상각부인액은 양도일이 속하는 사업연도의 손금에 이를 산입한다.

09. 다음 중 법인세법상 기업업무추진비에 대한 설명으로 가장 잘못된 것은?

① 기업업무추진비는 접대행위가 일어난 사업연도에 귀속한다.

② 기업업무추진비를 금전 외의 자산으로 제공한 경우 해당 자산의 가액은 이를 제공할 때의 시가가 장부가액보다 낮다면 장부가액으로 평가한다.

③ 법인이 직접 생산한 제품 등으로 제공한 경우는 적격증빙불비 기업업무추진비 시부인 규정을 적용받지 아니한다.

④ 3만원을 초과하는 기업업무추진비를 임직원 개인명의의 신용카드로 결제한 경우 법인의 손금에 산입할 수 있다.

10. 다음 중 법인세법상 부당행위계산의 유형에 해당하지 않는 것은?

① 자산을 시가보다 높은 가액으로 매입한 경우

② 무수익 자산을 매입한 경우

③ 출연금을 대신 부담한 경우

④ 주주나 출연자가 아닌 임원에게 사택을 제공하는 경우

11. 다음 중 법인세법상 결손금 및 이월결손금에 대한 설명으로 옳지 않은 것은?

① 결손금 소급공제는 중소기업에 해당하는 내국법인이 신청할 수 있다.

② 이월결손금을 공제할 때에는 최근에 발생한 사업연도의 결손금부터 차례대로 공제한다.

③ 이월결손금에 대한 공제는 중소기업의 경우 100분의 100을 한도로 한다.

④ 결손금 소급공제로 법인세를 환급받으려는 법인은 결손금이 발생한 사업연도의 법인세 신고기한까지 환급을 신청해야 한다.

12. 다음 중 법인세법상 중간예납에 대한 설명으로 가장 옳지 않은 것은?

① 원칙적으로 중간예납의무자는 각 사업연도의 기간이 6개월을 초과하는 내국법인이다.

② 중간예납기간은 해당 사업연도의 개시일부터 6개월이 되는 날까지로 한다.

③ 중간예납기간이 지난 날부터 2개월 이내에 중간예납세액을 납세지 관할 세무서, 한국은행 또는 체신관서에 납부하여야 한다.

④ 납부할 중간예납세액이 5백만원을 초과하는 경우에는 분납할 수 있다.

13. 다음 중 법인세법상 지급명세서 등 제출 불성실가산세에 대한 설명으로 옳지 않은 것은? (단, 일용근로소득은 제외한다.)

① 지급명세서를 기한까지 제출하지 아니한 경우 가산세는 지급금액의 100분의 1로 한다.

② 간이지급명세서를 기한까지 제출하지 아니한 경우 가산세는 지급금액의 1만분의 25로 한다.

③ 지급명세서를 제출기한이 지난 후 3개월 이내에 제출하는 경우에 가산세는 지급금액의 1천분의 1로 한다.

④ 간이지급명세서가 불분명하거나 사실과 다른 경우 가산세는 지급금액의 1만분의 25로 한다.

14. 다음 중 부가가치세법상 사업장에 대한 설명으로 옳지 않은 것은?

① 건설업 개인사업자 : 사업에 관한 업무를 총괄하는 장소

② 제조업 : 최종제품을 완성하는 장소(따로 제품의 포장만을 하거나 용기에 충전만을 하는 장소는 제외)

③ 부동산매매업 법인 : 부동산의 등기부상 소재지

④ 무인자동판매기를 통하여 재화를 공급하는 사업 : 사업에 관한 업무를 총괄하는 장소

15. 다음 중 부가가치세법상 사업자등록에 대한 설명으로 옳지 않은 것은?

① 사업장이 둘 이상인 사업자는 사업자 단위로 해당 사업자의 본점 또는 주사무소의 관할 세무서장에게 등록을 신청할 수 있다.

② 사업자는 사업자등록의 신청을 사업장 관할 세무서장이 아닌 다른 세무서장에게도 할 수 있다.

③ 신규로 사업을 시작하려는 자는 사업개시일 이전에는 사업자등록을 신청할 수 없다.

④ 사업장 단위로 등록한 사업자가 사업자단위 과세사업자로 변경하려면 사업자단위 과세사업자로 적용받으려는 과세기간 개시 20일 전까지 변경등록을 신청해야 한다.

16. 다음 중 부가가치세법상 재화의 공급에 해당하지 않는 것은?

① 건물의 현물출자 ② 특허권의 양도
③ 상표권의 양도 ④ 채권의 양도

17. 다음 중 부가가치세법상 재화 또는 용역의 공급시기에 대한 설명으로 가장 옳지 않은 것은?

① 전력이나 그 밖에 공급단위를 구획할 수 없는 재화를 계속적으로 공급하는 경우에는 대가의 각 부분을 받기로 한 때를 공급시기로 본다.
② 완성도기준지급조건부로 재화를 공급하는 경우에는 재화를 인도하는 때를 공급시기로 본다.
③ 수출재화의 경우 해당 수출재화의 선(기)적일을 공급시기로 본다.
④ 무인판매기를 이용하여 재화를 공급하는 경우 해당 사업자가 무인판매기에서 현금을 꺼내는 때를 공급시기로 본다.

18. 다음 중 부가가치세법상 용역의 공급 중 면세가 적용되는 것을 모두 고른 것은?

가. 국가 또는 지방자치단체에 무상으로 공급하는 용역 나. 고속버스, 전세버스, 시내버스 등의 여객운송용역 다. 주무관청에 등록된 미술학원에서 제공하는 교육용역 라. 「약사법」에 따른 약사가 제공하는 의약품의 조제용역

① 가, 나, 다 ② 가, 나, 라 ③ 가, 다, 라 ④ 나, 다, 라

19. 다음 중 부가가치세법상 공급가액에 대한 설명으로 옳지 않은 것은?

① 대가를 외화로 받은 경우로서 공급시기가 되기 전에 원화로 환가한 경우에는 공급시기의 기준환율 또는 재정환율에 따라 계산한 금액을 공급가액으로 한다.
② 금전 외의 대가를 받는 경우 자기가 공급한 재화 또는 용역의 시가를 공급가액으로 한다.
③ 폐업 시 남아있는 재화는 시가를 공급가액으로 한다.
④ 공급에 대한 대가의 지급이 지체되었음을 이유로 받는 연체이자는 공급가액에 포함하지 아니한다.

20. 다음 중 부가가치세법상 대손세액공제에 대한 설명으로 가장 옳지 않은 것은?

① 채무자의 행방불명은 대손사유에 해당한다.

② 사업자가 대손금액을 회수한 경우 회수한 대손세액을 회수한 날이 속하는 과세기간의 매입세액에서 차감한다.

③ 대손세액은 대손금액의 110분의 10으로 한다.

④ 대손세액공제를 적용받으려는 사업자는 대손금액이 발생한 사실을 증명하는 서류를 제출하여야 한다.

21. 다음 중 부가가치세법상 매입세액 공제대상이 아닌 것은?

① 건설업의 화물자동차로 유료도로를 이용하고 해당 도로 사업자에게 통행료를 신용카드로 결제한 경우

② 기존 과세사업에 사용하던 노후건물을 철거하고 건물을 신축하는 경우 철거 관련 매입세액

③ 종업원의 교통사고 병원 치료비를 신용카드로 결제한 경우

④ 세금계산서 발급 대상 간이과세자로부터 소모품을 매입하고 현금영수증을 발급받은 경우

22. 다음 중 부가가치세법상 의제매입세액 공제율의 연결이 옳지 않은 것은?

① 「개별소비세법」상 과세유흥장소의 경영자 : 4/104

② 음식점을 경영하는 법인사업자 : 6/106

③ 음식점을 경영하는 개인사업자(해당 과세기간의 과세표준 2억원 초과) : 8/108

④ 제조업을 경영하는 법인사업자 : 2/102

23. 다음 중 부가가치세법상 수정세금계산서를 발급하는 경우 수정세금계산서의 작성연월일로 옳지 않은 것은?

① 처음 공급한 재화가 환입된 경우 : 재화가 환입된 날

② 계약의 해제로 재화 또는 용역이 공급되지 아니한 경우 : 계약해제일

③ 계약의 해지 등에 따라 공급가액에 추가되거나 차감되는 금액이 발생한 경우 : 증감 사유가 발생한 날

④ 착오로 전자세금계산서를 이중으로 발급한 경우 : 착오를 인식한 날

24. 다음 중 부가가치세법상 간이과세자에 대한 설명으로 옳지 않은 것은?

① 간이과세자는 휴업 또는 사업부진 등의 사유가 있더라도 예정부과기간의 과세표준과 납부세액을 신고할 수 없다.

② 간이과세가 적용되지 아니하는 다른 사업장을 보유하고 있는 사업자는 간이과세자로 보지 아니한다.

③ 부동산매매업을 경영하는 자는 간이과세자가 될 수 없다.

④ 간이과세자가 일반과세자에 관한 규정을 적용받으려는 경우 간이과세의 포기가 가능하다.

25. 다음 중 부가가치세법상 예정신고와 확정신고에 대한 설명으로 옳지 않은 것은?

① 각 예정신고기간분에 대하여 조기환급을 받으려는 경우 예정신고를 할 수 있다.

② 예정신고를 한 사업자는 확정신고 시 이미 신고한 과세표준과 납부세액은 신고하지 않는다.

③ 사업자가 폐업하는 경우 폐업일이 속한 달의 다음 달 25일까지 확정신고를 하여야 한다.

④ 예정고지세액이 100만원 미만인 경우 징수하지 아니한다.

세법2부 국세기본법, 소득세법(조세특례제한법)

01. 다음 중 국세기본법상 기간과 기한에 대한 내용으로 틀린 것은?

① 납세자가 과세표준신고서를 우편으로 제출한 경우 그 청구기간이 지나서 도달하더라도 우편날짜 도장이 찍힌 날을 기준으로 신고된 것으로 본다.

② 과세표준신고서를 국세정보통신망을 이용하여 제출하는 경우에는 해당 신고서가 국세청장에게 전송된 때 신고된 것으로 본다.

③ 신고기한 만료일에 정전, 프로그램의 오류 등으로 국세정보통신망의 가동이 정지되는 경우 그 장애가 복구된 날을 기한으로 한다.

④ 국세기본법 또는 세법에 규정하는 징수에 관한 기한이 공휴일에 해당하는 때에는 그 공휴일의 다음날을 기한으로 한다.

02. 다음 중 국세기본법상 공시송달의 사유로 가장 옳지 않은 것은?

① 주소 또는 영업소가 국외에 있고 송달하기 곤란한 경우
② 주소 또는 영업소가 분명하지 아니한 경우
③ 등기우편으로 송달하였으나 수취인 부재로 반송되어 납부기한까지 송달이 곤란하다고 인정되는 경우
④ 세무공무원이 1회 이상 납세자를 방문해 서류를 교부하려고 하였으나 수취인이 부재중인 것으로 확인되어 납부기한까지 송달이 곤란하다고 인정되는 경우

03. 다음 중 국세기본법상 법인으로 보는 단체에 대한 설명으로 가장 옳지 않은 것은?

① 주무관청의 허가를 받아 요건을 갖춰 설립된 법인은 관할 세무서장에게 신청하여 승인을 받지 않아도 법인으로 본다.
② 등기되지 않고 공익을 목적으로 출연된 기본재산이 있는 재단은 요건을 갖춘 경우 법인으로 본다.
③ 단체의 수익을 구성원에게 분배하더라도 법인으로 보는 단체에 해당한다.
④ 법인으로 보는 단체의 국세에 관한 의무는 그 대표자나 관리인이 이행해야 한다.

04. 다음 중 국세기본법상 납세의무의 성립시기 연결이 옳지 않은 것은?

① 소득세 · 법인세 : 과세기간이 끝나는 때
② 부가가치세 : 부가가치세 신고기간이 끝나는 때
③ 상속세 : 상속이 개시되는 때
④ 증여세 : 증여에 의하여 재산을 취득하는 때

05. 다음 중 국세기본법상 국세의 부과제척기간과 국세징수권의 소멸시효의 비교에 대한 설명으로 가장 옳지 않은 것은?

	구분	국세의 부과제척기간	국세징수권의 소멸시효
①	대상	국가의 부과권(형성권의 일종)	국가의 징수권(청구권의 일종)
②	기간	일반 국세 : 5년, 7년, 10년 등	5억원 미만의 국세 : 5년
③	중단과 정지제도	존재함	존재하지 않음
④	기간만료의 효과	장래를 향해 부과권 소멸	기산일로 소급하여 징수권 소멸

06. 다음 중 국세기본법상 수정신고와 경정청구에 대한 설명으로 옳지 않은 것은?

① 과세표준신고서를 법정신고기한까지 제출한 자는 수정신고를 할 수 있다.
② 과세표준수정신고서를 제출하는 납세자가 추가자진납부하는 경우 자진납부하는 국세와 함께 가산세를 추가하여 납부하여야 한다.
③ 기한후과세표준신고를 한 경우에도 경정청구의 대상이 된다.
④ 경정의 청구를 받은 세무서장은 그 청구를 받은 날부터 3개월 이내에 결정 또는 경정여부를 통지하여야 한다.

07. 다음 중 국세기본법상 납세의무의 승계와 연대납세의무에 대한 설명으로 가장 틀린 것은?

① 상속인은 피상속인의 국세 및 강제징수비를 상속으로 받은 재산의 한도 내에서 납부할 의무를 진다.
② 피상속인에게 한 처분 또는 절차는 납세의무를 승계한 상속인에 대해서도 동일한 효력이 있다.
③ 연대납세의무자 중 1인이 전액을 납부했을 경우 타 연대납세의무자의 납부의무는 소멸된다.
④ 납세고지에 관한 서류를 송달할 때에는 수인의 연대납세의무자 중 그 대표자 1인에게만 하여도 송달의 효력이 있다.

08. 사업을 영위하는 김토지씨가 종합소득세를 신고하지 않아 관할 세무서장이 고지서를 발송하였는데, 김토지씨가 이를 체납하여 소득세 관할 세무서장이 김토지씨의 소유토지를 압류하여 매각하였다. 국세기본법상 우선순위를 바르게 나열한 것은?

가. 소득세 등 (고지서 발송일 : 20x1.4.10., 고지세액의 납부기한이 지난 날 : 20x1.5.10.)
나. 해당 토지에 설정된 저당권에 의해 담보되는 채권 (저당권 설정일 : 20x1.3.10.)
다. 김토지씨의 사업체에 종사하는 근로자들의 임금채권 (최종 3월분 임금)

① 다 → 나 → 가
② 다 → 가 → 나
③ 나 → 가 → 다
④ 나 → 다 → 가

09. 다음 중 국세기본법상 가산세의 50% 감면을 적용하지 않는 경우는?

① 법정신고기한이 지난 후 3개월 초과 6개월 이내에 수정신고한 경우
② 법정신고기한이 지난 후 3개월 초과 6개월 이내에 기한 후 신고를 한 경우
③ 세법에 따른 제출, 신고, 가입, 등록, 개설의 기한이 지난 후 1개월 이내에 해당 세법에 따른 제출 등의 의무를 이행하는 경우
④ 과세전적부심사의 결정·통지기간에 그 결과를 통지하지 아니한 경우

10. 다음 중 국세기본법상 조세불복에 대한 설명으로 옳지 않은 것은?

① 「감사원법」에 따라 심사청구를 한 처분에 대해서는 불복을 청구할 수 없다.
② 상속세 및 증여세 세목에 대해서는 국선대리인의 선정을 신청할 수 없다.
③ 청구서의 보정기간은 심사청구기간에 산입하지 아니한다.
④ 제2차 납세의무자로서 납부고지서를 받은 자는 이해관계인으로서 불복을 청구할 수 없다.

11. 다음 중 국세기본법상 납세자의 권리에 대한 설명으로 가장 옳지 않은 것은?

① 세무공무원은 조사대상 세목 · 업종 · 규모, 조사 난이도 등을 고려하여 세무조사기간이 최소한이 되도록 하여야 한다.
② 세무공무원은 납세자의 자료 제출 지연 등의 사유로 세무조사를 중지할 수 있으며, 중지기간 중에도 납세자에 대하여 국세의 과세표준과 세액을 결정 또는 경정하기 위한 질문을 하거나 장부 등의 검사 또는 제출을 요구할 수 있다.
③ 세무조사결과에 대한 서면통지를 받은 자는 과세전적부심사를 청구할 수 있는데, 납기전징수 사유가 있는 경우는 과세전적부심사를 청구할 수 없다.
④ 세무조사의 사전통지를 받은 납세자가 납세자의 장기출장 등으로 세무조사를 받기가 곤란한 경우 세무조사를 연기해 줄 것을 신청할 수 있다.

12. 다음 중 소득세법상 납세의무자와 납세지에 대한 설명으로 가장 옳지 않은 것은?

① 국외에서 근무하는 대한민국 공무원은 거주자로 본다.
② 피상속인의 소득금액에 대한 소득세는 그 상속인이 납세의무를 진다.
③ 국내에서 거소를 둔 기간이 1과세기간 중에 183일 이상인 경우에는 거주자로 본다.
④ 국내사업장이 없는 경우 비거주자의 소득세 납세지는 거소지로 한다.

13. 다음 중 소득세법상 이자소득에 해당하지 않는 것은?

① 외국법인이 발행한 채권 · 증권의 이자와 할인액
② 환매조건부 채권 · 증권의 매매차익
③ 직장공제회 초과반환금
④ 국외에서 받는 집합투자기구로부터의 이익

14. 다음 중 소득세법상 주택임대소득에 대한 설명으로 가장 옳지 않은 것은?

① 국외에 소재한 1주택 소유자의 주택임대소득은 비과세 대상에 해당한다.
② 소유주택이 2주택인 경우 주택의 간주임대료는 총수입금액 산입 대상이 아니다.
③ 주택수를 계산할 때 본인과 배우자가 각각 주택을 소유하는 경우에는 이를 합산한다.
④ 주택임대 총수입금액의 합계액이 2천만원 이하인 경우 분리과세가 가능하다.

15. 다음 중 소득세법상 사업소득의 필요경비에 산입하지 않는 것은?

① 판매장려금 및 판매수당 등 판매와 관련한 부대비용
② 사업에 직접 종사하고 있는 그 사업자의 배우자 급여
③ 면세사업 관련 부가가치세 매입세액
④ 소득세와 개인지방소득세

16. 다음 중 소득세법상 과세되는 근로소득의 범위에 해당하지 않는 것은?

① 법인세법에 따라 상여로 처분된 금액
② 일정기간 동안 회사에 근무하기로 계약을 체결하고 당해 계약에 따라 지급받는 추가급여
③ 중소기업의 종업원이 주택의 구입 · 임차에 소요되는 자금을 저리 또는 무상으로 대여 받음으로써 얻는 이익
④ 근로자 자녀의 학자금

17. 다음 중 소득세법상 각각의 소득금액을 계산하는 경우 필요경비로 인정받을 수 있는 경우는?

① 이자소득금액을 계산하는 경우 : 차입금에 대한 지급이자
② 배당소득금액을 계산하는 경우 : 금융기관에 지급한 수수료
③ 기타소득금액(문예창작소득)을 계산하는 경우 : 실제로 사용한 경비
④ 근로소득금액을 계산하는 경우 : 업무상 출장비용

18. 다음 중 소득세법상 연금소득공제에 대한 설명으로 옳지 않은 것은?

① 연금소득은 실제 필요경비가 인정되지 아니한다.
② 연금소득공제를 계산할 때 총연금액에는 분리과세 연금소득은 제외한다.
③ 총연금액이 350만원 이하인 경우 총연금액 전액이 공제된다.
④ 연금소득공제액의 한도는 1,000만원으로 한다.

19. 다음 중 소득세법상 열거하는 기타소득에 해당하지 않는 것은?

① 소기업 · 소상공인 공제부금의 해지일시금
② 알선수재 및 배임수재에 의하여 받는 금품
③ 고용관계 없이 다수인에게 강연을 하고 강연료 등 대가를 받는 용역을 일시적으로 제공하고 받는 대가
④ 퇴직 전에 부여받은 주식매수선택권을 퇴직 전에 행사함으로써 얻는 이익

20. 다음 중 소득세법상 종합소득공제에 대한 설명으로 가장 옳지 않은 것은?

① 종합소득이 있는 거주자와 따로 사는 부모님은 소득요건과 나이요건을 충족할 경우 생계를 같이 하는 사람으로 보아 기본공제를 받을 수 있다.
② 기본공제대상자가 아닌 자는 추가공제대상자가 될 수 없다.
③ 거주자 갑의 배우자에게 일용근로소득이 200만원 있는 경우 종합소득금액이 2,000만원인 거주자 갑은 배우자공제를 받을 수 없다.
④ 경로우대자공제를 받기 위한 최소한의 나이는 70세이다.

21. 다음 중 소득세법상 사업소득만 있는 거주자가 적용받을 수 없는 세액공제는 무엇인가?

① 보험료세액공제
② 자녀세액공제
③ 연금계좌세액공제
④ 기장세액공제

22. 다음 중 소득세법상 양도소득세에 대한 설명으로 옳지 않은 것은?

① 미등기양도자산은 기본공제를 적용받을 수 없다.
② 양도소득 예정신고와 함께 자진납부하는 경우 산출세액의 100분의 10을 공제한다.
③ 고가주택이란 양도 당시 실지거래가액의 합계액이 12억원을 초과하는 주택을 말한다.
④ 원칙적으로 장기보유특별공제는 보유 기간이 3년 이상인 경우에 적용한다.

23. 다음 중 소득세법상 원천징수와 관련된 설명으로 옳은 것은?

① 발생된 소득을 미지급하여 소득세가 원천징수되지 않은 소득이 종합소득에 합산되어 소득세가 과세된 경우 해당 소득을 지급하는 때에는 소득세를 원천징수하지 않는다.
② 원천징수대상 사업소득을 지급하는 개인은 사업자가 아닌 경우에도 원천징수의무를 진다.
③ 소득세가 과세되지 아니하거나 면제되는 소득을 지급할 때도 소득세를 원천징수한다.
④ 일용근로소득을 지급할 때에는 매 지급 시마다 근로소득간이세액표에 따라 소득세를 원천징수한다.

24. 다음 중 소득세법상 소액부징수로 규정된 금액으로 옳지 않은 것은?

① 중간예납세액 : 50만원 미만인 경우
② 배당소득의 원천징수세액 : 1천원 미만인 경우
③ 납세조합의 징수세액 : 1천원 미만인 경우
④ 수시부과세액 : 50만원 미만인 경우

25. 다음 중 소득세법상 성실신고확인제도에 대한 설명으로 옳지 않은 것은?

① 성실신고확인대상사업자 판단은 직전 과세기간의 수입금액에 의해 결정된다.
② 성실신고확인대상사업자가 성실신고확인서를 제출하는 경우에는 종합소득과세표준 확정신고를 그 과세기간의 다음 연도 5월 1일부터 6월 30일까지 해야 한다.
③ 성실신고확인대상사업자가 그 과세기간의 다음 연도 6월 30일까지 성실신고확인서를 관할 세무서장에게 제출하지 않은 경우에는 성실신고확인서 제출 불성실 가산세를 적용한다.
④ 세무공무원은 정기선정에 의한 조사 외에 납세자가 성실신고확인서의 제출의무를 이행하지 않은 경우에는 세무조사를 할 수 있다.

제112회 세무회계2급 답안 및 해설

세법1부 - 법인세법, 부가가치세법

1	2	3	4	5	6	7	8	9	10	11	12	13	14	15
②	③	③	④	①	①	③	③	④	④	②	④	③	③	③
16	17	18	19	20	21	22	23	24	25					
④	②	③	①	②	③	①	④	①	④					

01. ① 외국법인이란 **외국에 본점 또는 주사무소를 둔 법인**으로 설립준거법에 따르는 것이 아니다.
   ③ 외국정부와 지방자치단체도 **수익사업에서 생긴 소득에 대하여 납세의무**를 진다.
   ④ 국내에 본점이나 **사업의 실질적 관리장소를 두고 있는 경우 내국법인으로 분류**한다.

02. ① **1년 미만은 허용**된다.
   ② **최초 사업연도의 개시일은 설립등기일**이다.
   ④ 폐업의 경우는 사업연도가 달라지지 않는다.

03. 사외유출된 금액의 귀속자가 **사업을 영위하는 거주자인 경우에는 기타사외유출**로 소득처분한다.

04. 법인이 **특수관계인인 개인으로부터 유가증권을 저가매입**하는 경우에는 매입시점의 시가와 그 매입가액의 차액을 익금으로 본다.

05. 전기요금의 납부지연으로 인한 연체가산금은 손금불산입되는 벌금에 해당하지 않는다.

06. **특수관계 없는 자에게 대여한 금액은 대손충당금을 설정할 수 있는 채권**에 해당한다.

07. **채권의 경우 개별법, 총평균법, 이동평균법** 중 선택할 수 있다.

08. 시인부족액은 그 후 사업연도의 상각부인액에 이를 충당하지 못한다.

09. 법인 명의로 발급받은 신용카드로 결제한 경우에 손금에 산입할 수 있다. 개인의 명의의 신용카드로 결제한 경우에 **일반영수증으로 보아 손금불산입**한다.

10. 주주 등이나 **출연자가 아닌 임원 및 직원에게 사택을 제공하는 경우는 부당행위계산을 적용하지 아니한다.**

11. 결손금을 공제할 때에는 **먼저 발생한 사업연도의 결손금부터 차례대로 공제**한다.

12. 납부할 중간예납세액이 **1천만원을 초과하는 경우에는 분납**할 수 있다.

13. 지급명세서를 제출기한이 지난 후 3개월 이내에 제출하는 경우에 가산세는 **지급금액의 1천분의 5(미제출 1%의 50% 감면)**로 한다.

14. 건설업, 운수업, 부동산매매업 법인의 경우 **법인의 등기부상 소재지가 사업장**이다.

15. 신규로 사업을 시작하려는 자는 **사업개시일 이전이라도 사업자등록을 신청**할 수 있다.

16. **채권은 재화의 범위에서 제외**된다.

17. **완성도기준지급조건부**로 재화를 공급하는 경우에는 **대가의 각 부분을 받기로 한 때**를 재화의 공급시기로 본다.
18. **고속버스, 전세버스의 여객운송 용역은 부가가치세가 면제**되지 아니한다.
19. **공급시기가 되기 전에 원화로 환가**한 경우에는 그 **환가한 금액을 공급가액**으로 한다.
20. 사업자가 대손금액을 회수한 경우 회수한 **대손세액을 회수한 날이 속하는 과세기간의 매출세액에 더한다.**
21. 종업원의 교통사고 **병원 치료비는 면세에 해당**하여 매출세액에서 공제하지 아니한다.
22. 「개별소비세법」에 따른 **과세유흥장소의 경영자에게 적용되는 의제매입세액 공제율은 102분의 2**이다.
23. 착오로 전자세금계산서를 이중으로 발급한 경우 **처음에 발급한 세금계산서의 내용대로 음의 표시**를 하여 발급한다.
24. 간이과세자도 **휴업 또는 사업부진** 등의 사유가 있는 경우 **예정부과기간의 과세표준과 납부세액을 예정부과 기한까지 신고**할 수 있다.
25. **예정고지세액이 50만원 미만**인 경우 징수하지 아니한다.

세법2부 - 국세기본법, 소득세법(조세특례제한법)

1	2	3	4	5	6	7	8	9	10	11	12	13	14	15
③	④	③	②	③	④	④	①	②	④	②	④	④	①	④
16	17	18	19	20	21	22	23	24	25					
③	③	④	④	③	①	②	①	④	①					

01. 국세정보통신망의 가동이 정지되는 경우 그 장애가 **복구되어 신고할 수 있게 된 날의 다음 날**을 기한으로 한다.
02. **세무공무원이 2회 이상** 납세자를 방문해 서류를 교부하려고 하였으나 수취인이 부재중인 것으로 확인되어 납부기한까지 송달이 곤란하다고 인정되는 경우
03. 관할 세무서장에게 신청하여 승인을 받아 법인으로 보는 단체가 되기 위한 요건 중의 하나는 **단체의 수익을 구성원에게 분배하지 않는 것**이다.
04. 부가가치세의 납세의무 성립시기는 **과세기간이 끝나는 때**이다. 다만, 수입재화의 경우에는 세관장에게 수입신고를 하는 때를 말한다.
05. **중단과 정지제도는 국세징수권의 소멸시효**에 존재하는 제도이다.
06. 경정의 청구를 받은 세무서장은 그 **청구를 받은 날부터 2개월 이내에 결정 또는 경정여부**를 통지하여야 한다.
07. 납세고지와 독촉에 관한 서류는 **연대납세의무자 모두에게 각각 송달**하여야 한다.
08. 소득세의 법정기일은 고지서 발송일인 4월 10일이다.

09. 법정신고기한이 지난 후 **3개월 초과 6개월 이내에 기한 후 신고**를 한 경우 해당 가산세액의 **100분의 20에 상당하는 금액을 감면**한다.
10. 제2차 납세의무자로서 **납부고지서를 받은 자는 이해관계인**으로서 불복을 청구할 수 있다.
11. 세무조사 중지기간 중에는 납세자에 대하여 국세의 과세표준과 세액을 결정 또는 경정하기 위한 질문을 하거나 장부 등의 검사 또는 그 제출을 요구할 수 없다.
12. 국내사업장이 없는 경우 **비거주자의 소득세 납세지는 국내원천소득이 발생하는 장소**로 한다.
13. 국외에서 받는 **집합투자기구로부터의 이익은 배당소득**에 해당한다.
14. **국외에 소재한 주택의 임대소득은 비과세 대상에서 제외**한다.
15. 소득세와 개인지방소득세는 필요경비에 산입하지 않는다.
16. **중소기업의 종업원이 주택의 구입·임차 자금을 저리 또는 무상으로 대여받음**으로써 얻는 이익은 **비과세**한다.
17. **금융소득에 대해서 필요경비를 인정하지 않고**, 근로소득도 필요경비 대신에 근로소득공제로 소득금액을 계산한다.
18. **연금소득공제액의 한도는 900만원**으로 한다.
19. 퇴직 전에 부여받은 주식매수선택권을 **퇴직 전에 행사시 근로소득**이 되며, 퇴직 후에 행사하거나 고용관계 없이 주식매수선택권을 부여받아 이를 행사함으로써 얻는 이익은 기타소득에 해당한다.
20. 기본공제 대상자의 소득요건을 판단할 경우 비과세, 분리과세 소득은 제외하므로 **일용근로소득의 크기에 상관없이** 배우자공제가 가능하다.
21. **보험료세액공제는 근로소득이 있는 거주자가 적용**받을 수 있다.
22. **양도소득 예정신고 시 별도의 세액공제는 없다.**
23. ② 원천징수대상 사업소득을 지급하는 개인은 **사업자인 경우에만 원천징수의무**를 진다.
    ③ 소득세가 과세되는 것에 대해서 원천징수한다.
    ④ 일용근로소득을 지급할 때에는 그 근로소득에 근로소득공제(1일 15만원)를 적용한 후의 금액에 원천징수세율(6%)을 적용하여 계산한 산출세액에서 근로소득세액공제(산출세액의 55%)를 적용한 소득세를 원천징수한다.
24. **수시부과세액에 대해서는 소액부징수 규정이 없다.**
25. **해당 과세 기간의 수입금액에 따라 성실신고확인 대상사업자 여부**를 판단한다.

제111회 세무회계2급

합격율	시험년월
34%	2024.6

세법1부 법인세법, 부가가치세법

01. 다음 중 법인세법에 대한 설명으로 옳은 것은?

① 청산소득에 대한 법인세는 영리외국법인에 한하여 납세의무를 진다.
② 내국법인의 각 사업연도 소득에 대한 법인세는 과세표준에 따라 4단계 누진세율을 적용한다.
③ 외국법인의 법인세 납세지는 관할 세무서장이 지정하는 장소로 한다.
④ 각 사업연도 소득에 대한 법인세는 사업연도 종료일이 속하는 달의 말일부터 2개월 이내 신고·납부해야 한다.

02. 다음 중 법인세법상 최초 사업연도의 개시일에 대한 설명으로 가장 옳지 않은 것은?

① 내국법인의 최초 사업연도의 개시일은 설립등기일이다.
② 국내사업장이 있는 외국법인의 최초 사업연도의 개시일은 국내사업장을 가지게 된 날이다.
③ 최초 사업연도의 개시일 전에 생긴 손익을 사실상 그 법인에 귀속시킨 것이 있는 경우 최초 사업연도의 개시일은 해당 법인에 귀속시킨 손익이 최초로 발생한 날이다.
④ 국내사업장이 없는 외국법인의 경우 최초 사업연도의 개시일은 대표자나 납세관리인이 신고한 날이다.

03. 다음 중 법인세법상 익금항목에 해당하지 않는 것은?

① 사업수입금액
② 자산의 양도금액
③ 자기주식소각이익
④ 손금에 산입된 비용 중 환입된 금액

04. 다음 중 법인세법상 업무용승용차 관련 비용에 대한 설명으로 옳지 않은 것은?

① 운전학원업에서 사업상 수익을 얻기 위하여 직접 사용하는 승용자동차는 업무용승용차에 포함되지 않는다.

② 연구개발을 목적으로 사용하는 승용자동차로서 국토교통부장관의 임시운행허가를 받은 자율주행자동차는 업무용승용차에 포함되지 않는다.

③ 업무용승용차의 감가상각방법은 정액법 또는 정률법 중 선택할 수 있다.

④ 업무용승용차 관련비용이란 업무용승용차에 대한 감가상각비, 유류비, 통행료 등 업무용승용차의 취득, 유지를 위하여 지출한 비용을 말한다.

05. 다음 중 법인세법상 의제배당의 귀속시기에 대한 설명으로 옳지 않은 것은?

① 자본금 감소 등으로 인한 의제배당 : 주주총회 등에서 자본금 감소를 결의한 날

② 합병으로 인한 의제배당 : 주주총회 등에서 합병을 결의한 날

③ 해산으로 인한 의제배당 : 잔여재산가액 확정일

④ 잉여금의 자본금 전입으로 인한 의제배당 : 주주총회 등에서 잉여금의 자본금 전입을 결의한 날

06. 다음 중 법인세법상 기업업무추진비에 관한 설명으로 옳지 않은 것은?

① 주주 또는 출자자가 부담해야 할 성질의 기업업무추진비를 법인이 지출한 것은 기업업무추진비로 보지 않는다.

② 법인이 그 직원이 조직한 조합 또는 단체에 복리시설비를 지출한 경우 해당 조합이나 단체가 법인일 때에는 이를 기업업무추진비로 본다.

③ 법인이 기업업무추진비를 금전 외의 자산으로 제공한 경우 해당 자산의 가액은 제공한 때의 장부가액과 시가 중 큰 금액으로 산정한다.

④ 내국법인이 한 차례 접대에 지출한 기업업무추진비 중 3만원(경조금 20만원)을 초과하는 기업업무추진비로서 증명서류를 수취하지 않은 것은 전액 손금불산입하고 소득귀속자에 관계없이 기타사외유출로 처분한다.

07. 다음 중 법인세법상 세무조정사항 중에서 자본금과 적립금조정명세서(을)에 나타나는 항목으로 옳은 것은?

① 건설자금이자 손금불산입액
② 특례기부금 한도초과액
③ 대표자에 대한 가지급금 인정이자
④ 임원퇴직금 한도초과액

08. 다음 중 법인세법상 손금에 산입할 수 없는 대손금으로 옳은 것은?

① 「상법」에 따른 소멸시효가 완성된 외상매출금 및 미수금
② 회수기일이 6개월 이상 지난 채권 중 채무자별 채권가액의 합계액이 30만원 이하인 채권
③ 부도발생일로부터 3개월 이상 지난 중소기업의 외상매출금
④ 채무자의 파산, 강제집행, 사업의 폐지로 회수할 수 없는 채권

09. 다음 중 법인세법상 신설법인의 재고자산 평가방법의 신고기한으로 옳은 것은?

① 사업개시일로부터 3개월 이내
② 최초 사업연도 종료일로부터 1개월 이내
③ 최초 재고자산을 취득한 날이 속하는 사업연도 종료일
④ 법인의 설립일이 속하는 사업연도의 법인세 과세표준 신고기한

10. 다음 중 법인세법상 감가상각자산에 대한 지출을 손비로 계상 시 손금으로 인정하는 경우에 해당하지 않는 것은?

① 전화기 및 개인용 컴퓨터 취득가액
② 대여사업용 비디오테이프 및 음악용 콤팩트디스크로서 개별자산의 취득가액이 30만원 미만인 것
③ 개별자산별로 수선비로 지출한 금액이 600만원 미만인 경우
④ 5년의 기간마다 주기적인 수선을 위하여 지출하는 경우

11. 다음은 ㈜갑의 직전 사업연도(20x0.1.1.~20x0.12.31.)의 법인세 자료이다. 법인세법상 직전 사업연도의 실적에 따라 ㈜갑이 당해 사업연도(20x1.1.1.~20x1.12.31.)에 납부할 중간예납세액은 얼마인가?

- 법인세 산출세액 37,000,000원
- 기납부세액 10,000,000원(중간예납세액 8,000,000원, 원천징수납부세액 2,000,000원)
- 자진납부세액 27,000,000원

① 13,500,000원 ② 14,500,000원
③ 17,500,000원 ④ 18,500,000원

12. 다음 중 법인세법상 이월결손금에 대한 설명으로 틀린 것은?

① 이월결손금은 공제기한 내에 임의로 선택하여 공제받을 수 있다.
② 20x1년도에 발생한 결손금은 15년간 이월결손금 공제가 가능하다.
③ 공제대상 이월결손금은 공제 한도의 범위에서 공제한다.
④ 법인세 과세표준을 추계결정 또는 경정하는 경우에는 원칙적으로 이월결손금 공제규정을 적용하지 않는다.

13. 다음 중 법인세법상 수시부과 결정사유에 해당하지 않는 것은?

① 신고를 하지 아니하고 본점등을 이전한 경우
② 사업부진 기타의 사유로 인하여 휴업 또는 폐업상태에 있는 경우
③ 조세를 포탈할 우려가 있다고 인정되는 상당한 이유가 있는 경우
④ 납부할 세액이 없고 결손금이 있는 경우

14. 다음 중 부가가치세법상 납세지에 관한 설명으로 옳지 않은 것은?

① 사업자단위과세사업자는 각 사업장을 대신하여 그 사업자의 본점 또는 주사무소의 소재지를 부가가치세 납세지로 한다.

② 사업자가 자기의 사업과 관련하여 생산하거나 취득한 재화를 직접 판매하기 위하여 특별히 판매시설을 갖춘 장소를 직매장이라고 하는데 이는 사업장으로 본다.

③ 재화를 보관하고 관리할 수 있는 시설만 갖춘 장소를 하치장이라 하는데 이는 사업장으로 보지 않는다.

④ 재화를 수입하는 자의 부가가치세 납세지는 각 사업장의 소재지로 한다.

15. 다음 중 부가가치세법상 사업자등록 정정사유에 해당하지 않는 것은?

① 상호를 변경하는 경우

② 법인의 최대주주가 변경되는 경우

③ 상속으로 사업자의 명의가 변경되는 경우

④ 사업의 종류에 변경이 있는 경우

16. 다음 중 부가가치세법상 재화의 공급에 해당하는 것은 몇 개인지 고르시오.

가. 상품권의 양도	나. 담보의 제공	다. 건물의 현물출자
라. 저작권의 대여	마. 특허권의 양도	바. 주식의 양도

① 1개 ② 2개 ③ 3개 ④ 4개

17. 다음 중 부가가치세법상 재화·용역의 공급에 대한 면세를 적용할 수 있는 사례가 아닌 것은?

① 저술가·작곡가나 그 밖에 일정한 직업상 제공하는 인적용역

② 국가가 공급하는 재화·용역

③ 자동차운전학원의 교육용역

④ 주택과 이에 부수되는 토지의 임대용역

18. 다음 중 부가가치세의 과세표준에 포함되는 공급가액에 관한 설명으로 옳지 않은 것은?

① 계약 등에 의해 확정된 공급대가의 지급지연으로 인하여 받는 연체이자는 소비대차로 전환하지 않은 경우에는 공급가액에 포함한다.

② 재화를 공급한 후에 그 공급가액과 관련하여 지급한 장려금은 과세표준에서 공제하지 않는다.

③ 대가를 외국통화나 그 밖의 외국환으로 받는 경우로서 공급시기가 되기 전에 원화로 환가한 경우에는 그 환가금액을 공급가액으로 한다.

④ 임차인이 부담하여야 할 수도료 및 공공요금 등을 별도로 구분징수하여 납입을 대행하는 경우 해당 금액은 부동산임대관리에 따른 대가에 포함하지 않는다.

19. 다음 중 부가가치세법상 세금계산서에 대한 설명으로 옳지 않은 것은?

① 모든 법인사업자는 전자세금계산서를 의무적으로 발행하여야 한다.

② 직전 연도의 사업장별 재화 및 용역의 공급가액의 합계액이 기준금액 이상인 경우 개인사업자도 전자세금계산서 의무발급대상이 된다.

③ 전자세금계산서 의무발급대상자가 종이세금계산서를 발급하는 경우에는 효력이 없다.

④ 관할 세무서장은 개인사업자가 전자세금계산서 의무발급대상자에 해당하는 경우 그 사실을 통지하여야 한다.

20. 다음 중 부가가치세법상 공통매입세액 등에 관한 설명으로 옳지 않은 것은?

① 사업자가 과세사업과 면세사업 등을 겸영하는 경우에 과세사업과 면세사업 등에 관련된 매입세액의 계산은 실지귀속에 따라 구분한다.

② 동일 과세기간 내에 공통매입세액의 합계액이 10만원 미만인 경우 전액 공제되는 매입세액으로 한다.

③ 해당 과세기간의 총공급가액 중 면세공급가액이 5% 미만인 경우의 공통매입세액(5백만원 미만)은 전액 공제되는 매입세액으로 한다.

④ 공통매입세액은 공급가액비율 등으로 안분하여 계산하되 예정신고를 할 때에는 예정신고기간의 공급가액비율 등에 의하고 확정신고를 할 때에는 과세기간 전체의 공급가액비율 등에 의하여 정산한다.

21. 다음 중 부가가치세법상 의제매입세액공제에 관한 설명으로 옳지 않은 것은?

① 의제매입세액의 공제대상이 되는 면세농산물 등의 매입가액은 운임 등의 부대비용을 포함하지 않는다.

② 사업자가 예정신고 시 공제받지 아니한 의제매입세액은 확정신고 시에 공제할 수 있다.

③ 음식점을 운영하는 간이과세자도 의제매입세액공제를 적용받을 수 있다.

④ 일반과세자인 음식점은 정규증빙 없이 농어민으로부터 면세농산물 등을 구입 시 의제매입세액공제를 받을 수 없다.

22. 다음 중 부가가치세법상 일반과세자로서 납부세액을 한도로 적용받을 수 있는 세액공제로 옳은 것은? (단, 매출가액과 매입가액이 모두 있는 것으로 본다.)

① 신용카드매출전표등 발급세액공제　　② 과세사업 전환 매입세액공제

③ 대손세액공제　　④ 재고매입세액공제

23. 다음 중 부가가치세법상 환급에 관한 설명으로 옳지 않은 것은?

① 사업자가 영세율을 적용받는 경우 조기 환급신청이 가능하다.

② 조기 환급을 신청하는 경우 납세지 관할세무서장은 그 예정신고 기한이 지난 후 20일 이내에 환급하여야 한다.

③ 사업자가 재무구조개선계획을 이행 중인 경우 조기 환급신청이 가능하다.

④ 일반적인 환급의 경우 납세지 관할 세무서장은 각 과세기간별로 그 과세기간에 대한 환급세액을 확정신고한 사업자에게 그 확정신고기한이 지난 후 30일 이내 환급하여야 한다.

24. 다음 중 부가가치세법상 가산세에 대한 설명으로 옳지 않은 것은?

① 사업자가 재화 또는 용역을 공급받지 아니하고 세금계산서를 발급받은 경우 공급가액의 3%의 가산세가 적용된다.

② 사업자의 배우자 명의로 사업자등록을 하는 경우 타인명의등록 가산세가 적용된다.

③ 부동산임대업자가 부동산임대공급가액명세서를 제출하지 아니한 경우 1%의 가산세가 적용된다.

④ 사업자미등록가산세가 적용되는 경우 매출처별 세금계산서합계표 불성실 가산세는 배제된다.

25. 다음 중 부가가치세법상 간이과세에 대한 설명으로 가장 옳지 않은 것은?

① 간이과세가 적용되지 아니한 다른 사업장을 보유하고 있는 사업자는 간이과세자로 보지 아니한다.
② 간이과세자가 수출하는 재화의 경우에는 영세율을 적용 받을 수 없다.
③ 해당 사업자의 관할 세무서장은 간이과세자에 관한 규정이 적용되거나 적용되지 아니하게 되는 과세기간 개시 20일 전까지 그 사실을 통지하여야 한다.
④ 간이과세를 포기하고자 하는 경우에는 일반과세자에 관한 규정을 적용받으려는 달의 전달 마지막 날까지 간이과세 포기신고서를 제출하여야 한다.

세법2부 국세기본법, 소득세법(조세특례제한법)

01. 다음 중 국세기본법상 기한연장에 대한 설명으로 옳지 않은 것은?

① 정전으로 인하여 체신관서의 정보통신망의 정상적인 가동이 불가능한 경우 기한연장을 신청할 수 있다.
② 신고, 신청, 청구, 그 밖에 서류의 제출, 통지, 납부 또는 징수에 관한 기한이 공휴일일 때에는 공휴일의 다음날을 기한으로 한다.
③ 기한의 연장을 받으려는 자는 기한 만료일의 5일전까지 신청하여야 한다.
④ 기한연장의 통지대상자가 불특정 다수인 경우 관보 또는 일간신문에 공고하는 방법으로 통지를 갈음할 수 있다.

02. 다음 중 국세기본법상 공시송달 시 게시해야 할 장소로 옳지 않은 것은?

① 인터넷 포털사이트
② 세무서의 게시판
③ 해당 서류의 송달 장소를 관할하는 특별자치시 · 특별자치도 · 시 · 군 · 구의 홈페이지, 게시판
④ 관보 또는 일간신문

03. 다음 중 국세기본법상 국세부과의 원칙에 관한 설명으로 가장 옳지 않은 것은?

① 명의신탁 부동산을 매각처분한 경우 양도의 주체 및 납세의무자를 명의수탁자가 아닌 명의신탁자로 규정한 것은 실질과세원칙을 적용한 예로 볼 수 있다.

② 국세를 조사·결정할 때 장부의 기록에 누락된 것이 있을 때에는 그 부분에 대해서만 정부가 조사한 사실에 따라 결정할 수 있다.

③ 신의성실원칙은 납세자에게는 의무 위반 시 각종 제재가 있으므로 과세관청에만 그 준수가 요구된다.

④ 과세관청이 예전의 견해표명에 반하는 처분으로 납세자의 이익을 침해하지 않는다면 신의성실원칙의 적용은 불필요하다.

04. 다음 중 국세기본법상 납세의무의 성립에 대한 설명으로 옳지 않은 것은?

① 국세기본법 및 각 세법이 정하는 과세요건이 충족되면 국세를 납부할 의무가 성립한다.

② 과세요건은 '납세의무자', '과세대상', '과세표준', '세율'로 구성된다.

③ 소득세의 납세의무 성립시기는 과세기간이 끝나는 때이다.

④ 무신고 가산세의 납세의무 성립시기는 과세기간이 끝나는 때이다.

05. 다음 중 국세기본법상 납세의무가 소멸되는 경우가 아닌 것은?

① 국세환급금으로 납부할 국세가 충당된 때

② 5억원의 종합소득세가 무신고인 상태로 종합소득세 과세표준 신고기한 다음 날부터 5년이 지났을 때

③ 연대납세의무자에 의해 국세가 납부된 때

④ 3억원의 종합소득세가 신고납부기한의 다음 날부터 5년이 지났을 때

06. 한국상사는 중간예납세액을 차감하지 않고 종합소득세를 신고하여 소득세가 과오납부된 사실을 신고 직후 알게 되었다. 다음 중 국세기본법상 과오납부한 세금을 환급받기 위한 설명으로 타당한 것은?

① 당초의 신고가 불성실하게 이루어졌으므로 신고불성실가산세를 추가로 부담하여야 한다.

② 소득세는 신고납부제도이므로 당초의 신고를 정정하기 위하여 수정신고를 하여야 한다.

③ 이미 신고기한이 지났으므로 이의신청, 심사청구 또는 심판청구를 통해서만 환급받을 수 있다.

④ 당초에 신고한 과세표준과 세액의 경정을 청구하여 환급받을 수 있다.

07. 다음 중 국세기본법상 소멸시효의 정지 기간으로 옳지 않은 것은?

① 분납 기간　　② 압류해제까지의 기간
③ 징수유예기간　　④ 연부연납기간

08. 다음 중 국세기본법상 과세표준신고서를 법정신고기한까지 제출하지 아니한 자가 법정신고기한이 지난 후 1개월 이내에 기한 후 신고를 할 경우에 감면되는 가산세로 옳은 것은?

① 해당 가산세액의 100분의 90에 상당하는 금액
② 해당 가산세액의 100분의 50에 상당하는 금액
③ 해당 가산세액의 100분의 30에 상당하는 금액
④ 감면 없음.

09. 다음 중 국세기본법상 사업양수인의 제2차 납세의무에 대한 설명으로 옳지 않은 것은?

① '사업의 양수'란 사업장별로 그 사업에 관한 모든 권리(미수금에 관한 것을 포함)와 모든 의무(미지급금에 관한 것을 포함)를 포괄적으로 승계하는 것을 말한다.
② 사업양수인으로서 사업양도인의 조세회피를 목적으로 사업을 양수한 자는 제2차 납세의무를 진다.
③ 사업양수인은 양도일 이전에 양도인의 납세의무가 확정된 그 사업에 관한 국세 및 강제징수비에 대하여 제2차 납세의무를 진다.
④ 사업양수인은 양수한 재산가액을 한도로 제2차 납세의무를 진다.

10. 다음 중 국세기본법상 조세불복에 관한 설명으로 잘못된 것은?

① 동일한 처분에 대하여 심사청구와 심판청구를 중복하여 제기할 수 없다.
② 조세심판관회의는 심판청구에 대한 결정을 할 때 심판청구를 한 처분보다 청구인에게 불리한 결정을 하지 못한다.
③ 이의신청, 심사청구 및 심판청구는 세법에 특별한 규정이 있는 것을 제외하고는 해당 처분의 집행에 효력을 미치지 아니한다.
④ 불복청구의 기간이 지난 후 불복을 제기하는 경우 '기각' 결정을 한다.

11. 다음 중 국세기본법상 납세자권리헌장에 포함해야 할 내용으로 가장 옳지 않은 것은?

① 세무공무원이 세무관서에 납세자의 장부 등을 보관할 의무가 있다.
② 납세자는 세무사 등으로부터 세무조사 시 조력을 받을 권리가 있다.
③ 세무공무원은 특별한 경우를 제외하고는 세무조사 범위를 확대할 수 없다.
④ 세무공무원은 납세자가 성실하다고 추정해야 한다.

12. 다음 중 소득세법상 납세의무자에 대한 설명으로 옳지 않은 것은?

① 거주자는 국내에 주소를 두거나 183일 이상 거소를 둔 개인을 말한다.
② 거주자는 국내원천소득과 국외원천소득 모두에 대해서 납세의무를 진다.
③ 비거주자는 국내원천소득에 대해서만 납세의무를 진다.
④ 외국국적이나 외국영주권자인 경우 거주기간에 상관없이 비거주자로 본다.

13. 다음 중 소득세법상 금융소득에 대한 설명으로 가장 옳지 않은 것은?

① 종합과세대상 금융소득의 총수입금액 연간 합계액이 2천만원을 초과하는 경우, 그 합계액 전액에 대해서 종합소득 과세표준에 합산한다.
② 무조건 분리과세대상 금융소득은 총수입금액 연간 합계액이 2천만원을 초과하는 경우에도 분리과세를 한다.
③ 외국법인으로부터 받은 배당소득으로서 원천징수 되지 않은 것은 2천만원 이하인 경우에도 종합과세한다.
④ 비실명 배당소득의 경우 25%의 세율로 원천징수하고 종합과세한다.

14. 다음 중 소득세법상 사업소득에 대한 총수입금액에 산입하지 않는 것은?

① 거래상대방으로부터 받는 장려금 기타 이와 유사한 성질의 금액
② 사업과 관련하여 해당 사업용 자산의 손실로 인하여 취득하는 보험차익
③ 자산수증이익 중 이월결손금의 보전에 충당된 금액
④ 사업과 관련된 채무면제이익

15. 다음 중 소득세법상 사업소득에 대한 설명으로 옳지 않은 것은?

① 사업소득 중에서 원천징수대상이 되는 소득은 없다.

② 사업소득금액 계산 시 대표자 본인에 대한 급여 및 가사관련경비는 필요경비로 인정되지 않는다.

③ 사업자금을 은행에 예금함으로써 발생된 이자는 사업소득금액 계산 시 총수입금액에 산입하지 않는다.

④ 주택임대업에서 발생한 이월결손금은 해당 과세기간의 다른 소득금액에서 공제될 수 있다.

16. 다음 중 소득세법상 비과세 근로소득에 해당하지 않는 것은?

① 임원이 지급받는 퇴직소득으로서 「법인세법」에 따라 손금불산입된 임원 퇴직급여 한도초과액

② 중소기업의 종업원이 주택의 구입 · 임차에 소요되는 자금을 저리 또는 무상으로 대여 받음으로써 얻는 이익

③ 공무원이 국가 또는 지방자치단체로부터 공무 수행과 관련하여 받는 상금과 부상 중 연 240만원 이내의 금액

④ 소액주주인 임원이 사택을 제공받음으로써 얻는 이익

17. 다음 중 소득세법상 기타소득의 과세방법이 다른 것은?

① 연금계좌에서 연금 외 수령한 기타소득

② 서화 · 골동품의 양도로 발생하는 소득

③ 알선수재 및 배임수재에 따라 받은 금품

④ 복권당첨소득

18. ㈜배팅은 부동산투자의 귀재로 소문난 김대박씨를 외부강사로 초빙하여 특강을 진행하고 300만원의 강사료를 지급하였다. 소득세법상 그 대가를 지급하면서 원천징수할 세액은 얼마인가? 단, 해당 소득은 기타소득으로 본다.

① 120,000원　　② 240,000원　　③ 360,000원　　④ 600,000원

19. 다음 중 소득세법상 종합소득과세표준을 계산하기 위한 종합소득공제에 대한 설명으로 가장 옳지 않은 것은?

① 인적공제를 할 때 공제대상자에 해당하는지 여부의 판정은 해당 과세기간 종료일의 현재의 상황에 따른다.

② 과세기간 종료일 전에 사망한 사람에 대해서는 사망일의 전날의 상황에 따른다.

③ 거주자의 부양가족 중 거주자(그 배우자를 포함한다)의 직계존속이 주거 형편에 따라 별거하고 있는 경우에는 생계를 같이 하는 사람으로 보지 않는다.

④ 공제대상 부양가족을 판정할 때 적용대상 나이가 정해진 경우에는 해당 과세기간 중에 해당 나이에 해당되는 날이 있는 경우에 공제대상자로 본다.

20. 다음 중 소득세법상 양도소득세 과세대상에 해당하는 것은?

① 주권상장주식 중 소액주주 양도분

② 건설업을 영위하는 자의 주택 신축판매

③ 자녀에게 토지의 소유권을 무상으로 이전

④ 이혼 위자료로 배우자에게 토지의 소유권 이전

21. 다음 중 소득세법상 해당 과세기간의 사업소득금액 계산 시 발생한 결손금의 공제 순서로 올바른 것은?

① 근로소득→연금소득→기타소득→이자소득→배당소득

② 연금소득→근로소득→기타소득→이자소득→배당소득

③ 근로소득→기타소득→연금소득→이자소득→배당소득

④ 근로소득→연금소득→기타소득→배당소득→이자소득

22. 다음 중 소득세법상 과세표준 확정신고에 대한 설명으로 옳지 않은 것은?

① 공적연금소득만 있는 자는 과세표준 확정신고를 하지 아니할 수 있다.

② 수시부과 후 추가로 발생한 소득이 없을 경우에는 과세표준 확정신고를 하지 않아도 된다.

③ 근로소득만 있는 자의 경우 그 원천징수의무자가 연말정산 등에 따라 소득세를 원천징수하지 않은 때에도 확정신고의무가 면제된다.

④ 성실신고확인대상사업자가 성실신고확인서를 제출하는 경우에는 그 과세기간의 다음 연도 5월 1일부터 6월 30일까지 과세표준확정신고를 하여야 한다.

23. 다음 중 소득세법상 간이지급명세서의 제출대상 소득으로 옳은 것은?

① 연금소득 ② 퇴직소득
③ 원천징수대상 사업소득 ④ 이자소득

24. 다음 중 소득세법상 간편장부대상자에 대한 설명으로 가장 옳지 않은 것은?

① 차량운반구 등 사업용 유형자산의 양도소득은 간편장부대상자의 사업소득에 포함된다.
② 업무용승용차 관련비용 등의 특례규정은 간편장부대상자에게 적용되지 않는다.
③ 기장세액공제는 간편장부대상자에게 적용된다.
④ 재무상태표 등을 미제출한 경우에도 종합소득세 과세표준 확정신고 시 무신고로 간주되지 않는다.

25. 다음 중 소득세법상 종합소득세의 신고납부 절차에 대한 설명으로 가장 옳은 것은?

① 중간예납의무자는 중간예납세액을 중간예납기간 종료일부터 2개월 이내에 자진납부하여야 한다.
② 이자소득에 대한 원천징수세액이 1,000원 미만인 때에는 해당 소득세를 징수하지 않는다.
③ 부가가치세가 면제되는 재화 또는 용역을 공급하는 개인사업자는 사업장현황신고의무가 있다.
④ 해당 과세기간의 종합소득금액이 있는 거주자가 종합소득과세표준이 없는 경우에는 종합소득과세표준 확정신고의무가 없다.

제111회 세무회계2급 답안 및 해설

세법1부 - 법인세법, 부가가치세법

1	2	3	4	5	6	7	8	9	10	11	12	13	14	15
②	④	③	③	②	④	①	③	④	④	③	①	④	④	②
16	17	18	19	20	21	22	23	24	25					
②	③	①	③	②	③	①	②	②	②					

01. ① **청산소득에 대한 법인세는 영리내국법인**에 한하여 납세의무를 진다.
 ③ 외국법인의 법인세 납세지는 원칙적으로 국내사업장 소재지로 한다.
 ④ 각 사업연도 소득에 대한 법인세는 **사업연도 종료일이 속하는 달의 말일부터 3개월 이내 신고·납부**해야 한다.

02. 국내사업장이 없는 외국법인의 경우 최초 사업연도의 개시일은 **국내원천 부동산소득 또는 국내원천 부동산 등 양도소득이 최초로 발생한 날**이다.

03. **자기주식소각이익은 감자차익**에 해당하므로 익금으로 보지 않는다.

04. **업무용승용차의 감가상각방법은 정액법(강제상각제도)**이다.

05. 합병으로 인한 **의제배당의 귀속시기는 합병등기일**이다.

06. 기업업무추진비 중 3만원을 초과하는 기업업무추진비로서 증명서류를 수취하지 않은 것은 전액 손금불산입하고 **대표자 상여로 처분**한다.

07. **건설자금이자 손금불산입액은 유보로 소득처분**되므로 자본금과 적립금조정명세서(을)에 작성된다.

08. **부도발생일로부터 6개월 이상 지난 외상매출금은 중소기업의 외상매출금에 한하여 손금**에 산입한다.

09. 신설법인은 당해 법인의 설립일이 속하는 사업연도의 **법인세 과세표준의 신고기한**까지 재고자산의 평가방법을 신고하여야 한다.

10. **3년 미만의 기간마다 주기적인 수선을 위하여 지출하는 비용**을 손비로 계상 시 손금으로 인정한다.

11. 중간예납세액 = [직전 사업연도 법인세 산출세액(37,000,000) - 직전 사업연도 원천납부세액 (2,000,000)] × 6월/12월 = 17,500,000원

12. 공제기한 내에 임의로 선택하여 공제받을 수 없다. 결손금을 공제할 때에는 **먼저 발생한 사업연도의 결손금부터 차례대로 공제**한다.

13. 수시부과 결정사유는 다음과 같다.
 1. 신고를 하지 아니하고 본점 등을 이전한 경우
 2. 사업부진 기타의 사유로 인하여 **휴업 또는 폐업상태**에 있는 경우
 3. 기타 **조세를 포탈할 우려**가 있다고 인정되는 상당한 이유가 있는 경우

14. 재화를 수입하는 자의 부가가치세 납세지는 「관세법」에 따라 **수입을 신고하는 세관의 소재지**로 한다.
15. 법인의 최대주주가 변경되는 경우는 사업자등록 정정사유에 해당하지 아니한다.
16. 다, 마 : 재화의 공급에 해당한다.
    가, 바 : 상품권과 주식은 재화에 해당하지 않는다.
    나 : 재화의 공급으로 보지 않는다.
    라 : 용역의 공급에 해당한다.
17. **자동차운전학원의 교육용역은 과세**된다.
18. 공급에 대한 대가의 지급이 지체되었음을 이유로 받는 **연체이자는 소비대차로 전환하였는지 여부에 관계없이 공급가액에 포함하지 않는다.**
19. 전자세금계산서 의무발급 사업자가 전자세금계산서 외의 세금계산서를 발급한 경우에는 세금계산서의 효력에는 영향이 없으나 **가산세의 대상**이 된다.
20. 해당 과세기간 중의 **공통매입세액의 합계액이 5만원 미만인 경우 전액 공제되는 매입세액**으로 한다.
21. **간이과세자는 의제매입세액공제를 적용받을 수 없다.**
22. 신용카드매출전표등 발급세액공제는 공제받는 금액이 그 금액을 차감하기 전의 납부할 세액을 초과하면 그 **초과하는 부분은 없는 것으로 본다.**
23. 관할 세무서장은 조기 환급 신청에 따른 환급세액을 각 예정신고기간별로 그 **예정신고 기한이 지난 후 15일 이내에 예정신고한 사업자에게 환급**하여야 한다.
24. 사업자가 타인의 명의로 사업자등록을 하는 경우 공급가액 합계액의 2%(개정세법 25)를 타인명의등록 가산세로 부과한다. 다만, **사업자의 배우자는 타인에서 제외**한다.
25. **간이과세자도 영세율 적용이 가능**하다.

세법2부 - 국세기본법, 소득세법(조세특례제한법)

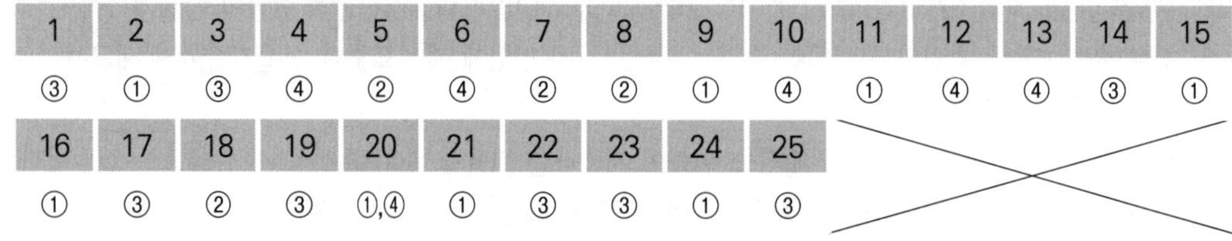

1	2	3	4	5	6	7	8	9	10	11	12	13	14	15
③	①	③	④	②	④	②	②	①	④	①	④	④	③	①
16	17	18	19	20	21	22	23	24	25					
①	③	②	③	①,④	①	③	③	①	③					

01. 기한의 연장을 받으려는 자는 **기한 만료일의 3일전까지 신청**하여야 한다.
02. **인터넷 포털사이트는 법에 열거하고 있지 아니하다.**
03. **신의성실원칙은 납세자와 과세관청 모두에게 적용**된다.
04. 무신고가산세의 납세의무 성립시기는 **법정신고기한이 경과하는 때**이다.
05. 무신고시 해당 국세를 부과할 수 있는 날부터 **7년을 부과제척기간**으로 하고, 그 기간이 지났을 때 **납세의무는 소멸**된다.

06. 과세표준신고서에 기재된 과세표준 및 세액이 세법에 따라 신고하여야 할 과세표준 및 세액을 초과할 때 **국세의 과세표준 및 세액의 결정 또는 경정을 관할 세무서장에게 청구**할 수 있다.
07. **압류는 소멸시효 중단 사유**에 해당하며 압류해제까지의 기간이 지난 때부터 새로 시효가 진행된다.
08. 과세표준신고서를 법정신고기한까지 제출하지 아니한 자가 **법정신고기한이 지난 후 1개월 이내에 기한 후 신고를 하는 경우 해당 가산세액의 100분의 50에 상당하는 금액을 감면**한다.
09. **미수금에 관한 권리 및 미지급금에 관한 의무는 제외**한다.
10. **규정한 청구기간이 지난 후에 청구된 경우 그 청구를 각하하는 결정**을 한다.
11. 세무공무원은 세무조사의 목적으로 **납세자의 장부등을 세무관서에 임의로 보관할 수 없다.**
12. 거주 여부의 판단은 **외국국적이나 영주권의 취득 여부와는 관련이 없으며** 거주기간, 직업, 국내에 생계를 같이하는 가족 및 국내 소재 자산의 유무 등 생활관계의 객관적인 사실에 따른다.
13. **비실명 배당소득의 경우 45% 또는 90%**의 세율로 원천징수하고 분리과세한다.
14. 자산수증이익 중 이월결손금의 보전에 충당된 금액은 총수입금액에 산입하지 아니한다.
15. **부가가치세가 면제되는 의료보건 용역 및 저술가, 작곡가나 그 밖의 자가 직업상 제공하는 인적용역 등은 원천징수대상이 되는 사업소득**이다.
16. 「법인세법」에 따라 **손금에 산입되지 아니하고 지급받는 퇴직급여는 근로소득으로 과세**한다.
17. **알선수재 및 배임수재에 따라 받은 금품은 무조건 종합과세 대상에 해당**한다. 나머지는 무조건 분리과세에 해당한다.
18. 원천징수세액 = 강사료(3,000,000) × (1 - 60%) × 20% = 240,000원
19. 거주자의 부양가족 중 거주자(그 배우자를 포함한다)의 **직계존속이 주거 형편에 따라 별거하고 있는 경우에는 생계를 같이 하는 사람**으로 본다.
20. 토지로 **이혼 위자료를 변제한 경우는 대물변제**이므로 양도에 해당한다.
주권상장법인의 대주주에 해당하지 아니하는 자(소액주주)가 **증권시장에서의 거래에 의하지 아니하고 양도하는 주식 등은 양도소득의 범위**에 해당한다.(**증권시장에 양도시 대상에서 제외**)
21. 해당 과세기간의 사업소득금액을 계산할 때 발생한 결손금은 그 과세기간의 종합소득과세표준을 계산할 때 **근로소득금액 → 연금소득금액 → 기타소득금액 → 이자소득금액 → 배당소득금액**에서 순서대로 공제한다.
22. 근로소득만 있는 자의 경우 그 원천징수의무자가 연말정산 등에 따라 소득세를 원천징수하지 않은 때에는 확정신고의무가 면제되지 않는다.
23. **원천징수대상 사업소득은 간이지급명세서 제출대상소득**에 해당한다.
24. **사업용 유형자산의 양도소득은 간편장부대상자의 사업소득에서 제외**된다. **복식부기의무자**가 차량 및 운반구 등 **사업용 유형자산을 양도함으로써 발생하는 소득은 사업소득에 해당**한다.
25. ① **중간예납세액은 고지서의 발급이 원칙**이다.
② 이자소득에 대한 **원천징수세액은 1,000원 미만이더라도 소득세를 징수**한다.
④ 종합소득과세표준이 없는 경우에도 확정신고 의무가 있다.

제110회 세무회계2급

합격율	시험년월
37%	2024.4

세법1부 법인세법, 부가가치세법

01. 다음 중 법인세법상 각 사업연도의 소득에 대한 법인세 납세의무에 관한 설명으로 옳지 않은 것은?

① 영리내국법인은 국내외 원천의 모든 각 사업연도 소득에 대해서 납세의무를 진다.

② 국세기본법상 법인으로 보는 단체는 국내외 원천소득 중 일정한 수익사업에서 생기는 각 사업연도 소득에 대해서 납세의무를 진다.

③ 내국법인 중 국가와 지방자치단체(지방자치단체조합 포함)는 각 사업연도 소득에 대한 납세의무가 있다.

④ 외국정부는 비영리외국법인으로서 국내원천소득 중 일정한 수익사업에서 생기는 각 사업연도 소득에 대해서 납세의무를 진다.

02 다음 중 법인세법상 사업연도의 의제에 관한 내용으로 옳지 않은 것은?

① 내국법인이 사업연도 중에 합병에 따라 해산한 경우에는 그 사업연도 개시일부터 합병등기일까지의 기간을 그 해산한 법인의 1사업연도로 본다.

② 내국법인이 사업연도 중에 조직변경을 한 경우 그 사업연도 개시일부터 조직변경일 전까지의 기간을 법인의 1사업연도로 본다.

③ 내국법인이 사업연도 중에 연결납세방식을 적용받는 경우에는 그 사업연도 개시일부터 연결사업연도 개시일 전날까지의 기간을 1사업연도로 본다.

④ 국내사업장이 있는 외국법인이 사업연도 중에 그 국내사업장을 가지지 아니하게 된 경우에는 그 사업연도 개시일부터 그 사업장을 가지지 아니하게 된 날까지의 기간을 1사업연도로 본다. 다만, 국내에 다른 사업장을 계속하여 가지고 있는 경우에는 그러하지 아니하다.

03. 다음 중 법인세법상 소득처분의 유형이 다른 것은?

① 새로 취득한 토지에 대한 취득세를 지출하고 당기비용으로 계상하였다.
② 국세의 과오납금을 환급받으면서 그에 대한 환급금이자를 함께 받고 이를 수익으로 계상하였다.
③ 당기 대손상각비를 법인세법에 따른 대손충당금 한도액을 초과하여 계상하였다.
④ 당기 말 현재 건설 중인 공장 건물의 취득에 소요되는 자금 조달을 위한 특정차입금에 대한 지급이자를 이자비용으로 계상하였다.

04. 다음 중 법인세법상 익금불산입 항목에 해당하지 않는 것은?

① 자산수증이익 중 이월결손금을 보전하는데 충당한 금액
② 부가가치세 매출세액
③ 감자차익
④ 추계에 의해 소득 금액을 계산하는 경우의 임대보증금 등에 대한 간주익금

05. 다음 중 법인세법상 인건비에 대한 설명으로 옳지 않은 것은?

① 법인이 그 임원 또는 직원에게 이익처분에 의하여 지급하는 상여금은 손금에 산입하지 아니한다.
② 법인이 정관에 의하여 결정된 급여지급기준에 의하여 임원에게 지급하는 상여금은 손금에 산입한다.
③ 법인이 해산에 의하여 퇴직하는 임원에게 지급하는 해산수당은 손금에 산입하지 아니한다.
④ 합명회사의 노무출자사원에게 지급하는 보수는 손금에 산입하지 아니한다.

06. 다음 중 법인세법상 기부금 중 손금산입한도액이 다른 것은?

① 국방헌금과 국군장병 위문금품의 가액
② 천재지변으로 생기는 이재민을 위한 구호금품의 가액
③ 「사회복지사업법」에 따른 사회복지법인에 고유목적사업비로 지출하는 기부금
④ 「사립학교법」에 따른 사립학교에 시설비로 지출하는 기부금

07. 다음 중 법인세법상 업무용승용차 관련비용의 손금불산입 등 특례에 대한 설명으로 옳은 것은?

① 종업원 명의의 차량을 업무수행에 이용한 경우에는 해당 규정을 적용받지 않는다.

② 업무용승용차 관련 운행기록을 작성하지 않은 경우 임직원 전용보험에 가입하여도 관련비용 전액이 손금으로 인정되지 않는다.

③ 업무용승용차의 감가상각은 내용연수 5년의 정률법으로 강제상각하여야 한다.

④ 업무용승용차를 해당 사업연도 중에 취득한 경우에도 손금인정한도를 월할계산하지 않는다.

08. 다음 중 법인세법상 손익 귀속시기를 잘못 설명한 것은?

① 상품 판매 : 해당 상품의 인도일

② 상품 시용 판매 : 거래상대방이 해당 상품의 구입 의사를 표시한 날

③ 상품 외의 자산 양도(단, 대금 청산 전에 소유권 이전등기를 진행함) : 대금 청산일

④ 자산의 위탁 판매 : 수탁자의 해당 위탁 자산 매매일

09. 다음 중 법인세법상 감가상각방법의 변경에 관한 설명으로 옳지 않은 것은?

① 상각방법이 서로 다른 법인이 합병(분할합병을 포함)한 경우 변경이 가능하다.

② 상각방법이 서로 다른 사업자의 사업을 인수 또는 승계한 경우 변경이 가능하다.

③ 한국채택국제회계기준을 최초로 적용한 사업연도에 결산상각방법을 변경하는 경우 변경이 가능하다.

④ 상각방법의 변경승인을 얻고자 하는 법인은 그 변경할 상각방법을 적용하고자 하는 최초 사업연도의 종료일로부터 3개월 이내에 신청하여야 한다.

10. 다음 중 법인세법상 퇴직금에 대한 설명으로 옳지 않은 것은?

① 확정기여형 퇴직연금제도에서 법인이 각 사업연도에 납부하는 부담금은 전액 손금에 산입한다.

② 임원 및 직원에 대한 퇴직급여의 경우에는 퇴직급여 한도초과액에 대하여 손금불산입 규정을 적용한다.

③ 확정기여형 퇴직연금이 설정된 임원 또는 직원은 퇴직급여 충당금 설정 대상자에서 제외한다.

④ 임원이 연임될 경우 현실적인 퇴직으로 보지 아니한다.

11. 다음 중 법인세법상 업무무관 가지급금에서 제외하는 대상으로 옳지 않은 것은?

① 직원에 대한 월정급여액의 2배수 범위에서의 일시적인 급료의 가불금
② 직원에 대한 경조사비 대여액
③ 직원과 그 자녀에 대한 학자금 대여액
④ 「국민연금법」에 의하여 근로자가 지급받은 것으로 보는 퇴직금전환금

12. 다음 중 법인세법의 부당행위계산 부인에 관한 설명으로 가장 옳지 않은 것은?

① 부당행위계산의 부인 규정의 적용은 원칙적으로 시가를 기준으로 한다.
② 조세부담을 부당하게 감소시킨 것으로 인정되는 경우로서 반드시 조세부담을 회피하거나 경감시킬 의도가 있어야 한다.
③ 부당행위계산의 부인 규정은 그 행위 당시를 기준으로 특수관계가 있는 자간의 거래에 한하여 적용한다.
④ 부당행위계산의 부인 규정은 세법상 과세소득 계산상의 범위 내에서만 변동을 초래할 뿐 당사자 간에 약정한 사법상 법률행위의 효과와는 무관하다.

13. 다음 중 법인세법상 법인세 납부 시 산출세액에서 공제하지 아니하는 것은?

① 해당 사업연도의 감면세액 및 세액공제액
② 해당 사업연도의 가산세액
③ 해당 사업연도에 원천징수된 세액
④ 해당 사업연도의 중간예납세액

14. 다음 중 부가가치세법상 사업자에 대한 설명으로 가장 옳지 않은 것은?

① 일반과세자란 간이과세자가 아닌 과세사업자를 말한다.
② 사업자란 사업목적이 영리이든 비영리이든 관계없이 사업상 독립적으로 재화 또는 용역을 공급하는 자를 말한다.
③ 면세사업이란 부가가치세가 면제되는 재화 또는 용역을 공급하는 사업을 말한다.
④ 사업자가 아닌 자가 재화를 수입하는 경우에는 부가가치세 납세의무가 없다.

15. 다음 중 부가가치세법상 사업자등록에 대한 설명으로 옳지 않은 것은?

① 관할 세무서장은 부가가치세의 업무를 효율적으로 처리하기 위하여 필요하다고 인정되더라도 임의로 사업자등록증을 갱신하여 발급할 수 없다.
② 신규로 사업을 시작하려는 자는 사업개시일 이전이라도 사업자등록을 신청할 수 있다.
③ 사업자는 사업자등록의 신청을 사업장 관할 세무서장이 아닌 다른 세무서장에게도 할 수 있다.
④ 사업장 관할 세무서장은 사업자가 폐업하는 경우 지체 없이 사업자등록을 말소하여야 한다.

16. 다음 중 부가가치세법상 납세지에 대한 설명으로 옳지 않은 것은?

① 사업자의 부가가치세 납세지는 '각 사업장의 소재지'이다.
② '사업장'이란 사업자가 사업을 하기 위하여 거래의 전부 또는 일부를 하는 고정된 장소를 의미한다.
③ 부동산매매업을 영위하는 법인의 사업장은 법인의 등기부상 소재지(등기부상의 지점소재지 포함)이다.
④ 부동산임대업을 영위하는 개인사업자의 사업장은 사업에 관한 업무를 총괄하는 장소이다.

17. 다음 중 부가가치세법상 재화의 공급으로 보는 특례에 해당하는 것은?

① 사용인에게 사업을 위해 착용하는 작업복을 제공하는 경우
② 사업자가 자기의 고객 중 추첨을 통하여 당첨된 자에게 자기생산·취득재화를 경품으로 제공하는 경우
③ 사용인에게 직장 연예 및 직장 문화와 관련된 재화를 제공하는 경우
④ 사용인에게 경조사와 관련된 재화를 사용인 1명당 연간 10만원 미만으로 제공하는 경우

18. 다음 중 부가가치세법상 용역의 공급에 해당하지 않는 것은?

① 스포츠센터를 운영하는 사업자가 연회비를 받고 회원에게 시설을 이용하게 하는 것
② 고용관계에 따라 근로를 제공하는 것
③ 상대방으로부터 인도받은 재화를 단순히 가공만 하여 주는 것
④ 건설업자가 건설자재의 전부 또는 일부를 부담하여 건물을 신축하는 것

19. 다음 중 부가가치세법상 영세율과 면세에 대한 설명으로 옳지 않은 것은?

① 영세율을 적용받는 경우라도 세금계산서를 발급해야 하는 거래가 있다.
② 면세의 포기를 신고한 사업자는 신고한 날부터 3년간 부가가치세를 면제받지 못한다.
③ 수입하는 미가공식료품에 대해서는 면세를 적용하지 아니한다.
④ 면세사업자의 매입세액은 공제 또는 환급받을 수 없다.

20. 다음 중 부가가치세법상 상가건물임대업을 영위하는 사업자의 과세표준에 대한 설명으로 틀린 것은?

① 2 이상의 과세기간에 걸쳐 부동산 임대용역을 공급하고 그 대가를 선불로 받는 경우에는 해당 금액을 계약기간의 개월 수로 나눈 금액의 각 과세대상기간의 합계액을 공급가액으로 한다.
② 특수관계자에게 대가를 받지 않고 임대를 제공하는 경우 용역의 시가를 공급가액으로 본다.
③ 임차인이 부담하여야 할 보험료·수도료 및 공공요금 등을 별도로 구분징수하여 납입을 대행하는 경우 해당 금액은 과세표준에 포함하지 않는다.
④ 임대보증금에 대한 간주임대료 계산 시 임대부동산의 건설비상당액은 과세표준에서 공제한다.

21. 다음 중 부가가치세법상 매입세액 불공제 대상에 해당하지 않는 것은?

① 토지에 관련된 매입세액
② 사업과 직접 관련이 없는 지출에 대한 매입세액
③ 기업업무추진비 및 이와 유사한 비용과 관련된 매입세액
④ 공급시기가 속하는 과세기간이 끝난 후 20일 이내에 등록을 신청한 경우 등록신청일부터 공급시기가 속하는 과세기간 기산일까지 역산한 기간 내의 매입세액

22. 다음 중 부가가치세법상 확정신고 시에만 공제가 가능한 것은?

① 의제매입세액공제
② 대손세액공제
③ 전자세금계산서 발급 전송에 대한 세액공제
④ 신용카드 등의 사용에 따른 세액공제

23. 다음 중 부가가치세법의 조기환급에 관한 설명으로 틀린 것은?

① 영세율 적용 대상 사업자는 예정신고 시까지 영세율 적용대상 과세표준이 있는 경우에 한하여 예정신고기간분에 대한 조기환급을 받을 수 있다.

② 각 예정신고기간의 조기환급세액은 원칙적으로 예정신고기한 경과 후 30일 이내에 사업자에게 환급하여야 한다.

③ 사업자가 어느 한 사업장에서 조기환급사유가 발생하는 경우에는 해당 사업장의 거래분만을 조기환급신고할 수 있다(총괄납부적용대상자 제외).

④ 조기환급신고를 할 때 이미 신고한 과세표준과 환급받은 환급세액은 예정신고 및 확정신고 대상에서 제외한다.

24. 다음 중 부가가치세법상 세금계산서 발급 의무가 면제되는 경우로만 짝지어진 것은?

가. 입장권을 발행하여 영위하는 사업
나. 국내사업장이 있는 비거주자 또는 외국법인에게 용역을 제공하는 경우
다. 사업자가 내국신용장 또는 구매확인서에 의해 공급하는 재화
라. 사업자가 폐업할 때 자기생산 · 취득재화 중 남아 있는 재화

① 가, 나　　② 가, 라　　③ 나, 다　　④ 다, 라

25. 다음 중 부가가치세법상 간이과세에 대한 설명으로 가장 옳지 않은 것은?

① 음식점업을 영위하는 간이과세자의 해당 과세기간에 대한 공급대가의 합계액이 4천800만원 미만인 경우 부가가치세 납부의무를 면제한다.

② 간이과세를 포기하고 일반과세를 적용받으려는 자는 일반과세자에 관한 규정을 적용받으려는 달의 전달의 마지막 날까지 납세지 관할 세무서장에게 간이과세 포기신고를 해야 한다.

③ 직전 연도의 공급대가의 합계액이 8천만원 미만인 개인 및 법인사업자는 간이과세 규정이 적용된다.

④ 간이과세자는 신용카드매출전표 발급 등에 대한 세액공제가 가능하다.

세법2부 국세기본법, 소득세법(조세특례제한법)

01. 다음 중 국세기본법상 기간 및 기한에 대한 설명으로 옳지 않은 것은?

① 국세기본법상 기간의 계산은 국세기본법 또는 그 세법에 특별한 규정이 있는 것을 제외하고는 「민법」에 따른다.

② 기간을 일, 주, 월 또는 연으로 정한 때에는 초일은 산입하지 않는다.

③ 국세정보통신망이 장애로 가동이 정지되어 전자신고나 전자납부를 할 수 없는 경우에는 그 장애가 복구되어 신고 또는 납부할 수 있게 된 날의 다음 날을 기한으로 한다.

④ 우편으로 과세표준신고서를 제출한 경우 그 서류가 과세관청에 도달한 날에 신고된 것으로 본다.

02. 다음 중 국세기본법상 서류의 송달에 대한 설명으로 가장 옳지 않은 것은?

① 연대납세의무자에게 납부의 고지와 독촉에 관한 서류를 송달할 때에는 그 대표자에게 송달한다.

② 상속이 개시된 경우 상속재산관리인이 있을 때에는 그 상속재산관리인의 주소 또는 영업소에 송달한다.

③ 송달받아야 할 사람이 교정시설 또는 국가경찰관서의 유치장에 체포·구속 또는 유치된 사실이 확인된 경우에는 해당 교정시설의 장 또는 국가경찰관서의 장에게 송달한다.

④ 납세관리인이 있을 때에는 납세의 고지와 독촉에 관한 서류는 그 납세관리인의 주소 또는 영업소에 송달한다.

03. 다음 중 국세기본법상 과세의 대상이 되는 소득, 수익, 재산, 행위 또는 거래의 귀속이 명의일 뿐이고 사실상 귀속되는 자가 따로 있을 때에는 사실상 귀속되는 자를 납세의무자로 하여 세법을 적용하는 원칙은 무엇인가?

① 근거과세의 원칙　② 신의성실의 원칙
③ 실질과세의 원칙　④ 조세감면의 사후관리

04. 다음 중 국세기본법상 납세의무의 확정에 대한 설명으로 옳지 않은 것은?

① 정부부과제도는 국세의 과세표준과 세액을 정부가 '결정'하는 때가 아닌 납세의무자가 과세표준 신고 의무를 이행한 때에 1차 확정이 된다.

② 신고납세제도에서 납세의무자가 과세표준과 세액의 신고를 하지 않은 경우에는 정부가 과세표준과 세액을 결정하거나 경정하는 때에 확정된다.

③ 정부부과제도가 적용되는 대표적인 세목은 상속세 · 증여세이다.

④ 신고납세제도가 적용되는 대표적인 세목은 소득세, 법인세, 부가가치세이다.

05. 다음 중 국세기본법상 국세징수권에 관한 설명으로 옳지 않은 것은?

① 국세징수권의 소멸시효는 납부고지, 독촉, 교부청구, 압류의 사유로 정지된다.

② 5억원 미만인 국세의 국세징수권 소멸시효기간은 5년이다.

③ 과세표준과 세액의 신고에 의하여 납세의무가 확정되는 국세의 경우 신고한 세액에 대해서는 그 법정 신고납부기한의 다음 날부터 국세징수권을 행사할 수 있다.

④ 소멸시효에 관하여는 세법에 특별한 규정이 있는 것을 제외하고는 민법에 따른다.

06. 다음 중 국세기본법상 출자자의 제2차 납세의무에 대한 설명으로 가장 옳지 않은 것은?

① 주된 납세의무자인 법인에는 유가증권시장 및 코스닥시장에 상장된 법인은 제외한다.

② 합명회사의 무한책임사원은 법인의 납부부족액 전액에 대하여 제2차 납세의무를 진다.

③ 과점주주란 주주 1인과 그의 특수관계인의 소유주식의 합계가 해당 법인의 발행주식 총수의 100분의 30을 초과하는 주주를 말한다.

④ 과점주주의 경우 법인의 납부부족액 중 출자비율을 한도로 제2차 납세의무를 진다.

07. 다음 중 국세기본법상 경정청구에 대한 설명으로 옳지 않은 것은?

① 과세표준신고서를 법정신고기한까지 제출한 자 및 기한후과세표준신고서를 제출한 자는 경정청구를 할 수 있다.

② 당초 신고한 과세표준 및 세액이 세법에 따라 신고해야 할 과세표준 및 세액을 초과할 때 경정을 청구할 수 있다.

③ 당초 신고한 결손금액 또는 환급세액이 세법에 따라 신고해야 할 결손금액 또는 환급세액을 초과할 때 경정을 청구할 수 있다.

④ 경정 등의 청구 시 감액의 확정력은 없으나 청구를 받은 세무서장으로 하여금 결정 또는 경정하거나 그럴 이유가 없다는 뜻을 통지할 법률상 의무를 지운다.

08. 다음 중 국세기본법상 법정신고기한 내에 제출한 과세표준신고서를 법정신고기한이 지난 후에 수정신고하는 경우에 적용받는 가산세의 감면율로 옳지 않은 것은? 단, 과세관청에 의한 경정이 있을 것을 미리 알고 수정신고하는 경우에 해당하지 않는다.

① 법정신고기한이 지난 후 1개월 이내 수정신고한 경우 : 90%
② 법정신고기한이 지난 후 1개월 초과 3개월 이내에 수정신고한 경우 : 70%
③ 법정신고기한이 지난 후 3개월 초과 6개월 이내에 수정신고한 경우 : 50%
④ 법정신고기한이 지난 후 6개월 초과 1년 이내에 수정신고한 경우 : 30%

09. 다음 중 국세기본법상 국세환급금에 관한 설명으로 잘못된 것은?

① 국세환급금 중 충당한 후 남은 금액은 국세환급금의 결정을 한 날부터 20일 이내에 납세자에게 지급하여야 한다.
② 납세자가 상속세를 물납한 후 해당 물납재산으로 환급하는 경우 물납재산이 수납된 이후 발생한 법정과실 또는 천연과실은 납세자에게 환급하지 아니하고 국가에 귀속된다.
③ 물납한 상속세의 감액 결정에 따라 환급하는 경우로서 해당 물납재산이 임대 중에 있는 경우는 물납재산으로 환급하지 않고 금전으로 환급한다.
④ 납세자의 신청에 의해 국세환급금을 충당하는 경우 충당된 세액의 충당청구를 한 날에 해당 국세를 납부한 것으로 본다.

10. 다음 중 국세기본법상 심사청구에 대한 각하결정 사유에 해당하지 않는 것은?

① 심판청구를 제기한 후 심사청구를 제기한 경우
② 청구기간이 지난 후에 청구된 경우
③ 심사청구가 이유 없다고 인정되는 경우
④ 심사청구가 적법하지 아니한 경우

11. 다음 중 국세기본법상 세무조사의 통지와 연기에 대한 설명으로 옳은 것은?

① 세무공무원은 세무조사를 하는 경우에는 조사를 받을 납세자에게 조사를 시작하기 25일 전에 조사에 관한 사항을 통지하여야 한다.

② 사전통지를 하면 증거인멸 등으로 조사 목적을 달성할 수 없다고 인정되는 경우에도 세무조사에 관한 통지는 하여야 한다.

③ 사전통지를 받은 납세자가 납세관리인의 장기출장으로 세무조사가 곤란하다고 판단될 때에는 조사를 연기해 줄 것을 신청할 수 있다.

④ 연기신청을 받은 관할 세무관서의 장은 연기신청 승인 여부를 결정하고 그 결과를 조사 개시 3일 전까지 통지하여야 한다.

12. 다음 중 소득세법에 관한 설명으로 옳은 것은?

① 소득세의 과세기간은 사업자의 선택에 의하여 이를 변경할 수 있다.

② 소득세법은 종합과세제도이므로 거주자의 모든 소득(양도소득, 퇴직소득 포함)을 합산하여 과세한다.

③ 사업자가 10월 중에 폐업한 경우 소득세 과세기간은 1월 1일부터 10월 31일까지로 한다.

④ 소득세법은 열거주의 과세 방식이나 이자소득이나 배당소득은 유형별 포괄주의를 채택하고 있다.

13. 다음 중 소득세법상 배당소득의 수입시기로 옳지 않은 것은?

① 잉여금 처분에 의한 배당 : 당해 법인의 잉여금 처분결의일

② 무기명주식의 이익이나 배당 : 그 지급을 받은 날

③ 해산에 의한 의제배당 : 해산등기일

④ 법인세법에 의하여 처분된 배당 : 당해 법인의 당해 사업연도의 결산확정일

14. 다음 중 소득세법상 사업소득에 관한 설명으로 가장 틀린 것은?

① 2개 이상의 사업장이 있는 경우 기업업무추진비 계산 시 각 사업장별로 한도액을 계산한다.

② 이자수익과 배당금수익은 사업소득의 총수입금액에 산입하지 않는다.

③ 재고자산을 가사용으로 소비한 경우 그 시가를 총수입금액에 산입한다.

④ 모든 사업자가 업무용승용차 관련비용의 규제를 적용받는다.

15. 다음 중 소득세법상 사업소득에 대한 필요경비 불산입 항목으로 옳지 않은 것은?

① 사업주에 대한 급여
② 업무와 관련하여 중대한 과실로 타인의 권리를 침해하는 경우에 지급되는 손해배상금
③ 사전약정 없이 지급하는 판매장려금
④ 법령에 따라 의무적으로 납부하는 것이 아닌 공과금

16. 다음 중 소득세법상 비과세 근로소득에 포함되지 않는 것은?

① 비출자임원(소액주주인 임원 포함)이 사택을 제공받음으로써 얻은 이익
② 종업원이 사택을 제공받음으로써 얻은 이익
③ 중소기업 종업원이 주택의 구입 · 임차 자금을 저리 또는 무상으로 대여받음으로써 얻은 이익
④ 대기업 종업원이 주택의 구입 · 임차 자금을 저리 또는 무상으로 대여받음으로써 얻은 이익

17. 다음 중 소득세법상 기타소득으로 분류될 수 없는 것은?

① 사업장 등 물적시설을 갖춘 상태에서 서화 · 골동품의 양도로 발생하는 소득
② 저작자 외의 자가 저작권의 양도 또는 사용의 대가로 받는 금품
③ 법률에 따라 통신판매중개를 하는 자를 통하여 물품 또는 장소를 대여하고 연간 수입금액 500만원 이하의 사용료로서 받은 금품
④ 공익사업과 관련하여 지역권을 설정하거나 대여함으로써 발생하는 소득

18. 거주자 갑(甲)의 소득이 다음과 같을 경우, 소득세법상 종합소득금액은 얼마인가? 단, 종합소득금액 최소화를 가정한다.

• 상가임대소득금액 3,000,000원	• 일용근로소득금액 1,300,000원
• 주택임대소득금액 12,000,000원	• 근로소득금액 25,000,000원

① 25,000,000원 ② 26,300,000원 ③ 28,000,000원 ④ 29,300,000원

19. 다음 중 소득세법상 추가공제에 대한 설명으로 가장 옳지 않은 것은?

① 항시 치료를 요하는 중증환자도 장애인공제의 적용 대상이 된다.
② 기본공제대상자 중 70세 이상인 사람의 경우 1명당 연 100만원을 공제한다.
③ 부녀자공제와 한부모공제 모두 해당되는 경우에는 중복 적용이 가능하다.
④ 부녀자공제는 종합소득금액이 3천만원 이하인 거주자로 한정한다.

20. 다음 중 소득세법상 장기보유특별공제에 대한 설명으로 옳지 않은 것은?

① 원칙적으로 보유기간이 3년 이상인 토지 및 건물이 장기보유특별공제 대상 자산이다.
② 미등기양도자산은 장기보유특별공제를 적용하지 않는다.
③ 보유기간은 그 자산의 취득일부터 양도일까지로 한다.
④ 1세대 1주택자에 대한 장기보유특별공제는 최고 30%까지 적용한다.

21. 다음 중 소득세법상 과세표준확정신고에 대한 설명으로 가장 옳지 않은 것은?

① 해당 과세기간의 종합소득금액(사업소득 아님)이 있는 거주자는 그 종합소득 과세표준을 그 과세기간의 다음 연도 5월 1일부터 5월 31일까지 관할 세무서장에 신고해야 한다.
② 퇴직소득만 있는 거주자는 퇴직소득에 대해서 과세표준 확정신고를 하지 않아도 된다.
③ 과세표준확정신고를 해야 할 거주자가 주소 또는 거소의 국외 이전을 위하여 출국하는 경우에는 출국일이 속하는 과세기간의 과세표준을 출국일 전날까지 신고해야 한다.
④ 거주자가 사망하는 경우 그 상속인은 그 상속개시일이 속하는 달의 말일로부터 3개월이 되는 날까지 사망일이 속하는 과세기간에 대한 그 거주자의 과세표준을 신고해야 한다.

22. 다음 중 소득세법상 원천징수와 관련된 설명으로 가장 잘못된 것은?

① 원천징수대상 사업소득을 지급하는 개인은 사업자가 아닌 경우에도 원천징수의무를 진다.
② 직전연도 상시고용인원이 20인 이하인 원천징수의무자는 승인 및 신청에 의하여 원천징수한 세액을 매 반기별로 납부할 수 있다.
③ 12월분의 급여를 다음연도 2월 말일까지 지급하지 않은 경우 2월 말일에 지급한 것으로 본다.
④ 뇌물 및 알선수재, 배임수재로 받는 금품 등에 대하여는 원천징수 하지 않는다.

23. 다음 중 소득세법상 중간예납에 대한 설명으로 옳지 않은 것은?

① 거주자는 종합소득 · 퇴직소득 · 양도소득에 대해서 중간예납 의무가 있다.
② 이자소득 · 배당소득 · 근로소득 · 연금소득 또는 기타소득만 있는 자는 중간예납의무를 지지 않는다.
③ 신규사업자는 중간예납의무를 지지 않는다.
④ 종합소득이 있는 거주자가 중간예납추계액을 신고한 경우에는 이미 이루어진 중간예납세액의 결정은 없었던 것으로 본다.

24. 다음 중 소득세법상 가산세에 대한 설명으로 가장 옳지 않은 것은?

① 복식부기의무자가 재무상태표 등을 과세표준확정신고서에 미첨부하여 제출한 경우 무신고가산세가 적용된다.
② 장부의 기록 · 보관 불성실 가산세는 소규모 사업자에게도 적용된다.
③ 사업장 현황신고 불성실 가산세는 무신고 · 미달신고 수입금액에 0.5%를 곱한 금액이다.
④ 사업용 계좌 신고 · 사용 불성실 가산세는 복식부기의무자에게 적용한다.

25. 다음 중 소득세법상 납부할 소득세액이 3천만원인 경우 분납할 수 있는 최대금액과 분납 기간으로 옳은 것은?

① 2,000만원, 1개월
② 1,500만원, 1개월
③ 2,000만원, 2개월
④ 1,500만원, 2개월

제110회 세무회계2급 답안 및 해설

세법1부 - 법인세법, 부가가치세법

1	2	3	4	5	6	7	8	9	10	11	12	13	14	15
③	②	②	④	③	③	①	③	④	②	①	②	②	④	①
16	17	18	19	20	21	22	23	24	25					
④	②	②	③	④	④	②	②	②	③					

01. 내국법인 중 **국가와 지방자치단체(지방자치단체조합을 포함)는 그 소득에 대한 법인세를 납부할 의무가 없다.**
02. 내국법인이 사업연도 중에 조직변경을 한 경우에는 **조직변경 전의 사업연도가 계속되는 것**으로 본다.
03. 국세 또는 지방세의 **과오납금의 환급금에 대한 이자는 익금불산입**하고 **기타**로 처분한다. 나머지 항목은 유보로 처분한다.
04. **추계하는 경우 간주임대료는 익금에 포함**한다.
05. 법인의 해산에 의하여 퇴직하는 임원 또는 직원에게 지급하는 **해산수당 또는 퇴직위로금 등은 최종 사업연도의 손금**으로 한다.
06. ①,②,④는 특례기부금에 해당하며, ③은 일반기부금에 해당한다.
07. 적용 대상이 되는 업무용승용차는 해당 법인의 사업용자산에 속하거나 **임차한 승용차로 종업원 소유 차량은 적용 대상이 아니다.**
08. 상품 외의 자산을 양도하면서 **대금 청산 전에 소유권 이전 등기를 하는 경우 손익의 귀속시기는 소유권 이전등기일**이다.
09. 상각방법의 변경승인을 얻고자 하는 법인은 그 **변경할 상각방법을 적용하고자 하는 최초 사업연도의 종료일까지 신청**하여야 한다.
10. 임원에 대한 퇴직급여의 경우에는 퇴직급여 한도초과액에 대하여 손금불산입 규정을 적용한다. **직원에게 지급하는 퇴직급여는 금액의 제한 없이 손금에 산입**하므로 이러한 규정을 적용하지 않는다.
11. 직원에 대한 월정급여액의 범위에서의 **일시적인 급료의 가불금은 업무무관 가지급금에서 제외**한다.
12. 조세의 부담을 부당하게 감소시킨 것으로 인정되면 족한 것이지 **당사자에게 조세회피의 목적이 있거나 경제적 손실이 있어야 하는 것**은 아니다.
13. 가산세는 산출세액에서 공제하지 아니하고 가산한다.
14. 재화를 수입하는 자는 **사업자 여부와 관계없이 납세의무가 있다.**

15. 관할 세무서장은 부가가치세의 업무를 효율적으로 처리하기 위하여 필요하다고 인정되면 사업자등록증을 갱신하여 발급할 수 있다.
16. **부동산임대업의 사업장은 부동산의 등기부상의 소재지**이다.
17. 사업자가 자기의 고객 중 추첨을 통하여 당첨된 자에게 **자기생산 · 취득재화를 경품으로 제공**하는 경우에는 사업자가 자기생산 · 취득재화를 불특정 다수에게 **증여하는 경우에 해당하므로 과세**되는 재화의 공급으로 본다.
18. **고용관계에 따라 근로를 제공하는 것은 용역의 공급으로 보지 아니한다.**
19. **가공되지 아니한 식료품은 일정한 것(국내산·외국산 불문)은 부가가치세를 면제**한다.
20. **부가가치세법상 간주임대료 계산 시 건설비상당액은 고려하지 않는다.**
21. 사업자등록을 신청하기 전의 매입세액은 공제하지 아니한다. 다만, 공급시기가 속하는 과세기간이 끝난 후 20일 이내에 등록을 신청한 경우 **등록신청일부터 공급시기가 속하는 과세기간 기산일까지 역산한 기간 내의 것은 제외**한다.
22. **대손세액공제는 확정신고 시 가능**하다.
23. 조기환급기간에 대한 환급세액을 각 조기환급기간별로 해당 **조기환급신고기한이 지난 후 15일 이내에 사업자에게 환급**하여야 한다.
25. **개인사업자만 간이과세 규정이 적용**된다. **법인사업자는 간이과세자가 될 수 없다.**

세법2부 - 국세기본법, 소득세법(조세특례제한법)

1	2	3	4	5	6	7	8	9	10	11	12	13	14	15
④	①	③	①	①	③	③	②	①	③	③	④	③	④	③
16	17	18	19	20	21	22	23	24	25					
④	①	③	③	④	④	①	①	②	④					

01. 우편으로 과세표준신고서를 제출한 경우 **우편날짜도장이 찍힌 날에 신고**된 것으로 본다.
02. 연대납세의무자에게 서류를 송달할 때에는 그 대표자를 명의인으로 하며, 대표자가 없을 때에는 연대납세의무자 중 국세를 징수하기에 유리한 자를 명의인으로 한다. 다만, **납부의 고지와 독촉에 관한 서류는 연대납세의무자 모두에게 각각 송달**하여야 한다.
04. 정부부과세목은 해당 **국세의 과세표준과 세액을 정부가 '결정'하는 때에 확정**된다.
05. 국세징수권의 소멸시효는 **납부고지, 독촉, 교부청구, 압류의 사유로 중단**된다.
06. 과점주주란 주주 1인과 그의 특수관계인의 소유주식의 합계가 해당 법인의 **발행주식 총수의 100분의 50을 초과**하면서 그 법인의 경영에 대하여 지배적인 영향력을 행사하는 자들을 말한다.
07. 과세표준신고서 또는 기한후과세표준신고서에 기재된 결손금액 또는 환급세액(각 세법에 따라 결정 또는 경정이 있는 경우에는 해당 결정 또는 경정 후의 결손금액 또는 환급세액을 말한다)이 세법에 따라 신고하여야 할 **결손금액 또는 환급세액에 미치지 못할 때 경정을 청구**할 수 있다.

08. **법정신고기한이 지난 후 1개월 초과 3개월 이내 75%**
09. 국세환급금 중 국세 및 강제징수비에 충당한 후 남은 금액은 **국세환급금의 결정을 한 날부터 30일 내**에 납세자에게 지급하여야 한다.
10. **심사청구가 이유 없다고 인정될 때에는 그 청구를 기각하는 결정**을 한다.
11. 세무조사 사전통지를 받은 납세자가 천재지변 등으로 조사를 받기 곤란한 경우에는 관할 세무관서의 장에게 조사를 연기해 줄 것을 신청할 수 있다.
    ① ②세무공무원은 세무조사를 하는 경우에는 조사를 받을 납세자에게 **조사를 시작하기 20일 전**(개정세법 25)일 전에 조사대상 세목, 조사기간 및 조사 사유 등을 통지하여야 한다. 다만, 사전통지를 하면 증거인멸 등으로 조사 목적을 달성할 수 없다고 인정되는 경우에는 그러하지 아니하다.
    ④ 연기신청을 받은 관할 세무관서의 장은 연기신청 승인 여부를 결정하고 그 결과(연기 결정 시 연기한 기간을 포함한다)를 **조사 개시 전까지 통지**하여야 한다.
12. 양도소득과 퇴직소득은 분류과세하는 소득으로 종합소득에 해당하지 않으며, 소득세의 과세기간은 사업자가 임의로 선택할 수 없고 1월 1일부터 12월 31일까지 1년으로 한다.
13. 법인이 해산으로 인하여 소멸한 경우에는 **잔여재산의 가액이 확정된 날**
14. **업무용승용차 관련 비용 등의 필요경비 불산입 특례 규정은 복식부기의무자만 적용**된다.
15. **사전약정 없이 지급하는 판매장려금은 필요경비에 산입**한다.
16. **중소기업의 종업원**이 주택(주택에 부수된 토지를 포함한다)의 구입 · 임차에 소요되는 자금을 저리 또는 무상으로 대여 받음으로써 얻는 이익만 비과세한다.
17. 사업장 등 **물적시설을 갖춘 상태에서 서화 · 골동품의 양도로 발생하는 소득은 사업소득**으로 구분된다.
18. 종합소득금액 = 상가임대(3,000,000) + 근로소득금액(25,000,000) = 28,000,000원
    주택임대소득은 분리과세 선택이 가능하고 일용근로소득은 분리과세한다.
19. 부녀자공제(50만원)와 한부모공제(1백만원) 모두 해당되는 경우에는 한부모공제를 적용한다.
20. **1세대 1주택자에 대한 장기보유특별공제는 최고 80%까지 적용**한다.
21. 거주자가 사망한 경우 그 상속인은 그 **상속 개시일이 속하는 달의 말일부터 6개월이 되는 날**까지 사망일이 속하는 과세기간에 대한 그 거주자의 과세표준을 신고하여야 한다.
22. **사업소득은 지급하는 자가 사업자가 아닌 개인인 경우 원천징수의무는 없다.**
23. 거주자는 종합소득에 대해서만 중간예납 의무가 있으며, **퇴직소득과 양도소득에 대해서는 중간예납 의무가 없다.**
24. **장부의 기록 · 보관 불성실 가산세는 소규모 사업자에게는 적용되지 않는다.**
25. 납부할 세액이 **2천만원을 초과하는 때에는 그 세액의 100분의 50 이하의 금액(30,000,000×50%)**을 납부기한이 지난 후 2개월 이내에 분할납부할 수 있다.

저자약력

■ **김영철 세무사**

· 고려대학교 공과대학 산업공학과
· 한국방송통신대학 경영대학원 회계 · 세무전공
· (전)POSCO 광양제철소 생산관리부
· (전)삼성 SDI 천안(사) 경리/관리과장
· (전)강원랜드 회계팀장
· (전)코스닥상장법인CFO(ERP. ISO추진팀장)
· (전)농업진흥청/농어촌공사/소상공인지원센타 세법 · 회계강사

로그인 세무회계2급

1 2 판 발 행 : 2025년 2월 18일
저 자 : 김 영 철
발 행 인 : 허 병 관
발 행 처 : 도서출판 어울림
주 소 : 서울시 영등포구 양산로 57 5, 1301호 (양평동3가)
전 화 : 02-2232-8607, 8602
팩 스 : 02-2232-8608
등 록 : 제2-4071호
Homepage : http://www.aubook.co.kr

저자와의 협의하에 인지생략

ISBN 978-89-6239-962-2 13320

정 가 : 32,000원